Macht und Fortschritt

© privat

Daron Acemoglu ist Institutsprofessor für Wirtschaftswissenschaften am MIT. Seit fünfundzwanzig Jahren erforscht er die historischen Ursprünge von Wohlstand und Armut sowie die Auswirkungen neuer Technologien auf Wirtschaftswachstum, Beschäftigung und Ungleichheit. Er ist Autor (mit James Robinson) des internationalen Bestsellers *Warum Nationen scheitern* (dt. 2014).

© Michelle Fiorenza

Simon Johnson ist Ronald-A.-Kurtz-Professor für Unternehmertum an der Sloan School des MIT, wo er auch Leiter der Gruppe für globale Wirtschaft und Management ist. Als ehemaliger Chefvolkswirt des Internationalen Währungsfonds beschäftigt er sich seit dreißig Jahren mit globalen Wirtschaftskrisen.

Daron Acemoglu
Simon Johnson

MACHT UND FORTSCHRITT

Unser 1000-jähriges Ringen um Technologie und Wohlstand

Aus dem Englischen von Stephan Gebauer
und Thorsten Schmidt

Campus Verlag
Frankfurt/New York

Die englische Originalausgabe erschien 2023 bei PublicAffairs, Hachette Book Group, New York, unter dem Titel *Power and Progress: Our Thousand-Year Struggle Over Technology and Prosperity.*

ISBN 978-3-593-51794-0 Print
ISBN 978-3-593-45544-0 E-Book (PDF)
ISBN 978-3-593-45543-3 E-Book (EPUB)

Umschlaggestaltung: Guido Klütsch, Köln, nach einem Design von Pete Garceau, Hachette Book Group, Inc.
Redaktion: Matthias Michel
Satz: Oliver Schmitt, Mainz
Gesetzt aus: Minion, Acumin, Museo Sans
Druck und Bindung: Beltz Grafische Betriebe GmbH, Bad Langensalza
Beltz Grafische Betriebe ist ein klimaneutrales Unternehmen (ID 15985-2104-1001).
Printed in Germany

www.campus.de

INHALT

Für Aras, Arda und Asu, für eine bessere Zukunft

– Daron

Für Lucie, Celia und Mary, immer

– Simon

Wenn wir das Potenzial der Maschinen in einer Fabrik mit der Bewertung der Menschen kombinieren, auf der unser gegenwärtiges Fabriksystem beruht, steht uns eine industrielle Revolution von uneingeschränkter Grausamkeit bevor. Wenn wir diese Zeit unbeschadet überstehen wollen, müssen wir bereit sein, uns nicht an modischen Ideologien, sondern an Fakten zu orientieren.

– Norbert Wiener, 1949[1]

VORWORT
WAS IST FORTSCHRITT?

Jeden Tag hören wir von Managern, Journalisten, Politikern und sogar von einigen unserer Kollegen am MIT, dass wir uns dank beispielloser technologischer Fortschritte unaufhaltsam auf eine bessere Welt zubewegen. Hier ist das neue Smartphone. Da haben wir das neueste Elektroauto. Willkommen in den sozialen Netzwerken der nächsten Generation. Und möglicherweise werden wir dank der Fortschritte in der Forschung schon bald in der Lage sein, den Krebs zu besiegen, die Erderwärmung rückgängig zu machen und sogar die Armut zu überwinden.

Natürlich müssen noch Probleme gelöst werden, darunter Ungleichheit, Umweltverschmutzung und Extremismus in aller Welt. Aber dies sind die Schmerzen, die mit der Geburt einer neuen Welt einhergehen. In jedem Fall sind die Kräfte der Technologie unaufhaltsam, sagt man uns. Selbst wenn wir wollten, könnten wir ihr Fortschreiten nicht stoppen – und es wäre nicht ratsam, es zu versuchen. Wir ändern besser uns selbst, zum Beispiel, indem wir in den Erwerb von Fähigkeiten investieren, die in Zukunft gebraucht werden. Wenn wir auf hartnäckige Probleme stoßen, werden talentierte Unternehmer und Wissenschaftler Lösungen dafür finden: fähigere Roboter, künstliche Intelligenz, die sich mit dem menschlichen Verstand messen kann, und alle anderen bahnbrechenden Neuerungen, die nötig sind.

Den Menschen ist klar, dass wahrscheinlich nicht alle Versprechen von Bill Gates, Elon Musk oder Steve Jobs eingelöst werden. Aber die Welt hat ihren technologischen Optimismus verinnerlicht. Wir alle sollten uns überall unentwegt um Innovation bemühen, herausfinden, was funktioniert, und die Mängel später beheben.

Das hat die Menschheit schon viele Male erlebt. Ein schönes Beispiel finden wir im Jahr 1791, als der Sozialreformer Jeremy Bentham sein »Panoptikum« vorstellte, einen Entwurf für eine Gefängnisanlage. In einem kreisrunden Gebäude mit ausreichender Beleuchtung, erklärte Bentham, könnten im Zentrum der Anlage postierte Wachen den Eindruck erwecken, alle Häftlinge in jedem Augenblick im Auge zu haben, ohne selbst beobachtet werden zu können. Darin sah Bentham ein sehr effizientes (kostengünstiges) Design, um die Häftlinge zu regelkonformem Verhalten anzuhalten.

Die Idee weckte das Interesse der britischen Regierung, aber da keine ausreichenden Mittel zur Verfügung gestellt wurden, wurde die von Bentham entworfene Version des Panoptikums nie gebaut. Dennoch regte es die Phantasie moderner Theoretiker an. Für den französischen Philosophen Michel Foucault war das Panoptikum ein Symbol der unterdrückerischen Überwachung, auf der die Industriegesellschaften seiner Meinung nach beruhten. In George Orwells Roman *1984* dient das Prinzip des Panoptikums als allgegenwärtiges Mittel zur sozialen Kontrolle. In dem Marvel-Film *Guardians of the Galaxy* erweist sich das Panoptikum als Fehlkonstruktion, die einen Gefängnisausbruch ermöglicht.

Bevor das Panoptikum als Design für ein Gefängnis vorgeschlagen wurde, war es eine Fabrik. Die Idee stammte von Jeremy Benthams Bruder Samuel, der als Schiffbauingenieur für Fürst Grigori Potemkin in Russland arbeitete. Samuel wollte eine kleine Gruppe von Aufsehern in die Lage versetzen, eine möglichst große Zahl von Arbeitern kontrollieren zu können. Jeremy wendete das Prinzip auf verschiedenste Organisationen an. Einem Freund gegenüber erklärte er: »Sie werden überrascht sein, wie hilfreich diese einfache und scheinbar naheliegende Erfindung für den Betrieb von Schulen, Manufakturen, Gefängnissen und sogar Krankenhäusern sein wird.«[2]

Es ist leicht nachvollziehbar, warum das Panoptikum – für jene, die das Sagen hatten – so attraktiv war, und seine Vorteile entgingen Benthams Zeitgenossen nicht. Eine bessere Überwachung führte zu größerer Regelkonformität, und man konnte sich vorstellen, dass dies im Interesse der Gesellschaft war. Jeremy Bentham war ein Philanthrop, der die soziale Effizienz erhöhen und allen Mitgliedern der Gesellschaft ein glücklicheres Leben ermöglichen wollte – was er unter einem glücklichen Leben verstand. Bentham wird heute als Begründer des Utilitarismus betrachtet, dessen Ziel es ist, das Wohlergehen der Gesamtheit der Mitglieder einer Gesellschaft zu erhöhen. Wenn einige Menschen sehr davon profitieren würden, dass andere ein bisschen ausgepresst wurden, so lohnte es sich, diese Verbesserung in Erwägung zu ziehen.

Das Panoptikum diente jedoch nicht nur der Effizienz oder dem Gemeinwohl. Die Überwachung in den Fabriken verfolgte auch das Ziel, die Arbeiter dazu zu bewegen, härter zu arbeiten, ohne dass sie durch höhere Löhne zu einem größeren Einsatz motiviert werden mussten.

Das Fabriksystem breitete sich in der zweiten Hälfte des 18. Jahrhunderts in ganz Großbritannien aus. Die Arbeitgeber beeilten sich nicht, das Panopktikum zu installieren, aber viele von ihnen organisierten die Arbeit entsprechend Benthams allgemeiner Methode. Die Textilerzeuger zerlegten die zuvor von sachkundigen Webern ausgeführten Tätigkeiten in mehrere Produktionsschritte, und wichtige davon wurden noch dazu von neuen Maschinen übernommen. Die Fabrikeigentümer übertrugen einfache, repetitive Arbeitsschritte ungelernten Arbeitern, darunter Frauen und Kindern: Beispielsweise bediente eine Arbeitskraft wieder und wieder einen einzigen Hebel, und das 14 Stunden am Tag. Und diese Arbeitskräfte wurden streng beaufsichtigt, damit sie nicht die Produktion bremsten. Die Löhne waren niedrig.

Die Arbeiter beklagten sich über die harten Arbeitsbedingungen und die zermürbenden Tätigkeiten. Das Schlimmste waren für viele Menschen die Regeln, die sie in den Fabriken befolgen mussten. Ein Weber erklärte im Jahr 1834: »Kein Mann möchte an einem Maschinenwebstuhl arbeiten (…). Das Geratter und der Lärm treiben manche Männer fast in den Wahnsinn; und dann müssen sie sich einer Disziplin unterwerfen, der sich ein Mann, der von Hand webt, nie unterordnen kann.«[3] Die neuen Maschinen machten aus den Arbeitern bloße Rädchen im Getriebe. Ein anderer Weber sagte im April 1835 vor einem Parlamentsausschuss: »Ich für meinen Teil bin überzeugt, dass sie, wenn sie Maschinen erfinden, um die Handarbeit zu ersetzen, Jungen aus Eisen finden müssen, um sie zu bedienen.«[4]

In Jeremy Benthams Augen konnte kein Zweifel daran bestehen, dass technologische Fortschritte die Funktionsweise von Schulen, Fabriken, Gefängnissen und Krankenhäusern verbessern würden und dass dies zum Vorteil aller wäre. Mit seiner blumigen Ausdrucksweise, seiner förmlichen Kleidung und seinem komischen Hut würde Bentham im modernen Silicon Valley befremdlich wirken, aber seine Denkweise ist bemerkenswerterweise heute durchaus in Mode. Neue Technologien, heißt es, erweitern die menschlichen Fähigkeiten und können, sofern sie in der gesamten Wirtschaft eingesetzt werden, Effizienz und Produktivität erheblich erhöhen. Und früher oder später wird die Gesellschaft einen Weg finden, um die Erträge der erhöhten Produktivität so zu verteilen, dass praktisch alle Menschen davon profitieren werden.

Auch Adam Smith, Vater der modernen Volkswirtschaftslehre, könnte im Aufsichtsrat einer Wagniskapitalfirma sitzen oder für *Forbes* schreiben. Er war überzeugt, dass bessere Maschinen fast automatisch zu höheren Löhnen führen würden:

> Dieser Fortschritt schlägt sich in besseren Maschinen, größerer Geschicklichkeit und, noch weiterreichend, in einer erhöhten Arbeitsteilung nieder, was dazu führt, daß viel weniger Arbeit erforderlich wird, um irgendein Werkstück anzufertigen. Obgleich der Reallohn infolge des Aufschwungs in einem Lande beträchtlich steigen dürfte, wird doch gleichzeitig der geringere Arbeitsaufwand in der Regel selbst den höchstmöglichen Preisanstieg weit mehr als ausgleichen.[5]

Widerstand ist zwecklos. Edmund Burke, ein Zeitgenosse von Bentham und Smith, bezeichnete die Gesetze des Handels als »Gesetze der Natur und folglich Gottes«.[6]

Wie können wir uns dem göttlichen Gesetz widersetzen? Wie können wir uns dem unaufhaltsamen Fortschritt der Technologie widersetzen? Und warum sollten wir das überhaupt tun?

Allem Optimismus zum Trotz finden sich in den letzten tausend Jahren der Menschheitsgeschichte zahlreiche Beispiele für neue Erfindungen, die keineswegs breiten Wohlstand brachten: Eine Reihe technologischer Verbesserungen in der mittelalterlichen und frühneuzeitlichen Landwirtschaft, darunter bessere Pflüge, eine verbesserte Fruchtfolge, der verstärkte Einsatz von Pferden und deutlich leistungsfähigere Mühlen hatten für die Bauern, die fast 90 Prozent der Bevölkerung stellten, praktisch keinen Vorteil.

Die Fortschritte im europäischen Schiffbau ab dem Spätmittelalter ermöglichten den Handel auf den Ozeanen und machten einige Europäer sehr reich. Aber die verbesserten Schiffe transportierten auch Millionen versklavte Menschen aus Afrika in die Neue Welt und ermöglichten den Aufbau von Unterdrückungssystemen, die Generationen Bestand hatten und ein furchtbares Erbe hinterließen, unter dem wir noch heute leiden.

Die Textilfabriken, die in der Frühzeit der britischen Industriellen Revolution in Großbritannien entstanden, machten einige wenige Menschen reich, während die Einkommen der Arbeiter fast ein Jahrhundert lang stagnierten. Vielmehr stieg die Arbeitszeit und die Bedingungen waren sowohl in den Fabriken als auch in den übervölkerten Städten furchtbar.

Die Baumwollentkörnungsmaschine war eine revolutionäre Neuerung, welche die Produktivität des Baumwollanbaus deutlich erhöhte und die Vereinigten Staaten in den größten Baumwollexporteur der Welt verwandelte. Doch diese Erfindung intensivierte auch das rücksichtslose Systems der Ausbeutung von Sklaven, da sie die Ausbreitung der Baumwollplantagen im Süden der Vereinigten Staaten ermöglichte.

Am Ende des 19. Jahrhunderts entwickelte der deutsche Chemiker Fritz Haber künstliche Düngemittel, welche die landwirtschaftlichen Erträge erheblich erhöhten. Später nutzten Haber und andere Wissenschaftler dieselben Erkenntnisse für die Entwicklung chemischer Waffen, die im Ersten Weltkrieg Hunderttausende Menschen töteten und verstümmelten.

Wie wir in der zweiten Hälfte dieses Buchs sehen werden, haben spektakuläre Fortschritte in der Computertechnologie in den letzten Jahrzehnten eine kleine Gruppe von Unternehmensgründern und Wirtschaftsmagnaten reich gemacht, während die meisten Amerikaner ohne Hochschulabschluss zurückgefallen sind und vielfach eine Verringerung ihres Realeinkommens hinnehmen mussten.

Einige Leser werden an diesem Punkt möglicherweise einwenden: Haben wir am Ende nicht alle gewaltigen Nutzen aus der Industrialisierung gezogen? Geht es uns dank der Fortschritte in der Nahrungsmittelproduktion und bei den Dienstleistungen nicht sehr viel besser als früheren Generationen, die sich für Hungerlöhne abrackerten und oft in Armut starben?

Es stimmt, wir leben sehr viel besser als unsere Vorfahren. In den westlichen Ländern genießen heute selbst die Armen einen sehr viel höheren Lebensstandard als vor drei Jahrhunderten, und wir leben gesünder, länger und mit Annehmlichkeiten, von denen die Menschen noch vor wenigen Hundert Jahren nicht zu träumen gewagt hätten. Und es stimmt, dass der wissenschaftliche und technologische Fortschritt einen großen Anteil an dieser Entwicklung gehabt hat und auch in Zukunft die Grundlage von Neuerungen sein muss, von denen die gesamte Gesellschaft profitiert. Aber der breit gestreute Wohlstand der Vergangenheit war nicht das Resultat eines automatischen gesellschaftlichen Ertrags technologischer Fortschritte. Vielmehr entstand breiter Wohlstand nur dann, wenn die technologische Entwicklung so ausgerichtet wurde, dass sie nicht primär einer kleinen Elite zugutekam, und wenn sich die Gesellschaft zur Verteilung der Erträge entschloss. Wir profitieren vor allem deshalb vom Fortschritt, weil frühere Generationen den Fortschritt in den Dienst breiter Gesellschaftsgruppen stellten. Der radikale Autor John Thelwall erklärte am Ende des 18. Jahrhunderts, dass es den Arbeitern in dem Moment, als sie sich in Fabriken und Städten konzentrierten, leichter fiel, gemeinsame Interessen zu formulieren und eine gleichmäßigere Teilhabe an den Erträgen des Wirtschaftswachstums zu fordern:

> Tatsache ist, dass Monopole und die abscheuliche Häufung des Kapitals in wenigen Händen, wie alle nicht unausweichlich tödlichen Krankheiten, in ihrer eigenen Enormität die Saat des Heilmittels in sich tragen. Der Mensch ist von Natur aus gesellig und kommunikativ – voller Stolz stellt er das geringe Wissen zur Schau, das er besitzt, und wenn sich eine Gelegenheit bietet, vergrößert er begierig seinen Wissensvorrat. Alles, was die Menschen zusammenbringt, fördert daher, obwohl es einige Laster hervorbringen kann, die Verbreitung von Wissen und letzten Endes die menschliche Freiheit. So ist jede große Werkstatt und Manufaktur eine Art von politischer Gesellschaft, die kein Parlamentsbeschluss zum Schweigen bringen und kein Richter zerstreuen kann.[7]

Der Wettbewerb um Wählerstimmen, der Aufstieg der Gewerkschaften und die Gesetze zum Schutz der Arbeitnehmerrechte änderten im 19. Jahrhundert, wie in Großbritannien die Produktion organisiert und die Löhne festgesetzt wurden. Gemeinsam mit einer Welle von Neuerungen in den Vereinigten Staaten lenkten diese Prozesse auch die technologische Entwicklung in eine andere Richtung: Sie wurde eingesetzt, um die Produktivität der Arbeitskräfte zu erhöhen, anstatt lediglich die menschlichen Tätigkeiten Maschinen zu übertragen oder nach neuen Möglichkeiten zur Beaufsichtigung der Arbeitskräfte zu suchen. Im folgenden Jahrhundert breitete sich diese Technologie erst in Westeuropa und dann in der ganzen Welt aus.

Den meisten Menschen auf der Erde geht es heute besser als ihren Vorfahren, weil sich in den frühen Industriegesellschaften Bürger und Arbeiter zusammenschlossen, um die von der Elite bestimmten Entscheidungen über Technologie und Arbeitsbedingungen anzufechten und eine gleichmäßigere Aufteilung der Erträge technischer Verbesserungen zu erzwingen.

Dasselbe müssen wir auch heute tun.

Die gute Nachricht ist, dass uns mittlerweile wunderbare Werkzeuge zur Verfügung stehen, beispielsweise die Magnetresonanztomografie (MRT), mRNA-Impfstoffe, Industrieroboter, das Internet, Computer mit gewaltiger Rechenleistung und riesige Mengen an Daten zu Dingen, die wir früher nicht messen konnten. Diese Neuerungen können wir nutzen, um reale Probleme zu lösen – allerdings nur, wenn diese faszinierenden Möglichkeiten in den Dienst der Menschen gestellt werden.

Doch gegenwärtig gehen wir in eine andere Richtung.

Trotz der historischen Lehren wird die öffentliche Diskussion heute von einem Narrativ bestimmt, das auffällige Ähnlichkeit mit jenem hat, das vor 250 Jahren in Großbritannien vorherrschte. Heute sind die blinde Fortschrittsgläubigkeit und die elitäre Einstellung zur Technologie noch ausgeprägter als zur Zeit von Jeremy Bentham, Adam Smith und Edmund Burke. Wie wir in Kapitel 1 sehen werden, verschließen die Personen, die für die Weichenstellung verantwortlich sind, einmal mehr die Augen vor dem Leid, das im Namen des Fortschritts verursacht wird.

Wir haben dieses Buch geschrieben, um zu zeigen, dass der Fortschritt kein Selbstläufer ist. Der heutige »Fortschritt« macht einmal mehr eine kleine Gruppe von Unternehmern und Investoren reich, während die meisten Menschen entmündigt werden und kaum von der Entwicklung profitieren.

Eine neue technologische Vision, welche die Interessen größerer Bevölkerungsgruppen berücksichtigt, kann sich nur durchsetzen, wenn sich die gesellschaftlichen Machtverhältnisse ändern. Wie im 19. Jahrhundert müssen Gegenargumente in den öffentlichen Diskurs eingeführt werden, und wir brauchen Organisationen, die die gängige Meinung anfechten. Heute dürfte es noch schwieriger als im 19. Jahrhundert in Großbritannien und den Vereinigten Staaten sein, die dominierende Vision zu Fall zu bringen und einer kleinen Elite die Kontrolle über die Richtung der technologischen Entwicklung zu entziehen. Aber es führt kein Weg daran vorbei.

1

KONTROLLE ÜBER DIE TECHNOLOGIE[1]

Denn der Mensch hat durch den Sündenfall seinen Stand der Unschuld und seine Herrschaft über die Geschöpfe verloren; aber beides lässt sich schon in diesem Leben einigermaßen wiederherstellen; das Eine durch die Religion und den Glauben, das Andere durch die Künste und Wissenschaften.

– Francis Bacon, *Novum Organum*, 1620[2]

Stattdessen sah ich eine wirkliche Aristokratie, die mit einer vervollkommneten Wissenschaft bewaffnet war und das Industriesystem von heute zu einem logischen Schluß ausarbeitete. Ihr Triumph war nicht nur ein Triumph über die Natur gewesen, sondern ein Triumph über die Natur der Mitmenschen.

– H. G. Wells, *Die Zeitmaschine*, 1895[3]

Seit *Time* im Jahr 1927 erstmals den »Mann des Jahres« kürte (seltener war es eine »Frau des Jahres«), hat das Magazin fast immer eine einzelne Person ausgewählt, normalerweise einen Protagonisten der Weltpolitik oder einen amerikanischen Wirtschaftsmagnaten. Aber im Jahr 1960 entschied es sich, eine Gruppe brillanter amerikanischer Wissenschaftler zu ehren. Fünfzehn Männer (leider keine Frau) wurden für herausragende Leistungen auf verschiedenen Gebieten ausgezeichnet. Die *Time*-Redaktion war zu der Überzeugung gelangt, dass Wissenschaft und Technologie endgültig triumphiert hatten.

Das Wort *Technologie* stammt von den griechischen Wörtern *téchnē* (»Kunst, Handwerk«) und *lógos* (»Wissenschaft«) ab und bezeichnet das systematische Studium einer Technik. Technologie ist nicht einfach die Anwendung neuer Methoden auf die Erzeugung materieller Güter. Sie umfasst alles, was wir tun, um unsere Umwelt zu gestalten und die Produktion von Gütern zu organisieren. Sie dient dazu, das gemeinsame Wissen der Menschen anzuwenden, um Ernährung und Gesundheit zu verbessern und das Leben angenehmer machen. Sie kann jedoch auch für Zwecke wie Überwachung, Krieg oder sogar Völkermord genutzt werden.

Time ehrte die Wissenschaftler im Jahr 1960, weil neue praktische Anwendungen des Wissens, das mit atemberaubender Geschwindigkeit gewachsen war, das Leben der Menschen vollkommen verändert hatten. Und das Potenzial für weitere Fortschritte schien unbegrenzt.

Dies war ein später Triumph für den englischen Philosophen Francis Bacon. In seiner 1620 veröffentlichten Schrift *Novum Organum* hatte Bacon erklärt, die Erkenntnisse der Wissenschaft würden den Menschen in die Lage versetzen, die Natur zu kontrollieren. Jahrhundertelang klang Bacons These angesichts des Kampfes der Menschheit mit Naturkatastrophen, Epidemien und verbreiteter Armut nach Wunschdenken. Doch im Jahr 1960 wirkte seine Vision nicht länger realitätsfern. Die Redaktion von *Time* stellte fest: »In den 340 Jahren, die seit *Novum Organum* vergangen sind, hat die Wissenschaft größere Fortschritte gemacht als in den 5000 Jahren davor.«[4]

Präsident Kennedy drückte es im Jahr 1963 in einer Rede vor der National Academy of Science so aus: »Ich kann mir keinen Zeitraum in der langen Geschichte der Menschheit vorstellen, in dem die wissenschaftliche Erkundung spannender und lohnender gewesen sein könnte als heute. Hinter jeder Tür, die wir öffnen, sehen wir weitere zehn Türen, von deren Existenz wir nie zu träumen gewagt hätten, und wir dringen immer weiter vor.«[5] Viele Menschen in den Vereinigten Staaten und Westeuropa lebten mittlerweile im Überfluss, und die kommenden Entwicklungen gaben nicht nur diesen Ländern, sondern der ganzen Welt große Hoffnung.

Die Zuversicht beruhte auf realen Erfolgen. In den Industrieländern war die Produktivität in den vorangegangenen Jahrzehnten so deutlich gestiegen, dass amerikanische, deutsche oder japanische Arbeitskräfte mittlerweile sehr viel mehr produzierten als zwanzig Jahre früher. Breite Bevölkerungsgruppen konnten sich neue Konsumgüter wie Autos, Kühlschränke, Fernsehgeräte und Telefone leisten. Zuvor tödliche Krankheiten wie Tuberkulose, Lungenentzündung und Typhus waren mit Antibiotika gezähmt worden. Die Amerikaner hatten von Atomreaktoren angetriebene U-Boote gebaut und schickten sich an, zum Mond zu fliegen. All das war von bahnbrechender Technologie ermöglicht worden.

Vielen war durchaus bewusst, dass diese Fortschritte nicht nur das Leben angenehmer machen, sondern auch neue Übel mit sich bringen konnten. Die Vorstellung, die Maschinen könnten sich gegen den Menschen erheben, war spätestens seit Mary Shelleys *Frankenstein* nicht mehr aus der Science-Fiction-Literatur wegzudenken. Eher unterschwellige, fast alltägliche Bedrohungen waren die zunehmende Umweltverschmutzung und Zerstörung von natürlichen Lebensräumen infolge der industriellen Produktion, und dasselbe galt für die Gefahr eines Atomkriegs – der ein Ergebnis der erstaunlichen Fortschritte in der angewandten Physik war. Dennoch betrachtete eine Generation, die darauf vertraute, dass die Technologie alle Probleme lösen würde, die Bürde des Wissens nicht als untragbar. Die Menschheit schien klug genug, um den Einsatz ihres Wissens zu beherrschen, und wenn die Innovation gesellschaftliche Kosten verursachte, bestand die Lösung darin, weitere nützliche Dinge zu erfinden.

Es gab die Sorge, dass »technologische Arbeitslosigkeit« drohte, ein Begriff, den der Ökonom John Maynard Keynes im Jahr 1930 prägte, um die Gefahr zu beschreiben, dass neue Produktionsmethoden den Bedarf an menschlichen Arbeitskräften verringern und zu Massenarbeitslosigkeit beitragen könnten. Keynes sah, dass die Fertigungstechnik in der Industrie weiter rasch verbessert werden würden, aber er erklärte: »Hiermit ist die Arbeitslosigkeit gemeint, die entsteht, weil unsere Entdeckung von Mitteln zur Einsparung von Arbeit schneller voranschreitet als unsere Fähigkeit, neue Verwendungen für Arbeit zu finden.«[6]

Keynes war nicht der Erste, der diese Sorge äußerte. David Ricardo, ein weiterer Gründervater der modernen Volkswirtschaftslehre, war anfangs optimistisch und überzeugt, die Technologie werde den Lebensstandard der Arbeiter stetig erhöhen. Im Jahr 1819 erklärte er vor dem britischen Unterhaus, dass »Maschinen die Nachfrage nach Arbeitskräften nicht verringern«.[7] Aber für die 1821 erschienene dritte Auflage seiner bahnbrechenden Arbeit *Über die Grundsätze der Politischen Ökonomie und der Besteuerung* ergänzte Ricardo ein neues Kapitel »Über Maschinerie«, in dem er schrieb: »Ich bin umso mehr verpflichtet, meine Meinung zu dieser Frage darzulegen, da diese durch weitere Überlegungen einen beträchtlichen Wandel erfahren hat.«[8] Wie er im selben Jahr in einem persönlichen Brief erklärte: »Könnten die Maschinen alle Arbeiten verrichten, die heute von Arbeitern geleistet werden, so gäbe es keine Nachfrage nach Arbeitskräften.«[9]

Aber die Bedenken von Ricardo und Keynes wirkten sich nicht nachhaltig auf die öffentliche Meinung aus. Ganz im Gegenteil: Als in den achtziger Jahren der Siegeszug des Computers und der digitalen Werkzeuge begann, wuchs die allgemeine Zuversicht. Am Ende des 20. Jahrhunderts schienen sich unbegrenzte Möglichkeiten für wirtschaftliche und soziale Fortschritte zu eröffnen. Bill Gates sprach vielen in der Tech-Branche aus der Seele, als er erklärte: »Die [digitalen] Technologien, mit denen wir es hier zu tun haben, schließen in Wahrheit sämtliche Kommunikationstechnologien ein, die in der Vergangenheit entwickelt wurden, darunter Rundfunk und Zeitungen. All diese Dinge werden durch etwas sehr viel Attraktiveres ersetzt werden.«[10]

Es mochte sich nicht immer alles wie erhofft entwickeln, aber Steve Jobs, einer der Gründer von Apple, fasste den Zeitgeist auf einer Konferenz im Jahr 2007 mit einer Aussage zusammen, die berühmt werden sollte: »Machen wir uns daran, die Zukunft zu erfinden, anstatt uns Sorgen über die Vergangenheit zu machen.«[11]

In Wahrheit waren die erwartungsfrohe Einschätzung von *Time* und die allgemeine Zuversicht angesichts der technologischen Entwicklung nicht nur übertrieben, sondern unvereinbar mit der Erfahrung der meisten Menschen in den Vereinigten Staaten nach 1980.

In den sechziger Jahren waren nur 6 Prozent der männlichen Amerikaner in der Altersgruppe zwischen 25 und 54 Jahren nicht auf dem Arbeitsmarkt, das heißt, sie waren Langzeitarbeitslose oder nicht auf Arbeitssuche. Heute beträgt dieser Anteil etwa 12 Prozent, was vor allem daran liegt, dass es Männern ohne Hochschulabschluss zunehmend schwerfällt, eine gut bezahlte Arbeit zu finden.

In der Vergangenheit hatten amerikanische Arbeitskräfte sowohl mit als auch ohne Hochschulausbildung Zugang zu »guten Jobs«, die nicht nur angemessen bezahlt wurden, sondern auch Arbeitsplatzsicherheit und Karrierechancen boten. Heute gibt es für Arbeitskräfte ohne Hochschulabschluss kaum noch solche Jobs. Dieser Wandel hat die wirtschaftlichen Aussichten von Millionen Amerikanern beeinträchtigt.

Eine besonders einschneidende Veränderung auf dem amerikanischen Arbeitsmarkt im letzten halben Jahrhundert betrifft die Lohnstruktur. In den Jahrzehnten nach dem Zweiten Weltkrieg wuchs die Wirtschaft rasch, was der gesamten Gesellschaft zugutekam. Arbeitskräfte aus allen Gesellschaftsgruppen und mit unterschiedlichsten Kenntnissen kamen in den Genuss rasch steigender Realeinkommen (das heißt inflationsbereinigter Einkommen). Das hat sich geändert. Die allgegenwärtigen digitalen Technologien haben Unternehmer, Manager und einige Unternehmer reich gemacht, aber die Reallöhne der meisten Arbeitnehmer sind kaum gestiegen. Arbeitskräfte ohne Hochschulbildung haben seit 1980 im Durchschnitt einen Rückgang ihres Realeinkommens hinnehmen müssen, und sogar die Einkommen von Beschäftigten mit Hochschulabschluss sind kaum gestiegen, wenn sie keine Graduiertenausbildung vorzuweisen haben.

Die neuen Technologien haben noch sehr viel größeren Anteil an der Zunahme der Ungleichheit. Infolge des Verschwindens guter Arbeitsplätze, die den meisten Arbeitskräften offenstanden, und des rasanten Anstiegs der Einkommen der wenigen, die als Informatiker, Ingenieure und Finanzexperten ausgebildet wurden, sind wir auf dem Weg zu einer Zweiklassengesellschaft, in der die Arbeitskräfte und die wenigen Personen, welche die Produktionsmittel kontrollieren und gesellschaftliche Anerkennung genießen, getrennt voneinander leben. Die Kluft zwischen beiden Gruppen wächst unablässig. Das sah der englische Schriftsteller H. G. Wells in *Die Zeitmaschine* voraus: Sein Roman ist eine Dystopie, in der die Technologie die Menschen so gründlich voneinander getrennt hat, dass sie sich zu zwei separaten Spezies entwickelt haben.

Das Problem ist nicht auf die Vereinigten Staaten beschränkt. Aufgrund eines besseren Schutzes von Arbeitskräften im Niedriglohnsektor, dank Tarifverträgen und akzeptablen Mindestlöhnen sind die Einkommen von gering qualifizierten Arbeitnehmern in Skandinavien, Frankreich oder Kanada nicht so deutlich gesunken wie in den Vereinigten Staaten. Dennoch hat die Ungleichheit auch in diesen Ländern zugenommen, und auch dort gibt es kaum noch gute Jobs für Arbeitskräfte ohne Hochschulabschluss.

Mittlerweile ist klar, dass wir die Bedenken von Ricardo und Keynes nicht ignorieren dürfen. Eine »technologische Arbeitslosigkeit« von katastrophalen

Ausmaßen ist ausgeblieben, und in den fünfziger und sechziger Jahren profitierten die Arbeitnehmer genauso vom Anstieg der Produktivität wie Unternehmer und Firmeninhaber. Aber mittlerweile sieht das Bild ganz anders aus: Die Ungleichheit nimmt rapide zu, und viele Lohnempfänger bleiben infolge des technologischen Fortschritts auf der Strecke.

Tatsächlich zeigen die Geschichte der letzten tausend Jahre und aktuelle Fakten deutlich: Neue Technologien bringen nicht automatisch allgemeinen Wohlstand mit sich. Ob die breite Bevölkerung Anteil an Wohlstandszuwächsen hat, hängt vielmehr von wirtschaftlichen, gesellschaftlichen und politischen Entscheidungen ab.

In diesem Buch untersuchen wir die Natur dieser Entscheidungen, die historischen und gegenwärtigen Belege für den Zusammenhang zwischen Technologie, Einkommen und Ungleichheit sowie die Frage, wie wir die Innovation nutzen können, um den Wohlstand aller Menschen zu erhöhen. Um das Fundament für diese Untersuchung zu legen, stellen wir in diesem Kapitel drei grundlegende Fragen:

- Wovon hängt es ab, ob neue Maschinen und Produktionsmethoden die Einkommen erhöhen?
- Was wäre nötig, um die Technologie für den Aufbau einer besseren Zukunft zu nutzen?
- Warum lenken die gegenwärtigen Überlegungen von Unternehmern und Visionären in der Techbranche die Welt in eine andere, besorgniserregende Richtung, insbesondere was die neue Begeisterung für die künstliche Intelligenz betrifft?

Die Sogwirkung des Fortschritts

Die Hoffnung, der technologische Fortschritt werde allen Menschen zugutekommen, beruht auf der weit verbreiteten Vorstellung, dass Produktivitätszuwächse eine »Sogwirkung« ausüben. Demnach erhöhen neue Maschinen und Produktionsmethoden nicht nur die Produktivität, sondern auch die Einkommen. Der technologische Fortschritt übt einen Sog aus, der die Einkommen nicht nur von Unternehmern und Kapitaleigentümern, sondern von allen Menschen nach oben zieht.

Die Ökonomen wissen seit Langem, dass die Nachfrage nach verschiedenen Tätigkeiten und damit nach verschiedenen Arten von Arbeitskräften unterschiedlich schnell wachsen kann, was zur Folge hat, dass Innovation die Ungleichheit erhöhen kann. Dennoch wird gemeinhin angenommen, dass eine Weiterentwicklung der Technologie den allgemeinen Wohlstand erhöhen wird, weil alle Menschen in gewissem Maß davon profitieren werden. Es wird davon ausgegangen, dass niemand vollkommen den Anschluss an die Technologie verliert, und vor allem wird sie niemanden ärmer machen. Um der zunehmenden Ungleichheit zu begegnen und den gemeinsamen Wohlstand zu festigen, müssen die Arbeitskräfte nach herkömmlicher Einschätzung einen Weg finden, um sich die Kenntnisse anzueignen, die benötigt werden, um mit neuen Technologien arbeiten zu können. Erik Brynjolfsson, ein anerkannter Technologieexperte, fasst es prägnant zusammen: »Was können wir tun, um Wohlstand für alle zu schaffen? Die Antwort ist nicht, die technologische Entwicklung zu bremsen. Anstatt gegen die Maschine zu kämpfen, müssen wir an der Seite der Maschine kämpfen. Das ist unsere große Herausforderung.«[12]

Die Theorie hinter der Sogwirkung der Produktivität ist einfach: Wenn Unternehmen produktiver werden, können sie mehr produzieren. Dafür brauchen sie mehr Arbeitskräfte, weshalb sie neue Mitarbeiter einstellen. Und wenn das viele Unternehmen gleichzeitig tun, treiben sie kollektiv die Löhne und Gehälter in die Höhe.

Tatsächlich geschieht das – allerdings nicht immer. Ein Beispiel für einen Fall, in dem es funktionierte, war die amerikanische Automobilproduktion in der ersten Hälfte des 20. Jahrhunderts. Zu jener Zeit zählte die Autoindustrie zu den dynamischsten Wirtschaftszweigen. Die Ford Motor Company und dann auch General Motors führten neue elektrische Maschinen ein, bauten effizientere Fabriken und brachten bessere Automodelle auf den Markt. Ihre Produktivität stieg rasant, und dasselbe galt für die Beschäftigtenzahl: Sie stieg von wenigen Tausend im Jahr 1899, als gerade einmal 2500 Autos gebaut wurden, auf mehr als 400 000 Arbeiter in den zwanziger Jahren. Im Jahr 1929 verkauften Ford und General Motors jeweils rund 1,5 Millionen Autos.[13] Die beispiellose Ausweitung der Automobilproduktion zog die Löhne in der gesamten amerikanischen Wirtschaft in die Höhe, und davon profitierten auch Arbeitskräfte, die kaum eine formale Ausbildung vorzuweisen hatten.

Über weite Strecken des 20. Jahrhunderts wuchs die Produktivität auch in anderen Branchen rasch, und die Reallöhne folgten. Bemerkenswert ist, dass die Einkommen von Hochschulabsolventen in den Vereinigten Staaten nach dem Zweiten Weltkrieg bis Mitte der siebziger Jahre beinahe im Gleichschritt mit den Löhnen von Arbeitskräften stiegen, die lediglich die Sekundarschule besucht hatten.

Leider lässt sich das, was dann geschah, nicht mit der Behauptung vereinbaren, die Sogwirkung sei so etwas wie ein Naturgesetz. Wie Produktivitätszugewinne verteilt werden, hängt von der Art der technologischen Veränderung und von den Regeln, Normen und Erwartungen in der Beziehung zwischen Unternehmensführung und Beschäftigten ab. Um zu verstehen, wie das funktioniert, müssen wir uns die beiden Vorgänge ansehen, die das Produktivitätswachstum mit dem Lohnanstieg koppeln. Zunächst erhöht ein Anstieg der Produktivität die Nachfrage nach Arbeitskräften, da die Unternehmen im Streben nach höheren Gewinnen mehr Arbeitskräfte einstellen, um die Produktion ausweiten zu können. Sodann müssen die Arbeitgeber aufgrund der erhöhten Nachfrage nach Arbeitskräften höhere Löhne anbieten, um Mitarbeiter anzulocken und an das Unternehmen zu binden. Doch wie wir in den folgenden Abschnitten erklären werden, gibt es leider keine Garantie dafür, dass dies geschehen wird.

Automatisierungsblues

Entgegen einer verbreiteten Vorstellung führt ein Anstieg der Produktivität nicht zwangsläufig zu einer höheren Nachfrage nach Arbeitskräften. Normalerweise wird die Produktivität als durchschnittliche Produktion pro Arbeitskraft definiert: als Gesamtproduktion dividiert durch die Gesamtbeschäftigung. Die Hoffnung ist natürlich, dass mit steigender Produktivität pro Beschäftigtem auch die Bereitschaft der Unternehmen zunehmen wird, neue Mitarbeiter einzustellen.

Aber eine höhere durchschnittliche Produktionsmenge pro Beschäftigtem gibt den Arbeitgebern noch keinen Anreiz, mehr Leute einzustellen. Den Unternehmen ist etwas anderes wichtig: die *Grenzproduktivität*, das heißt der zusätzliche Beitrag, den ein weiterer Mitarbeiter leisten wird, indem er die Produktionsmenge erhöht oder mehr Kunden betreut. Das Konzept der Grenzproduktivität unterscheidet sich von dem der Produktionsmenge oder der Einnahmen pro Arbeitskraft: Die Produktionsmenge pro Arbeitskraft kann steigen, während die Grenzproduktivität konstant bleibt oder sogar sinkt.

Den Unterschied zwischen Produktionsmenge pro Arbeitskraft und Grenzproduktivität können wir anhand der folgenden Prognose veranschaulichen: »Die Fabrik der Zukunft wird nur zwei Beschäftigte haben: einen Mann und einen Hund. Der Mann ist dafür da, den Hund zu füttern. Der Hund ist dafür da, den Mann daran zu hindern, die Maschinen anzurühren.«[14] Diese Fantasiefabrik könnte sehr viel produzieren, weshalb die durchschnittliche Produktivität – ihre Produktion geteilt durch die eine (menschliche) Arbeitskraft – sehr hoch wäre. Doch die Grenzproduktivität dieser Person ist verschwindend gering: Ihre Aufgabe ist es, den Hund zu füttern, was bedeutet, dass man sowohl auf den Hund als auch auf den Menschen verzichten könnte, ohne dass die Produktionsmenge erheblich sinken würde. Verbesserte Maschinen könnten die Menge, die mit dieser einen Arbeitskraft produziert wird, weiter erhöhen, aber wir dürfen annehmen, dass die Fabrikleitung keine Eile hätte, zusätzliche Arbeitskräfte und Hunde einzustellen oder den Lohn ihres einsamen Beschäftigten zu erhöhen.

Dies ist ein extremes Beispiel, aber es erklärt eine wichtige Tatsache. Wenn ein Autobauer bessere Modelle auf den Markt bringt – wie es Ford und General Motors in der ersten Hälfte des 20. Jahrhunderts taten –, wächst die Nachfrage nach den Autos dieses Herstellers, und sowohl die Einnahmen pro Beschäftigtem als auch die Grenzproduktivität der Arbeitskräfte steigen. Schließlich braucht das Unternehmen mehr Arbeitskräfte wie Schweißer und Lackierer, um die zusätzliche Nachfrage befriedigen zu können, und es wird diesen Arbeitskräften höhere Löhne zahlen, wenn das nötig ist, um sie an das Unternehmen zu binden. Doch was geschieht, wenn derselbe Autobauer Industrieroboter installiert? Roboter können die meisten Schweiß- und Lackierarbeiten übernehmen, und ihr Einsatz kostet weniger als Produktionsmethoden, für die eine größere Zahl von Arbeitskräften benötigt wird. Die Folge ist, dass die durchschnittliche Produktivität des Unternehmens deutlich steigt – doch es braucht weniger menschliche Schweißer und Lackierer.

Das ist ein allgemeines Problem. Viele neue Technologien, darunter Industrieroboter, erweitern die Zahl der Funktionen, die von Maschinen und Algorithmen erfüllt werden können, und verdrängen die mit diesen Tätigkeiten betrauten Arbeitskräfte. Die Automatisierung erhöht also die durchschnittliche Produktivität, während sie die Grenzproduktivität der Arbeitskräfte tatsächlich verringern kann.

Die Automatisierung bereitete Keynes Sorgen, und sie war kein neues Phänomen mehr, als er sich zu Beginn des 20. Jahrhunderts damit beschäftigte. Viele legendäre Neuerungen, die während der Industriellen Revolution in der britischen Textilbranche eingeführt wurden, dienten dazu, Fachkräfte durch neue Spinn- und Webmaschinen zu ersetzen.

Was für die Automatisierung gilt, gilt für viele Aspekte der Globalisierung. Bahnbrechende neue Kommunikationswerkzeuge und Neuerungen in der Transportlogistik haben in den letzten Jahren eine massive Umsiedlung von Produktionsfunktionen wie Montage und Kundendienst an weit entfernte Standorte ermöglicht, wo die Arbeitskosten geringer sind. Die Verlagerung der Produktion in Niedriglohnländer hat es Unternehmen wie Apple ermöglicht, ihre Kosten zu verringern und ihre Gewinne deutlich zu erhöhen. Ihre Produkte bestehen aus Teilen, die in vielen verschiedenen Ländern gefertigt und fast ausschließlich in Asien zusammengebaut werden. Gleichzeitig hat dieser Prozess in den Industrieländern Arbeitsplätze vernichtet und keine wesentliche Sogwirkung erzeugt.

Automatisierung und Produktionsverlagerung in Niedriglohnländer haben Produktivität und Gewinne der Unternehmen deutlich erhöht, ohne jedoch den allgemeinen Wohlstand in den entwickelten Ländern zu heben. Arbeitskräfte durch Maschinen zu ersetzen und Produktionsschritte in Niedriglohnländer zu verlagern sind nicht die einzigen Optionen zur Erhöhung der wirtschaftlichen Effizienz. Wie wir in den Kapiteln 5 bis 9 sehen werden, hat die Geschichte ein ums andere Mal gezeigt, dass es zahlreiche Möglichkeiten gibt, um die Produktionsmenge pro Arbeitskraft zu vergrößern. Einige Innovationen erhöhen die Beiträge der Arbeitskräfte zur Produktion beträchtlich, ohne dass eine Automatisierung oder Verlagerung der Arbeit nötig wäre. Beispielsweise steigert neue Software, die Automechaniker in ihrer Tätigkeit unterstützt und eine präzisere Arbeit ermöglicht, die Grenzproduktivität der Arbeitskräfte. Das unterscheidet sich grundlegend von der Installation von Industrierobotern mit dem Ziel, Menschen zu ersetzen.

Um die Grenzproduktivität der Arbeitskräfte anzuheben, müssen vor allem neue Tätigkeiten entwickelt werden. In der von Henry Ford vorangetriebenen umwälzenden Umstrukturierung der Automobilindustrie, die im zweiten Jahrzehnt des 20. Jahrhunderts begann, wurden zahlreiche Fertigungsschritte automatisiert. Gemeinsam mit den neuen Methoden der Massenproduktion und der Entwicklung von Fertigungsstraßen wurden zahlreiche neue Tätigkeiten in Design, Technik, Maschinenbedienung und Verwaltung eingeführt, was die Arbeitskräftenachfrage in der Industrie deutlich erhöhte (mehr dazu in Kapitel 7). Wenn neue Maschinen neue Einsatzgebiete für menschliche Arbeitskräfte schaffen, können diese zusätzliche Beiträge zur Produktion leisten, womit ihre Grenzproduktivität steigt.

Neue Tätigkeiten waren nicht nur für die Entstehung der amerikanischen Automobilproduktion unverzichtbar, sondern auch für das Beschäftigungs- und Einkommenswachstum in den vergangenen zwei Jahrhunderten. Viele der Berufe, die in den letzten Jahrzehnten besonders schnell gewachsen sind – MRT-Techniker, Netzwerkingenieure, Bediener computergestützter Maschinen, Softwareprogrammierer, IT-Sicherheitsexperten und Datenanalysten –, existierten vor achtzig Jahren nicht. Sogar Arbeitskräfte in Berufen, die es schon seit Langem gibt, beispielsweise Bankangestellte, Professoren oder Buchhalter, gehen heute einer Vielzahl von Tätigkeiten nach, die vor dem Zweiten Weltkrieg noch nicht existierten, darunter all jene, in denen Computer und moderne Kommunikationsausrüstung eingesetzt werden. In fast allen diesen Fällen sind infolge technologischer Fortschritte neue Tätigkeiten entstanden, die das Beschäftigungswachstum antreiben. Diese neuen Tätigkeiten tragen wesentlich zum Produktivitätswachstum bei, da sie die Einführung neuer Produkte und eine effizientere Reorganisation des Produktionsprozesses erlauben.

Die Entstehung neuer Tätigkeiten hat großen Anteil daran, dass sich die schlimmsten Befürchtungen von Ricardo und Keynes nicht bewahrheitet haben. Im 20. Jahrhundert schritt die Automatisierung schnell voran, ohne die Nachfrage nach Arbeitskräften zu verringern. Der Grund dafür war, dass sie von anderen Verbesserungen und von einer Reorganisation der Produktion begleitet wurde, die neue Tätigkeiten und Aufgaben für die Arbeitskräfte schufen.

Die Automatisierung in einem Industriezweig kann auch die Beschäftigung in diesem Bereich oder in der Gesamtwirtschaft erhöhen, sofern sie die Kosten senkt oder die Produktivität ausreichend erhöht. In diesem Fall können neue Arbeitsplätze entstehen, sei es, weil in derselben Industrie nicht automatisierte Tätigkeiten eingeführt werden oder weil die Aktivität in verbundenen Industrien zunimmt. In der ersten Hälfte des 20. Jahrhunderts stieg infolge des raschen Wachstums der Automobilproduktion die Nachfrage nach zahlreichen nicht automatisierten technischen und Bürotätigkeiten. Ebenso wichtig ist, dass der Produktionsanstieg in den Automobilwerken in diesen Jahrzehnten das Wachstum der Erdöl-, Stahl- und chemischen Industrie anregte (man denke nur an Benzin, Autokarosserien und Reifen). Die Massenproduktion von Autos revolutionierte außerdem die Möglichkeiten in Güter- und Personenbeförderung und führte damit angesichts der sich wandelnden Geografie der Städte zum Wachstum neuer Tätigkeiten in Einzelhandel, Unterhaltung und Dienstleistungen.

Hingegen werden nur wenige neue Arbeitsplätze entstehen, wenn die Produktivitätszuwächse infolge der Automatisierung gering sind – dies bezeichnen wir in Kapitel 9 als »So-lala-Automatisierung«. Beispielsweise erhöhen Selbstbedienungskassen in Supermärkten die Produktivität nur geringfügig, weil sie die Arbeit – das Einscannen der Artikel – lediglich von den Angestellten auf die Kunden verlagern. Wenn Selbstbedienungskassen eingeführt werden, sinkt die Zahl der Kassierer, aber das führt nicht zu einer Produktivitätserhöhung, die in anderen Bereichen die Schaffung neuer Arbeitsplätze anregen würde. Die Lebensmittel werden nicht billiger, die Lebensmittelproduktion steigt nicht, und das Leben der Kunden ändert sich nicht.

Ebenso unerfreulich für die Arbeitskräfte ist es, wenn neue Technologien in erster Linie der Überwachung dienen, wie es Jeremy Bentham in seinem Panoptikum vorsah. Eine bessere Überwachung der Beschäftigten kann die Produktivität geringfügig erhöhen, aber ihre vorrangige Funktion besteht darin, die Arbeitskräfte zu größerer Anstrengung anzutreiben und manchmal auch ihre Löhne zu senken, wie wir in den Kapiteln 9 und 10 sehen werden.

So-lala-Automatisierung und Überwachung der Arbeiter erzeugen keinen Produktivitätssog. Der Effekt ist auch bei Technologien, die durchaus nennenswerte Produktivitätszugewinne ermöglichen, eher schwach, wenn sich Eingriffe in erster Linie auf die Automatisierung konzentrieren und Arbeitskräfte verdrängen. Industrieroboter, die bereits die moderne Fertigung revolutioniert haben, haben für die Arbeitskräfte nur geringen oder überhaupt keinen Nutzen, wenn sie nicht mit anderen Technologien einhergehen, die neue Tätigkeiten und Chancen für menschliche Arbeitskräfte erzeugen. In einigen Fällen – ein Beispiel ist das industrielle Kerngebiet der amerikanischen Wirtschaft im Mittleren Westen – hat die rasche Einführung von Robotern stattdessen zu Massenentlassungen und einem anhaltenden regionalen Niedergang geführt.

All das verdeutlicht das vielleicht wichtigste Merkmal der Technologie: die *Wahlmöglichkeit*. Oft gibt es ungezählte mögliche Wege, um unser kollektives Wissen zur Verbesserung der Produktion zu nutzen, und noch mehr mögliche Richtungen, in die Neuerungen gelenkt werden können. Wollen wir digitale Werkzeuge für die Überwachung nutzen? Für die Automatisierung? Oder um die Arbeitskräfte in die Lage zu versetzen, neuen produktiven Tätigkeiten nachzugehen? Und auf welche zukünftigen Fortschritte werden wir uns konzentrieren?

Wenn die Sogwirkung von Produktivitätszuwächsen wenig ausgeprägt ist und autonome Korrekturmechanismen fehlen, die dafür sorgen könnten, dass der Ertrag von Produktivitätsgewinnen verteilt wird, haben diese Entscheidungen größere Tragweite – und jene, die sie fällen, erlangen sowohl wirtschaftlich als auch politisch größere Macht.

Der erste Schritt in der Kausalkette des Produktivitätssogs hängt also von spezifischen Entscheidungen ab: Die Akteure müssen die vorhandenen Technologien einsetzen und neue entwickeln, um die Grenzproduktivität der Arbeitskräfte zu erhöhen, anstatt lediglich die Arbeit zu automatisieren und Arbeitskräfte überflüssig zu machen oder die Überwachung zu verstärken.

Warum es wichtig ist, dass die Arbeitskräfte Macht haben

Leider genügt selbst ein Anstieg der Grenzproduktivität der Arbeitskräfte nicht, um dafür zu sorgen, dass Produktivitätszuwächse dank der Sogwirkung die Arbeitseinkommen und den Lebensstandard aller Beschäftigten anheben. Rufen wir uns den zweiten Schritt in der Kausalkette in Erinnerung: Eine steigende Nachfrage nach Arbeitskräften bewegt die Unternehmen dazu, höhere Löhne zu zahlen. Aber das geschieht nicht zwangsläufig. Dafür gibt es drei Gründe.

Der erste ist eine vom Zwang geprägte Beziehung zwischen Arbeitgeber und Beschäftigten. Die längste Zeit in der Menschheitsgeschichte waren die Arbeitskräfte in der Landwirtschaft unfrei: Sie waren Sklaven oder anderen Formen der Zwangsarbeit unterworfen. Wenn der Sklavenhalter eine höhere Arbeitsleistung aus seinen Sklaven herausholen will, muss er ihnen keinen höheren Lohn bezahlen: Er kann einfach die Zwangsmaßnahmen verstärken, um sie zu größerer Anstrengung zu bewegen und die Produktionsmenge zu erhöhen. Unter solchen Bedingungen haben selbst die Produktivitätszugewinne dank revolutionärer Neuerungen wie der Baumwollentkörnungsmaschine im Süden der Vereinigten Staaten nicht zwangsläufig zur Folge, dass alle Beteiligten profitieren. Selbst wenn die Landarbeiter keine Sklaven waren, konnte die Einführung neuer Technologien unter Bedingungen der Unterdrückung den Zwang erhöhen und zu einer weiteren Verarmung der Bauern führen, wie wir in Kapitel 4 sehen werden.

Zweitens wird selbst ein Arbeitgeber, der keinen offenen Zwang ausübt, möglicherweise infolge von Produktionszuwächsen keine höheren Löhne zahlen, wenn er nicht mit Konkurrenz konfrontiert ist. In vielen frühen Agrargesellschaften waren die Bauern gesetzlich an den Boden gebunden und konnten nicht anderswo nach einer Beschäftigung suchen. In Großbritannien war es Arbeitskräften noch im 18. Jahrhundert verboten, den Arbeitsplatz zu wechseln; versuchten sie, eine bessere Arbeit zu finden, wurden sie oft ins Gefängnis gesteckt. Wenn die einzige Option außerhalb des gegenwärtigen Beschäftigungsverhältnisses das Gefängnis ist, haben die Arbeitgeber normalerweise keine Veranlassung, eine großzügige Bezahlung anzubieten.

In der Geschichte finden wir zahlreiche Belege für diesen Zusammenhang. Im mittelalterlichen Europa erhöhten Windmühlen, eine verbesserte Fruchtfolge und der zunehmende Einsatz von Pferden die Produktivität in der Landwirtschaft erheblich. Doch der Lebensstandard der meisten Bauern stieg nicht oder nur geringfügig. Die zusätzlichen Erträge flossen stattdessen einer kleinen Elite zu und lösten einen massiven Bauboom aus, der die Errichtung monumentaler Kathedralen in ganz Europa ermöglichte. Als im 18. Jahrhundert in Großbritannien Industriemaschinen eingeführt wurden und Fabriken entstanden, stiegen die Löhne anfangs nicht; in vielen Fällen sank der Lebensstandard der Arbeiter und die Arbeitsbedingungen verschlechterten sich. Gleichzeitig erlangten die Fabrikbesitzer fabelhaften Reichtum.

Drittens hängt die Einkommensentwicklung oft nicht von den unpersönlichen Marktkräften ab. Vielmehr werden die Löhne zwischen Arbeitgebern und Arbeitnehmern ausgehandelt. In der heutigen Welt ist dies besonders bedeutsam. Ein modernes Unternehmen kann dank einer starken Marktposition, aufgrund von Größenvorteilen oder einer technologischen Führungsrolle oft beträchtliche Gewinne erzielen. Als die Ford Motor Company Anfang des 20. Jahrhunderts neue Fertigungstechniken für die Massenproduktion einführte und begann, hochwertige und billige Autos zu bauen, erzielte das Unternehmen gewaltige Gewinne. Der Firmengründer Henry Ford wurde zu einem der reichsten Unternehmer seiner Zeit. Die Ökonomen bezeichnen solche Riesenprofite als »ökonomische Renten« (oder einfach »Renten«), was bedeutet, dass sie über die normale Kapitalrendite hinausgehen, die Aktionäre angesichts der mit der Investition verbundenen Risiken erwarten würden. Sobald ökonomische Renten anfallen, werden die Arbeitslöhne nicht mehr einfach von den äußeren Marktkräften bestimmt, sondern auch vom potenziellen »Rent Sharing«, das heißt von der Fähigkeit der Beschäftigten, sich einen Teil dieser Gewinne zu sichern.

Eine Quelle von ökonomischen Renten ist die Marktmacht. In den meisten Ländern gibt es eine begrenzte Zahl von Profisportklubs, und der Marktzutritt wird normalerweise durch die Kapitalerfordernisse beschränkt. In den fünfziger und sechziger Jahren war Baseball in den Vereinigten Staaten ein rentables Geschäft, aber die Spieler erhielten keine hohen Gehälter, selbst als Fernseheinnahmen zu fließen begannen. Das änderte sich Ende der sechziger Jahre, als es den Spielern gelang, ihre Verhandlungsposition zu verbessern. Die Eigentümer der Baseballteams verdienen auch heute noch gut, aber sie müssen einen sehr viel größeren Teil ihrer ökonomischen Renten an die Sportler abgeben.

Manche Arbeitgeber teilen ihre ökonomischen Renten mit den Beschäftigten, um sich deren Wohlwollen zu sichern und sie zu größeren Anstrengungen zu motivieren; andere werden durch die geltenden gesellschaftlichen Normen dazu bewegt. Henry Ford führte am 5. Januar 1914 einen Mindestlohn von 5 Dollar am Tag ein, um den Absentismus zu verringern, seine Arbeiter an das Unternehmen zu binden und das Risiko von Streiks zu verringern. Seitdem gehen viele

Arbeitgeber ähnlich vor, insbesondere, wenn es schwierig ist, Arbeitskräfte zu finden und zu halten, oder wenn der Erfolg des Unternehmens von der Motivation der Belegschaft abhängt.

Ricardo und Keynes mochten sich in Einzelheiten täuschen, aber sie erkannten richtig, dass Produktivitätszugewinne nicht zwangsläufig und automatisch zu einer breiten Verteilung des Wohlstands führen. Dazu kommt es nur, wenn neue Technologien die Grenzproduktivität der Arbeitskräfte erhöhen und die Gewinne zwischen Unternehmen und Beschäftigten aufgeteilt werden.

Aber vor allem hängen die Ergebnisse von wirtschaftlichen, sozialen und politischen Entscheidungen ab. Neue Fertigungstechniken und Maschinen sind nicht zwangsläufig ein Segen. Es ist möglich, dass sie ausschließlich in den Dienst von Automatisierung und Überwachung gestellt werden, um die Arbeitskosten zu senken. Oder sie können neue Tätigkeiten hervorbringen und die Position der Arbeitnehmer stärken. Sie können geteilten Wohlstand oder extreme Ungleichheit hervorbringen, je nachdem, wie sie eingesetzt werden und welchen Zielen die Innovationsbemühungen dienen.

Im Prinzip sollte die Gesellschaft diese Entscheidungen kollektiv fällen. In der Praxis werden sie von Unternehmern, Managern, Visionären und manchmal Politikern gefällt. Von diesen Entscheidungen häng es ab, wer vom technologischen Fortschritt profitiert und wer darunter leidet.

Eingeschränkter Optimismus

Die Ungleichheit hat dramatisch zugenommen, viele Arbeitskräfte sind auf der Strecke geblieben, und die Sogwirkung von Produktivitätszuwächsen ist in den letzten Jahrzehnten ausgeblieben. Trotzdem gibt es Grund zur Hoffnung. Das Wissen der Menschheit ist gewaltig gewachsen, und es gibt beträchtlichen Spielraum, um aufbauend auf wissenschaftlichen Erkenntnissen allgemeinen Wohlstand zu schaffen – sofern wir den Fortschritt in eine andere Richtung lenken.

Jene, die überzeugt sind, der technologische Fortschritt biete Grund für Optimismus, haben in einem Punkt recht: Die digitalen Technologien haben bereits den wissenschaftlichen Prozess revolutioniert. Mittlerweile haben wir auf Tastendruck Zugang zum gesamten Wissen der Menschheit. Wissenschaftler können auf faszinierende Messinstrumente zugreifen, darunter das Rasterkraftmikroskope und der Magnetresonanztomograf. Die Computer können mittlerweile gewaltige Datenmengen auf eine Art und Weise verarbeiten, die noch vor dreißig Jahren unvorstellbar schien.

Die wissenschaftliche Forschung ist kumulativ: Forscher bauen auf der Arbeit ihrer Kollegen auf. Früher war die Verbreitung wissenschaftlicher Erkenntnisse ein langwieriger Prozess. Im 17. Jahrhundert informierten Gelehrte wie Galileo Galilei, Johannes Kepler, Isaac Newton, Gottfried Wilhelm Leibniz und Robert Hooke ihre Kollegen in Briefen über ihre Entdeckungen, und diese Mitteilungen brauchten Wochen oder sogar Monate, um ihren Empfänger zu erreichen. Nikolaus Kopernikus entwickelte das heliozentrische System, in dem die Erde um die Sonne kreist, im ersten Jahrzehnt des 16. Jahrhunderts. Im Jahr 1514 stellte Kopernikus seine Theorie fertig, aber sein einflussreichstes Werk, *Über die Umlaufbahnen der Himmelssphären*, erschien erst im Jahr 1543. Es dauerte fast ein Jahrhundert, bis Kepler und Galilei die Arbeit von Kopernikus fortsetzten, und dann vergingen mehr als zwei Jahrhunderte, bis die Erkenntnisse dieser Forscher allgemein anerkannt wurden.[15]

Heute reisen wissenschaftliche Entdeckungen mit Lichtgeschwindigkeit um den Erdball, vor allem, wenn das dringend nötig ist. Die Entwicklung von Impfstoffen zieht sich normalerweise über Jahre hin, aber Anfang des Jahres 2020 brauchte Moderna nach der Sequenzierung des Genoms des Virus SARS-CoV-2 dafür lediglich 42 Tage. Der gesamte Prozess von Entwicklung, Tests und Zulassung dauerte weniger als ein Jahr, und das Ergebnis war ein bemerkenswert sicherer und wirksamer Schutz vor der schweren Erkrankung, die COVID auslöste.[16] Die Hindernisse für die Weitergabe von Ideen und die Verbreitung technischer Kenntnisse waren nie so niedrig wie heute, und die kumulative Macht der Wissenschaft war nie größer.

Aber um aufbauend auf diesen Fortschritten das Leben von Milliarden Menschen in aller Welt verbessern zu können, müssen wir der technologischen Entwicklung eine andere Richtung geben. Zunächst müssen wir den blinden Technologieoptimismus unserer Tage hinterfragen, und anschließend müssen wir neue Wege zur Nutzung von Wissenschaft und Innovation finden.

Die gute und zugleich schlechte Nachricht lautet, dass die Nutzung von Wissen und Wissenschaft von der vorherrschenden Vision abhängt – davon, welche Vorstellung wir davon haben, wie wir Wissen in Methoden und technische Verfahren umwandeln können, die der Lösung spezifischer Probleme dienen. Unsere Vision wirkt sich auf unsere Entscheidungen aus, weil sie unsere Bestrebungen prägt. Von unserer Vision hängt es ab, welche Mittel wir einsetzen, um unsere Ziele zu erreichen, welche Optionen wir in Betracht ziehen und welche wir außer Acht lassen und wie wir Kosten und Nutzen unseres Vorgehens einschätzen. Es geht darum, welche Vorstellung wir von Technologien und ihren Segnungen sowie von möglichen schädlichen Wirkungen haben.

Die schlechte Nachricht ist, dass die Vision mächtiger Personen selbst unter den günstigsten Bedingungen einen unverhältnismäßig großen Einfluss darauf hat, was wir mit den vorhandenen Werkzeugen tun und in welche Richtung wir die Innovation lenken. Wie sich Technologien auswirken, hängt von den Interessen und Überzeugungen dieser Personen ab, während die übrige Gesellschaft die oft kostspieligen Konsequenzen tragen muss. Die gute Nachricht ist, dass sich Entscheidungen und Visionen ändern können.

Eine gemeinsame Vision der Innovatoren ist unverzichtbar, um Wissen anzuhäufen, und wirkt sich entscheidend darauf aus, wie wir Technologien einsetzen. Nehmen wir beispielsweise die Dampfmaschine, die zuerst die europäische und dann die Weltwirtschaft veränderte. Eine Reihe rasch aufeinanderfolgender Neuerungen ab dem 18. Jahrhundert entsprang einem gemeinsamen Verständnis des zu lösenden Problems: Wie konnte man Wärmeenergie nutzen, um mechanische Arbeit zu verrichten? Thomas Newcomen baute um das Jahr 1712 die erste Dampfmaschine, die breite Verwendung fand. Ein halbes Jahrhundert später verbesserten James Watt und sein Geschäftspartner Matthew Boulton Newcomens Design, indem sie durch die Trennung des Kondensators vom Zylinder den Wirkungsgrad der Maschine deutlich erhöhten. Diese Dampfmaschine war kommerziell sehr viel erfolgreicher.

Die gemeinsame Perspektive tritt in dem zutage, was diese Neuerer anstrebten und wie sie es zu erreichen versuchten: Sie wollten den Dampf nutzen, um einen Kolben in einem Zylinder hin und her zu bewegen und Antriebskraft zu erzeugen, und anschließend die Effizienz dieser Maschine erhöhen, damit sie in vielen verschiedenen Bereichen eingesetzt werden konnte. Die gemeinsame Vision versetzte sie nicht nur in die Lage, voneinander zu lernen, sondern sorgte auch dafür, dass sie das Problem ähnlich in Angriff nahmen. Sie konzentrierten sich in erster Linie auf das, was als atmosphärische Dampfmaschine bezeichnet wird: Durch das Wechselspiel von steigendendem Druck (durch heißen Dampf) und Druckabfall (Kondensation des Dampfs) im Zylinder wird der Kolben bewegt. Sie waren sich auch darin einig, andere Möglichkeiten auszuschließen, etwa die Hochdruck-Dampfmaschine, die Jacob Leupold im Jahr 1720 erstmals beschrieben hatte. Die Hochdruck-Dampfmaschine widersprach dem wissenschaftlichen Konsens des 18. Jahrhunderts, setzte sich im 19. Jahrhundert jedoch durch.[17]

Aufgrund ihrer gemeinsamen Vision waren die frühen Neuerer hoch motiviert und ließen sich nicht von ihrem Vorhaben abbringen. Sie hielten nicht inne, um über die möglichen Kosten der Neuerungen nachzudenken – beispielsweise über die Auswirkungen auf Kinder, die unter schwersten Bedingungen im

Kohlebergbau arbeiten mussten, als Dampfmaschinen eine bessere Drainage der Schächte ermöglichten.

Was für die Dampfmaschine gilt, gilt für alle anderen Technologien: Sie existieren nie unabhängig von einer Vision. Wir suchen nach Wegen, um Probleme zu lösen, mit denen wir konfrontiert sind (das gehört zur Vision). Wir stellen uns vor, welche Werkzeuge uns dabei helfen könnten (ebenfalls Vision). Aus den zahlreichen Möglichkeiten, die uns offenstehen, wählen wir eine Handvoll aus (ein weiterer Aspekt der Vision). Dann probieren wir alternative Zugänge aus und machen uns ausgehend von den Erkenntnissen daran, zu experimentieren und Neuerungen einzuführen. Dieser Prozess ist mit Rückschlägen, Kosten und mit einiger Sicherheit auch mit unbeabsichtigten Folgen verbunden, darunter möglicherweise menschliches Leid. Ob wir uns dadurch bremsen lassen oder vielleicht sogar zu der Überzeugung gelangen, dass wir unseren Traum aufgeben müssen, ist ein weiterer Bestandteil der Vision.

Aber wovon hängt es ab, welche technologische Vision sich durchsetzt? Es stimmt, dass wir entscheiden müssen, wie wir unser kollektives Wissen am besten nutzen können, aber es geht nicht nur um technische Faktoren oder um die Frage, was unter rein technischen Gesichtspunkten sinnvoll ist. Die Entscheidung ist im Grunde eine Machtfrage – von der Fähigkeit, andere zu überzeugen, wie wir in Kapitel 3 sehen werden –, denn welche Personen profitieren, hängt davon ab, welche Wahl getroffen wird. Verschiedene Entscheidungen kommen verschiedenen Personen zugute. Wer größere Macht hat, wird eher in der Lage sein, andere von seiner Vorstellung zu überzeugen, und diese wird in den meisten Fällen seinen Interessen entsprechen. Und wer es schafft, seine Vorstellungen in eine von anderen mitgetragene Vision zu verwandeln, vergrößert seine Macht und festigt seine gesellschaftliche Position.

Lassen wir uns nicht von den gewaltigen technologischen Errungenschaften der Menschheit täuschen. Gemeinsame Visionen können sich leicht in eine Falle verwandeln. Unternehmen nehmen Investitionen vor, die nach Einschätzung ihres Managements ihre Erträge erhöhen werden. Wenn ein Unternehmen beispielsweise in neue Computer investiert, bedeutet dies zwangsläufig, dass mit diesen Geräten höhere Einnahmen erzielt werden können, welche die Anschaffungskosten der Computer übersteigen werden. Aber in einer Welt, in der unser Handeln von gemeinsamen Visionen gelenkt wird, gibt es keine Garantie dafür, dass der Nutzen die Kosten übersteigen wird. Wenn alle Welt zu der Überzeugung gelangt, dass KI-Technologie gebraucht wird, werden die Unternehmen in künstliche Intelligenz investieren, selbst wenn es andere Möglichkeiten zur Organisation der Produktion gibt, die möglicherweise größeren Nutzen erbrächten.

Wenn die meisten Forscher an einer bestimmten Methode zur Erhöhung der Intelligenz von Maschinen arbeiten, werden andere vertrauensvoll oder sogar blind ihrem Beispiel folgen.

Diese Probleme haben noch gravierendere Auswirkungen, wenn wir es mit »Allzwecktechnologien« wie Elektrizität oder Computern zu tun haben. Solche Technologien stellen eine Plattform dar, auf der unzählige Anwendungen entwickelt werden können, die für viele Branchen und Personengruppen nützlich sein, aber manchmal auch Kosten verursachen können. Diese Plattformen ermöglichen viele verschiedene Entwicklungspfade.

Beispielsweise war die Elektrizität nicht nur eine billigere Energiequelle, sondern sie ebnete auch den Weg für neue Produkte wie Radios, Haushaltsgeräte, Kinos und Fernsehgeräte. Sie brachte die Einführung neuer elektrischer Maschinen mit sich. Sie ermöglichte eine grundlegende Neuorganisation von Fabriken, die besser beleuchtet waren und eigene Stromquellen für einzelne Maschinen besaßen, und führte zur Entstehung neuer technischer und Präzisionstätigkeiten. Die von der Elektrizität ermöglichten Fortschritte in der Fertigungstechnik erhöhten die Nachfrage nach Rohstoffen und anderen Industrieinputs wie Chemikalien und fossilen Brennstoffen sowie nach Einzelhandels- und Transportdienstleistungen. Es wurden auch neuartige Produkte eingeführt, darunter neu entwickelte Kunststoffe, Farben, Metalle und Fahrzeuge, die anschließend in anderen Industrien eingesetzt wurden. Gleichzeitig ebnete die Elektrizität den Weg für eine sehr viel intensivere Umweltverschmutzung durch die Industrieproduktion.

Allzwecktechnologien können auf ganz unterschiedliche Art entwickelt werden, aber wenn eine gemeinsame Vision einmal ein bestimmtes Ziel vorgegeben hat, wird es schwierig, von der vorgegebenen Richtung abzuweichen und andere Wege einzuschlagen, die größeren gesellschaftlichen Nutzen haben könnten. Die große Mehrheit der Menschen, auf die sich die Entscheidungen auswirken werden, wird nicht nach ihrer Meinung gefragt. Die Folge ist, dass die Ausrichtung des Fortschritts gesellschaftlich unausgewogen ist – mächtige Entscheidungsträger, die ihrer Vision Geltung verschaffen können, haben großen Einfluss auf die Richtung, während jene, die keine Stimme haben, benachteiligt werden.

Man nehme die Entscheidung der Kommunistischen Partei Chinas (KPCh), ein »Sozialkreditsystem« einzuführen, in dem Daten über Personen, Unternehmen und Regierungsbehörden gesammelt werden, um ihre »Zuverlässigkeit« und ihre Bereitschaft, sich an die Vorgaben der Partei zu halten, beurteilen zu können. Dieses im Jahr 2009 auf lokaler Ebene eingeführte Überwachungssystem dient dazu, Menschen und Unternehmen, deren Meinungsäußerungen (zum Beispiel in sozialen Netzwerken) von der Parteilinie abweichen, auf eine schwarze Liste zu setzen und ihre Bürgerrechte einzuschränken. Gefällt wurde diese Entscheidung, die sich auf das Leben von 1,4 Milliarden Menschen auswirkt, von einer kleinen Gruppe von Parteiführern. Jene, deren Meinungs- und Versammlungsfreiheit, Bildungschancen, Aussichten auf eine Tätigkeit im Staatsdienst, Reisefreiheit und sogar Ansprüche auf staatliche Leistungen und Wohnung von ihrer Bewertung im Sozialkreditsystem abhängen, wurden nicht gefragt, was sie von diesem System hielten.[18]

Solche Dinge geschehen nicht nur in Diktaturen. Im Jahr 2018 kündigte Mark Zuckerberg, der Gründer und Geschäftsführer (CEO) von Facebook, die Absicht des Unternehmens an, seinen Algorithmus zu ändern, um den Nutzern »sinnvolle soziale Interaktionen« zu ermöglichen.[19] In der Praxis bedeutete das, dass der Algorithmus der Plattform Posts anderer Nutzer – darunter insbesondere Familienmitglieder und Freunde – Vorrang vor Mitteilungen von Nachrichtenmedien und etablierten Marken einräumen würde. Der Zweck der Änderung bestand darin, die Leute zu mehr Beteiligung zu bewegen, weil Facebook festgestellt hatte, dass die Nutzer eher Posts von Personen aus ihrem persönlichen Umkreis öffneten. Doch das wichtigste Ergebnis dieser Veränderung war, dass die politische Polarisierung zunahm und mehr Falschinformationen in Umlauf gebracht wurden, da sich Lügen und irreführende Posts rasch auf dem sozialen Netzwerk verbreiteten. Die Änderung wirkte sich nicht nur auf die fast 2,5 Milliarden Nutzer der Plattform aus: Auch Milliarden Menschen, die Facebook nicht nutzten, waren indirekt von den politischen Auswirkungen der Desinformation betroffen. Die Entscheidung wurde von Zuckerberg, seiner Co-Geschäftsführerin Sheryl Sandberg und einigen leitenden Ingenieuren und Managern gefällt. Die Facebook-Nutzer und die Bürger der betroffenen Demokratien wurden nicht konsultiert.

Was gab den Anstoß zu den Entscheidungen der chinesischen Parteiführung und des Facebook-Managements? Sie wurden nicht von der Natur von Wissenschaft und Technologie vorgegeben. Auch waren sie nicht der naheliegende nächste Schritt in einem unaufhaltsamen Ablauf des Fortschritts. In beiden Fällen sehen wir, dass die Interessen bestimmter Gruppen – in dem einen Fall der Wunsch, abweichende Meinungen zu unterdrücken, in dem anderen das Bestreben, die Werbeeinnahmen zu erhöhen – schädliche Auswirkungen hatten. Wesentlichen Einfluss auf diese Entscheidungen hatte die Vorstellung der führenden Personen davon, wie die Gemeinschaft organisiert werden und was Vorrang haben sollte. Aber noch wichtiger war, dass hier Technologie eingesetzt wurde, um Kontrolle auszuüben: Kontrolle über die politischen Ansichten der Bevölkerung im Fall Chinas und über die Daten und die sozialen Aktivitäten der Nutzer im Fall Facebooks.

Das erkannte H. G. Wells im Gegensatz zu Francis Bacon (der allerdings 275 Jahre früher schrieb und daher die Auswirkungen des rasanten Fortschritts nicht erlebte): Die Technologie dient der Kontrolle nicht nur über die Natur, sondern oft auch über andere Menschen. Und es ist nicht einfach so, dass manche Gruppen mehr vom technologischen Wandel profitieren als andere. Noch wichtiger ist, dass es von der Art der Organisation der Produktion abhängt, welche Menschen mehr Macht erhalten und welche entmachtet werden.

Dasselbe gilt für die Richtung der Innovation in anderen Bereichen. Viele Unternehmer und Manager wollen die Überwachung automatisieren oder verstärken, weil sie so den Produktionsprozess besser steuern, die Lohnkosten senken und die Macht der Beschäftigten einschränken können. Die Nachfrage nach Überwachungslösungen schafft einen Anreiz zur Konzentration der Innovationsbemühungen auf Automatisierung und Überwachung, selbst wenn die Entwicklung anderer Technologien, die den Beschäftigten zugutekommen würden, zu einem größeren Produktionsanstieg führen und eine bessere Verteilung des Wohlstands bewirken könnte.

In diesen Fällen werden der Gesellschaft unter Umständen sogar Visionen aufgezwungen, die einzelne mächtige Personen bevorzugen. Solche Visionen versetzen Unternehmensführer und technologische Vorreiter in die Lage, ihren Reichtum, ihre politische Macht oder ihren Status zu erhöhen. Diese Eliten können zu der Überzeugung gelangen, dass das, was für sie selbst gut ist, auch im Interesse der Allgemeinheit ist. Unter Umständen glauben sie sogar, dass jegliches Leid, das ihr an sich richtiges Vorgehen verursache, ein Preis sei, der für den Fortschritt gezahlt werden müsse – vor allem, wenn jene, die den größten Teil der Kosten tragen müssen, keine Stimme haben. Von einer eigennützigen Vision angetrieben, leugnen die mächtigen Personen, dass es in Wahrheit viele verschiedene Wege gäbe, die zu sehr unterschiedlichen Resultaten führen würden. Möglicherweise reagieren sie sogar erbost, wenn sie auf die Existenz von Alternativen hingewiesen werden.

Können wir nichts dagegen tun, dass Menschen ohne ihre Einwilligung schädliche Visionen aufgezwungen werden? Ist es unmöglich, die gesellschaftliche Unausgewogenheit des technologischen Fortschritts zu verringern? Sind wir in einem unveränderlichen Kreislauf gefangen, in dem übermäßig zuversichtliche Visionen unsere Zukunft prägen, ohne dass ihre schädlichen Auswirkungen berücksichtigt werden?

Nein. Es gibt durchaus Grund zur Hoffnung, denn die Geschichte lehrt uns auch, dass sich eine Vision durchsetzen kann, in die breiter gefächerte Vorstellungen einfließen und die den Auswirkungen auf alle Menschen Rechnung trägt.

Es wird eher gelingen, gemeinsamen Wohlstand aufzubauen, wenn Unternehmer und Technologiepioniere von Gegenkräften zur Rechenschaft gezogen werden, damit Produktionsmethoden und Innovationen in eine Richtung gelenkt werden, die den Bedürfnissen der Arbeitskräfte entspricht.

Auch wenn eine Vision von breiten Gesellschaftsgruppen geteilt wird, kommen wir nicht umhin, einige unangenehme Fragen zu stellen, darunter die, ob die Vorteile für einen Teil der Menschen rechtfertigen, dass einem anderen Teil Kosten aufgebürdet werden. Aber solche Visionen sorgen zumindest dafür, dass die Konsequenzen gesellschaftlicher Entscheidungen umfassend untersucht werden, ohne jene zum Schweigen zu bringen, die nicht davon profitieren.

Es hängt auch von uns ab, ob sich eigennützige, beschränkte Visionen oder solche durchsetzen, die von einem größeren Teil der Gesellschaft getragen werden. Das Ergebnis hängt davon ab, ob es Gegenkräfte gibt und ob sich jene, die sich nicht in den Korridoren der Macht bewegen, zusammenschließen können, um ihrer Stimme Gehör zu verschaffen. Wenn wir vermeiden wollen, dass uns mächtige Eliten ihre Visionen aufzwingen, müssen wir Wege finden, um ihrem Einfluss alternative Quellen der Macht gegenüberzustellen und ihrem Eigennutz mit einer inklusiven Vision zu begegnen. Leider wird das im Zeitalter der künstlichen Intelligenz schwieriger.

Die Entdeckung des neuen Feuers

Das Feuer veränderte das Leben der frühen Menschen vollkommen. In Swartkrans, einer Höhle in Südafrika, wurden Knochen von Hominiden ausgegraben, die von Raubtieren – Großkatzen oder Bären – gefressen worden waren. Für die damaligen Spitzenprädatoren müssen Menschen eine leichte Beute gewesen sein. Dunkle Höhlen waren besonders gefährliche Orte, und unsere Vorfahren mieden sie tunlichst. In einer jüngeren Fundschicht lieferte Holzkohle, die etwa eine Million Jahre alt ist, einen der frühesten Belege für die Existenz von Feuerstellen. Die archäologischen Funde zeigen, dass sich die Kräfteverhältnisse ab diesem Zeitpunkt umkehrten: Von nun an gehören die meisten Knochen zu anderen Tieren. Die Kontrolle über das Feuer versetzte die Hominiden in die Lage, sich Höhlen anzueignen und sie zu verteidigen, womit sie einen Vorteil gegenüber anderen Räubern erlangten.[20]

Keine in den letzten 10 000 Jahren entwickelte Technologie hat annähernd so tiefgreifende Auswirkungen darauf gehabt, was wir tun und wer wir sind. Doch jetzt gibt es einen Kandidaten für eine ähnlich umwälzende Technologie, zumindest, wenn es nach ihren Anhängern geht: die künstliche Intelligenz (KI). Google-Chef Sundar Pichai sagt es deutlich: »Die KI ist wahrscheinlich das Wichtigste, woran die Menschheit je gearbeitet hat. Ich denke, ihre Auswirkungen sind umwälzender als die von Elektrizität oder Feuer.«[21]

Als künstliche Intelligenz wird jener Bereich der Informatik bezeichnet, in dem »intelligente« Maschinen entwickelt werden, womit Maschinen und Algorithmen (Problemlösungsanweisungen) gemeint sind, die hoch entwickelte Fähigkeiten an den Tag legen. Noch vor wenigen Jahrzehnten hätten es die meisten Menschen für unmöglich gehalten, dass intelligente Maschinen eines Tages jene Art von Aufgaben bewältigen könnten, die ihnen heute übertragen werden. Beispiele dafür sind Gesichtserkennungssoftware, Suchmaschinen, die erraten können, was wir zu finden versuchen, und Empfehlungssysteme (Empfehlungsdienste), die uns die Produkte zuweisen, an denen wir am ehesten Freude haben oder die wir zumindest kaufen werden. Viele Systeme verwenden mittlerweile irgendeine Form von Sprachverarbeitung, um zwischen gesprochenen oder geschriebenen Fragen und dem Computer zu vermitteln. Apples Siri und die Suchmaschine von Google sind Beispiele für KI-gestützte Systeme, die täglich rund um den Erdball genutzt werden.

Die Anhänger der künstlichen Intelligenz verweisen auf einige beeindruckende Leistungen. KI-Programme können Tausende verschiedene Objekte und Bilder erkennen und einfache Aussagen in mehr als hundert Sprachen übersetzen. Sie helfen bei der Krebsdiagnose, und manchmal sind sie zu besseren Investments imstande als erfahrene Finanzanalysten. Sie können Rechtsanwälten und ihren Kanzleimitarbeitern dabei helfen, Tausende Dokumente nach relevanten Präzedenzfällen zu durchforsten. Sie können gesprochene Anweisungen in Programmcode umwandeln. Sie können sogar neue Musikstücke komponieren, die beängstigende Ähnlichkeit mit Werken von Johann Sebastian Bach haben. Und sie können (langweilige) Zeitungsartikel schreiben.

Im Jahr 2016 stellte die KI-Firma DeepMind das Computerprogramm AlphaGo vor, das einen der beiden besten Go-Spieler der Welt besiegte. Ein Jahr später wurde das Schachprogramm AlphaZero eingeführt, das jeden Schachgroßmeister schlagen kann. Bemerkenswert ist, dass AlphaZero ein selbstlernendes Programm ist, das jedem menschlichen Gegner überlegen war, nachdem es nur neun Stunden gegen sich selbst gespielt hatte.

Von diesen Triumphen der künstlichen Intelligenz beflügelt, gehen ihre Anhänger mittlerweile davon aus, dass sie sich vorteilhaft auf sämtliche Lebensbereiche auswirken wird. Angeblich wird sie die Menschheit wohlhabender und gesünder machen und in die Lage versetzen, weitere erstrebenswerte Ziele zu erreichen. Wie es im Untertitel eines aktuellen Buchs zum Thema heißt: »Die künstliche Intelligenz wird alles verwandeln.« Oder wie Kai-Fu Lee, der ehemalige Präsident von Google, meint: »Die künstliche Intelligenz könnte umwälzendere Auswirkungen haben als jede andere Technologie in der Geschichte der Menschheit.«[22]

Aber möglicherweise gibt es ein Haar in der Suppe. Was, wenn die KI die Arbeitswelt, in der die meisten von uns ihren Lebensunterhalt verdienen, auf den Kopf stellt und die Einkommens- und Arbeitsungleichheit vertieft? Was, wenn ihre wesentliche Wirkung nicht darin besteht, die Produktivität zu erhöhen, sondern darin, den gewöhnlichen Menschen Macht und Wohlstand zu entziehen und denen zu übertragen, welche die Daten kontrollieren und die wesentlichen Entscheidungen in den Unternehmen fällen? Was, wenn die KI gleichzeitig zur Verarmung von Milliarden Menschen in den Entwicklungsländern führt? Was, wenn sie bestehende Voreingenommenheit zum Beispiel aufgrund der Hautfarbe vertieft? Was, wenn sie demokratische Institutionen zerstört?

Es gibt zahlreiche Hinweise darauf, dass all diese Bedenken begründet sind. Die Entwicklung der künstlichen Intelligenz scheint nicht nur in den Industrieländern, sondern in aller Welt die Ungleichheit zu verschärfen. Gestützt auf die massenhafte Datensammlung von Techbranche und autoritären Staaten, erstickt die KI die Demokratie und stärkt die Autokratie. Wie wir in den Kapiteln 9 und 10 sehen werden, wirkt sie sich tiefgreifend auf die wirtschaftlichen Abläufe aus, obwohl sie in ihren gegenwärtigen Einsatzgebieten wenig zur Erhöhung unserer Produktivität beiträgt. Alles in allem scheint die neue Begeisterung für die künstliche Intelligenz lediglich den Optimismus bezüglich der Technologie zu verstärken, selbst wenn sie in erster Linie der Automatisierung, Überwachung und Entmachtung des gewöhnlichen Menschen dient, die in der digitalen Welt bereits allgegenwärtig ist.

Die führenden Köpfe der Techbranche wollen von solchen Bedenken nichts hören. Sie wiederholen ein ums andere Mal, die KI werde gut für uns sein. Wenn sie Schäden anrichte, so handle es sich um unvermeidliche vorübergehende Probleme, die leicht zu beheben seien. Wenn sie einen Teil der Menschheit zu Verlierern mache, sei die Lösung einfach mehr KI. Beispielsweise glaubt Demis Hassabis, einer der Gründer von DeepMind, nicht nur, dass sich die künstliche Intelligenz »als die bedeutendste Technologie erweisen wird, die je erfunden wurde«, sondern er vertraut auch darauf, dass sie, »indem sie unsere Fähigkeit, die Fragen Wie und Warum zu stellen, vertieft, die Grenzen des Wissens hinausschieben und neue Wege zu wissenschaftlichen Entdeckungen erschließen wird, womit sie das Leben von Milliarden Menschen verbessern wird«.[23]

Hassabis ist nicht der Einzige, der so denkt. Zahlreiche Experten stellen ähnliche Behauptungen auf. Robin Li, Mitgründer der chinesischen Internetsuchfirma Baidu und Investor in weiteren führenden KI-Unternehmen, erklärt: »Die intelligente Revolution ist eine gutartige Revolution der Produktion und des Lebensstils sowie eine Revolution unserer Denkweise.«[24]

Viele gehen noch weiter. Ray Kurzweil, ein bekannter Manager, Erfinder und Autor, verbreitet die zuversichtliche Botschaft, die auf künstlicher Intelligenz beruhenden Technologien seien auf dem besten Weg, »Superintelligenz« oder die »Singularität« zu erlangen – was bedeutet, dass wir unbegrenzten Wohlstand und alle unsere materiellen Ziele sowie vielleicht auch einige nichtmaterielle erreichen werden. Er glaubt, dass KI-Programme die Leistungsfähigkeit des menschlichen Verstands um ein Vielfaches übersteigen und schließlich eigenständig weitere übermenschliche Fähigkeiten entwickeln werden – oder sogar in der Lage sein werden, mit dem Menschen zu verschmelzen und Übermenschen hervorzubringen.[25]

Der Fairness halber soll gesagt werden, dass nicht alle führenden Köpfe der Techbranche derart zuversichtlich sind. Die Milliardäre Bill Gates und Elon Musk haben ihre Sorge über die Möglichkeit einer irregeleiteten und vielleicht sogar bösartigen Superintelligenz und die Auswirkungen einer unkontrollierten KI-Entwicklung auf die Zukunft der Menschheit geäußert. Aber Gates und Musk, die beide schon einmal den Titel der »reichsten Person der Welt« trugen, sind sich mit Hassabis, Li, Kurzweil und vielen anderen in einem einig: Die meiste Technologie verbessert das Leben der Menschen, und wir brauchen die Technologie und insbesondere die digitale Technologie, wenn wir die Probleme der Menschheit lösen wollen. Hassabis erklärt: »Entweder das menschliche Verhalten muss exponentiell verbessert werden – weniger Eigennutz, weniger kurzfristiges Denken, mehr Zusammenarbeit, mehr Großzügigkeit –, oder die Technologie muss exponentiell verbessert werden.«[26]

Diese Visionäre stellen nicht die Frage, ob der technologische Wandel immer als Fortschritt betrachtet werden kann. Für sie ist es selbstverständlich, dass mehr Technologie die Antwort auf unsere gesellschaftlichen Probleme ist. In ihren Augen müssen wir uns nicht allzu viele Gedanken über die Milliarden Menschen machen, die anfangs zurückbleiben werden, denn auch diese Menschen werden über kurz oder lang von der Entwicklung profitieren. Wir müssen den Fortschritt vorantreiben. Reid Hoffman, der Mitgründer von LinkedIn, drückt es so aus: »Könnte es sein, dass uns zwanzig schlechte Jahre bevorstehen? Natürlich. Aber wenn wir uns für den Fortschritt einsetzen, wird unsere Zukunft besser sein als unsere Gegenwart.«[27]

Dieses unerschütterliche Vertrauen in die Fähigkeit der Technologie zur Verbesserung des menschlichen Schicksals ist nicht neu, wie wir bereits im Vorwort gesehen haben. Wie Francis Bacon und jene, die die Gründungsgeschichte des Feuers erzählen, neigen wir dazu, in der Technologie die Chance zu sehen, in der Auseinandersetzung mit der Natur den Spieß umzudrehen. Dank des Feuers verwandelten wir uns von einem wehrlosen Beutetier in das zerstörerischste Raubtier auf der Erde. Wir betrachten viele Technologien durch diese Linse: Wir besiegen die Entfernung mit dem Rad, die Dunkelheit mit der Elektrizität und die Krankheit mit der Medizin.

Doch diesen Annahmen zum Trotz sollten wir nicht davon ausgehen, dass der gewählte Weg allen zugutekommen wird, denn die Sogwirkung der Produktivität ist oft schwach und nie automatisch. Gegenwärtig sehen wir keinen unaufhaltsamen Fortschritt zum Gemeinwohl, sondern eine einflussreiche Vision der mächtigsten Vorreiter der Technologie. Im Mittelpunkt dieser Vision stehen Automatisierung, Überwachung und massenhafte Datensammlung, die den gemeinsamen Wohlstand untergraben und die Demokratie schwächen. Es ist kein Zufall, dass diese Vision auch Reichtum und Macht dieser kleinen Elite auf Kosten der gewöhnlichen Menschen vergrößert.

Diese Dynamik hat bereits eine neue Visionsoligarchie hervorgebracht: eine geschlossene Gesellschaft von Pionieren der Techbranche, die ähnliche Werdegänge, ähnliche Weltbilder und Leidenschaften und leider auch ähnliche Schwachpunkte haben. Es kann von einer Oligarchie gesprochen werden, denn es handelt sich um eine kleine Gruppe von Personen, die ähnlich denken, die gesellschaftliche Macht monopolisieren und die zerstörerischen Auswirkungen dieses Machtmonopols auf jene außer Acht lassen, die keine Stimme und keine Macht haben. Diese Gruppe verdankt ihren Einfluss nicht Panzern und Raketen, sondern ihrem Zugang zu den Korridoren der Macht und ihrer Fähigkeit, auf die öffentliche Meinung einzuwirken.

Die große Überzeugungskraft dieser Visionsoligarchie beruht auf der Tatsache, dass sie gewaltige geschäftliche Erfolge vorzuweisen hat. Außerdem verfügt sie über ein verlockendes Narrativ von Überfluss und Beherrschung der Natur dank neuer Technologien, insbesondere dank der exponentiell wachsenden Leistungsfähigkeit der künstlichen Intelligenz. Die Oligarchie hat ein verschrobenes Charisma. Vor allem üben diese modernen Oligarchen große Faszination auf die einflussreichen Hüter der öffentlichen Meinung aus, nämlich auf Journalisten, andere Unternehmensleiter, Politiker, Wissenschaftler und verschiedenste Intellektuelle. Die Visionsoligarchie sitzt immer am Tisch, wenn über wichtige Themen debattiert wird.

Wir müssen diese moderne Oligarchie an die Kandare nehmen, und das nicht nur, weil wir am Abgrund stehen. Es ist an der Zeit zu handeln, denn eines haben diese mächtigen Personen richtig erkannt: Es liegen verblüffende Werkzeuge bereit, und die digitalen Technologien können die Möglichkeiten der Menschheit deutlich erweitern. Aber das wird nur geschehen, wenn wir diese Werkzeuge in den Dienst der Menschen stellen. Und Voraussetzung dafür ist, dass wir das Weltbild der führenden Köpfe der globalen Techbranche in Frage stellen. Dieses Weltbild beruht auf einer eigentümlichen – und falschen – Deutung der Geschichte und einer unzutreffenden Vorstellung davon, wie sich die Innovation auf die Menschheit auswirkt. Beginnen wir mit einer Neubewertung dieser Geschichte.

Der Plan für das restliche Buch

In der weiteren Untersuchung werden wir die in diesem Kapitel eingeführten Konzepte weiterführen und die wirtschaftlichen und gesellschaftlichen Entwicklungen des letzten Jahrtausends als Ergebnisse der Auseinandersetzung über die Ausrichtung der Technologie und der gewählten Art von Fortschritt interpretieren. Wir werden untersuchen, wer warum gewann oder verlor. Da wir uns auf Technologien konzentrieren, bezieht sich der Großteil dieser Untersuchung auf jene Weltregionen, in denen die wichtigsten und folgenreichsten technologischen Veränderungen stattfanden. Wir werden uns zunächst mit der Entwicklung der Landwirtschaft in Westeuropa und China, anschließend mit der Industriellen Revolution in Großbritannien und den Vereinigten Staaten und schließlich mit dem Siegeszug der digitalen Technologien in den Vereinigten Staaten und China beschäftigen. Wir werden auch sehen, dass verschiedene Länder manchmal verschiedene Wege einschlagen, und untersuchen, wie sich die Einführung von Technologien in den führenden Ländern auf die übrige Welt auswirkt, die sie manchmal freiwillig und manchmal gezwungenermaßen übernimmt.

In Kapitel 2 (»Kanalvision«) sehen wir uns ein historisches Beispiel dafür an, wie uns wirkungsvolle Visionen auf Abwege führen können. Der Erfolg französischer Ingenieure beim Bau des Suezkanals steht in auffälligem Gegensatz zu dem spektakulären Fehlschlag, den sie erlitten, als sie dieselben Ideen in Panama umzusetzen versuchten. Ferdinand de Lesseps überzeugte Tausende Investoren und Ingenieure von dem – unrealistischen, wie sich erweisen sollte – Vorhaben, in Panama einen Kanal auf Meeresspiegelhöhe anzulegen. Der Fehlschlag kostete mehr als 20 000 Menschen das Leben und trieb viele mehr in den finanziellen

Ruin. Dies ist ein warnendes Beispiel: Wirkungsvolle Visionen, die oft auf vergangenen Erfolgen beruhen, können zu verheerenden Katastrophen führen.

In Kapitel 3 (»Die Macht zu überzeugen«) beschäftigen wir uns mit der zentralen Bedeutung der Überzeugungskraft für die Gestaltung von Schlüsseltechnologien und für gesellschaftliche Entscheidungen. Wir zeigen, dass die Überzeugungskraft in politischen Institutionen und der Fähigkeit wurzelt, die Richtung vorzugeben. Wir untersuchen, wie Gegenkräfte und eine umfassendere Beteiligung verschiedener Gesellschaftsgruppen übermäßiger Zuversicht und eigennützigen Visionen Grenzen setzen können.

In Kapitel 4 (»Das Elend kultivieren«) wenden wir die Grundkonzepte auf die Entwicklung der landwirtschaftlichen Technologien an, von den Anfängen der ortsgebundenen Landwirtschaft in der Jungsteinzeit bis zu einschneidenden Veränderungen in der Organisation des Grundbesitzes und der Produktionstechniken im Mittelalter und in der frühen Neuzeit. In diesen umwälzenden Epochen finden wir keine Belege für eine automatische Sogwirkung von Produktivitätszuwächsen. Die landwirtschaftlichen Übergangsphasen erhöhten zumeist Reichtum und Macht kleiner Eliten, während die Landarbeiter kaum davon profitierten: Den Bauern mangelte es an politischem und gesellschaftlichem Einfluss, und die Technologie entwickelte sich entsprechend der Vision einer kleinen Elite.

In Kapitel 5 (»Eine Revolution der mittleren Sorte«) versuchen wir eine Neuinterpretation der Industriellen Revolution, die eine der wichtigsten wirtschaftlichen Umwälzungen in der Weltgeschichte darstellte. Die Literatur zur Industriellen Revolution ist umfangreich, aber der neuen Vision aufstrebender Mittelschichten, Unternehmer und Geschäftsleute wird oft keine ausreichende Beachtung geschenkt. Ihre Ansichten und Bestrebungen hatten ihren Ursprung in institutionellen Veränderungen, die ab dem 16. und 17. Jahrhundert der Bevölkerung in der Mitte der englischen Gesellschaft wachsenden Einfluss sicherten. Es mag sein, dass die Industrielle Revolution von den Bestrebungen neuer Gesellschaftsgruppen angetrieben wurde, die versuchten, ihren Wohlstand zu erhöhen und ihre soziale Position zu verbessern. Aber ihre Vision war alles andere als inklusiv. Wir werden untersuchen, wie es zu den Veränderungen der politischen und wirtschaftlichen Ordnung kam und warum sie wesentlich zur Entwicklung einer neuen Vorstellung davon beitrugen, wer die Natur auf welche Art unterwerfen konnte.

In Kapitel 6 (»Opfer des Fortschritts«) wenden wir uns den Auswirkungen dieser neuen Vision zu. Wir erklären, wie die erste Phase der Industriellen Revolution die meisten Menschen ärmer und machtloser machte und warum dies das Ergebnis einer ausgeprägten Automatisierungstendenz in der technologischen

Entwicklung und des fehlenden Einflusses der Arbeiter auf die Entscheidungen über Technologien und Löhne war. Die Industrialisierung hatte negative Auswirkungen nicht nur auf die wirtschaftliche Lage, sondern auch auf die Gesundheit und die Bewegungsfreiheit der Bevölkerungsmehrheit. Diese bedrückende Lage begann sich in der zweiten Hälfte des 19. Jahrhunderts zu ändern, als sich die gewöhnlichen Menschen zusammenschlossen und wirtschaftliche und politische Reformen erzwangen. Die gesellschaftlichen Veränderungen lenkten die technologische Entwicklung in eine andere Richtung und trieben die Löhne in die Höhe. Dies war nur ein kleiner Schritt zu allgemeinem Wohlstand, den die westlichen Länder erst nach einer sehr viel längeren und umkämpften technologischen und institutionellen Reise erlangten.

In Kapitel 7 (»Der umstrittene Pfad«) untersuchen wir, wie erbitterte Auseinandersetzungen über die Richtung von technologischer Entwicklung, Lohnfestsetzung und allgemeiner politischer Ausrichtung die Grundlagen für die Phase des spektakulärsten Wirtschaftswachstums im Westen schufen. In den ersten drei Jahrzehnten nach dem Zweiten Weltkrieg erlebten die Vereinigten Staaten und andere Industrieländer einen Boom, von dem der Großteil der Bevölkerung profitierte. Die wirtschaftliche Entwicklung ging mit anderen gesellschaftlichen Fortschritten einher, darunter die Ausweitung von Bildungs- und Gesundheitswesen und die Erhöhung der Lebenserwartung. Wir erklären, wie und warum der technologische Wandel nicht nur zur Automatisierung der Arbeit führte, sondern auch den Arbeitskräften neue Möglichkeiten eröffnete, und wir zeigen, dass diese Entwicklung in einen institutionellen Rahmen eingebettet war, der einander ausgleichende Kräfte förderte.

In Kapitel 8 (»Digitaler Schaden«) wenden wir uns der Gegenwart zu und sehen uns an, wie wir vom Weg abgekommen sind und das in den ersten Jahrzehnten nach dem Zweiten Weltkrieg entwickelte Modell des geteilten Wohlstands aufgegeben haben. Entscheidenden Einfluss auf diese Kehrtwende hatte, dass die Technologie nicht länger in den Dienst der Entwicklung neuer Tätigkeiten und Möglichkeiten für die Arbeitskräfte gestellt wurde. Vielmehr wurde sie eingesetzt, um die Arbeit zu automatisieren und die Arbeitskosten zu senken. Diese Neuausrichtung war keineswegs unvermeidlich; vielmehr war sie das Ergebnis mangelnder Beiträge und zu geringen Drucks seitens der Arbeitskräfte, der Arbeitnehmerorganisationen und staatlicher Vorschriften. Diese gesellschaftlichen Trends trugen zur Aushöhlung des geteilten Wohlstands bei.

In Kapitel 9 (»Künstliches Ringen«) zeigen wir, dass die nach 1980 entwickelte Vision, die uns vom Weg abbrachte, auch unsere Vorstellung von der nächsten Phase in der Entwicklung von digitalen Technologien und künstlicher

Intelligenz geprägt hat. Wir werden sehen, dass die KI den Trend zu wachsender wirtschaftlicher Ungleichheit verstärkt. Anders als von vielen führenden Köpfen der Tech-Branche behauptet, sind die bisher verfügbaren KI-Technologien bei den meisten menschlichen Tätigkeiten nur von beschränktem Nutzen. Darüber hinaus verschärft der Einsatz der KI zur Überwachung des Arbeitsplatzes nicht nur die Ungleichheit, sondern verringert auch die Macht der Beschäftigten. Noch schlimmer ist, dass die gegenwärtige Entwicklung der KI Jahrzehnte des wirtschaftlichen Fortschritts in den Entwicklungsländern bedroht, indem sie die Automatisierung in alle Welt exportiert. All das ist vermeidbar. In diesem Kapitel erklären wir, dass die künstliche Intelligenz und sogar die Betonung der Maschinenintelligenz Ausdruck eines ganz spezifischen Entwicklungswegs der digitalen Technologien ist, der tiefgreifende Verteilungswirkungen hat, von denen einige wenige profitieren, während alle anderen zurückfallen. Anstatt uns auf die Maschinenintelligenz zu fixieren, wäre es nützlicher, nach »Maschinennützlichkeit« zu streben. Wir sollten fragen, wie die Maschinen am besten in den Dienst der Menschen gestellt werden können, indem sie zum Beispiel die Fähigkeiten der Arbeitskräfte ergänzen. Wir werden auch sehen, dass das Bemühen um nützliche Maschinen in der Vergangenheit zu einigen der wichtigsten und produktivsten Anwendungen der digitalen Technologien führte, jedoch im Streben nach Maschinenintelligenz und Automatisierung zunehmend vernachlässigt wird.

In Kapitel 10 (»Die Demokratie zerbricht«) stellen wir die These auf, dass wir möglicherweise mit noch gravierenderen Problemen konfrontiert sind, weil die massenhafte Datensammlung und -nutzung unter Einsatz von künstlicher Intelligenz eine intensivere Überwachung der Bürger durch Staaten und Unternehmen ermöglicht. Gleichzeitig fördern auf Werbeeinnahmen beruhende Geschäftsmodelle, die von der KI ermöglicht werden, die Verbreitung von Desinformation und den Extremismus. Die gegenwärtige Entwicklung der KI ist weder für die Wirtschaft noch für die Demokratie gut, und leider verstärken diese beiden Probleme einander.

In Kapitel 11 (»Die Neuausrichtung der Technologie«) skizzieren wir, wie wir diese schädlichen Trends umkehren können. Wir entwickeln ein Muster für die Neuausrichtung des technologischen Wandels. Unsere Aufgabe ist es, das Narrativ umzuschreiben, Gegenkräfte aufzubauen und technische und ordnungspolitische Werkzeuge zu entwickeln, mit denen wir die technologische Entwicklung gesellschaftlich ausgewogen gestalten können.

2

KANALVISION[1]

Bewege dich vorsichtig vorwärts, wecke nicht den Neid der glücklichen Götter, meide die Hybris.

– C. S. Lewis, »A Cliché Came Out of Its Cage«, 1964[2]

Hätte das Komitee beschlossen, einen Schleusenkanal zu bauen, so hätte ich meinen Hut aufgesetzt und wäre nach Hause gegangen.

– Ferdinand de Lesseps über die Pläne für den Panamakanal, 1880[3]

Am 23. Mai 1879, es war ein Freitag, wandte sich Ferdinand de Lesseps an den Congrès international d'études du canal interocéanique.[4] Delegierte aus aller Welt hatten sich in Paris versammelt, um darüber zu sprechen, wie man eines der ehrgeizigsten Bauvorhaben jener Zeit vorantreiben könnte: einen Kanal quer durch Zentralamerika, der den Atlantik mit dem Pazifik verbinden sollte.

Lesseps hatte sich schon bei der Eröffnung der Konferenz einige Tage früher an die Delegierten gewandt. Er war davon überzeugt, dass sich die von ihm bevorzugte Lösung eines schleusenlosen Kanals auf Meeresspiegelniveau, der Panama durchqueren sollte, durchsetzen würde. Er schloss die erste Sitzung mit einer humorvollen Aufforderung ab: »Meine Herren, wir werden diese Angelegenheit *à l'Américaine* rasch erledigen: Wir sollten bis nächsten Dienstag damit fertig sein.«[5]

Die Vertreter der Vereinigten Staaten waren alles andere als erfreut. Sie bevorzugten einen Kanal durch Nicaragua, der in ihren Augen sowohl unter technischen als auch wirtschaftlichen Gesichtspunkten vorteilhaft war. Die Amerikaner und viele andere Experten, die am Kongress teilnahmen, waren auch keineswegs überzeugt, dass ein Kanal, der durchgehend auf dem Niveau des Meeresspiegels verlaufen würde, in Zentralamerika möglich war. Zahlreiche Delegierte verlangten eine sorgfältigere Diskussion alternativer Vorschläge. Doch Lesseps beharrte auf seiner Lösung: Der Kanal müsse in Panama und vollkommen ohne Schleusen gebaut werden.

Lesseps' Vision beruhte auf drei Grundsätzen, von denen er felsenfest überzeugt war. Da war zunächst eine zeitgenössische Version des Technologieoptimismus: Der Fortschritt würde aller Welt zugutekommen, und transozeanische Kanäle, die zu den wichtigsten Anwendungen der technologischen Errungenschaften jener Zeit zählten, würden den Fortschritt vorantreiben, da sie die Verschiffung von Gütern rund um den Erdball erheblich beschleunigen würden. Wenn es Hindernisse für den Bau solcher Infrastrukturen gab, so würde man sie mit Technologie und Wissenschaft überwinden. Der zweite Grundsatz war ein Glaube an den Markt: Selbst die größten Projekte konnten mit privatem Kapital finanziert werden, und die Erträge dieser Projekte würden sowohl den Investoren zugutekommen als auch dem Gemeinwohl dienen. Und drittens vertrat Lesseps ein Weltbild, das sein Gesichtsfeld einschränkte: Er fixierte sich auf die Bedürfnisse Europas, das Schicksal von Nichteuropäern hatte keine Bedeutung für ihn.

Lesseps' Geschichte ist in unserer Ära der digitalen Technologien genauso relevant wie vor anderthalb Jahrhunderten, denn sie zeigt, wie sich eine überzeugende Vision durchsetzen und die Grenzen der Technologie verschieben kann – mit vorteilhaften und schädlichen Folgen.

Lesseps genoss die Unterstützung französischer Institutionen und konnte sich zeitweilig auf die Macht des ägyptischen Staates stützen. Zu seiner Überzeugungskraft trug bei, dass er einen überwältigenden Erfolg mit dem Suezkanal gefeiert hatte. Es war ihm gelungen, französische Investoren und die ägyptische Regierung dazu zu drängen, seinen Plan für einen Kanal zu akzeptieren, und er hatte bewiesen, dass man mit neuen Technologien unüberwindlich scheinende Probleme bewältigen konnte.

Doch selbst auf dem Höhepunkt von Lesseps' Erfolg kam der Fortschritt, den er vorantrieb, nicht allen Menschen zugute. Die ägyptischen Arbeiter, die gezwungen wurden, den Suezkanal auszuheben, konnten kaum zu den Nutznießern dieser technologischen Errungenschaft gezählt werden, und in Lesseps' Vision spielte ihr Leiden keine Rolle.

Das Kanalprojekt in Panama veranschaulicht auch, dass mitreißende Visionen selbst an ihren eigenen Maßstäben gemessen spektakulär scheitern können. Von Selbstgewissheit und übermäßiger Zuversicht besessen, weigerte sich Lesseps auch dann noch, die Schwierigkeiten in Panama anzuerkennen, als sie unübersehbar geworden waren. Die französische Ingenieurskunst erlitt eine demütigende Niederlage, die Investoren verloren ein Vermögen, und mehr als 20 000 Menschen fanden einen sinnlosen Tod.

Wir müssen in den Orient gehen

Anfang des Jahres 1798 war der 28-jährige General Napoleon Bonaparte, der kurz zuvor in Italien eine österreichische Armee geschlagen hatte, auf der Suche nach einem neuen Abenteuer. Vor allem wollte er Frankreichs größtem Feind, dem britischen Empire, einen schweren Schlag versetzen.

Da ihm klar war, dass die französischen Seestreitkräfte zu schwach für eine Landung auf den Britischen Inseln waren, schlug Napoleon vor, stattdessen die britischen Interessen im Nahen Osten zu attackieren und neue Handelsrouten nach Asien zu öffnen. Abgesehen davon, erklärte er im Gespräch mit einem anderen General: »Wir müssen in den Orient gehen, denn großer Ruhm wird seit jeher dort errungen.«[6]

Der »Orient« war eine Bühne, auf der die europäischen Mächte ihre Bestrebungen zur Schau stellen konnten. In Napoleons herablassender Einschätzung würde eine Invasion Ägyptens dem Land bei der Modernisierung helfen (zumindest war dies ein guter Vorwand).

Im Juli 1798 traf Napoleons Streitmacht von 25 000 Mann nicht weit von den Pyramiden entfernt auf 6 000 berittene Mamelucken, die von 15 000 Fußsoldaten unterstützt wurden. Die gut ausgebildeten Mamelucken, Nachfahren von Militärsklaven, herrschten seit dem Mittelalter als Kriegeraristokratie über Ägypten. Sie waren berühmt für ihre Kampfstärke, und jeder Kavallerist war makellos gekleidet und mit einem Karabiner, zwei oder drei Pistolen, mehreren Lanzen und einem Krummsäbel bewaffnet.

Der Angriff der Mamelucken war beeindruckend und beängstigend. Aber die erfahrene französische Infanterie, die in Karrees organisiert war und von beweglichen Kanonen Feuerschutz erhielt, widerstand der Attacke problemlos und behielt die Oberhand. Die Mamelucken verloren mehrere Tausend Mann, während die Franzosen lediglich 29 Tote und 260 Verwundete zu beklagen hatten.[7] Kurze Zeit später nahmen die Franzosen die Hauptstadt Kairo ein.

Napoleon brachte neue Ideen nach Ägypten, ohne die Ägypter nach ihren Wünschen zu fragen. An der »Ägyptischen Expedition« nahmen 167 Wissenschaftler und Gelehrte teil, die eine der ältesten Zivilisationen der Welt erforschen sollten. Ihre Erkenntnisse wurden in dem 23 Bände umfassenden Werk *Description de l'Égypte* gesammelt, das in den Jahren 1809 bis 1829 veröffentlicht wurde, die moderne Ägyptologie begründete und die Faszination der Europäer für die Region vertiefte.

Der Auftrag, den die französische Regierung Napoleon erteilte, beinhaltete eine Untersuchung der Möglichkeiten zum Bau eines Kanals, der das Rote Meer mit dem Mittelmeer verbinden sollte:

> Der Befehlshaber der Orientarme wird Ägypten erobern, die Engländer aus allen ihren Besitzungen im Orient vertreiben und alle ihre Siedlungen am Roten Meer zerstören. Anschließend wird er den Isthmus von Suez einnehmen und alle erforderlichen Maßnahmen ergreifen, um den ausschließlichen Besitzanspruch der französischen Republik auf das Rote Meer zu sichern.[8]

Nachdem er eine Weile durch die Wüste gewandert war, stieß Napoleon angeblich auf eine seit Langem ungenutzte Route, die mit einem uralten Kanal verbunden war. Die französischen Experten machten sich daran, die Überreste der Kanäle zu studieren, die anscheinend mit Unterbrechungen Tausende Jahre genutzt worden waren, jedoch seit etwa 600 Jahren stilllagen. Die Franzosen machten sich rasch ein Bild von den grundlegenden geografischen Bedingungen: Das Rote Meer und das Mittelmeer waren durch eine Landenge voneinander getrennt, die maximal 160 Kilometer breit war.

Die historische Route zur Verbindung der beiden Meere führte indirekt über den Nil und kleine Kanäle, die von Suez am Roten Meer nach Norden zu den Bitterseen etwa in der Mitte des Isthmus und von dort aus in westlicher Richtung zum Nil führten. Es war nie versucht worden, eine direkte Nord-Süd-Verbindung herzustellen. Nun kamen der europäische Krieg und das Streben nach Ruhm dazwischen, und das Kanalprojekt wurde für eine Generation auf Eis gelegt.

Die große Utopie

Um Lesseps' Vision verstehen zu können, müssen wir uns zuerst den Ideen des französischen Sozialreformers Henri de Saint-Simon und seiner schillernden Nachfolger zuwenden. Saint-Simon war ein aristokratischer Autor, der erklärte, der menschliche Fortschritt werde durch wissenschaftliche Entdeckungen und die Anwendung neuer Ideen auf die Produktion vorangetrieben. Aber er glaubte auch, Fortschritt könne es nur mit geeigneter Führung geben: »Alle aufgeklärten Völker werden die Vorstellung übernehmen, dass einfallsreiche Männer die höchsten gesellschaftlichen Ränge einnehmen sollten.«[9]

Die Macht, so Saint-Simon, musste in die Hände derer gelegt werden, die sich ihren Lebensunterhalt mit Arbeit verdienten, insbesondere der »einfallsreichen Männer«, nicht jedoch in die Hände derer, die er als »Müßiggänger« bezeichnete (zu denen seine eigene adlige Familie zählte). Eine Meritokratie würde die industrielle und technologische Entwicklung ermöglichen und nicht nur in Frankreich, sondern in aller Welt allgemeinen Wohlstand schaffen. Saint-Simon wird manchmal als Frühsozialist bezeichnet, aber er glaubte fest an das Privateigentum und hielt das freie Unternehmertum für unverzichtbar.[10]

Zu Lebzeiten fand er kaum Beachtung, aber kurze Zeit nach seinem Tod im Jahr 1825 begannen seine Ideen der französischen Öffentlichkeit Fuß zu fassen. Zum Teil war das Barthélemy Prosper Enfantin zu verdanken, der mit Eifer für den Saint-Simonismus missionierte. Enfantin hatte an der Elitehochschule École polytechnique studiert und sammelte zahlreiche talentierte junge Ingenieure um sich. Diese Gruppe erhob Saint-Simons Glauben an Industrie und Technologie zu einer quasireligiösen Lehre.

Die Ideen der Saint-Simonisten wurden vor allem auf die Kanalbauten und später auf die Eisenbahn angewandt. Enfantin war der Meinung, derartige Vorhaben sollten von Unternehmern organisiert und mit Privatkapital finanziert werden. Die Rolle des Staates sollte darauf beschränkt sein, die notwendigen »Konzessionen« zu gewähren, das heißt die Genehmigungen, die benötigt wurden, um eine bestimmte Infrastruktur bauen und lang genug betreiben zu können, um den Investoren einen attraktiven Ertrag zu sichern.

Die Europäer beschäftigten sich schon lange vor Saint-Simon und Enfantin mit Kanälen. Zu den berühmtesten Leistungen der Ingenieurskunst im Frankreich des Ancien Régime zählte der 240 Kilometer lange Canal du Midi, der im Jahr 1681 eröffnet wurde und Toulouse mit dem Mittelmeer verband, wobei er einen Höhenunterschied von rund 190 Metern überwand. Der Canal du Midi war der erste direkte Wasserweg zwischen Atlantik und Mittelmeer und verringerte die Dauer von Schifffahrten deutlich.

Die Industrialisierung Großbritanniens in der zweiten Hälfte des 18. Jahrhunderts wurde durch eine »Transportrevolution« angeregt, in der zahlreiche neue Kanäle angelegt wurden, die englische Flüsse mit dem Meer verbanden. Der Gütertransport auf dem Wasserweg war auch in Nordamerika wichtig, wie der spektakuläre Erfolg des 1825 eröffneten Eriekanals zeigt.

In den dreißiger Jahren war Enfantin zu der Überzeugung gelangt, dass ein Kanal durch die Landenge von Suez jene Art von Infrastruktur sein werde, die der ganzen Welt Wohlstand bringen könne. Er erklärte, von diesem Kanal würden nicht nur Frankreich und Großbritannien, sondern auch Ägypten und Indien profitieren. Es wirft ein Licht sowohl auf den religiösen Mystizismus der Philosophie der Saint-Simonisten als auch auf den Orientalismus von Enfantins Gruppe, dass er auch erklärte, der Westen (Europa) sei männlich und der Osten (einschließlich Indiens) sei weiblich, sodass ein Kanal die beiden Regionen zum beiderseitigen Wohl in einer globalen Ehe verbinden könne!

Nach dem französischen Rückzug aus Ägypten im Jahr 1801 entsandte das Osmanische Reich den General Muhammad Ali in die Region, um sie wieder unter Kontrolle zu bringen. Im Jahr 1805 wurde er zum Gouverneur ernannt, und den folgenden Machtkampf mit den Mamelucken konnte er für sich entscheiden.

Ali Pascha schwang sich zu einem autokratischen Neuerer auf und festigte seine Macht, indem er moderne Technologie und Ideen aus Westeuropa importierte. Während seiner vierzigjährigen Herrschaft holte er zahlreiche europäische

Ingenieure ins Land, um öffentliche Bauvorhaben zu verwirklichen, darunter Bewässerungsanlagen und Maßnahmen zur Verbesserung der Volksgesundheit. Enfantins Gruppe traf im Jahr 1833 in Kairo ein und fügte sich gut ein. Die Franzosen machten sich in verschiedenen Bauprojekten nützlich, darunter ein Flussdamm, mit dem die Überschwemmungen des Nils unter Kontrolle gebracht werden sollten.

Doch Enfantin konnte Ali Pascha nicht dazu bewegen, ihm die Erlaubnis zum Bau eines Kanals durch Ägypten zu gewähren. Der Gouverneur verstand, dass er seine Macht nur bewahren konnte, wenn es ihm gelang, gute Beziehungen sowohl zur im Niedergang begriffenen osmanischen Regionalmacht als auch zu den aufstrebenden Großmächten Großbritannien und Frankreich zu pflegen. Ein Kanal durch den Isthmus von Suez konnte das geopolitische Gleichgewicht verschieben, das sowohl die Europäer als auch den Sultan fernhielt. Noch gefährlicher war, dass eine direkte Verbindung zwischen Mittelmeer und Rotem Meer die ägyptischen Bevölkerungszentren umgehen würde und den Wohlstand des Landes untergraben konnte.

Enfantin und seine Freunde feierten große geschäftliche Erfolge in der Heimat, vor allem in den vierziger Jahren, als in Frankreich Eisenbahngesellschaften sowie Banken gegründet wurden, die große Aktienemissionen bewältigen konnten. Die Versuche des französischen Staates, Langstreckeneisenbahnen zu bauen, gerieten ins Stocken, aber der private Sektor war sehr viel erfolgreicher. Eine weitere große neue Idee setzte sich durch: Kleininvestoren konnten ihre Mittel bündeln und sogar die größten Industrieprojekte finanzieren.

Doch den Schlüssel zu einem Kanal durch den Isthmus von Suez hielt der ägyptische Herrscher in der Hand, und Muhammad Ali Pascha ließ sich bis an sein Lebensende im Jahr 1849 nicht von dem Vorhaben überzeugen. Im Jahr 1864, wenige Jahre vor seinem Tod, bekannte Enfantin: »In meinen Händen war der Kanal ein Fehlschlag. Mir fehlte die nötige Flexibilität, um mit all den Widrigkeiten umzugehen und gleichzeitig in Kairo, London und Konstantinopel zu kämpfen. […] Um Erfolg zu haben, muss man wie Lesseps eine teuflische Entschlossenheit und eine Leidenschaft besitzen, die keine Erschöpfung oder Hindernisse kennt.«[11]

Lesseps hat eine Vision

Im Jahr 1832 las Lesseps die von Napoleons Wissenschaftlern angefertigte Beschreibung des Kanals, der im alten Ägypten das Rote Meer mit dem Mittelmeer verbunden hatte. Kurze Zeit später machte er die Bekanntschaft von Enfantin und war von dessen Idee fasziniert: Der Suezkanal würde ein großartiges Bauwerk sein und eine profitable Möglichkeit darstellen, Okzident und Orient miteinander zu verbinden.

Lesseps verkörperte die Vorstellungen seiner Zeit. Aufgrund seiner Erfahrung als Diplomat und seines sozialen Umfelds war er ein natürlicher Orientalist, der die Welt ausschließlich mit europäischen Augen betrachtete. Die ersten zwanzig Jahre seiner Berufslaufbahn verbrachte er damit, die französischen Interessen im Mittelmeerraum zu vertreten, und in seinen Memoiren *Souvenirs de quarante ans* kommt ein unausgesprochener Glaube an die Überlegenheit des europäischen Denkens zum Ausdruck. In seinen Augen hatten die Franzosen eine zivilisatorische Mission zu erfüllen, was die Besetzung Algeriens ab 1830 und weitere koloniale Eroberungen rechtfertigte.

Lesseps eignete sich auch Saint-Simons Vorstellung von der Bedeutung großer öffentlicher Infrastrukturprojekte an, welche die Welt vereinen und Fernreisen erleichtern und verbilligen würden. Er ging sogar noch weiter: Lesseps war überzeugt, dass solche Projekte nur durch eine öffentlich-private Partnerschaft verwirklicht werden könnten: »Die Regierungen können solche Unternehmungen fördern, aber sie können sie nicht ausführen. Also müssen wir uns an die Öffentlichkeit wenden.«

Lesseps war überzeugt, der technologische Einfallsreichtum könne alle Schwierigkeiten überwinden. Mitte des 19. Jahrhunderts war die Technologie sehr viel weiter fortgeschritten als zu Saint-Simons Lebzeiten. Die Dampfmaschinen waren verbessert worden und ermöglichten den Bau immer leistungsfähigerer Maschinen, und Neuerungen in der Metallurgie hatten zahlreiche widerstandsfähigere Werkstoffe hervorgebracht, darunter insbesondere Stahl, der das Bauwesen revolutionierte.

Lesseps war der Meinung, den meisten Ingenieuren fehle es an Fantasie: Sie beschränkten sich darauf, zu erklären, was alles unmöglich sei. Also sah er sich nach visionären Experten um, die neue Ausrüstung zum Ausheben von Wasserwegen, neue Methoden, um Felsen aus dem Weg zu räumen, und neue Maßnahmen zum Schutz vor Infektionskrankheiten entwickeln konnten. Seine eigene Rolle sah er darin, sich Lösungen auszudenken und für eine ausreichende

Finanzierung zu sorgen. Einer seiner bevorzugten Aphorismen klang sehr nach Saint-Simon: »Es tauchen stets einfallsreiche Männer auf.« Er war überzeugt, dass er stets einen intelligenten Menschen finden würde, der eine technologische Lösung für ein Problem finden würde – sobald alle Beteiligten verstanden hätten, worin das zu lösende Problem bestand.

Seit der ersten Untersuchung von Napoleons Expertenteam diskutierten die Ingenieure darüber, wie ein Kanal durch die Landenge von Suez aussehen könnte.

Die meisten Binnenkanäle brauchen Schleusen. Eine Schleuse verbindet Abschnitte des Kanals mit unterschiedlichem Wasserstand, und mithilfe dieser Kammern, die an beiden Enden Tore haben, können Schiffe Höhenunterschiede überwinden. Wenn der Wasserstand in der Schleuse der Höhe des Unterwassers entspricht, kann das Tor auf dieser Seite der Schleuse geöffnet werden, damit ein Schiff hineinfahren kann. Nachdem das Tor geschlossen worden ist, wird in die Schleusenkammer Wasser eingeleitet, wodurch der Wasserstand steigt und das Schiff sich schließlich auf dem Niveau des Oberwassers befindet. Das umgekehrte Verfahren findet statt, wenn ein Schiff vom höher gelegenen Wasserkörper auf das Niveau des Unterwassers abgesenkt werden soll.

Die Chinesen hatten bereits vor mehr als tausend Jahren funktionierende Schleusen gebaut. Im 15. Jahrhundert wurde das Stemmtor entwickelt, dessen Erfindung oft Leonardo da Vinci zugeschrieben wird: Es hatte zwei Torflügel, die von den Seitenwänden der Schleuse zuklappten und einander in einem stumpfen Winkel begegneten, wobei die Spitze des Dreiecks auf das Oberwasser deutete, sodass der Wasserdruck dafür sorgte, dass das Tor dichter schloss. Weitere Verbesserungen waren in Frankreich entwickelte Ventile, mit denen der Wasserfluss in und aus der Schleuse reguliert werden konnte. Der beeindruckende Eriekanal, der Albany am Hudson River mit Buffalo am Eriesee verbindet, wies ursprünglich 83 Schleusen auf, die es Frachtkähnen ermöglichten, einen Höhenunterschied von insgesamt 170 Metern zu überwinden.[12]

Enfantins Team hatte herausgefunden, dass das Mittelmeer und das Rote Meer im Durchschnitt dieselbe Meeresspiegelhöhe hatten; lediglich das Gezeitengefälle im Roten Meer war größer. Daher war ein Kanal auf dem Niveau des Meeresspiegels theoretisch möglich, obwohl Schleusen dabei helfen konnten, die Auswirkungen der Gezeiten auf einen Kanal durch den Isthmus von Suez zu verringern.[13]

Davon wollte Lesseps nichts wissen. So, wie er es sah, würden Schleusen lediglich den Verkehr erheblich bremsen. In seinen Augen wären diese Anlagen ein inakzeptables Hindernis für den Strom von Schiffen, welche die Route durch den Isthmus von Suez nutzen würden. Er formulierte ein Prinzip, an dem er unerschütterlich festhielt: »Ein Schiff darf nicht aufgehalten werden.«

Hingegen gefiel ihm die Idee, die ausgetrockneten Seen zu nutzen. Und dies wurde der Plan: Die Bitterseen sollten mit dem Mittelmeer im Norden und dem Roten Meer im Süden verbunden werden; anschließend würde man Wasser hineinleiten, um die restliche Arbeit zu erleichtern.[14]

Kleine Leute kaufen kleine Anteile

Im Jahr 1849 endete Lesseps' vielversprechende diplomatische Karriere abrupt. Er hatte sich mit der französischen Regierung überworfen. Vom Staatsdienst enttäuscht, zog er sich im Alter von 43 Jahren auf ein Landgut seiner Familie zurück. Einige Jahre lang genoss er das Leben eines französischen Landedelmanns, arbeitete an Verbesserungen der Landwirtschaft und tauschte sich mit führenden Saint-Simonisten über ihre fantastischen Projekte aus. Im Jahr 1853 erlebte er eine persönliche Tragödie, als seine Frau und einer seiner Söhne starben (vermutlich fielen sie dem Scharlach zum Opfer). Lesseps war verzweifelt und versuchte, sich von seiner Trauer abzulenken. Er ahnte nicht, dass in Ägypten Dinge geschahen, die ihm bald sehr viel mehr als nur eine Ablenkung verschaffen würden.

Im Jahr 1848 hatte der schwer kranke Muhammad Ali Pascha die Macht abtreten müssen. Sein Nachfolger war sein erstgeborener Sohn Ibrahim, der jedoch noch im selben Jahr starb. Der nächste Gouverneur, sein Enkel Abbas Hilmi, starb unerwartet im Juli 1854, worauf Muhammad Said, der vierte Sohn Muhammad Alis, die Herrschaft übernahm.

Während seines Aufenthalts in Ägypten in den dreißiger Jahren war Lesseps von Muhammad Ali Pascha gebeten worden, dessen halbwüchsigem Sohn Muhammad Said beim Abnehmen zu helfen. Lesseps beeindruckte den Gouverneur nicht nur, weil er diese ungewöhnliche Aufgabe übernahm, sondern es gelang ihm auch, sich die Gunst Saids zu sichern, indem er ein anstrengendes Reitprogramm (sowohl der Franzose als auch sein ägyptischer Schützling waren begeisterte Reiter) mit großzügig bemessenen Rationen von Nudelgerichten verband.

Ende des Jahres 1854 eilte Lesseps nach Ägypten. Er unterbrach seine Reise nur, um sich mit einigen führenden Saint-Simonisten zu beraten und sich von ihnen Karten des Landes zu borgen. In Ägypten wurde er freundlich empfangen und eingeladen, dem neuen Gouverneur in einem Zeltlager in der Wüste Gesellschaft zu leisten, was eine große Ehre war und die kommenden Geschehnisse ankündigte. Lesseps berichtete, an einem Morgen sei er aus seinem Zelt getreten, um den Sonnenaufgang zu genießen, als sich von Westen aus ein Regenbogen über den Himmel gespannt habe. Er deutete dies als gutes Vorzeichen dafür, dass es ihm gelingen würde, Ost und West zu vereinen.

Am Abend desselben Tages entwarf er im Gespräch mit Muhammad Said ein hinreißendes Bild davon, wie die moderne Technologie eingesetzt werden könnte, um einen Kanal zu bauen, der alle Errungenschaften des alten Ägypten übertreffen würde. Seiner eigenen Darstellung nach warb Lesseps mit folgenden Worten für sein Vorhaben: »Die Namen der ägyptischen Herrscher, welche die Pyramiden errichteten, jene Denkmäler des menschlichen Stolzes, sind vergessen. Der Name des Fürsten, der den großartigen Kanal zwischen den Meeren eröffnet, wird von Jahrhundert zu Jahrhundert gepriesen werden bis ans Ende der Zeit.«[15]

Muhammad Said gestand Lesseps eine Konzession zu, die große Ähnlichkeit mit der hatte, welche die Saint-Simonisten für die französischen Eisenbahnlinien erhalten hatten. Der Gouverneur stellte für einen Zeitraum von 99 Jahren Land zur Verfügung und sollte als Gegenleistung 15 Prozent der Gewinne erhalten. Lesseps würde für den Kanal werben, das Geld für den Bau beschaffen und den Kanal betreiben. Zumindest auf dem Papier würde das gesamte finanzielle Risiko von privaten Aktionären getragen werden, die zu einem späteren Zeitpunkt benannt werden sollten.

Im Jahr 1856 waren die rechtlichen Rahmenbedingungen geschaffen und ein grober Entwurf fertiggestellt, der auf der Arbeit von zwei französischen Ingenieuren beruhte, die im Dienst des ägyptischen Staates standen und die Bedingungen vor Ort gut kannten. Lesseps zog zahlreiche internationale Ingenieure zurate, die allesamt überzeugt waren, dass ein Nord-Süd-Kanal technisch machbar wäre. Jetzt musste Lesseps nur noch eine ausreichend große Zahl von Investoren finden, die das für den Bau benötigte Geld zur Verfügung stellten. Und er musste die Briten dazu bringen, das Projekt nicht zu behindern.

Mitte des 19. Jahrhunderts fand der Großteil des Güteraustauschs zwischen England und Indien auf dem Seeweg statt. Die Umrundung des afrikanischen Kontinents war gefahrvoll und dauerte bis zu sechs Monate. Im Jahr 1835 hatte die britische Ostindien-Kompanie eine Postroute durch das Rote Meer in Betrieb genommen. Von Suez aus wurden Passagiere in von Eseln oder Pferden gezogenen Wagen 135 Kilometer durch die Wüste nach Kairo kutschiert, von wo aus sie auf dem Nil und auf einem kleinen Kanal nach Alexandria weiterreisten. Diese Route verkürzte die Reisezeit auf weniger als zwei Monate, war jedoch nur für die Passagierbeförderung und für den Transport hochwertiger und nicht übermäßig sperriger Fracht geeignet. Eine Eisenbahnlinie zwischen Suez und Alexandria erleichterte seit 1858 den Überlandtransport und machte die Strecke für Reisende attraktiver.

Die Winde und Strömungen im Roten Meer machten den europäischen Segelschiffen sehr zu schaffen, und es wäre nicht praktikabel gewesen, große Schiffe durch einen fast 200 Kilometer langen Kanal zu schleppen. Aber Lesseps sah den nächsten Schritt in der Entwicklung der Technologie für den Fernverkehr voraus: Für Dampfschiffe wäre ein Kanal durch den Isthmus von Suez durchaus geeignet.

Anfang des Jahres 1857 hatte Lesseps seine Werbebotschaft für den Kanal, der die Reisezeit verkürzen und den Welthandel verwandeln würde, perfektioniert. Aber eine Vision ist wenig wert, solange sie nicht von anderen geteilt wird. Und Lesseps war ein Meister darin, andere von seiner Vision zu überzeugen, was teilweise an seiner Entschlossenheit und seinem Charisma, vor allem aber daran lag, dass er es verstand, sich an die richtigen Leute zu wenden und ein Netz von Verbindungen zu einflussreichen Personen zu knüpfen.

Im Frühjahr und Sommer 1857 reiste Lesseps durch Großbritannien, wo er in 16 Städten an 20 Versammlungen teilnahm und zahlreiche prominente Industrielle traf. In Städten wie Manchester und Bristol fand er offene Ohren, denn die dortigen Geschäftsleute verstanden, wie vorteilhaft ein beschleunigter Transport indischer Baumwolle zu den Textilfabriken Großbritanniens und von Fertigerzeugnissen und nötigenfalls Soldaten in die andere Richtung sein würde.

Mit ihrer Zustimmung im Rücken stattete Lesseps dem britischen Premierminister Lord Palmerston einen seiner regelmäßigen Besuche ab. Doch der französische Gast musste zu seiner Enttäuschung feststellen, dass Palmerston den Kanal ablehnte, da er in dem Vorhaben eine Fortsetzung der napoleonischen Versuche sah, Großbritannien den Zugang zu lukrativen globalen Handelsrouten zu verwehren. Die britische Regierung blieb skeptisch und versuchte, in Kairo, Konstantinopel und an anderen Orten, an denen sie Einfluss ausüben konnte, Hindernisse für das Kanalprojekt zu errichten.

Lesseps ließ sich nicht entmutigen. Nachdem er zwei Jahre lang unermüdlich für sein Vorhaben geworben hatte, war er im Oktober 1858 endlich so weit, mit dem Verkauf von Aktien zu dessen Finanzierung zu beginnen. Er entschloss sich, auf Mittelsmänner zu verzichten und möglichst viele Investoren direkt in das Projekt einzubinden. Er bot der Öffentlichkeit 400 000 Aktien zum Preis von jeweils 500 Franc an.[16]

Der Preis einer Aktie lag geringfügig über dem durchschnittlichen französischen Jahreseinkommen, womit die Anteile teuer, aber für die Angehörigen der rasch wachsenden französischen Mittelschicht durchaus erschwinglich waren. Auch in allen westeuropäischen Ländern, den Vereinigten Staaten und dem Osmanischen Reich wurden die Aktien angeboten. Im Rahmen seiner abschließenden Werbetour besuchte Lesseps neben Bordeaux und Marseille auch Odessa, Triest, Wien, Barcelona und Turin.

Ende November 1858 hatten 23 000 Investoren Aktien gekauft, 21 000 davon waren Franzosen. In anderen Ländern war die Nachfrage eher gering, und in Großbritannien, Russland, Österreich und den Vereinigten Staaten konnte Lesseps nicht einen einzigen Anleger für sein Projekt gewinnen.

Die britischen Zeitungen spotteten, die Aktien seien Kellnern, Priestern und Ladenangestellten angedreht worden. Palmerston scherzte: »Kleine Leute wurden dazu bewegt, kleine Anteile zu kaufen.«[17]

In Wahrheit war es ein Triumph für Lesseps. Er hatte sich die Unterstützung der städtischen Fachkräfte Frankreichs gesichert – Ingenieure, Richter, Bankiers, Lehrer, Priester, Staatsdiener, Kaufleute und Angehörige ähnlicher Gruppen hatten Aktien erworben – und den ägyptischen Herrscher überzeugt, der in die Bresche sprang und alle nicht verkauften Aktien übernahm: Am Ende kaufte Muhammad Said 177 000 Aktien, deren Preis seine jährlichen Einkünfte übertraf. Der ägyptische Staat war an Bord.

Man kann eigentlich nicht sagen, dass sie Zwangsarbeiter sind

Visionäre verdanken ihre Macht teilweise ihren Scheuklappen – unter anderem ignorieren sie das durch die Verwirklichung ihrer Vision verursachte Leid. So war es auch bei Lesseps, dem in erster Linie der europäische Handel, die europäische Industrie und natürlich eine eurozentrische Vision vom Wirtschaftswachstum am Herzen lagen. Der Gouverneur Ägyptens und der Sultan des Osmanischen Reichs mussten überzeugt und umgarnt werden, aber die Auswirkungen auf die ägyptische Bevölkerung spielten in seinen Überlegungen kaum eine Rolle. Es war durchaus mit der von Lesseps und vielen seiner Zeitgenossen verfochtenen Vorstellung vom »Fortschritt« vereinbar, dass die Ägypter auf der Strecke blieben oder sogar zur Mitarbeit gezwungen wurden, wenn es nötig war.

Als im Jahr 1861 mit den Aushubarbeiten begonnen wurde, stellte der ägyptische Staat den Großteil der Arbeiter im Rahmen eines Frondienstsystems zur Verfügung, in dem die Bauern gezwungen wurden, in öffentlichen Bauvorhaben zu arbeiten.

In den folgenden drei Jahren waren zu jedem Zeitpunkt rund 60 000 Menschen in den Kanalbau eingebunden: Tausende waren auf dem Weg aus dem Nildelta zu den Baustellen, Tausende arbeiteten am Kanal, und die übrigen befanden sich auf dem Heimweg. Verwaltungsbeamte mussten die Rekrutierungsquoten erfüllen und Bauern, die andernfalls ihre eigenen Felder bestellt oder an örtlichen Projekten gearbeitet hätten, dem Kanalprojekt zuteilen, und das ägyptische Militär hatte die Aufgabe, die Arbeiter zur Baustelle zu bringen und zu beaufsichtigen.

Die Arbeitsbedingungen waren hart. Auf die Gesundheit der Arbeiter wurde keine Rücksicht genommen. Gewaltige Mengen an Gestein wurden mit Spitzhacken aufgebrochen und in Körben abtransportiert, und die Arbeit ruhte auch im Fastenmonat Ramadan nicht. Die Arbeiter schliefen in der Wüste unter freiem Himmel, erhielten nur Mindestrationen und lebten unter unhygienischen Bedingungen. Die Löhne lagen bei weniger als der Hälfte des marktüblichen Satzes und wurden erst am Monatsende ausgezahlt, um die Arbeiter vom Desertieren abzuhalten. Körperliche Züchtigung war an der Tagesordnung, obwohl die Kanalbaugesellschaft zu verhindern versuchte, dass Einzelheiten an die Öffentlichkeit gelangten. Nach dem Ende ihres erzwungenen Arbeitsdienstes waren die Arbeiter sich selbst überlassen und mussten einen Weg finden, um nach Hause zurückzukehren.

In den Augen britischer Kritiker beruhte das Projekt von Lesseps im Wesentlichen auf Sklavenarbeit. Ein Parlamentsabgeordneter in London erklärte: »Diese Gesellschaft [die Kanalbaugesellschaft] beging auf schamlose Art eine große Übeltat.« Ein hochrangiger britischer Regierungsvertreter ging noch weiter: »Dieses Zwangsarbeitssystem erniedrigt und demoralisiert die Bevölkerung und zehrt die Produktionsressourcen des Landes aus.«[18]

Lesseps' Antwort verrät einiges über seine Grundhaltung. Er erklärte, so würden die Dinge in Ägypten nun einmal gehandhabt:

> Es stimmt, dass in einem orientalischen Land keine öffentlichen Bauvorhaben ohne Intervention der Regierung durchgeführt werden können, aber mit Blick auf die Tatsache, dass die Arbeiter am Isthmus regelmäßig bezahlt und gut ernährt werden, kann man eigentlich nicht sagen, dass sie Zwangsarbeiter sind. Am Isthmus leben sie sehr viel besser als in ihren gewohnten Beschäftigungen.[19]

Im Jahr 1863 wurde Lesseps vom Glück verlassen. Muhammad Said starb plötzlich, noch keine 50 Jahre alt, und sein Nachfolger Ismail neigte eher London zu. Britische Kritiker verwiesen seit Langem darauf, dass der Sultan die Zwangsarbeit im Osmanischen Reich verboten habe, weshalb die von Lesseps mit dem ägyptischen Gouverneur vereinbarte Frondienstregelung gesetzwidrig sei. Nach Ismails Machtübernahme verdoppelte die britische Regierung ihre diplomatischen

Bemühungen, um das Kanalprojekt zu Fall zu bringen, und anscheinend gelang es ihr, den neuen Gouverneur auf ihre Seite zu ziehen. Nach einem erbitterten diplomatischen Tauziehen wurde im Jahr 1864 der französische Kaiser Napoleon III. (Louis Napoleon Bonaparte) aufgefordert, im Streit zwischen der Kanalgesellschaft und dem ägyptischen Herrscher zu vermitteln.

Der Kaiser, ein Neffe Napoleon Bonapartes, der von seinen Anhängern als »berittener Saint-Simon« bezeichnet, von Victor Hugo hingegen als »Napoleon der Kleine« verspottet wurde, neigte dazu, sich auf Lesseps' Seite zu schlagen. Napoleon hatte ein Faible für monumentale Projekte, die Frankreichs Prestige förderten, und obendrein war er mit der Tochter eines Vetters von Lesseps verheiratet. In der Hauptstadt war damit begonnen worden, das mittelalterliche Gewirr von Gassen durch die prachtvollen Boulevards zu ersetzen, für die Paris heute berühmt ist, und in ganz Frankreich wurden Tausende Kilometer neuer Bahnlinien gebaut.

Die britische Regierung unternahm große Anstrengungen, um das lästige Kanalprojekt zu Fall zu bringen, aber Lesseps konnte auf die Unterstützung seiner Kleinaktionäre zählen. Abgesehen davon, dass Napoleon persönlich mit Lesseps verbunden war, hatte er kein Interesse daran, Tausende französische Investoren gegen sich aufzubringen. Also suchte er nach einer Kompromisslösung und entschied, dass auf den Frondienst verzichtet werden könne, sofern der Gouverneur eine großzügige Entschädigung zahle.

Lesseps verfügte jetzt über beträchtliche finanzielle Mittel, aber er hatte den Großteil der billigen ägyptischen Arbeitskräfte verloren. Es gelang ihm nicht, Arbeiter aus Europa oder irgendwo in der Welt dazu zu bewegen, die zermürbende Plackerei auf sich zu nehmen, zu der die Ägypter gezwungen worden waren, schon gar nicht für den Lohn, den er bezahlen konnte.

Einfallsreiche Franzosen[20]

Visionen werden vom Optimismus getragen. Der Optimismus von Lesseps stützte sich auf die Technologie und den Einfallsreichtum von (französischen) Männern, die das Projekt retten würden. Zu seinem Glück eilten ihm in der Stunde der Not zwei solche Männer zur Hilfe. Paul Borel und Alexandre Lavalley, zwei Absolventen der École polytechnique, hatten im Dezember 1863 ein Erdbauunternehmen gegründet. Borel hatte beim Bau der französischen Eisenbahnen Erfahrung gesammelt und produzierte Motoren für Lokomotiven; Lavalley hatte in Großbritannien Spezialmaschinen entworfen und sich dabei Expertenwissen in Metallurgie angeeignet und in Russland an der Vertiefung von Hafenbecken gearbeitet. Die beiden bildeten ein eingespieltes Team, das es schaffte, die Arbeitsproduktivität beim Kanalbau deutlich zu erhöhen.

Die Bagger, die Lesseps ursprünglich eingesetzt hatte, waren für Arbeiten am Nil ausgelegt, wo sie in erster Linie dazu gedient hatten, Schlamm aus dem Flussbett auszuheben. Hingegen mussten beim Kanalbau große Mengen von schwerem Sand und Gestein bewegt werden. Die Bagger mussten den örtlichen Bedingungen angepasst werden, die entlang der Kanalroute sehr unterschiedlich waren. Das Unternehmen von Borel und Lavalley baute neue und leistungsfähigere Maschinen zum Ausheben des Kanals. Innerhalb kürzester Zeit lieferte es den Großteil der großen Baggerflotte, die im Jahr 1869 300 Maschinen umfasste.

Von den 75 Millionen Kubikmetern Erdreich, die für den Hauptkanal ausgehoben wurden, bewegten die von Borel-Lavalley bereitgestellten Bagger etwa drei Viertel, und der Großteil dieser Menge wurde in den Jahren 1867 bis 1869 ausgehoben. Als der Kanal im November 1869 eröffnet wurde, hatte sich die französische Industrie eine weltweite Führungsposition in der Erdbewegung unter schwierigsten Bedingungen gesichert.

Lesseps hatte in allen wichtigen Fragen recht behalten. Ein Kanal auf Meeresspiegelniveau war nicht nur machbar, sondern ideal. Der technische Fortschritt vor Ort hatte sämtliche Hindernisse überwunden. Der Kanal änderte die strategischen Verhältnisse und stärkte die Position Europas im Welthandel.

Einige Jahre hatte es den Anschein, als wäre das Kapital der Investoren weiterhin bedroht, denn anfangs nahm der Verkehr durch den Kanal langsamer zu als prognostiziert. Aber bald stellte sich heraus, dass Lesseps auch in finanziellen Fragen Vorausblick bewiesen hatte: Das Segelschiff wurde vom Dampfschiff verdrängt, die Dampfschiffe wurden größer, und das Volumen des Welthandels wuchs rasch. Ganz Europa sah jetzt die Vorteile eines schleusenlosen Kanals durch den Isthmus von Suez. Ende der siebziger Jahre glitten Tag und Nacht Passagierschiffe durch den Kanal, die bis zu 2000 Personen beförderten. Da die Schiffe nicht durch Schleusen gebremst wurden, war die Durchfahrt in weniger als einem Tag zu bewältigen. Aus europäischer Sicht war Lesseps Vision zur Gänze verwirklicht worden.

Noch beeindruckender war, dass sich Lesseps' Hoffnung, die Briten für seinen Kanal zu gewinnen, ebenfalls erfüllte. Mitte der siebziger Jahre fuhren rund zwei Drittel der Schiffe, die den Kanal durchquerten, unter britischer Flagge, und London betrachtete es als strategische Priorität, die Schiffe in Bewegung zu halten. Im Jahr 1875 nutzte die Regierung von Benjamin Disraeli die finanzielle Notlage

Ägyptens aus, um einen großen Anteil an der Kanalgesellschaft zu erwerben. Von nun an stand der Suezkanal de facto unter dem Schutz der schlagkräftigsten Kriegsmarine der Welt.[21]

Die Aktionäre waren entzückt. Es spielte keine Rolle, dass die Arbeiten statt der geplanten sechs Jahre ein Jahrzehnt gedauert hatten und dass der prognostizierte jährliche Güterumschlag von fünf Millionen Tonnen erst Mitte der siebziger Jahre erreicht wurde. Die Zukunft gehörte immer größeren Dampfschiffen, für die der Suezkanal gut geeignet war.

Bis 1880 hatte sich der Wert der Aktien der Suezkanalgesellschaft mehr als vervierfacht und das Unternehmen schüttete alljährlich eine Dividende von etwa 15 Prozent aus.[22] Lesseps war nicht nur ein herausragender Diplomat und ein kühner Neuerer, sondern auch ein Finanzgenie, den seine Zeitgenossen mittlerweile als *Le Grand Français* bezeichneten.

Oh, wie schön ist Panama

Die Europäer träumten seit Langem von einem Kanal durch Zentralamerika. Die Idee ging mindestens auf das Jahr 1513 zurück, als die spanischen Entdecker nach einem Weg suchten, um Fracht rasch zwischen den beiden Ozeanen hin und her zu bewegen. Die Umfahrung des südamerikanischen Kontinents auf der Route, die um das Kap Hoorn führte, war beschwerlich, und Mitte des 19. Jahrhunderts zogen es die meisten Reisenden vor, ein Schiff nach Colón an der Karibikküste zu nehmen und von dort aus den rund 90 Kilometer breiten Isthmus im Zug zu durchqueren, um in Panama-Stadt an der Pazifikküste ein weiteres Schiff zu besteigen.

Die spanische Regierung nahm im Jahr 1819 ein Kanalprojekt in Angriff, das jedoch im Sand verlief, und im folgenden halben Jahrhundert scheiterten weitere europäische Vorhaben. Angesichts des wachsenden Seehandels im Pazifik kam Ende der siebziger Jahre erneut ein Kanal durch Zentralamerika ins Gespräch. Es wurde über zwei mögliche Routen diskutiert, die jeweils ihre Anhänger hatten, die glaubten, bessere Argumente als die andere Seite zu haben.

Eine amerikanische Gruppe setzte sich für eine Route durch Nicaragua ein. Dort sollten die Schiffe in einer Reihe von Schleusen vom niedriger gelegenen Karibischen Meer auf das Niveau eines großen Sees gehoben und anschließend wieder auf den Meeresspiegel des Pazifik abgesenkt werden. Diese Option hatte den offenkundigen Nachteil, dass die Vielzahl von Schleusen die Durchfahrtszeit verlängern würde. Dazu kamen Bedenken wegen vulkanischer Aktivität, und

Lesseps wies auf die Gefahr hin, dass ein Vulkanausbruch die Kanalschleusen beschädigen konnte.

Die zweite mögliche Route verlief durch Panama, und die vermeintlichen Gemeinsamkeiten dieses Gebiets mit dem Isthmus von Suez sprachen Lesseps zufolge für diese Option. Lesseps tat sich von Anfang an mit der Forderung hervor, der Kanal müsse wie der in Suez auf Höhe des Meeresspiegels angelegt werden und vollkommen ohne Schleusen auskommen.

Im Jahr 1878 erhielten die Repräsentanten von Lesseps eine Konzession der kolumbianischen Regierung, die das betroffene Gebiet zu jener Zeit kontrollierte. Lesseps handelte Bedingungen aus, die denen in Suez ähnelten: ein langjähriger Pachtvertrag und eine Beteiligung des kolumbianischen Staats an den Kanaleinnahmen. Wie in Ägypten würde Lesseps auch in Zentralamerika die Arbeiten koordinieren und das für den Bau benötigte Kapital beschaffen.

Ein bedeutsamer Unterschied zu Ägypten war, dass in Panama kein Frondienst möglich war, weil es nicht genug heimische Arbeitskräfte gab. Das hielt Lesseps nicht von seinem Vorhaben ab: Die benötigten Arbeiter konnten aus Jamaika und anderen Inselkolonien in der Karibik nach Panama geholt werden. Die Arbeitskräfte von den Westindischen Inseln waren bereit, für niedrigere Löhne und unter schwierigeren Bedingungen als die Europäer zu arbeiten. Lesseps war auch zuversichtlich, dass wie in Ägypten Maschinen die Produktivität deutlich erhöhen würden und dass alle Probleme durch technologische Neuerungen gelöst werden könnten.

Wie beim Suez-Projekt holte Lesseps die Meinungen internationaler Experten ein, aber diesmal interessierten ihn vor allem öffentliche Bekundungen der Unterstützung, die es ihm erleichtern würden, das benötigte Kapital zu beschaffen. Doch da er den Kongress in Paris im Mai 1879 einberufen hatte, musste er dafür sorgen, dass die versammelten Experten die Lösung empfahlen, für die er sich bereits entschieden hatte.

Die amerikanischen und französischen Delegationen stritten den ganzen Tag und bis in die Nacht hinein über die technischen Probleme und die wirtschaftlichen Auswirkungen. Für die Route durch Panama würde mehr Erdreich ausgehoben werden müssen, was die Kosten um 50 Prozent erhöhen und eine größere Zahl von Arbeitern für längere Zeit der Gefahr von Krankheiten aussetzen würde. In Panama regnete es mehr, was die Kontrolle der Wasserscheiden erheblich erschweren würde. Auf der anderen Seite würden in Nicaragua die auf dieser Route benötigten Schleusen anfällig für eine Beschädigung durch Erdbeben sein. Und so weiter.

Lesseps hatte kein Interesse daran, dass auf dem Kongress ein freier und fairer

Wettbewerb zwischen Ideen stattfand: Vielmehr hatte er zahlreiche Delegierte sorgfältig ausgewählt, um das von ihm gewünschte Ergebnis sicherzustellen. Und dennoch war am 23. Mai klar geworden, dass er und seine Verbündeten in der Debatte ins Hintertreffen gerieten. In dieser Situation bewies Lesseps sein Gespür für den richtigen Zeitpunkt und trat ans Rednerpult, um die entscheidenden Fragen offen anzusprechen. Er sprach ohne Notizen, was eine bemerkenswerte Kenntnis der relevanten Einzelheiten zeigte, und zog das Publikum rasch auf seine Seite. Er erklärte, das Suez-Projekt habe ihn gelehrt, dass große Errungenschaften große Anstrengungen erforderten. Natürlich werde man auf Schwierigkeiten stoßen – aber welchen Reiz hätte schon ein einfaches Unterfangen? Die Technologie und einfallsreiche Männer würden alle Probleme lösen: »Ich zögere nicht, zu erklären, dass der Panamakanal leichter zu beginnen, fertigzustellen und instandzuhalten sein wird als der Suezkanal.«[23]

Als das Kapital für den Bau des Suezkanals knapp geworden sei, erklärte Lesseps, habe man neue Finanzierungsquellen erschlossen. Als die für die Aushubarbeiten benötigten Arbeiter knapp geworden seien, habe man neue Bagger entworfen. Als die Cholera ausgebrochen sei, habe die Suezgesellschaft wirksame Maßnahmen zum Schutz der öffentlichen Gesundheit ergriffen. Aus diesen Erfolgen habe er gelernt, dass sich Wagemut bezahlt mache. Ohne Ambition könne man eine Vision nicht verwirklichen:

> Einen Hafen im Golf von Pelusium zu bauen, den morastigen Manzala-See zu durchqueren und das Massiv von El-Guisr zu überwinden, durch den Wüstensand zu graben, Werkstätten in einer Entfernung von 25 Ligen vom nächsten Dorf zu errichten, das Becken der Bitterseen zu füllen, zu verhindern, dass der Sand den Kanal verschüttete – was für ein verrückter Traum das war![24]

Ein amerikanischer Delegierter beschrieb Lesseps als den »großen Kanalbauer« und erklärte: »Sein Einfluss auf seine Landsleute ist legitim und umfassend, er ist gutherzig und entgegenkommend, gleichzeitig jedoch auch ehrgeizig […].«[25]

Vor der abschließenden Abstimmung des Kongresses erklärte der 73-jährige Lesseps kategorisch, er werde das Vorhaben persönlich leiten. Die Delegierten waren beeindruckt, und die Mehrheit stimmte seinem Vorschlag zu. Die Entscheidung für Panama war gefallen.

Der Neid der glücklichen Götter wird geweckt

Im Anschluss an den Kongress in Paris brach Lesseps Ende des Jahres 1879 nach Panama auf, um das Terrain erstmals persönlich zu inspizieren. Bei der Ankunft wurden er und seine Familie wie königliche Gäste begrüßt: Sie wurden überall von jubelnden Menschen umringt, und zu Lesseps' Ehren fand eine Reihe von Bällen statt.

Lesseps traf in der gesundheitlich unbedenklichen Trockenzeit in Panama ein und reiste wieder ab, bevor es zu regnen begann. Daher sah er nicht mit eigenen Augen, wovor er auf dem Kongress in Paris gewarnt worden war und was seinen Ingenieuren bald zu schaffen machen sollte: den rasch steigenden Pegelstand der Flüsse und die zerstörerischen Schlammlawinen. Lesseps schlug auch die Warnungen vor potenziell verheerenden Infektionskrankheiten in den Wind. Im Gespräch mit Reportern scherzte er, das einzige gesundheitliche Problem, mit dem er auf der Reise konfrontiert worden sei, sei ein leichter Sonnenbrand seiner Frau gewesen.

Seine mangelnde Bereitschaft, sich eingehend mit den Bedingungen vor Ort zu beschäftigen, trug zur grundlegenden Fehleinschätzung der Projektbetreiber bei: Die Menge an Erde und Gestein, die bewegt werden musste, wurde erheblich unterschätzt. Auf dem Kongress in Paris war geschätzt worden, in Panama müssten 45 Millionen Kubikmeter Erdreich (überwiegend Gestein) ausgehoben werden. Eine neunköpfige technische Kommission, die Lesseps nach Panama begleitete, erhöhte diese Schätzung auf 75 Millionen Kubikmeter.

Tatsächlich hoben die Franzosen in den folgenden acht Jahren mindestens 50 Millionen Kubikmeter Erde aus. Die Amerikaner, die 25 Jahre, nachdem die Franzosen das Panama-Projekt aufgegeben hatten, die Arbeiten am Kanal fortsetzten, bewegten zwischen 1904 und 1914 weitere 259 Millionen Kubikmeter – obwohl sie nicht versuchten, auch nur annähernd bis zum Meeresspiegel hinabzugraben.

Lesseps weigerte sich, die geografischen Gegebenheiten anzuerkennen, bis es zu spät war: Ein massiver Höhenzug, der sich an jeder Stelle mindestens 100 Meter über dem Meeresspiegel erhob, versperrte den Weg, und ein gefährlicher Fluss, der häufig über die Ufer trat, kreuzte die vorgesehene Route für den Kanal. Ein Experte schätzte später, es hätte etwa zwei Jahrhunderte gedauert, bis auf das Niveau des Meeresspiegels hinab zu graben.

Der Suezkanal war in zehn Jahren fertiggestellt worden, und Lesseps hielt an der optimistischen Einschätzung fest, der Kanal in Panama könne innerhalb von sechs Jahren und im schlimmsten Fall in acht Jahren gebaut werden. Seine Aufgabe war es, sich vorzustellen, was möglich war; er sollte sich keine Sorgen darüber machen, was schiefgehen konnte. Nach dem Besuch in Panama schrieb er an einen seiner Söhne: »Nachdem ich jetzt die verschiedenen Örtlichkeiten am Isthmus zusammen mit unseren Ingenieuren besichtigt habe, begreife ich nicht, warum sie so lange zögerten mit ihrer Erklärung, daß es möglich sein werde, einen Schiffahrtskanal zwischen den beiden Ozeanen in Meereshöhe zu bauen, denn die Entfernung ist ebenso kurz wie die zwischen Paris und Fontainebleau.«.[26]

Es folgte eine weitere gravierende Fehleinschätzung. Auf dem Kongress in Paris hatte der Konsens gelautet, der Panamakanal werde 1,2 Milliarden Franc kosten, etwa dreimal so viel wie der Suezkanal. Die technische Kommission, die Lesseps nach Panama begleitete, senkte diese Kostenschätzung mit einer fragwürdigen Begründung auf 847 Millionen Franc. Anfang des Jahres 1880 senkte Lesseps die Kostenschätzung während der Überfahrt von Panama in die Vereinigten Staaten weiter auf nur noch 650 Millionen Franc.[27]

Zurück in Paris, entschloss er sich in der Überzeugung, sein Projekt komme gut voran, sehr viel weniger Stammkapital zu begeben, als er zuvor für notwendig gehalten hatte: Jetzt schienen ihm 300 Millionen Franc ausreichend. Einmal mehr drängte ihn niemand zu einer Kurskorrektur. Lesseps berief sich gerne auf das, was der Gouverneur Muhammad Ali Pascha angeblich zu Beginn seiner Karriere zu ihm gesagt hatte: »Wenn man etwas Großes vollbringen will, sind zwei Männer einer zu viel.«[28]

Im Dezember 1880 gab Lesseps' Kanalbaugesellschaft 600 000 Aktien mit einem Nennwert von jeweils 500 Franc aus. Diesmal erklärte sich Lesseps bereit, mehreren Großbanken für ihre Unterstützung bei der Emission eine Kommission von 4 Prozent zu zahlen. Außerdem wurden mehr als 1,5 Millionen Franc investiert, um die Presse gewogen zu stimmen.

Es erwies sich als Vorteil, dass Lesseps kurz zuvor in Panama gewesen und gesund heimgekehrt war. Mehr als 100 000 Anleger zeichneten Aktien und bestellten doppelt so viele wie verfügbar. 80 000 Investoren erwarben zwischen einer und fünf Aktien.

Doch es stellte sich rasch heraus, dass der Kanalbau mindestens das Vier- oder Fünffache des Betrags kosten würde, der in der ersten Emissionsrunde in die Kassen der Gesellschaft gespült worden war. Das Unternehmen litt unter ständigem Kapitalmangel und musste fast jedes Jahr neues Geld beschaffen. Als die Kosten die ursprünglichen Schätzungen überstiegen, wurden Zweifel an Lesseps' Glaubwürdigkeit laut.

Beim Suez-Projekt hatte es finanzielle Rettungsanker gegeben: Muhammad Said hatte die überschüssigen Aktien aufgekauft, als die Erstemission nicht so erfolgreich wie erhofft verlaufen war, und Napoleon III. hatte der Kanalgesellschaft mit einem vorteilhaften Schiedsspruch unter die Arme gegriffen. Außerdem hatte er einen großen Lotteriekredit unterstützt, der für die Öffentlichkeit attraktiv war, weil einige Anleihebesitzer Geldpreise gewinnen konnten. Mit diesem Kredit hatte die Gesellschaft in einer kritischen Situation zusätzliche 100 Millionen Franc eingenommen, nachdem eine herkömmliche Anleiheemission gescheitert war. Aber im Jahr 1870 war Napoleon III. nach der französischen Niederlage gegen Preußen nicht mehr Kaiser. Die Politiker an der Spitze der jungen Dritten Republik waren nicht gerade darauf versessen, Lesseps und die Aktionäre der Panamagesellschaft zu retten.

Tod auf dem Chagres

Die Bauarbeiten begannen im Februar 1881, und anfangs kamen die Grabungen in Häfen und Flüssen gut voran. Aber als sich das Projekt in höhere Gefilde verlagerte, wurden die Arbeiten schwieriger. Und als es zu regnen begann, geriet das Vorhaben ins Schwimmen.

Im Sommer brach das Gelbfieber aus. Im Juni starb ein erster Arbeiter. Nach einer Schätzung starben in diesem Jahr rund 60 Menschen, darunter einige hochrangige Manager, an Malaria oder Gelbfieber – es war schwierig, die Todesursachen genau zu bestimmen.

Im Oktober wollte Lesseps noch immer nicht wahrhaben, dass in Panama eine Epidemie ausgebrochen war. Er beharrte darauf, die an Gelbfieber erkrankten Personen hätten sich nicht auf den Baustellen, sondern schon vorher angesteckt. Dies wurde zum Muster: Jegliches Problem wurde geleugnet. Nach einem schweren Erdbeben im September 1882 verstieg sich Lesseps sogar zu der Behauptung, es werde keine weiteren Erdstöße geben.

Es gab weitere Warnsignale. Im Jahr 1882 entschloss sich der für die Beaufsichtigung der Bauarbeiten verantwortliche Generalunternehmer zum Rückzug aus dem Projekt. Doch Lesseps hielt unerschütterlich an seinem Kurs fest. Sein Unternehmen übernahm die Grabungsarbeiten, und im März 1883 schickte er einen neuen Generaldirektor nach Panama.

Allen Beteuerungen von Lesseps zum Trotz verursachten Krankheiten wachsende Probleme. Die Familie des neuen Generaldirektors starb, vermutlich am Gelbfieber. Lesseps ließ nicht locker und erhöhte die Zahl der Arbeiter im Jahr

1884 auf 19 000. Doch Malaria und Gelbfieber töteten weiterhin zahlreiche französische und einheimische Arbeitskräfte.

All das wäre vermeidbar gewesen. Hätte man in Panama die Maßnahmen ergriffen, die Franzosen, Briten und andere Europäer im Lauf eines Jahrhunderts für Militäreinsätze in tropischen Ländern entwickelt hatten, so hätte man neun von zehn Todesopfern vermeiden können. Aber dann wären die Grabungen deutlich langsamer vorangekommen. Lesseps war schon auf dem Kongress in Paris unmissverständlich vor den Gefahren gewarnt worden. Doch er hatte sich entschlossen, alle Berichte über gesundheitliche Probleme in Zentralamerika als von seinen Gegnern verbreitete Desinformationen zu betrachten.[29]

In den Jahren 1881 bis 1889 starben bei den Kanalbauarbeiten Schätzungen zufolge insgesamt 22 000 Menschen, darunter 5000 Franzosen. In manchen Jahren starb mehr als die Hälfte der Personen, die aus Frankreich nach Panama gekommen waren. Möglicherweise war zu jedem Zeitpunkt ein Drittel der Arbeitskräfte krank.

Die Arbeiter, die direkt von Lesseps' Unternehmen beschäftigt wurden, wurden kostenlos medizinisch betreut, was jedoch nicht unbedingt ein Segen war: In dem von der Kanalbaugesellschaft betriebenen Krankenhaus standen die Pfosten der Patientenbetten in Wassereimern, um ein Hinaufkrabbeln von Insekten zu vermeiden – umso stärker vermehrten sich Mücken, die in dem stehenden Wasser brüten konnten. Epidemien breiteten sich ungehindert auf den Krankenstationen aus. Noch schlechter erging es den Arbeitern von Subunternehmern: Wenn sie sich die täglichen Krankenhauskosten nicht leisten konnten, wurden sie weitgehend sich selbst überlassen.

Doch auch das menschliche Leid, das sehr viel dramatischer war und deutlicher zutage trat als das Zwangsregime, dem die ägyptischen Arbeiter beim Bau des Suezkanals ausgesetzt gewesen waren, änderte nichts an Lesseps' Entschlossenheit. Er beharrte auf seiner Einschätzung der Realität und ignorierte die alltäglichen Probleme. In den kritischen Jahren 1882 bis 1885 weigerte er sich hartnäckig, auf den Rat seiner gut informierten Mitarbeiter zu hören, und daran änderte sich auch nichts, als sich die Bedingungen zusehends verschlechterten.

Mitte der achtziger Jahre hatte Lesseps bereits eine Reihe von Anleihen begeben und musste eine Risikoprämie in Form von hohen Zinsen zahlen. Im Mai 1885 brachte er die Möglichkeit einer Lotterieanleihe ins Spiel, ein Angebot, das die Investoren im letzten Jahr des Suezkanalprojekts bereitwillig angenommen hatten. Aber für die Ausgabe von Lotterieanleihen brauchte Lesseps die Zustimmung des Parlaments. Um sich politische Unterstützung zu sichern, reiste er im Februar 1886 nach Panama. Bei seinem zweiwöchigen Besuch drehte sich alles um ihn. Einer seiner leitenden Ingenieure erklärte: »Jede Anerkennung, die jemand anderem als ihm gezollt wurde, schien einen Strahl aus seiner Ruhmeskrone zu brechen.«[30]

Lesseps selbst kehrte in der Gewissheit zurück, dass mit dem erhöhten Budget der schleusenlose Kanal rechtzeitig fertiggestellt werden konnte. Doch diesmal gelangten drei Experten – ein von der französischen Nationalversammlung entsandter Gutachter und zwei Ingenieure der Kanalbaugesellschaft – unabhängig voneinander zu dem Schluss, dass ein Kanal auf Niveau des Meeresspiegels nicht verwirklicht werden konnte. Lesseps' außergewöhnliche Überzeugungskraft genügte nicht mehr, um das Parlament davon abzuhalten, sich den Tatsachen zu stellen, und eine Mehrheit der Deputierten verweigerte dem Projekt die Unterstützung.

Im Oktober 1887 gab Lesseps endlich nach und akzeptierte einen Interimsplan, der Schleusen vorsah. Entwerfen sollte sie Gustave Eiffel, der zu jener Zeit an dem nach ihm benannten Turm arbeitete. Nach langem Hin und Her erhielt Lesseps schließlich die Erlaubnis, mit einer Lotterieanleihe zusätzliches Kapital in Höhe von 720 Millionen Franc zu beschaffen. Doch es gelang nicht, den erforderlichen Mindestbetrag aufzubringen. Im Dezember 1888 wurde die Panamakanalgesellschaft unter Zwangsverwaltung gestellt.

Lesseps fiel in Ungnade und starb wenige Jahre später. Sein Sohn und weitere Gesellschafter wurden wegen Betrugs ins Gefängnis geschickt. Das Kanalprojekt wurde aufgegeben. Aber den eigentlichen Preis musste nicht Lesseps bezahlen. Die Investoren hatten rund eine Milliarde Franc verloren, und 5000 Franzosen sowie 17 000 Arbeiter, die überwiegend von den Westindischen Inseln stammten, hatten ihr Leben verloren. All diese Opfer waren im Grunde sinnlos.

Panama à l'Américaine

Als die Amerikaner das Kanalprojekt im Jahr 1904 ernsthaft in Angriff nahmen, nutzen sie im Wesentlichen dieselbe Eisenbahn und fast die gleiche Ausrüstung wie seinerzeit die Franzosen. Und sie begingen anfangs einige derselben Fehler, was unter anderem zu einer Gelbfieberepidemie führte.

Die Franzosen waren letzten Endes gescheitert, weil sie an einer illusorischen Vision festhielten, die ihnen den Blick auf alternative Möglichkeiten zur Nutzung des verfügbaren Know-hows und der Technologie verstellten, und weil sie die Schwierigkeiten nicht akzeptierten. Sie änderten ihren Kurs auch nicht, als sich die Belege für ihre Irrtümer häuften und die Zahl der Toten stieg, was bewies, dass ihr Vorhaben realitätsfern war. Sie hielten an Lesseps' Vision fest und zeigten denselben technologischen Optimismus und dieselbe falsche Selbstgewissheit wie er. In diesem Fall wurden nicht nur den Machtlosen im Namen des Fortschritts Kosten aufgebürdet, sondern die Projektbetreiber legten eine anmaßende Gleichgültigkeit gegenüber Beweisen für ihren Irrtum an den Tag und steuerten unbeeindruckt von den Tatsachen auf die Katastrophe zu.

Wie die Franzosen waren auch die Amerikaner voreingenommen und schenkten der Lage der Einheimischen kaum Beachtung. Die Bedingungen für die Arbeitsmigranten waren hart. Doch es gab einen großen Unterschied zum französischen Kanalbauprojekt: Die Amerikaner hatten keine übermäßig zuversichtliche Vision wie Lesseps, und Rückschläge gaben ihnen zu denken, insbesondere den Politikern in der Heimat. Als die ersten Versuche, den Kanal voranzutreiben, scheiterten, wurde die Führung der Kanalbaugesellschaft ausgetauscht und neue Fachleute, Ideen, Geräte und Verfahren wurden nach Panama geschickt. Als sich die Erdarbeiten in die Länge zogen und der Ausbruch von Krankheiten drohte, übertrug Präsident Theodore Roosevelt die Leitung des Projekts amerikanischen Managern, die vor Ort ansässig waren und die Bedingungen in Panama berücksichtigten. Insbesondere beschäftigten sie sich mit der entscheidenden Frage, wie die Gesundheit der Arbeiter geschützt werden konnte.

Die Amerikaner hatten bei der Besetzung Kubas viel über Tropenkrankheiten gelernt und brachten neue Methoden zur Bekämpfung von Mückenplagen nach Panama. Sie beseitigten die Vegetation entlang der Kanaltrasse und verboten stehendes Wasser auf angrenzenden Flächen. Straßen und Entwässerungsanlagen wurden verbessert, um die Vermehrung von Mücken zu verhindern.

Die technischen Kenntnisse über Kanäle und Grabungen hatten sich seit dem französischen Projekt nicht weiterentwickelt, aber als sich die Amerikaner von Lesseps' Vision lösten, gelang es ihnen, die vorhandenen Kenntnisse besser anzuwenden. Neue Ingenieure, die bei den amerikanischen Eisenbahnprojekten Erfahrung gesammelt hatten, brachten die besten Methoden zur Organisation von Bohrungen, Aushubarbeiten und Logistik mit. Den Franzosen war es schwergefallen, ausreichende Mengen an Erde und Gestein zügig abzutransportieren. Der Leiter der amerikanischen Kanalbaugesellschaft sah die Ursache in mangelnden Kapazitäten der Eisenbahn und ließ in kürzester Zeit Gleise verlegen, um den Zugverkehr zu beschleunigen.

Eine weitere wichtige Idee kann ironischerweise auf eine beim Bau des Suezkanals angewandte Lösung zurückgeführt werden, die auch für den Panamakanal vorgeschlagen worden war. Für einen Kanal auf Höhe des Meeresspiegels waren übermäßige Aushubarbeiten erforderlich – warum leitete man also nicht den

Chagres, einen Fluss, der zahlreiche Probleme verursachte, um und schuf durch die Überflutung einer Hochebene einen großen künstlichen See? Sodann konnte man die Schiffe mit großen Schleusen auf das Niveau des Sees heben und ihn überqueren, um die sie auf der anderen Seite durch Schleusen wieder auf das Niveau des Meeresspiegels abzusenken.

Der Suezkanal hat nach wie vor keine Schleusen, aber ein genauer Blick auf eine Karte zeigt, dass er eine auffällige strukturelle Ähnlichkeit mit dem Panamakanal aufweist. Lesseps' Ingenieure gruben einen Kanal vom Mittelmeer zum Großen Bittersee, den sie mit Meerwasser füllten, um ein ausgetrocknetes Salzbecken in einen (kleinen) Binnensee zu verwandeln. Lesseps hatte die falsche Lehre aus dem Erfolg in Ägypten gezogen. Anstatt sich den Schleusen zu widersetzen, hätte er die Nutzung der natürlichen orografischen Gegebenheiten in Ägypten nachahmen können, was den Umfang der erforderlichen Grabungsarbeiten verringert hätte. Als der Bau des Suezkanals gelungen war, war Lesseps leider in einer Denkweise gefangen, die alle anderen Optionen ausschloss.

Wie wir Technologien einsetzen, hängt davon ab, in welche Richtung wir den Fortschritt lenken wollen und welche Kosten wir als akzeptabel betrachten. Und es hängt davon ab, was wir aus Rückschlägen und aus den Erfahrungen vor Ort lernen. Hier erwies sich die Vision der Amerikaner, obwohl sie fehlerhaft und in mancher Hinsicht ebenso rücksichtslos wie die der Franzosen war, als überlegen.

Die Vision als Falle

Lesseps war charismatisch, unternehmungslustig und ehrgeizig. Er hatte politische Verbindungen und genoss den Rückhalt des französischen und zeitweise auch des ägyptischen Staates. Sein Erfolg in Suez verzauberte viele seiner Zeitgenossen. Doch vor allem vertrat Lesseps eine für das 19. Jahrhundert charakteristische Version des technologischen Optimismus: Große öffentliche Infrastrukturinvestitionen und technologische Fortschritte würden allen Menschen in Europa und weltweit zugutekommen. Diese Vision überzeugte die französische Öffentlichkeit und die Verantwortlichen in Frankreich und Ägypten. Ohne diese Vision hätte Lesseps nicht die gewaltige Willenskraft aufbringen können, die nötig war, um einen fast 200 Kilometer langen Kanal durch die ägyptische Wüste zu graben und selbst dann an seinem Vorhaben festzuhalten, als es nicht nach Plan lief. Ohne eine Vision ist Technologie nutzlos.

Aber eine Vision geht auch mit einer verzerrten Betrachtung der Realität einher, was unsere Fähigkeit einschränkt, die Tatsachen richtig einzuschätzen.

Lesseps' Weitblick in Suez und sein Bekenntnis zum technologischen Fortschritt sind zweifellos bewundernswert, aber sein Beharren auf einem schleusenlosen Kanal auf Höhe des Meeresspiegels gehörte ebenso zu seiner Methode wie der Einsatz Tausender ägyptischer Zwangsarbeiter – und diese Arbeiter sollten nie Teil des von ihm angestrebten Fortschritts sein. Lesseps' Vision war sogar innerhalb ihrer Grenzen ein gewaltiger Fehlschlag, was eben daran lag, dass seine größten Stärken, seine Zuversicht und seine Zielstrebigkeit, zugleich auch seine verhängnisvollen Schwächen waren. Seine Vision hinderte ihn daran, Fehlschläge einzugestehen und sich an geänderte Bedingungen anzupassen.

Die Geschichte der zwei Kanäle veranschaulicht den schädlichsten Aspekt dieser Dynamik. In Panama stützte sich Lesseps auf dieselben Überzeugungen, dasselbe französische Fachwissen und Kapital und im Wesentlichen dieselbe institutionelle Unterstützung wie in Ägypten. Aber diesmal verstand er nicht, was für den Erfolg benötigt wurde, und weigerte sich hartnäckig, seine Pläne angesichts von Tatsachen, die seiner ursprünglichen Einschätzung widersprachen, zu korrigieren.

Lesseps' Grundhaltung war in mancher Hinsicht bemerkenswert modern. Mit seiner Vorliebe für Großprojekte, seiner optimistischen Einstellung zur Technologie, seinem Glauben an die Macht der Privatinvestoren und seiner Gleichgültigkeit gegenüber dem Schicksal all derer, die keine eigene Stimme hatten, würde er gut in die Vorstandsetagen vieler heutiger Unternehmen passen.

Die Lehren aus dem Debakel des Panamakanalprojekts sind auch heute relevant. Wie es ein amerikanischer Delegierter auf dem Kongress in Paris im Jahr 1879 ausdrückte: »Aus dem Scheitern dieses Kongresses können die Menschen die nützliche Lehre ziehen, dass sie in der Republik selbst denken müssen und sich niemandes Führung unterordnen sollten.«[31] Leider können wir kaum behaupten, dass die Menschheit diese Lektion mittlerweile gelernt hat.

Bevor wir uns unseren gegenwärtigen Mängeln und unserer Unfähigkeit zuwenden, aus dem Schaden zu lernen, der in der Vergangenheit im Namen des Fortschritts angerichtet wurde, müssen wir noch einige wichtige Fragen beantworten: Warum setzte sich die Vision von Lesseps durch? Wie überzeugte er andere von seinen Vorstellungen? Warum fanden andere Stimmen kein Gehör, und warum kümmerte sich niemand um jene, die durch die Verwirklichung seiner Vision Schaden litten? Die Antworten haben mit der gesellschaftlichen Macht und mit der Frage zu tun, ob wir überhaupt noch »in der Republik« leben.

3

DIE MACHT ZU ÜBERZEUGEN[1]

Macht in diesem engeren Sinn bedeutet Priorität der Leistung (*output*) gegenüber der Empfänglichkeit (*intake*), bedeutet die Möglichkeit, zu reden anstatt zuzuhören. Macht hat in gewissem Sinne derjenige, der es sich leisten kann, nichts lernen zu müssen.

– Karl Deutsch, *Politische Kybernetik*, 1963[2]

Wir werden von Personen regiert, deren Namen wir noch nie gehört haben. Sie beeinflussen unsere Meinungen, unseren Geschmack, unsere Gedanken.

— Edward Bernays, *Propaganda*, 1928[3]

Die Richtung des Fortschritts und folglich die Entscheidung darüber, wer gewinnt und wer verliert, hängt von den Visionen ab, an denen sich eine Gesellschaft orientiert. So war Ferdinand de Lesseps' Vision – in Verbindung mit einer gehörigen Portion Vermessenheit – ursächlich für das Debakel, in dem der Bau des Panamakanals endete. Wie ist es dann zu erklären, dass sich seine Vision allgemein durchsetzte? Warum hat sie Menschen dazu gebracht, trotz verschwindend geringer Erfolgsaussichten ihr Geld und ihr Leben aufs Spiel zu setzen? Die Antwort lautet: durch Lesseps' soziale Macht und insbesondere seine Macht, Tausende von Kleininvestoren zu überzeugen.

Seine gesellschaftliche Stellung, seine politischen Verbindungen und sein spektakulärer Erfolg bei der Realisierung des Suezkanalprojekts verschafften Lesseps eine außerordentlich hohe Glaubwürdigkeit. Er hatte Charisma, das von einem fesselnden Narrativ gestützt wurde. Er überzeugte die französische Öffentlichkeit und französische Investoren sowie Personen mit politischer Macht davon, dass der Bau eines Kanals in Panama dem Land Wohlstand und weitere Vorteile bringen würde. Seine Vision wirkte auch deshalb glaubwürdig, weil sie sich auf die bestmögliche bautechnische Expertise zu stützen schien. In vollkommenem Einvernehmen mit seinen Geldgebern stellte Lesseps zudem klar, wessen Interessen wirklich zählten: Es ging ihm vor allem um französische Belange und Prestigegewinn sowie um finanzielle Erträge für seine europäischen Investoren.

Mit einem Wort, Lesseps besaß Überzeugungskraft. Sein Erfolg hatte ihn berühmt gemacht, man schenkte ihm Gehör, er hatte das Selbstbewusstsein, offensiv für seine Ansichten zu werben, und er konnte Themen auf die Tagesordnung setzen.

Macht ist die Fähigkeit eines Einzelnen oder einer Gruppe, ausdrücklich benannte oder unausgesprochene Ziele zu verwirklichen. Wenn zwei Menschen denselben Laib Brot wollen, entscheidet Macht darüber, wer ihn bekommt. Doch das fragliche Ziel muss nicht materieller Natur sein. Manchmal geht es auch darum, wessen technologische Zukunftsvision sich durchsetzen wird.

Vielleicht meinen Sie, Macht sei ihrem Wesen nach letztlich die Fähigkeit, Zwang auszuüben. Das ist so nicht richtig. Zwar haben fortwährende Reibungen zwischen und innerhalb von Gesellschaften, die in Invasionen und Unterwerfungen gipfelten, Gewalt zu einem Phänomen gemacht, das sich durch die gesamte Menschheitsgeschichte hindurchzieht. Selbst in Friedenszeiten schwebt das Damoklesschwert von Krieg und Gewalt ständig über den Köpfen der Menschen. Wenn man von gegnerischen Horden überrannt wird, hat man keine große Chance, seinen Wunsch nach einem Laib Brot erfüllt zu bekommen oder seine Meinung frei äußern zu können.

Dennoch setzt die moderne Gesellschaft auf Überzeugungskraft. Nicht viele Präsidenten, Generäle oder Häuptlinge sind so mächtig, dass sie ihre Soldaten dazu zwingen können, in die Schlacht zu ziehen. Wenige politische Führer können eine Gesetzesänderung einfach anordnen. Man hört auf sie, weil Institutionen, Normen und Überzeugungen ihnen hohes Ansehen und Prestige verleihen. Die Menschen folgen ihnen, weil sie dazu überredet worden sind, ihnen zu folgen.

Erschießt euren Kaiser, wenn ihr den Schneid dazu habt!

Im Verlauf der ersten Dekade nach Beginn der Französischen Revolution im Jahr 1789 wurde in Frankreich eine Reihe republikanischer politischer Institutionen gegründet. Aber es herrschte auch eine Menge Chaos und Unordnung, einschließlich mehrerer Staatsstreiche und regelrechter Hinrichtungswellen. Als Napoleon Bonaparte im Jahr 1799 an die Macht kam, hielt man ihn für jemanden, der die Grundprinzipien der Revolution wie die Gleichheit vor dem Gesetz, das Bekenntnis zur Wissenschaft und die Abschaffung aristokratischer Vorrechte bewahren und zugleich mehr Stabilität bringen würde.

Nach einer Reihe militärischer Triumphe krönte sich Napoleon im Jahr 1804 selbst zum Kaiser. Von da an war er sowohl ein treuer Sohn der Revolution (vielleicht) als auch oberster Herrscher (auf jeden Fall), dessen unumschränkte politische Herrschaftsgewalt sich auf sein enormes Ansehen in der Bevölkerung stützte. Hunderttausende französische Rekruten und Freiwillige folgten Napoleon nach Italien, quer durch Europa und tief nach Russland hinein. Dies lag nicht daran, dass er ihnen besondere wirtschaftliche Anreize geboten hätte. Und es lag auch nicht bloß daran, dass er der Kaiser war oder dass die französische Armee unter seinem Befehl über ein eindrucksvolles Arsenal an Geschützen verfügte.

Bei seiner Rückkehr nach Frankreich zeigte sich deutlich, wie stark Napoleons Überzeugungskraft war. Nach einer Reihe von Niederlagen war er abgesetzt und nach Elba verbannt worden. Anfang des Jahres 1815 gelang ihm die Flucht von der Insel und er landete mit einer kleinen Schar von Getreuen an der französischen Mittelmeerküste. Auf seinem Zug nach Norden wurde er in der Nähe von Grenoble von Soldaten des 5. Linienregiments abgefangen. Zu diesem Zeitpunkt verfügte Napoleon über keine formelle politische Macht, keine finanziellen Mittel und keine nennenswerte Zwangsgewalt.

Aber er verfügte nach wie vor über sein persönliches Charisma. Er stieg von seinem Pferd und schritt auf die Soldaten zu, die ihn festnehmen sollten. Als er in Schussweite war, sagte er mit fester Stimme: »Soldaten des 5. Regiments, erschießt mich, wenn ihr den Schneid dazu habt! Ich bin es, euer Kaiser, erkennt ihr mich denn nicht? Bin ich nicht euer alter General?«[4] Die Soldaten stürmten unter »Vive l'Empereur«-Rufen auf ihn zu. Napoleon selbst urteilte später so über diese Episode: »Vor Grenoble war ich ein Abenteurer; in Grenoble wurde ich zum Herrscher.« Innerhalb von nur acht Wochen gelang es dem Kaiser, der sich selbst wiedereingesetzt hatte, eine 280 000 Soldaten starke Armee aufzubringen und gegen seine europäischen Feinde ins Feld zu führen.

Durch seine Überzeugungskraft besaß Napoleon bezwingenden Einfluss und große politische Macht. Im Verlauf der nächsten zweihundert Jahre nahmen Macht und Bedeutung der Überredungskunst noch weiter zu, wie der US-Finanzsektor eindringlich vor Augen führt.

Wall Street obenauf[5]

Wie soziale Macht und politische Macht stützt sich auch wirtschaftliche Macht auf die Fähigkeit, andere mit mehr oder weniger Zwang zu überzeugen. Heute ist sie allgegenwärtig, insbesondere in den Vereinigten Staaten. Eine kleine Gruppe von Leuten ist sagenhaft reich, und dieser Reichtum verschafft ihnen eine herausgehobene gesellschaftliche Stellung und erhebliche politische und soziale Mitspracherechte. Eine der sichtbarsten Ballungen wirtschaftlicher Macht ist die Wall Street – das Netzwerk aus den größten US-Banken und den Bankmanagern an ihrer Spitze.

Woher kommt die Macht der Wall Street? Die Ereignisse im Vorfeld und während der Weltfinanzkrise von 2007–2008 liefern uns eine klare Antwort.

Der US-Bankensektor war lange Zeit fragmentiert; es gab viele kleine Finanzinstitute und einige mächtige nationale Akteure. Nach einer Deregulierungswelle in den siebziger Jahren begannen einige der größeren Banken wie Citigroup zu expandieren, und sie schlossen sich mit anderen Instituten zu Konglomeraten zusammen, die so gut wie alle Arten von Finanzgeschäften anboten. Offiziell, aber auch inoffiziell lautete die Devise damals »groß ist effizienter«, und entsprechend glaubte man, sehr große Banken könnten bessere Leistungen bei geringeren Kosten erbringen.

Auch der internationale Wettbewerb spielte eine Rolle. Mit zunehmender Integration des europäischen Wirtschaftsraums wurden die hier ansässigen Finanzdienstleistungsunternehmen immer größer, und sie waren immer besser in der Lage, ihre Geschäfte über nationale Grenzen hinweg zu tätigen. Die Chefs großer US-Banken forderten, genauso uneingeschränkt wie ihre europäischen Pendants weltweit agieren zu können, um so von den gleichen, mit zunehmender Größe und globaler Präsenz verbundenen Vorteilen zu profitieren. Journalisten, Finanzminister und die Leiter internationaler Finanzmarktregulierungsbehörden nahmen ihnen dieses Narrativ bereitwillig ab.

Am Vorabend der Weltfinanzkrise von 2008 waren einige dieser Banken hohe Risiken eingegangen, indem sie Wetten auf weiter steigende Immobilienpreise abgeschlossen hatten. Aufgrund dieser übermäßigen Risikobereitschaft und der hohen Kreditaufnahme erwirtschafteten sie künstlich aufgeblähte Gewinne, die ihren Führungskräften und Tradern enorme Boni einbrachten. Verglichen mit dem in diesen Instituten investierten Kapital waren die Erträge sehr hoch – aber nur so lange, wie alles gut lief. Komplexe Finanzinstrumente, sogenannte Derivate, wurden ebenfalls zu einer sprudelnden Ertragsquelle für die Branche. Der Handel mit Optionen, Swaps und anderen Instrumenten trieb während der Boom-Jahre die ausgewiesenen Gewinne in die Höhe. In der ersten Hälfte der Nullerjahre steuerte allein der Bankensektor über 40 Prozent zur Gesamtsumme der Unternehmensgewinne in den USA bei. Aber schon bald wurde auf schmerzhafte Weise deutlich, dass die gleiche Finanzstruktur zu einer erheblichen Ausweitung der Verluste führte, die einige Investmenthäuser aufgrund sinkender Immobilien- und sonstiger Vermögenspreise verzeichneten. Auf beiden Seiten des Atlantiks rieten Entscheidungsträger in Finanzministerien und Zentralbanken eindringlich, Banken und Banker vor finanziellen Verlusten zu schützen, selbst wenn deren Führungskräfte in zutiefst fragwürdige und potenziell illegale Aktivitäten verstrickt waren, wie etwa die Irreführung von Kreditnehmern oder die Täuschung der Märkte und Aufsichtsbehörden über bestehende Risiken. Nach Aussage hochrangiger Vertreter des US-Justizministeriums war es schwierig, die dafür Verantwortlichen strafrechtlich zu belangen, sodass diese Banken aufgrund ihrer Größe de facto »immun gegen Strafverfolgung« waren.[6] Diese faktische strafrechtliche Immunität und der spätere Zugang zu staatlichen Finanzhilfen in beispielloser Höhe hatte nichts damit zu tun, dass Bankmanager in der Lage gewesen wären, Gewalt anzuwenden.

Aber diese Banken waren nicht nur »zu groß, um sie strafrechtlich zu belangen«, sie waren auch »zu groß, um sie pleitegehen zu lassen«. Großzügige Rettungspakete wurden geschnürt, weil die Banken und andere Finanzkonzerne politische Entscheidungsträger davon überzeugten, dass das, was gut für diese Unternehmen und ihre Führungskräfte sei, auch gut für die Wirtschaft insgesamt sei. Nach dem Zusammenbruch von Lehman Brothers im September 2008 setzte sich die Auffassung durch, dass weitere Insolvenzen führender Finanzunternehmen zu systemischen Problemen mit schädlichen Folgen für die gesamte Volkswirtschaft führen würden.

Daher galt es, die Großbanken und andere große Finanzunternehmen – ihre Aktionäre, Gläubiger, Führungskräfte und Trader – so weit wie möglich zu schützen und die staatlichen Hilfspakete mit nur wenigen Auflagen zu versehen. Dieses Narrativ war so wirkmächtig, weil es sich überzeugend anhörte. Und es war überzeugend, weil politische Entscheidungsträger es als gesamtwirtschaftlich sinnvoll und nicht bloß als einen großzügigen Insiderdeal für Banker ansahen. So gut wie jeder, auf den es ankam, einschließlich Finanzjournalisten und Ökonomen, begann sich diese Sichtweise in Bezug auf die erforderlichen Maßnahmen zu eigen zu machen. Noch lange nach diesen Beschlüssen rühmten sich führende Entscheidungsträger, sie hätten die amerikanische Wirtschaft, aber auch die Weltwirtschaft dadurch gerettet, dass sie den Großbanken aus der Patsche halfen.

Zunächst mag Überzeugungskraft als etwas erscheinen, was schwer fassbar ist. Politische Macht basiert auf politischen Institutionen (den Spielregeln für die Gesetzgebung und die Entscheidung darüber, wer exekutive Befugnisse erhält) und auf der Fähigkeit verschiedener Personen und Gruppen, erfolgreiche politische Koalitionen zu bilden. Wirtschaftliche Macht basiert auf der Herrschaft über wirtschaftliche Ressourcen und ihre möglichen Nutzungsweisen. Die Fähigkeit zur Zwangsausübung beruht auf der Verfügungsmacht über Gewaltmittel. Aber worauf beruht Überzeugungskraft?

Die Rettung der Großbanken, ihrer Führungskräfte und Gläubiger verdeutlicht, dass sich Überzeugungskraft aus zwei Quellen speist: der Macht von Ideen und der Fähigkeit, Schwerpunktthemen auf die Tagesordnung zu setzen (Agenda-Setting).

Die Macht von Ideen

Einige Ideen besitzen insbesondere dann, wenn sie im richtigen Kontext und mit Nachdruck zum Ausdruck gebracht werden, eine große Überzeugungskraft. Ideen verbreiten sich und werden einflussreich, wenn sie sich von selbst reproduzieren, das heißt, wenn sie viele Menschen überzeugen, die diese Konzepte dann ihrerseits übernehmen und weiterverbreiten. Eine Idee, die aufgegriffen wird, ist eine starke Idee.

Ob eine Idee anerkannt, übernommen und verbreitet wird, hängt von vielen Faktoren ab – einige davon sind institutioneller Natur, andere hängen zusammen mit sozialem Status und den Netzwerken, die sie verbreiten, und wieder andere beziehen sich auf Eigenschaften der Personen, die sie propagieren, wie etwa ihr Charisma. Unter ansonsten gleichen Bedingungen verbreitet sich eine Idee eher, wenn sie einfach ist, in ein ansprechendes Narrativ eingebettet wird und sich wahr anhört. Es hilft auch, wenn sich Personen mit dem richtigen sozialen Status für sie einsetzen – zum Beispiel solche, die ihre Führungskompetenz unter Beweis gestellt haben und die von angesehenen Autoritäten wie dem *Institut de France* im Fall Napoleons oder von Professoren für Finanzwirtschaft und Rechtswissenschaft im Fall der Wall Street unterstützt werden.

Ideen trugen mit dazu bei, dass die Wall Street in der Lage war, die Politik und die Regulierungsmaßnahmen zu beeinflussen. Die Manager, die diese Finanzkonglomerate aufbauten, waren der Ansicht, eine moderne Volkswirtschaft sei auf das reibungslose Funktionieren einiger weniger Finanzkonzerne angewiesen und der Staat solle sich mit regulatorischen Eingriffen zurückhalten. Die Vorstellung, große Finanzkonzerne seien gesamtwirtschaftlich wünschenswert, gewann dadurch an Glaubwürdigkeit, dass die Bedeutung der Finanzbranche innerhalb der Wirtschaft wuchs und ebenso ihr Ansehen. Die üppigen Gehälter, die man hier verdienen konnte, und der luxuriöse Lebensstil, den diese erlaubten, wurden in Kinofilmen und Zeitungsartikeln genüsslich ausgebreitet.

Die große Resonanz, auf die Michael Lewis' Bestseller über Anleihenhändler, *Wall Street Poker*, bei seiner Veröffentlichung im Jahr 1989 stieß, verdeutlicht das Prestige und die Gier, die mit einem Job in dieser Branche einhergingen.[7] Für sein Buch griff Lewis auf seine eigenen Erfahrungen als Anleihenhändler zurück; es war zum Teil eine Kritik an den Geschäftspraktiken, Werten und der Arroganz der großen Finanzkonzerne. Lewis hatte gehofft, so sagt er, das Buch würde Leute davon abhalten, für solche Finanzunternehmen zu arbeiten. Doch zum Zeitpunkt seines Erscheinens war die Anziehungskraft der Wall Street so groß geworden, dass ehrgeizige Studenten, die das Buch lasen, sich von den skrupellosen Charakteren und der herzlosen Kultur des Finanzsektors nicht abschrecken ließen. Einige schrieben an Lewis und fragten ihn, ob er ihnen noch weitere Karriereratschläge geben könne. Nach Lewis' eigener Einschätzung wurde das Buch in der Wall Street zu einem Instrument für die Anwerbung neuer Mitarbeiter.

Woher kommen überzeugende Ideen? Was entscheidet darüber, ob ein Einzelner oder eine Gruppe das Charisma oder die Ressourcen besitzt, um erfolgreich für solche Ideen zu werben? Man kann mit Sicherheit sagen, dass dieser Prozess in einem nicht geringen Ausmaß zufallsabhängig ist. Kreativität und Talent sind natürlich wichtig, und Gesellschaften und ihre Regeln beeinflussen in erheblichem Umfang, wer über einen hohen sozialen Status und Charisma verfügt und wer seine Talente und seine Kreativität entwickeln kann.

In vielen Gesellschaften werden Minderheiten, Frauen und Gruppen, die keine wirtschaftlichen oder politischen Mitwirkungsrechte besitzen, nicht nur davon abgehalten, ihre Ideen zum Ausdruck zu bringen, sondern auch bereits davon, überhaupt originelle Ideen zu entwickeln. Ein extremes, aber vielsagendes Beispiel liefert in dieser Hinsicht Britisch-Westindien, wo es auf dem Höhepunkt der Plantagenwirtschaft verboten war, versklavten Menschen Lesen beizubringen. Auch blieb während des größten Teils der Geschichte Frauen der Zugang zu Führungsposition in Wissenschaft und Wirtschaft verwehrt.

Sogar Charisma hängt von Institutionen und Bedingungen ab. Es ist nicht einfach etwas Angeborenes; es beruht auf Selbstvertrauen und sozialen Netzwerken. Die Macht der Großbanken zum Beispiel stützte sich nicht nur auf Ideen und Narrative. Bankenvorstände und -aufsichtsräte gehörten sozialen Netzwerken an, die immense wirtschaftliche Macht besaßen und diese Ideen und Narrative propagierten. Die Idee, große Finanzkonzerne seien gesamtwirtschaftlich nützlich, wurde von Ökonomen und Abgeordneten übernommen, die nur allzu bereitwillig theoretische und empirische Belege für die Richtigkeit dieser Ideen beibrachten.

Noch so viel Kreativität, Charisma und Fleiß bieten keine Gewähr dafür, dass ein Akademiker oder ein Unternehmer eine Idee hat, die auf große Resonanz stoßen wird. Vorherrschende Anschauungen und die Einstellungen mächtiger Personen und Organisationen bestimmen, welche Ideen als schlechterdings überzeugend angesehen werden und nicht als abwegig oder ihrer Zeit so weit voraus, dass man sie geflissentlich ignorieren kann. Man kann sich unglaublich glücklich schätzen, wenn man genau zum richtigen Zeitpunkt die richtige Idee hat, die von vielen als ansprechend wahrgenommen wird.

Der Markt ist nicht fair

Wenn Sozialwissenschaftler über die Frage nachdenken, welche Ideen sich schlussendlich durchsetzen, vergleichen sie dies gelegentlich mit dem Geschehen auf einem Markt. An dieser Analogie ist etwas dran: Ideen konkurrieren um Aufmerksamkeit und Akzeptanz, und bessere Ideen haben selbstverständlich einen Vorteil. Praktisch niemand glaubt heute noch, dass sich die Sonne um die Erde bewegt, auch wenn diese Idee früher einmal unwiderstehlich zu sein schien und über tausend Jahre lang ein Dogma sowohl des Islam als auch des Christentums war. Das heliozentrische Weltbild, das die Sonne ins Zentrum des Sonnensystems stellt, wurde erstmals bereits im 3. vorchristlichen Jahrhundert vertreten, aber es unterlag den geozentrischen Theorien von Aristoteles und Claudius Ptolemäus. Aristoteles galt im vorneuzeitlichen Europa als die führende Autorität in allen naturwissenschaftlichen Fragen, und Ptolemäus' Arbeit erwies sich in der Praxis als nützlich – zum Beispiel beim Gebrauch von Himmelskarten.

Langfristig können sich zutreffendere Ideen durchsetzen, insbesondere dann, wenn sie sich auf eine kohärente wissenschaftliche Methodik stützen. Hilfreich ist es auch, wenn sich daraus Vorhersagen ableiten lassen, die von anderen überprüft werden können. Aber dies kann eine Weile dauern. Das Ptolemäische Weltbild wurde ungefähr ab dem Jahr 1000 von muslimischen Gelehrten kritisch betrachtet, aber sie gaben die Überzeugung, dass die Erde sich im Zentrum des Universums befinde, nie zur Gänze auf. Das heliozentrische Weltbild in seiner modernen Form wurde zu Beginn des 16. Jahrhunderts von Nikolaus Kopernikus entwickelt; entscheidend verbessert wurde es dann von Johannes Kepler zu Beginn des 17. Jahrhunderts und von Galileo Galilei wenig später. Es dauert Jahrzehnte, bis sich diese Ideen und die sich daraus ergebenden Konsequenzen in europäischen Wissenschaftskreisen verbreiteten. Newtons Werk *Principia*, das auf Ideen von Galilei und Kepler aufbaute und diese weiterentwickelte, erschien im Jahr 1687. Im Jahr 1822 erkannte endlich sogar die katholische Kirche an, dass sich die Erde um die Sonne bewegt.

Allerdings ist »Marktplatz für Ideen« eine schlechte Metapher für die technologischen Richtungsentscheidungen, die im Zentrum dieses Buchs stehen. Viele Menschen verbinden mit dem Wort *Markt* die Vorstellung fairer Wettbewerbsbedingungen, die dafür sorgen sollen, dass verschiedene Ideen sich hauptsächlich auf Basis ihrer Vorteile gegenseitig auszustechen versuchen. Aber so läuft es meistens nicht.

Wie der Evolutionsbiologe Richard Dawkins hervorhob, sind schlechte, aber eingängige Ideen manchmal spektakulär erfolgreich – man denke nur an Verschwörungstheorien oder verrückte Trends, denen Investoren nachlaufen.[8] Ideen unterliegen auch einem natürlichen Phänomen der »Selbstverstärkung«: Je öfter eine Idee wiederholt wird und je häufiger man sie aus verschiedenen Quellen hört, umso plausibler und überzeugender kommt sie einem vor.

Noch problematischer für das Konzept vom »Marktplatz der Ideen« ist die Tatsache, dass die Geltungskraft einer Idee von der jeweiligen Machtverteilung in einer Gesellschaft abhängt. Nicht nur ihr Selbstbewusstsein und ihre sozialen Netzwerke helfen Mächtigen, ihre Ideen zu verbreiten. Wichtig ist auch, ob bestehende Organisationen und Institutionen die Stimme eines Ideengebers oder einer Ideengeberin verstärken und ob er oder sie die Macht hat, Einwänden entgegenzutreten. Vielleicht haben Sie eine Idee in Bezug auf die Entwicklung einer bestimmten Technologie oder Sie hegen wohlbegründete Sorgen im Hinblick auf unbeabsichtigte Folgen einer neuen Technologie, denen wir mehr Aufmerksamkeit schenken sollten. Aber wenn Sie nicht die sozialen Möglichkeiten haben, um darzulegen, warum dies eine bessere Technologie sein soll, und nicht den sozialen Status, um sich bei anderen Gehör zu verschaffen, werden Sie mit Ihrer Idee nicht weit kommen. Diese Tatsache bilden wir in der zweiten Dimension der Überzeugungskraft ab: der Fähigkeit zum Agenda-Setting.

Agenda-Setting

Wer die Fragen stellt, die Prioritäten festlegt und Handlungsoptionen ins Spiel bringt oder ausschließt, verfügt über sehr mächtige Werkzeuge, um die öffentliche Diskussion in eine bestimmte Richtung zu lenken und andere zu überzeugen. Wir Menschen haben eine eindrucksvolle Fähigkeit, uns kollektives Wissen zunutze zu machen, und aus diesem Grund sind Technologien für die Gesellschaft so wichtig. Aber unsere Fähigkeit zur Vernunft und die Leistungsfähigkeit unserer Gehirne sind begrenzt. Wenn wir nachdenken, wenden wir unscharfe Kategorien an, und wir nehmen manchmal falsche Generalisierungen vor. Wir verlassen uns bei der Entscheidungsfindung oft auf Faustregeln und einfache Heuristiken. Unsere Denkprozesse unterliegen zahllosen Verzerrungen; so neigen wir dazu, nach Hinweisen zu suchen, die unsere Meinung bestätigen (»Bestätigungsfehler«), und wir überschätzen die Häufigkeit seltener Ereignisse.

Für unsere Diskussion besonders wichtig ist die Tatsache, dass wir bei schwierigen Entscheidungen dazu neigen, nur einige wenige Optionen in Betracht zu ziehen. Das ist nur natürlich, denn wir können unmöglich alle praktikablen

Alternativen erwägen und all denjenigen, die eine eigene Meinung haben, die gleiche Aufmerksamkeit schenken. Unser Gehirn verbraucht auch so schon 20 Prozent der Energie, die wir mit der Nahrung aufnehmen, und es hätte im Lauf der Evolution wohl kaum viel komplexer und leistungsfähiger werden können.[9] Selbst bei der Entscheidung, welche Cracker und welchen Käse wir kaufen wollen, müssten wir mehr als eine Million Optionen (mehr als 1000 mal 1000, da man sich leicht jeweils über tausend Cracker- und Käsesorten und deren diverse Varianten besorgen kann) in Betracht ziehen. Wir müssen aber in der Regel nicht so viele Alternativen erwägen, weil wir auf Faustregeln und bewährte Heuristiken zurückgreifen können, um halbwegs gute Entscheidungen zu treffen.

Eine der effektivsten Heuristiken ist das Lernen von anderen. Wir beobachten und ahmen nach. Tatsächlich ist dieser soziale Aspekt von Intelligenz dem Aufbau kollektiven Wissens überaus förderlich, weil er effizientes Lernen und effiziente Entscheidungsfindung ermöglicht. Aber er erzeugt auch diverse Vulnerabilitäten und Schwächen, die die Mächtigen ausnutzen können. Das, was wir lernen, nützt uns selbst manchmal nichts – es ist lediglich das, was uns andere in ihrem Interesse weismachen wollen.

Tatsächlich neigen wir dazu, von angesehenen Personen in unserer Gesellschaft zu lernen und ihnen Gehör zu schenken. Auch dies ist verständlich: Realistischerweise sind wir nicht dazu in der Lage, den Erfahrungen und Ratschlägen Tausender Menschen Aufmerksamkeit zu schenken. Es ist eine sinnvolle Heuristik, sich auf diejenigen zu konzentrieren, die eine klare Erfolgsbilanz vorzuweisen haben, die also kompetent zu sein scheinen.

Aber wer ist kompetent? Es liegt nahe, zu sagen: diejenigen, die eine anstehende Aufgabe erfolgreich erledigen. Aber oft haben wir keinen Überblick darüber, wer eine bestimmte Aufgabe gut erledigt hat. Eine sinnvolle Heuristik besteht dann darin, Personen mit hohem Prestige größere Aufmerksamkeit zu schenken. Tatsächlich glauben wir geradezu instinktiv, dass die Ideen und Empfehlungen von Personen mit hohem sozialem Status unsere Aufmerksamkeit mehr verdienen.

Die Tendenz, uns an sozialem Status und Prestige zu orientieren und erfolgreiche Personen nachzuahmen, ist so tief in uns verwurzelt, dass sie genetisch verankert zu sein scheint. Man kann sie sogar schon am Nachahmungsverhalten von dreijährigen Kindern erkennen.

Psychologen erforschen seit Langem, wie Kinder das Verhalten von Erwachsenen nachahmen, ja sogar »übernachahmen«.[10] In einem Experiment führte ein Erwachsener vor, wie man aus einer Plastikbox mit zwei verriegelbaren Klappen, eine auf der Ober- und eine auf der Vorderseite, ein Spielzeug herausholt.

Der Experimentator öffnete zunächst die Oberseite, dann die Vorderseite und griff schließlich von vorne nach dem Spielzeug. Die erste Aktion war also völlig unnötig. Als die Kinder aufgefordert wurden, die Aufgabe selbst zu lösen, wiederholten sie trotzdem treu und brav den unnötigen ersten Schritt. Verstanden sie vielleicht nicht, dass dieser überflüssig war? Nein, keineswegs. Als sie zum Abschluss des Experiments gefragt wurden, wussten sie sehr wohl, dass das Entriegeln der Oberseite »dumm und unnötig« war. Aber sie ahmten es trotzdem nach. Warum?

Dies dürfte mit dem sozialen Status zusammenhängen. Der Erwachsene ist der Experte und besitzt den Status, den ihm diese Position verleiht. Daher neigen Kinder dazu, ihre Zweifel zu unterdrücken und das nachzuahmen, was er oder sie tut. Wenn der Erwachsene es tut, muss es einen Grund dafür geben, auch wenn es unnötig und dumm erscheint. Tatsächlich zeigen ältere Kinder häufiger diese Art von Überimitation, weil sie besser als jüngere Kinder in der Lage sind, soziale Hinweisreize und Beziehungen zu verstehen, und das bedeutet, dass sie besser darin werden, den sozialen Status zu erkennen und sich nach dem zu richten, was sie als Expertise wahrnehmen.[11]

In ähnlichen Experimenten übersprangen Schimpansen den ersten Schritt und öffneten direkt die Klappe auf der Vorderseite. Dies liegt nicht daran, dass Schimpansen intelligenter wären, sondern vermutlich daran, dass sie nicht in der gleichen Weise wie Menschen dazu neigen, die (scheinbare) Expertise eines menschlichen Vorbilds zu respektieren, zu akzeptieren und nachzuahmen.[12]

Durch ein weiteres ausgeklügeltes Experiment wurde diese Art von Verhalten etwas eingehender erforscht. Die Forscher zeigten Kindern im Vorschulalter Videos, in denen verschiedene Personen den gleichen Gegenstand auf eine von zwei unterschiedlichen Weisen verwendeten. Die Kinder sahen auch, dass von wissenschaftlichen Hilfskräften gespielte »Zuschauer« die »Modellpersonen« ebenfalls beobachteten. Es zeigte sich, dass die Vorschulkinder ihre Aufmerksamkeit viel häufiger auf diejenigen »Vorbilder« richteten, die von den »Zuschauern« beobachtet wurden. Als sie später eine Wahl treffen sollten, ahmten sie viel häufiger die Person nach, die stärkere Beobachtung gefunden hatte.[13]

Die Vorschulkinder imitierten nicht nur, um zu lernen, welchen Gegenstand man auf welche Weise gebrauchen sollte, sie folgten auch den anderen Lernenden. Dies interpretierten die Autoren der Studie als Prestige-Hinweis: als einen Anhaltspunkt dafür, wer Prestige besitzt und wer als kompetent wahrgenommen wird. Es hat den Anschein, als würden wir uns instinktiv an den Ansichten und Verhaltensweisen von Menschen orientieren, die wir für erfolgreich halten; noch interessanter ist der Befund, dass wir diejenigen für erfolgreich halten, die unserer Wahrnehmung nach anderen als Vorbild dienen – womit wir wieder beim sozialen Status wären!

Es ist, evolutionsgeschichtlich gesehen, durchaus sinnvoll, dem sozialen Status Beachtung zu schenken und erfolgreiche Menschen nachzuahmen, denn diese haben es aller Wahrscheinlichkeit nach deshalb zu etwas gebracht, weil sie die richtigen Entscheidungen getroffen haben. Aber der Haken daran ist ebenfalls unverkennbar. Unsere Tendenz, Personen mit hohem Status und Prestige mehr Aufmerksamkeit zu schenken, erzeugt starke Rückkopplungseffekte: Auch diejenigen, deren soziale Macht sich aus anderen Quellen speist, besitzen einen hohen Status, und wir neigen dazu, ihnen ebenso mehr Gehör zu schenken, was ihnen ebenfalls eine größere Überzeugungskraft verleiht.

Mit anderen Worten, unser Nachahmungsdrang ist so stark, dass es uns schwerfällt, Informationen, die in die Ideen und Visionen, denen wir begegnen und die oft von mächtigen Agenda-Settern vertreten werden, eingebettet sind, nicht aufzunehmen. Experimente bestätigen diese Schlussfolgerung; sie zeigen, dass es Menschen auch dann schwerfällt, irrelevante Informationen nicht ernst zu nehmen, wenn diese ausdrücklich als nicht vertrauenswürdig gekennzeichnet werden. Genau das haben die Forscher in dem Plastikbox-Experiment herausgefunden: Als den Kindern gesagt wurde, dass das Öffnen des Schlosses auf der Oberseite unnötig sei, blieben sie trotzdem bei ihrem Nachahmungsverhalten. Ein ähnliches Phänomen wurde auf Social-Media-Webseiten für Nachrichten, die Falschinformationen enthalten, festgestellt. Viele Teilnehmer konnten Falschinformationen auch dann nicht ignorieren, wenn sie eindeutig als nicht vertrauenswürdig gekennzeichnet waren, und ihre Sichtweisen wurden folglich trotzdem von dem beeinflusst, was sie dort lasen.

Diesen Instinkt macht sich Agenda-Setting zunutze: Wenn man die Agenda festlegen kann, dann hat man zweifellos einen hohen Status verdient und man kann sich Gehör verschaffen.

Die Agenda der Banker[14]

Im Vorfeld der Weltfinanzkrise von 2007–2008 hatten die CEOs globaler Großbanken eine Menge Agenda-Setting-Macht. In einer Kultur wie der US-amerikanischen, die materiellem Reichtum einen hohen Stellenwert beimisst, galten sie als äußerst erfolgreich. In dem Maße, wie die Risikobereitschaft und die Gewinnmargen in der Branche stiegen, verdiente die Führungsriege in der Finanzbranche immer mehr, was ihr Prestige weiter anwachsen ließ.

Als die Geschäfte dann schlecht liefen, erlitten dieselben Unternehmen Verluste, die so hoch waren, dass ihnen die Insolvenz drohte. In diesem Moment spielten sie die Karte der »Systemrelevanz« aus (»too big to fail«: aufgrund ihrer Größe so wichtig für die Systemstabilität, dass der Staat sie nicht einfach bankrottgehen lassen kann). Politische Entscheidungsträger, die bislang fest davon überzeugt gewesen waren, dass Größe und ein hoher Kredithebel im Finanzsektor positiv zu bewerten seien, waren sich jetzt sicher, dass es ein noch größeres wirtschaftliches Desaster verursachen würde, wenn man diese gigantischen Unternehmen einfach bankrottgehen ließe.

Als Willie Sutton, ein berüchtigter Verbrecher zur Zeit der Großen Depression, von einem Journalisten gefragt wurde, warum er Banken ausraube, soll er schlicht geantwortet haben: »Weil dort das Geld liegt.« Heutzutage sind es Finanzmagnaten, die sich eifrig Überzeugungskraft verschaffen, weil das Geld in der Finanzbranche liegt.

Während der Finanzkrise 2007–2008 galten die Chefs der Großbanken als ausgesprochene Experten, weil sie einen wichtigen Wirtschaftszweig kontrollierten und Medien und Politiker sie als hochkarätige Spitzenkräfte hofierten, die wegen ihrer besonderen Fachkenntnisse zu Recht reichlich entlohnt würden. Dieser Status und die daraus erwachsende Überzeugungskraft hatten zur Folge, dass knapp über ein Dutzend Banker die Art und Weise maßgeblich beeinflussten, wie die Alternative, vor der die US-Wirtschaft angeblich stand, dargestellt wurde: Entweder der Staat rettete die Banken und entschädigte ihre Aktionäre, Gläubiger und Führungskräfte großzügig, oder er ließ diese Unternehmen zusammenbrechen, mit ruinösen Folgen für die gesamte Wirtschaft.

Dieses Framing ließ andere realistische Optionen außer Betracht, wie etwa die Banken als vollständige juristische Personen fortzuführen, indem man ihnen Finanzhilfen gewährte, während man es zugleich nicht zuließ, dass Aktionäre und Führungskräfte profitierten. Das Framing schloss auch die Möglichkeit aus, Banker, die das Gesetz gebrochen hatten – zum Beispiel dadurch, dass sie Kunden getäuscht oder zu dem Debakel auf den Finanzmärkten beigetragen hatten –, zu entlassen oder strafrechtlich zu belangen. Es blendete naheliegende politische Maßnahmen aus, die Hausbesitzern in finanzieller Bedrängnis mehr Unterstützung gewährt hätten – weil ihre Insolvenz nach vorherrschender Auffassung keine systemweiten Risiken verursachen würde und weil es für Banken schlecht wäre, wenn Kreditnehmer ihre Hypothekenzahlungen kürzen könnten![15] Es überging sogar die Option, die üppigen Boni der Wertpapierhändler und Manager in den Instituten, die die Krise ausgelöst hatten und vom Staat gerettet wurden, einzubehalten.[16] Der Versicherungskonzern AIG wurde im Herbst 2008 mit einem staatlichen Hilfspaket in Höhe von 182 Milliarden Dollar gerettet. Trotzdem durfte AIG fast eine halbe Milliarde Dollar an Boni auszahlen, auch an Mitarbeiter, die mitgeholfen hatten, das Unternehmen zugrunde zu richten. Inmitten der tiefsten Rezession seit den dreißiger Jahren des 20. Jahrhunderts zahlten neun Finanzunternehmen, die zu den größten Empfängern von Stützungskrediten gehörten, 5000 Angestellten Boni in Höhe von über 1 Million Dollar pro Person – angeblich, weil dies notwendig war, um »Talente« zu halten.

Ein ausgedehntes soziales Netzwerk half der Wall Street beim Agenda-Setting, weil es viele der übrigen Personen umfasste, die ein Mitspracherecht bezüglich dessen hatten, was auf die Tagesordnung gesetzt werden sollte. Die »Drehtür« zwischen dem Finanzsektor und der Politik spielte ebenfalls eine Rolle. Wenn Freunde und ehemalige Kollegen Sie bitten, Dinge auf eine bestimmte Weise zu sehen, dann hören Sie ihnen zu.

Selbstverständlich ist Agenda-Setting eng mit Ideen verflochten. Wenn Sie eine überzeugende Idee haben, können Sie mit höherer Wahrscheinlichkeit Themen auf die (politische) Tagesordnung setzen, und je erfolgreicher Sie Themen auf die Tagesordnung setzen, umso glaubwürdiger und einflussreicher wird Ihre Idee. Der Slogan »Finanzkonzerne sind gut für die Wirtschaft« wurde deshalb so wirkmächtig, weil die Banker und diejenigen, die mit ihnen übereinstimmten, die Botschaft formulierten, die Fragen stellten und die empirischen Daten interpretierten.

Ideen und Interessen

Die Machenschaften der Wall Street im Vorfeld und während der Finanzkrise von 2007–2008 erwecken vielleicht den Eindruck, die Macht zum Agenda-Setting sei deshalb von Belang, weil sie einer Gruppe oder Einzelpersonen erlaube, ihre eigennützigen Interessen zu schützen. Selbstverständlich fördern Ideen oftmals die wirtschaftlichen und politischen Interessen der Mächtigen, die sie propagieren. Aber der Einfluss des Agenda-Settings geht weit über egoistische Interessen hinaus. Wenn Sie nämlich anderen sagen, sie sollten etwas tun, was offensichtlich Ihnen nützt, werden diese sich sträuben, weil sie darin einen dreisten Versuch Ihrerseits sehen, das zu bekommen, was Sie wollen. Damit eine Idee erfolgreich ist, müssen Sie einen übergeordneten Standpunkt vertreten, der über Ihre eigenen Interessen hinausweist oder zumindest den Anschein erweckt, dies zu tun.

Einflussreiche Ideen sind noch aus einem weiteren Grund oftmals nicht unverhohlen egoistisch. Sie können auf viel effektivere Weise für eine Idee werben, wenn Sie leidenschaftlich daran glauben, und dies wird eher der Fall sein, wenn Sie sich selbst davon überzeugen können, dass die Idee nicht bloß ein eigennütziges Anliegen ist, sondern dem Fortschritt dient. Es war daher für den Erfolg dieser Idee oder Vision viel wichtiger, dass Bürokraten, politische Entscheidungsträger und Journalisten, bei denen viel weniger direkte materielle Interessen im Spiel waren, die Botschaft »Finanzkonzerne nützen der Wirtschaft« nachdrücklich propagierten.

Diese Dynamik bedeutet jedoch auch, dass Ideen und Interessen divergieren können. Wenn man einen Bezugsrahmen von Ideen hat, dann prägt ein solches Konzept die Art und Weise, wie man Fakten betrachtet und verschiedene Güterabwägungen vornimmt. So fängt man an, sich unabhängig von den eigenen Interessen an Ideen zu orientieren. Leidenschaftlich vertretene Standpunkte werden oft vorherrschend, ja sogar »ansteckend«.

Nicht ökonomische Interessen waren es, die Lesseps dazu veranlassten, auf eine bestimmte Ausführung des Panamakanals zu drängen, dass er etwa auf Meeresspiegelhöhe verlaufen sollte, was einschloss, dass die am Bau beteiligten Arbeiter höchstwahrscheinlich unter äußerst harten Bedingungen schuften müssten. Auch sein beinahe magischer Glaube daran, dass sich »geniale Männer« technische Lösungen einfallen lassen würden, wurzelte nicht in egoistischen Überlegungen. Lesseps war wirklich davon überzeugt, dies wäre die richtige Weise, die vorhandenen wissenschaftlichen Kenntnisse und technischen Möglichkeiten zum Wohle aller einzusetzen. Andere konnte er überzeugen, weil er in der Vergangenheit überaus erfolgreich gewesen war und bei vielen Menschen in Frankreich ein offenes Ohr gefunden hatte.

In ähnlicher Weise drückten nicht bloß die Interessen der Topmanager der Großbanken (auch wenn diesen gut gedient wurde, danke dafür) der Weltfinanzkrise ihren Stempel auf – ebenso tat dies eine Vision, von der diese prominenten Banker selbst ganz und gar überzeugt waren (hatten sie es selbst etwa nicht zu fabelhaftem Reichtum gebracht?). So erklärte Lloyd Blankfein, der Chef der Investmentbank Goldman Sachs, im Jahr 2009, er und seine Kollegen würden »Gottes Werk« verrichten.[17] Diese Verknüpfung von früheren Erfolgen mit einem Narrativ des Arbeitens für das Gemeinwohl war für Journalisten, Abgeordnete und die Öffentlichkeit schlechterdings überzeugend. Jedem, der diese Sichtweise in Frage stellte, schlug vermeintlich gerechte Empörung entgegen.

Wir haben erklärt, wie sich Ideen ausbreiten und tonangebend werden können; außerdem sind wir auf die Bedeutung des Agenda-Settings eingegangen, das denjenigen, die einen bestimmenden Einfluss auf die Debatte nehmen können, eine Sonderstellung verleiht.

Wer kann dies tun? Die Antwort lautet: diejenigen mit einem hohen sozialen Status. Weil diejenigen, die soziale Macht besitzen, weit eher in der Lage sind, die Agenda festzulegen, bildet sich ein Kreislauf, der zu einem Teufelskreis werden kann: Je mehr Macht und Status jemand hat, umso leichter ist es für ihn oder sie, die Agenda festzulegen, und wenn er oder sie die Agenda festlegt, nehmen sein/ihr Status und seine/ihre Macht noch weiter zu. Dennoch haben auch die Spielregeln eine große Bedeutung, und sie können das Ausmaß der Ungleichheit in der Überzeugungskraft entweder verstärken oder begrenzen.

Wenn die Spielregeln Menschen benachteiligen

Die Nachwirkungen des Amerikanischen Bürgerkriegs verdeutlichen die zentrale Rolle der Macht des Agenda-Settings, die in der Fähigkeit einiger Gruppen wurzelt, mit am Tisch zu sitzen. Damals vertrat ein Teil der Abolitionisten in den Nordstaaten sehr engagiert die Meinung, der Krieg solle das politische, wirtschaftliche und soziale Leben in den Südstaaten von Grund auf erneuern, weil dies für eine echte Befreiung notwendig sei. So äußerte einer der führenden Abolitionisten, Samuel Gridley Howe, im Vorfeld des Bürgerkriegs: »Wir haben einen Kampf begonnen, dem es nicht erlaubt sein sollte, zu enden, bis die Macht der Sklavenhalter vollständig bezwungen und die Emanzipation sichergestellt ist.«[18]

Die Emanzipationsproklamation schlug an Silvester 1863 ein neues Kapitel der amerikanischen Geschichte auf. Der 13. Zusatzartikel zur Verfassung der Vereinigten Staaten, der die Sklaverei abschaffte, folgte wenig später und trat Ende 1865 in Kraft. Der 14. Zusatzartikel, der im Jahr 1868 ratifiziert wurde, gewährte allen ehemaligen Sklaven die Staatsbürgerschaft und den gleichen Schutz durch die Gesetze. Da man einsah, dass dieser Wandel nicht mit einem Federstrich bewerkstelligt werden konnte, wurden Bundestruppen im Süden stationiert, um diese Veränderungen durchzusetzen. Der 15. Zusatzartikel folgte im Jahr 1870; er stärkte die politische Teilhabe der schwarzen Amerikaner, indem er ihnen das volle Wahlrecht gewährte. Fortan war es ein Verbrechen, jemandem aufgrund »der Rassenzugehörigkeit, der Hautfarbe oder des vormaligen Dienstbarkeitsverhältnisses« das Wahlrecht zu versagen.

Zunächst erschien dies wie die Einlösung des Ideals der gleichen Rechte für alle, auch im politischen Raum. Dies war die Ära der Reconstruction in den Südstaaten, in der sich die wirtschaftliche und politische Lage schwarzer Amerikanerinnen und Amerikaner deutlich verbesserte. Sie mussten sich nicht mehr mit niedrigen Löhnen und täglicher Gewalt auf den Plantagen abfinden, sie konnten

Betriebe gründen, ohne massive Einschüchterungen befürchten zu müssen, und man konnte ihnen nicht länger verbieten, ihre Kinder zur Schule zu schicken. Schwarze Amerikaner ergriffen die Chance auf mehr wirtschaftliche Teilhabe und politisches Engagement. Vor dem Bürgerkrieg war es Sklaven in fast allen Südstaaten verboten gewesen, die Schule zu besuchen, und im Jahr 1860 waren über 90 Prozent der erwachsenen Schwarzen in der Region Analphabeten.[19] Dies änderte sich nach 1865.

Im Zuge dieses umfassenderen Strebens nach einer Verbesserung ihrer Lebensverhältnisse brachten schwarze Amerikaner bis 1870 über eine Million Dollar auf, die sie für Bildung ausgaben. Schwarze Farmer wollten ihr eigenes Land und selbst darüber entscheiden, was sie anpflanzten und wie sie lebten. Man bemühte sich um bessere Arbeitsbedingungen und höhere Löhne, und schwarze Amerikaner begannen, Streiks zu organisieren und Sammelpetitionen, die bessere Arbeitsbedingungen und höhere Löhne forderten, zu unterzeichnen. Selbst in ländlichen Regionen begann sich der Arbeitsmarkt für Schwarze zu wandeln; es wurden erstmals Kollektivverhandlungen über Vertragsbedingungen und Tariftabellen geführt.

Diese Verbesserung der wirtschaftlichen Lage wurde durch politische Repräsentation unterstützt.[20] Zwischen 1869 und 1891 hatte die Virginia General Assembly in jeder Legislaturperiode mindestens ein schwarzes Mitglied. Das Abgeordnetenhaus von North Carolina hatte 52 afroamerikanische Mitglieder und das von South Carolina 47. Noch aufschlussreicher ist die Tatsache, dass die Vereinigten Staaten auf Bundesebene ihre ersten beiden schwarzen Senatoren (beide gewählt in Mississippi) und fünfzehn schwarze Abgeordnete (aus South Carolina, North Carolina, Louisiana, Mississippi, Georgia und Alabama) hatten.

Aber all dies stürzte krachend zusammen. Schon in der zweiten Hälfte der siebziger Jahre des 19. Jahrhunderts wurden die politischen und wirtschaftlichen Rechte der schwarzen Amerikaner beschnitten. In den Worten des Historikers Vann Woodward: »Der extreme Rassismus in den Südstaaten war weniger auf einen Einstellungswandel als auf ein Erschlaffen des Widerstandes zurückzuführen.«[21] Und der Widerstand ließ erheblich nach, nachdem die umstrittene Präsidentschaftswahl von 1876 zum Hayes-Tilden-Kompromiss führte, der den Republikaner Rutherford Hayes in Weiße Haus brachte, aber nur, weil er sich bereit erklärte, die Reconstruction zu beenden und die verbliebenen Bundestruppen aus dem Süden abzuziehen.

Bald darauf wich die Reconstruction der Redemption genannten Ära, in der die führenden Vertreter der Weißen in den Südstaaten versprachen, den Süden von Einmischungen des Bundes und der Emanzipation der Schwarzen zu

»befreien«. Der weißen Elite gelang es, die Uhr zurückzudrehen, und der Süden befand sich in einem »andauernden Belagerungszustand, der das schwarze Volk noch immer einschüchtert«, wie einer der einflussreichsten schwarzen Intellektuellen des frühen 20. Jahrhunderts, W. E. B. Du Bois, treffend schrieb.[22]

Dieser andauernde Belagerungszustand diente natürlich dazu, gegen schwarze Amerikaner in den Südstaaten Zwangsmittel anzuwenden; dazu gehörten auch Lynchmorde und andere Tötungsdelikte und der Einsatz der örtlichen Strafverfolgungsbehörden zur Repression. Aber diese Macht, Gewalt auszuüben, wurzelte darin, dass es den Südstaaten-Rassisten gelang, den Rest der Nation davon zu überzeugen, dass man Schwarze ohne Weiteres systematisch benachteiligen, diskriminieren und gewaltsam unterdrücken dürfe. Die Überzeugungskraft der Weißen in den Südstaaten hatte maßgeblichen Anteil daran, dass der Rest des Landes die Rassentrennung und die systematische Diskriminierung von Schwarzen akzeptierte, die später unter der Bezeichnung »Jim-Crow-Gesetze« bekannt wurde.

Wie konnte alles so gründlich schieflaufen? Auf diese Frage gibt es selbstverständlich viele Antworten. Aber am wichtigsten war, dass es an ausreichender sozialer und Agenda-Setting-Macht fehlte, um Ideen vollständiger wirtschaftlicher und sozialer Gleichstellung erfolgreich zu propagieren.

Es war nicht gerade hilfreich, dass schwarzen Amerikanern keine uneingeschränkte wirtschaftliche Teilhabe gewährt wurde. Als ein führender abolitionistischer Politiker dieser Zeit bemerkte der Kongressabgeordnete George Washington Julian im März 1864, als er eine Bodenreform für die Südstaaten vorschlug: »Was würde ein vom Kongress verabschiedetes Gesetz, das die Sklaverei vollständig abschaffte, oder ein Zusatzartikel zur Verfassung, der sie für immer verböte, nützen, wenn die alte landwirtschaftliche Grundlage aristokratischer Macht bestehen bleibt? Wahre Freiheit muss immer außerhalb der Gesetze sein, wenn nur einer von dreihundert oder fünfhundert Menschen ein Eigentümer des Bodens ist.«[23] Leider blieb diese alte landwirtschaftliche Machtbasis faktisch unangetastet.

Präsident Lincoln hatte verstanden, dass der Zugang zu wirtschaftlichen Ressourcen von entscheidender Bedeutung für die Förderung der Freiheit schwarzer Amerikaner war, und unterstützte die Entscheidung von General William Sherman, an einige befreite Sklaven »vierzig Morgen und ein Maultier« zu verteilen. Aber nach Lincolns Ermordung widerrief sein Nachfolger, Andrew Johnson, ein Befürworter der Sklaverei, die Befehle Shermans, und befreite Sklaven erhielten nie die Ressourcen, die sie benötigt hätten, um wirtschaftlich auch nur annähernd auf eigenen Füßen zu stehen. Selbst auf dem Höhepunkt der Reconstruction blieben schwarze Amerikaner von wirtschaftlichen Entscheidungen abhängig, die weiße Eliten trafen. Schlimmer noch, das Plantagensystem, das sich bis dahin auf Sklavenarbeit gestützt hatte, wurde nicht beseitigt. Viele Plantagenbesitzer behielten ihre großen Ländereien und stützten sich weiterhin auf Afroamerikaner, die noch immer in schlecht bezahlten Beschäftigungsverhältnissen feststeckten, in denen sie Gewalt ausgesetzt waren.[24]

Genauso wichtig für das Scheitern der Reconstruction war die Tatsache, dass schwarze Amerikaner nie echte politische Repräsentation erlangten. Sie konnten ihre Anliegen niemals uneingeschränkt vertreten. Selbst wenn es in Washington schwarze Politiker gab, waren sie weit entfernt vom wahren Machtzentrum, wie etwa den wichtigen Kongressausschüssen und den Hinterzimmern, wo Absprachen getroffen wurden. Daher konnten sie nicht die Agenda bestimmen und den Schlüsseldebatten nicht ihren Stempel aufprägen.

Die Zeit, in der sie ein nationales Amt bekleideten, neigte sich sowieso schon bald ihrem Ende zu, da die Reconstruction an Schwung verlor und allmählich rückabgewickelt wurde.

Schwarze Amerikaner kämpften und starben im Bürgerkrieg, und sie waren die Leidtragenden der Sklaverei und der Jim-Crow-Politik. Weil die Schlüsselentscheidungen, die über ihre Lebensumstände und ihre politische Zukunft bestimmten, jedoch von anderen getroffen wurden, konnte man ihnen das, was man ihnen gab, auch wieder wegnehmen, wenn sich politische Kalküle oder Koalitionen änderten – und das geschah auch, zum Beispiel, als Andrew Johnson Präsident wurde, oder im Gefolge des Hayes-Tilden-Kompromisses.

Schwarze Amerikaner wussten, was sie wollten und wie sie es erreichen konnten, wie sie während der Frühphase der Reconstruction gezeigt hatten. Da sie jedoch über keine nennenswerte politische Repräsentation verfügten und nicht in der Lage waren, die Agenda zu beeinflussen, konnten sie das Narrativ der Nation nicht entscheidend prägen. Als sich der politische Wind drehte und sich die Prioritäten auf den Korridoren der nationalen Macht verschoben, hatten sie keine Möglichkeit, die negativen Auswirkungen, die dies für ihre Zukunft bedeutete, abzuschwächen.

Als die Vereinigten Staaten gegen Ende des 19. Jahrhunderts im Zuge ihrer imperialen Expansion nach den Philippinen, Puerto Rico, Kuba und Panama griffen, lebte rassistisches Denken im gesamten Land wieder auf. Der Oberste Gerichtshof der USA traf in dem Fall *Plessy vs. Ferguson* im Jahr 1896 eine Grundsatzentscheidung, in der er zu dem Schluss kam, dass »Gesetze machtlos sind, wenn es darum geht, rassische Instinkte auszumerzen«, und er erklärte die Praxis »getrennter, aber gleicher« öffentlicher Einrichtungen in den Südstaaten, die Jim-Crow-Gesetze erlassen hatten, für verfassungsmäßig. Dies war nur die Spitze eines noch viel unschöneren Eisbergs. Im Oktober 1901 fassten die Herausgeber des *Atlantic Monthly* (einer Publikation, die die Gleichberechtigung befürwortete) diesen Stimmungswandel bei den Menschen in den Nordstaaten zusammen:

> Was immer uns der Erwerb fremder Gebiete in Zukunft an Vorteilen bringen mag, hat sich bereits gezeigt, dass er einen verderblichen Einfluss auf die Gleichberechtigung in den Vereinigten Staaten hat. Er hat die Feinde des Fortschritts der Schwarzen gestärkt, und er hat die Verwirklichung der vollkommenen Gleichheit politischer Rechte weiter in die Zukunft verschoben als je zuvor. Wenn die stärkere und klügere *race* »neu eroberten, missmutigen Völkern« auf der anderen Seite des Globus nach Belieben ihren Willen auferlegen darf, warum dann nicht auch in South Carolina und Mississippi?[25]

In der gleichen Ausgabe des Magazins schrieb einer der einflussreichsten Historiker seiner Zeit, William A. Dunning. Dunning, geboren in New Jersey, hatte an der Columbia University studiert und sein gesamtes Berufsleben an dieser Hochschule verbracht. Dennoch sahen er und viele seiner Studenten die Reconstruction sehr kritisch. Sie behaupteten, diese habe »Carpetbaggers« (Glücksrittern aus den Nordstaaten) ermöglicht, mit tatkräftiger Unterstützung von »Scalawags« (»Lumpen«, weißen Südstaatlern) die Stimmen befreiter Sklaven zu kontrollieren. Die sogenannte Dunning School war in der ersten Hälfte des 20. Jahrhunderts im Norden ebenso wie im Süden der Vereinigten Staaten eine tragende Säule der herrschenden Meinung.[26] Sie wirkte sich auf Darstellungen der amerikanischen Geschichte sowohl in Büchern als auch in Filmen aus, wie etwa auf *Die Geburt einer Nation* von D. W. Griffith aus dem Jahr 1915. Dieser wurde einer der einflussreichsten Filme aller Zeiten, und er hat mit seiner negativen Darstellung schwarzer Amerikaner und seiner Rechtfertigung von Rassismus und der Gewaltakte des Ku-Klux-Klans gesellschaftliche und politische Anschauungen nachhaltig beeinflusst.

Wie können Sie sich vor einem solchen Rassismus schützen, wenn die Mehrheit Ihrer Meinung kein Gehör schenken will? Und die Mehrheit wird Ihnen nur dann zuhören, wenn Sie die Agenda – jedenfalls in einem gewissen Ausmaß – beeinflussen können.

Eine Frage der Institutionen

Um zu verstehen, wieso es für die schwarzen Amerikaner nach der Reconstruction so schlecht lief, muss man sich vor Augen führen, welche Rolle wirtschaftliche und politische Macht und die diesen zugrunde liegenden wirtschaftlichen und politischen Institutionen spielten.[27]

Wirtschaftliche und politische Institutionen bestimmen, wer die besten Gelegenheiten hat, andere zu überzeugen. Die Regeln des politischen Systems bestimmen, wer umfassend repräsentiert ist und wer die politische Macht hat und folglich, wer am Tisch sitzen wird. Als König oder Präsident hat man in vielen politischen Systemen weitreichenden Einfluss auf die Agenda – manchmal kann man diese sogar direkt diktieren. In ähnlicher Weise beeinflussen wirtschaftliche Institutionen, wer über die Ressourcen und die wirtschaftlichen Netzwerke verfügt, um Unterstützung für seine Anliegen zu mobilisieren und, wenn nötig, Politiker und Journalisten zu bezahlen.

Überzeugungskraft ist wirkungsvoller, wenn man für eine verlockende Idee wirbt. Aber wie wir gesehen haben, hängt auch dies teilweise von Institutionen ab. Wenn Sie, zum Beispiel, reich sind oder politische Macht besitzen, dann verfügen Sie über einen hohen sozialen Status, der Sie wiederum überzeugender macht. Die Zuerkennung von sozialem Status erfolgt in Abhängigkeit von den Normen und Institutionen einer Gesellschaft. Zählen finanzieller Erfolg oder gute Taten? Beeindrucken uns diejenigen, die Familienvermögen geerbt haben, oder jene, die es aus eigener Kraft zu Reichtum schafften? Diejenigen, die behaupten, zu den Göttern und in ihrem Namen zu sprechen? Sind wir der Meinung, Banker sollten geachtet und auf einen Sockel gehoben werden oder dass sie als gewöhnliche Geschäftsleute behandelt werden sollten, wie es in den USA in den fünfziger Jahren des 20. Jahrhunderts der Fall war?

Der soziale Status verstärkt auch Machtungleichheiten: Je höher der Status einer Person, umso mehr kann sie diesen dazu nutzen, wirtschaftliche Vorteile zu erlangen, sich politisch mehr Gehör und Einfluss zu verschaffen und in einigen Gesellschaften auch dazu, sich Menschen durch Ausübung von Zwang gefügig zu machen.

Institutionen und Ideen entwickeln sich in Wechselbeziehung zueinander. Heute schätzen viele Menschen weltweit die Demokratie, weil sich die Idee der Demokratie verbreitet hat und wir darin eine gute Regierungsform sehen. Empirische Belege sprechen auch dafür, dass sie zu guten wirtschaftlichen Ergebnissen und einer faireren Chancenverteilung führt. Wenn das Vertrauen in demokratische Institutionen zusammenbräche, würden schon bald demokratische Systeme weltweit folgen. Tatsächlich zeigen Studien, dass die Unterstützung für ein demokratisches System deutlich zunimmt, wenn Demokratien in Bezug auf Wirtschaftswachstum, öffentliche Dienstleistungen und Stabilität besser abschneiden als nichtdemokratische Staaten. Menschen erwarten mehr von demokratischen Regierungen, und wenn die Demokratie die in sie gesetzten Erwartungen erfüllt, dann erfreut sie sich eines hohen Zuspruchs. Aber wenn ein demokratisches System diese Erwartungen nicht erfüllt, verliert es an Attraktivität.

Noch stärker ist der Einfluss politischer Institutionen auf Ideen. Bessere Ideen und Ideen, die von der Wissenschaft oder von erwiesenen Tatsachen gestützt werden, haben einen Vorteil. Aber oft liegen die Dinge nicht so eindeutig, und dann sind jene Ideen im Vorteil, die die Agenda monopolisieren oder die – was noch schädlicher ist – Gegenargumente entkräften können. Politische und wirtschaftliche Macht sind deshalb so wichtig, weil sie darüber entscheiden, wer eine Stimme hat und wer die Agenda festlegen kann, und weil sie Menschen mit unterschiedlichen Visionen in den Entscheidungsprozess einbeziehen. Sobald jemand Zugang zu allen Foren hat, die ein hohes Ansehen genießen, wächst seine oder ihre Überzeugungskraft und er oder sie kann sich daranmachen, die politischen und wirtschaftlichen Machtstrukturen umzubauen.

Auch die Geschichte spielt eine wichtige Rolle: Sobald man mit am Tisch sitzt, wichtige Angelegenheiten diskutiert und die Agenda beeinflusst, neigt man in der Regel dazu, seinen Platz dort zu behalten.

Wie die Folgezeit des Amerikanischen Bürgerkriegs sattsam verdeutlicht, werden diese Strukturen gleichwohl oftmals neu gestaltet, insbesondere in kritischen Momenten, wenn sich das Machtgleichgewicht verschiebt und neue Konzepte und Optionen plötzlich als machbar oder auch als unvermeidlich angesehen werden.

Die Geschichte nimmt keinen schicksalhaften Verlauf. Menschen besitzen »Handlungsmacht« – sie können soziale, politische und wirtschaftliche Entscheidungen treffen, die historische Teufelskreise durchbrechen. Die Macht, andere zu überzeugen, ist genauso wenig vorherbestimmt wie die Geschichte, und es ist auch nicht in Stein gemeißelt, wessen Meinungen geschätzt werden, wer Gehör findet und die Agenda festsetzt.

Die Macht zu überzeugen korrumpiert absolut

Selbst wenn sich wahrscheinlich zu guter Letzt die Vision der Mächtigen durchsetzt, stellt sich die Frage, ob wir wenigstens hoffen können, dass ihre Vision hinreichend inklusiv und offen sein wird, vor allem weil sie ihre Pläne oftmals unter Berufung auf das Gemeinwohl rechtfertigen. Vielleicht handeln sie verantwortungsvoll, sodass wir nicht unter den Folgen egozentrischer Visionen leiden, die ungeachtet der Kosten, die sie vielen anderen auferlegen, mit großem Eifer umgesetzt werden. Dies ist jedoch wahrscheinlich Wunschdenken. Der britische Historiker und Politiker Lord Acton äußerte bekanntlich im Jahr 1887:

> Macht korrumpiert, und absolute Macht korrumpiert absolut. Große Männer sind fast immer schlechte Menschen, auch wenn sie Einfluss und nicht etwa Herrschaftsgewalt ausüben: umso mehr, wenn man bedenkt, dass Herrschaftsgewalt mit hoher Wahrscheinlichkeit oder Gewissheit korrumpiert. Es gibt keine schlimmere Irrlehre als die Auffassung, das Amt heilige den Amtsinhaber.[28]

Lord Acton diskutierte mit einem prominenten Bischof über Könige und Päpste, und es fehlt nicht an älteren und neueren Beispielen von Herrschern mit absoluter Macht, die sich absolut danebenbenommen haben.

Aber dieser Aphorismus trifft auch hundertprozentig auf die Überzeugungskraft zu, einschließlich der Fähigkeit, sich selbst zu überreden. Einfach gesagt, reden sich viele Personen, die über hohe soziale Macht verfügen, ein, nur ihre Ideen (und oft auch ihre Interessen) zählten, und sie finden Wege, um vor sich selbst zu rechtfertigen, dass sie alles andere außer Betracht lassen. Man erkennt dies in Lesseps' Fähigkeit, den gegen Arbeiter in Ägypten ausgeübten Zwang mit Vernunftgründen zu rechtfertigen und die Informationen darüber, dass Malaria und Gelbfieber Tausende von Arbeitern in Panama dahinrafften, zu ignorieren. Der Sozialpsychologe Dacher Keltner hat diese Form der Selbstkorrumpierung wohl am gründlichsten erforscht. Bei Experimenten, die Keltner und seine Mitarbeiter im Laufe der letzten zwanzig Jahre durchführten, haben sie eine riesige Menge an Daten zusammengetragen, die belegen, dass Menschen umso eher egoistisch handeln und die Folgen ihrer Handlungen für andere ignorieren, je mehr Macht sie besitzen.

In einer Reihe von Studien haben Keltner und seine Mitarbeiter untersucht, wie sich Fahrer teurer Autos im Vergleich zu Fahrern billiger Autos im Straßenverkehr verhalten. Sie beobachteten, dass die Fahrer teurer Autos in über 30 Prozent der Fälle über eine Kreuzung fuhren, bevor sie an der Reihe waren, und so anderen Fahrzeugen die Vorfahrt nahmen. Dagegen war dies nur bei etwa 5 Prozent der Fahrer billiger Autos der Fall. Der Unterschied zeigte sich noch deutlicher beim Verhalten gegenüber Fußgängern, die versuchten, eine Straße auf einem Zebrastreifen zu queren (in diesem Fall waren die Fußgänger Teil der Forschergruppe, die sich auf den Zebrastreifen zubewegten, als sich das Auto näherte). Die Fahrer der teuren Autos nahmen den Fußgängern in über 45 Prozent der Fälle die Vorfahrt, während die Fahrer der billigsten Wagen dies beinahe nie taten.

In Laborexperimenten fanden Keltner und sein Team außerdem heraus, dass vermögende Personen von höherem sozialem Status eher schwindelten, indem sie sich unfairerweise etwas nahmen, was ihnen nicht zustand, oder etwas behaupteten, was nicht stimmte. Die Reichen wiesen auch eine stärkere Neigung zu Habgier auf. Dies zeigte sich nicht nur in ihren Selbsteinschätzungen, sondern auch in Experimenten, in denen Forscher nachvollziehen konnten, ob Probanden schummelten oder andere unethische Verhaltensweisen zeigten.

Was noch bemerkenswerter war: Die Forscher entdeckten, dass Probanden in Laborsituationen einfach dadurch dazu veranlasst werden konnten, zu schummeln, dass man ihnen das Gefühl vermittelte, einen höheren Status zu haben – zum Beispiel dadurch, dass man sie ermunterte, sich mit Menschen, die weniger Geld hatten als sie, zu vergleichen.[29]

Wie ist es zu erklären, dass Menschen sich so egoistisch und unmoralisch verhalten? Keltners Studien deuten darauf hin, dass die Antwort darauf mit Selbstüberredung zusammenhängt – in Bezug darauf, was akzeptabel ist und was dem Gemeinwohl dient. Die Reichen und die Prominenten reden sich selbst ein, dass sie sich nur das nehmen, was ihnen zusteht, oder auch, dass es akzeptabel sei, habgierig zu sein. Wie der skrupellose Banker Gordon Gekko in dem Film *Wall Street* aus dem Jahr 1987 sagte: »Gier ist gut.« Interessanterweise stellten Keltner und seine Mitarbeiter auch fest, dass nicht-reiche Probanden dazu gebracht werden konnten, sich wie Reiche zu verhalten, wenn ihnen Aussagen vorgelegt wurden, die positive Einstellungen zu Gier zum Ausdruck brachten.

Wir haben weiter oben behauptet, dass in der modernen Welt Überzeugungskraft die wichtigste Quelle sozialer Macht ist. Aber mit der gleichen Überredungskunst überzeugen wir uns auch selbst, dass wir recht haben, und wir werden unempfindlicher für die Wünsche, Interessen und Nöte anderer.

Technologische Weichenstellungen[30]

Soziale Macht ist in jedem Aspekt unseres Lebens von Belang. Sie beeinflusst insbesondere die Richtung des Fortschritts. Selbst wenn so getan wird, als dienten neue Technologien dem Gemeinwohl, haben nicht alle automatisch etwas davon. Oft sind es diejenigen, deren Vision die Richtung der technologischen Innovation vorgibt, die am meisten profitieren.

Wir haben Vision definiert als eine Art kognitiven Rahmen, innerhalb dessen Menschen darüber nachdenken, wie Wissen in neue Technologien, die auf die Lösung konkreter Probleme abzielen, überführt werden kann. Wie schon in den Kapiteln 1 und 2 bedeutet »Technologie« hier mehr als nur die Anwendung naturwissenschaftlicher Erkenntnisse, um neue Produkte oder Produktionsverfahren zu entwickeln. Sich darüber klar werden, wofür man Dampfkraft nutzen will, und entscheiden, welchen Typ von Kanal man bauen will, sind technologische Entscheidungen. Und das Gleiche gilt für die Frage, wie man die Landwirtschaft organisieren und auf wen man dabei Druck ausüben will. Technologische Visionen durchdringen folglich fast sämtliche Aspekte unseres Wirtschafts- und Gesellschaftslebens.

Was für soziale Macht im Allgemeinen gilt, gilt in besonderer Weise für technologische Visionen. Wenn man ein Narrativ hat, das auf überzeugende Weise darlegt, wie wir die Herrschaft unserer Spezies über die Natur stärken können, fällt es leicht, andere Menschen zu ignorieren. Über diejenigen, die diese Sichtweise nicht teilen, und diejenigen, die die Leidtragenden sind, kann man sich leicht hinwegsetzen. Man erkennt ihr Leid zwar an, bekennt sich aber bloß rhetorisch dazu, diesem abzuhelfen. Wenn eine Vision allzu selbstsicher vertreten wird, vergrößern sich diese Probleme. Jetzt werden diejenigen, die im Weg stehen oder die behaupten, dass es womöglich Alternativen gäbe, als nicht von Belang oder realitätsfremd, wenn nicht gar als völlig falschliegend hingestellt. Man kann sich einfach über sie hinwegsetzen. Die Vision rechtfertigt alles.

Dies bedeutet selbstverständlich nicht, dass es keine Möglichkeit gäbe, Selbstsucht und vermessene Visionen einzudämmen. Aber es bedeutet ganz klar, dass wir nicht erwarten können, dass diese Art von verantwortungsvollem Handeln automatisch entsteht. Lord Acton wies zu Recht darauf hin, dass wir nicht damit rechnen können, dass Personen, die über eine große Machtfülle gebieten, sozial verantwortlich handeln. Bei denjenigen, die kraftvolle Visionen und Träume über die Gestaltung der Zukunft besitzen, können wir sogar noch weniger damit rechnen. Verantwortungsbewusstsein hat auch deshalb schlechte Karten, weil Überzeugungskraft korrumpiert und zur Folge hat, dass die Mächtigen sich weniger für das Leid anderer Menschen interessieren.

Wir müssen die Zukunft neu gestalten, indem wir Gegenkräfte erzeugen, vor allem dadurch, dass wir der vorherrschenden Vision eine vielfältige Palette von Stimmen, Interessen und Perspektiven entgegensetzen. Indem wir Institutionen aufbauen, die einem breiteren Spektrum von Menschen Zugang gewähren, und Strukturen schaffen, die sicherstellen, dass vielfältige Ideen die Agenda beeinflussen, können wir das Monopol über das Agenda-Setting aufbrechen, das andernfalls einige wenige Personen besitzen würden.

Genauso wichtig sind (soziale) Normen, die definieren, was in einer Gesellschaft als akzeptabel gilt, was sie nicht in Betracht ziehen will und worauf sie mit Ablehnung reagiert. Es geht um den Druck, den gewöhnliche Menschen auf Eliten und Visionäre ausüben können, und um ihre Bereitschaft, sich eine eigene Meinung zu bilden, statt sich von den vorherrschenden Visionen verleiten zu lassen.

Wir müssen Wege finden, um eigennützige Visionen, die Ausdruck von Selbstüberschätzung sind, einzudämmen, und auch dabei geht es um Institutionen und Normen. Vermessenheit besitzt viel weniger Macht, wenn sie nicht die einzige Stimme am Tisch ist. Sie wird geschwächt, wenn ihr mit starken Argumenten begegnet wird, die nicht einfach beiseitegeschoben werden können. Sie beginnt (hoffentlich) zu verschwinden, sobald sie erkannt und verspottet wird.

Was hat Demokratie damit zu tun?

Auch wenn es keinen todsicheren Weg gibt, um diese Ziele zu erreichen, sind demokratische Institutionen von zentraler Bedeutung. Debatten über die Vor- und Nachteile der demokratischen Regierungsform reichen mindestens bis Platon und Aristoteles zurück; keiner von beiden war von dieser politischen Ordnung sonderlich angetan, beide befürchteten, dass sie eine Kakophonie hervorbringen könnte. Ungeachtet dieser Befürchtungen und der heute in der Boulevardpresse und anderen Medien allzu oft geäußerten Zweifel an der Widerstandskraft der Demokratie sprechen die empirischen Befunde eine eindeutige Sprache: Demokratie ist gut für das Wirtschaftswachstum, für die effiziente Erbringung öffentlicher Dienstleistungen und für die Verringerung von Ungleichheiten im Bildungs- und Gesundheitswesen sowie bei den Verwirklichungschancen. So zeigen Studien zum Beispiel, dass Länder, die sich demokratisiert haben, ihr Bruttoinlandsprodukt (BIP) pro Kopf der Bevölkerung in den zwanzig Jahren, die auf die Demokratisierung folgten, um 20 bis 30 Prozent steigern konnten.[31] Und dies ging oft mit höheren Investitionen ins Bildungs- und Gesundheitswesen einher.

Warum sind Demokratien Diktaturen oder absoluten Monarchien überlegen? Es ist nicht weiter verwunderlich, dass es darauf nicht die *eine* Antwort gibt. Einige Diktaturen werden wirklich schlecht regiert, und die meisten nicht-demokratischen Regime begünstigen oftmals Unternehmen und Personen, die politisch gut vernetzt sind. Sie gewähren diesen häufig Monopole, und sie erlauben die Enteignung von Ressourcen zugunsten von Eliten. Demokratien neigen nicht nur dazu, Oligarchien zu zerschlagen, sondern auch dazu, Herrschern Schranken zu setzen und gesetzestreues Verhalten zu vermitteln. Sie erzeugen mehr Chancen für die weniger wohlhabenden Teile der Bevölkerung und fördern eine gleichmäßigere Verteilung sozialer Macht. Es gelingt ihnen oft gut, innere Streitigkeiten mit friedlichen Mitteln beizulegen. (Es stimmt, dass demokratische Institutionen in den USA und vielen anderen Ländern weltweit zuletzt kein sonderlich gutes Bild abgegeben haben, und wir werden in Kapitel 10 auf mögliche Gründe dafür zurückkommen.)

Demokratien sind auch noch aus einem weiteren Grund erfolgreich: Die disharmonische Vielstimmigkeit ist vielleicht die größte Stärke der Demokratie. Wenn die politischen und gesellschaftlichen Entscheidungen nicht von einem einheitlichen Standpunkt her bestimmt werden, existieren eher einander widerstreitende Kräfte und Perspektiven, die der Bevölkerung auferlegte eigennützige Visionen untergraben, unabhängig davon, ob sie diese will oder von ihnen profitiert.

Diese Überlegenheit der Demokratie hängt mit einem Konzept zusammen, das ein französischer Philosoph, der Marquis de Condorcet, vor über zweihundert Jahren formulierte. Condorcet warb mit dem »Jury-Theorem«, wie er es nannte, für die Demokratie. Diesem Theorem zufolge gelangt eine Jury – die, zum Beispiel, aus zwölf Personen mit unterschiedlichen Standpunkten besteht – eher zu einer guten Entscheidung als eine Einzelperson. Jeder bringt seine eigene Sichtweise und seine Vorurteile mit, die sich von Problem zu Problem unterscheiden mögen. Wenn wir eine oder einen von ihnen zum Entscheider oder Herrscher ernennen, trifft diese Person vielleicht schlechte Entscheidungen. Versammeln wir dagegen mehrere Personen mit unterschiedlichen Sichtweisen in dem Raum und führt die endgültige Entscheidung all ihre verschiedenen Standpunkte zusammen, dann werden unter plausiblen Bedingungen die Resultate wahrscheinlich besser ausfallen. Eine gut funktionierende Demokratie arbeitet wie eine sehr große Jury.[32]

Unser Argument für die demokratische Regierungsform ist etwas anders, aber ähnlich. Die Überlegenheit der Demokratie mag nicht nur darin bestehen, dass sie verschiedene Ansichten zusammenführt, sondern auch darin, dass sie unterschiedliche Perspektiven dazu ermuntert, miteinander zu interagieren und sich gegenseitig auszubalancieren. Die Stärke eines demokratischen Systems besteht somit darin, dass es unterschiedlichste Standpunkte zu Wort kommen lässt und den offenen Meinungsstreit fördert. Wie in Kapitel 1 dargelegt, ist daher eine wichtige Konsequenz unseres Ansatzes, dass Diversität nicht bloß eine »nette Sache« ist, auf die man aber auch verzichten könnte, vielmehr ist sie notwendig, um den anmaßenden Visionen der Eliten entgegenzuwirken und sie einzudämmen. Diese Diversität ist auch das, was die Stärke der Demokratie in ihrem Kern ausmacht.[33]

Dieses Argument ist einer unter politischen Eliten in vielen westlichen Demokratien weit verbreiteten Auffassung, die auf der Idee der »Delegierung an Technokraten« beruht, beinahe diametral entgegengesetzt. Nach dieser Sichtweise, die in den letzten Jahrzehnten erheblich an Zuspruch gewonnen hat, sollten wichtige politische Entscheidungen, etwa in Bezug auf Geldpolitik, Besteuerung, staatliche Unterstützung angeschlagener Unternehmen, Verringerung der Folgen des Klimawandels und Regulierung der KI, von technokratischen Experten getroffen werden. Es sei für die Masse der Bevölkerung besser, sich nicht allzu sehr in die Details solcher Regierungsangelegenheiten zu vertiefen.

Aber genau dieses technokratische Paradigma führte zu den Maßnahmen, die Wall-Street-Banken zunächst in ihrem Geschäftsgebaren ermutigten und sie dann, während der Finanzkrisen – zu unglaublich großzügigen Bedingungen – vor dem Zusammenbruch bewahrten und sie von jeglicher Verantwortung freisprachen. Bezeichnenderweise wurden die meisten der Schlüsselentscheidungen vor, während und nach der Krise hinter verschlossenen Türen getroffen. So gesehen kann die technokratische Demokratiekonzeption leicht von einer spezifischen Vision vereinnahmt werden, wie etwa der Auffassung, Finanzkonzerne seien gesamtwirtschaftlich nützlich, die sich die meisten politischen Entscheidungsträger zu Beginn der Nullerjahre zu eigen machten.

Unserer Meinung nach beruht die tatsächliche Überlegenheit eines demokratischen Systems größtenteils darauf, dass es uns davor bewahrt, zu Sklaven von Visionen zu werden, die allzu einseitig bzw. beschränkt sind. Um dies zu erreichen, sollten wir die Vielfalt der Stimmen in einer Demokratie wertschätzen und stärken. Gewöhnliche Bürger, deren Belange im Rahmen der technokratischen Konsensbildung übergangen werden, scheinen dies zu verstehen. In Meinungsumfragen zeigt sich, dass die Unterstützung für die Demokratie mit einer

Geringschätzung anmaßender Experten einhergeht und dass diejenigen, die an die Demokratie glauben, auf ihre politischen Mitspracherechte nicht zugunsten von Experten und deren Prioritäten verzichten wollen.[34]

Diese Diversität wird von Experten oft schlechtgeredet; sie behaupten, einfache Bürger könnten keine wertvollen Beiträge zu hochkomplexen fachlichen Problemstellungn leisten. Wir plädieren nicht dafür, dass eine Gruppe von Bürgern aus sämtlichen sozialen Milieus über die Gesetze der Thermodynamik oder die beste Methode, Spracherkennungsalgorithmen zu entwerfen, entscheiden sollte. Vielmehr ist es so, dass verschiedene technologische Entscheidungen – zum Beispiel über Algorithmen, Finanzprodukte und die Art und Weise, wie wir uns physikalische Gesetze zunutze machen – jeweils unterschiedliche soziale und wirtschaftliche Konsequenzen haben, und jede und jeder sollte in der Frage, ob wir diese Folgen wünschenswert oder auch nur akzeptabel finden, ein Mitspracherecht haben.

Wenn ein Unternehmen beschließt, eine Gesichtserkennungstechnologie zu entwickeln, um Personen in einer Menschenmenge zu identifizieren und ihre Bewegung zu verfolgen, und zwar in der Absicht, Produkte besser an sie zu vermarkten oder zu verhindern, dass sie sich an Protesten beteiligen, dann sind seine Ingenieure am besten dafür qualifiziert, zu entscheiden, *wie* die Software entworfen werden sollte. Aber die Gesellschaft als Ganze sollte mit darüber entscheiden, *ob* eine solche Software entwickelt und eingesetzt werden sollte. Um vielfältigen Stimmen Gehör zu verschaffen, ist es erforderlich, diese Folgen klar und deutlich zu benennen und Nichtexperten die Möglichkeit zu geben, ihre Erwartungen und Wünsche zu äußern.

Mit einem Wort: Die Demokratie ist eine der tragenden Säulen dessen, was wir als die institutionellen Grundlagen einer inklusiven Vision betrachten. Dies hängt zum Teil mit der gleichmäßigeren Verteilung sozialer Macht und den qualitativ besseren Gesetzen zusammen, die demokratische Staaten in der Regel vorweisen können. Aber ebenso sehr geht es darum, einen Rahmen bereitzustellen, der Bürgern dabei hilft, sich zu informieren und politisch aktiv zu werden, und der durch Normen und sozialen Druck dafür sorgt, dass vielfältige Perspektiven und Meinungen einbezogen werden, die Monopolisierung des Agenda-Settings verhindert wird und kontroverse Diskussionen gefördert werden.

Vision ist Macht, Macht ist Vision

Der Fortschritt lässt oft viele Menschen zurück, sofern er nicht gezielt in eine inklusivere Richtung gelenkt wird. Weil diese Richtung darüber bestimmt, wer gewinnt und wer verliert, wird oft darum gestritten, und soziale Macht entscheidet, wessen bevorzugte Richtung sich durchsetzt. Wir haben in diesem Kapitel die Auffassung vertreten, dass in modernen Gesellschaften bei diesen Entscheidungen die Macht, andere zu überzeugen – mehr noch als wirtschaftliche, politische und Erzwingungsmacht – ausschlaggebend ist. Die soziale Macht von Lesseps rührte nicht von Panzern oder Kanonen her. Und er war auch nicht besonders reich oder bekleidete ein politisches Amt. Vielmehr besaß Lesseps Überzeugungskraft.

Überzeugungskraft ist besonders wichtig, wenn es um technologische Entscheidungen geht, und die technologischen Visionen derjenigen, die andere überzeugen können, werden sich eher durchsetzen.

Wir sind auch der Frage nachgegangen, worauf Überzeugungskraft beruht. Selbstverständlich spielen Ideen und Charisma eine Rolle. Aber Überzeugungskraft wird auch von eher systemischen Kräften getragen. Diejenigen, die die Agenda festlegen können, in der Regel also Personen von hohem Status mit Zugang zu den Korridoren der Macht, besitzen eine höhere Überzeugungskraft. Sozialer Status und Zugang werden von den Institutionen und Normen einer Gesellschaft geprägt; sie bestimmen, ob am Tisch Platz für diverse Stimmen und Interessen ist, wenn die wichtigsten Entscheidungen getroffen werden.[35]

Wir sind der Auffassung, dass Diversität deshalb so wichtig ist, weil sie der sicherste Weg ist, um Gegenmächte aufzubauen und übertrieben selbstsichere und egoistische Visionen einzudämmen. All dies sind allgemeine Betrachtungen, aber im Kontext der technologischen Innovation werden sie besonders wichtig.

Wir sahen außerdem, wie Überzeugungskraft eine starke, sich selbst verstärkende Dynamik hervorbringt: Je mehr Menschen einem Gehör schenken, umso höher ist der Status, den man gewinnt, und umso erfolgreicher wird man in wirtschaftlicher und politischer Hinsicht. Auf diese Weise kann man seine Ideen mit größerem Nachdruck propagieren, seine Überzeugungskraft stärken und seine wirtschaftlichen und politischen Ressourcen weiter vergrößern.

Diese Rückkopplung spielt bei technologischen Entscheidungen sogar eine noch wichtigere Rolle. Die technologische Landschaft bestimmt nicht nur, wem es gut geht und wer darbt, sie beeinflusst auch maßgeblich, wer soziale Macht besitzt. Diejenigen, die durch neue Technologien zu Reichtum gelangen oder deren Prestige und Einfluss zunimmt, werden mächtiger. Technologische Entscheidungen werden ihrerseits von vorherrschenden Visionen beeinflusst und steigern tendenziell die Macht und den Status derjenigen, deren Vision die Richtung der technologischen Innovation bestimmt.

Diese sich selbst verstärkende Dynamik ist eine Art Teufelskreis. Historiker und Ökonomen haben diese Dynamik erforscht und dokumentiert, auf welchen Wegen die Reichen an politischem Einfluss gewinnen und wie dieser Zugewinn an politischer Macht sie befähigt, noch mehr Reichtum anzuhäufen. Das Gleiche gilt für die neue Visionsoligarchie, die mittlerweile den weiteren Verlauf der technologischen Innovation bestimmt.

Vielleicht meinen Sie, es sei doch viel besser, von Überzeugungskraft als von Unterdrückungsmacht kontrolliert zu werden. In vielerlei Hinsicht ist das richtig. Aber es gibt zwei Punkte, wo Überzeugungskraft im modernen Kontext genauso schädlich sein kann. Zum einen überreden Menschen mit Überzeugungskraft auch sich selbst dazu, die Leidtragenden dieser Entscheidungen und die Kollateralschäden, die sie mit sich bringen, zu ignorieren (weil die Überreder auf der richtigen Seite der Geschichte ständen und für das Gemeinwohl tätig seien). Außerdem sind einseitig begünstigende Entscheidungen, die mit Überzeugungskraft propagiert werden, weniger offenkundig als jene, die durch Anwendung von Zwang zustande kommen, sodass sie womöglich leichter übersehen und potenziell schwerer korrigiert werden können.

Dies ist eine regelrechte »Visionsfalle«. Sobald sich eine Vision durchgesetzt hat, kann man sich nur noch schwer von ihren Fesseln befreien, weil die Menschen ihren Lehren in der Regel Glauben schenken. Und selbstverständlich wird es noch viel schlimmer, wenn sich eine Vision jeglicher Kontrolle entzieht, Selbstüberschätzung fördert und alle verblendet.[36]

Menschen außerhalb des Technologiesektors und fern der zeitgenössischen Korridore der Macht empfinden verständlicherweise Frustration, aber tatsächlich sind sie dieser Visionsfalle nicht hilflos ausgeliefert. Sie können alternative Narrative unterstützen, inklusivere Institutionen aufbauen und andere Quellen sozialer Macht stärken, die die Auswirkungen dieser Falle abschwächen.

Weil Technologien in hohem Maße anwendungsoffen sind, gibt es keinen Mangel an überzeugenden Narrativen, die alternative Entwicklungspfade für Technologien unterstützen können. Es gibt für Technologien immer zahlreiche mögliche Verwendungen, mit sehr unterschiedlichen Konsequenzen, und wenn wir uns in eine bestimmte Idee oder eine beschränkte Vision verrennen, dann geschieht dies oft nicht aus einem Mangel an Optionen. Sondern weil diejenigen, die die Agenda festlegen und über soziale Macht verfügen, uns diese auferlegt haben. Um diese Situation zu korrigieren, ist es notwendig, das Narrativ zu verändern: Hierfür muss man die maßgebliche Vision genau analysieren, die Kosten des gegenwärtigen Pfads offenlegen und alternativen zukünftigen Nutzungsweisen der jeweiligen Technologie Aufmerksamkeit schenken und sie öffentlich diskutieren.

Gewöhnliche Bürger können sich auch am Aufbau demokratischer Institutionen beteiligen und so die Machtbasis für das Agenda-Setting verbreitern. Wenn verschiedene Gruppen berechtigt sind, mit am Tisch zu sitzen, wenn wirtschaftliche Ungleichheiten und damit soziale Statusunterschiede begrenzt sind und wenn Diversität und Inklusion in Gesetzen und Regeln verankert sind, wird es für einige wenige Personen schwieriger, mit ihren Sichtweisen die zukünftige Nutzung einer Technologie allein zu bestimmen.

Tatsächlich werden wir in späteren Kapiteln sehen, dass institutioneller und gesellschaftlicher Druck Visionen und den Fortschritt zumindest manchmal in eine inklusivere Richtung drängten. Das, was wir vorschlagen, ist bereits getan worden und kann wieder getan werden.

Bevor wir beginnen, diese Ideen im aktuellen Kontext anzuwenden, werden wir in den nächsten drei Kapiteln die komplexe Rolle des technologischen Wandels – der manchmal auch zu einer Verarmung führt – zunächst in der vorindustriellen Landwirtschaft und dann in den frühen Phasen der Industrialisierung diskutieren. In beiden Fällen werden wir sehen, dass im Namen des Gemeinwohls verengte Visionen Innovationen und die Anwendung neuer Technologien antrieben. Die Erträge flossen denjenigen zu, die die Technologie kontrollierten, welche dem Gros der Bevölkerung oft mehr schadete als nutzte. Nur wenn sich robuste Gegenkräfte entwickelten, schlug der technologische Fortschritt eine andere Richtung ein, die geteiltem Wohlstand förderlicher war.

4

DAS ELEND KULTIVIEREN

Und das mehrmals zerstörte Babylon,
Wer baute es so viele Male auf? In welchen Häusern
Des goldstrahlenden Lima wohnten die Bauleute?

– Bertolt Brecht, »Fragen eines lesenden Arbeiters«, 1935[1]

Die Armen in diesen Gemeinden könnten mit Recht sagen: *Das Parlament mag der Hüter des Eigentums sein, doch ich weiß nur, dass ich eine Kuh hatte, und durch ein Gesetz des Parlaments wurde sie mir weggenommen.*

– Arthur Young, *An Inquiry into the Propriety of Applying Wastes to the Better Maintenance and Support of the Poor,* 1801[2]

Von dem italienischen Gelehrten und Dichter Francesco Petrarca stammt das berühmte Urteil, die Ära nach dem Zusammenbruch des Weströmischen Reichs im Jahr 476 sei eine Zeit von »Dunkelheit und dichter Finsternis« gewesen. Petrarca bezog sich auf die dürftigen Fortschritte in Poesie und Kunst, aber seine Aussage sollte das Bild prägen, das sich Generationen von Historikern und Gesellschaftswissenschaftlern von den acht Jahrhunderten machten, die auf das Ende des ruhmreichen Imperium Romanum folgten. Die herkömmliche Auffassung war lange Zeit, dass es in jener Zeit im Grunde überhaupt keinen Fortschritt und damit auch keine technologische Weiterentwicklung gab, bis die Renaissance im 14. Jahrhundert eine Wende einleitete.[3]

Mittlerweile wissen wir, dass dies eine Fehleinschätzung war. Im mittelalterlichen Europa gab es bedeutsame technologische Veränderungen und Fortschritte in der wirtschaftlichen Produktion. Zu den praktischen Neuerungen zählten:[4]

- eine verbesserte Fruchtfolge
- ein verstärkter Anbau von Hülsenfrüchten zur Fütterung von Nutztieren und Anreicherung der Böden mit Stickstoff
- der von sechs oder acht Ochsen gezogene schwere Räderpflug
- der zunehmende Einsatz von Pferden zum Pflügen und für den Transport
- bessere Pferdegeschirre, Steigbügel, Sättel und Hufeisen
- der verstärkte Einsatz von Dung als Dünger
- der umfassende Einsatz der Schubkarre
- frühe Öfen und Kamine, welche die Luftqualität in Innenräumen erheblich verbesserten
- mechanische Uhren
- Keltern zum Traubenpressen für die Weinherstellung
- gute Spiegel
- das Spinnrad
- verbesserte Webstühle

- eine verbesserte Verarbeitung von Eisen und Stahl
- verbesserter Kohleabbau
- Ausweitung des Bergbaus
- bessere Frachtkähne und Segelschiffe
- Fortschritte in der Erzeugung von Buntglasfenstern
- erste Lesebrillen

Doch diese Zeit hatte tatsächlich auch etwas Dunkles an sich. Die Lebensbedingungen der Menschen, welche die Felder bestellten, blieben schwierig, und in Teilen Europas sank der Lebensstandard der Bauern sogar. Die Weiterentwicklung von Technologie und Wirtschaft schadete dem Großteil der Bevölkerung.

Die vielleicht prägende Technologie des Mittelalters war die Mühle. Ihre wachsende Bedeutung veranschaulicht das Beispiel der Entwicklung Englands nach der normannischen Eroberung im Jahr 1066. Ende des 11. Jahrhunderts gab es in England etwa 6000 mit Wasserkraft angetriebene Mühlen, das heißt, eine pro 350 Einwohner. In den folgenden 200 Jahren verdoppelte sich die Zahl der Wassermühlen, und ihre Produktivität erhöhte sich deutlich.[5]

In den frühesten Wassermühlen drehte sich ein kleines Rad auf horizontaler Ebene unter einem Mahlstein, mit dem es durch eine vertikale Achse verbundenen war. In späteren, effizienteren Aufbauten wurde außerhalb der Mühle ein größeres vertikales Rad ergänzt, das über ein Getriebe mit dem Mahlmechanismus verbunden war. Es waren verblüffende Verbesserungen. Sogar ein kleines vertikales Wasserrad, das von fünf bis zehn Personen bedient wurde, konnte zwei oder drei Pferdestärken erzeugen, was der Arbeitsleistung von 30 bis 60 Menschen entsprach; die Produktivität stieg also um mehr als das Dreifache. Im Spätmittelalter erhöhten größere vertikale Mühlen die Produktion pro Arbeiter auf das Zwanzigfache der Menge, die von Hand erzeugt werden konnte.[6]

Doch Wasserräder funktionierten nicht überall: Sie brauchten einen ausreichend starken Wasserstrom über ein ausreichend steiles Gefälle. Ab dem 12. Jahrhundert vergrößerten Windmühlen das Einsatzgebiet der mechanischen Energie. Die Menge an gemahlenem oder geschrotetem Getreide für Brot und Bier sowie an Walkstoffen stieg deutlich. Die Windmühlen regten die wirtschaftliche Aktivität in flachen Regionen mit fruchtbaren Böden, etwa in Ostanglien (East Anglia), erheblich an.

Zwischen den Jahren 1000 und 1300 verdoppelten Wasser- und Windmühlen und weitere Verbesserungen der landwirtschaftlichen Technologie die Erträge pro Hektar. Die Neuerungen brachten auch die englische Textilproduktion in

Gang, die später eine tragende Rolle in der Industrialisierung spielen sollte. Eine genaue Berechnung ist schwierig, aber es wird geschätzt, dass die Pro-Kopf-Produktivität in der Landwirtschaft zwischen 1100 und 1300 um 15 Prozent stieg.[7]

Man sollte meinen, diese technischen Verbesserungen und der Anstieg der Produktivität hätten zu höheren Realeinkommen geführt. Doch die Sogwirkung der Produktivität – Produktivitätszuwächse ziehen einen Anstieg von Löhnen und Lebensstandard nach sich – blieb in der mittelalterlichen Wirtschaft aus. Sieht man von den Angehörigen einer kleinen Elite ab, so stieg der Lebensstandard nicht nachhaltig, und in einigen Phasen sank er sogar. Stattdessen vertiefte die Verbesserung der landwirtschaftlichen Technologie im Mittelalter die Armut der meisten Menschen.

Die ländliche Bevölkerung Englands führte zu Beginn des 11. Jahrhunderts kein angenehmes Leben. Die Bauern arbeiteten hart und konnten kaum mehr konsumieren, als für das nackte Überleben nötig war. Und die verfügbaren Daten zeigen, dass diese Menschen in den folgenden zwei Jahrhunderten noch erbarmungsloser ausgepresst wurden. Die Normannen organisierten die Landwirtschaft neu, stärkten das Feudalsystem und erhöhten die verdeckten und offenen Steuern. Die Bauern mussten einen größeren Teil ihrer Ernte an ihre Grundherren abtreten und verbrachten in einigen Landesteilen jedes Jahr doppelt so viel Zeit auf den Feldern ihrer Herren wie vor der normannischen Eroberung.[8]

Obwohl die Nahrungsproduktion stieg und die Bauern schwerer arbeiteten, verschlimmerte sich die Unterernährung, und der Konsum fiel unter die Subsistenzgrenze. Die Lebenserwartung blieb gering und sank vermutlich auf durchschnittlich 25 Jahre.

Im 14. Jahrhundert wurde alles noch schlimmer. Europa wurde von mehreren Hungersnöten heimgesucht, und Mitte des Jahrhunderts löschte eine Pestepidemie zwischen einem Drittel und der Hälfte der englischen Bevölkerung aus. Die Beulenpest hätte in jedem Fall viele Menschen getötet, doch die schockierend hohe Opferzahl war auf eine Kombination der bakteriellen Infektion mit chronischer Mangelernährung zurückzuführen.

Wenn die zusätzliche Produktion dank Wasser- und Windmühlen, Hufeisen, Webstuhl, Schubkarre und metallurgischen Verbesserungen nicht der Bauernschaft zugutekam, wer profitierte dann von all diesen Fortschritten? Ein Teil wurde gebraucht, um mehr Mäuler zu füttern. Die Bevölkerung Englands wuchs zwischen 1100 und 1300 von etwa 2,2 Millionen auf rund 5 Millionen Menschen. Doch mit der Bevölkerung wuchsen auch die Zahl der Arbeitskräfte in der Landwirtschaft und die Agrarproduktion.[9]

Insgesamt führten die höhere Produktivität und der geringere Konsum der Bevölkerungsmehrheit zu einem gewaltigen Anstieg der »Überschussproduktion«, das heißt der Menge an Nahrungsmitteln, Holz und Textilien, die über die für Überleben und Fortpflanzung der Bevölkerung erforderliche Produktion hinausging. Diesen Überschuss schöpfte eine kleine Elite ab. Selbst wenn man diese Elite sehr umfassend definiert und ihr den Hofstaat, den Adel und den höheren Klerus zurechnet, machte sie nicht mehr als 5 Prozent der Bevölkerung aus. Doch so klein diese kleine Gruppe war, sicherte sie sich im mittelalterlichen England dennoch den Großteil der landwirtschaftlichen Produktionsüberschüsse.

Ein Teil des Nahrungsüberschusses floss in die Ernährung der aufstrebenden städtischen Zentren, deren Bevölkerung zwischen 1100 und 1300 von 200 000 auf etwa eine Million Menschen stieg. Im Gegensatz zur Entwicklung in den ländlichen Gebieten stieg der Lebensstandard in den Städten. Ihre Einwohner erhielten Zugang zu einer größeren Vielfalt von Erzeugnissen, darunter Luxusgüter. Das Wachstum Londons gibt Aufschluss über den zunehmenden Wohlstand: Seine Bevölkerung wuchs in diesem Zeitraum um mehr als das Dreifache auf etwa 80 000 Menschen.

Der Großteil der Überschussproduktion wurde nicht von den städtischen Zentren, sondern von der großen kirchlichen Hierarchie aufgezehrt, die den Bau von Kathedralen, Klöstern und Kirchen in Auftrag gab. Schätzungen nach besaßen Bischöfe, Äbte und andere Kleriker im Jahr 1300 ein Drittel der landwirtschaftlichen Nutzflächen.[10]

Der sakrale Bauboom war wahrhaftig spektakulär. Nach 1100 entstanden nicht weniger als 8 000 Kirchen, und es wurde in 26 englischen Städten mit dem Bau von Kathedralen begonnen. Einige Bauvorhaben waren gewaltig. Zu einer Zeit, als die meisten Menschen in wackeligen Behausungen lebten, wurden massive Kathedralen aus Stein gebaut. Die meisten wurden von herausragenden Baumeistern errichtet, und manche Bauprojekte zogen sich über mehrere Jahrhunderte hin. Es kamen Hunderte Arbeiter zum Einsatz, darunter kunstfertige Steinmetze ebenso wie zahlreiche Hilfskräfte, die in den Steinbrüchen schufteten und das Baumaterial beförderten.[11]

Die Bauarbeiten waren teuer. Die jährlichen Kosten beliefen sich auf 500 bis 1 000 Pfund, was etwa dem 500-Fachen des Jahreseinkommens eines Hilfsarbeiters entsprach. Ein Teil dieses Geldes stammte aus freiwilligen Schenkungen, aber ein beträchtlicher Teil wurde durch Abgaben und Steuern eingetrieben, die der ländlichen Bevölkerung auferlegt wurden.

Im 13. Jahrhundert wetteiferten die Gemeinden miteinander darum, wer die höchste Kirche bauen konnte. Abt Suger von Saint-Denis – in Frankreich schossen ebenfalls überall Kathedralen aus dem Boden – brachte die vorherrschende Meinung auf den Punkt, als er erklärte, diese prachtvollen Gebäude sollten mit allem erdenklichen Schmuck versehen werden, nach Möglichkeit in Gold:

> Jene, die uns kritisieren [...], wenden ein, daß es zum Feiern des Abendmahls allein einer reinen Seele, eines reinen Geistes und eines frommen Glaubens bedarf. Und auch wir sind der Ansicht, daß das wirklich das Allerwichtigste ist. Aber wir meinen, daß man Gott auch durch den äußeren Schmuck heiliger Gefäße dienen muß, und das ist bei keiner Sache so wichtig wie bei der Austeilung des heiligen Opfers, voll innerer Reinheit und äußerer Erhabenheit.[12]

Es wird geschätzt, dass in Frankreich zwischen 1100 und 1250 nicht weniger als 20 Prozent der Gesamtproduktion für Sakralbauten aufgewandt wurden.[13] Sollte dieser extrem hohe Wert korrekt sein, so wäre praktisch die gesamte nicht für die Ernährung der Bevölkerung benötigte Produktion in den Kirchenbau geflossen.

Auch die Zahl der Klöster nahm deutlich zu. Im Jahr 1535 gab es in England und Wales zwischen 810 und 820 »große und kleine« Ordenshäuser. Fast alle von ihnen wurden nach dem Jahr 940 gegründet, die Mehrheit wurde zwischen 1100 und 1272 erstmals erwähnt. Eines dieser Klöster besaß fast 3 000 Hektar Ackerland, ein anderes mehr als 13 000 Schafe. Dreißig als Klostergemeinden (*monastic boroughs*) bezeichnete Ortschaften wurden von Mönchsorden kontrolliert, was bedeutet, dass die Kirchenhierarchie auch von den Einnahmen dieser Orte lebte.

Die Klöster waren unersättlich. Errichtung und Betrieb dieser Einrichtungen waren kostspielig. Die Westminster Abbey erzielte Ende des 13. Jahrhunderts jährliche Einnahmen von 1 200 Pfund, vor allem aus der Landwirtschaft. Es entstanden einige große Agrarimperien. Eines der reichsten, das Kloster von Bury Saint Edmunds, hatte Anspruch auf das Einkommen von mehr als 65 Kirchen.[14]

Obendrein waren die Klöster von allen Steuern befreit. Als ihr Grundbesitz und ihre Kontrolle über die wirtschaftlichen Ressourcen wuchsen, blieben weniger Einnahmen für den König und den Adel übrig. Im Jahr 1086 besaß die Kirche ein Drittel der landwirtschaftlichen Nutzflächen, während der englische König (gemessen am Wert) ein Sechstel des Landes kontrollierte. Aber im Jahr 1300 flossen dem Monarchen nur noch 2 Prozent des gesamten Einkommens aus der Land- und Forstwirtschaft zu.

Einige Könige versuchten, dieses Ungleichgewicht zu beheben. Um ein Steuerschlupfloch zu schließen, erließ Eduard I. im Jahr 1279 das Statute of Mortmain, das die Schenkung weiteren Lands an kirchliche Einrichtungen ohne königliche Genehmigung verbot. Doch derartige Maßnahmen blieben unwirksam, weil die geistlichen Gerichte, die unter der Kontrolle von Bischöfen und Äbten standen, dabei halfen, Wege zur Umgehung rechtlicher Einschränkungen zu finden. Die Monarchen waren nicht stark genug, um der mittelalterlichen Kirche Einnahmen zu entziehen.

Eine Ständegesellschaft

Warum ertrugen die Bauern ihr Los? Warum fanden sie sich mit einem geringeren Konsum, längeren Arbeitszeiten und schlechteren gesundheitlichen Bedingungen ab, während die Wirtschaft produktiver wurde? Ein Teil der Erklärung ist natürlich, dass der Adel gelernt hatte, Zwangsmittel einzusetzen, wenn es erforderlich war.[15]

Aber dem Einsatz von Zwang waren Grenzen gesetzt. Wie der Bauernaufstand von 1381 zeigte, war es nicht leicht, die Bevölkerung in Schach zu halten, wenn sie in Wut geriet. Die Erhebung, die durch Versuche zur Eintreibung von Kopfsteuern ausgelöst wurde, breitete sich rasch über den Südosten Englands aus, und die Aufständischen forderten Steuersenkungen, eine Abschaffung der Knechtschaft und eine Reform der Gerichtsbarkeit, von der sie beharrlich benachteiligt wurden. Der zeitgenössische Chronist Thomas Walsingham berichtete: »Scharen von ihnen versammelten sich und begannen, Freiheit zu fordern. Sie wollten auf einer Stufe mit ihren Herren stehen und nicht länger durch die Knechtschaft an einen Herrn gebunden sein.«[16] Henry Knighton, ein weiterer Zeitgenosse, fasste die Geschehnisse zusammen: »Sie beschränkten sich nicht länger auf ihre ursprüngliche Klage [über die Kopfsteuer und die Art der Eintreibung] und begnügten sich nicht mehr mit kleinen Verbrechen, sondern planten radikalere und gnadenlosere Übeltaten: Sie beschlossen, nicht nachzugeben, bis alle Adligen und Magnaten des Königreichs vollkommen zerstört wären.«[17]

Die Aufständischen griffen London an und drangen in den Tower ein, wo König Richard II. Zuflucht gefunden hatte. Die Erhebung endete, weil der König einwilligte, den Forderungen der Aufständischen nachzugeben und die Knechtschaft abzuschaffen. Nachdem der König eine sehr viel größere Streitmacht gesammelt hatte, widerrief er seine Zusagen und besiegte das Heer der Aufständischen. 1500 von ihnen wurden zur Strecke gebracht und viele von ihnen brutal hingerichtet – sie wurden etwa an ein Pferd gebunden zum Richtplatz geschleift und dort gevierteilt.

Doch zumeist kochte die Unzufriedenheit nicht über, sondern es gelang, die Bauern dazu zu bewegen, sich mit ihrem Schicksal abzufinden. Die mittelalterliche Gesellschaft wird oft als »Ständegesellschaft« bezeichnet, unterteilt in jene, die kämpften, jene, die beteten, und jene, die arbeiteten. Jene, die beteten, hatten die Aufgabe, jene, die arbeiteten, davon zu überzeugen, dass diese Dreiteilung gottgegeben war.

Unsere moderne Gesellschaft macht sich ein nostalgisches Bild von den Klöstern. Den Mönchsorden wird zugutegehalten, dass sie zahlreiche Werke der griechischen und römischen Antike, darunter die Schriften von Aristoteles, für die Nachwelt bewahrten. Vielen gelten die Ordensgemeinschaften sogar als Retter der abendländischen Zivilisation. Sie werden mit verschiedenen produktiven Aktivitäten assoziiert, und heute verkaufen Klöster Produkte von scharfen Saucen über Hundekekse und Honig bis zu Druckertinte (bis vor Kurzem). Belgische Klöster sind für ihr Bier berühmt (darunter Westvleteren 12, das nach Meinung mancher Leute beste Bier der Welt, das im Trappistenkloster Sankt Sixtus gebraut wird). Der Zisterzienserorden ist bekannt dafür, dass er Land urbar machte, Wolle exportierte und es zumindest anfangs ablehnte, die Arbeitskraft anderer auszubeuten. Andere Orden schrieben ihren Mitgliedern ein Leben in Armut vor.

Doch in den meisten mittelalterlichen Klöstern widmeten sich die Mönche nicht der Produktion oder dem Kampf gegen die Armut, sondern dem Gebet. In jenen turbulenten Zeiten war das Gebet eng mit der Fähigkeit verbunden, eine tiefreligiöse Bevölkerung von einem bestimmten Weg zu überzeugen. Priester und Orden berieten die Menschen und rechtfertigten die bestehende Hierarchie, und vor allem verbreiteten sie eine Vision von der erstrebenswerten Organisation von Gesellschaft und Produktion.

Erhöht wurde die Überzeugungskraft der Geistlichen durch ihre Autorität als Abgesandte Gottes. Die Lehren der Kirche konnten nicht in Zweifel gezogen werden. Jegliche öffentliche Bekundung von Skepsis konnte die umgehende Exkommunizierung nach sich ziehen. Auch das Gesetz bevorzugte die Kirche und die weltliche Elite und gab den von Feudalherren geleiteten örtlichen Gerichtshöfen große Macht.

Die Frage, ob die kirchliche Autorität Vorrang vor der weltlichen haben sollte, blieb während des gesamten Mittelalters umstritten. Im 12. Jahrhundert ließ sich Thomas Becket, der Erzbischof von Canterbury, auf einen Streit mit König Heinrich II. ein, der verlangte, schwere Gesetzesverstöße von Klerikern müssten vor den königlichen Gerichten verhandelt werden. »Das wird gewiss nicht geschehen«, erklärte Becket, »denn Laien können sich nicht zu Richtern über

Kirchenmänner aufschwingen, und über jegliche Verbrechen von Angehörigen des Klerus müssen die kirchlichen Gerichte urteilen.«[18] Becket war Lordkanzler und ein Vertrauter Heinrichs gewesen und betrachtete sich als Verteidiger der Freiheit – oder einer Form von Freiheit – gegen die Tyrannei. Der König sah in seinem Verhalten einen Verrat und ließ den Erzbischof brutal ermorden.

Aber die königliche Gewaltanwendung erwies sich als kontraproduktiv, denn sie erhöhte lediglich die Überzeugungskraft der Kirche und ihre Fähigkeit, dem König die Stirn zu bieten. Becket wurde als Märtyrer gefeiert, und Heinrich musste an seinem Grab öffentlich Buße tun. Das Grabmal blieb ein wichtiger Schrein, bis sich Heinrich VIII. im Jahr 1534 von der katholischen Kirche abwandte, weil ihm der Papst die Annullierung seiner Ehe verweigerte und auf diese Art den Weg zu einer neuen Heirat versperrte, und seine eigene Kirche, die anglikanische, gründete.

Die Sogwirkung bleibt aus

Die ungleichmäßige Verteilung der gesellschaftlichen Macht im mittelalterlichen Europa erklärt, warum die Elite ein angenehmes Leben führen konnte, während die Bauernschaft im Elend lebte. Aber wie und warum trugen die neuen Technologien zur weiteren Verarmung großer Teile der Bevölkerung bei?[19]

Die Antwort auf diese Frage ist eng mit der unausgewogenen gesellschaftlichen Wirkung der Technologie verknüpft. Wie Technologie eingesetzt wird, hängt stets von der Vision und den Interessen derer ab, die Macht besitzen.

Nach der normannischen Eroberung wurde die Produktion im mittelalterlichen England neu organisiert. Die Normannen stärkten die Vormachtstellung der Grundherren gegenüber den Bauern, was sich auf die Löhne, die Natur der landwirtschaftlichen Aktivität und die Anwendung neuer Technologien auswirkte. Der Bau von Mühlen erforderte beträchtliche Investitionen, und in einer Volkswirtschaft, in der die Grundherren ihren Besitz vergrößert und ihren politischen Einfluss erhöht hatten, lag es nahe, dass sie diejenigen waren, die diese Investitionen vornahmen. Und sie taten es auf eine Art, die ihre Position gegenüber den Bauern weiter festigte.

Die Feudalherren nutzten große Landflächen selbst und übten eine weitgehende Kontrolle über ihre Pächter und alle anderen Menschen aus, die auf ihren Gütern lebten. Diese Kontrolle war unverzichtbar, weil die Bauern unbezahlte Arbeitsdienste auf den Ländereien des Grundherrn verrichten mussten. Die genauen Bedingungen dieser Frondienste, bei denen es sich im Grunde um

Zwangsarbeit handelte – wie viel Zeit die Bauern auf den Feldern des Grundherrn arbeiten und welchen Teil der Erntezeit sie dort verbringen mussten –, wurden oft ausgehandelt, aber bei Meinungsverschiedenheiten lag die Entscheidung bei den von den Grundherren kontrollierten örtlichen Gerichten.

Mühlen, Pferde und Dünger erhöhten die Produktivität, so dass mit derselben Menge an Arbeit und Land jetzt mehr produziert werden konnte. Aber von einer Sogwirkung der Produktivitätszuwächse war nichts zu spüren. Um zu verstehen, warum sie ausblieb, müssen wir uns erneut der in Kapitel 1 behandelten Funktionsweise des Produktivitätssogs zuwenden.

Mühlen verringern den Arbeitsaufwand in verschiedenen Produktionsschritten wie dem Getreidemahlen, aber sie erhöhen auch die Grenzproduktivität der Arbeitskräfte. Das Prinzip der Sogwirkung besagt, dass die Arbeitgeber in diesem Fall zusätzliche Arbeiter einstellen sollten und dass der Wettbewerb der Mühlen um Arbeitskräfte die Löhne in die Höhe treiben sollte. Aber wie wir gesehen haben, wirkt sich auch der institutionelle Kontext aus. Eine erhöhte Nachfrage nach Arbeitskräften führt nur zu einem Anstieg der Löhne, wenn sich die Arbeitgeber auf einem gut funktionierenden Arbeitsmarkt, auf dem kein Zwang angewandt werden kann, einen Wettbewerb um Arbeitskräfte liefern.

Im mittelalterlichen Europa gab es jedoch keinen solchen Arbeitsmarkt, und der Wettbewerb zwischen den Mühlen war gering. Die Folge war, dass Löhne und Verpflichtungen oft davon abhingen, wie weit die Grundherren gehen konnten (oder wollten). Sie entschieden auch, wie viel die Bauern für den Zugang zu den Mühlen bezahlen mussten, und setzten einige der Steuern und Abgaben fest, die den Bauern auferlegt wurden. Dank ihrer größeren gesellschaftlichen Macht im normannischen Feudalismus konnten die Grundherren erheblichen Druck auf die Bauernschaft ausüben.

Aber warum führten die Nutzung neuer Maschinen und der daraus resultierende Produktivitätsanstieg dazu, dass die Bauern noch mehr ausgepresst wurden und dass ihr Lebensstandard weiter sank? Stellen wir uns eine Situation vor, in der neue Technologien die Produktivität erhöhen, aber die Grundherren keine zusätzlichen Arbeiter einstellen können (oder wollen). Dennoch möchten sie, dass mehr Arbeitsstunden geleistet werden, um die produktivere Technologie zu nutzen. Wie können sie das erreichen? Eine in den herkömmlichen Darstellungen oft außer Acht gelassene Möglichkeit besteht darin, den Zwang zu verstärken und aus den vorhandenen Arbeitskräften mehr Leistung herauszupressen. Gelingt dies, so profitieren die Grundbesitzer, während die Arbeiter Nachteile erleiden, da sie nun sowohl stärkerem Zwang ausgesetzt sind als auch länger arbeiten müssen (und möglicherweise obendrein Lohneinbußen erleiden).

Genau das geschah nach der Verbesserung der Mühlen im mittelalterlichen England. Während die Produktivität dank des Einsatzes neuer Maschinen stieg, beuteten die Feudalherren die Bauernschaft intensiver aus. Die Arbeitszeit der Feldarbeiter stieg, so dass ihnen weniger Zeit blieb, ihre eigenen Felder zu bestellen, und Realeinkommen sowie Haushaltskonsum sanken.

Die Verteilung der gesellschaftlichen Macht und die vorherrschende Vision bestimmten auch, wie neue Technologien entwickelt und eingesetzt wurden. Zu den wichtigen Entscheidungen zählten jene über die Standorte neuer Mühlen und darüber, wer diese kontrollieren würde. In der englischen Ständegesellschaft wurde es als gerecht und naturgegeben betrachtet, dass Grundherren und Klöster die Mühlen betrieben. Dieselben Gruppen besaßen auch die Autorität und Macht, um dafür zu sorgen, dass keine Konkurrenz auftauchte. So konnte die Mühle des Grundherrn das gesamte Getreide verarbeiten und sämtliche Textilien produzieren, die in der lokalen Wirtschaft zu Preisen verkauft wurden, die vom Grundherrn festgesetzt wurden. Manchmal gelang es den Feudalherren sogar, die Bauern daran zu hindern, daheim Mehl zu mahlen. Diese Art der Technologieanwendung verstärkte die wirtschaftliche Ungleichheit und das Machtungleichgewicht.

Synergie zwischen Zwang und Überzeugungskraft

Die dominante Vision der mittelalterlichen Gesellschaft, die unter Einsatz der Zwangsmacht der geistlichen und weltlichen Eliten verwirklicht wurde, lenkte die Einführung neuer Technologien in eine bestimmte Richtung. Wie das funktionierte, sehen wir am Beispiel des Versuchs eines gewissen Herbert the Dean, im Jahr 1191 eine Windmühle zu bauen. Dem Abt von Bury Saint Edmunds, einem der reichsten und einflussreichsten Klöster Englands, missfiel diese unternehmerische Initiative, weil sie den Mühlen seines Klosters Konkurrenz machen würde. Er verlangte, die Windmühle unverzüglich abzureißen. Jocelin of Brakelond, der in Diensten des Abtes stand, berichtete: »Als er das hörte, kam der Dekan und sagte, er habe das Recht, dies auf seinem freien Lehnsgut zu tun, und keinem Mann solle das Recht vorenthalten werden, den freien Wind zu nutzen; er sagte, er wolle dort auch sein eigenes Korn mahlen, nicht jedoch das anderer, damit niemand denke, er tue dies zum Schaden der benachbarten Mühlen.«[20]

Der Abt reagierte erbost: »Ich danke euch, so wie ich euch danken würde, wenn ihr mir beide Füße abgeschnitten hättet. Ich schwöre bei Gott, dass ich kein

Brot mehr essen werde, bis dieses Gebäude abgerissen wird.« Der Abt interpretierte das Gewohnheitsrecht so, dass er, sobald eine neue Mühle gebaut wurde, die Nachbarn des Dekans nicht daran hindern konnte, sie zu nutzen, womit die Mühlen des Klosters Konkurrenz bekämen. Doch diese Interpretation bedeutete auch, dass der Dekan kein Recht hatte, ohne Erlaubnis des Abtes eine Windmühle zu bauen.

Obwohl diese Argumente im Prinzip angefochten werden konnten, hatte der Dekan in der Praxis keine Möglichkeit, sich zur Wehr zu setzen, denn alle Fragen, welche die Rechte des Klosters betrafen, wurden vor dem Kirchengericht entschieden, das natürlich zugunsten des mächtigen Abts urteilen würde. Also ließ Herbert seine Mühle in aller Eile abreißen, bevor die Gerichtsdiener auftauchten.

Im Laufe der Zeit festigte die Kirche ihre Kontrolle über neue Technologien. Im 13. Jahrhundert investierte das Kloster Saint Albans in Hertfordshire 100 Pfund in die Verbesserung seiner Mühlen und verlangte von den Pächtern, ihr gesamtes Getreide und alle Stoffe zu diesen Mühlen zu bringen. Obwohl die Pächter keinen Zugang zu anderen Mühlen hatten, weigerten sie sich, der Anordnung Folge zu leisten. Sie zogen es vor, ihre Stoffe daheim von Hand zu verarbeiten, anstatt die hohen Gebühren des Klosters zu bezahlen.[21]

Doch selbst dieses geringe Maß an Unabhängigkeit war unvereinbar mit der Bestrebung des Klosters, der einzige Nutznießer neuer Technologie zu sein. Im Jahr 1274 gab der Abt Befehl, Stoffe in den Häusern von Pächtern zu beschlagnahmen, was zu handgreiflichen Auseinandersetzungen zwischen Pächtern und Mönchen führte. Als die Pächter vor den königlichen Gerichtshof zogen, wurde ihre Klage erwartungsgemäß abgewiesen. Sie mussten ihre Stoffe in den Mühlen des Klosters verarbeiten lassen und die vom Kloster verlangten Gebühren zahlen.

Im Jahr 1326 kam es zu einer noch gewaltsameren Auseinandersetzung mit Saint Albans über die Frage, ob es zulässig war, dass die Pächter ihr Getreide zu Hause mit Handmühlen mahlten. Das Kloster wurde zweimal belagert, und als sich der Abt schließlich durchsetzte, ließ er alle Mühlsteine in den Häusern der Bauern beschlagnahmen und damit den Hof seines Klosters pflastern. Ein halbes Jahrhundert später stürmten die Pächter im Verlauf des Bauernaufstands das Kloster und rissen den Hof auf, den sie als »Symbol ihrer Erniedrigung« betrachteten.

In der mittelalterlichen Wirtschaft mangelte es nicht an technologischen Neuerungen und wichtigen Fortschritten in der Organisation der Produktion. Dennoch war es ein dunkles Zeitalter für die englischen Bauern, denn das normannische Feudalsystem gewährleistete, dass die erhöhte Produktivität nur dem

Adel und der kirchlichen Elite zugutekam. Noch schlimmer war, dass die Neuorganisation der Landwirtschaft den Weg zu einer erhöhten Überschussextraktion und größeren Belastungen der Bauernschaft ebnete, deren Lebensstandard weiter sank. Neue Technologien verschafften der Elite zusätzliche Vorteile, während sie das Elend der Bauern vertieften.

Diese schwierige Zeit für die gewöhnlichen Menschen hatte ihren Ursprung darin, dass die kirchliche und aristokratische Elite die Technologie und die wirtschaftlichen Abläufe so strukturierte, dass es für den Großteil der Bevölkerung schwierig wurde, Wohlstand zu erwerben. Die alltägliche Kontrolle über die Bevölkerung unter Einsatz der Überzeugungskraft stützte sich auf fest verwurzelte religiöse Glaubenssätze, die durch Eingriffe der Gerichte sowie durch Zwang ergänzt wurden.

Eine malthusianische Bevölkerungsfalle

Eine alternative Erklärung für die Stagnation des Lebensstandards im Mittelalter beruht auf der Theorie von Thomas Malthus, die dieser Ende des 18. Jahrhunderts verfasste. Der Ökonom hielt die Armen für nutzlos. Gebe man ihnen genug Land, damit sie eine Kuh halten könnten, so würden sie lediglich mehr Kinder in die Welt setzen. »Die Bevölkerung wächst, wenn keine Hemmnisse auftreten, in geometrischer Reihe an. Die Unterhaltsmittel nehmen nur in arithmetischer Reihe zu. Schon einige wenige Zahlen werden ausreichen, um die Übermächtigkeit der ersten Kraft im Vergleich zu der zweiten vor Augen zu führen.«[22] Da das nutzbare Land begrenzt sei, werde ein Anstieg der Bevölkerung die landwirtschaftliche Produktion in geringerem Maß erhöhen, was zur Folge habe, dass jede Verbesserung des Lebensstandards der Armen nicht von Dauer wäre und rasch von der zusätzlichen Bevölkerung aufgezehrt würde.

Diese unbarmherzige Interpretation, die den Armen die Schuld an ihrem Elend gibt, deckt sich nicht mit den Fakten. Wenn es eine malthusianische »Falle« gibt, so besteht sie in der Vorstellung, es existiere ein unabänderliches Gesetz der malthusianischen Dynamik.

Die Armut der Bauern können wir nur verstehen, wenn wir uns ansehen, wie Zwang auf sie ausgeübt wurde – und wie die politische und gesellschaftliche Macht bestimmte, wer von der Ausrichtung des Fortschritts profitierte. Technologie und Produktivität stagnierten keineswegs in dem Jahrtausend vor der Industriellen Revolution, obwohl sie nicht so schnell und stetig wuchsen wie ab der Mitte des 18. Jahrhunderts.

Wer von der Einführung neuer Technologien und von Produktivitätszuwächsen profitierte, hing von den institutionellen Gegebenheiten und von der Art der Technologie ab. In vielen entscheidenden Epochen wie den in diesem Kapitel behandelten folgte die technologische Entwicklung der Vision einer mächtigen Elite, und ein Anstieg der Produktivität zog keine nennenswerte Verbesserung der Lebensbedingungen der Bevölkerungsmehrheit nach sich.

Aber die Kontrolle der Elite über die Wirtschaft war nicht stabil, und sie konnte nicht alle Produktivitätszuwächse direkt für sich nutzen wie im Fall der neuen Mühlen. Wenn die Ernteerträge auf den von den Bauern bestellten Feldern stiegen und die Grundherren keine ausreichend stabile Vormachtstellung genossen, um sich die Überschussproduktion aneignen zu können, verbesserten sich die Lebensbedingungen der Armen.

Beispielsweise versuchten nach der Pestepidemie viele englische Grundherren, deren Felder aufgrund des Arbeitskräftemangels unbestellt blieben, mehr Arbeit aus ihren Fronbauern herauszuholen, ohne ihnen jedoch mehr zu bezahlen.[23] König Eduard III. und seine Berater reagierten alarmiert auf die Forderungen der Arbeiter nach höheren Löhnen und erließen Gesetze, um die Lohnforderungen einzuschränken.[24] Im Statute of Labourers von 1351 hieß es: »Da ein großer Teil des Volkes und insbesondere die Arbeiter und Knechte in der Pestilenz gestorben sind, sind einige angesichts der Notlage der Herren und des Mangels an Knechten nicht bereit, ihren Dienst zu tun, sofern sie keine übermäßigen Löhne erhalten.« Das Gesetz sah schwere Strafen einschließlich Kerkerhaft für jene Arbeiter vor, die aus ihrem Dienst ausschieden. Um zu verhindern, dass Grundherren in dem Bemühen, Arbeiter von den Feldern ihrer Standesgenossen wegzulocken, höhere Löhne anboten, hieß es in dem Gesetz: »Erlaubt außerdem niemandem, jemandem einen höheren als den gebräuchlichen Lohn […] zu zahlen […].«[25]

Doch die königlichen Anordnungen und Gesetze blieben wirkungslos. Der Arbeitskräftemangel ließ das Pendel zugunsten der Bauern ausschlagen, welche die Forderungen ihrer Grundherren ablehnten, höhere Löhne forderten, die Zahlung von Bußgeldern verweigerten und wenn nötig abwandern konnten, um sich auf anderen Gütern zu verdingen oder in den Städten Arbeit zu suchen. Die Landarbeiter waren »so hochmütig und halsstarrig«, schrieb Knighton, »dass sie dem Befehl des Königs nicht gehorchten, und wenn jemand sie haben wollte, musste er ihnen geben, was sie verlangten«.[26]

Das Ergebnis war ein Lohnanstieg, wie der zeitgenössische Dichter John Gower berichtete: »[W]elches auch immer die Arbeit sein mag, der Arbeiter ist so teuer, dass jeder, der möchte, dass etwas erledigt wird, fünf oder sechs Schillinge für das bezahlen muss, was früher zwei kostete.«[27]

In einer Bittschrift an das House of Commons wurde die missliche Lage der Grundherren auf die Tatsache zurückgeführt, dass der Arbeitskräftemangel Knechten und Landarbeitern Macht gebe, und »sobald ihre Herren sie beschuldigen, ihren Dienst schlecht zu verrichten, oder sie der Form der Statutes entsprechend für ihre Arbeit bezahlen wollen«, nähmen sie Reißaus und gäben »plötzlich ihre Beschäftigung im Bezirk auf«. Das Problem sei, dass sie »an anderen Orten sofort in den Dienst aufgenommen werden, und zwar mit so schönen Löhnen, dass allen Knechten ein Beispiel und Ermutigung gegeben wird, zu anderen Orten abzuwandern [...].«[28]

Der Arbeitskräftemangel trieb nicht nur die Löhne in die Höhe. Überall im ländlichen England verschob sich das Machtgleichgewicht zwischen Grundherren und Bauern, und jene begannen, sich über den mangelnden Respekt ihrer Hörigen zu beklagen. Knighton bemerkte, dass sich die einfachen Leute so schöne Kleider und Ausstattung leisten konnten, »dass eine Person nicht mehr aufgrund ihres Prunks, ihrer Kleidung oder ihres Besitzes von der anderen unterschieden werden kann«.[29] Gower drückte es so aus: »Die Knechte sind jetzt Herren, und die Herren sind Knechte.«[30]

In anderen Teilen Europas, wo die ländlichen Eliten ihre Vormachtstellung verteidigen konnten, wurden die Verpflichtungen gegenüber den Feudalherren nicht im selben Maße eingeschränkt, und es gibt keine Belege für einen vergleichbaren Lohnanstieg. Beispielsweise wurde die Bauernschaft in Ost- und Mitteleuropa noch schlechter behandelt und hatte trotz des Arbeitskräftemangels weniger Möglichkeiten, Forderungen zu erheben; außerdem gab es weniger Städte, in die Landbewohner hätten fliehen können. Die Aussichten auf einen Machtzuwachs der Bauern blieben gering.

In England hingegen schwand die Macht der lokalen Eliten in den folgenden 150 Jahren. In einem berühmten zeitgenössischen Bericht werden die Folgen beschrieben: »Der Grundherr war gezwungen, gute Bedingungen anzubieten oder zuzusehen, wie alle seine Bauern verschwanden.« Unter diesen Bedingungen stiegen die Reallöhne eine Weile.

Die Auflösung der Klöster unter Heinrich VIII. und die folgende Neuorganisation der Landwirtschaft trugen ebenfalls dazu bei, die Machtverhältnisse im ländlichen England zu verschieben. Der langsame Anstieg der Realeinkommen der englischen Bauernschaft vor Beginn des Industriezeitalters war eine Folge dieser Verschiebungen.

Insgesamt gab es im Mittelalter verschiedene Perioden, in denen höhere Ernteerträge eine höhere Fortpflanzungsrate nach sich zogen, sodass die Bevölkerung die Kapazität des Landes zur Produktion ausreichender Nahrungsmittel überstieg, was gelegentlich zu Hungersnöten und einem Bevölkerungsschwund führte. Doch Malthus irrte sich, als er annahm, dies sei das einzige mögliche Resultat. Als er seine Theorien am Ende des 18. Jahrhunderts formulierte, waren in England nicht nur die Bevölkerung, sondern auch die Realeinkommen seit Jahrhunderten gewachsen, ohne dass es Hinweise auf unausweichliche Hungersnöte oder Epidemien gegeben hätte. Ähnliche Trends sind in dieser Zeit auch in anderen europäischen Ländern zu beobachten, zum Beispiel in den italienischen Stadtstaaten, in Frankreich und im Gebiet des heutigen Belgien und der Niederlande.

Noch größere Zweifel an der malthusianischen Darstellung weckt die Tatsache, dass die von neuen Technologien im Mittelalter ermöglichten Produktionsüberschüsse nicht von Armen mit übermäßig großer Nachkommenschaft aufgezehrt wurden, sondern von Adel und Klerus, die sich Luxus leisteten und prachtvolle Kathedralen bauten. Ein Teil des Überschusses floss außerdem in höhere Lebensstandards in großen Städten wie London.

Nicht nur die Fakten aus dem mittelalterlichen Europa widerlegen die Idee einer malthusianischen Bevölkerungsfalle. Das antike Griechenland, insbesondere der Athener Stadtstaat, erlebte vom 9. bis zum 4. vorchristlichen Jahrhundert einen raschen Anstieg der Pro-Kopf-Produktion und des Lebensstandards. In diesen fast 500 Jahren wurden die Häuser größer, die Raumaufteilung wurde durchdachter, die Zahl der Haushaltsgüter nahm deutlich zu, der Pro-Kopf-Konsum stieg, und verschiedene andere Indikatoren der Lebensqualität entwickelten sich positiv. Obwohl die Bevölkerung wuchs, gab es kaum Hinweise auf eine malthusianische Dynamik. Beendet wurde diese Zeit des Wirtschaftswachstums und des Wohlstands durch zunehmende politische Instabilität, innergriechische Konflikte und Invasionen.

Auch in der römischen Republik wuchsen Pro-Kopf-Produktion und Wohlstand ab dem 5. vorchristlichen Jahrhundert. Die Zeit des Wohlstands dauerte im ersten Jahrhundert des Kaiserreichs an und endete vermutlich ebenfalls aufgrund der politischen Instabilität und des Schadens, den autoritär herrschende Kaiser anrichteten.[31]

Lange Phasen des vorindustriellen Wirtschaftswachstums ohne jegliche Hinweise auf die von Malthus beschriebene Dynamik waren nicht auf Europa beschränkt. Es gibt archäologische Befunde und teilweise sogar Dokumente, aus denen hervorgeht, dass China, die präkolumbischen Zivilisationen in der Andenregion und in Mesoamerika, das Industal und Teile Afrikas ähnlich lange Wachstumsphasen erlebten.[32]

Die historischen Erkenntnisse deuten darauf hin, dass die malthusianische Falle kein Naturgesetz ist, sondern mit bestimmten politischen und wirtschaftlichen Systemen zusammenhängt. Im Fall des mittelalterlichen Europa war es die Ständegesellschaft mit ihrer Ungleichheit, ihrem Zwang und ihrer einseitigen Ausrichtung des technologischen Fortschritts, die den meisten Menschen Armut und mangelnden Fortschritt brachte.

Die landwirtschaftliche Erbsünde

Gesellschaftlich unausgewogene Entscheidungen über die Ausrichtung der technologischen Entwicklung waren nicht auf das mittelalterliche Europa beschränkt, sondern ein fester Bestandteil der vorindustriellen Geschichte. Solche Entscheidungen wurden schon gefällt, als die Landwirtschaft entstand – wenn nicht noch früher.

Der Mensch begann vor langer Zeit, mit der Domestizierung von Pflanzen und Tieren zu experimentieren. Bereits vor mehr als 15 000 Jahren hielten Menschen Hunde als Nutztiere, und schon die Jäger-und-Sammler-Gesellschaften förderten selektiv das Wachstum bestimmter Pflanzen und Tiere und begannen, ihren Lebensraum zu beeinflussen.

Vor etwa 12 000 Jahren entstanden erste ortsgebundene landwirtschaftliche Siedlungen, deren Bewohner die Domestikation von Pflanzen und Tieren beherrschten. Mittlerweile wissen wir mit einiger Sicherheit, dass dieser Prozess an mindestens sieben voneinander unabhängigen Orten rund um den Erdball stattfand. Je nach den lokalen Gegebenheiten standen unterschiedliche Nutzpflanzen im Mittelpunkt dieses Übergangs: zwei Arten von Weizen (Einkorn und Emmer) sowie Hafer im Fruchtbaren Halbmond im heutigen Nahen Osten, zwei Arten von Hirse (Kolben- und Sorghumhirse) in Nordchina, Reis in Südchina, Kürbis, Bohnen und Mais in Mesoamerika, Knollenfrüchte (Kartoffel und Yamswurzel) in Südamerika und eine Art von Quinoa im Osten der heutigen Vereinigten Staaten. In Afrika wurden südlich der Sahara verschiedene Pflanzen angebaut; in Äthiopien wurde die Kaffeepflanze domestiziert, was besonderes Lob verdient und vermutlich doppelt zählen sollte.[33]

Da es keine schriftlichen Aufzeichnungen aus jener Frühzeit gibt, weiß niemand genau, was wann geschah. Zeitlicher Ablauf und Kausalketten sind umstritten. Einige Wissenschaftler erklären, die Erderwärmung habe für Überfluss gesorgt, der wiederum die Entstehung von Siedlungen und der Landwirtschaft ermöglicht habe. Andere Experten sehen dagegen in der Not die Mutter der Innovation und glauben, Episoden der Knappheit seien die wichtigste Kraft gewesen, welche die Menschen dazu bewegt habe, die Erträge mittels Domestizierung deutlich zu erhöhen. Einige Forscher behaupten, zuerst seien ständige Siedlungen entstanden, in denen sich anschließend eine soziale Hierarchie herausgebildet habe. Andere weisen darauf hin, dass in Gräbern, die den ersten Siedlungen Tausende Jahre vorausgingen, Beigaben gefunden wurden, die auf die Existenz einer Hierarchie hindeuten. Manche schließen sich der Meinung des berühmten Archäologen Gordon Childe an, der den Begriff der »neolithischen Revolution« prägte, um diese Übergangsphase zu beschreiben, die er als Voraussetzung für den Fortschritt der Menschheit und ihrer Technologie betrachtete. Wieder andere argumentieren in Anlehnung an Jean-Jacques Rousseau, die Sesshaftigkeit und der ganzjährige Ackerbau seien die »Erbsünde« der menschlichen Gesellschaft gewesen und hätten den Weg zu Armut und sozialer Ungleichheit geebnet.[34]

Tatsächlich dürfte es eine beträchtliche Vielfalt gegeben haben. Die Menschen experimentierten mit verschiedenen Feldfrüchten und mit der Domestizierung verschiedener Tierarten. Zu den frühen Kulturpflanzen zählten Hülsenfrüchte (Erbsen, Wicken, Kichererbsen und verwandte Pflanzen), Yamsgewächse, Kartoffeln und verschiedene Gemüse und Obstsorten. Feigen gehörten möglicherweise ebenfalls zu den ersten Pflanzen, die angebaut wurden.

Wir wissen auch, dass sich der Ackerbau nicht rasch ausbreitete und dass sich viele Gemeinschaften weiter als Jäger und Sammler betätigten, als sich die Landwirtschaft in ihrer Umgebung bereits durchgesetzt hatte. Beispielsweise haben neuere DNA-Funde gezeigt, dass europäische Wild- und Feldbeuter Tausende Jahre auf den Ackerbau verzichteten und dass die Landwirtschaft schließlich nach Europa kam, weil Bauern aus dem Nahen Osten dorthin wanderten.[35]

Im Verlauf dieser gesellschaftlichen und wirtschaftlichen Veränderungen entstanden verschiedenartige Gesellschaften. Beispielsweise wurden auf dem Göbekli Tepe in Südostanatolien Überreste von 11 500 Jahre alten Siedlungen gefunden, deren Bewohner sich mehr als tausend Jahre lang sowohl der Landwirtschaft als auch dem Jagen und Sammeln widmeten. Überreste von Grabbeigaben und schöne Kunstgegenstände deuten auf eine ausgeprägte Hierarchie und wirtschaftliche Ungleichheit in dieser frühen Zivilisation hin.

An einem anderen Fundort, dem nur etwas mehr als 700 Kilometer westlich des Göbekli Tepe gelegenen Çatalhöyük, finden wir eine etwas spätere Zivilisation mit ganz anderen Merkmalen. Çatalhöyük, das ebenfalls mehr als tausend Jahre existierte, scheint eine einigermaßen egalitäre Gesellschaft gehabt zu haben, denn die Grabbeigaben ähneln einander, es gibt keine Hinweise auf eine klare Hierarchie, und alle Einwohner lebten in sehr ähnlichen Häusern (insbesondere auf dem östlichen Hügel, wo die Siedlung lange Zeit Bestand hatte). Die Bevölkerung ernährte sich offenbar von einer gesunden Diät, die Feldfrüchte, Wildpflanzen und Wild beinhaltete.[36]

Vor etwa 7000 Jahren änderte sich überall im Fruchtbaren Halbmond das Bild: Der permanente Ackerbau, der oft auf einer einzigen Nutzpflanze beruhte, wurde zur einzigen Aktivität. Die wirtschaftliche Ungleichheit nahm zu und es bildete sich eine klare soziale Hierarchie aus. Die Eliten an der Spitze der Gesellschaft konsumierten viel und beteiligten sich nicht an der Produktion. Etwa zur selben Zeit wurden auch die historischen Belege klarer, da die Schrift auftauchte. Obwohl die Aufzeichnungen von der Elite und ihren Schreibern stammen, sind der Überfluss und ihre gewaltige Macht über die restliche Gesellschaft unübersehbar.

Die ägyptische Elite, die Pyramiden und monumentale Grabdenkmäler errichten ließ, erfreute sich anscheinend einer relativ guten Gesundheit. Ihre Angehörigen hatten zweifellos Zugang zu medizinischer Versorgung, soweit es diese gab, und zumindest bei einigen mumifizierten Körpern lässt sich nachweisen, dass diese Menschen ein langes und gesundes Leben führten. Hingegen litten die Bauern unter anderem unter Bilharziose, einer von im Wasser lebenden Saugwurmlarven verursachten Krankheit, sowie unter Tuberkulose und Hernien. Die Elite reiste bequem und arbeitete anscheinend nicht hart. Wer sich weigerte, die Steuern zu bezahlen, mit denen dieser angenehme Lebensstil finanziert wurde, wurde mit Stockschlägen gezüchtigt.

Das Leid mit den Körnern

Trotz der frühen Vielfalt setzte sich an den meisten Orten, an denen der Ackerbau Wurzeln schlug, Getreide durch. Weizen, Hafer, Reis und Mais gehören alle der Familie der Gräser an, die kleine, harte, trockene Samen haben, die von den Botanikern als Karyopse bezeichnet werden. Diese üblicherweise als Getreide bezeichneten Gräser weisen einige vorteilhafte Merkmale auf. Aufgrund ihres geringen Feuchtigkeitsgehalts sind sie nach der Ernte lange haltbar, weshalb sie leicht gelagert werden können. Aber vor allem haben sie einen hohen Energiegehalt (Kalorien pro Kilogramm), weshalb sich ihr Transport lohnt, was wichtig ist, wenn man eine Bevölkerung ernähren will, die weit von den Anbauflächen entfernt lebt. Getreide kann auch in großen Mengen produziert werden, wenn es genug Arbeitskräfte für Bestellung der Felder, Aussaat und Ernte gibt. Im Gegensatz dazu sind Knollen schwieriger zu lagern, verrotten leicht und haben einen sehr viel geringeren Kaloriengehalt (etwa ein Fünftel der Kalorien von Getreide).

Wenn das Ziel darin besteht, große Mengen an Nahrungsmitteln zu produzieren und aus dem Ackerbau genug Energie für die Ernährung der Bevölkerung zu gewinnen, ist die Einführung des Getreides ein Lehrbeispiel für einen technologischen Fortschritt. Diese Feldfrüchte und Produktionsmethoden ermöglichten die Entstehung von bevölkerungsreichen Siedlungen, Städten und letzten Endes größeren Staaten. Doch auch die Anwendung dieser Technologie hatte sehr ungleichmäßige Auswirkungen auf den Wohlstand verschiedener Bevölkerungsgruppen.

Im Fruchtbaren Halbmond gab es bis vor 5000 Jahren offenbar keine Stadt mit mehr als 8000 Einwohnern. Doch etwa um diese Zeit stieg die Einwohnerzahl von Uruk im Süden des heutigen Irak rasant auf 45000 Menschen. In der Folge wuchs die Bevölkerung der größten Städte: Vor 4000 Jahren lebten sowohl in Ur (ebenfalls im heutigen Irak) als auch in Memphis (der Hauptstadt eines vereinigten Ägypten) 60000 Menschen; vor 3200 Jahren hatte Theben (Ägypten) etwa 80000 Einwohner; und vor 2500 Jahren stieg die Bevölkerung von Babylon auf 150000 Menschen.

An all diesen Orten gibt es Belege dafür, dass die Elite eines zentralisierten Staates erheblich von neuen Technologien profitierte. Der Großteil der übrigen Gesellschaft hatte hingegen wenig davon.

Wir wissen nichts Genaues über die Lebensbedingungen der frühen Ackerbauern. Aber in diesen ersten zentralisierten Staaten mit ihrer Aufsichtsbürokratie ging es den meisten Menschen, die ganzjährig Getreide anbauten, anscheinend deutlich schlechter als ihren Vorfahren, die als Jäger und Sammler umhergestreift waren. Schätzungen zufolge arbeiteten Wild- und Feldbeuter etwa fünf Stunden am Tag, ernährten sich von verschiedensten Pflanzen und aßen viel Fleisch. Sie lebten gesund und hatten eine durchschnittliche Lebenserwartung von 21 bis 37 Jahren. Die Kindersterblichkeit war hoch, aber Menschen, die das Alter von 45 Jahren erreichten, lebten normalerweise weitere 14 bis 26 Jahre.[37]

Die sesshaften Ackerbauern arbeiteten wahrscheinlich mehr als zehn Stunden täglich, das heißt doppelt so lang wie die Wild- und Feldbeuter. Ihre Arbeit wurde auch sehr viel schwerer, insbesondere, als sich Getreide als wichtigste Feldfrucht durchsetzte. Es gibt zahlreiche Belege dafür, dass sich die Ernährung der Ackerbauern gegenüber jener der umherziehenden Jäger und Sammler verschlechterte. Die Folge war, dass die Bauern im Durchschnitt 10 bis 12 Zentimeter kleiner waren als die Wild- und Feldbeuter, deutlich mehr Skelettschäden aufwiesen und sehr viel schlechtere Zähne hatten. Die Bauern litten auch häufiger an Infektionskrankheiten und starben jünger als die Nomaden. Ihre Lebenserwartung bei der Geburt wird auf durchschnittlich 19 Jahre geschätzt.

Die ganzjährige Feldarbeit setzte vor allem den Frauen zu: Ihre Skelette zeigen Anzeichen von Arthritis infolge der mühsamen Mahlarbeit. Die Kindersterblichkeit war in den Agrargesellschaften ebenfalls deutlich höher, und in diesen Gemeinschaften errangen die Männer eine klare Vormachtstellung.

Warum übernahmen die Menschen eine Technologie, die zermürbende Arbeit, ein ungesundes Leben, eine Einschränkung ihres Konsums und die Entstehung einer steilen gesellschaftlichen Hierarchie mit sich brachte? Warum fanden sie sich zumindest damit ab? Natürlich konnte vor 12 000 Jahren niemand voraussehen, welche Art von Gesellschaft die ortsgebundene Landwirtschaft hervorbringen würde. Doch wie im Mittelalter kamen die technologischen und organisatorischen Entscheidungen auch in den frühen Zivilisationen der Elite zugute und führten zur Verarmung der Bevölkerungsmehrheit. In der Jungsteinzeit entwickelten sich neue Technologien über einen sehr viel längeren Zeitraum – nicht wie im Mittelalter in Hunderten, sondern in Tausenden Jahren –, und die dominante Elite entstand oft langsam. Doch in beiden Fällen spielte ein politisches System, das unverhältnismäßig große Macht in die Hände der Elite legte, eine entscheidende Rolle. Der Zwang war natürlich wichtig, aber oft gab die Überzeugungskraft der religiösen und politischen Führer den Ausschlag.

Die Sklaverei war weiter verbreitet als in der Frühzeit der Landwirtschaft, und in Zivilisationen wie jener des alten Ägypten und des antiken Griechenland hatten Sklaven großen Anteil an der Produktion. Auch die übrige Bevölkerung wurde wenn nötig mit Zwangsmaßnahmen unter Kontrolle gebracht. Aber wie im Mittelalter wurden die Menschen normalerweise nicht durch Zwang kontrolliert. Dieser stand oft im Hintergrund. In erster Linie vertrauten die Eliten auf Überzeugung.

Ein Pyramidenspiel

Nehmen wir die Pyramiden, ein Symbol des opulenten Lebens der Pharaonen. Der Bau einer Pyramide kann kaum als Investition in öffentliche Infrastrukturen betrachtet werden, die das materielle Wohlergehen der ägyptischen Bevölkerung erhöhen konnten, obwohl er natürlich zahlreichen Menschen Arbeit gab. Für den Bau der Cheops-Pyramide von Gizeh, die vor etwa 4500 Jahren entstand, wurden etwa 20 Jahre lang 25 000 Arbeiter in rotierenden Schichten eingesetzt. Das Bauvorhaben hatte sehr viel größere Dimensionen als jede mittelalterliche Kathedrale. Nach Cheops versuchten mehr als 1000 Jahre lang alle ägyptischen Herrscher und Herrscherinnen, ihre eigene Pyramide zu errichten.

Lange Zeit wurde angenommen, die Arbeiter seien von unbarmherzigen Aufsehern zu dieser zermürbenden Schinderei gezwungen worden. Mittlerweile wissen wir, dass es nicht so war. Die Menschen, die die Pyramiden bauten, erhielten einen ordentlichen Lohn und wurden gut ernährt, zum Beispiel mit Rindfleisch, dem teuersten verfügbaren Fleisch. Viele von ihnen waren sachkundige Handwerker. Höchstwahrscheinlich wurden sie mit einer Kombination von materiellen Belohnungen und Überzeugung dazu bewegt, hart zu arbeiten.

Es sind faszinierende Aufzeichnungen über einige dieser Bauvorhaben erhalten, darunter genaue Beschreibungen der Tätigkeit eines Arbeitstrupps in Gizeh, der sich als »Begleiter des Boots mit Namen ›Der Uräus des Cheops ist sein Bug‹« bezeichnete. In diesen Berichten über den Arbeitsalltag ist keine Rede von Strafen oder Zwang. Vielmehr geben die erhaltenen Fragmente Aufschluss über jene Art von Handwerkskunst und mühevoller Arbeit, die wir normalerweise mit dem Bau der mittelalterlichen Kathedralen assoziieren: Die Steine mussten von einem Steinbruch zum Nil gebracht, per Schiff weitertransportiert und anschließend vom Flussufer zur Baustelle gebracht werden.[38] Ein Einsatz von Sklaven wird nicht erwähnt, obwohl einige Experten der Ansicht sind, dass gewöhnliche Arbeiter wahrscheinlich zu einem Arbeitsdienst verpflichtet waren, der Ähnlichkeit mit dem im Feudalzeitalter üblichen hatte und auch im 19. Jahrhundert von Lesseps beim Bau des Suezkanals genutzt wurde.

In pharaonischer Zeit konnten die ägyptischen Handwerker ernährt und entlohnt werden, weil ein Produktionsüberschuss aus den Landarbeitern herausgepresst wurde. Die Technologie der Getreideproduktion ermöglichte die Ernte großer Mengen an Feldfrüchten im fruchtbaren Niltal, und diese Erträge konnten in die Städte transportiert werden. Das wurde auch dadurch ermöglicht, dass die einfachen Bauern bereit waren, für einen geringen Lohn gewaltigen Arbeitsaufwand zu betreiben. Und das war möglich, weil sie nicht nur durch die Fähigkeit des Pharaos, Widerstand notfalls gewaltsam zu unterdrücken, sondern auch durch seine Autorität und seine Glorie dazu bewegt wurden.

Niemand weiß genau, was die Menschen im Altertum motivierte: Wir können nicht wissen, wie Bauern dachten, die vor 2000 oder 7000 Jahren lebten. Sie hinterließen keine schriftlichen Aufzeichnungen über ihre Bestrebungen oder ihre Drangsal. Wahrscheinlich half die organisierte Religion dabei, sie davon zu überzeugen, dass dies das richtige Leben oder dass ihr Schicksal unausweichlich war. Die Kosmologie zentralisierter Agrargesellschaften entwirft eine klare Hierarchie, an deren Spitze die Götter stehen. In der Mitte findet man Könige und Priester, und die Bauern bilden das Fundament. Der Lohn für den Verzicht auf Klagen ist je nach Glaubenssystem verschieden, aber im Allgemeinen wird eine Entschädigung in der Zukunft versprochen: Die Götter haben dir eine Rolle zugewiesen, also füge dich in dein Schicksal und gehe aufs Feld arbeiten.[39]

Im ägyptischen Glaubenssystem wurden die Menschen dazu angehalten, dem Herrscher zu einem besseren Nachleben zu verhelfen. Die Normalsterblichen durften nicht auf eine Verbesserung ihrer Lage hoffen: Knechte würden Knechte bleiben. Aber dienstfertige Menschen, die Pyramiden bauten und einen Teil ihrer Ernte abtraten, um den Herrschern zu größerem Ruhm und einem größeren Grabmonument zu verhelfen, sicherten sich das Wohlwollen der Götter. Die wirklich Unglücklichen mussten ihre Herren direkt ins Jenseits begleiten: In einigen Pyramiden wurden Belege dafür gefunden, dass Höflinge und andere Personen aus der Umgebung des Herrschers nach dessen Tod rituell ermordet wurden.

Die herrschende Elite Ägyptens lebte in Städten und bestand aus einer priesterlichen Hierarchie, die einem »Gottkönig« zur Seite stand, der eine göttliche Legitimation oder sogar eine direkte Abkunft von den Göttern für sich in Anspruch nahm. Dieses Muster ist nicht auf Ägypten beschränkt. Die meisten frühen Zivilisationen haben Tempel und andere Monumente hinterlassen, die normalerweise denselben Zweck erfüllten wie die von der mittelalterlichen Kirche errichteten Kathedralen: Sie sollten die Herrschaft der Elite legitimieren, indem sie deren Nähe zu den Göttern bezeugten und den Glauben der Bevölkerung festigten.

Eine Art der Modernisierung

Weder die Getreidemonokultur noch die strikt hierarchische Gesellschaftsordnung, die eine Abschöpfung des Großteils der landwirtschaftlichen Überschussproduktion durch die Elite ermöglichte, waren vorherbestimmt oder von der Natur der Nutzpflanzen vorgegeben. Die Menschen hatten eine Wahl. Andere Gesellschaften, die oft mit ähnlichen Umweltbedingungen konfrontiert waren, spezialisierten sich auf andere Arten der Landwirtschaft, etwa auf den Anbau von Knollengewächsen und Hülsenfrüchten. In der frühen Siedlung Çatalhöyük wurde der Getreideanbau anscheinend mit der Nutzung verschiedenster Wildpflanzen und dem Konsum von Fleisch kombiniert, das von domestizierten Schafen und Ziegen sowie von Wildtieren wie Auerochsen, Füchsen, Dachsen und Hasen stammte. In Ägypten wurden vor Beginn der Getreidemonokultur Emmer und Hafer angebaut; daneben wurden Wasservögel, Antilopen, Wildschweine, Krokodile und Elefanten bejagt.

Selbst der Getreideanbau brachte nicht immer Ungleichheit und Hierarchien hervor, wie die egalitäreren Zivilisationen im Industal und in Mesoamerika zeigen.[40] In Südostasien bauten weniger hierarchische Gesellschaften über Jahrtausende Reis an, und die Zunahme der sozialen und wirtschaftlichen Ungleichheit fiel offenbar mit der Einführung neuer landwirtschaftlicher und militärischer Technologien in der Bronzezeit zusammen. Die Verbindung von Getreideanbau in großem Maßstab, ausgeprägter Überschussextraktion und hierarchischer Kontrolle war normalerweise das Resultat politischer und technologischer Entscheidungen der Eliten, wenn diese genug Macht besaßen und die übrige Gesellschaft von ihrem Kurs überzeugen konnten.

Was die Jungsteinzeit und die Pharaonenzeit anbelangt, so können wir nur Vermutungen dazu anstellen, wie neue Technologien ausgewählt und angewandt und mit welchen Argumenten die Menschen dazu bewegt wurden, sie zu übernehmen und die bestehenden Regelungen aufzugeben. Doch im England des 18. Jahrhunderts sehen wir deutlicher, wie sich eine neue Vision von der landwirtschaftlichen Modernisierung durchsetzte. Wir sehen, wie jene, die von dieser Modernisierung profitierten, die Oberhand gewannen, indem sie die Argumente für die von ihnen bevorzugte technologische Option mit dem Verweis auf deren vermeintlichen gesellschaftlichen Nutzen verknüpften.

Die englische Landwirtschaft hatte sich Mitte des 18. Jahrhunderts grundlegend gewandelt. Die Leibeigenschaft und die meisten Überreste des Feudalismus waren verschwunden. Die Grundherren konnten nicht mehr direkt über die lokale Wirtschaft entscheiden und die Bauern zwingen, auf ihren Feldern zu arbeiten oder Getreide in ihren Mühlen zu mahlen. Heinrich VIII. hatte in den dreißiger und vierziger Jahren des 16. Jahrhunderts die Klöster aufgelöst und ihr Land verkauft. Die ländlichen Eliten waren jetzt der Landadel. Dessen Angehörige besaßen mehrere Hundert Hektar Land und bemühten sich um eine Modernisierung der Landwirtschaft, um höhere Überschüsse zu erwirtschaften.

Die Transformation der Landwirtschaft war seit Jahrhunderten im Gange, und der verstärkte Düngemitteleinsatz und bessere Erntetechnologien hatten die Produktivität erhöht: Im Lauf von 500 Jahren war die Produktion pro Hektar, abhängig von der jeweiligen Feldfrucht, um 5 bis 45 Prozent gestiegen. Mitte des 16. Jahrhunderts beschleunigte sich der wirtschaftliche und gesellschaftliche Wandel. Da die Macht von Grundbesitzern und Klöstern schwand, begannen auch die Bauern vom Produktivitätszuwachs zu profitieren. Etwa ab dem Jahr 1600 stiegen die Reallöhne stetiger, wodurch sich die Ernährung und der Gesundheitszustand der Bauern geringfügig verbesserten.

Als die Bevölkerung wuchs, stieg auch die Nachfrage nach Agrarprodukten.

Die steigenden landwirtschaftlichen Erträge wurden zum Thema der politischen Debatte. Teile der ländlichen Wirtschaft Englands bedurften zweifellos einer Modernisierung. Ein Großteil des Landes befand sich mittlerweile in privaten Händen und wurde vom Landadel, von dessen Pächtern und von Kleinbauern genutzt. Aber in einigen Landesteilen gehörte ein beträchtlicher Teil der Nutzflächen zur »Allmende«. Das Gewohnheitsrecht stellte es den Mitgliedern der Gemeinde frei, auf diesem Gemeinland ihre Kühe grasen zu lassen, Brennholz zu sammeln und zu jagen. Nicht eingezäunte, offene Felder wurden als Ackerflächen genutzt. Als das Land wertvoller wurde, wollte eine wachsende Zahl von Grundbesitzern diese Flächen »einhegen«, um die gewohnheitsrechtliche Nutzung durch die Bauern zu unterbinden. Durch die Einhegung (*enclosure*) wurde die gemeinsam genutzte Allmende in gesetzlich geschütztes Privateigentum überführt, das zumeist vorhandene Landgüter vergrößerte.

Spontane Einhegungen sind seit dem 15. Jahrhundert belegt. In vielen Landesteilen konnten die Grundbesitzer ihre Ziele erreichen, indem sie die örtliche Bevölkerung mit Geldzahlungen und anderen Entschädigungen dazu bewegten, in die Aneignung der Allmendeflächen einzuwilligen. Doch in den Augen der britischen Eliten des späten 18. Jahrhunderts war eine weitere Modernisierung unumgänglich, und diese wollten sie erreichen, indem sie ihre Ländereien vergrößerten. Etwa ein Drittel der gesamten landwirtschaftlichen Nutzflächen befand sich immer noch im Gemeinbesitz und konnte in Privateigentum umgewandelt werden.

Die Einhegungsbestrebungen wurden mit der Notwendigkeit von Produktivitätserhöhungen und dem Wohl des Landes begründet, aber die vorgeschlagene Modernisierung verlief alles andere als neutral. Den Bauern sollte der Zugang zu nutzbarem Land entzogen werden, um die kommerzielle Landwirtschaft auszuweiten. In der Vision, die sich durchsetzte, wurde das Gewohnheitsrecht landloser Bauern als ein anachronistisches Überbleibsel der Vergangenheit dargestellt, das der Modernisierung geopfert werden musste. Wenn die Bauern nicht freiwillig auf ihre vom Gewohnheitsrecht gedeckten Ansprüche verzichten wollten, mussten sie dazu gezwungen werden.

Im Jahr 1773 verabschiedete das Parlament den Enclosure Act, der es Großgrundbesitzern erleichterte, die Reorganisation des Landes, das sie sich aneignen wollten, durchzusetzen. Die Abgeordneten stimmten dem Gesetzesvorschlag zu, weil sie glaubten oder glauben wollten, dass die Einhegung im nationalen Interesse wäre.[41]

Arthur Young, ein Landwirt, Agrarwissenschaftler und einflussreicher Autor, nahm beträchtlichen Einfluss auf die Diskussion. In seinen frühen Arbeiten hatte

Young die Bedeutung neuer technischer Entwicklungen in der Landwirtschaft hervorgehoben und sich für einen verstärkten Düngemitteleinsatz, eine auf wissenschaftlichen Erkenntnissen beruhende Fruchtfolge und die Einführung besserer Pflüge ausgesprochen. Auf großen zusammenhängenden Nutzflächen, erklärte er, könnten diese Technologien leichter und effektiver eingesetzt werden.

Aber wie sollte man mit dem Widerstand der Bauern gegen die Einhegung umgehen? Um Youngs Haltung verstehen zu können, müssen wir uns zunächst den zeitgenössischen Kontext ansehen und uns ein Bild von der übergeordneten Vision für die technologische und landwirtschaftliche Reorganisation machen. Die britische Gesellschaft war immer noch hierarchisch organisiert. Deren demokratisches System war von der Elite ganz allein für die Elite gemacht, und weniger als 10 Prozent der erwachsenen männlichen Bevölkerung besaßen das Wahlrecht. Noch schlimmer war, dass die Elite nicht viel von ihren weniger privilegierten Landsleuten hielt.

Die Schriften von Thomas Malthus geben Aufschluss über den Zeitgeist und das Weltbild der wohlhabenden Bürger. Malthus hielt es für humaner, den Lebensstandard der Armen nicht allzu sehr zu erhöhen, denn dann würden sie mehr Kinder in die Welt setzen und am Ende doch wieder nur im Elend versinken. Er erklärte: »Ein Mann, der in eine bereits besessene Welt hineingeboren wird, hat, wenn seine Eltern ihm keinen Unterhalt gewähren, auf den er einen rechtmäßigen Anspruch hat, und die Gesellschaft seine Arbeitskraft nicht will, keinen Rechtsanspruch auf den kleinsten Anteil an Nahrung, ja er darf nicht einmal sein, wo er ist. Für ihn gibt es keinen Platz im gewaltigen Festmahl der Natur.«[42]

Wie viele Angehörige der Ober- und Mittelschicht hegte Young ähnliche Vorstellungen. Im Jahr 1771, fast drei Jahrzehnte, bevor Malthus seine Abhandlung veröffentlichte, schrieb Young: »Wenn wir von den Interessen der Gewerbetreibenden und Fabrikanten sprechen, weiß jeder, der kein Idiot ist, dass die unteren Klassen in Armut gehalten werden müssen, weil sie sich sonst nie anstrengen werden.«[43]

Diese skeptische Haltung gegenüber der Unterschicht verband Young mit der Überzeugung, dass in der Landwirtschaft unbedingt bessere Technologien eingeführt werden müssten. So wurde er zu einem entschiedenen Befürworter der Einhegungen. Als maßgeblicher Berater des Board of Agriculture verfasste er einflussreiche Berichte über den Zustand der britischen Landwirtschaft und die Möglichkeiten zu ihrer Verbesserung.

So wurde Young zu einem Sprecher des landwirtschaftlichen Establishments, der bei Ministern Gehör fand und in Parlamentsdebatten zitiert wurde. Als Experte warb er im Jahr 1767 nachdrücklich für die Einhegungen: »Ich betrachte es als erwiesen, dass die Einhegungen von allgemeinem Nutzen sind; tatsächlich liegt dies so klar auf der Hand, dass vernünftige und vorurteilsfreie Personen keinen Zweifel mehr haben können: Wer sich jetzt noch dagegen ausspricht, ist nichts anderes als ein verachtenswerter Nörgler.«[44] In seinen Augen war es akzeptabel, den Armen und Ungebildeten den gewohnheitsrechtlichen Anspruch auf die Allmende zu entziehen, weil die neuen Regelungen den Einsatz moderner Technologie ermöglichen und folglich die Effizienz und die Nahrungsproduktion erhöhen würden.

Eine wachsende Zahl von Großgrundbesitzern bemühte sich um öffentliche Unterstützung und die Zustimmung des Parlaments zu ihren Vorhaben, und Young wurde ihr nützlicher Verbündeter. Er lieferte eine gewissenhafte Analyse der Eingriffe, die im nationalen Interesse vorgenommen werden mussten, und wenn das Ergebnis der Analyse war, dass die Beseitigung überkommener Rechte und Druck auf die Widerstrebenden notwendig waren, um den Fortschritt voranzutreiben, so musste die britische Gesellschaft diesen Preis eben zahlen.

Doch zu Beginn des 19. Jahrhunderts wurde deutlich, welche Kollateralschäden die Einhegungen verursacht hatten – zumindest wurden diese Schäden für jeden unübersehbar, der bereit war, sie zu sehen. Malthus hatte nichts dagegen einzuwenden, dass Tausende in tiefere Armut getrieben wurden. Young hingegen reagierte überraschenderweise ganz anders.

Er hatte die Vorurteile seiner Zeit verinnerlicht, aber er war auch ein eingefleischter Empiriker. Als er auf seinen Reisen mit eigenen Augen sah, wie sich die Einhegung auswirkte, waren seine Ansichten nicht länger mit seinen empirischen Beobachtungen vereinbar.

Bemerkenswerterweise änderte Young seine Haltung gegenüber der Enclosure-Bewegung. Er war weiterhin überzeugt, dass die Zusammenlegung offener Felder und Allmendeflächen Effizienzgewinne ermöglichen würden. Aber er begriff, dass sehr viel mehr als das auf dem Spiel stand. Die Beseitigung des Gemeinbesitzes hatte erhebliche Auswirkungen darauf, wer von der Weiterentwicklung der landwirtschaftlichen Technologie profitierte und wer darunter litt. Im Jahr 1800 hatte Young eine Kehrtwende vollzogen: »Was bedeutet es für den Armen, dass man ihm sagt, die Kammern des Parlaments schützten das Eigentum, während der Familienvater gezwungen ist, seine Kuh und sein Land zu verkaufen?«[45]

Nun erklärte er, es gebe verschiedene Möglichkeiten zur Neuorganisation der Landwirtschaft und man könne die Felder auch zusammenlegen, ohne die Rechte der gewöhnlichen Menschen mit Füßen zu treten und ihnen die für den Selbsterhalt benötigten Mittel zu entziehen. Es sei nicht notwendig, die ländliche Bevölkerung vollkommen zu enteignen. Er ging noch weiter und argumentierte, es behindere den Fortschritt nicht, den Armen auf dem Land die für den Selbsterhalt erforderlichen Mittel – etwa eine Kuh oder ein paar Ziegen – zuzugestehen. Mit diesen Mitteln könnten sie ihre Familien besser erhalten und sich besser für die Gemeinschaft einsetzen, und vielleicht würden sie sogar eher bereit sein, den Status quo anzuerkennen.

Möglicherweise verstand Young sogar eine weniger offenkundige wirtschaftliche Tatsache: Waren sie einmal enteignet, so würden arme Bauern den Grundbesitzern dauerhaft als billige Arbeitskräfte zur Verfügung stehen – was möglicherweise einer der Gründe dafür war, dass so viele Grundbesitzer auf die Beseitigung der Allmende drängten. Umgekehrt konnte das Lohnniveau in der ländlichen Wirtschaft erhöht werden, indem man die grundlegenden Vermögenswerte der armen Bauern schützte.

Als er sich für die Einhegung eingesetzt hatte, war Young ein angesehener, von den maßgeblichen Gruppen gefeierter Experte gewesen. Mit der Änderung seiner Meinung änderte sich auch das: Nun stieß er in der Öffentlichkeit auf Ablehnung, ganz gleich, was er im Namen des Board of Agriculture forderte. Sein Vorgesetzter in der Institution, ein Adliger, stellte klar, dass jemand, der die Einhegung ablehnte, in Beamtenkreisen unerwünscht sei.

Die Geschichte der Enclosure-Bewegung veranschaulicht, wie sich Überzeugungskraft und wirtschaftliches Eigeninteresse darauf auswirken, wer vom technologischen Wandel profitiert und wer nicht. Die Vorstellung der britischen Oberschicht vom Fortschritt und davon, wie er erreicht werden konnte, hatte entscheidenden Einfluss auf die Neuorganisation der Landwirtschaft. Wie üblich überschnitt sich diese Vision mit den Interessen dieser Gruppe: Den Armen ohne Gegenleistung oder mit einer geringen Entschädigung das Land wegzunehmen, war offenkundig vorteilhaft für jene, die es sich aneigneten.

Eine Vision, die sich auf ein Interesse der Allgemeinheit beruft, ist auch dann – und insbesondere dann – wirkungsvoll, wenn es bei der Einführung neuer Technologien sowohl Verlierer als auch Gewinner geben wird, weil das jene, welche die Neuorganisation und die Anwendung der Technologie vorantreiben, in die Lage versetzt, die übrige Gesellschaft von ihrem Vorhaben zu überzeugen.

Oft müssen zahlreiche Interessengruppen überzeugt werden. Im Fall der Einhegung war es schwierig, die armen Bauern zu überzeugen, die ihre gewohnheitsrechtlichen Ansprüche verloren. Die städtische Bevölkerung und die Gruppen mit politischer Macht, darunter die Parlamentarier, waren leichter für das Vorhaben zu gewinnen. Youngs wissenschaftliche Analyse der Notwendigkeit einer raschen Durchführung der Einhegung trug wesentlich zur Überzeugungsarbeit bei. Erwartungsgemäß wussten die Grundbesitzer, welche Empfehlung sie hören wollten, und feierten Young, als seine Einschätzung ihrer Meinung entsprach. Als er seine Meinung änderte, brachten sie ihn zum Schweigen.

Die Wahl der Technologie war ebenfalls wichtig. Obwohl die Einführung neuer Technologien mit der Notwendigkeit des Fortschritts und mit dem nationalen Interesse begründet wurde, waren zahlreiche komplexe Entscheidungen über die Umsetzung erforderlich, und von diesen Entscheidungen hing es ab, in welchem Maße die Elite profitieren und welche Nachteile die Bauernschaft erleiden würde. Eine Möglichkeit bestand darin, den armen Bauern ihre gewohnheitsrechtlichen Ansprüche vollkommen zu entziehen. Mittlerweile wissen wir, dass die Wahl dieser Option nicht von der unausweichlichen Notwendigkeit des Fortschritts diktiert wurde. Das Allmendeland und offene Felder hätten während der Modernisierung der britischen Landwirtschaft durchaus noch längere Zeit existieren können. Tatsächlich deuten die verfügbaren Daten darauf hin, dass diese Form des Landbesitzes keineswegs mit der Anwendung neuer Technologien und mit einer Erhöhung der Erträge unvereinbar war.

Im 17. Jahrhundert hatten Bauern, die offene Felder bestellten, zu den Pionieren des Anbaus von Erbsen und Bohnen gezählt, und im 18. Jahrhundert übernahmen sie rasch den Anbau von Klee und Rüben. Zwar wurden eingehegte Felder umfassender entwässert, aber sogar in Gebieten, in denen das die Erträge erhöhte, stieg der Ertrag pro Hektar bis 1800 lediglich um etwa 5 Prozent. Auf Nutzflächen mit leichteren Böden, die sich von allein entwässerten, und auf Weideland fielen die Erträge von Bauern, die offene Felder bestellten, nie um mehr als 10 Prozent geringer aus als jene von Bauern, die eingehegte Felder bestellten. Auch die Produktion pro Arbeitskraft war auf durch die Einhegung zusammengelegten Ackerflächen nur geringfügig höher.[46]

Die Neuorganisation der Landwirtschaft gab die Richtung für die wirtschaftliche Entwicklung Großbritanniens in den folgenden Jahrzehnten vor und entschied darüber, wer davon profitierte. Jene, die Grundbesitz hatten, konnten teilweise mit Unterstützung des Parlaments ihren Wohlstand vergrößern. Jene, die keinen Grundbesitz hatten, profitierten hingegen nicht.[47]

Die technologische Modernisierung der Landwirtschaft wurde zu einem Vorwand für die Enteignung der Armen auf dem Land. Trug diese Enteignung zur Erhöhung der Produktivität bei, die Großbritannien Ende des 18. Jahrhunderts so dringend brauchte? Diesbezüglich gehen die Meinungen auseinander: Während einige Forscher erklären, die Produktivität sei überhaupt nicht gestiegen, sind andere der Meinung, die Erträge seien deutlich erhöht worden. Außer Zweifel steht jedoch, dass die Ungleichheit zunahm und dass jene, deren zuvor frei zugängliche Felder eingehegt wurden, die Verlierer waren.

Nichts von alledem war unvermeidlich. Die Beseitigung der gewohnheitsrechtlichen Ansprüche und die Vertiefung der Armut auf dem Land beruhten auf Entscheidungen, die den Menschen im Namen des technologischen Fortschritts und des nationalen Interesses aufgezwungen wurden. Und Youngs Urteil hat weiterhin Gültigkeit: Die Produktivität hätte erhöht werden können, ohne die landlosen Bauern in noch tieferes Elend zu stürzen.

Zerstörerische Entkörnung

Die Geschichte der Enclosure-Bewegung zeigt deutlich, dass eine technologische Neuorganisation der Produktion selbst dann, wenn sie vorgeblich im Interesse des Fortschritts und des Gemeinwohls ist, die Lage der Machtlosen weiter verschlechtern kann. Zwei historische Episoden, die sich auf unterschiedlichen Kontinenten und in sehr verschiedenen Wirtschaftssystemen zutrugen, veranschaulichen ihre gravierenden Folgen. Sehen wir uns zunächst an, welche Auswirkungen die transformative Technologie der Baumwollentkörnungsmaschine in den Vereinigten Staaten des 19. Jahrhunderts hatte.

In der amerikanischen Wirtschaftsgeschichte zählt Eli Whitney neben Thomas Edison zu den kreativsten technologischen Unternehmern und ebnete den Weg für umwälzende Fortschritte. Im Jahr 1793 erfand Whitney eine Maschine, mit der die Samen aus Baumwolle rasch entfernt werden konnten. Whitney beschrieb den Nutzen der Entkörnungsmaschine so: »Ein Mann und ein Pferd werden mehr bewältigen als fünfzig Männer mit den alten Maschinen.«[48]

Anfangs wurde in der amerikanischen Baumwollindustrie eine langstielige Art der Pflanze verwendet, die in größerer Entfernung von der Ostküste nicht gut gedieh. Eine Alternative, die Upland-Baumwolle (*Gossypium hirsutum*), wuchs auch in anderen, hügeligeren Umgebungen gut. Aber ihre klebrigen grünen Samen hingen fester an der Faser und konnten von den vorhandenen Entkörnungsmaschinen nur schwer entfernt werden. Whitneys Maschine war eine bahnbrechende Neuerung und ermöglichte den Anbau der Upland-Baumwollpflanze in einem sehr viel größeren Gebiet. Doch die Ausweitung der Baumwollpflanzungen zunächst auf das Hinterland von South Carolina und Georgia und später auf Alabama, Louisiana, Mississippi, Arkansas und Texas erhöhte die Nachfrage nach Sklavenarbeitern. Der Baumwollanbau wurde zur wichtigsten wirtschaftlichen Aktivität in diesen dünn besiedelten Gebieten, in denen europäische Einwanderer und indigene Bevölkerung zuvor Subsistenzwirtschaft betrieben hatten.[49]

Die Baumwollproduktion im Süden stieg von 1,5 Millionen Pfund im Jahr 1790 rasant auf 36,5 Millionen Pfund im Jahr 1800 und 167,5 Millionen Pfund im Jahr 1820. Um die Jahrhundertmitte lieferte der Süden drei Fünftel der amerikanischen Exportgüter, darunter vor allem Baumwolle. Zu jener Zeit wurden etwa drei Viertel der weltweit verbrauchten Baumwolle in den Südstaaten angebaut.[50]

Wäre es angesichts einer derart umwälzenden Veränderung, die eine spektakuläre Produktivitätserhöhung ermöglichte, möglicherweise angebracht, zu sagen, dass dieser Fortschritt im nationalen Interesse war und dem Gemeinwohl diente? Profitierten in diesem Fall möglicherweise auch die Feldarbeiter? Funktionierte die Sogwirkung der Produktivitätszuwächse?

Einmal mehr konnte keine Rede davon sein.

Während die Grundbesitzer im Süden und viele andere Einwohner der Region, die an Produktion, Verarbeitung und Vertrieb der Baumwolle beteiligt waren, beträchtlichen Wohlstand erwarben, wurden die Arbeitskräfte, die tatsächlich die Baumwolle produzierten, noch tiefer in ein Ausbeutungsverhältnis gedrängt. Noch schlimmer war, dass die erhöhte Arbeitskräftenachfrage unter Bedingungen des Zwangs nicht zu einem Lohnanstieg, sondern dazu führte, dass die Sklaven noch rücksichtsloser behandelt wurden, um alles aus ihnen herauszuholen.

Die Plantagenbesitzer führten verschiedene Neuerungen ein, um die Erträge zu erhöhen, und pflanzten neue Baumwollarten an. Aber wenn die Menschenrechte kaum oder überhaupt nicht geschützt werden wie im mittelalterlichen Europa oder auf den Plantagen im Süden der Vereinigten Staaten, können technologische Verbesserungen leicht eine intensivere Ausbeutung der Arbeitskräfte nach sich ziehen.

Im Jahr 1780, kurz nach der Unabhängigkeit von Großbritannien, gab es in den Vereinigten Staaten etwa 558 000 Sklaven. Als der Sklavenhandel am 1. Januar 1808 illegal wurde, lebten in den USA etwa 908 000 Menschen in der Sklaverei. Obwohl der Import von Sklaven aus dem Ausland fast vollkommen zum Erliegen kam, wuchs die Sklavenbevölkerung bis 1820 auf 1,5 Millionen und bis 1850 auf 3,2 Millionen Menschen. In jenem Jahr arbeiteten 1,8 Millionen Sklaven in der Baumwollproduktion.

Zwischen 1790 und 1820 wurden 250 000 Sklaven zum Umzug in den »tiefen Süden« gezwungen. Insgesamt wurden etwa eine Million Sklaven auf Plantagen gebracht, deren Produktivität durch die Entkörnungsmaschinen deutlich erhöht worden war. Die Sklavenbevölkerung Georgias verdoppelte sich zwischen 1790 und 1800. In vier Counties im Hinterland von South Carolina stieg der Bevölkerungsanteil der Sklaven von 18,4 Prozent im Jahr 1790 auf 39,5 Prozent im Jahr 1820 und auf 61,1 Prozent im Jahr 1860.

Richter Johnson aus Savannah in Georgia pries Whitneys Beitrag zu dieser Entwicklung: »Menschen, die unter Armut litten und in Untätigkeit versunken waren, haben plötzlich Wohlstand und Ansehen erlangt. Unsere Schulden sind beglichen, unser Kapital ist gewachsen, und der Wert unseres Landes hat sich verdreifacht.«[51] Mit »uns« meinte der Richter natürlich nur die Weißen.

Versklavte Menschen, die in der Produktion von Tabak arbeiteten, der im 18. Jahrhundert die in Virginia vorherrschende und mit Sklavenarbeitern angebaute Nutzpflanze war, führten offenkundig kein gutes Leben. Doch die Reise in den »tiefen Süden« war ungewöhnlich brutal, und auf den Baumwollplantagen litten die Sklaven unter noch sehr viel schlechteren Lebensbedingungen. Die Baumwollplantagen waren größer als die Tabakpflanzungen, und die Arbeit war »straff organisiert und schonungslos«[52]. Ein Sklave erinnerte sich daran, dass er härter angetrieben wurde, wenn die Baumwollpreise stiegen: »Wenn der Baumwollpreis auf dem englischen Markt steigt, und sei es nur um einen halben Viertelpfennig das Pfund, fühlen die armen Sklaven sofort die Wirkung, denn sie werden härter angetrieben und spüren öfter die Peitsche.«[53]

Wie im mittelalterlichen England wirkte sich der institutionelle Kontext erheblich auf den Verlauf des Fortschritts und darauf aus, wer davon profitierte. Im amerikanischen Süden war er stets von Zwang geprägt. Gewalt und Misshandlung der Afroamerikaner nahmen zu, nachdem die Entkörnungsmaschine den Baumwollanbau in einem großen Gebiet im Süden möglich gemacht hatte. Ein ohnehin erbarmungsloses System zur Ausbeutung der Sklavenarbeit wurde noch brutaler.

Der Anstieg der Produktivität führte keineswegs dazu, dass die schwarzen Arbeiter höhere Löhne erhielten oder besser behandelt wurden. Es wurden Rechnungsbücher eingeführt, um die Arbeitsleistung der Sklaven exakt zu bestimmen und zu planen, wie eine noch höhere Produktionsmenge aus ihnen herausgepresst werden konnte.[54] Brutale Züchtigung, die vielfach die Form von Folter annahm, war ebenso an der Tagesordnung wie verschiedene Gewaltakte, darunter sexuelle Nötigung und Vergewaltigung.

Wie wir in Kapitel 3 gesehen haben, wurde die Sklaverei in den Südstaaten vor allem dadurch ermöglicht, dass die weiße Bevölkerung im Norden davon überzeugt wurde, sie zu akzeptieren. Hier spielte die im späten 18. Jahrhundert in den Vereinigten Staaten vorherrschende Vorstellung vom Fortschritt eine zentrale Rolle. Rassistische Ideen gab es seit Langem. Sie beruhten auf der Vorstellung von einer naturgegebenen Hierarchie, an deren Spitze die Weißen standen. Aber jetzt wurden neue Ideen hinzugefügt, um das Plantagensystem für das ganze Land akzeptabel zu machen.

Die Doktrin des »positiven Guts« wurde von James Henry Hammond, einem Kongressabgeordneten und späteren Gouverneur von South Carolina, bekannt gemacht und von John C. Calhoun, Senator und von 1825 bis 1832 Vizepräsident der Vereinigten Staaten, weiterentwickelt. Diese Doktrin war eine direkte Antwort auf den Vorwurf, die Sklaverei sei unmoralisch. In einer Rede im Repräsentantenhaus im Jahr 1836 erklärte Hammond, die Sklaverei sei nicht böse:

> Im Gegenteil, ich bin überzeugt, dass sie die größte aller Segnungen ist, die eine wohlgesinnte Vorsehung unserer glorreichen Region angedeihen lässt. Denn ohne sie wären uns unser fruchtbarer Boden und unser günstiges Klima umsonst gegeben worden. Die Geschichte des kurzen Zeitraums, in dem wir die Sklaverei genossen haben, hat unserem südlichen Land seinen sprichwörtlichen Reichtum, seine Geistesgröße und seine Umgangsformen gebracht.

Er drohte unverhohlen mit Gewalt, sollte in den Vereinigten Staaten die Befreiung der Sklaven in die Wege geleitet werden:

> In dem Augenblick, in dem diese Kammer ein solches Gesetz erlässt, löst sie die Union auf. Sollte es mein Schicksal sein, einen Sitz in dieser Kammer zu haben, so werde ich ihn in dem Augenblick aufgeben, in dem der erste entschlossene Schritt zur Gesetzgebung über diese Frage getan wird. Ich werde heimkehren, um die Auflösung der Union und nötigenfalls den Bürgerkrieg zu predigen und voranzutreiben. Es wird eine Revolution folgen, und diese Republik wird im Blut versinken.

Er behauptete, die Sklaven seien glücklich:

> Ich wage zu behaupten, dass es auf der Erde keine glücklichere, zufriedenere Rasse gibt. Ich bin in ihrer Mitte geboren und aufgewachsen, und soweit ich weiß und in meiner Erfahrung haben sie jeden Grund, glücklich zu sein. Sie haben leichte Tätigkeiten, sind gut gekleidet und werden gut ernährt – sehr viel besser als die freien Arbeiter in jedem Land der Welt, unser eigenes und vielleicht die anderen Staaten dieser Konföderation ausgenommen –, ihr Leben und ihre Person werden vom Gesetz geschützt, alles Leid wird durch die freundlichste Fürsorge gelindert, und ihre häusliche Zuneigung wird geschätzt und – zumindest soweit ich weiß – mit gewissenhaftem Feingefühl hochgehalten.[55]

Hammonds Rede wurde im Lauf der Jahrzehnte immer wieder zitiert: Die Sklaverei sei eine Angelegenheit des Südens, in die sich andere nicht einmischen sollten; sie sei unverzichtbar für den Wohlstand der Weißen, insbesondere in der Baumwollindustrie; die Sklaven seien glücklich. Und sollte der Norden weiter auf die Aufhebung der Sklaverei drängen, so werde der Süden für das System kämpfen.

Eine technologische Ernte des Leids

Auf den ersten Blick mag es den Anschein haben, als hätten die Vereinigten Staaten des 19. Jahrhunderts und das bolschewistische Russland wenig gemein. Doch sieht man genauer hin, so entdeckt man verblüffende Parallelen.

Der Baumwollsektor in den Vereinigten Staaten gedieh dank des Einsatzes neuer Kenntnisse, darunter verbesserte Entkörnungsmaschinen und andere Neuerungen, auf Kosten der schwarzen Sklaven, die auf weitläufigen Plantagen arbeiteten. Die sowjetische Wirtschaft wuchs in den zwanziger Jahren des 20. Jahrhunderts dank des umfassenden Einsatzes von Maschinen wie Traktoren und Mähdreschern auf den Getreidefeldern. Doch dieses Wachstum ging zulasten von Millionen Kleinbauern.

Im Fall der Sowjetunion wurde der Zwang damit gerechtfertigt, dass er nötig sei, um die ideale Gesellschaft zu errichten, von der die Kommunisten träumten. Lenin fasste das Vorhaben im Jahr 1920 so zusammen: »Kommunismus ist Sowjetmacht plus Elektrifizierung des ganzen Landes.«[56]

Die Führung der Kommunistischen Partei erkannte früh, dass sie viel von der industriellen Massenproduktion einschließlich der »wissenschaftlichen Betriebsführung« (*scientific management*) Frederick Taylors und der von Henry Ford entwickelten Fertigungsstraße lernen konnte. Anfang der dreißiger Jahre gingen rund 10 000 amerikanische Fachkräfte, darunter Ingenieure, Lehrer, Metallarbeiter, Tischler und Bergbauexperten, in die Sowjetunion, um dort bei der Installation und Anwendung von Industrietechnologie zu helfen.[57]

Obwohl das vorrangige Ziel der Kommunisten der Aufbau der Industrie war, zeigte die Erfahrung während der sogenannten Neuen Ökonomischen Politik (NEP) in den zwanziger Jahren, dass man ausreichend große und stabile Mengen an Getreide brauchte, um die wachsende Zahl von Fabrikarbeitern ernähren zu können. Das Getreide wurde nicht nur zur Versorgung der wachsenden städtischen Bevölkerung benötigt, sondern war auch ein wichtiges Exportgut, denn die Exporteinnahmen wurden gebraucht, um den Import ausländischer landwirtschaftlicher und Industriemaschinen zu finanzieren.

Anfang der zwanziger Jahre setzte sich Leo Trotzki für die Zwangskollektivierung der Landwirtschaft ein, die er als geeignete Methode betrachtete, um die wirtschaftliche Entwicklung der Sowjetunion voranzutreiben. Nikolai Bucharin und Josef Stalin hielten dem entgegen, man könne die landwirtschaftlichen Kleinbetriebe erhalten, während man das Land industrialisiere. Nach Lenins Tod geriet Trotzki in die Defensive und wurde zunächst ins innere Exil geschickt und im Jahr 1929 des Landes verwiesen.

Nun vollzog Stalin eine Kehrtwende, drängte Bucharin an den Rand und setzte alles auf die Karte der Kollektivierung. Er bezeichnete die relativ wohlhabenden Kleinbauern, die sogenannten Kulaken, als antikommunistische Kraft. Stalin war auch sehr misstrauisch gegenüber den Ukrainern, die sich im Bürgerkrieg teilweise auf die Seite der Weißen Armee geschlagen hatten.

Stalin wollte die Kollektivierung mit einer Mechanisierung der Landwirtschaft nach dem Vorbild der Vereinigten Staaten verbinden. Im Mittleren Westen der USA, wo die Böden und die klimatischen Bedingungen ähnlich waren wie in Teilen der Sowjetunion, ermöglichte zu jener Zeit eine rasante Mechanisierung der Landwirtschaft spektakuläre Produktivitätszuwächse. Die Sowjetunion brauchte die Einnahmen aus den Getreideexporten und betrachtete die Mechanisierung der amerikanischen Landwirtschaft als Modell für ihre eigene Umgestaltung.

Anfang der dreißiger Jahre kamen die Kollektivierung und die Zusammenlegung kleiner bäuerlicher Betriebe zu Kolchosen rasch voran und die Mechanisierung der sowjetischen Landwirtschaft nahm Fahrt auf. In den zwanziger Jahren waren 20,8 Manntage pro Hektar für den Getreideanbau gebraucht worden. Bis 1937 sank der Arbeitsaufwand in erster Linie aufgrund des Einsatzes von Traktoren und Mähdreschern auf 10,6 Manntage pro Hektar.

Aber die Kollektivierung richtete massive Schäden an und führte zu Hungersnöten und zur Vernichtung von Viehbeständen. Die für den Konsum verfügbare Produktion (die Gesamtproduktion abzüglich der für Saatgut und Tierfutter benötigten Mengen) fiel zwischen 1928 und 1932 um 21 Prozent. Danach erholte sie sich, aber die gesamte landwirtschaftliche Produktion stieg zwischen 1928 und 1940 lediglich um 10 Prozent – und ein Großteil des Zuwachses war auf die Ausweitung der Bewässerungssysteme in Zentralasien zurückzuführen, wo die Baumwollproduktion deutlich erhöht wurde.

Nach einer neueren Schätzung wäre die Gesamtproduktion der sowjetischen Landwirtschaft Ende der dreißiger Jahre ohne Kollektivierung um 29 bis 46 Prozent höher gewesen, vor allem, weil sich die Viehzucht besser entwickelt hätte. Aber der »Verkauf« von Getreide an den Staat, wie die erzwungene Erfüllung von

Beschaffungsquoten euphemistisch genannt wurde, war im Jahr 1939 um 89 Prozent höher als zehn Jahre früher. Die Bauern wurden gnadenlos ausgepresst.

Die menschlichen Kosten waren schockierend. In einer Bevölkerung von rund 150 Millionen waren infolge der Kollektivierung und der erzwungenen Abtretung der Getreideernten vier bis neun Millionen »zusätzliche Tote« zu beklagen. Das schlimmste Jahr war 1933, aber auch in den Jahren davor war die Sterblichkeit deutlich erhöht. In den Städten stieg der Lebensstandard teilweise, und die Bau- und Fabrikarbeiter wurden besser ernährt. Wie im mittelalterlichen England und in den amerikanischen Südstaaten deutete nichts darauf hin, dass die Produktivitätszuwächse zu einem Anstieg der Realeinkommen oder des Lebensstandards der ländlichen Bevölkerung geführt hatten.[58]

Natürlich hatte Stalins Vision wenig mit der eines mittelalterlichen Abtes oder eines Plantagenbesitzers in den Südstaaten zu tun. In der Sowjetunion sollte der technologische Fortschritt nicht in den Dienst der Kirche oder der Interessen einer vermögenden Elite gestellt werden, sondern dem Wohl des Proletariats dienen, und die Kommunistische Partei wusste am besten, was das höchste Gut war.

Tatsächlich diente der technologische Fortschritt jetzt den Interessen der sowjetischen Führung, die ihre Macht ohne eine Erhöhung der Wirtschaftsleistung kaum hätte behaupten können. Doch gleichgültig, ob die Angehörigen der Elite mittelalterliche Feudalherren, amerikanische Plantagenbesitzer oder die Führungsriege der Kommunistischen Partei in der Sowjetunion waren: Die Anwendung der Technologie im Namen des Fortschritts war gesellschaftlich unausgewogen und verursachte verheerende Schäden.

Ohne verstärkten Zwang hätte die Kollektivierung nicht durchgesetzt werden können. Millionen Bauern fanden sich mit einer rücksichtslosen Ausbeutung ab, weil die Alternative eine Kugel oder die Deportation nach Sibirien gewesen wäre, wo die Lebensbedingungen noch härter waren. Während und nach der Kollektivierung der Landwirtschaft übte die Kommunistische Partei eine Terrorherrschaft aus. Allein in den Jahren 1937 und 1938 wurden etwa eine Million Menschen hingerichtet oder starben im Gefängnis. Zwischen 1930 und 1956 verschwanden 17 bis 18 Millionen Menschen in den Arbeitslagern des Archipel Gulag, und zu dieser Zahl kommen noch Zwangsumsiedlungen und von Familienangehörigen erlittene irreparable Schäden.

Aber auch in diesem Fall wurde die Kontrolle nicht ausschließlich durch Zwang ausgeübt. Sobald Stalin entschieden hatte, die Landwirtschaft zu kollektivieren, wurde die Propagandamaschine angeworfen, um diese Strategie als Fortschritt zu verkaufen. Die wichtigsten Adressaten der Propaganda waren die Parteimitglieder, die überzeugt werden mussten, damit die Parteiführung ihre

Macht festigen und ihre Pläne umsetzen konnte. Stalin setzte alle verfügbaren Propagandainstrumente ein und stellte die Kollektivierung sowohl gegenüber der heimischen als auch gegenüber der Weltöffentlichkeit als Triumph dar: »Die Erfolge unserer kollektivwirtschaftlichen Politik erklären sich unter anderem daraus, dass diese Politik auf der Freiwilligkeit in der kollektivwirtschaftlichen Bewegung und auf der Berücksichtigung der Mannigfaltigkeit der Bedingungen in den verschiedenen Gebieten der UdSSR beruht. Man kann nicht mit Gewalt Kollektivwirtschaften schaffen. Das wäre dumm und reaktionär.«[59]

Die Kollektivierungsepisode in der Sowjetunion ist ein weiteres Beispiel für eine Anwendung der Technologie auf die Landwirtschaft, die nicht nur gesellschaftlich unausgewogen, sondern auch das Ergebnis einer bewussten Entscheidung war. Es gab viele verschiedene Möglichkeiten zur Organisation der Landwirtschaft, und die sowjetische Führung selbst hatte unter Lenin während der Neuen Ökonomischen Politik nicht ohne Erfolg mit dem Modell der Kleinbetriebe experimentiert.

Wie in den zuvor behandelten Episoden entschied auch in diesem Fall die Elite ausgehend von ihrer eigenen Zukunftsvision, wie die landwirtschaftliche Technologie eingesetzt werden sollte. Millionen Menschen bezahlten den Preis.

Die gesellschaftliche Unausgewogenheit der Modernisierung

Wir leben in einer Zeit, die besessen ist von der Technologie und dem Fortschritt, den sie bringen soll. Wie wir gesehen haben, halten einige prominente Visionäre die Gegenwart für die beste aller Zeiten, während andere erklären, es stünden noch spektakulärere Fortschritte bevor, die uns grenzenlosen Überfluss, ein längeres Leben oder sogar die Besiedlung neuer Planeten bringen werden.

Der technologische Wandel begleitet die Menschheit seit jeher, und seit jeher entscheiden einflussreiche Menschen darüber, was von wem getan werden muss. In den vergangenen 12 000 Jahren hat sich die landwirtschaftliche Technologie teilweise rasant weiterentwickelt. Gelegentlich profitierte auch die breite Bevölkerung von einem Anstieg der Produktivität. Aber diese Verbesserungen sickerten nicht automatisch in die unteren Gesellschaftsschichten durch und kamen dem Großteil der Bevölkerung zugute. Geteilt wurden die Erträge nur, wenn die Vormachtstellung der grundbesitzenden und religiösen Eliten nicht stabil genug war, damit sie der Gesellschaft ihre Vision des Fortschritts aufzwingen konnten, um sich den gesamten dank neuer Technologien erzielten Überschuss anzueignen.

In vielen prägenden Übergangsphasen wurden die erhöhten landwirtschaftlichen Erträge in einer sehr viel kleineren Gruppe verteilt. In einigen Fällen leiteten die Eliten im Namen des Fortschritts einen raschen Transformationsprozess ein, doch der rasche Wandel diente im Normalfall nicht dem Gemeinwohl, sondern machte nur jene reicher, die bei der Einführung neuer Technologien die Führung übernahmen. Oft profitierte die übrige Gesellschaft kaum vom technologischen Wandel.

Das Gemeinwohl wurde zu verschiedenen Zeiten unterschiedlich definiert. Im Mittelalter war das Ziel eine gut geordnete Gesellschaft. Im England des späten 18. Jahrhunderts musste eine wachsende Bevölkerung ernährt werden, ohne dass die Lebensmittelpreise stiegen. In der Sowjetunion diskutierte die Parteiführung in den zwanziger Jahren darüber, wie sie ihre Version des Sozialismus am besten verwirklichen konnte.

In all diesen Fällen kam die erhöhte Produktivität der Landwirtschaft in erster Linie der Elite zugute. Die Machthabenden, seien sie Grundbesitzer oder Regierungsvertreter, entschieden, welche Maschinen eingesetzt und wie Aussaat, Ernte und andere Tätigkeiten organisiert werden sollten. Trotz unübersehbarer Produktivitätszuwächse verloren die meisten Menschen den Anschluss. Die Feldarbeiter profitierten nicht von der Modernisierung der Landwirtschaft. Ihre materielle Lage besserte sich nicht. Stattdessen mussten sie länger arbeiten und größere Entbehrungen auf sich nehmen.

Anhänger der »Trickle-down-Ökonomie«, also der These, dass die Erträge von Produktivitätszuwächsen zwangsläufig von oben nach unten in die gesamte Gesellschaft durchsickern und Lohnerhöhungen und bessere Arbeitsbedingungen nach sich ziehen, können diese Vorgänge kaum erklären. Aber sobald wir begreifen, dass technologische Fortschritte den Interessen derer dienen, die Macht besitzen und die Entwicklung der Technologie in den Dienst ihrer Vision stellen können, verstehen wir, warum der technologische Fortschritt keine automatische Sogwirkung ausübt.

Die Massenproduktion von Getreide, das Monopol von Grundherren und Klöstern auf die Mühlen, die Ausweitung der Sklaverei dank der Erfindung der Baumwollentkörnungsmaschine und die Kollektivierung der Landwirtschaft in der Sowjetunion waren Ergebnisse bestimmter Entscheidungen über die Anwendung der Technologie, die in all diesen Fällen den Interessen einer dominanten Elite diente. Wie nicht anders zu erwarten, kam es keineswegs zu einer Sogwirkung der Produktivitätszuwächse: Als die Produktivität stieg, konnten mächtige Gruppen größere Anstrengungen aus den Arbeitskräften herauspressen, indem sie diese zwangen, länger zu arbeiten und einen größeren Teil ihrer Produktion abzutreten. Dieses Muster ist sowohl im mittelalterlichen England als auch in den amerikanischen Südstaaten und in der Sowjetunion zu beobachten. Im Fall der Enclosure-Bewegung im Großbritannien des 18. Jahrhunderts war die Situation ein wenig anders, aber auch hier blieb die notleidende Landbevölkerung auf der Strecke – diesmal, weil diesen Menschen ihr Gewohnheitsrecht genommen wurde, sodass sie nicht mehr in der Lage waren, auf Allmendeland Brennholz zu sammeln, zu jagen und ihre Tiere grasen zu lassen.

Wir wissen weniger über die Entwicklungen in den ersten Jahrtausenden nach der neolithischen Revolution. Aber zu der Zeit, als Gesellschaften sesshafter Ackerbauern entstanden, bildete sich ein Muster heraus, das große Ähnlichkeit mit dem hat, was wir in der jüngeren Geschichte beobachten. In allen bekannten frühen Zivilisationen, deren Wirtschaft auf der Getreideproduktion beruhte, lebten die meisten Menschen anscheinend unter schlechteren Bedingungen als ihre Vorfahren, die als Jäger und Sammler umhergezogen waren. Hingegen genossen jene, die in den frühen Agrargesellschaften die Richtung vorgaben, einen höheren Lebensstandard.

Die hier beschriebenen Entwicklungen können nicht als unausweichliche Konsequenz des Fortschritts betrachtet werden. Es entstanden keineswegs überall zentralisierte, despotische Staaten, und das Funktionieren der Landwirtschaft hing nicht zwangsläufig davon ab, dass eine Elite Zwang und religiöse Überzeugungskraft einsetzte, um den Großteil der Überschussproduktion abzuschöpfen. Es war nicht notwendig, dass örtliche Eliten ein unanfechtbares Monopol auf neue Technologien wie Mühlen hatten. Und es war keine unabdingbare Voraussetzung für die Modernisierung der Landwirtschaft, dass ohnehin armen Bauern der Zugang zum Allmendeland verwehrt wurde. In fast all diesen Fällen hätte ein anderer Weg beschritten werden können, und tatsächlich gab es Gesellschaften, die eine andere Wahl trafen.

Trotz der Existenz von Alternativen sehen wir in der langen Geschichte der landwirtschaftlichen Technologie eine klare Bevorzugung der Eliten, vor allem, wenn sie die Möglichkeit hatten, Zwang mit religiöser Überzeugung zu kombinieren. Die Geschichte lehrt uns, dass wir die Vorstellungen davon, was als Fortschritt zu betrachten ist und was nicht, stets sorgfältig prüfen sollten – insbesondere, wenn mächtige Personen bemüht sind, uns für eine bestimmte Vision zu gewinnen.

Selbstverständlich gibt es große Unterschiede zwischen Landwirtschaft und Industrie, und die Produktion materieller Güter unterscheidet sich von den digitalen Technologien oder der potenziellen Zukunft der künstlichen Intelligenz. Besteht heute also größere Hoffnung? Sind die Technologien unserer Zeit inhärent inklusiver? Dürfen wir hoffen, dass die Personen, die heute das Sagen haben, aufgeklärter sind als die Pharaonen, die Plantagenbesitzer oder die Bolschewiken?

In den folgenden beiden Kapiteln werden wir sehen, dass die Entwicklung in der Industrialisierung tatsächlich anders verlief, was jedoch nicht daran lag, dass die Dampfmaschine oder die Verantwortlichen eine natürliche Neigung gehabt hätte, breitere Gesellschaftsgruppen in den Wohlstandsgewinn einzubeziehen. Der Grund war vielmehr, dass die Industrialisierung zahlreiche Menschen in Fabriken und städtischen Ballungsräumen zusammenbrachte, neuen Bestrebungen der Arbeiter Auftrieb gab und die Entstehung von Gegenkräften ermöglichte, die es in den Agrargesellschaften nicht gegeben hatte.

Die erste Phase der Industrialisierung verlief gesellschaftlich möglicherweise noch unausgewogener und brachte noch dramatischere Ungleichheit hervor als die Modernisierung der Landwirtschaft. Erst später führte der Aufstieg von Gegenkräften zu einer einschneidenden Kurskorrektur, die nach zahlreichen Unterbrechungen die technologischen Veränderungen und institutionellen Entwicklungen in großen Teilen der westlichen Welt in eine neue Richtung lenkte, was zu einer breiteren Verteilung des Wohlstands führte.

Wie wir in Kapitel 8 und den folgenden Kapiteln sehen werden, haben vier Jahrzehnte der Einführung digitaler Technologie leider die im 20. Jahrhundert entwickelten Teilhabemechanismen beschädigt. Und mit der Ankunft der künstlichen Intelligenz beginnt unsere Zukunft beängstigend ähnlich wie unsere landwirtschaftliche Vergangenheit auszusehen.

5

EINE REVOLUTION DER MITTLEREN SORTE[1]

Die Notwendigkeit, anerkanntermaßen die Mutter der Erfindungen, *the Mother of Invention*, regt gegenwärtig die Verstandeskräfte der Menschen so lebhaft an, dass es durchaus nicht unpassend scheint, unsere Zeit zum Zweck der Unterscheidung des Zeitalters des Projektmachens, *The Projecting Age*, zu nennen.

– Daniel Defoe, *Ein Essay über Projekte*, 1697[2]

Der Triumph der industriellen Künste wird die Zivilisation rascher voranbringen, als sich ihre leidenschaftlichsten Befürworter hätten erhoffen können, und er wird mehr als die größten Siege in einem erfolgreichen Krieg zum dauerhaften Wohlstand und zur Stärke des Landes beitragen. Die so erzeugten Einflüsse, die so entwickelten Künste werden ihre wohltuenden Wirkungen in mehr Länder als jene bringen, die das Zepter Englands regiert.

– Charles Babbage, *The Exposition of 1851: Views of the Industry, the Science, and the Government of England*, 1851[3]

Am Donnerstag, dem 12. Juni 1851, warfen sich mehrere Bauern aus dem südenglischen Surrey in Schale und bestiegen einen Zug nach London. Doch der Ausflug in die Hauptstadt diente nicht dem Vergnügen. Ihre Reise war von wohlhabenden Mitgliedern ihrer Gemeinde finanziert worden, die einen Blick in die Zukunft werfen wollten.

Im eigens für die Gelegenheit errichteten riesigen Crystal Palace (Kristallpalast) im Hyde Park fand die Great Exhibition statt, eine Ausstellung legendärer Diamanten, dramatischer Skulpturen und seltener Minerale. Doch die eigentlichen Stars waren die neuen Industriemaschinen. Die Landarbeiter, die durch die Ausstellungshallen schlenderten, fühlten sich, als wären sie auf einem anderen Planeten gelandet.

Fast jeder Aspekt der industriellen Produktion wurde zur Schau gestellt. Der gesamte Prozess der Baumwollerzeugung, der mittlerweile vom Spinnen des Garns bis zum Weben von Stoffen mechanisiert war, nahm einen prominenten Platz ein. Dasselbe galt für eine Vielzahl dampfgetriebener »beweglicher Maschinen«. Die Klasse 5 – »Maschinen für den direkten Einsatz, einschließlich Kutschen, Eisenbahnen und Schifffahrtsmechanismen« – umfasste 976 Exponate, die Klasse 6 – »Fertigungsmaschinen und Werkzeuge« – 631 Ausstellungsstücke. Doch kaum etwas veranschaulichte die neue industrielle Welt beeindruckender als eine Maschine, die 240 Briefumschläge pro Stunde falten konnte.

Die Maschinen stammten aus Europa und den Vereinigten Staaten, vor allem aber aus Großbritannien – schließlich sollten hier die Errungenschaften des Veranstalterlandes zur Schau gestellt werden. Unter den 13 000 Ausstellern waren 2007 aus London, 192 aus Manchester, 156 aus Sheffield, 134 aus Leeds, 57 aus Bradford und 46 aus den Tonwarenfabriken Staffordshires.[4]

Der Wirtschaftshistoriker T. S. Ashton fasste das Jahrhundert, das der ersten Weltausstellung vorausging, so zusammen: »›Um das Jahr 1760 schwappte eine Welle von Apparaten über England.‹ Dies war die durchaus zutreffende Antwort eines Schülers auf eine Frage nach der Industriellen Revolution. Doch es waren nicht nur Apparate, sondern verschiedenste Neuerungen – in Landwirtschaft, Transport, Fertigung, Handel und Finanzen – tauchten derart unvermittelt auf, dass man in kaum einer Epoche und an kaum einem Ort Parallelen dazu findet.«[5] Dank der Dampfmaschine konnte der Mensch seine Kontrolle über die Natur innerhalb kürzester Zeit deutlich ausweiten, und zu Lebzeiten vieler Besucher der Great Exhibition wurden die Technologien, die in Bergbau, Baumwollproduktion und Transport zum Einsatz kamen, vollkommen verwandelt.

Fast während der gesamten Menschheitsgeschichte stiegen die Kapazitäten in der Nahrungsmittelproduktion im Wesentlichen im Gleichschritt mit dem Bevölkerungswachstum. In guten Jahren hatten die meisten Menschen genug zu essen und es konnten Reserven angelegt werden. In schlechten Jahren lösten Missernten, Kriege und andere Störungen Hungersnöte aus. Über ausgedehnte Zeiträume hinweg stagnierte die durchschnittliche Pro-Kopf-Produktion. Trotz der zahlreichen mittelalterlichen Neuerungen, die wir in Kapitel 4 behandelt haben, war die Lebensqualität eines europäischen Bauern um das Jahr 1700 kaum höher als die eines ägyptischen Bauern, der 2000 oder 7000 Jahre früher gelebt hatte. Nach den besten verfügbaren Schätzungen war das inflationsbereinigte Pro-Kopf-BIP im Jahr 1000 fast identisch mit dem tausend Jahre früher.[6]

Die neuzeitliche demografische Geschichte unserer Spezies kann in drei Phasen unterteilt werden. In der ersten wuchs die Bevölkerung von etwa 100 Millionen Menschen im Jahr 400 v. Chr. auf 610 Millionen im Jahr 1700. In den meisten Gesellschaften stellten die wohlhabenden Eliten in dieser Zeit nicht mehr als 10 Prozent der Bevölkerung; alle anderen Menschen hatten gerade genug zu essen, um ihr Überleben zu sichern.

In der zweiten Phase beschleunigte sich das demografische Wachstum, sodass die Weltbevölkerung bis 1800 auf 900 Millionen Menschen wuchs. In Großbritannien begann sich die Industrie zu entwickeln, aber die Wachstumsraten waren noch gering, und Skeptiker fanden viele Gründe für die Erwartung, dieses Wachstum könne nicht aufrechterhalten werden. In anderen Ländern kam die Einführung neuer Technologien noch langsamer voran. Die durchschnittliche jährliche Pro-Kopf-Wachstumsrate in Westeuropa lag zwischen dem Jahr 1000 und 1820 bei lediglich 0,14 Prozent, und weltweit waren nur verschwindend geringe Zuwächse von 0,05 Prozent im Jahr zu beobachten.[7]

Dann begann die Phase des beispiellosen Wachstums. In dem Jahrhundert ab 1820 stieg die Pro-Kopf-Produktion in Westeuropa auf mehr als das Doppelte. Die jährlichen Pro-Kopf-Wachstumsraten in den größeren europäischen Volkswirtschaften lagen im Zeitraum von 1820 bis 1913 zwischen 0,81 Prozent in Spanien und 1,13 Prozent in Frankreich.

England wuchs in vorindustrieller Zeit etwas schneller und konnte bis dahin technologisch führende Länder wie Italien und Frankreich überholen, obwohl es der wirtschaftlichen Lokomotive jener Epoche, den Niederlanden, weiterhin hinterherhinkte. Die Pro-Kopf-Produktion Englands verdoppelte sich zwischen 1500 und 1700. Von da an beschleunigte sich das Wachstum in Großbritannien, wie das Land nach der Vereinigung Englands und Schottlands im Jahr 1707 hieß, und in den folgenden 120 Jahren stieg die Produktion um weitere 50 Prozent, wodurch Großbritannien zum produktivsten Land der Welt wurde. In den anschließenden 100 Jahren beschleunigte sich der Anstieg der Pro-Kopf-Produktion auf durchschnittlich 1 Prozent im Jahr, womit sich die britische Pro-Kopf-Produktion zwischen 1820 und 1913 mehr als verdoppelte.

Hinter diesen Statistiken verbirgt sich eine einfache Tatsache: Das nützliche Wissen einschließlich der Ingenieurskenntnisse wuchs im Laufe des 19. Jahrhunderts rasant. Die Eisenbahnnetze ermöglichten den Transport größerer Mengen von Gütern zu geringeren Kosten und erlaubten den Menschen, mehr zu reisen als je zuvor. Die Schiffe wurden größer, die Frachtkosten im Fernhandel sanken. Aufzüge machten es möglich, in höheren Gebäuden zu leben und zu arbeiten. Am Ende des Jahrhunderts begann die Elektrizität nicht nur die Beleuchtung und die Arbeitsabläufe in den Fabriken, sondern sämtliche Aspekte der städtischen Energieversorgung zu verändern. Außerdem schuf sie die Grundlagen für Telegrafie, Telefonie und Radio, denen später verschiedenste Haushaltsgeräte folgten.

Bahnbrechende Neuerungen in Medizin und öffentlichem Gesundheitswesen drängten Krankheiten zurück und verringerten Erkrankungsraten und Sterblichkeit in den dicht besiedelten Städten. Epidemien wurden besser unter Kontrolle gebracht. Aufgrund der sinkenden Kindersterblichkeit erreichten mehr Menschen das Erwachsenenalter, was in Verbindung mit der geringeren Müttersterblichkeit die Lebenserwartung deutlich erhöhte. So wuchs die Bevölkerung der industrialisierten Länder rasant.

Zusätzlich zu praktischen technischen Neuerungen und innovativen Produktionsmethoden änderte sich auch die Beziehung zwischen Wissenschaft und Industrie. Was in der Vergangenheit als einfallsreich, aber nur von theoretischem Wert gegolten hatte, erhielt jetzt grundlegende Bedeutung für die Industrie. Im Jahr 1900 hatten die führenden Volkswirtschaften leistungsfähige Industriesektoren aufgebaut. Die größten Firmen verfügten über Forschungs- und Entwicklungsabteilungen, deren Aufgabe es war, wissenschaftliche Erkenntnisse in neue Produkte zu verwandeln. Fortschritt wurde zum Synonym für Erfindung, und beide schienen unaufhaltsam.

Was trieb diesen Aufschwung in der Erfindung nützlicher Dinge an? Wir werden sehen, dass eine neue Vision eine wesentliche Rolle spielte.

Die Maschinen, die im Kristallpalast ausgestellt wurden, waren nicht von einer kleinen Elite oder von einer Klasse von Spitzenforschern entwickelt worden. Sie waren das Werk einer neuen Unternehmerklasse, die ihren Ursprung in erster Linie in den Midlands und in Nordengland hatte. Fast alle diese unternehmerischen Erfinder waren »neue Menschen« in dem Sinne, dass sie weder aus adligen noch aus reichen Familien stammten. Vielmehr kamen sie aus einfachen Verhältnissen und erwarben Vermögen durch unternehmerische Erfolge und technologischen Einfallsreichtum.

In diesem Kapitel werden wir zeigen, dass die Industrielle Revolution in Großbritannien in erster Linie von dieser neuen Klasse von Unternehmern und Erfindern vorangetrieben wurde: Ihr Aufstieg prägte das von Daniel Defoe beschriebene Projektzeitalter. In Kapitel 6 zeigen wir, dass diese neue Vision des Fortschritts nicht allen zugutekam, was sich später im 19. Jahrhundert zu ändern begann.

Eulen aus Athen

Kaum jemand verkörperte dieses Projektzeitalter besser als George Stephenson. Im Jahr 1789 als Sohn armer Eltern, die Analphabeten waren, in Northumberland geboren, besuchte Stephenson keine Schule und lernte erst nach dem achtzehnten Lebensjahr Lesen und Schreiben. Doch Anfang des 19. Jahrhunderts genoss er nicht nur als Pionier der Ingenieurskunst Anerkennung, sondern auch als visionärer Neuerer, der entscheidenden Einfluss auf die Entwicklung der Industrietechnologie nahm.

Im März 1825 sagte Stephenson vor einem Parlamentsausschuss aus, der sich mit dem Vorschlag für eine Eisenbahnlinie zwischen Liverpool und Manchester beschäftigte, die den wichtigen Hafen mit dem Zentrum der blühenden englischen Baumwollindustrie verbinden sollte. Da für die Bahnlinie Land gekauft werden musste, dessen Besitzer zur Abtretung verpflichtet sein würden, musste das Parlament ein Gesetz erlassen. Die Befürworter der Eisenbahnlinie hatten Stephenson beauftragt, eine geeignete Route zu finden.[8]

Die neue Bahnlinie stieß auf erheblichen Widerstand. Die örtlichen Grundbesitzer wollten ihr Land nicht abtreten, und die Betreiber der einträglichen Kanäle, die entlang derselben Route verliefen, machten ihren Einfluss geltend, um die Konkurrenz zu verhindern. Einer der Kanaleigentümer, der Earl of Bridgewater, strich Berichten zufolge mit seinem Kanal eine beeindruckende jährliche Rendite von mehr als 10 Prozent ein.

In der Parlamentsanhörung wurde Stephensons Vorschlag für die Route von

Edward Alderson, einem angesehenen Juristen, der von den Kanalbetreibern engagiert worden war, systematisch zerpflückt. Stephenson hatte nachlässig gearbeitet: Die Höhe einer der geplanten Brücken lag einen Meter unter dem maximalen Pegelstand des Flusses, den sie überbrücken sollte; einige Kostenschätzungen waren offenkundig nur geraten; und er hatte sich in Bezug auf wichtige Details wie die Basiswerte für die Studie nicht festgelegt. Alderson fasste seine vernichtende Kritik in der eleganten Sprache eines Cambridge-Absolventen und zukünftigen prominenten Richters zusammen und bezeichnete den Plan für die Bahnlinie als das »absurdeste Vorhaben, das sich jemals in den Verstand eines Mannes eingeschlichen hat«. Er fuhr er fort: »Ich behaupte, dass er [Stephenson] nie einen Plan gehabt hat – ich glaube, dass er nie einen hatte –, und ich glaube nicht, dass er imstande ist, einen zu entwerfen. [...] Entweder ist er ahnungslos oder er ist etwas, was ich nicht aussprechen werde.«[9]

Es fiel Stephenson schwer, auf diese Attacke zu antworten. Es mangelte ihm an jener Bildung, die einen Menschen darauf vorbereitet, auf eine derart scharfe Rüge mit einer wirksamen Erwiderung zu reagieren, und er sprach immer noch mit einem starken Northumberland-Akzent, der für die Einwohner Südenglands schwer verständlich war. Stephenson hatte kein ausreichendes Personalbudget für die aufwendige Projektstudie gehabt und ein unzureichend qualifiziertes Team zusammengestellt, das er obendrein nicht angemessen beaufsichtigt hatte. Nun war er Aldersons aggressiver Befragung hilflos ausgeliefert.

Doch so viele Fehler Stephenson auch gemacht haben mochte: ahnungslos war er nicht. Anfang des 19. Jahrhunderts war er in den Kohlegruben von Tyneside im Nordosten Englands als verlässlicher Bergbauingenieur bekannt, der sich seinen Lebensunterhalt damit verdiente, dass er den Grubenbetreibern bei der Lösung technischer Probleme half.

Im Jahr 1811 gelang ihm der Durchbruch. Die Betreiber einer neuen Grube namens High Pit waren nicht in der Lage, mit einer rudimentären Dampfmaschine das Wasser wirksam aus den Schächten zu pumpen, weshalb der Kohleabbau nicht gut funktionierte und sogar gefährlich war. Alle örtlichen Experten waren zurate gezogen worden, hatten jedoch keine Lösung für das Problem gefunden. An einem Abend sah sich Stephenson das Maschinenhaus an, um sich ein genaues Bild von der Lage zu machen. Er gelangte zu der Überzeugung, die Pumpkapazität der Maschine deutlich erhöhen zu können, sofern er seine eigenen Arbeiter einsetzen durfte. Zwei Tage später war das gesamte Wasser aus der Grube abgepumpt. Der Rest ist Geschichte – Eisenbahngeschichte.

Im Jahr 1812 übertrug eine Gruppe reicher Grundbesitzer, die Grand Allies, Stephenson die Verantwortung für sämtliche Maschinen in den von der Gruppe betriebenen Zechen. Im Jahr darauf machte er sich als beratender Ingenieur selbstständig; er arbeitete weiter für die Grand Allies, baute und installierte jetzt jedoch auch eigene Dampfmaschinen. Die leistungsfähigste dieser Maschinen konnte pro Minute fast 4000 Liter Wasser aus 100 Metern Tiefe pumpen. Stephenson konstruierte auch unterirdische Fördersysteme, in denen stationäre Maschinen die Kohle in einem Netz von Gleisen bewegten.

Die Idee, die Kohle auf Gleisen von den Gruben zum Markt zu befördern, war nicht neu. Seit dem späten 17. Jahrhundert gab es die Pferdeeisenbahn, bei der Pferde Waggons auf Gleisen zogen, die normalerweise aus Holz, manchmal aber auch aus Eisen angefertigt worden waren. Als die Nachfrage nach Kohle in den Städten stieg, entschloss sich eine Gruppe von Kaufleuten in Darlington, bessere Gleise zu bauen, um die Gruben mit den schiffbaren Wasserwegen zu verbinden. Auf diesen Bahngleisen sollten zugelassene Betreiber gegen Zahlung einer Gebühr wie auf einer Mautstraße die Möglichkeit haben, verschiedenste geeignete Fahrzeuge zu bewegen.

Stephenson hatte etwas anderes im Sinn, und seine Vision erwies sich als sehr viel bedeutender. Er war von bescheidener Herkunft, hatte eine lückenhafte Bildung und besaß wenig Geschick in Debatten mit feindseligen Cambridge-Juristen, aber er wurde von einem unbändigen Ehrgeiz angetrieben. Stephenson glaubte an eine Technologie, die praktische Lösungen für Probleme liefern würde, und war selbstsicher genug, um die beschränkte Geisteshaltung der Gesellschaft seiner Zeit zu ignorieren.

Am 19. April 1821, an demselben Tag, an dem der Stockton and Darlington Railway Act in Kraft trat, nahm George Stephenson Kontakt zu einem bekannten Kaufmann in Darlington auf. Der Quäker Edward Pearse war ein Befürworter der vorgeschlagenen neuen Bahnlinie. Zu diesem Zeitpunkt waren für dieses und ähnliche Projekte drei Lösungen im Gespräch: Eine Gruppe war dafür, weiterhin Pferde einzusetzen. Eine andere wollte stationäre Zugmaschinen installieren, welche die Waggons die Steigungen hinaufziehen würden, und der Schwerkraft die übrige Arbeit überlassen. Eine dritte Gruppe wollte Lokomotiven bauen, welche die Waggons auf den Gleisen von einem Ort zum anderen ziehen würden.

Die Traditionalisten wollten bei den Pferden bleiben. Diese Methode war aufwendig, aber sie funktionierte. Einige hoch qualifizierte Ingenieure blickten weiter in die Zukunft und sprachen sich für die stationären Maschinen aus, die bereits in den Gruben eingesetzt wurden, um die mit Kohle beladenen Waggons zu ziehen. Dies wäre eine Verbesserung gewesen, wenn auch eine beschränkte.

Stephensons Einschätzung, dass Dampfmaschinen mit Metallrädern auf eisernen Gleisen problemlos ausreichende Zugkraft erzeugen würden, wich erheblich von der vorherrschenden Meinung ab, einer starken Maschine werde es auf glatten Gleisen an Reibungswiderstand für Beschleunigung und sicheres Abbremsen fehlen. Die Gegner von Lokomotiven glaubten, die Bewegung von Zügen werde eher Ähnlichkeit mit dem Schlittschuhlaufen haben. Stephensons Einschätzung beruhte auf der Erfahrung in den Gruben. Er machte sich daran, Pearse davon zu überzeugen, dass Dampfmaschinen auf eisernen Gleisen ein wichtiger Teil der Lösung sein mussten.

Nur hatte Stephenson weder eine Lokomotive noch Lösungen für die praktischen Probleme, die den Bau funktionierender Maschinen für eine Eisenbahn verhinderten. Die existierenden Niedrigdruck- oder atmosphärischen Dampfmaschinen von der Art, die von Thomas Newcomen entwickelt, von James Watt erheblich verbessert und von Stephenson selbst in High Pit installiert worden war, brauchten zu viel Platz und erzeugten nicht genug Zugkraft. Es gab leistungsfähigere Hochdruckmaschinen, aber es war nie demonstriert worden, dass sie den Anforderungen genügen und in der Lage sein würden, tagein, tagaus mit Kohle beladene Waggons Steigungen hinaufzuziehen.

Der Bau einer Hochdruckdampfmaschine, die leicht genug war, sich selbst zu bewegen, war eine gewaltige Herausforderung: Die frühen Modelle leckten, entwickelten nicht genug Kraft oder explodierten sogar, was tragische Folgen haben konnte. Schmiedeeisen war zu spröde für die Gleise. Maschinen und Waggons mussten mit einem Aufhängungssystem ausgestattet werden.

Doch Stephenson und seine Kollegen schafften es, die vorhandenen Maschinendesigns schrittweise zu verbessern und zu demonstrieren, dass eine Lokomotive mit einer zu jener Zeit außergewöhnlichen Geschwindigkeit sicher fahren konnte: mit 10 Stundenkilometern auf einer Strecke von 50 Kilometern. Die offizielle Eröffnung der Bahnlinie und die Fahrt von Stephensons Zug war ein großes Ereignis, das landesweite Aufmerksamkeit erregte. Bald strömten internationale Besucher nach England, um sich die neue Errungenschaft anzusehen.

Die Eisenbahnlinie zwischen Stockton und Darlington wies jedoch einige gravierende Designmängel auf, die rasch offenkundig wurden. Unter anderem war nur ein Gleis gebaut worden, und die Züge konnten einander nur an mehreren Überholgleisen entlang der Strecke ausweichen. Die Regeln dafür, welcher Zug Vorfahrt hatte, wurden häufig verletzt. Betrunkene Kutscher von Kohlewaggons, die von Pferden gezogen wurden, waren ein weiteres Problem. Zugentgleisungen und Prügeleien waren an der Tagesordnung. Es stellte sich heraus, dass es ein Fehler gewesen war, mehreren Betreibern zu erlauben, dieselben Gleise zu nutzen. Aber Stephenson zog seine Lehren aus diesen schmerzhaften Rückschlägen und entschloss sich, mit zukünftigen Bahnlinien anders zu verfahren.

Sein Ehrgeiz und seine technischen Kenntnisse waren nicht seine einzigen Vorzüge. Stephensons Begeisterung für die Dampflokomotive war ansteckend. Dieser Enthusiasmus bewegte Edward Pearse dazu, sich Stephenson bereits im Jahr 1821 anzuschließen, weil er zu dem Schluss gelangt war, wenn die Eisenbahn in der Lage sei, Güter und Passagiere zu befördern, würde rasch »ganz Yorkshire und anschließend das gesamte Vereinigte Königreich Eisenbahnen bauen«.[10]

In den folgenden fünf Jahren verbesserte Stephenson seine Maschinen, die Gleise und den Betrieb eines integrierten Systems weiter. Er stellte vorzugsweise seine eigenen Leute ein, die überwiegend Grubeningenieure waren und nur ein Mindestmaß oder überhaupt keine formale Bildung besaßen. Diese experimentierfreudigen Techniker arbeiteten sich auf einem sowohl im buchstäblichen als auch im metaphorischen Sinn gefährlichen Terrain behutsam vor.

Heizkessel explodierten. Schwere Geräte wurden fallen gelassen. Bremsen versagten. In der Frühzeit der Eisenbahn waren Unglücke ständige Begleiter der neuen Technologie. Stephensons Bruder und Schwager starben bei Arbeitsunfällen.

Trotz aller Rückschläge wuchs Stephensons Ansehen als Problemlöser. Und auch das vernichtende Kreuzverhör durch Alderson konnte das Parlament nicht daran hindern, im Jahr 1826 dem Bau der Bahnlinie zwischen Liverpool und Manchester zuzustimmen. Nach einigem Hin und Her wurde Stephenson mit der Leitung des gesamten Projekts betraut und erhielt den Auftrag, die erste moderne Eisenbahnlinie zu entwerfen und zu bauen.

Im September 1830 nahm die Eisenbahn den Betrieb auf. Alle auf der zweigleisigen Strecke verkehrenden Züge waren im Besitz der Eisenbahngesellschaft, die von ihren Beschäftigten einen zuverlässigen Arbeitseinsatz verlangte. Im Gegenzug erhielten sie einen Wochenlohn von zwei Pfund, das Doppelte des üblichen Arbeitslohns.

Die Lokomotivführer und ihre Heizer, die neben ihnen im Führerhaus standen, brauchten beträchtliches Geschick. Die ersten Züge hatten keine Bremsen, und um sie zu anzuhalten, musste der Lokomotivführer eine Reihe von Ventilen in der richtigen Reihenfolge bedienen und so die Räder in den Rückwärtsgang bringen. In den ersten Tagen der Eisenbahn gab es im ganzen Land nur einen einzigen Lokomotivführer, der im Dunkeln dazu in der Lage war (alle anderen waren darauf angewiesen, dass ihnen der Heizer die Armaturen genau richtig beleuchtete).

Die Angestellten, die am Schalter die Fahrscheine verkauften, mussten unbestechlich sein, gingen doch beträchtliche Mengen Bargeld durch ihre Hände. Die Mitarbeiter, die für die Sicherheit von Menschen oder Maschinen verantwortlich waren, mussten pünktlich zur Arbeit erscheinen und die Regeln befolgen. Es erwies sich als vorteilhaft, den Beschäftigten Eisenbahnhäuschen zur Verfügung zu stellen und sie in schöne Uniformen zu stecken. Aber hohe Löhne und Gehälter waren ebenfalls ein wichtiger Bestandteil des neuen industriellen Kalküls – und trugen entscheidend dazu bei, dass die Arbeitnehmer an den Erträgen des Produktivitätszuwachses beteiligt wurden.

Stephensons Erfolg steht sinnbildlich für die Entwicklung der Eisenbahn und anderer Wirtschaftszweige. Praktisch denkende Männer aus einfachen Verhältnissen erhielten die Möglichkeit, nützliche Innovationen vorzuschlagen, zu finanzieren und umzusetzen. Jede dieser Neuerungen bestand aus kleinen Anpassungen, welche die Produktivität erhöhten, indem sie auf irgendeine Art die Effizienz von Maschinen steigerten.

Ein Ergebnis war die Entstehung eines neuen Transportsystems, in dem die Produktivität dramatisch erhöht wurde und vollkommen neue Möglichkeiten erschlossen wurden. Die Eisenbahn senkte wie beabsichtigt die Kosten der Kohle in den städtischen Ballungsräumen, aber sie hatte noch eine sehr viel weiter reichende Wirkung. Sie machte es möglich, dass der Passagierverkehr sowohl lokal als auch über große Entfernungen hinweg deutlich wuchs. Sie gab den Anstoß zu weiteren Verbesserungen in der Metallbearbeitung und ebnete den Weg für den nächsten Schritt in der Industrialisierung Großbritanniens in der zweiten Hälfte des 19. Jahrhunderts. Und sie schuf die Grundlagen für die spätere Entwicklung der Industriemaschinen.

Die Eisenbahn revolutionierte den Transport von Rohstoffen, Gütern und Dienstleistungen. Milch und andere Lebensmittel konnten nun täglich in die großen Städte gebracht werden. Da die Lebensmittel nicht länger von Kleinbauern produziert werden mussten, die ihre Erzeugnisse zu Fuß oder auf einem Pferdekarren zu den Konsumenten brachten, konnten sie in einem größeren Umkreis beschafft werden. Auch die Bewegungen der Menschen durch das Land und ihre Einschätzung von Entfernungen änderten sich vollkommen. So wurde ein Leben in Vororten und ein Wochenende am Meer denkbar, Dinge, die vor der Eisenbahn für die meisten Menschen unvorstellbar gewesen waren.

George Stephensons Geschichte verrät uns auch einiges über die tieferen Gründe dafür, dass Großbritannien in der Frühphase der Industriellen Revolution eine Führungsrolle bei der Einführung der Eisenbahn und zahlreicher umwälzender Veränderungen spielte, darunter große Fabriken, rasch wachsende Städte und eine Neuorganisation von Handel und Finanzen.

Menschen wie Stephenson gehörten einem neuen Schlag an. Im Mittelalter hatte jedermann einen festen Platz in einer festen Hierarchie eingenommen, und die Möglichkeiten für einen gesellschaftlichen Aufstieg waren beschränkt gewesen. Aber Mitte des 18. Jahrhunderts konnten Menschen der »mittleren Sorte« – die aus einfachen Verhältnissen stammten, sich jedoch als Angehörige der Mittelschicht betrachteten – in Großbritannien ihre Träume verwirklichen und rasch aufsteigen. Das war aus drei Gründen bemerkenswert. Zunächst einmal wählten sie für den gesellschaftlichen Aufstieg einen Weg, der in vorindustrieller Zeit für Menschen mit niedrigem sozialem Status undenkbar gewesen war. Zweitens kreisten ihre Bestrebungen oft um die Technologie und die Frage, wie diese praktische Probleme lösen und jene, die sie weiterentwickelten, reich und berühmt machen konnte. Außerdem eigneten sie sich mechanische Kenntnisse an, um ihre Träume zu verwirklichen. Der dritte und bemerkenswerteste Grund ist, dass die britische Gesellschaft diesen Menschen die Möglichkeit gab, ihre Träume zu verwirklichen.

Sie konnten diese Ambitionen hegen und es wagen, ihre Vorhaben in die Tat umzusetzen, weil die britische (und zuvor englische) Gesellschaft in den vorangegangenen Jahrhunderten einen tiefgreifenden sozialen und institutionellen Wandel durchgemacht hatte. Dieser institutionelle Wandel sorgte dafür, dass es kaum Widerstand gegen den Aufstieg der Mittelschicht gab.

Bevor wir uns der Frage zuwenden, wie diese Gegebenheiten das Projektzeitalter hervorbrachten, lohnt es sich, uns mit der zentralen Rolle der Technologie auseinanderzusetzen. Hatte die Konzentration auf die Technologie ihren Ursprung in der wissenschaftlichen Revolution, welche die Vorstellungen der Menschen und insbesondere der Intellektuellen von der Natur veränderte? Wie wir sehen werden, können wir das im Wesentlichen verneinen.

Wissenschaft in den Startlöchern

Im Jahr 1816 wurde Sir Humphry Davy für seine wissenschaftlichen Leistungen mit der Rumford-Medaille der Royal Society geehrt. Davy, der in der Royal Institution in London forschte und zu den führenden Chemikern des Landes zählte, hatte die Ursachen von Grubenunglücken untersucht und war, gestützt auf Laborexperimente, zu dem Schluss gelangt, dass eine neuartige »Sicherheitslampe« die Wahrscheinlichkeit tödlicher Explosionen verringern konnte. Die Anerkennung des ganzen Landes war persönlich befriedigend, aber Davy war auch glücklich, den Beweis erbracht zu haben, dass die Anwendung der Wissenschaft das Leben der Menschen verbessern konnte.

Er war peinlich berührt, als er erfuhr, dass ein anderer Mann, der keinerlei wissenschaftliche Ausbildung erhalten hatte, behauptete, gleichzeitig mit ihm oder sogar noch früher eine ebenso nützliche Sicherheitslampe erfunden zu haben. Dieser andere Neuerer war niemand anderer als George Stephenson.

Davy stammte aus einfachen Verhältnissen, war jedoch ein Produkt der wissenschaftlichen Revolution und stützte sich auf die Arbeit von Robert Boyle (1627–1692), Robert Hooke (1635–1703) und Isaac Newton (1643–1727), die allesamt Koryphäen in der Royal Society gewesen waren, die im November 1660 gegründet wurde, um den Erkenntnisgewinn in den Naturwissenschaften voranzutreiben.

Davy, dem es nicht an Selbstsicherheit mangelte, gelangte zu der Überzeugung, Stephenson müsse ein Plagiator sein, und forderte die Grand Allies, Stephensons Unterstützer, in einem Brief zu dem Eingeständnis auf, ihr Schützling aus den Kohlegruben könne unmöglich an vorderster Front der Innovation stehen: »Die öffentlichen wissenschaftlichen Einrichtungen, denen ich angehöre, müssen diesen indirekten Angriff auf mein wissenschaftliches Ansehen, meine Ehre und meine Wahrhaftigkeit als solchen erkennen.«[11]

Doch die Grand Allies waren nicht beeindruckt. Personen, die ihr Vertrauen genossen, hatten genau dokumentiert, wann und wie Stephenson seine Lampe gebaut und ausprobiert hatte. William Losh, einer der »Verbündeten«, wies den Anspruch der in London ansässigen Organisationen zurück, sie könnten darüber urteilen, was innovativ war und was nicht: »Ich bin zufrieden mit meinem Verhalten in dieser Angelegenheit und muss sagen, dass mir vollkommen gleichgültig ist, ob es die Zustimmung der ›öffentlichen wissenschaftlichen Einrichtungen‹ findet, denen Sie angehören.«[12]

Ein weiterer Förderer Stephensons, der Earl of Strathmore, erklärte in einer noch schärferen Erwiderung auf Davys Beschwerde, wie er Personen wie Stephenson einschätzte und warum er sie unterstützte: »Ich werde nie zulassen, dass eine verdienstvolle Person niedergeschrien wird, weil sie zufällig in eine zweifelhafte Lage gebracht wird – im Gegenteil, eben dieser Umstand wird mich nur noch mehr antreiben, diese Person gegen alle überheblichen Angriffe zu verteidigen.«[13]

Die Geschichte des Streits über die Erfindung der Sicherheitslampe zeigt nicht nur, wie weit sich Großbritannien mittlerweile von der mittelalterlichen Ständeordnung entfernt hatte, sondern wirft auch ein Licht auf den Gegensatz zwischen zwei verschiedenen Zugängen zur Innovation. Der erste, zu dessen Vertretern Davy gehörte, beruhte auf dem, was wir heute als wissenschaftliche Methode betrachten. Dieser Ansatz war zu jener Zeit auf dem Vormarsch. Zu Beginn des 19. Jahrhunderts stützte sich die Wissenschaft im Wesentlichen auf Beweise: Hypothesen mussten im Labor oder unter anderweitig kontrollierten Bedingungen überprüft werden, und die Resultate mussten wiederholbar sein.

Der zweite Zugang, für den Stephenson stand, maß Publikationen oder der Anerkennung der Wissenschaft keinen Wert bei, sondern zielte auf die Lösung praktischer Probleme. Obwohl diese Methode indirekt von den wissenschaftlichen Erkenntnissen jener Zeit beeinflusst wurde, rückte sie das Praxiswissen in den Mittelpunkt, das man erwarb, während man Maschinen anpasste, um herauszufinden, wie sich ihre Leistung verbessern ließ.

Ein schönes Anschauungsbeispiel liefern die Rainhill Trials, ein Rennen, das die Liverpool and Manchester Railway im Jahr 1829 organisierte, um eine geeignete Lokomotive für den Einsatz auf ihrer Bahnlinie zu finden. Als leitender Ingenieur der Liverpool-Manchester-Linie hatte Stephenson die Aufgabe, die Strecken zu entwerfen und die Gleisanlagen zu bauen, geeignete Orte für Brücken und Tunnel zu finden und zu klären, welches Gefälle und welche Kurven zu bewältigen waren. Außerdem musste er das knifflige Problem lösen, wie das schwierige Terrain in einem Marschgebiet durchquert werden konnte. Die Direktoren der Bahngesellschaft hatten dampfgetriebene Lokomotiven mit Metallrädern akzeptiert, die auf eisernen Gleisen fahren sollten, wobei jeweils ein Gleis in jede Richtung führen sollte. Man würde nicht mehr zulassen, dass Waggons von Pferdegespannen mit betrunkenen Kutschern gezogen würden.

Die Leitung der Bahngesellschaft entschloss sich, einen offenen Wettbewerb zu veranstalten, der darüber entscheiden sollte, wer die Lokomotiven liefern würde. Der Wettbewerb würde klaren Kriterien unterliegen. Zu diesem Zeitpunkt war die grundlegende Funktionsweise der im Jahr 1776 von James Watt weiterentwickelten Dampfmaschine frei zugänglich, und jedermann konnte ausgehend von diesem Design eine Maschine bauen. Watt hatte sich bemüht, die Entwicklung von Hochdruckdampfmaschinen zu verhindern, und seine Patente auf frühere Maschinenmodelle vor Gericht verteidigt, womit er die Entwicklungsarbeit anderer Ingenieure vermutlich gebremst hatte. Aber im Jahr 1800 war der Patentschutz ausgelaufen, womit die verbliebenen Hindernisse für die Anwendung dieser Kenntnisse durch andere Erfinder beseitigt waren.

Die Rainhill Trials waren so etwas wie eine Kombination von Nobelpreis und Reality Show. Das Preisgeld an sich war beträchtlich (500 Pfund), aber vor allem würde der Markt für Lokomotiven riesig sein, und zwar nicht nur in Großbritannien, sondern auch im übrigen Europa und in den Vereinigten Staaten. Es war anzunehmen, dass sich die Eisenbahn bald in aller Welt durchsetzen würde. Jeder potenzielle Erfinder und jeder herausragende Wissenschaftler dürfte sich dieser Chance bewusst gewesen sein.

Dies war vermutlich der spannendste Augenblick in der Geschichte der Ingenieurskunst. Henry Booth, ein Getreidehändler aus Liverpool, der zu den wichtigsten Förderern der Eisenbahnlinie zählte, war beeindruckt vom breit gefächerten Teilnehmerfeld: »Es meldeten sich verschiedenste Personengruppen an, die allesamt einen verbesserten Antrieb oder ein verbessertes Gefährt empfahlen; von Philosophieprofessoren bis zu einfachen Mechanikern boten sie alle eifrig ihre Unterstützung an: England, Amerika und Kontinentaleuropa leisteten allesamt Beiträge.«[14]

Wie die Jury in jedem guten Wettbewerb hatten die Direktoren eine klare Vorstellung davon, was sie sehen wollten: eine Lokomotive mit vier oder sechs Rädern und steuerbarem Kesseldruck, die auf Gleisen mit einer Spurweite von 56,6 Zoll fahren und nicht mehr als 550 Pfund kosten würde. Diese Lokomotive musste in der Lage sein, pro Tonne Eigengewicht drei Tonnen Last mit einer Durchschnittsgeschwindigkeit von mindestens 15 Stundenkilometern 100 Kilometer weit zu ziehen. Die Probefahrten würden auf einer als Rainhill Level bekannten flachen Strecke stattfinden, die an beiden Enden schwierige Steigungen aufwies.

Die meisten Bewerber wurden von vornherein ausgeschlossen, weil ihre Fahrzeuge die Wettbewerbskriterien nicht erfüllten. Fünf Teilnehmer kamen ins Finale.

Eine dieser Lokomotiven, die den Namen *Cycloped* trug, war vermutlich ein Scherz, der zugleich verdeutlichte, dass die technologische Entwicklung unumkehrbar war. In dieser Maschine trottete ein Pferd in einer Tretmühle, welche die Räder bewegte. Die Maschine kam ohne Dampf aus und wurde rasch disqualifiziert. So blieben vier dampfgetriebene Lokomotiven übrig, von denen eine (*Perseverance*) eine Geschwindigkeit von weniger als 10 Stundenkilometern erreichte. Die Leistung einer weiteren (*Novelty*) litt unter Lecks im Kessel, und bei einer dritten (*Sans Pareil*) brach ein Zylinder. Es siegte *Rocket*, eine Lokomotive, die George Stephenson und sein Sohn Robert gebaut hatten.

Die Royal Society, ihre Mitglieder und das wissenschaftliche Establishment insgesamt trugen praktisch nichts zu diesen Wettbewerben bei. An dem Design der Maschinen, an Metallguss und Montage der Teile, an den Verfahren zur Dampferzeugung und zur Bewältigung des Rauchs waren keine maßgeblichen Wissenschaftler beteiligt.

Die Einstellung der praktischen Neuerer jener Zeit zeigt sich auch an Stephensons Plänen für die Ausbildung seines Sohns: Er versuchte dafür zu sorgen, dass Robert Gelegenheit erhielt, alles nötige Wissen zu erwerben, das er brauchte, um ein vorzüglicher Ingenieur zu werden. Das bedeutete, dass Robert gute Schulen besuchen sollte, aber nur bis zu einem gewissen Punkt. Er verließ die Schule im Alter von 16 Jahren und begann sofort, mit seinem Vater und anderen zu arbeiten, die nach technischen Lösungen für tatsächliche Probleme in Bergbau, Vermessung und Maschinenbau suchten.

Noch wichtiger ist, dass die wissenschaftlichen Fortschritte an sich nicht erklären können, warum die Industrielle Revolution in Großbritannien ihren Anfang nahm. Die wissenschaftliche Revolution hatte ganz Europa erfasst. Boyle war gebürtiger Ire, Hooke und Newton waren Engländer, aber viele der innovativsten Vordenker dieser Revolution, darunter Johannes Kepler, Nikolaus Kopernikus, Galileo Galilei, Tycho Brahe und René Descartes, hatten nie einen Fuß auf britischen Boden gesetzt. Sie kommunizierten untereinander und mit ihren englischen Kollegen in Latein, was den paneuropäischen Charakter dieser Revolution unterstrich.

Auch war Europa keineswegs die einzige Weltregion, die eine lange Periode bahnbrechender wissenschaftlicher Entdeckungen erlebte. Noch im Jahr 1500 hatte China in der Wissenschaft einen großen Vorsprung vor Europa; möglicherweise hatte das Reich der Mitte sogar bis 1700 die Nase vorn. Insbesondere unter der Song-Dynastie (960–1279) erlebte es eine kreative Blütezeit. Zu den bahnbrechenden technologischen Fortschritten, die ihren Ursprung in China hatten, zählten die Erfindung des Schießpulvers, der Wasseruhr und des Kompasses, die Entwicklung des Spinnrads und der Eisenverhüttung sowie wichtige astronomische Entdeckungen. Tatsächlich können fast alle großen europäischen Neuerungen im Mittelalter und in der Frühzeit der Industriellen Revolution direkt oder indirekt auf chinesische Ursprünge zurückverfolgt werden. Zu den in China entwickelten Technologien, die relativ früh von Europäern übernommen wurden, zählten die Schubkarre, das Drucken mit beweglichen Lettern und Uhren. Wichtig waren auch Ideen, die später die Industrielle Revolution vorantrieben, darunter chinesische Maschinen für mechanisiertes Spinnen, die erwähnte Eisenverhüttung und Kanalschleusen. Die Chinesen setzten auch als erste Papiergeld ein, das eine Weile sowohl auf dem chinesischen Binnenmarkt als auch im Fernhandel zum Einsatz kam.

Es stimmt, dass der chinesische Staat nach dem Ende der Song-Dynastie die wissenschaftliche Forschung nicht förderte, und die gemeinsame Vision von einer rigorosen empirischen Wissenschaft, die ab dem 17. Jahrhundert in Europa Wurzeln schlug, hatte kein Gegenstück in China. Doch das Ausbleiben der Industrialisierung in China bis ins 20. Jahrhundert zeigt, dass wissenschaftliche Fortschritte an sich nicht genügten, um die Industrielle Revolution in Gang zu bringen.

Wir wollen keineswegs die Rolle der Wissenschaft in der Industrialisierung herunterspielen. Die wissenschaftliche Revolution war aus drei Gründen grundlegend: Erstens lieferte die Wissenschaft die Grundlagen für die Entwicklung der mechanischen Fähigkeiten der ehrgeizigen Unternehmer und Bastler jener Zeit. Einige bahnbrechende wissenschaftliche Entdeckungen wie jene in der Eisen- und Stahlerzeugung wurden Teil der praktischen Kenntnisse jener Ära und trugen damit zum Fundament nützlichen Wissens bei, auf dem die Unternehmer bei der Entwicklung neuer Maschinen und Produktionstechniken aufbauten.

Zweitens wurden wissenschaftliche Methoden und Erkenntnisse ab der Mitte des 19. Jahrhunderts dank der Fortschritte in der Erforschung von Elektromagnetismus und Elektrizität und später aufgrund der zunehmenden Konzentration auf neue Materialien und chemische Vorgänge sehr viel wichtiger für die industrielle Innovation (mehr dazu in Kapitel 6). Beispielsweise hing die Entwicklung der chemischen Industrie eng mit wissenschaftlichen Entdeckungen auf diesem Gebiet zusammen, darunter die Erfindung des Spektroskops im Jahr 1859. Der Telegraf (nach 1830), das Bessemer-Verfahren zur Stahlerzeugung (1856), das Telefon (1875) und elektrisches Licht (ab 1880 wirtschaftlich genutzt) gingen direkt aus der wissenschaftlichen Forschung hervor.

Drittens wurden derart viele ehrgeizige junge Männer vom Schlag eines George Stephenson von der Technologie angelockt, weil sie in einer Zeit aufwuchsen, die vom Zeitalter der Entdeckungen geprägt war. In dieser Epoche, die Mitte des 15. Jahrhunderts begonnen hatte, waren große Fortschritte in den maritimen Technologien erzielt worden, und die Europäer waren in Weltregionen vorgedrungen, mit denen sie zuvor kaum oder gar keinen Kontakt gehabt hatten. Die wissenschaftliche Revolution war im Denken der Menschen mit dieser Entdeckung und Gestaltung der physischen und sozialen Umwelt verknüpft. Die Europäer konnten jetzt mit Segelschiffen zuvor unbezwingbare Meere überqueren, andere Völker unterwerfen und ihre Herrschaft über die Natur ausweiten.

Wenn es nicht der direkte Einfluss der Wissenschaft war, was versetzte Großbritannien dann in die Lage, die Industrielle Revolution in Gang zu bringen?

Warum Großbritannien?

Eingehende historische Studien haben das Grundmuster der Abläufe zutage gefördert, welche die Industrie hervorbrachten. Ab dem frühen 18. Jahrhundert wuchs der Baumwollsektor stetig, und die Unternehmer in Nordengland spielten dabei eine Schlüsselrolle. Neue Maschinen erhöhten zuerst in der Spinnerei und dann in der Weberei die Produktivität deutlich.

Gleichzeitig fanden Handwerker in anderen Wirtschaftszweigen wie Eisenerzeugung und Keramik heraus, wie sie Maschinen einsetzen konnten, um die

Qualität und zugleich die Produktion pro Arbeitskraft zu erhöhen. Ein bedeutsamer Schritt vorwärts war der Übergang von der Wasserkraft zur Dampfkraft als Energiequelle für die Pumpen, mit denen das Wasser aus Kohlegruben gepumpt wurde. Zu Beginn des 19. Jahrhunderts wurde der Wasserdampf zur wichtigsten Energiequelle für Fabriken. Ab 1820 konnte die Güter- und Personenbeförderung über große Entfernungen hinweg erheblich beschleunigt und verbilligt werden, indem Dampfmaschinen auf Räder gesetzt wurden. Im 19. Jahrhundert tauchten neue Finanzierungsmöglichkeiten auf, was den Fernhandel, den Bau großer Fabriken und die Errichtung eines weltweiten Eisenbahnnetzes erleichterte.[15]

Am Beitrag all dieser Faktoren zur Industriellen Revolution und am grundlegenden Ablauf der Entstehung des Industriesektors gibt es keinen Zweifel. Aber wie ist zu erklären, dass dies auf den Britischen Inseln früher geschah als an jedem anderen Ort auf der Erde? Und warum begann diese Revolution im 18. Jahrhundert?

Seit Ende des 19. Jahrhunderts der Begriff der *Industriellen Revolution* geprägt wurde, haben verschiedenste Denker Erklärungen dafür vorgelegt, warum »es zuerst in Großbritannien geschah«. Die Theorien können fünf Hauptrichtungen zugeordnet werden: Sie erklären das Phänomen mit Geografie, Kultur (einschließlich von Religion und kulturell verankertem Unternehmergeist), Bodenschätzen, wirtschaftlichen Faktoren oder staatlichen Eingriffen. Diese Theorien sind allesamt kreativ, lassen jedoch allesamt wichtige Fragen unbeantwortet.

Eine Theorie besagt, dass die Geografie der Britischen Inseln ihre wirtschaftliche Entwicklung begünstigte. Aber diese Erklärung wirkt als allgemeines Argument sonderbar, wenn man bedenkt, dass England und die übrigen Teile der Britischen Inseln mindestens bis zum 16. Jahrhundert wirtschaftlich rückständig waren. Tausende Jahre lang war der Mittelmeerraum das Zentrum des Wohlstands in Europa. Selbst als im Zeitalter der Entdeckungen Handelsrouten über den Atlantik erschlossen wurden, hinkte Großbritannien bei der Gründung neuer Kolonien hinter Spanien, Portugal und den Niederlanden her.

Wie wir in Kapitel 4 gesehen haben, war die englische Gesellschaft ab der normannischen Eroberung im Jahr 1066 bis zum frühen 16. Jahrhundert feudal organisiert. Der König war stark, obwohl die Barone zeitweilig Unruhe stifteten, vor allem, wenn die Thronfolge umstritten war. Die Bauern wurden zumeist mit Härte unterdrückt. Die Einwohner der wenigen kleinen Städte erwarben im Laufe der Zeit zusätzliche Rechte, aber diese Autonomie war nicht mit der vergleichbar, welche die führenden italienischen Städte zwischen 1330 und 1600 in der Renaissance genossen. Die Rückständigkeit Englands zeigte sich auch in der künstlerischen Produktion, die verglichen mit der anderer Teile Westeuropas und Chinas nicht bemerkenswert war. Im gesamten Mittelalter produzierte England nur wenig von bleibendem Wert.

Hatte das Land Vorteile aufgrund seiner Insellage? Möglicherweise verringerte die Isolation die Zahl der Invasionen. Aber feindliche Einfälle oder Instabilität waren auch für China, die technologisch fortschrittlichste Weltregion, von der Mitte des 17. bis zur Mitte des 19. Jahrhunderts, das heißt bis zum Taiping-Aufstand und den Opiumkriegen, kein großes Problem. Und anderen europäischen Ländern, darunter Spanien in der Epoche der Reconquista (711–1492) oder Italien in der Renaissance, fiel es nicht schwer, die Beteiligung an militärischen Konflikten mit dem Aufbau von Wohlstand zu verbinden. Frankreich und Spanien waren im 17. und 18. Jahrhundert nicht von größeren Invasionen bedroht, und die Niederlande wurden durch die Notwendigkeit geprägt, Spanier und Franzosen in Schach zu halten.

Die Engländer bauten schließlich eine schlagfähige Kriegsmarine auf, die jedoch bis weit ins Industriezeitalter hinein den Seestreitkräften der rivalisierenden Mächte nicht deutlich überlegen war. Im 16. Jahrhundert war die englische Flotte sehr viel kleiner als die spanische, im 17. Jahrhundert wurde sie mehrfach von den Niederländern geschlagen, und in den siebziger Jahren des 18. Jahrhunderts wurde sie während des Amerikanischen Unabhängigkeitskriegs mit gravierenden Folgen von den Franzosen in Schach gehalten. Im Jahr 1588 überlebten die Engländer den Angriff der gewaltigen spanischen Armada, die Philipp II. entsandt hatte, um eine Invasionsarmee an der englischen Küste abzusetzen, aber das verdankten sie weder einer überlegenen Schifffahrtstechnologie noch einer besseren Strategie, sondern im Wesentlichen einer glücklichen Fügung: Den Spaniern wurden Stürme und eine Reihe von Fehlern zum Verhängnis.

Auf den Britischen Inseln gab es Flüsse, die geeignet waren, um mit Wassermühlen Energie zu gewinnen, und der Gütertransport auf den Binnengewässern war anfangs sehr viel leichter und billiger als auf der Straße. Einige englische Flüsse konnten problemlos mit Kanälen untereinander und mit dem Meer verbunden werden, was sich gegen Ende des 18. Jahrhunderts als nützlich erwies (daher der Widerstand von Bridgewater und anderer Nutznießern der Kanäle gegen die Entwicklung der Eisenbahn).

Doch andere Länder, beispielsweise Deutschland, Österreich und Ungarn, sind ebenfalls von zahlreichen schiffbaren Flüssen durchzogen, und in Frankreich wurde lange vor den britischen Investitionen in solche Infrastrukturen massiv in den Kanalbau investiert. Abgesehen davon wurden die Kanäle während der Industrialisierung Großbritanniens nur relativ kurze Zeit für den Gütertransport genutzt. Der Verkehr in der Industriellen Revolution fand im

Wesentlichen auf Bahngleisen statt, und die britischen Eisenbahnpioniere waren gerne bereit, Triebmaschinen, Waggons und jegliche Ausrüstung an jedermann in Europa und andernorts zu verkaufen, der daran interessiert war. Der Technologietransfer verlief reibungslos, sei es durch Vermieten, Kopieren oder Verbesserung von Designs. Beispielsweise baute Matthias Baldwin bereits in den dreißiger Jahren des 19. Jahrhunderts Lokomotiven in Pennsylvania, und ein Jahrzehnt später waren seine Maschinen für den Transport über große Entfernungen unter amerikanischen Bedingungen besser geeignet als die importierten Lokomotiven.

Manche Autoren heben einen weiteren Aspekt der Geografie hervor und erklären, in bestimmten Weltregionen herrschten teilweise aufgrund einer besseren Gesundheitslage günstigere Bedingungen für die industrielle Entwicklung. Aber Großbritannien hatte in vorindustrieller Zeit keine erkennbaren Vorteile, was die Volksgesundheit anbelangte: Die Kindersterblichkeit war hoch, die Lebenserwartung bei Geburt sehr niedrig. Außerdem konnte die Gesellschaft nicht mit Epidemien umgehen, was sich an den verheerenden Auswirkungen der Pest deutlich zeigte: Sie löschte im 14. Jahrhundert zwischen einem Drittel und der Hälfte der englischen Bevölkerung aus.

Könnte es andere Vorteile haben, in »gesegneten Breiten« zu leben? Wie wir in Kapitel 4 gesehen haben, entstanden im Nahen Osten und im östlichen Mittelmeerraum besonders früh jene Strukturen, die wir gemeinhin als »Zivilisation« bezeichnen: In diesen Regionen hielten die Menschen früher als andernorts Beobachtungen schriftlich fest und lebten unter der Autorität eines Staates. Aber ein nachhaltiges Wirtschaftswachstum begünstigten diese sozialen und politischen Systeme kaum.

Selbst als im 19. Jahrhundert industrielle Technologien allgemein zugänglich wurden, beeilten sich die Länder auf dem Gebiet des früheren Fruchtbaren Halbmonds nicht, neue Maschinen einzuführen oder große Fabriken zu bauen. Dasselbe galt für andere Orte, an denen frühe Zivilisationen entstanden waren, darunter Griechenland und Süditalien. Wenn das Altertum vorteilhafte Bedingungen für die Industrialisierung im 18. Jahrhundert schuf, so dürften die Britischen Inseln kaum ihr Nutznießer gewesen sein. Es ist ein weiter Weg vom Fruchtbaren Halbmond nach Birmingham.

Hinzu kommt, dass sich Großbritannien mit Blick auf die meisten dieser geografischen Merkmale nicht von China unterscheidet. China ist von großen Flüssen durchzogen und hat eine lange Küste. Ein Großteil des Landes liegt in »gesegneten Breiten«. Doch China nutzte seine verblüffenden wissenschaftlichen Errungenschaften nicht für die Entwicklung von Industrietechnologie.

Wenn es nicht die Geografie war, könnte es dann die Kultur gewesen sein, die England und Großbritannien von anderen Ländern unterschied? Hatte ein Großteil der britischen Bevölkerung einen kulturellen Vorteil aufgrund einer bestimmten Einstellung zu Risiko, Unternehmungsgeist und Gemeinschaft? Auch diese Erklärung ist kaum mit der Tatsache vereinbar, dass die englische Gesellschaft vor 1500 oder 1600 verglichen mit anderen westeuropäischen Ländern keinen nennenswerten kulturellen Vorteil besaß.

Es stimmt, dass der Großteil der Engländer Ende des 16. Jahrhunderts sich vom Katholizismus abwandte und zum Anglikanismus oder Protestantismus konvertierte. Anfang des 17. Jahrhunderts unterdrückten das katholische Dogma und eine italienische Kirchenhierarchie, die ihr Monopol auf die Deutung der Heiligen Schrift verteidigte, Galileis astronomische Erkenntnisse. Am Ende desselben Jahrhunderts mussten Isaac Newton und seine englischen Zeitgenossen immer noch Rücksicht auf die Religion nehmen, obwohl sie nicht mit denselben persönlichen Gefahren oder Hindernissen konfrontiert waren, die der Gesellschaft von den Überresten der mittelalterlichen Theokratien auferlegt wurden.

Doch zahlreiche andere europäische Länder wandten sich ebenfalls dem Protestantismus zu, ohne frühzeitig industrielle Technologien einzuführen, darunter Skandinavien, Deutschland und das heutige Tschechien. Frankreich, ein vorwiegend katholisches Land, stand im 18. Jahrhundert gemessen an den wissenschaftlichen Kenntnissen auf einer Stufe mit Großbritannien und zählte zu Beginn des 19. Jahrhunderts zu den Ländern, die besonders schnell industrielle Technologien einführten. Das katholische Bayern verwandelte sich im 19. Jahrhundert in ein Zentrum von Innovation und Industrie und verteidigt diese Stellung bis heute. Das vorwiegend katholische Brügge im heutigen Belgien führte vor England frühe Technologie in der Textilverarbeitung ein. In Brügge arbeiteten im 13. Jahrhundert die besten europäischen Spinner und Weber.

Es ist auch nicht wahrscheinlich, dass religiöse Minderheiten wie die Quäker und andere nonkonformistische protestantische Gemeinschaften im Norden Englands eine wesentliche Rolle in der Industrialisierung spielten. Zwar wirkten sich religiöse Überzeugungen wie diese auf das Weltbild und die Bestrebungen mancher Leute aus, aber in den meisten anderen Ländern, in denen sich die Reformation durchsetzte, gab es ähnliche Gruppen, ohne dass die Industrialisierung dort besonders früh begonnen hätte.

Vielleicht war es einfach ein Glücksfall, dass in Großbritannien einige außergewöhnliche Unternehmer lebten, die früh bahnbrechende Neuerungen herbeiführten? Tatsächlich spielten individuelle Neuerer eine Rolle, aber diese Verwandlung der Wirtschaft wurde nicht nur von einer Handvoll Personen getragen. Beispielsweise leisteten in der Textilindustrie im 18. Jahrhundert mindestens 300 Männer wichtige Beiträge zur Entwicklung moderner Fertigungstechnik. Die Industrielle Revolution wurde von Investitionen Tausender Menschen getragen, und vermutlich waren es sogar Zehntausende, wenn wir alle im 18. und 19. Jahrhundert relevanten Entscheidungsträger und Investoren berücksichtigen.

Auch Bodenschätze trugen nicht entscheidend zur britischen Industrialisierung bei. Eine der einflussreichsten alternativen Deutungen misst der Verfügbarkeit von Kohle größeres Gewicht bei. Tatsächlich profitierte Großbritannien davon, dass in der Nähe der Kohlevorkommen im Norden und in den Midlands gutes Eisenerz verfügbar war. Aber das erklärt die entscheidende Frühphase der Industriellen Revolution nicht, die von mit Wasserkraft betriebenen Textilfabriken ausgelöst wurde. Der Autor einer Studie hat Schätzungen dazu angestellt, wie sich die britische Wirtschaft bis 1800 entwickelt hätte, wenn James Watts Dampfmaschine nicht erfunden worden wäre. Das Ergebnis: Der bis zum 1. Januar 1801 erreichte Entwicklungsstand wäre am 1. Februar 1801 erreicht worden – nur einen Monat später![16]

Kohle und Eisen spielten eine sehr viel wichtigere Rolle in der zweiten Phase der Industriellen Revolution, die um das Jahr 1830 begann. Der wesentliche Rohstoff für die erste Industrialisierungsphase war die Baumwolle, die auf den Britischen Inseln und in den meisten Ländern Europas nicht angebaut wurde.

Andere Interpretationen rücken verschiedene wirtschaftliche Faktoren in den Mittelpunkt, die Großbritannien in eine vorteilhafte Lage gebracht haben könnten. Besonders wichtig ist hier die Tatsache, dass der Einsatz von Technologien, die den Arbeitsaufwand verringern, attraktiver wird, wenn die Löhne hoch sind, denn so kann die Nutzung neuer Technologien größere Kostensenkungen ermöglichen. Mitte des 18. Jahrhunderts waren die Löhne in einigen Teilen Großbritanniens und insbesondere in London höher als an fast jedem anderen Ort in der Welt. Aber auch in dieser Hinsicht war das Land nicht einzigartig: Auch in den Niederlanden und in den vom Handel geprägten Regionen Frankreichs wurden hohe Löhne gezahlt.

Die Arbeitskosten dürften zur britischen Industrialisierung beigetragen haben, setzten sie jedoch nicht in Gang. Die Produktivitätszuwächse in der Textilindustrie waren tatsächlich spektakulär – die Pro-Kopf-Produktivität stieg zunächst um das Zehnfache und später um das Hundertfache. Das relativ geringe Lohngefälle zwischen Großbritannien und den Niederlanden oder Frankreich dürfte kaum entscheidenden Einfluss darauf gehabt haben, ob und wann diese Technologien eingeführt wurden.

Dazu kommt, dass die Löhne die Technologieanwendung nur dann beschleunigen, wenn die Arbeitskosten im Verhältnis zur Produktivität hoch sind. Sind die Arbeiter hingegen produktiver, so ist der Anreiz, sie durch Maschinen zu ersetzen, geringer. Dass die britischen Löhne im 18. Jahrhundert hoch waren, lag teilweise daran, dass die Handwerker gut ausgebildet waren.

Könnte das handwerkliche oder technische Wissen der Arbeitskräfte die Industrielle Revolution in Großbritannien ausgelöst haben? Neuerer wie George Stephenson besaßen beträchtliche mechanische Kenntnisse, aber der allgemeine Wissensstand der Arbeitskräfte war anscheinend kein entscheidender Faktor. Arbeiter mit Fachkenntnissen und einer entsprechend hohen Produktivität gab es in der britischen Wirtschaft kaum. Die Alphabetisierungsrate ist ein Indikator für das allgemeine Wissensniveau: Im Jahr 1500 konnten nur 6 Prozent der erwachsenen Engländer mit ihrem Namen unterschreiben. Bis 1800 stieg dieser Anteil auf 53 Prozent. In den Niederlanden war die Alphabetisierungsrate zu beiden Zeitpunkten höher, und das heutige Belgien hatte im Jahr 1500 einen Vorsprung vor England und lag im Jahr 1800 nur knapp zurück. In Frankreich und Deutschland war das Ausgangsniveau fast identisch mit dem englischen, doch bis 1800 fielen beide Länder zurück und hatten nur noch eine Alphabetisierungsrate von 37 beziehungsweise 35 Prozent vorzuweisen.[17]

Hinzu kommt, dass viele der wichtigsten technologischen Neuerungen jener Zeit nicht dazu dienten, das im Lauf von Jahrhunderten entwickelte handwerkliche Können besser zu nutzen. Stattdessen wurden sie eingeführt, um Fachkräfte durch Maschinen oder die billigere Arbeitskraft von ungelernten Männern, Frauen und Kindern zu ersetzen. Ein berühmtes Beispiel ist das der Weber, die durch mechanisierte Webstühle ersetzt wurden, was den Maschinensturm auslöste (mehr zum Aufstand der Ludditen in Kapitel 6).

Auch die Produktivität der Landwirtschaft dürfte Großbritannien kaum einen entscheidenden Vorteil verschafft haben. Die landwirtschaftlichen Erträge waren in den vorangegangenen Jahrhunderten gestiegen und hatten ein spektakuläres Wachstum der städtischen Bevölkerung ermöglicht, aber auch hier waren die Britischen Inseln keineswegs eine Ausnahme. Die landwirtschaftliche Produktivität nahm in vielen Teilen Westeuropas zu, darunter in Frankreich, Deutschland und den Niederlanden, wo auch die Städte rasch wuchsen. Wie wir in Kapitel 4 gesehen haben, war dieses Wachstum überall im mittelalterlichen Europa begrenzt und dürfte kaum die Industrialisierung ausgelöst haben. Da die Erträge des Wirtschaftswachstums nicht der gesamten Gesellschaft zugutekamen, hielt sich die Nachfrage nach Textilien oder Luxusgütern in England in Grenzen.

Ein relativ hohes Maß an handwerklichem Können, hohe Löhne und eine hohe landwirtschaftliche Produktivität unterscheiden Großbritannien auch nicht von China.[18] Der Historiker Mark Elvin erklärt, China habe sich ab dem 14. Jahrhundert in einer »Gleichgewichtsfalle auf hohem Niveau« befunden, weil Löhne und Produktivität hoch waren, ohne dass das Land eine ausgeprägte Neigung zur Industrialisierung zeigte.[19]

Im 17. Jahrhundert und zu Beginn des 18. Jahrhunderts kam es auf den Britischen Inseln zu einem raschen Anstieg sowohl der Bevölkerung – zwischen 1600 und 1700 von 4,1 Millionen auf 5,5 Millionen Menschen – als auch der Nachfrage nach Nahrungsmitteln und Kleidung. Im Verlauf der Industrialisierung beschleunigte sich das Bevölkerungswachstum weiter. Beispielsweise verdreifachte sich die Einwohnerzahl Großbritanniens zwischen 1700 und 1841, dem Jahr der ersten umfassenden Volkszählung. Dieses Wachstum war teilweise eine Konsequenz steigender Einkommen und einer besseren Ernährung. Es wurde auch durch die Transportrevolution begünstigt, die es ermöglichte, ausreichende Mengen an Nahrungsmitteln in die Städte zu bringen.

Die frühe Innovation im Finanzwesen ist ebenfalls keine geeignete Erklärung für die Industrielle Revolution. Viele bedeutsamere finanzielle Neuerungen waren im Italien der Renaissance sowie in den Niederlanden eingeführt worden und hatten das Wachstum des Handels im Mittelmeerraum und später auf dem Atlantik sowie die Reiseaktivität angeregt. Die Finanzwirtschaft auf den Britischen Inseln war zu jener Zeit rückständig. Anfang des 18. Jahrhunderts waren in London ansässige Geldgeber bereit, den Fernhandel zu finanzieren, aber vor einem Engagement in der Industrie schreckten sie zumindest anfangs zurück. Die im Handel erzielten Gewinne wurden zumeist wieder in den Handel investiert. Die Gründung der Bank of England half, die Staatsfinanzen in Ordnung zu bringen und Kredite für den Überseehandel bereitzustellen, aber sie trug wenig zur industriellen Entwicklung bei. Die Unternehmer in Nordengland finanzierten ihre Vorhaben im Wesentlichen mit einbehaltenen Gewinnen sowie mit Darlehen von Freunden, Verwandten und anderen Mitgliedern der Unternehmergemeinschaft.

Auch die rechtlichen Rahmenbedingungen für finanzielle und geschäftliche Verträge waren zumindest bis zum Beginn der Eisenbahnära keineswegs vorteilhaft. Beispielsweise wurde die moderne Version der beschränkten Haftung erst Mitte des 19. Jahrhunderts gesetzlich verankert. Man kann kaum behaupten, dass Großbritannien einen rechtlichen Vorteil gegenüber anderen europäischen Ländern gehabt hätte.

Alles in allem gibt es keinen Hinweis darauf, dass in Großbritannien mehr finanzielle Mittel für neue Unternehmungen zur Verfügung standen, die Maschinen einsetzten. Verglichen mit den gut entwickelten Praktiken auf dem Kontinent blieb das Geschäftsbankensystem zumindest bis zum 19. Jahrhundert rudimentär.

Verdankte Großbritannien seinen Vorsprung möglicherweise staatlichen Eingriffen? Nach der »Glorious Revolution« von 1688 erhielt England ein starkes Parlament, und die Eigentumsrechte von Grundbesitzern und Kaufleuten wurden gut geschützt. Doch dasselbe galt auch für andere Länder. Beispielsweise genossen traditionelle Grundbesitzer in Frankreich immer noch den Schutz umfassender feudaler Privilegien, und Kaufleute waren sicher vor Enteignung.

Der britische Staat wollte sein Imperium in Übersee aufbauen und stärkte im Laufe der Zeit die Kriegsmarine, damit sie den internationalen Handel schützen konnte. Aber dieses Kolonialreich war gemessen an der wirtschaftlichen Aktivität lange Zeit klein. Erst in der zweiten Hälfte des 18. Jahrhunderts, kurz vor dem Verlust der nordamerikanischen Kolonien, erlangte Großbritannien die Kontrolle über den Großteil Indiens.

Schätzungen zu den Erträgen des Sklavenhandels und der karibischen Plantagen zeigen, dass diese Form des Menschenhandels und der Ausbeutung durchaus Ressourcen für die Industrialisierung lieferte, aber diese direkte Wirkung ist keine ausreichende Erklärung für die Industrielle Revolution. Großbritannien profitierte vom transatlantischen Sklavenhandel, aber Portugal, Spanien, Frankreich, die Niederlande und Dänemark waren ebenso in diesem Geschäft aktiv, und einige dieser Länder verdienten im Laufe der Jahrhunderte sehr viel mehr damit als Großbritannien.

Es gab keine bewusste britische Strategie und keine staatliche Politik zur Unterstützung der Industrialisierung. In jedem Fall waren diese Ideen alles andere als plausibel, da niemand die Natur dessen verstand, was erfunden werden konnte, oder eine Vorstellung davon hatte, wie weitreichend die Auswirkungen von Erfindungen sein konnten. Wenn es ein europäisches Land gab, das eine Führungsrolle in den Bemühungen spielte, das Wachstum der Industrie zu fördern, so war es Frankreich im 17. Jahrhundert, als Jean-Baptiste Colbert seine Wirtschaftspolitik lenkte.

Einige Autoren erklären, es sei gerade der von dem Wirtschaftsphilosophen Adam Smith als »Laissez-faire« bezeichnete Mangel an staatlichen Eingriffen gewesen, der das britische Wirtschaftswachstum ermöglicht habe. Doch auch die meisten anderen Staaten taten nichts, um die Industrialisierung zu fördern – oder zu verhindern. Als die französische Regierung unter Colbert eine halbwegs kohärente Industrialisierungsstrategie verfolgte, stieg die Industrieproduktion des Landes deutlich, was Zweifel an der Vorstellung weckt, ein Verzicht auf staatliche Eingriffe könne das britische Geheimrezept gewesen sein. Im Übrigen folgte die Ära des Laissez-faire auf die frühe, prägende Phase der Industrialisierung, in der staatliche Eingriffe die Wolltextilindustrie geschützt und später die britischen Exporte gefördert hatten.[20]

Eine Nation von Emporkömmlingen

Der wesentliche Unterschied zwischen Großbritannien und anderen Ländern war das Ergebnis eines langen Prozesses des gesellschaftlichen Wandels, der eine Nation von Emporkömmlingen hervorgebracht hatte.

Mitte des 19. Jahrhunderts waren Zehntausende Angehörige der britischen Mittelschicht zu der Überzeugung gelangt, dass sie mit Unternehmungsgeist und technologischen Kenntnissen einen höheren sozialen Status erreichen konnten. Auch in anderen Teilen Westeuropas wurden die sozialen Hierarchien durchlässiger und ehrgeizige Männer strebten nach Wohlstand oder Status (Frauen erhielten in dieser patriarchalen Ära nur gelegentlich die Chance dazu). Aber nirgendwo anders in der Welt versuchten derart viele Angehörige der Mittelschicht, die Schranken der gesellschaftlichen Hierarchie zu durchbrechen. Diese Menschen der mittleren Sorte trugen im 18. Und 19. Jahrhundert entscheidend zur Innovation und zur Einführung neuer Technologien in Großbritannien bei.

Anfang des 18. Jahrhundert war das, was Daniel Defoe als Projektzeitalter bezeichnete, ein fester Bestandteil des Zeitgeists. Engländer aus der Mittelschicht suchten nach Gelegenheiten zum gesellschaftlichen Aufstieg, sei es durch solide Investitionen oder finanzielle Spekulation. Die »Südseeblase«, die im Jahr 1720 platzte, war ein extremer Fall, aber sie zeigte auch, welche Faszination neue Unternehmungen insbesondere auf Kleininvestoren ausübten, die auf der Jagd nach Gewinnen waren.

In diesem Kontext tauchten rund um industrielle Prozesse, wie wir es heute nennen, Neuerer auf. Die erfolgreichsten frühen Einsteiger waren Abraham Darby (Roheisenverhüttung mit Steinkohle in Hochöfen, 1709), Thomas Newcomen (Dampfmaschine, 1712), Richard Arkwright (Spinnmaschine mit automatischer Garnzuführung, 1769), Josiah Wedgwood (Steingut, 1769) und James Watt (deutlich verbesserte Dampfmaschine, 1776). Die meisten dieser Männer waren des Lateinischen nicht mächtig und verbrachten nicht viel Zeit mit dem Studium gelehrter Abhandlungen.[21]

Darby war der Sohn eines Freibauern. Newcomen war ein Eisenwarenhändler, der Werkzeuge für den Bergbau verkaufte. Arkwrights Eltern waren zu arm, um ihre Kinder zur Schule zu schicken, und er arbeitete anfangs als Barbier und

Perückenmacher. Wedgwood war das elfte Kind eines Töpfers. Watts Vater war ein Schiffbauer, womit er einer höheren Gesellschaftsklasse angehörte als die anderen. Aber zu der Zeit, als James Watt zur Schule ging, suchte sein Vater Arbeit als Instrumentenbauer, nachdem er mit seinem Unternehmen gescheitert war.

Fast alle Pioniere, die mindestens bis 1850 die technologische Entwicklung prägten, waren praktisch denkende Männer, die keine umfassende formale Bildung genossen hatten. Ähnlich wie George Stephenson gelang es ihnen, ausgehend von bescheidenen Anfängen, sich im Laufe der Jahrzehnte emporzuarbeiten, da Investoren und Kunden begannen, ihren neuen Angeboten Beachtung zu schenken.

Von den 226 Personen, die in dieser Zeit große Industrieunternehmen gründeten, gehörten nur zwei dem Adel an. Weniger als ein Zehntel von ihnen hatte irgendeine Beziehung zur Oberschicht. Doch sie waren auch nicht am unteren Ende der gesellschaftlichen Hierarchie beheimatet. Die große Mehrheit hatte Väter, die in der Manufaktur, als Handwerker oder Händler tätig waren. Und die meisten dieser Industriellen besaßen praktische Kenntnisse und arbeiteten ebenfalls in einem kleinen Betrieb, bevor sie Unternehmen gründeten, die im Laufe der Zeit sehr viel größer wurden.

Alle diese Männer waren extrem ambitioniert, etwas, das man von Menschen, die in einer Ständegesellschaft wie jener im mittelalterlichen Europa in bescheidene Verhältnisse hineingeboren wurden, nicht erwarten würde. Noch bemerkenswerter war, dass sie in der Technologie sowohl einen Motor des Fortschritts als auch ein Mittel zu ihrem persönlichen sozialen Aufstieg sahen. Aber das Erstaunlichste war, dass sie Erfolg hatten.

Wie konnten sie derart kühn sein? Wie kamen sie auf den Gedanken, dass sie die Technologie nutzen konnten, um sich gesellschaftlich durchzusetzen? Und woran lag es, dass ihre Vorstöße nicht blockiert wurden oder im Sande verliefen?

Zu dem Zeitpunkt, da diese Männer die Bühne betraten, hatte ein langsamer sozialer und politischer Wandel einige lähmende Bestandteile der gesellschaftlichen Hierarchie zersetzt und den Boden für die wagemutigen Unternehmungen der Neuerer bereitet. Die Idee des Individualismus und Elemente der Volkssouveränität, die bereits tausend Jahre alt waren, dürften eine Rolle gespielt haben, weil sie das Rohmaterial für einige dieser Veränderungen lieferten. Entscheidend war jedoch eine Reihe einschneidender institutioneller Veränderungen, die den gesellschaftlichen Wandel ermöglichten und die Aristokratie dazu bewegten, die Aufsteiger zu akzeptieren.[22]

Die Auflösung

Im Jahr 1300 wäre kaum ein Mensch in England auf den Gedanken gekommen, ein Habenichts könne zu einer nationalen Berühmtheit aufsteigen, und die Vorstellung, einen solchen kometenhaften Aufstieg mit Erfindungen zu erreichen, hätte grotesk gewirkt. Im Jahr 1577 beschrieb der Geistliche William Harrison das wesentliche Merkmal der englischen Gesellschaft in seiner Abhandlung *Description of England* so: »Wir in England unterteilen unser Volk für gewöhnlich in vier Sorten von Menschen«, als da waren: Gentlemen (der Adel), Bürger der Städte, Freibauern und auf der untersten Stufe Tagelöhner, arme Bauern, Handwerker und Dienstboten.[23] Als Gregory King ein Jahrhundert später sein berühmtes Werk *Ranks, Degrees, Titles and Qualifications* veröffentlichte, verwendete er im Wesentlichen dieselben Kategorien. Status und Macht eines Menschen hingen im Jahr 1688 ebenso wie im Jahr 1577 davon ab, in welche Gesellschaftsschicht er hineingeboren worden war.

Die Ordnung dieser stratifizierten »abgestuften Gesellschaft« wurde im Allgemeinen akzeptiert und hatte tiefe historische Wurzeln. Wie in Kapitel 4 dargestellt, hatten nach der normannischen Eroberung im Jahr 1066 die neuen Herrscher in England ein zentralisiertes Feudalsystem errichtet, in dem der König mit großer Macht ausgestattet war. Das Ziel der Monarchie war, sich durch Eheschließungen und Eroberungen neue Territorien anzueignen. Das Heer wurde von den Lords und dem niederen Adel unterhalten, die als Lehensnehmer im Feudalsystem dazu verpflichtet waren, Truppen zu stellen. Kommerzielle Unternehmungen hatten keine Priorität.

Doch schon im Jahr 1300 hatte diese Ordnung an Stabilität verloren. Die berühmte Magna Carta von 1215 hatte den Weg zur Gründung des ersten Parlaments geebnet und der Kirche und den Baronen einige Rechte zugestanden. Und sie enthielt Lippenbekenntnisse zu den Rechten aller Menschen. Dennoch hatte es im Jahr 1558, als Elisabeth I. den Thron bestieg, den Anschein, als hätte sich die Gesellschaftsordnung seit dem frühen 14. Jahrhundert kaum verändert. Und in der wirtschaftlichen Entwicklung hinkte England weiterhin weit hinter dem Italien der Renaissance oder den Ländern auf dem Gebiet des heutigen Belgien und der Niederlande mit ihrer Textilindustrie zurück.

Elisabeths Vater, Heinrich VIII., hatte das traditionelle System erschüttert und politische Veränderungen mit weitreichenden Auswirkungen in die Wege geleitet. Er überwarf sich mit der katholischen Kirche und den Orden, um die Annullierung seiner Ehe durchsetzen und Anne Boleyn heiraten zu können, und erklärte sich im Jahr 1534 schließlich zum Oberhaupt der von ihm gegründeten Anglikanischen Kirche. Den Bruch mit Rom besiegelte er endgültig, als er ab 1536 die Klöster auflöste und sich ihre beträchtlichen Besitztümer aneignete. Zu Beginn dieser Auseinandersetzung gehörten rund 2 Prozent der männlichen Bevölkerung Englands Mönchsorden an, die ein Viertel des Landes besaßen. Dieses Land wurde nun verkauft, was eine weitere Runde gesellschaftlicher Veränderungen einleitete: Der Grundbesitz einiger reicher Familien wuchs ebenso deutlich wie die Zahl der Menschen, die zumindest ein kleines Stück Land besaßen.

Am Ende von Heinrichs Herrschaft bröckelten die Fundamente der mittelalterlichen Ständegesellschaft. Doch die Resultate der umwälzenden Veränderungen traten erst in Elisabeths langer Regierungszeit (1558–1603) wirklich zutage. In dieser Epoche hatte sich vor allem in London und anderen Hafenstädten bereits eine einflussreiche Klasse von Kaufleuten durchgesetzt, die im Fernhandel aktiv waren. Noch einschneidender dürften die Veränderungen auf dem Land gewesen sein. In dieser Zeit wurden sowohl Freibauern als auch spezialisierte Handwerker zu neuen wirtschaftlichen und gesellschaftlichen Kräften.

Der gesellschaftliche Wandel beschleunigte sich infolge der englischen Expansion in Übersee. Die »Entdeckung« Amerikas durch Kolumbus im Jahr 1492 und die Umrundung des Kaps der Guten Hoffnung durch Vasco da Gama im Jahr 1497 eröffnete den Europäern neue, einträgliche Geschäftschancen. England stieg spät in das koloniale Wettrennen ein, und am Ende von Elisabeths Regierungszeit besaß es keine nennenswerten Kolonien. Seine Kriegsmarine war kaum in der Lage, sich der spanischen oder portugiesischen Flotte entgegenzustellen.

Aber in diesem Fall war Englands Schwäche zugleich seine Stärke. Als sich Elisabeth I. entschloss, England ein Stück vom kolonialen Kuchen zu sichern, wandte sie sich an Freibeuter wie Francis Drake. Diese Abenteurer rüsteten ihre Schiffe selbst aus und stachen, mit einem königlichen Kaperbrief ausgestattet, in See, um spanische oder portugiesische Besitzungen zu plündern oder Schiffe aufzubringen. Wenn sie Erfolg hatten, konnte die Krone auf einen saftigen Anteil an der Beute hoffen. Elisabeth verdiente dank Drakes erfolgreicher Weltumseglung ein Vermögen. Ging das Abenteuer für einen Freibeuter schlecht aus, konnte die Krone ihre Hände in Unschuld waschen.

Der Atlantikhandel wirkte sich auf die politischen Machtverhältnisse in England aus, indem er die im Fernhandel engagierten Kaufleute und ihre Verbündeten reich machte und ihren Wagemut weckte. In London und anderen Hafenstädten wuchs der politische Rückhalt für jene, die sich hohen Steuern und der königlichen Willkür widersetzten. Kaufleute und Kolonien vertraten ihre politischen Interessen mit wachsendem Nachdruck, und in einer Zeit politischer und gesellschaftlicher Unruhe wirkte sich das aus.

Zu Beginn des 17. Jahrhunderts erklärte Jakob I., er habe das »königliche Recht der Könige« geerbt, womit er eine Vorstellung von der gesellschaftlichen Ordnung vertrat, die den normannischen Monarchen oder den ägyptischen Pharaonen vertraut gewesen wäre: Der König hatte als Vertreter Gottes auf Erden das Recht, über das Land zu herrschen wie ein Vater über seine Familie, und die Einwohner des Landes mussten zu ihm aufblicken und ihm gehorchen wie wohlerzogene Kinder. Diese Einstellung und ein entsprechend hochmütiges Verhalten Jakobs und seines Sohns und Nachfolgers Karl I. stießen bei ländlichen Grundbesitzern und städtischer Kaufmannsklasse auf Ablehnung. Der Konflikt mündete schließlich in den Englischen Bürgerkrieg (1642–1651).

Die Zeitgenossen konnten die wirkliche Bedeutung des Bürgerkriegs unmöglich verstehen. Aber in bestimmten Augenblicken wurde klar, dass es in der englischen Gesellschaft brodelte. Besonders deutlich zeigt sich das Ausmaß des politischen und sozialen Wandels in den Ideen einer Gruppe radikaler Männer, die als »Levellers« (Gleichmacher) bezeichnet wurden.

Die Levellers waren eine Protestbewegung, die sich in den ersten Jahren des Bürgerkriegs bildete und Rückhalt unter den Soldaten der vom Parlament gebildeten New Model Army (Neues Musterheer) genoss. Sie verlangten politische Rechte für alle (»ein Mann, eine Stimme«) sowie das, was wir heute als Menschenrechte bezeichnen würden. In den sogenannten Putney-Debatten im Oktober und November 1647 stellten sie sich der Führung der Parlamentsarmee entgegen und erhoben radikale Forderungen. Colonel Thomas Rainsborough, ein besonders wortgewandter Leveller, drückte es so aus:

> Ich denke, dass der ärmste Mann in England ebenso wie der größte Mann Anspruch auf ein Leben hat. Und deshalb, Sir, ist in meinen Augen klar, dass sich jeder Mann, der unter einer Regierung lebt, zuerst aus freien Stücken dieser Regierung unterordnen sollte, und ich denke, dass der ärmste Mann in England strenggenommen keineswegs an die Regierung gebunden ist, der er sich nicht aus freien Stücken untergeordnet hat.[24]

Rainsboroughs Vision beruhte auf dem allgemeinen Wahlrecht:

> Ich finde im göttlichen Gesetz nichts, das besagen würde, dass ein Lord zwanzig, ein Gentleman zwei und ein armer Mann keinen Bürger auswählen sollte. Ich finde nichts Derartiges im Gesetz der Natur oder im Gesetz

der Völker. Hingegen finde ich, dass sich alle Engländer den englischen Gesetzen unterwerfen müssen, und ich bin fest davon überzeugt, dass jedermann zustimmen wird, dass alle Gesetze ihren Ursprung im Volk haben, und wenn sie ihren Ursprung im Volk haben, muss ich nach dieser Befreiung streben.[25]

Die Armeeführung um Oliver Cromwell und den Oberkommandierenden Lord Fairfax stemmte sich gegen die Bewegung. In ihren Augen musste die politische Macht in den Händen von Personen liegen, die Land und anderes Eigentum besaßen. Nach erbitterten Debatten unterlagen die Leveller, und ihre Ideen verschwanden in der Versenkung.

Der Bürgerkrieg endete mit einem Sieg der Parlamentarier und mit der Entstehung eines Gemeinwesens, das bis 1660 Bestand hatte. Aber rückblickend sollten wir die Entwicklung in den folgenden drei Jahrzehnten als eine Fortsetzung der Bemühungen betrachten, der königlichen Macht Grenzen zu setzen – und als Auseinandersetzung über die Frage, welche Gesellschaftsgruppen das Machtvakuum füllen sollten.

Die Auseinandersetzung erreichte ihren Höhepunkt in der »Glorious Revolution« von 1688, aber wir sollten uns nicht von dem Wort *Revolution* täuschen lassen: Dieser Konflikt hatte keine Ähnlichkeit mit der Französischen Revolution von 1789. Es kam nicht zu einer Umverteilung des Besitzes, es wurden keine universellen Rechte von der Art verkündet, welche die Leveller verfochten hatten, und die Regierung des Landes änderte sich nicht grundlegend. Besonders bedeutsam ist, dass jene, die Macht erlangten, der Überzeugung waren, der Erhalt des Eigentums und der Schutz der Rechte der Besitzenden müssten der Organisation des politischen Lebens zugrundeliegen.

Diese gesellschaftlichen Entwicklungen sind nicht nur unerlässlich, wenn wir verstehen wollen, warum sich die englische und später die britische Gesellschaft rasch veränderten, sondern sie erklären auch einige besondere Merkmale dieser Gesellschaft.

Mittlerweile haben wir einige der zuvor gestellten Fragen beantwortet. Die entscheidende Voraussetzung für die Industrielle Revolution waren der Unternehmungsgeist und das innovative Denken einer Gruppe »neuer Männer« von relativ bescheidener Herkunft, aber mit praktischen Kenntnissen und dem Ehrgeiz, Technologien erfinderisch weiterzuentwickeln.

Im Prinzip hätten auch Feudalherren und örtliche Machthaber die Innovation fördern können, aber das geschah nur selten. Die Grundherren konnten ihre Bauern zur Innovation ermutigen, aber das war ebenso unwahrscheinlich.

Äbte hätten die Ressourcen ihrer Klöster einsetzen können, um die Entwicklung voranzutreiben, was im Mittelalter gelegentlich geschah, aber nicht die Norm war. Daher war der Aufstieg einer neuen Gesellschaftsgruppe eine unabdingbare Voraussetzung für die Industrielle Revolution. Diese Personen mussten einfallsreich sein und danach streben, durch den Erwerb von Wohlstand gesellschaftlich aufzusteigen, und die Gesellschaft musste ihren Aufstieg zulassen. Der Niedergang der Feudalordnung in England eröffnete ihnen die Möglichkeit, große Träume zu verfolgen.

Der Feudalismus war auch in anderen Teilen Europas auf dem Rückzug, aber die Kritik an dieser Gesellschaftsordnung ging andernorts nicht so weit wie in England. In Frankreich, Deutschland und Schweden kam es zu Bauernaufständen, und es tauchten neue philosophische Ideen auf. Doch diese veränderten die Machtverhältnisse nicht im selben Maße wie der Bürgerkrieg und die »Glorious Revolution« in England, und der wirtschaftliche und gesellschaftliche Wandel nahm nie ein vergleichbares Ausmaß wie auf der Insel an.

Diese Erklärung ermöglicht uns auch, richtig einzuschätzen, warum sich England anders entwickelte als China. Obwohl in China bahnbrechende wissenschaftliche Entdeckungen gemacht wurden und einige andere Voraussetzungen für eine Industrialisierung erfüllt waren, fehlte dort eine geeignete institutionelle Struktur, um eine Gruppe von Neuerern dazu zu ermutigen, die bestehende Organisation der Produktion und die vorhandenen Hierarchien in Frage zu stellen. China war diesbezüglich keine Ausnahme, ganz im Gegenteil: Es war wie die übrige Welt. Einige wissenschaftliche Erkenntnisse am Rande der organisierten Gesellschaft wurden nicht als Bedrohung für die bestehende Ordnung betrachtet – und bedrohten sie tatsächlich nicht. Diese Innovationen konnten wie das Schießpulver von militärischem Wert sein oder wie Fortschritte in der Astronomie dabei helfen, die religiösen Feiertage genau zu berechnen. Aber die Grundlage für eine industrielle Revolution konnten sie nicht schaffen.

Obwohl in Großbritannien eine soziale Revolution stattfand, erschütterte diese nicht die bestehende gesellschaftliche Hierarchie. Es war eine Revolution innerhalb des Systems, und ihre Bestrebungen waren von einer Fixierung auf das Eigentum geprägt: Menschen, die reich wurden, sollten ernst genommen werden.

Wer gesellschaftlich aufsteigen wollte, musste Wohlstand erwerben. Und dem Aufstieg derer, die es schafften, Wohlstand zu erwerben, waren keine Grenzen gesetzt. In der sich rasch wandelnden britischen Wirtschaft des 18. Jahrhunderts war der Wohlstand nicht ausschließlich an den Grundbesitz gekoppelt. Man konnte reich werden und seinen sozialen Status verbessern, indem man Handel betrieb oder Fabriken baute. Unter diesen Bedingungen relativer Offenheit lag es für viele ehrgeizige Männer von einfacher Herkunft nahe, den sozialen Aufstieg innerhalb einer modifizierten Version der bestehenden Ordnung anzustreben, anstatt zu versuchen, die gesamte gesellschaftliche Struktur zu zerschlagen.

Thomas Turner fasste in seinem Tagebuch die Bestrebungen der Mittelschicht um die Mitte des 18. Jahrhunderts zusammen: »Oh, was für eine Freude ist das Unternehmertum! Ein aktives, geschäftiges Leben (sofern man sich einem ehrbaren Beruf widmet) ist einem trägen und müßigen Lebenswandel um ein Vielfaches vorzuziehen, und glücklich sind jene, die vom Schicksal an einen Ort gestellt wurden, an dem der Handelsverkehr ermutigt wird und eine Person Gelegenheit hat, ein Gewerbe entschlossen voranzutreiben.«[26]

Und es gab nicht nur Handel und Produktion: Die Entwicklung neuer Technologien war im Zeitalter der Entdeckungen ein natürliches Ziel für die Träume und Bestrebungen von Menschen, die der Mittelschicht entstammten. Alte Wahrheiten und überkommene Methoden wurden aufgegeben. Wie Francis Bacon vorausgesehen hatte, strebte der Mensch nach mehr Kontrolle über die Natur.

Neu ist nicht gleichbedeutend mit inklusiv

Die britische Industrie ging aus einer Revolution der gesellschaftlichen Vision hervor. Angetrieben und umgesetzt wurde sie von Tausenden Männern (und einigen wenigen Frauen), die aus bescheidenen Verhältnissen stammten, nur eine begrenzte Bildung genossen hatten und kaum geerbtes Vermögen besaßen. Diese Männer waren Rebellen innerhalb der sozialen Ordnung.

Wenn eine neue Gesellschaftsgruppe eine uralte Hierarchie aufbricht, könnte man meinen, dies werde eine inklusive Vision hervorbringen, und wenn es so ist, sollte diese Vision dazu führen, dass alle am Wohlstand teilhaben können.

Leider geschah das in der Industriellen Revolution zumindest anfangs nicht.

Im 18. und zu Beginn des 19. Jahrhunderts hatten die erwerbstätigen Armen in Großbritannien keine politische Vertretung und konnten ihre Forderungen abgesehen von gelegentlichen Protestkundgebungen nicht kollektiv zum Ausdruck bringen. Hingegen hatte die zuversichtliche Mittelschicht Aussicht auf einen Aufstieg innerhalb des bestehenden Systems. Diese Gruppe akzeptierte die gesellschaftlichen Werte, und viele ihrer Angehörigen, darunter Richard Arkwright, kauften Herrensitze, um ihren sozialen Status zu verbessern.

Der Zeitgenosse Soame Jenyns drückte es so aus: »Der Händler wetteifert mit dem Ersten unseres Adels um Haus, Tisch, Möbel und Equipage.«[27] Philip

Stanhope, der Earl of Chesterfield, erklärte: »Die mittlere Klasse von Personen in diesem Land gibt sich alle Mühe, die Höhergestellten nachzuahmen.«[28]

Diese Aufsteiger eigneten sich auch die herablassende Einstellung der Aristokraten gegenüber den Armen in den Städten und auf dem Land an, die als »minderwertige Sorte« betrachtet wurden und in einer anderen Welt lebten als die aufstrebenden Menschen der mittleren Sorte, die in das System aufgenommen werden konnten. Gregory King meinte, diese Armen verringerten »den Wohlstand der Nation«, anstatt dazu beizutragen.[29] Um es mit den Worten William Harrisons, eines weiteren Zeitgenossen, zu sagen: Sie hatten »weder eine Stimme noch Autorität im Gemeinwesen«, sondern mussten »regiert werden, anstatt andere zu regieren«.[30]

Da sich die Angehörigen der aufstrebenden Klasse diese Vision aneigneten, lag es nahe, dass sie sich auf den Wohlstandserwerb konzentrierten, anstatt sich Gedanken über den Lebensstandard ihrer Arbeiter und der Gesellschaft insgesamt zu machen. Wie wir im nächsten Kapitel sehen werden, dienten die Entscheidungen der industriellen Unternehmer über Technologie, Organisation, Wachstumsstrategie und Lohnpolitik ihrer persönlichen Bereicherung. Ihren Arbeitern enthielten sie den Ertrag der Produktivitätserhöhungen vor – so lange, bis die Arbeiter selbst ausreichende politische und gesellschaftliche Macht hatten, um Veränderungen zu erzwingen.

6

OPFER DES FORTSCHRITTS[1]

Und so wird die Muskelkraft, das heißt die bloße Arbeitskraft, von Tag zu Tag mehr zu einer Droge auf dem Markt, zittert angesichts des nahenden Winters, duckt sich tiefer und tiefer beim Anblick eines Maschinenherren oder Grundherren und streift mit müden Gliedern und schwindendem Mut vergeblich durch die Straßen auf der Suche nach »etwas zu tun«.

– Horace Greeley, *The Crystal Palace and Its Lessons: A Lecture*, 1851[2]

[N]ur die Industrie hat es möglich gemacht, daß der kaum aus der Leibeigenschaft befreite Arbeiter wieder als ein bloßes Material, als *Sache* gebraucht werden konnte, daß er sich in eine Wohnung sperren lassen muß, die jedem andern zu schlecht und die er nun für sein teures Geld das Recht hat vollends verfallen zu lassen. Das hat nur die Industrie getan, die ohne diese Arbeiter, ohne die Armut und Knechtschaft dieser Arbeiter nicht hätte leben können.

– Friedrich Engels, *Die Lage der arbeitenden Klasse in England*, 1845[3]

Im Jahr 1842 legte die Königliche Kommission zur Untersuchung der Kinderarbeit einen schockierenden Bericht vor. Seit Jahrzehnten wuchs die Besorgnis über die »Bedingung Englands«, unter anderem über die Bedingungen, unter denen Kinder in England lebten und arbeiteten. Aber da bis dahin nicht systematisch Daten gesammelt worden waren, herrschte Uneinigkeit darüber, welche Arbeit Minderjährige in Kohlegruben und Fabriken tatsächlich leisteten und ob dies etwas war, das gesetzlich geregelt werden musste.

Die sorgfältige Untersuchung der Kommission dauerte drei Jahre. Die Forscher befragten arbeitende Kinder, ihre Familienangehörigen und Arbeitgeber in allen Landesteilen. Im ersten Bericht, der sich auf Kohlegruben konzentrierte, wurden die Schilderungen der Betroffenen in umfangreichen Anhängen wortwörtlich wiedergegeben.

Kinder schufteten unter Tage, und ihre Arbeitstage waren lang. Eine typische Beschreibung ihres Alltags stammte von David Pyrah aus Flockton in West Yorkshire:

> Ich arbeitete in einer von Mr. Stansfields Gruben. Zu Weihnachten wurde ich von einer herabfallenden Schwelle gelähmt, seitdem habe ich nicht gearbeitet. Normalerweise ging ich um 6 arbeiten, aber an ungeraden Tagen um 4. Wir kamen um 6 oder 7 heraus, manchmal um 3 – wann immer die Arbeit getan war. Die Arbeit schien uns sehr schwer. Die Straßen [Tunnel] waren fast einen Meter hoch, aber am Kohlenstoß war es nur ein halber Meter. Das gefiel mir nicht, denn es war sehr niedrig, und ich musste bis in die Nacht arbeiten.[4]

Die kleinsten Kinder bedienten die Wettertüren, durch die verschiedene Grubenabschnitte voneinander getrennt waren. In der Regel waren sie geschlossen, damit die Luft nur in bestimmten Bereichen zirkulieren konnte und das Risiko von Gasansammlungen und in deren Folge Explosionen verringert wurde. Passierten Grubenarbeiter oder Kohle die Tür, musste diese entsprechend geöffnet und geschlossen werden. Wenn die Kinder größer wurden, konnten sie gebückt oder auch auf allen Vieren Kohleladungen auf Gleisen entlangziehen. William Pickard, Aufseher in der Denby-Grube, erklärte, dass Kinder in den Schächten gebraucht wurden, weil sie in kleinere Räume passten:

> Bis vor Kurzem setzten wir Wettertürenöffner ein, die schon im Alter von 6 Jahren zu arbeiten beginnen. [...] Wenn sie 8 oder 9 Jahre alt sind, fangen sie an, die Karren zu ziehen. Das dünnste Kohleflöz, an dem wir arbeiten, ist nur 10 Zoll breit. Wir schneiden die Türen 26 Zoll hoch. Dort gehen die jüngsten Kinder hinein.

Mädchen wurden genauso eingesetzt wie Jungen. Die achtjährige Sarah Gooder berichtete, dass sie eine Wettertür betätigte, die dazu diente, das Ausströmen gefährlicher Gase zu verhindern:

> Ich bin Trapper (Bedienerin einer Wettertür) in der Gawber-Grube. Das macht mich nicht müde, aber ich muss ohne Licht arbeiten und fürchte mich. Ich gehe um 4 und manchmal um halb 4 Uhr morgens hinein und komme um halb 6 heraus. Ich schlafe nie ein. Manchmal singe ich, wenn ich Licht habe, aber nicht im Dunkeln. Dann traue ich mich nicht zu singen. Ich mag es nicht, in der Grube zu sein.

Das Interview mit der fünfzehnjährigen Fanny Drake aus Overton (ebenfalls in West Yorkshire) zeigt deutlich, wie ungesund es war, einen mit Kohle gefüllten Karren unter der Erde zu bewegen:

> Manchmal schiebe ich mit dem Kopf, und davon schmerzt mein Kopf so sehr, dass ich es nicht ertrage, wenn er berührt wird; er ist auch weich. Ich habe oft Kopfschmerzen, Erkältungen, Husten und Halsschmerzen. Ich kann nicht lesen, ich kann die Buchstaben nicht aufsagen.

Den Eltern war bewusst, was von ihren Kindern verlangt wurde, aber die Familien brauchten das Geld. Und andere Arbeiten waren weniger attraktiv. Eine Mrs. Day gab an:

> Ich habe zwei Mädchen in der Grube: die jüngste ist 8 und die älteste wird im Mai 19. Wenn die Mädchen nicht in die Grube gehen, müssen sie betteln gehen.

Auch die Arbeitgeber sprachen offen über den Einsatz von Kindern. Er war nötig, um die Rentabilität der Gruben zu gewährleisten. Henry Briggs, Miteigentümer einer Grube in Flockton, erklärte:

> Wir könnten keine Pferdetunnel oder noch höhere Tunnel haben, da die Kohlenflöze so dünn sind, denn das wäre zu teuer. Würde der Einsatz von Kindern in den Gruben verboten, so müssten wir den Abbau der besten Flöze in Flockton einstellen, denn es würde zu viel kosten, die Höhe der Tore zu erhöhen.

Im Mittelalter war Holz der wichtigste Brennstoff gewesen, aber zu Beginn des 17. Jahrhunderts wurde es von der Kohle verdrängt. Kohle hat sowohl am Gewicht als auch am Volumen gemessen einen höheren Brennwert als Holz. Außerdem konnten große Mengen Kohle auf Kähnen oder Segelschiffen befördert werden, was die Transportkosten pro Wärmeenergieeinheit verringerte.

Mitte des 18. Jahrhunderts wurden die Schächte in den Bergwerken tiefer ins Erdreich getrieben. Ende des 17. Jahrhunderts lagen sie nicht mehr als 50 Meter unter der Erdoberfläche, aber nach 1700 wurde die Schachttiefe auf 100 Meter, bis 1765 auf 200 Meter und nach 1830 auf 300 Meter erhöht. Auch der Einsatz von Maschinen begann sich auszuwirken: Zunächst wurden Wasser- und Windmühlen genutzt, um die Kohle aus den Schächten zu befördern. Ab 1712 pumpten Newcomen-Dampfmaschinen Wasser aus den Gruben. Später im 18. Jahrhundert wurde die Kohle in zahlreichen Gruben, darunter jenen im Nordosten Englands, in von Pferden gezogenen Waggons auf Gleisen vom Kohlenstoß durch den Schacht befördert. Es wurden effizientere Dampfmaschinen entwickelt, nicht zuletzt, um die Überflutung tiefer liegender Grubenschächte zu verhindern. Die Verbesserung des Kohletransports durch die Nutzung von Dampfmaschinen auf Rädern war Anfang des 19. Jahrhunderts eine wichtige Motivation für George Stephenson und andere Erfinder.[5]

In den vierziger Jahren des 19. Jahrhunderts war der Kohlebergbau einer der leistungsfähigsten modernen Wirtschaftszweige. Im Bergbau kam mechanische Ausrüstung auf dem neuesten Stand der Technik zum Einsatz. Mehr als 200 000 Menschen arbeiteten in der Kohleförderung, und zwischen 20 und 40 Prozent der in den Gruben eingesetzten Arbeiter waren Kinder.

Aufmerksame Beobachter der seinerzeitigen Arbeitsbedingungen machten sich keine Illusionen über die Lebensumstände der Kinder. In der Landwirtschaft wurden seit jeher Kinder ab dem sechsten Lebensjahr eingesetzt; sie versorgten die Tiere und halfen insbesondere in der Erntezeit bei verschiedenen anderen

Tätigkeiten. Auch beteiligten sich Kinder seit Langem an der Handwerksarbeit ihrer Eltern und spannen zum Beispiel Garn.

Doch es war ein historisch beispielloses Phänomen, dass Kinder halbnackt unter gesundheitsschädlichen und gefährlichen Bedingungen viele Stunden am Stück arbeiten mussten. Mitte des 19. Jahrhunderts war keine Verbesserung der Arbeitsbedingungen von Kindern in Sicht, sondern ihre Lage verschlechterte sich eher noch, da die Grubenschächte immer tiefer in die Erde getrieben wurden.

Die Kohlegruben waren furchtbare Orte, aber die Arbeitsbedingungen dort waren nicht ungewöhnlich. In Baumwoll- und anderen Fabriken, mit denen sich die Königliche Kommission in ihrem zweiten Bericht beschäftigte, war die Situation ähnlich trostlos. Und nicht nur die Kinder litten. Während die Realeinkommen kaum oder überhaupt nicht stiegen, mussten die Arbeiter längere Arbeitszeiten und anstrengendere Bedingungen auf sich nehmen als vor dem Zeitalter der Fabriken. Umweltverschmutzung und Infektionskrankheiten in dicht besiedelten Städten mit mangelhafter Infrastruktur verringerten die Lebenserwartung und erhöhten die Anfälligkeit für Erkrankungen.

Wie die Engländer immer deutlicher sahen, hatte die Industrialisierung einige Personen sehr reich gemacht, aber die meisten arbeitenden Menschen lebten kürzer und ungesünder als früher, und ihr Dasein war brutaler als vor Beginn der industriellen Entwicklung. Mitte der vierziger Jahre des 19. Jahrhunderts fragten sich Autoren und Politiker in allen Lagern, warum die Industrialisierung das Leben so vieler Menschen erschwert hatte und was getan werden konnte, um ihre Lage zu verbessern. Gab es einen Weg, um das Wachstum der Industrie zu fördern und die wirtschaftlichen Erträge gleichmäßiger zu verteilen?

Tatsächlich gab es eine Alternative, und wie wir in diesem Kapitel sehen werden, schlug Großbritannien diesen Weg in der zweiten Hälfte des 19. Jahrhunderts ein. Die unausgewogene Verteilung der Erträge der technologischen Entwicklung zum Nachteil der arbeitenden Menschen ist nie eine unvermeidliche Nebenwirkung des »Fortschritts«, sondern stets die Folge einer Wahl. Um der Benachteiligung der Bevölkerungsmehrheit ein Ende zu machen, musste eine andere Wahl getroffen werden.

Die breite Bevölkerung profitierte sehr viel mehr vom technologischen Wandel, als dieser neue Chancen für arbeitende Menschen schuf und die Arbeitgeber die Fähigkeit einbüßten, die Löhne niedrig zu halten. Das wurde möglich, als zunächst an den Arbeitsplätzen und später in der politischen Sphäre Gegenkräfte entstanden, die den Fabrikeigentümern und vermögenden Eliten die Stirn boten. Die Veränderungen zogen eine Verbesserung der Volksgesundheit und der Infrastruktur nach sich, versetzten die Arbeiter in die Lage, bessere Arbeitsbedingungen und höhere Löhne durchzusetzen, und trugen zu einer Neuausrichtung des technologischen Wandels bei. Wir werden jedoch auch sehen, dass die Industrialisierung vielfach schlimme Auswirkungen auf Menschen in aller Welt hatte, insbesondere auf die politisch machtlosen Einwohner der europäischen Kolonien.

Weniger Lohn für mehr Arbeit

Gemäß der Theorie der Sogwirkung von Produktivitätszuwächsen hätten die Löhne in der Frühphase der Industriellen Revolution steigen müssen, als die Technologie rasch weiterentwickelt wurde. Stattdessen stagnierten die Realeinkommen der Bevölkerungsmehrheit. Die Arbeitszeit erhöhte sich und die Arbeitsbedingungen verschlechterten sich deutlich, was dazu führte, dass die Stundenlöhne sanken, während aus den britischen Arbeitern mehr und mehr Leistung herausgeholt wurde.

In detaillierten Studien sind die Kosten von Nahrungsmitteln und anderen essenziellen Gütern wie Brennstoff und Wohnung rekonstruiert worden, wobei ein klares Grundmuster erkennbar wird. Ende des 17. Jahrhunderts ernährten sich die meisten Engländer von einem »Subsistenzkorb«, dessen Inhalt sich kaum von den Gütern unterschied, welche die ländliche Bevölkerung im Mittelalter konsumiert hatte. Der Hauptbestandteil der Ernährung der Arbeitskräfte war Getreide, sei es als Nahrung (Brot) oder Getränk (Bier). Im Fall Englands handelte es sich beim Getreide um Weizen, der überwiegend auf den heimischen Feldern angebaut wurde. Je nach Saison waren einige Gemüsesorten verfügbar, und ein- oder zweimal in der Woche konnten Arbeiter eine kleine Ration Fleisch konsumieren. Ähnliche Konsumkörbe können für andere Teile Europas sowie für Indien und China rekonstruiert werden. In den vorhandenen Daten sind drei grobe Muster zu erkennen.

Erstens stiegen in einer Phase, die etwa von 1650 bis 1750 dauerte, die Realeinkommen in England langsam, was vermutlich auf den Produktivitätszuwachs in der Landwirtschaft und die Ausweitung des Fernhandels mit Asien und Amerika zurückzuführen war, der zu einer Zunahme der Einkommen in London und anderen Hafenstädten wie Bristol und Liverpool und zu einem geringen Lohnanstieg im ganzen Land führte. Um das Jahr 1750 waren die Löhne in England etwas höher als in Südeuropa, Indien und China, was sich auch auf die Ernährungsgewohnheiten auswirkte. Beispielsweise war der durchschnittliche Kalorienkonsum ungelernter Arbeiter etwa 20 bis 30 Prozent höher als im Mittelalter, und ihre

Kost war etwas nahrhafter und beinhaltete mehr Fleisch als die der Menschen, die 500 Jahre früher gelebt hatten. In anderen Teilen der Welt war die Ernährung nach wie vor so schlecht wie im 13. Jahrhundert.

Zweitens stieg die Produktivität ab Mitte des 18. Jahrhunderts insbesondere in der Textilerzeugung rasch. Die frühesten Spinnmaschinen erhöhten die Produktion pro Arbeitsstunde fast um das 400-Fache. In Indien mussten für das Spinnen von hundert Pfund Rohbaumwolle zu jener Zeit 50 000 Arbeitsstunden aufgewandt werden. In England konnte dieselbe Menge im Jahr 1790 unter Einsatz einer Spinnmaschine mit nur 1000 Arbeitsstunden produziert werden. Bis 1825 wurde der Arbeitsaufwand dank verbesserter Maschinen auf 135 Stunden gesenkt.

Doch die Realeinkommen blieben weitgehend unverändert. Die Kaufkraft eines ungelernten Arbeiters war Mitte des 19. Jahrhunderts etwa dieselbe wie fünfzig oder sogar hundert Jahre früher. Auch die Ernährung der meisten britischen Arbeiter verbesserte sich in den ersten hundert Jahren der Industrialisierung kaum.

Drittens erhielten gelernte Arbeiter in dieser Zeit höhere Löhne als ungelernte, aber die Bedeutung des Worts »gelernt« änderte sich grundlegend. Männer, die Anfang des 19. Jahrhunderts Webstühle bedienen konnten, wurden als Facharbeiter höher entlohnt , aber wie wir in diesem Kapitel sehen werden, löschte die Automatisierung zahlreiche Tätigkeiten aus, für die man früher handwerkliches Können benötigt hatte, darunter die Arbeit von Webern. Diese Facharbeiter mussten nun als ungelernte Arbeiter schlechter bezahlte Tätigkeiten annehmen. Mindestens bis zur Mitte des 19. Jahrhunderts waren die Lohnzuwächse gelernter Industriearbeiter unsicher oder konnten sogar wieder rückgängig gemacht werden.

Ebenso wichtig war die Transformation des britischen Arbeitsmarkts. Die Arbeitszeit stieg und die Arbeit wurde vollkommen neu organisiert. Wie der Wirtschaftshistoriker Jan de Vries festgestellt hat, war die Industrielle Revolution tatsächlich eine »Revolution des Fleißes«: Die Arbeitskräfte begannen zuerst in Großbritannien und später überall sehr viel härter zu arbeiten.

Mitte des 18. Jahrhunderts arbeiteten die Menschen durchschnittlich 2 760 Stunden im Jahr, was vermutlich derselbe Arbeitsaufwand wie 50 oder 100 Jahre früher war. Bis 1800 stieg die durchschnittliche Jahresarbeitszeit auf 3 115 Stunden. In den folgenden 30 Jahren erhöhte sie sich auf 3 366 Stunden – was einem Durchschnitt von fast 65 Stunden pro Woche entsprach. Doch trotz der längeren Arbeitszeiten verdienten die meisten Arbeitskräfte nicht mehr.[6]

Die Experten streiten über die Frage, inwieweit diese Erhöhung des Arbeitsaufwands eine freiwillige Reaktion auf bessere wirtschaftliche Aussichten war und inwieweit sie den Arbeitern aufgezwungen wurde. In unserer angenehmen Position im 21. Jahrhundert lässt sich trefflich über solche Fragen diskutieren, aber den meisten Einwohnern Großbritannien zu Beginn des 19. Jahrhunderts war lediglich bewusst, dass sie mehr Stunden unter härteren Bedingungen arbeiten mussten als die Menschen fünfzig oder hundert Jahre früher. Nur so konnten sie in der neuen Industriewirtschaft überleben.

Vor Beginn der Industriellen Revolution wurden zahlreiche Artikel in kleinen Werkstätten von Menschen mit großem handwerklichem Geschick erzeugt. Im Mittelalter stieg die Buchproduktion in Europa und die Uhrmacherei wurde zu einer wichtigen Tätigkeit. Nach 1500 entwickelte sich in England rund um Wollerzeugnisse eine große Textilindustrie, und Kohle- und Zinnbergbau hatten zu Beginn des 17. Jahrhunderts einen festen Platz im Wirtschaftssystem.

Im Produktionssystem für Wollstoffe leisteten die Arbeitskräfte den Großteil der Arbeit in den eigenen vier Wänden, wo sie in ihrem eigenen Rhythmus spinnen oder weben konnten und pro Stück bezahlt wurden, womit ihr Einkommen von ihrer Produktion abhing. Es war eine anstrengende Arbeit für einen geringen Lohn, doch die Arbeiter genossen beträchtliche Autonomie und konnten selbst entscheiden, wie und wann sie arbeiten wollten. Die meisten Leute nutzten diese Flexibilität und passten Arbeitsaufwand und -methoden ihren Erfordernissen an – beispielsweise gingen sie einer Handwerkstätigkeit abhängig davon nach, zu welchen Zeiten auf dem Feld gearbeitet werden musste. Sie ruhten sich aus, wenn sie müde waren oder wenn sie am Vorabend zu viel getrunken hatten. Weber arbeiteten normalerweise nicht an Montagen und manchmal auch nicht an Dienstagen; die verlorene Zeit machten sie am Freitag- und Samstagabend wett. Die meisten Arbeiter maßen ihre Arbeitszeit nicht, viele hatten nicht einmal eine Uhr.

Die Fabrikarbeit änderte all das. Unsere moderne Vorstellung von den frühen Fabriken wurde von Adam Smiths lebhafter Beschreibung einer Nadelfabrik in seinem klassischen Werk *Der Wohlstand der Nationen* geprägt. Smith erklärte, wie die Arbeitsteilung in den Fabriken die Effizienz erhöhte, indem sie den einzelnen Arbeitern spezifische Aufgaben im Prozess der Nadelerzeugung zuwies. Aber die Organisation der frühen Fabriken diente nicht nur der Arbeitsteilung zur Erhöhung der technischen Effizienz, sondern auch der Disziplinierung der Arbeiter. In den Fabriken galten strikte Regeln dafür, wann man zur Arbeit erscheinen musste und wann man nach Hause gehen durfte. Der Arbeitstag war dort deutlich länger, die Entscheidungen wurden hierarchisch gefällt. Das Vorbild für die Organisation der Fabriken waren die Streitkräfte der frühen Neuzeit.

Der niederländische Prinz Moritz von Nassau, der einflussreichste Militärtaktiker des frühen 17. Jahrhunderts, hatte ein Regelwerk entwickelt, worin das

Abfeuern einer Muskete in mehr als zwanzig einzelne Schritte unterteilt war. Der militärische Drill, der sich auf eine von den Römern entwickelte Praxis stützte, wurde zur wichtigsten Methode für die Organisation von Soldaten: Kleine Bewegungen auf Zuruf versetzten Infanterieeinheiten in die Lage, sich zu drehen, Formationen zu bilden, kehrtzumachen und so weiter. Nach wenigen Monaten eines solchen Drills konnten Hundertschaften als Einheit kämpfen und unter feindlichem Feuer oder angesichts eines Kavallerieangriffs den Zusammenhalt wahren. Gestützt auf diese Methoden, wurden die Heere größer. Im 17. und zu Beginn des 18. Jahrhunderts umfassten sie normalerweise mehrere Zehntausend Mann. Die englische Parlamentsarmee (New Model Army), die sich in den vierziger Jahren des 17. Jahrhunderts im Englischen Bürgerkrieg durchsetzte, hatte mehr als 20 000 Soldaten.[7]

Das englische Wort für Fabrik, *factory*, hat seine Wurzel in einem lateinischen Wort, das entweder Ölpresse oder Mühle bedeutet. Im 16. Jahrhundert bezeichnete der Begriff ein Büro oder einen kleinen Handelsposten. Als »Gebäude für die Erzeugung von Gütern« wurde die *factory* erstmals zu Beginn des 17. Jahrhunderts bezeichnet. Um das Jahr 1721 erhielt das Wort eine neue Bedeutung: Nun beschrieb es einen Ort, an dem sich zahlreiche Menschen, darunter viele Frauen und Kinder, versammelten, um an Maschinen zu arbeiten. Die frühen Textilfabriken beschäftigten nicht weniger als tausend Arbeiter, die Tätigkeiten wurden in einfache Handgriffe zerlegt, sodass die Arbeiter nur repetitive Bewegungen ausführen mussten. Strikte Disziplin gewährleistete, dass alle zusammenarbeiteten, und die Autonomie der Arbeiter wurde erheblich eingeschränkt.

Richard Arkwright, einer der erfolgreichsten Neuerer und Fabrikeigentümer jener Zeit, baute seine ersten Fabriken in der Nachbarschaft von Kohlegruben. Diese Standorte wählte er nicht, um den Zugang zu Brennstoff zu erleichtern, denn seine Energiequelle war Wasser. Vielmehr ging es Arkwright darum, die Familienangehörigen der Bergleute für seine Fabriken anzuwerben. Frauen und Kinder galten als fingerfertiger und waren in einem strikt reglementierten System fügsamer als erwachsene Männer. Das Wasser floss Tag und Nacht, sodass der Betrieb unablässig aufrechterhalten werden konnte. Der Bau von Fabriken war teuer, und Unternehmer, die das Kapital vorschossen, wollten ihre Maschinen möglichst intensiv nutzen, nach Möglichkeit rund um die Uhr und in jedem Fall bis in die Nacht hinein.[8]

Die Disziplin in diesen Fabriken wäre Moritz von Nassau vertraut vorgekommen, obwohl ihm der umfassende Einsatz von Kindern die Augen geöffnet hätte. Alle Arbeiter in einer Schicht mussten sich zum selben Zeitpunkt in der Fabrik einstellen. Sie mussten lernen, die Maschinen zu bedienen, wozu normalerweise eine begrenzte Zahl von Handgriffen genügte. Diese Aktionen mussten präzise sein, denn jede Abweichung vom vorgegebenen Muster konnte die Produktion unterbrechen oder die Ausrüstung beschädigen. Jeremy Benthams Konzept für das Panoktikum, mit dem wir uns im Vorwort beschäftigt haben, wurde nicht umfassend angewandt, aber die Mitarbeiter wurden sehr wohl streng beaufsichtigt, um zu gewährleisten, dass sie aufmerksam blieben und die Anweisungen befolgten.

Die Arbeiter beklagten sich oft über die Bedingungen und litten insbesondere unter dem Verlust ihrer Autonomie in der hierarchischen Struktur der Fabriken. In einer Ballade aus Lancashire wird das neue Leben beschrieben:

> So, come all you cotton-weavers, you must rise up very soon,
> For you must work in factories from morning until noon:
> You mustn't walk in your garden for two or three hours a-day,
> For you must stand at their command, and keep your shuttles in play.[9]
>
> (Auf, ihr Baumwollweber, ihr müsst früh hinaus,
> denn ihr sollt bis Mittag in der Fabrik arbeiten:
> Ihr dürft nicht zwei oder drei Stunden am Tag in eurem Garten umhergehen,
> Denn ihr müsst ihrem Befehl gehorchen und euer Schiffchen unablässig bewegen.)

Auf die Sicherheit der Arbeiter wurde in der Industrie kaum Rücksicht genommen, Arbeitsunfälle gehörten zum Alltag in den Fabriken. Die Opfer wurden selten entschädigt. Ein Mann aus Manchester, dessen Sohn bei einem solchen Unfall getötet worden war, erklärte: »Ich hatte sieben Jungen, aber auch wenn ich siebenundsiebzig hätte, würde ich nie wieder einen von ihnen in eine Baumwollfabrik schicken.« Der Grund war nicht nur die anstrengende Arbeit, »von sechs Uhr morgens bis acht Uhr abends«, sondern es lag auch an den Arbeitsbedingungen, der Disziplin und den Gefahren in der Fabrik.[10]

Da die Arbeiter nicht organisiert waren und keine politische Macht hatten, konnten es sich die Arbeitgeber erlauben, niedrige Löhne zu zahlen. Die strenge Disziplin in den Fabriken, die längeren Arbeitstage und die härteren Bedingungen waren ebenfalls ein Resultat der starken Position der Fabrikbesitzer. Wenn die Arbeitgeber mächtig und die Arbeitnehmer machtlos sind, teilen die Arbeitgeber die Erträge von Produktivitätszuwächsen nicht mit den Arbeitern – und erhöhen so ihre Gewinne. Die sinkenden Löhne für mehr Arbeit in der Frühphase der

Industriellen Revolution waren also eine Folge des Machtungleichgewichts zwischen Kapital und Arbeit.

Die Bemühungen der Arbeitgeber, die Löhne niedrig zu halten und möglichst viel Leistung aus den Arbeitern herauszuholen, wurden auch durch den unbarmherzigen Umgang mit den Armen, einschließlich der Waisen, im viktorianischen England begünstigt. Beispielsweise waren viele Arbeitskräfte in Arkwrights frühen Fabriken Kinder aus dem örtlichen Armenhaus, die dort untergebracht worden waren, weil es sich ihre Familien nicht leisten konnten, sie zu ernähren. Diese Kinder waren rechtlich als »Lehrlinge« eingestuft, mussten unter Strafandrohung am Arbeitsplatz bleiben – und konnten ihn ohnehin nicht verlassen, wenn sie essen wollten. Sie waren kaum in der Position, höhere Löhne oder bessere Arbeitsbedingungen zu verlangen.

Für die monumentalen Bauten im alten Ägypten und in Rom waren sachkundige Handwerker eingesetzt worden, die ihr Metier jahrelang erlernt hatten. Im Gegensatz dazu stellten die britischen Fabriken Arbeiter ohne Spezialkenntnisse ein, darunter natürlich auch Frauen und Kinder, die oft kaum neue Fertigkeiten erwarben. In einem Bergwerksschacht eine Wettertür zu öffnen oder einen mit Kohle gefüllten Karren mit dem Kopf zu schieben förderte das Lernen nicht. Wenn Kinder, die solchen einfachen Tätigkeiten nachgingen, bei einem Arbeitsunfall getötet oder verletzt wurden, konnten sie leicht ersetzt werden.

Im Jahr 1800 war die britische Baumwollindustrie die größte der Welt und ermöglichte die Anhäufung enormer Vermögen. Arkwright wurde zu einem der reichsten Männer Englands und konnte es sich leisten, der Herzogin von Devonshire den gewaltigen Betrag von 5000 Pfund zu leihen, damit sie ihre Spielschulden begleichen konnte. Die industrielle Mittelschicht stieg rasch auf, aber das Wachstum der Produktivität übte keine Sogwirkung auf die Einkommen der breiten Bevölkerung aus.

Und es sollte noch schlimmer kommen.

Das Leiden der Maschinenstürmer

Am 27. Februar 1812, zu einem Zeitpunkt, als die Industrielle Revolution sowohl buchstäblich als auch im übertragenen Sinn Fahrt aufnahm, erhob sich Lord Byron, um sich an das House of Lords zu wenden.[11] Der junge Byron war bereits für seine romantische Poesie berühmt, und als Redner war er ebenso eloquent wie als Dichter. Aber an diesem Tag äußerte er sich zu einem Thema von brutaler Realität: Die Gesetzesvorlage für den Frame Breaking Act sah die Todesstrafe für jedermann vor, der eine der neuen Maschinen zerstörte, mit denen Stoffe gewebt werden konnten.

Die Umwandlung von Rohbaumwolle in Kleidung ist eine sehr alte Aktivität, aber in den zwei Jahrtausenden der aufgezeichneten Geschichte waren die Produktionsmethoden nur geringfügig verbessert worden. Dann ermöglichte eine Welle britischer Erfindungen ab den dreißiger Jahren des 18. Jahrhunderts die Mechanisierung des Spinnens, sodass es in großen Fabriken mit überwiegend ungelernten Arbeitern billiger bewerkstelligt werden konnte.

Der Preis von Baumwollgarn fiel rasch auf etwa ein Fünfzehntel seines früheren Niveaus, was für die Handwerker, die sich auf das Weben verstanden, anfangs erfreulich war, weil die Produktion von Baumwollstoffen ausgeweitet wurde. Doch die Weber profitierten nur kurze Zeit vom Produktionswachstum. Eine weitere Welle von Erfindungen führte zur Mechanisierung des Webens in Fabriken, und es wurden immer weniger qualifizierte Handwerker gebraucht.

In den Jahren 1811 und 1812 bliesen Gruppen von Textilarbeitern, die sich als Ludditen bezeichneten, zum Angriff auf die Maschinen. Der Namensgeber der Bewegung war Ned Ludd, eine apokryphe Figur, von der es hieß, sie habe im Jahr 1779 mehrere Wirkstühle zerstört. Die Ludditen beharrten darauf, keine Plünderer oder Diebe zu sein. In einem Pamphlet von Maschinenstürmern in Nottinghamshire hieß es, sie wollten nicht plündern, sondern es gehe ihnen um »die grundlegenden Dinge des Lebens«. Dennoch schlug die Regierung vor, die bisherige Höchststrafe – die Deportation nach Australien – durch die Todesstrafe zu ersetzen.

In seiner leidenschaftlichen Parlamentsrede nahm Byron die Debatte über Technologie und Arbeitsplätze in den folgenden zwei Jahrhunderten vorweg:

> Anstatt die für die Menschheit so förderlichen Verbesserungen im Kunsthandwerk zu bejubeln, glaubten die abgelehnten Arbeiter in der Blindheit ihres Unwissens, verbesserten Mechanismen geopfert zu werden. In der Einfältigkeit ihrer Herzen stellten sie sich vor, die Pflege und gute Arbeit der arbeitsamen Armen seien von größerer Bedeutung als die Bereicherung einiger weniger durch Verbesserungen an den Werkzeugen des Gewerbes, welche die Arbeiter ihrer Beschäftigung beraubten und einer Einstellung unwürdig machten.[12]

Byron blieb nicht lange in der Politik, und in seiner aktiven Zeit bewirkte er als Parlamentarier nicht viel. Das war bedauerlich, denn er konnte mit Worten umgehen:

> Ich habe den Kriegsschauplatz auf der Halbinsel besucht; ich habe einige der am schwersten unterdrückten Provinzen der Türkei gesehen; aber nirgends, nicht einmal unter den despotischsten ungläubigen Regierungen, habe ich derart verwahrlostes Elend gesehen wie bei meiner Rückkehr im Herzen eines christlichen Landes.[13]

Die Industrialisierung zerstörte gute Arbeitsplätze, Einkommen und Menschenleben. Die folgenden Jahrzehnte sollten beweisen, dass Byron nicht übertrieben hatte. Tatsächlich sah er nur einen Teil des Schadens, der im Lauf der Jahre entstand.

Horace Greeley, ein bekannter amerikanischer Zeitungsherausgeber, gelangte nach seinem Besuch bei der Great Exhibition von 1851 in London zu einem ähnlichen Schluss. Für ihn lag die Ursache für die um die Jahrhundertmitte verbreitete Angst darin, dass die Maschinen – die Automatisierung – die Menschen ersetzten:

> Überall schreitet die Erfindung unablässig, zügig, unaufhaltsam voran. Der Mensch, der vor dreißig Jahren die Ernte einfuhr, stellt fest, dass heute eine Maschine die Ähren zwanzigmal schneller mähen kann, als er jemals konnte; er kann drei Tage an der Wartung der Maschine arbeiten, wo er früher drei Wochen ununterbrochen in der Ernte arbeitete. Die Arbeit wird ebenso gut getan wie eh und je, und sehr viel billiger, aber sein Anteil am Produkt ist bedauerlich geschrumpft. Die Hobelmaschine leistet die Arbeit von zweihundert Männern bewundernswert, und drei oder vier Männer arbeiten für einen mittleren Lohn an der Maschine. Die Nähmaschine, deren Kosten gering sind, leistet leicht und billig die Arbeit von vierzig Näherinnen; aber alle Näherinnen in der Welt besitzen wahrscheinlich nicht eine Maschine.[14]

Wie wir in Kapitel 1 gesehen haben, können Maschinen eingesetzt werden, um Menschen durch Automatisierung zu ersetzen oder die Grenzproduktivität von Arbeitskräften zu erhöhen. Beispiele für Technologien der zweiten Art sind Wasser- und Windmühlen, die einige zuvor manuell ausgeführte Tätigkeiten ersetzten, zugleich jedoch den Bedarf an Arbeitskräften erhöhten, weil eine größere Menge billigeren Getreides und verbilligter Wolle verarbeitet werden musste, wozu obendrein neue Tätigkeiten entwickelt wurden.

Im Gegensatz dazu erhöht die reine Automatisierung die Beiträge der Arbeitskräfte zur Produktion nicht, weshalb auch nicht mehr Arbeitskräfte gebraucht werden. Daher hat die Automatisierung gravierendere Auswirkungen auf die

Einkommensverteilung. Einige Personen, darunter die Besitzer der Maschinen, verdienen sehr viel mehr, während viele, darunter jene, die aus ihren Arbeitsplätzen verdrängt werden, auf der Verliererseite stehen. Aus diesem Grund verringert eine umfassende Automatisierung die Sogwirkung von Produktivitätszuwächsen.

Die weitreichende Automatisierung insbesondere in der Textilindustrie war einer der Gründe dafür, dass die steigende Produktivität keine Sogwirkung ausübte und die Löhne nicht stiegen, als die britische Wirtschaft Ende des 18. und zu Beginn des 19. Jahrhunderts mechanisiert wurde. Andrew Ure, ein früher Chronist des britischen Fabriksystems, beobachtete in seinem 1835 erschienenen Buch *The Philosophy of Manufactures*:

> Tatsächlich spielt die Arbeitsteilung, besser gesagt die Anpassung der Arbeit an die unterschiedlichen Talente der Menschen, in den Fabriken kaum eine Rolle. Im Gegenteil: Wann immer ein Prozess besonderes Geschick und eine ruhige Hand erfordert, wird er so rasch wie möglich dem *geschickten* Arbeiter entzogen, der zu verschiedensten Unregelmäßigkeiten neigt, und einem bestimmten Mechanismus übertragen, der sich selbst steuert, sodass ihn ein Kind beaufsichtigen kann.[15]

Leider konnte ein Kind nicht nur im übertragenen Sinn die Arbeit der Maschine »beaufsichtigen«.

Die Ludditen selbst verstanden offenbar nicht nur, was die neuen Maschinen für sie bedeuteten, sondern auch, dass es um die Entscheidung über die Frage ging, wie und zu wessen Vorteil die Technologie eingesetzt werden sollte. Ein Weber aus Glasgow drückte es so aus:

> Die Theoretiker der politischen Ökonomie messen der Gesamtakkumulation von Wohlstand und Macht größere Bedeutung bei als ihrer Verteilung oder ihren Auswirkungen auf das Innere der Gesellschaft. Der kapitalbesitzende Produzent und der Erfinder einer neuen Maschine untersuchen nur, wie sie selbst Gewinn und Vorteil daraus ziehen können.[16]

Der Produktivitätsanstieg in der Textilindustrie führte durchaus zur Entstehung neuer Arbeitsplätze in anderen Zweigen der britischen Wirtschaft, zum Beispiel in der Herstellung von Maschinen und Werkzeugen. Doch die zusätzliche Nachfrage nach Arbeitskräften genügte jahrzehntelang nicht, um einen Anstieg der Löhne zu bewirken. Obendrein entsprachen die neuen Tätigkeiten, die qualifizierten Webern angeboten wurden, nicht ihren Kenntnissen und wurden auch nicht vergleichbar entlohnt. Die Ludditen befürchteten mit Recht, dass die neuen Webstühle ihren Lebensunterhalt zerstören würden.

Zu jener Zeit waren die britischen Arbeiter nicht organisiert und konnten nicht kollektiv über Löhne und Arbeitsbedingungen verhandeln. Obwohl die schlimmsten mittelalterlichen Zwangspraktiken bereits abgeschafft worden waren, blieben die Beziehungen zwischen vielen Arbeitern und ihren Arbeitgebern vom Zwang geprägt. Das mittelalterliche Arbeitsrecht, das im Statute of Labourers aus dem Jahr 1351 festgehalten war, wurde erst im Jahr 1863 aufgehoben. Das 1562/63 verabschiedete Statute of Artificers, das – wie das Statute of Labourers – verpflichtende Arbeitsdienste vorschrieb und Arbeitskräften verbot, sich vor dem Ende der Vertragslaufzeit von ihrem Arbeitgeber zu trennen, wurde immer noch genutzt, um Arbeiter strafrechtlich zu verfolgen. In einem überarbeiteten Master and Servant Act, den das Parlament 1823 und 1867 verabschiedete, wurde am Verbot des Vertragsbruchs für Arbeiter festgehalten. Zwischen 1858 und 1867 wurden 10 000 Arbeiter nach Maßgabe dieser Gesetze vor Gericht gestellt.[17] Normalerweise wurden Arbeiter, über die sich ein Arbeitgeber beschwerte, verhaftet. Die Gesetze wurden bis zu ihrer vollständigen Aufhebung im Jahr 1875 auch angewandt, um die Bildung von Gewerkschaften zu unterbinden.[18]

Die Arbeitsbedingungen entsprachen der Vision der politisch einflussreichen Gesellschaftsgruppen. Veranschaulicht werden ihre Einstellung und deren Auswirkungen durch einen 1832 vorgelegten Bericht der Königlichen Kommission für die Anwendung der Armengesetze, die eingerichtet worden war, um die aus der elisabethanischen Zeit stammenden Rechtsvorschriften zu reformieren.

Die alten Armengesetze waren engherzig und gnadenlos gegenüber den Notleidenden. Doch in den Augen der Vordenker jener Zeit waren sie noch nicht streng genug, um die Armen zu motivieren, sich zusammenzureißen und ihre Arbeitskraft zur Verfügung zu stellen. Die Kommission schlug daher vor, die Armenhilfe auf die Bewohner von Arbeitshäusern zu beschränken, damit die Hilfsempfänger weiter arbeiteten. Außerdem empfahl sie, die Voraussetzung für den Bezug von Hilfsleistungen zu verschärfen und das Leben in den Armenhäusern weniger annehmlich zu machen, damit die Bewohner eine Arbeit der Armenhilfe vorzogen.[19]

Die Belastung der Steuerzahler, vor allem des Adels und der Mittelschicht, sollte ebenfalls verringert werden. In dieser Frage bestand politischer Konsens, und im Jahr 1834 wurden die Empfehlungen der Kommission in abgeschwächter Form umgesetzt. Mit dem Arbeitshaus wurde in der Praxis ein »Gefängnissystem zur Bestrafung der Armut« errichtet, wie es eine Historikerin ausdrückt.[20]

Unter diesen Bedingungen hatten Arbeiter kaum eine Chance auf höhere

Löhne oder eine Beteiligung an den Unternehmensgewinnen. Längere Arbeitstage mit geringerer Autonomie und stagnierende Realeinkommen waren nicht die einzigen negativen Auswirkungen der frühen Industrialisierung. Die gesellschaftliche Unausgewogenheit der Technologie führte auch zu einer umfassenderen Verarmung.

Das Tor zur Hölle in der wirklichen Welt

Die Industrialisierung führte vor allem aufgrund der zunehmenden Nutzung der Kohle zu erheblicher Umweltverschmutzung. Das Wachstum der Textilindustrie wurde anfangs von der Wasserkraft angetrieben, aber nach 1800 wurde Kohle zum bevorzugten Brennstoff, mit dem die bald allgegenwärtigen Dampfmaschinen befeuert wurden. Die größten Wasserräder wurden ebenfalls zur Energieversorgung von Fabriken genutzt, aber solche Mühlen konnten nur an Orten platziert werden, an denen die Strömung stark genug war. Mit Dampfmaschinen betriebene Fabriken konnten überall errichtet werden – näher an Häfen und Kohlegruben und an Orten, an denen genug Arbeiter lebten.

Die Dampfkraft verwandelte die großen Industriezentren in Schornsteinwälder, aus denen Tag und Nacht Rauch aufstieg. Die erste Baumwollfabrik in Manchester wurde in den achtziger Jahren des 18. Jahrhunderts gebaut, und bis 1825 schossen 104 solche Betriebe aus dem Boden. Vermutlich gab es 110 Dampfmaschinen in der Stadt. Ein Beobachter berichtete:

> Eine Dampfmaschine mit 100 Pferdestärken, die so viel leistet wie 880 Männer, treibt 50 000 Spindeln an, mit denen feines Baumwollgarn gesponnen wird: Jede Spindel erzeugt einen eigenen Faden, und alle arbeiten sie in einem riesigen Gebäude zusammen, das eigens für diesen Zweck errichtet und so angelegt wurde, dass die Maschinen ohne Raumeinbußen darin untergebracht werden können. 750 Arbeiter genügen, um den gesamten Betrieb einer solchen Baumwollfabrik zu lenken, und mit Unterstützung der Dampfmaschine können sie so viel Garn spinnen wie 200 000 Menschen ohne Maschinen. Eine Person kann also genauso viel produzieren wie 266 Arbeiter ohne Maschinen.[21]

Die Umweltverschmutzung geriet in der Frühphase der Industrialisierung vollkommen außer Kontrolle. Sie war die Ursache für zahlreiche Todesfälle sowie einen katastrophalen Rückgang der Lebensqualität der meisten Menschen. Friedrich

Engels beschrieb ihre Auswirkungen auf die Arbeiterklasse mit schonungslosen Worten:

> Es ist wirklich empörend, wie die große Menge der Armen von der heutigen Gesellschaft behandelt wird. Man zieht sie in die großen Städte, wo sie eine schlechtere Atmosphäre als in ihrer ländlichen Heimat einatmen. Man verweist sie in Bezirke, die nach ihrer Bauart schlechter ventiliert sind als alle übrigen. Man entzieht ihnen alle Mittel zur Reinlichkeit, man entzieht ihnen das Wasser, indem man nur gegen Bezahlung Röhren legt und die Flüsse so verunreinigt, daß sie zu Reinlichkeitszwecken nicht mehr taugen; man zwingt sie, allen Abfall und Kehricht, alles schmutzige Wasser, ja oft allen ekelhaften Unrat und Dünger auf die Straße zu schütten, indem man ihnen alle Mittel nimmt, sich seiner sonst zu entledigen; man zwingt sie dadurch, ihre eignen Distrikte zu verpesten.[22]

Sir Charles Napier, ein erfahrener General, wurde im Jahr 1839 mit dem Kommando über die Truppen betraut, die in Manchester für Ruhe und Ordnung sorgen sollten. Er war kein Radikaler wie Engels, doch auch er war schockiert von den Zuständen in einer Stadt, die er in seinem Tagebuch als »Tor zur Hölle in der wirklichen Welt« bezeichnete.[23]

Der berüchtigte Londoner Nebel, der in erster Linie durch die Verbrennung von Kohle entstand, verursachte Episoden von »akuter Belastung durch Luftverschmutzung«, die mehr als ein Jahrhundert lang für jeden 200. Todesfall in der Stadt verantwortlich waren.

Die Umweltverschmutzung war nicht der einzige Grund dafür, dass das Leben in Großbritannien im 19. Jahrhundert kürzer und entbehrungsreicher wurde. Infektionskrankheiten wurden zu einer tödlichen Bedrohung für die Stadtbewohner. Obwohl im 18. Jahrhundert im Kampf gegen bekannte Infektionskrankheiten, darunter insbesondere gegen die Pocken, einige Fortschritte gemacht worden waren, verwandelten sich die beengten und rasch wachsenden Wohnquartiere in den Industriestädten in ideale Brutstätten für neue Epidemien. Im Jahr 1817 brach die erste Cholerapandemie aus, auf die bis zum Ende des 19. Jahrhundert, als endlich die Bedeutung von sauberem Trinkwasser verstanden wurde, regelmäßige Ausbrüche der Krankheit folgten.

Die Sterblichkeitsraten in den übervölkerten Industriestädten stiegen rasant. In Birmingham lag die Sterblichkeit im Jahr 1831 bei 14,6 Todesfällen pro tausend Einwohner; in den zehn Jahren bis 1841 stieg sie fast um das Doppelte auf 27,1 Todesfälle. Ähnliche Anstiege der Mortalität wurden in Leeds, Bristol, Manchester und Liverpool beobachtet. In den neuen Industriezentren wurde die Hälfte aller Kinder keine fünf Jahre alt.

In einigen Stadtteilen von Manchester standen für mehr als 7000 Menschen nur 33 Toiletten zur Verfügung. In Sunderland gab es nur eine Toilette für 76 Personen. Die meisten dieser sanitären Anlagen waren nicht an eine öffentliche Kanalisation angeschlossen, weshalb sich städtische Jauchegruben füllten, die nur selten gereinigt wurden. Aber die meisten Abwassersysteme konnten die Menge der menschlichen Exkremente ohnehin nicht bewältigen.[24]

In dieser Umgebung kehrte die Tuberkulose, eine sehr alte Krankheit, als Plage zurück. Tuberkuloseerreger sind in ägyptischen Mumien nachgewiesen worden, und die Krankheit wütet seit Langem in dicht besiedelten Bevölkerungszentren. Als Übervölkerung und unhygienische Lebensbedingungen in den großen Städten im 19. Jahrhundert ein beispielloses Ausmaß erreichten, tötete die Tuberkulose ungezählte Menschen. Auf dem Höhepunkt ihrer Verbreitung um die Jahrhundertmitte verursachte die Krankheit in England und Wales jedes Jahr etwa 60000 Todesfälle, und das in einer Zeit, in der die Gesamtzahl der jährlichen Todesfälle zwischen 350000 und 500000 lag. Darüber hinaus gab es Hinweise darauf, dass die meisten Menschen im Laufe ihres Lebens an irgendeiner Form von Tuberkulose erkrankten.[25]

Hoch infektiöse Kinderkrankheiten wie Scharlach, Masern und Diphterie hatten ebenfalls bis weit ins 20. Jahrhundert verheerende Auswirkungen; erst dann konnten sie mit Impfungen zurückgedrängt werden. Masern und Tuberkulose, zwei Atemwegserkrankungen, verstärkten die Auswirkungen der Umweltverschmutzung und erhöhten die Mortalität. Auch die Müttersterblichkeit blieb in dieser Zeit hoch. Die Krankenhäuser trugen ebenfalls zur Ausbreitung von Infektionskrankheiten bei, bis die Ärzte gegen Ende des Jahrhunderts begriffen, dass sie sich vor Eingriffen die Hände waschen mussten.

Manchester hatte Anfang der siebziger Jahre des 18. Jahrhunderts eine Bevölkerung von nur etwas mehr als 20000 Menschen. Im Jahr 1823 lebten mehr als 100000 Menschen in der Stadt. Die Unterkünfte waren übervölkert, die Straßen schmutzig und mit Abfällen übersät. Es mangelte an sauberem Wasser, und alle Gebäude waren mit einer Rußschicht überzogen.[26]

Beengtheit und unhygienische Lebensbedingungen, der mühevolle Alltag und billiger Alkohol brachten eine weitere Gefahr hervor: Die Gewalt nahm auch innerhalb der Familien zu. Zweifellos existierte die häusliche Gewalt schon vor der Industrialisierung, und erst im 20. Jahrhundert wurde es zur Norm, Kinder gut zu ernähren und zu betreuen und ihnen Bildungschancen zu eröffnen. Doch als die Menschen noch schwaches obergäriges Bier tranken, war der Alkoholmissbrauch seltener. Die Briten begannen vermutlich erst nach der Schlacht bei Ramillies im Jahr 1706, destillierte Spirituosen zu trinken. Der Konsum von Gin breitete sich im 18. Jahrhundert aus, und Mitte des 19. Jahrhunderts war der Alkoholismus weit verbreitet. Als der Preis von Tabak sank, konnte sich die Arbeiterklasse auch Zigaretten leisten.[27]

Die Reaktion der gebildeten Kreise bestand darin, zu erklären, die Nation befinde sich im moralischen Niedergang. Thomas Carlyle widmete sich in einflussreichen Texten dieser Frage und prägte im Jahr 1839 den Begriff der »Bedingung Englands«. In zahlreichen sozialkritischen Romanen, darunter Werke von Charles Dickens, Benjamin Disraeli, Elizabeth Gaskell und Frances Trollope, wurden die Übel des Fabriklebens angeprangert.

Bei der Musterung von Rekruten für den Zweiten Burenkrieg (1899–1902) zeigte sich, dass Großbritannien mittlerweile ein sehr ungesundes Land war. Die Industrialisierung hatte eine öffentliche Gesundheitskatastrophe heraufbeschworen.

Wo die Whigs im Irrtum waren

In seiner 1848 veröffentlichten *History of England* fasste Thomas Macaulay die jüngere britische Geschichte so zusammen:

> Die Geschichte unseres Landes in den letzten 160 Jahren ist vor allem eine Geschichte der physischen, moralischen und intellektuellen Verbesserung. Jene, die das Zeitalter, in dem sie leben, mit einem goldenen Zeitalter vergleichen, das nur in ihrer Phantasie existiert, mögen von Degeneration und Niedergang sprechen. Aber kein Mann, der richtig über die Vergangenheit informiert ist, wird bereit sein, die Gegenwart mit verdrießlichen oder abschätzigen Augen zu betrachten.[28]

Diese beschönigende Betrachtungsweise entspricht dem, was in Großbritannien als »Whig-Interpretation« der Geschichte bezeichnet wird, und hängt mit der moderneren ökonomischen Annahme einer automatischen Sogwirkung der Produktivität zusammen. Beide Perspektiven beruhen auf der Vorstellung, dass der Fortschritt letzten Endes allen Menschen zugutekommt. [29]

In Andrew Ures Schilderung der Ausbreitung der Fabriken in Großbritannien kam der Optimismus der dreißiger Jahre des 19. Jahrhunderts zum Ausdruck – und er nahm die Rhetorik der heutigen Technologievisionäre vorweg. Obwohl Ure beobachtete, dass sachkundige Handwerker ihre Arbeitsplätze verloren, war er überzeugt, das Fabriksystem sei »derart voll von Wunderwerken der Mechanik und der politischen Ökonomie, dass es verspricht, mit seinem zukünftigen Wachstum die Zivilisation in alle Welt zu tragen, was dieses Land als ihr Herz in die Lage versetzen wird, mit seinem Handel ungezählten Menschen das Lebensblut von Wissenschaft und Religion zu bringen«.[30]

Leider ist die Welt komplizierter, als diese Darstellungen nahelegen. Der Grund dafür ist, dass sich soziale und wirtschaftliche Verbesserungen keineswegs automatisch einstellen, selbst wenn sich Institutionen wandeln und neue Technologien eingeführt werden.

Der Optimismus der Whigs war nachvollziehbar, denn er entsprach der Denkweise der aufstrebenden Gesellschaftsklassen, das heißt des Landadels und der neuen merkantilen und später industriellen Interessengruppen. Bei oberflächlicher Betrachtung war er auch plausibel, denn die Industrialisierung ermöglichte tatsächlich den Aufstieg neuer Gruppen und Ideen. Doch dieser gesellschaftliche Wandel verbesserte nicht zwangsläufig die Lage des Großteils der Bevölkerung, wie wir in diesem Kapitel sehen werden.

Industrielle wie Arkwright brachen die bestehenden Hierarchien zu Beginn des 19. Jahrhunderts nicht auf, weil sie soziale Barrieren niederreißen wollten oder wirkliche Chancengleichheit anstrebten, jedenfalls nicht für die »schlechtere Sorte« von Menschen. Stattdessen wollten die aufstrebenden Unternehmer der mittleren Sorte ihre eigenen Chancen nutzen, in der Hierarchie aufsteigen und einen Platz in der Oberschicht erobern. Die von ihnen entwickelte Vision verlieh diesem Bestreben Ausdruck und legitimierte es. Die Effizienz, so das vorherrschende Argument, war der Schlüssel zum Fortschritt und somit im nationalen Interesse. Die neuen technologischen, wirtschaftlichen und politischen Führer waren die Avantgarde des Fortschritts, von dem alle Menschen profitieren würden, selbst wenn sie ihn nicht wirklich verstanden.

Die Ansichten Jeremy Benthams waren so wie die von Saint-Simon, Enfantin und Lesseps in Frankreich Manifestationen dieser Vision. Benthams Anhänger vertraten abgesehen von einem unerschütterlichen Glauben an Technologie und Fortschritt zwei zentrale Überzeugungen. Die erste war, dass sich der Staat nicht in einvernehmlich geschlossene Verträge zwischen Erwachsenen einmischen dürfe. Wenn Menschen einwilligten, viele Stunden unter ungesunden Bedingungen zu arbeiten, so war das ihre Angelegenheit. Es war legitim, dass sich die Allgemeinheit Sorgen über das Wohlergehen von Kindern machte, aber Erwachsene waren selbst für sich verantwortlich.

Zweitens waren sie überzeugt, man könne den Wert politischer Maßnahmen beurteilen, indem man berechnete, welche Vor- oder Nachteile sie den betroffenen

Personen bringe. Wenn die Reform der Arbeitsbedingungen von Kindern für diese vorteilhaft war, konnte und sollte dieser Nutzen gegen die Verluste der Arbeitgeber aufgewogen werden. Selbst wenn arbeitende Kinder sehr von einer neuen Maßnahme profitierten – zum Beispiel, weil sich ihr Gesundheitszustand verbesserte oder weil sie größere Bildungschancen erhielten –, sollte auf den Eingriff verzichtet werden, wenn die Verluste für den Arbeitgeber – in erster Linie gemessen am Gewinn – diesen Nutzen überstiegen.

In den Augen derer, die politischen Einfluss hatten, darunter die mittlere Sorte von Menschen, die soziale Aufwärtsmobilität besaßen, schien dies modern und effizient und rechtfertigte ihre Überzeugung, dass der unvermeidliche Fortschritt nicht aufgehalten werden durfte, selbst wenn er Opfer forderte.

So verlief der Fortschritt in den ersten Jahrzehnten des 19. Jahrhunderts, mit all seinen Irrtümern und Mängeln. Wer daran zweifelte oder sich ihm in den Weg stellte, galt als Dummkopf oder Schlimmeres.

Der Fortschritt und seine Maschinen

Fünfzig Jahre später hatte sich all das geändert.

In der zweiten Hälfte des 19. Jahrhunderts begannen die Löhne stetig zu steigen. Von 1840 bis 1900 nahm die Pro-Kopf-Produktion um 90 Prozent zu, während sich die Reallöhne um 123 Prozent erhöhten. Auch die Einkommen ungelernter Arbeiter stiegen deutlich, und ihre Ernährung und Lebensbedingungen verbesserten sich. Zum ersten Mal in der Neuzeit stiegen Produktivität und Löhne im Wesentlichen im Gleichschritt.

Auch die Arbeitsbedingungen wurden besser. Die durchschnittliche tägliche Arbeitszeit vieler Arbeitskräfte verringerte sich auf neun Stunden (54 Wochenstunden für Bauarbeiter und Ingenieure, 56,5 Stunden in der Textilproduktion und 72 Wochenstunden bei der Eisenbahn waren üblich). Kaum jemand musste am Sonntag arbeiten. Die körperliche Züchtigung am Arbeitsplatz wurde selten, und wie erwähnt wurden die Master and Servant Acts im Jahr 1875 aufgehoben. Gesetze über Kinderarbeit drängten den Einsatz von Kindern in Fabriken erheblich zurück, und es gab Bestrebungen, den meisten Kindern eine kostenlose Grundschulbildung zukommen zu lassen.

Die öffentliche Gesundheit entwickelte sich ebenfalls vorteilhaft, obwohl es noch ein weiteres halbes Jahrhundert dauerte, bis der Nebel in London vollkommen unter Kontrolle gebracht wurde. Die Hygiene in den Städten verbesserte sich, und es wurden Fortschritte bei der Vermeidung von Epidemien gemacht. Die

Lebenserwartung bei der Geburt begann zu steigen: Nachdem sie Mitte des Jahrhunderts bei etwa 40 Jahren gelegen hatte, kletterte sie bis Anfang des 20. Jahrhunderts auf durchschnittlich 45 Jahre. Keine dieser Verbesserungen war auf Großbritannien beschränkt. Ähnliche Fortschritte waren in weiten Teilen Europas und anderen industrialisierten Ländern zu beobachten. War die Whig-Interpretation der Geschichte also zutreffend?

Weit gefehlt. Die Verbesserungen, die eine breitere Verteilung der Produktivitätserträge herbeiführten und die Städte zu lebenswerteren Orten machten, stellten sich keineswegs automatisch ein. Sie waren das Ergebnis hart erkämpfter politischer und wirtschaftlicher Reformen.

Die Produktivität übt nur eine Sogwirkung aus, wenn zwei Bedingungen erfüllt sind: Die Grenzproduktivität der Arbeitskräfte muss steigen, und diese müssen sich in einer ausreichend starken Verhandlungsposition befinden. Beide Bedingungen waren im ersten Jahrhundert der Industriellen Revolution in Großbritannien nicht gegeben, wurden jedoch nach 1840 geschaffen.

In der ersten Phase der Industriellen Revolution, die Lord Byron so beunruhigte, dienten die wichtigsten technologischen Neuerungen der Automatisierung, wobei vor allem Spinner und Weber durch neue Textilmaschinen ersetzt wurden. Wie wir in Kapitel 1 gesehen haben, schließen Fortschritte in der Automatisierung eine Verteilung des Wohlstands nicht aus, aber sie wird schwierig, wenn die Automatisierung insofern überwiegt, als Arbeitskräfte verdrängt werden, ohne dass genug neue Arbeitsplätze in anderen produktiven Tätigkeiten entstehen.

Genau das geschah ab dem späten 18. Jahrhundert. Die Textilarbeiter wurden von Maschinen verdrängt und hatten Mühe, alternative Beschäftigungen zu Löhnen zu finden, die denen in ihrer früheren Tätigkeit vergleichbar waren. Diese schmerzhafte Phase dauerte lange, was Lord Byron erkannte und die meisten Arbeitskräfte am eigenen Leib spürten. Doch in der zweiten Hälfte des 19. Jahrhunderts änderte sich die Ausrichtung der technologischen Entwicklung.

Die vielleicht prägende Technologie der zweiten Hälfte dieses Jahrhunderts war die Eisenbahn. Als sich Stephensons Lokomotive *Rocket* im Jahr 1829 in den Rainhill Trials durchsetzte, waren etwa 30 000 Menschen im Gütertransport per Kutsche tätig, und tausend Unternehmen waren für die Wartung von 30 000 Kilometern Mautstraßen verantwortlich.[31] Wenige Jahrzehnte später waren mehrere Hunderttausend Arbeitskräfte in Bau und Betrieb von Eisenbahnen beschäftigt.

Von Dampfmaschinen angetriebene Züge senkten die Transportkosten und zerstörten einige Arbeitsplätze, zum Beispiel in der Güterbeförderung mit Pferdekutschen. Aber die Eisenbahn automatisierte nicht einfach die Arbeit. Die Weiterentwicklung dieses Verkehrsmittels brachte zahlreiche neue Tätigkeiten in der

Transportbranche hervor, und diese Tätigkeiten erforderten verschiedene Qualifikationen, die vom Anlagenbau über Fahrkartenverkauf, Wartung und Maschinenbau bis zum Management reichten. In Kapitel 5 haben wir gesehen, dass in vielen dieser Tätigkeiten bessere Arbeitsbedingungen und hohe Löhne angeboten wurden, als die Eisenbahngesellschaften begannen, einen Teil ihrer hohen Gewinne an ihre Beschäftigten weiterzugeben.

Wie in Kapitel 1 gezeigt, können technologische Fortschritte die Nachfrage nach Arbeitskräften in anderen Branchen erhöhen, und dieser Effekt ist stärker, wenn die Neuerungen die Produktivität deutlich erhöhen oder Verbindungen zu anderen Branchen herstellen. Die Eisenbahnen taten dies, als Passagiere und Fracht zu geringeren Kosten über größere Entfernungen befördert werden konnten. In der Kutsche wurden kaum noch lange Strecken zurückgelegt, aber die Eisenbahn erhöhte die Nachfrage nach Kurzstreckenfahrten per Kutsche, da die Passagiere und Güter, die in den Zügen über große Entfernungen befördert wurden, auch in den Städten hin und her bewegt werden mussten.

Wichtiger waren jedoch die Verbindungen der Eisenbahnbranche zu anderen Industrien. Die Eisenbahn wirkte sich günstig auf die Entwicklung von Wirtschaftszweigen aus, die Produkte für die Transportbranche bereitstellten oder deren Dienste in Anspruch nahmen. Das Wachstum der Eisenbahn erhöhte die Nachfrage nach einer Vielzahl von Produkten, darunter insbesondere hochwertige Eisenprodukte, die für stärkere Schienen und leistungsfähigere Lokomotiven gebraucht wurden. Die sinkenden Kosten für die Bewegung der Kohle regten auch das Wachstum der Metallverhüttungsindustrie an, die höherwertiges Eisen erzeugte.[32]

Die Verbilligung des Transports von Fertigerzeugnissen förderte ebenfalls die Entwicklung der Metallverhüttung, und dank des im Jahr 1856 patentierten Bessemer-Verfahrens konnte die Industrie große Mengen an Stahl erzeugen. Das wachsende Angebot von Stahl und billigerer Kohle förderte die Expansion weiterer Industrien einschließlich der Textilindustrie und der Erzeugung neuer Produkte wie verarbeiteter Lebensmittel, Möbel und erster Haushaltgeräte. Die Eisenbahn kurbelte also auch die Expansion des Groß- und Einzelhandels an.

Die britische Eisenbahnbranche des 19. Jahrhunderts ist ein Archetypus einer systemischen transformativen Technologie, welche die Produktivität sowohl im Transport als auch in mehreren anderen Branchen erhöhte und neue Beschäftigungsmöglichkeiten schuf.

Neben der Eisenbahn trugen weitere neue Industrien zur Erhöhung der Grenzproduktivität der Arbeitskräfte bei. Die neuen Fertigungstechnologien ließen den Bedarf sowohl an qualifizierten als auch an unqualifizierten Arbeitskräften steigen. Die Metallindustrie übernahm vor allem dank der Fortschritte in der Erzeugung von Eisen und Stahl eine Vorreiterrolle in dieser Entwicklung. Der Präsident des Institute of Civil Engineers erklärte im Jahr 1848:

> Die rasche Einführung von Gusseisen sowie die Erfindung neuer Maschinen und Verfahren machten mehr Arbeiter erforderlich, als die Klasse der Mühlenbauer bereitstellen konnte, und es wurden Männer angeworben, die mehr von der Eisenbearbeitung verstanden. Es entstand eine neue Klasse von Arbeitern, und es wuchsen Fertigungsanlagen, die durch Eisen- und Bronzegießereien ergänzt wurden, in denen Werkzeuge und Maschinen für den Bau verschiedenster Maschinen zum Einsatz kamen.[33]

Weiter beschleunigt wurde das Wachstum dieser neuen Industrien durch die Einführung neuer Kommunikationsinstrumente. In den vierziger Jahren wurde der Telegraf, in den siebziger Jahren das Telefon eingeführt. Es entstanden zahlreiche Arbeitsplätze in Kommunikation und Fertigung. Dazu kamen Synergien mit der Transportbranche, da die neuen Kommunikationstechnologien die Effizienz von Eisenbahn und Logistik erhöhten. Obwohl die Telegrafie andere Formen der Kommunikation über große Entfernungen hinweg ersetzte, darunter Briefpost und Kurierdienste, entstanden in der Kommunikationsbranche deutlich mehr Arbeitsplätze, als verloren gingen.

Dann ersetzte das Telefon den Telegrafen zunächst in den Städten und später in der Kommunikation über große Entfernungen hinweg. Aber so wie der Telegraf und die Eisenbahn war das Telefon keine reine Automatisierungstechnologie. Auch Bau und Betrieb von Telefonsystemen waren arbeitsintensiv und machten die Entwicklung neuer Tätigkeiten und Berufe in Vermittlung, Wartung und verschiedenen neuen Techniksparten erforderlich. Bald waren in den Vermittlungszentralen und Organisationen zahlreiche Frauen tätig. Anfangs wurden Telefonanrufe von Telefonistinnen vermittelt. Das erste automatische System für den Selbstwählverkehr wurde in Großbritannien erst im Jahr 1912 in Betrieb genommen. Die letzte manuelle Schalttafel für die Telefonvermittlung in London wurde 1960 außer Dienst gestellt.

Die Entwicklung der Telefonie fand parallel zu einer Ausweitung der Telegrafie statt, was teilweise daran lag, dass der Wettbewerb die Preise drückte. Im Jahr 1870, vor der Einführung von Telefonen, wurden in Großbritannien sieben Millionen Telegramme verschickt. Bis 1886 stieg die Zahl auf 50 Millionen Telegramme pro Jahr. Das amerikanische Telegrafennetz bewältigte 1870 mehr als neun Millionen und im Jahr 1890 mehr als 55 Millionen Telegramme.

Diese Technologien waren für die Arbeitnehmer vorteilhafter als die Automatisierung der Textilbranche in der ersten Phase der Industriellen Revolution, weil sie neue Tätigkeiten hervorbrachten und die Produktivität in einer Reihe von Branchen erhöhten, weshalb die Nachfrage nach Arbeitskräften stieg. Doch wie wir sehen werden, hingen diese Ergebnisse von Entscheidungen darüber ab, wie die Produktionsmethoden entwickelt und genutzt wurden.

Geschenke vom anderen Ufer des Atlantiks

Es gab noch eine weitere Entwicklung, die Großbritannien sehr bei der Verteilung des Wohlstands half: Auf der anderen Seite des Atlantiks wurden bedeutsame Neuerungen eingeführt. In den Vereinigten Staaten begann die Entwicklung der Industrie später als in Großbritannien, doch in der zweiten Hälfte des 19. Jahrhunderts entwickelte sich die amerikanische Industrie rasch. In den Vereinigten Staaten wurde die Technologie eingesetzt, um die Effizienz und die Grenzproduktivität der Arbeitskräfte zu erhöhen. Als diese Technologie Großbritannien und Europa eroberte, erhöhte sie dort die Nachfrage nach Arbeitskräften weiter.

In den Vereinigten Staaten gab es Land und Kapital im Überfluss, aber es fehlte an Arbeitskräften, insbesondere an Fachkräften. Die wenigen Handwerker, die nach Amerika auswanderten, erhielten dort höhere Löhne und hatten eine stärkere Verhandlungsposition als daheim. Da Fachkräfte teuer waren, dienten die amerikanischen Erfindungen oft nicht nur der Automatisierung, sondern sollten auch die Produktivität von gering qualifizierten Arbeitnehmern erhöhen. Der britische Ingenieur Joseph Whitworth, der später Präsident der Institution of Mechanical Engineers wurde, machte sich im Jahr 1851 ein Bild von der amerikanischen Industrie. »Die arbeitenden Klassen sind vergleichsweise klein, aber das wird durch den Eifer ausgeglichen, mit dem sie in fast jedem Bereich der Industrie auf die Hilfe von Maschinen zurückgreifen – und möglicherweise ist es sogar einer der Hauptgründe für diesen Eifer.«[34] Der französische Wirtschaftswissenschaftler Pierre Émile Levasseur erklärte nach einer Besichtigung amerikanischer Stahlwerke, Seidenfabriken und Abpackbetriebe im Jahr 1897: »Der Einfallsreichtum des Amerikaners ist vielleicht ein angeborenes Talent, aber er wird fraglos durch die hohen Löhne angeregt. Denn der Unternehmer versucht umso mehr menschliche Arbeit einzusparen, je mehr sie ihn kostet. Auf der anderen Seite kann er dem Arbeiter einen höheren Lohn bezahlen, wenn die Maschinen dessen Produktivität erhöhen.«[35] Dies war ein Ergebnis von Eli Whitneys Konzentration auf austauschbare Teile. Whitney versuchte, Standardelemente zu konstruieren, die auf unterschiedliche Art miteinander kombiniert werden konnten, was es ungelernten Arbeitern zum Beispiel erleichterte, Schusswaffen zu herzustellen. Whitney selbst sah sein Ziel darin, »die Fähigkeit des Kunsthandwerkers, die nur durch langjährige Praxis und Erfahrung erworben wird, durch exakte und effektive maschinelle Abläufe zu ersetzen, denn diese Art von Fachkenntnis ist in diesem Land nicht in nennenswertem Umfang vorhanden«.[36]

In Europa wurde überwiegend Technologie eingesetzt, bei der Fachkräfte Maschinenteile abhängig von ihrem Einsatz anpassen mussten. Der neue amerikanische Zugang verringerte nicht nur den Bedarf an Facharbeitern. Whitney wählte einen »Systemzugang«, der spezialisierte Maschinen und menschliche Arbeitskraft miteinander kombinierte, um die Effizienz zu erhöhen. Mitglieder eines britischen Parlamentsausschusses, die amerikanische Waffenfabriken besuchten, in denen austauschbare Teile verwendet wurden, machten sich ein Bild von den offenkundigen Vorzügen dieser Lösung: »Der Arbeiter, dessen Aufgabe es ist, die Waffen zu ›montieren‹ oder zusammenzubauen, nimmt die verschiedenen Teile willkürlich aus einer Reihe von Schachteln und verwendet lediglich den Schraubenzieher, um die Muskete zusammenzusetzen; ausgenommen davon ist nur der Schlitz, der die Bandfedern enthält, die an einem Ende mit einem kleinen Meißel geglättet werden müssen.«[37] Doch diese Technologie verringerte die Qualifikation der Arbeiter nicht. Ein früherer Aufseher in der Waffenfabrik von Samuel Colt erklärte, austauschbare Teile hätten die Arbeitsanforderungen um »etwa 50 Prozent« verringert, aber für ihre Montage würden »erstklassige Arbeiter« benötigt, denen »die höchsten Löhne gezahlt werden«.[38] Es wurden gut ausgebildete Arbeitskräfte gebraucht, um hochwertige Produkte zu erzeugen.

Das, was unter der etwas vollmundigen Bezeichnung »amerikanisches Fertigungssystem« bekannt wurde, entwickelte sich nur langsam. Die ersten Waffen, welche die amerikanischen Streitkräfte bei Whitney bestellt hatten, wurden erst fast ein Jahrzehnt später geliefert. Doch das System wurde rasch ausgeweitet, und in der ersten Hälfte des 19. Jahrhunderts wurde die Waffenproduktion revolutioniert. Als Nächstes war die Nähmaschine an der Reihe. Ein Unternehmen, das der Fabrikant Nathaniel Wheeler gemeinsam mit dem Erfinder Allen B. Wilson gründete, begann mit der manuellen Produktion von weniger als 800 Maschinen im Jahr 1853. In den siebziger Jahren stellte das Unternehmen dank der Einführung austauschbarer Teile und neuer spezialisierter Werkzeugmaschinen mehr als 170 000 Stück im Jahr her. Bald tat die Firma Singer den nächsten Schritt und kombinierte austauschbare Teile, spezialisierte Maschinen und bessere Designs miteinander, was einen Anstieg der Produktion auf mehr als 500 000 Nähmaschinen im Jahr ermöglichte.[39] Holzbearbeitung und Fahrräder waren die nächsten Industrien, die durch das »amerikanische Fertigungssystem« verwandelt wurden.

Im Jahr 1831 erfand Cyrus McCormick eine mechanische Mähmaschine. Im Jahr 1848 verlegte er die Produktion nach Chicago, wo er mehr als 500 solche Maschinen baute, die er an Landwirte im Mittleren Westen verkaufte. Die steigende Produktivität der Farmen erhöhte die Getreideproduktion in den Vereinigten Staaten deutlich, verbilligte Nahrungsmittel rund um den Erdball und bewegte junge Menschen dazu, aus den ländlichen Gebieten in die boomenden Städte zu ziehen.

Aus dem amerikanischen Industriezensus von 1914 geht hervor, dass es in den Vereinigten Staaten in jenem Jahr bereits 408 Werkzeugmaschinenhersteller gab. Viele dieser Maschinen waren denen, die in der übrigen Welt produziert wurden, überlegen. Schon Mitte des 19. Jahrhunderts hatte ein von der britischen Regierung zum Studium des Maschinenbaus in den Vereinigten Staaten eingerichtetes Komitee festgestellt:

> Was die Art von Maschinen anbelangt, die normalerweise von Ingenieuren und Maschinenbauern eingesetzt werden, sind die amerikanischen den englischen insgesamt unterlegen, aber in der Anpassung spezieller Apparate an eine einzelne Operation stellen die Amerikaner in fast allen Industriezweigen ein Maß an Einfallsreichtum sowie eine unerschöpfliche Energie unter Beweis, die nachzuahmen wir als Nation gut beraten wären, wenn wir unsere gegenwärtige Position auf dem großen Weltmarkt verteidigen wollen.[40]

Diese Maschinen, zu denen sich rasch Dampfschiffe und der Telegraf gesellten, breiteten sich in Großbritannien, Kanada und Europa aus, wo sie wie zuvor in den Vereinigten Staaten die Löhne sowohl von qualifizierten als auch von ungelernten Arbeitern erhöhten. Im Jahr 1854 nahm Samuel Colt eine Waffenfabrik in London in Betrieb. Singer eröffnete 1869 eine Fabrik in Schottland, in der 4000 Maschinen pro Woche hergestellt werden konnten, und kurze Zeit später begann die Produktion in einer weiteren Fabrik in Montreal.

In der britischen Metall- und Werkzeugmaschinenindustrie war man sich des Potenzials der neuen Maschinen zur Erhöhung der Effizienz seit Langem bewusst. Ein britischer Experte erklärte mit Blick auf die verbesserte Dampfmaschine von Watts und die von Arkwright erfundenen Maschinen für die Baumwollproduktion:

> Das einzige Hindernis für das Erreichen eines derart wünschenswerten Ziels [der Erhöhung der Produktion von Baumwolle und anderen Gütern] bestand in unserer fast vollkommenen Abhängigkeit vom manuellen Geschick in Entwicklung und Erzeugung der erforderlichen Maschinen. Das Erfordernis vertrauenswürdiger und produktiverer Arbeitskräfte machte Veränderungen am System unumgänglich. Es entstand eine plötzliche Nachfrage nach Maschinen von ungeahnter Präzision, während weder die Zahl der zu jener Zeit verfügbaren Arbeiter noch ihre Fähigkeit, den Erfordernissen zu genügen, angemessen war.[41]

Die Einführung dieser Maschinen und Produktionsmethoden erhöhte die Produktivität in der britischen Industrie, erweiterte die Aufgabengebiete für die Arbeitskräfte und eröffnete ihnen neue Chancen.

Der technologische Wandel wird jedoch nie für sich genommen zu einem Anstieg der Löhne führen. Die Arbeiter müssen auch ihre Verhandlungsposition gegenüber den Arbeitgebern festigen, und genau das taten sie in der zweiten Hälfte des 19. Jahrhunderts. Als die Industrie wuchs, kämpften die Unternehmen um Marktanteile und Arbeitskräfte. Die Arbeiter setzten in Kollektivverhandlungen höhere Löhne durch. Damit wurde ein langer Prozess abgeschlossen, der zu Beginn des Jahrhunderts begonnen hatte und erst im Jahr 1871 mit der umfassenden Legalisierung der Gewerkschaften seinen Höhepunkt erreichte. Dieser institutionelle Wandel begünstigte Forderungen nach einer umfassenderen politischen Beteiligung und wurde umgekehrt von dieser vorangetrieben.

Die Ära des Machtausgleichs

Die erste Phase der Revolution in der britischen Industrie wurde von einer Vision geprägt, die der technologischen Entwicklung eine Richtung gab und darüber entschied, wie die dank der neuen Industriemaschinen erzielten Erträge verteilt wurden. Eine andere Ausrichtung der Technologie und der Verteilung der Produktivitätserträge ging zwangsläufig mit einer andersartigen Vision einher.

Ein erster Schritt in diesem Prozess bestand in der Erkenntnis, dass ein großer Teil der Bevölkerung im Namen des Fortschritts in tiefere Armut gestürzt worden war. In einem zweiten Schritt begannen sich die Arbeitskräfte zu organisieren und eine Gegenmacht aufzubauen, die Widerstand gegen jene leistete, die den Kurs der technologischen Entwicklung vorgaben und sich auf diese Art bereicherten.

In der mittelalterlichen Gesellschaft war eine solche Organisation schwierig, was nicht nur an den Überzeugungsmethoden der Ständegesellschaft, sondern auch daran lag, dass Koordinierung und Austausch von Ideen durch die Struktur der Agrargesellschaft behindert wurden. Die Entwicklung der Industrie und das Wachstum dicht besiedelter Städte änderten das. Wie die im Vorwort zitierte Aussage des radikalen britischen Autors John Thelwall veranschaulicht, erleichterten die Fabriken die Organisation der Arbeiter, denn: »Nicht jede Werkstatt kann innerhalb der Grenzen ihrer eigenen Gesellschaft einen Sokrates haben, ja, nicht einmal jede Industriestadt kann einen so klugen, tugendhaften Mann haben, der obendrein *Gelegenheit* hat, sie zu unterweisen. Dennoch wird sich zwangsläufig eine Art von sokratischem Geist entwickeln, wo immer sich große Menschengruppen bilden.«[42] Die Konzentration von Arbeitern in Fabriken und Städten führte zur Entstehung verschiedener Bewegungen, die für bessere Arbeitsbedingungen und mehr politische Rechte kämpften. Die vielleicht wichtigste dieser Bewegungen war die der Chartisten.

Die 1838 von dieser Gruppe verfasste *People's Charter* konzentrierte sich auf die politischen Rechte. Zu jener Zeit besaßen nur etwa 18 Prozent der männlichen Erwachsenen in Großbritannien das Wahlrecht; bis zur Verabschiedung des Reform Act im Jahr 1832 waren es sogar weniger als 10 Prozent gewesen. Die Chartisten wollten eine weiterreichende Magna Carta durchsetzen, in der die Rechte der Normalbevölkerung festgeschrieben werden sollten.

Die *People's Charter* enthielt sechs Forderungen: Wahlrecht für alle über 21 Jahre alten Männer, Beseitigung des Erfordernisses von Grundbesitz für die Bewerbung um einen Parlamentssitz, jährliche Parlamentswahlen, Aufteilung des Landes in 300 gleich große Wahlbezirke, Gehälter für die Parlamentsmitglieder und geheime Wahlen. Diese Eingriffe waren in den Augen der Chartisten unverzichtbare Voraussetzungen für die Entstehung einer faireren Gesellschaft. Der führende Chartist J. R. Stephens erklärte im Jahr 1839, das allgemeine Wahlrecht sei »eine Frage von Messer und Gabel, von Brot und Käse. [...] Mit allgemeinem Wahlrecht meine ich, dass jeder arbeitende Mann im Land ein Recht auf einen guten Mantel auf den Schultern, einen guten Hut auf dem Kopf, ein gutes Dach über seinem Haushalt und ein gutes Abendessen auf dem Tisch hat.«[43]

Aus heutiger Sicht wirken die Forderungen der Chartisten vollkommen vernünftig, und auch zu jener Zeit fanden sie viel Zustimmung: Mehr als drei Millionen Menschen unterzeichneten die Charta. Aber die Chartisten stießen auf erbitterten Widerstand derer, die das politische System beherrschten. Das Parlament lehnte alle ihre Forderungen ab und weigerte sich, Gesetzesvorhaben zur Verbesserung der Volksvertretung zu diskutieren. Nachdem mehrere führende

Chartisten verhaftet und ins Gefängnis gesteckt worden waren, verlor die Bewegung an Schwung und löste sich Ende der vierziger Jahre auf.

Doch die Forderung der arbeitenden Bevölkerung nach einer politischen Vertretung verstummte nicht. In den sechziger Jahren griffen die National Reform Union und die Reform League die Vorhaben der Chartisten auf. Im Jahr 1866 brachen in Hyde Park Unruhen aus, als sich Einwohner organisierten, um politische Reformen zu fordern. In Reaktion auf die Erhebung wurde im Jahr darauf der Second Reform Act verabschiedet, der das Wahlrecht auf über 21-jährige männliche Haushaltsvorstände und auf Mieter ausweitete, die mindestens 10 Pfund jährlich an Miete zahlten. So verdoppelte sich die Zahl der Wahlberechtigten. Mit einem weiteren Reform Act wurde 1872 das Wahlgeheimnis eingeführt. Und im Jahr 1884 wurde das Wahlrecht auf etwa zwei Drittel der männlichen Bevölkerung ausgeweitet.

Die Chartisten bereiteten den Boden für die Organisation der Arbeiterschaft, und die Gewerkschaftsbewegung sollte Bestand haben. Obwohl sich die Arbeiter zusammenschlossen und streikten, war die Gründung von Gewerkschaften für Kollektivverhandlungen in der ersten Hälfte des 19. Jahrhunderts im Prinzip illegal. Das zu ändern wurde eines der wichtigsten politischen Ziele der von den Chartisten ins Leben gerufenen Reformbewegung.

Der von ihnen ausgeübte Druck trug wesentlich dazu bei, dass im Jahr 1867 schließlich die Königliche Kommission für Gewerkschaften eingerichtet wurde, welche die vollständige Legalisierung von Gewerkschaftsaktivitäten durch den Trade Union Act von 1871 vorbereitete. Das unter Federführung der neuen Gewerkschaftsbewegung gegründete Labour Representation Committee wurde zur Keimzelle der Labour Party, gab der Arbeiterschaft eine politische Stimme und schuf die institutionellen Grundlagen für die Konfrontation mit den Arbeitgebern und für die Forderung nach neuen Gesetzen.

Diese Organisation und der Erfolg der Chartisten hatten viel mit der Vormachtstellung der Industrie und mit der Tatsache zu tun, dass in Großbritannien die meisten Menschen jetzt auf engem Raum in Städten lebten und arbeiteten. Im Jahr 1850 betrug ihr Anteil fast 40 Prozent, und bis 1900 stieg der Anteil der Stadtbewohner an der britischen Bevölkerung auf fast 70 Prozent. Wie Thelwall vermutet hatte, konnte die Arbeiterschaft in großen Städten sehr viel leichter organisiert werden als in den Agrargesellschaften.

Auch die Funktionsweise des Staates änderte sich grundlegend. Der Druck zur Demokratisierung erwies sich als wichtiger Faktor. Die Furcht vor einer vollkommen entfalteten Demokratie bewegte sogar die konservativsten Politiker dazu, schrittweisen Reformen per Gesetzgebung zuzustimmen. Im Vorfeld der

Verabschiedung des ersten Reform Act von 1832, der die Zahl der Wahlberechtigten von 400 000 auf mehr als 650 000 und die Repräsentativität der Wahlkreise erhöhte, erklärte der Whig-Premierminister Earl Grey: »Ich habe das allgemeine Wahlrecht und jährliche Parlamente nie unterstützt und unterstütze weder diese noch irgendwelche der sehr umfassenden Veränderungen, die bedauerlicherweise in diesem Land übermäßige Zustimmung finden und von Gentlemen befürwortet werden, von denen man Besseres hätte erwarten dürfen.«[44]

Dasselbe galt auch für die späteren Reformen, vor allem, wenn sie von konservativen Politikern vorangetrieben wurden. Beispielsweise brach Benjamin Disraeli mit Robert Peels Tory-Regierung, weil sie sich im Jahr 1848 nicht über die Aufhebung des Corn Law einig wurden. Disraeli drängte sich in den Vordergrund und wurde schließlich Regierungschef, indem er sich mit den Grundbesitzern verbündete, die an den Importzöllen festhalten wollten, um die Getreidepreise hoch zu halten. Gleichzeitig sicherte er sich mit politischen Reformen, Hurrapatriotismus und dem »Eine-Nation-Konservatismus« die Unterstützung der breiten Öffentlichkeit. Disraeli war auch der Architekt des Second Reform Act von 1867, mit dem die Zahl der Wahlberechtigten verdoppelt wurde, und leistete keinen Widerstand gegen Gesetze über eine Fabrikreform. Die ländlichen Grundbesitzer, die ihn unterstützten, wollten den Ausbruch einer Revolution in den Industriestädten verhindern.[45]

Mit den politischen Reformen gingen umwälzende Veränderungen im öffentlichen Dienst einher. In der Vergangenheit waren viele Posten im Staatsdienst als Pfründe behandelt worden. Die meisten Beamten nahmen eine harte Haltung gegenüber den Bedürfnissen der Armen ein, was sich an Gestaltung und Umsetzung des neuen Poor Law zeigte.

Doch um die Jahrhundertmitte erlangten einige Beamte ein gewisses Maß an Autonomie und begannen sich für soziale Fragen zu interessieren. Mit Benthams Vorstellungen von der gesellschaftlichen Effizienz waren zuvor Maßnahmen gerechtfertigt worden, die nur als bösartig bezeichnet werden können. Als bessere Daten erhoben wurden, zeigte sich, dass die Entfaltung der Marktkräfte nicht zwangsläufig zur Verbesserung der sozialen Bedingungen führen würde, und genau diese Lehre war auch aus der Untersuchung der Kommission für die Kinderarbeit gezogen worden.

Die sanitären Einrichtungen sind ein ausgezeichnetes Beispiel für diese Verschiebung. Wie wir gesehen haben, hatten sich die rasant wachsenden britischen Industriestädte in den vierziger Jahren des 19. Jahrhunderts in riesige Kloaken verwandelt, und in den Unterkünften der meisten Einwohner wimmelte es von potenziell tödlichen Bakterien und anderen Krankheitserregern. Der aus den selten geleerten Jauchegruben aufsteigende Gestank wurde unerträglich – heute können wir uns die Zustände in den damaligen Städten kaum vorstellen. An einigen Orten gab es Abwasserkanäle, aber diese waren im Wesentlichen für die Entsorgung von Regenwasser und die Vermeidung von Überschwemmungen bestimmt. Lange Zeit wurden keinerlei Versuche unternommen, die öffentliche Infrastruktur zu verbessern. Vielmehr war es in vielen Verwaltungsbezirken verboten, Toiletten an die Kanalisation anzuschließen.

All das änderte Edwin Chadwick. Er war ein Anhänger Jeremy Benthams, aber im Laufe der Zeit begann er, sich für die Notlage der einfachen Menschen zu interessieren und die sanitären Bedingungen insbesondere in den neuen Industriestädten zu studieren. Sein 1842 veröffentlichter Bericht über die Zustände erregte großes Aufsehen und rückte das Problem in den Mittelpunkt der politischen Diskussion.[46]

Chadwick stellte klar, dass mittels verschiedener technischer Maßnahmen und durch den Bau besserer Kanalisationssysteme die Abwässer gesäubert und die Ausbreitung von Krankheiten eingedämmt werden konnte. Er schlug vor, ununterbrochen fließendes Wasser in die Häuser zu leiten und die menschlichen Exkremente durch Rohre in Reservoirs zu spülen, in denen sie sicher aufbereitet werden konnten. Dazu mussten Form und Bauart der Abwasserleitungen geändert werden. Zu jener Zeit bestanden die Abwasserkanäle in Großbritannien aus Ziegelsteinen und dienten in erster Linie dazu, Ablagerungen aufzufangen. In regelmäßigen Abständen gruben Mitarbeiter der Stadtverwaltung die Leitungen aus und entfernten so viele Ziegel, dass der Schlamm aus dem Kanal geschaufelt werden konnte. Chadwick wollte ein Kanalisationsnetz bauen, in dem die Abwässer unablässig durch Terrakottarohre mit eiförmigem Querschnitt fließen würden, die kontinuierlich gespült und gesäubert werden sollten. Diese Neuerungen stießen auf beträchtlichen Widerstand, doch Chadwick setzte sich durch. Die Organisation der Städte wurde revolutioniert und die öffentliche Gesundheit deutlich verbessert.

Bemerkenswert ist, dass sich der politische Konsens im Verlauf dieser Entwicklung ebenfalls verschob. Sogar Konservative, die traditionelle Werte vertraten und das Privateigentum schützen wollten, ließen sich davon überzeugen, dass die sanitären Anlagen verbessert werden mussten. In einer Rede in Manchester im April 1872 sprach sich Disraeli nachdrücklich für »sanitäre Fortschritte« und für Maßnahmen zur Verbesserung der öffentlichen Gesundheit aus:

> Ein Land kann übersät sein mit historischen Trophäen, mit Wissenschaftsmuseen und Kunstgalerien, mit Universitäten und Bibliotheken, seine Bevölkerung kann zivilisiert und erfinderisch sein, und das Land kann

> sogar in den Annalen der Welt berühmt sein, aber meine Herren, wenn seine Bevölkerung alle zehn Jahre schrumpft und seine Einwohner alle zehn Jahre kleiner werden, dann wird die Geschichte dieses Landes bald eine Geschichte der Vergangenheit sein.[47]

Die Politik begann dem Druck der Öffentlichkeit nachzugeben, und die politischen Entscheidungsträger mussten sich Gedanken über ihre soziale Verantwortung machen. Niemand wünschte sich Epidemien oder eine sinkende Lebenserwartung, sei es infolge von Krankheiten oder gefährlichen Arbeitsbedingungen – vor allem nicht, wenn die Wähler die Politiker aus dem Amt jagen konnten und die Gewerkschaften den Druck aufrechterhielten.

Armut für den Rest

Wie der technologische Fortschritt im 19. Jahrhundert vorangetrieben wurde, sehen wir in Großbritannien und den Vereinigten Staaten. Aber es wäre falsch, zu glauben, die bedeutsamsten Auswirkungen der Innovation seien auf diese Volkswirtschaften beschränkt gewesen. Auch ist die Annahme falsch, dass sich die Technologie überall ähnlich auswirkte. Verschiedene Länder fällten unterschiedliche Entscheidungen darüber, wie das verfügbare technologische Wissen eingesetzt werden sollte, und diese Entscheidungen hatten sehr unterschiedliche Auswirkungen.

Tatsächlich stürzten sogar Technologien, die in Großbritannien den Aufbau eines breit gestreuten Wohlstands möglich machten, in anderen Teilen der Welt Hunderte Millionen Menschen in tieferes Elend. Besonders deutlich wird das am Schicksal von Völkern, die sich im rasch wachsenden globalen Netz für den Handel mit Rohstoffen und Fertigerzeugnissen verfingen.

Indien spielte noch zu Beginn des 18. Jahrhunderts eine führende Rolle in der Erzeugung von Keramik, in der Metallbearbeitung und in der Fertigung bedruckter Textilien. Diese Güter wurden von sachkundigen Handwerkern erzeugt, die gemessen an den Maßstäben jener Zeit gute Löhne erhielten. Der berühmte »Damaszenerstahl« stammte aus Indien, und Kattun und Musselin aus diesem Land waren in England sehr begehrt. Die englische Wollindustrie drängte erfolgreich auf Importbeschränkungen, um die hochwertigen indischen Textilien vom heimischen Markt fernzuhalten.

Obwohl die britische Ostindien-Kompanie für den Gewürzhandel gegründet worden war, beruhte ihr kommerzieller Erfolg in den ersten Jahren darauf, dass sie Baumwollstoffe und -kleidung nach Großbritannien brachte. Die Kompanie organisierte auch die Produktion von Baumwollkleidung in Indien, weil dort Fachkräfte und Rohmaterial zur Verfügung standen. In den ersten hundert Jahren der britischen Kontrolle über Teile Indiens stiegen dessen Ausfuhren von Baumwollfertigerzeugnissen an Europa.

Dann begannen die Briten, Wasserkraft zum Betrieb von Maschinen einzusetzen, die zunächst Seide (die gemeinsam mit Baumwolle verwendet wurde) und später Baumwolle spinnen konnten. In Großbritannien gab es genügend schnell fließende Wasserläufe und reichlich Investitionskapital. Die Kosten des Transports von Rohbaumwolle nach Liverpool waren gering, gemessen am Preis des Endprodukts.

Die Ostindien-Kompanie hatte den Export britischer Baumwollerzeugnisse nach Indien verhindert. Aber dieser Teil ihres Monopols im Indienhandel endete im Jahr 1813. Die Folge war, dass der indische Markt mit Textilien insbesondere aus Lancashire überflutet wurde. So begann die Deindustrialisierung der indischen Wirtschaft. In der zweiten Hälfte des 19. Jahrhunderts lieferten die dortigen Spinner nur noch 25 Prozent der auf dem indischen Markt verkauften Baumwolltextilien (möglicherweise war der Marktanteil der heimischen Produkte sogar noch geringer). Die Handwerker in den Dörfern wurden durch billige Importe aus dem Geschäft gedrängt und mussten sich wieder auf den Anbau von Nutzpflanzen verlegen. Zwischen 1800 und 1850 schrumpften die indischen Städte, und der Anteil der Stadtbewohner an der Gesamtbevölkerung sank von etwa 10 auf weniger als 9 Prozent.[48]

Und es stand weiteres Unheil bevor. Angehörige der britischen Elite gelangten zu der Überzeugung, die indische Gesellschaft müsse umgebaut werden. Vorgeblich ging es ihnen um eine Zivilisierung Indiens, aber in Wahrheit handelten sie aus Eigennutz. Lord Dalhousie, der Mitte des 19. Jahrhunderts Generalgouverneur von Indien war, beharrte darauf, dass das Land westliche Institutionen, Verwaltungsstrukturen und Technologien übernehmen müsse. Die Eisenbahn, so Dalhousie, werde »Indien die Gewissheit geben, dass die Ausweitung dieser großen Maßnahmen zur öffentlichen Verbesserung und der daraus folgende Anstieg von Wohlstand und Reichtum in den beteiligten Territorien fortgesetzt werden können«.[49]

Aber statt einer wirtschaftlichen Modernisierung Indiens diente die Eisenbahn britischen Wirtschaftsinteressen und half der Kolonialmacht, ihre Kontrolle über die indische Bevölkerung auszuweiten. In einer Denkschrift vom 20. April 1853, welche die Politik auf dem Subkontinent fast ein Jahrhundert lang prägen sollte, brachte Dalhousie drei Argumente für die Eisenbahn vor: Sie werde den

Briten den Zugang zu Rohbaumwolle erleichtern; sie werde es ermöglichen, »europäische« Fertigerzeugnisse in abgelegenen Regionen Indiens zu verkaufen; und sie werde britische Investitionen in die Eisenbahn anregen, was in der Folge dazu führen werde, dass Kapital in andere industrielle Aktivitäten in Indien fließen werde.

Die erste Bahnlinie wurde 1852/53 unter Einsatz der neuesten verfügbaren Technik gebaut. Aus England wurden moderne Zugmaschinen importiert. Dalhousie lag richtig mit seiner Einschätzung, dass die britische Wirtschaft von einem verbesserten Zugang zu Rohbaumwolle profitieren würde. Zwischen 1848 und 1856 schritt die Deindustrialisierung Indiens voran, während sich die Baumwollexporte des Landes verdoppelten. So wurde das Land im Wesentlichen zu einem Exporteur von Agrarprodukten; neben Baumwolle lieferte es große Mengen von Zucker, Seide, Salpeter und Indigo – und seine Opiumausfuhren stiegen ebenfalls rasant. Von der Mitte bis in die achtziger Jahre des 19. Jahrhunderts war Opium das wichtigste Exportgut Indiens und wurde überwiegend von den Briten nach China verkauft.

Die indische Eisenbahn regte das Wachstum des Binnenhandels an, wodurch die Preisunterschiede zwischen weit voneinander entfernten Orten schrumpften. Die Einkommen in der Landwirtschaft stiegen. Ochsenkarren waren kein effektives Ersatztransportmittel, und das Netz der indischen Wasserwege konnte der Eisenbahn keine Konkurrenz machen. Es gab jedoch keine nennenswerten Auswirkungen auf die Eisen- und Stahlindustrie, und der Großteil der Schienenfahrzeuge wurde in Großbritannien gekauft. Noch im Jahr 1921 war Indien nicht in der Lage, eigene Lokomotiven zu bauen.

Noch schlimmer war, dass die Eisenbahn zu einem Unterdrückungsinstrument wurde, und zwar sowohl durch Handlung als auch durch Unterlassung. Die Handlung war offenkundig: Die Briten nutzten die Eisenbahn, um Truppen durch das Land zu bewegen und lokale Erhebungen niederzuschlagen. Ein gutes Eisenbahnnetz kann die Kosten der Repression verringern, und es war nicht zuletzt der Eisenbahn zu verdanken, dass wenige Tausend britische Soldaten eine Bevölkerung von mehr als 300 Millionen Menschen unter Kontrolle halten konnten.

Die Unterlassung war furchtbarer. Als Hungersnöte ausbrachen, wäre es möglich gewesen, die notleidenden Gebiete auf der Schiene mit Nahrung zu versorgen. Doch in entscheidenden Momenten in den siebziger Jahren des 19. Jahrhunderts sowie Mitte der vierziger Jahre des 20. Jahrhunderts unter der Kriegsverwaltung Winston Churchills lehnten die britischen Behörden Hilfslieferungen ab, was Millionen Inder das Leben kostete.

Es wurden und werden verschiedene Entschuldigungen für diese Unterlassungssünden vorgebracht, aber Tatsache ist, dass die Briten nie genug in Bewässerungssysteme, Wasserstraßen und die Versorgung mit sauberem Trinkwasser investierten und das Potenzial der Eisenbahn nie entschlossen nutzten, um die indische Bevölkerung in Zeiten zu ernähren, in denen Mangel herrschte oder die auf dem Markt erhältlichen Lebensmittel für die Armen unerschwinglich waren. Wie die Briten dachten, zeigt sich an Churchills Antwort auf die Aufforderung, er solle sich mit der Führung der indischen Unabhängigkeitsbewegung treffen, um sich ein besseres Bild von den Veränderungen im Land zu machen: »Ich bin durchaus zufrieden mit meiner Einschätzung Indiens. Ich will nicht, dass irgendein verfluchter Inder sie durcheinanderbringt.«[50]

Die Eisenbahn wurde schließlich zu einem wirkungsvollen Instrument im Kampf gegen Hungersnöte – allerdings erst, nachdem sich die Briten aus Indien zurückgezogen hatten.

Technologie kann die Produktivität deutlich erhöhen und das Leben von Milliarden Menschen verbessern. Aber wie wir gesehen haben, ist die technologische Entwicklung oft unausgewogen und kommt vor allem denen zugute, die gesellschaftliche Macht ausüben. Jene ohne Möglichkeit zur politischen Beteiligung bleiben oft auf der Strecke.

Stellen wir uns der Unausgewogenheit der technologischen Entwicklung

Die Whig-Interpretation der Geschichte ist tröstlich, aber irreführend. Die technologische Entwicklung führt nicht automatisch zum Fortschritt. In Kapitel 4 haben wir gesehen, dass viele wichtige neue Produktionstechniken in der Landwirtschaft, die in den vergangenen 10 000 Jahren eingeführt wurden, kaum dazu beitrugen, das Elend der Bevölkerungsmehrheit zu mildern, und dass sie manchmal sogar die Armut vertieften. Die Industrialisierung hatte in den ersten hundert Jahren ähnlich negative Auswirkungen und machte einige wenige Menschen sehr reich, während der Lebensstandard der meisten anderen sank und die Städte unter Krankheiten und Umweltverschmutzung litten.

In der zweiten Hälfte des 19. Jahrhunderts nahm die Entwicklung einen anderen Verlauf, was jedoch nicht daran lag, dass der gesellschaftliche Fortschritt unausweichlich gewesen wäre. Das Besondere an dieser Zeit war ein Wandel in der Natur der Technologie und der Aufstieg einer Gegenmacht, welche die Mächtigen zwang, die Erträge der erhöhten Produktivität mit der gesamten Gesellschaft zu teilen.

Anders als in der ersten Phase der Industriellen Revolution, als die Technologie in erster Linie der Automatisierung diente, eröffneten die neuen Technologien in der zweiten Phase sowohl qualifizierten als auch unqualifizierten Arbeitskräften neue Möglichkeiten. Mit dem Siegeszug der Eisenbahn entstanden zahlreiche neue Tätigkeiten, und sie stimulierte durch Verbindungen zu anderen Branchen die übrige Wirtschaft. Noch wichtiger war, dass die technologische Entwicklung in den Vereinigten Staaten der Steigerung der Effizienz diente und aufgrund des Mangels an qualifizierten Arbeitskräften im Land insbesondere die Zahl der Aufgaben erhöhte, die von Fabrikarbeitern und neuen Maschinen bewältigt werden konnten. Als sich diese Neuerungen in den Vereinigten Staaten und Europa ausbreiteten, schufen sie neue Arbeitsplätze und erhöhten die Grenzproduktivität der Arbeitskräfte in der gesamten industrialisierten Welt.

Gleichzeitig stärkten institutionelle Veränderungen die Macht der Arbeiterschaft. Das Wachstum der Industrie brachte die städtische Bevölkerung an den Arbeitsplätzen zusammen und ermöglichte es den Menschen, sich zu organisieren und gemeinsame Ideen zu entwickeln. Das veränderte die Politik sowohl am Arbeitsplatz als auch in der Gesellschaft insgesamt.

In Großbritannien setzten die Bewegung der Chartisten und die aufstrebenden Gewerkschaften eine Ausweitung der politischen Repräsentation und des Einsatzgebiets für staatliche Eingriffe durch.[51] In den Vereinigten Staaten bewirkten Gewerkschaftszusammenschlüsse in Kombination mit Bauernprotesten dasselbe. Und überall in Europa erleichterte der Siegeszug der Fabrik die Organisation der Arbeiter.

Die Demokratisierung begünstigte die Aufteilung der Produktivitätserträge, indem sie Kollektivverhandlungen ermöglichte, in denen bessere Arbeitsbedingungen und höhere Löhne durchgesetzt wurden. Da neue Industriezweige, Produkte und Tätigkeiten die Produktivität der Arbeitskräfte erhöhten und die Erträge zwischen Arbeitgebern und Beschäftigten geteilt wurden, stiegen die Löhne.

Dank der Ausweitung der politischen Repräsentation wurden die Forderungen nach Maßnahmen gegen die Umweltverschmutzung in den Städten und nach einem besseren Schutz der öffentlichen Gesundheit ernst genommen.

Nichts von alledem stellte sich automatisch ein, und zu Veränderungen kam es oft erst nach langjährigen Auseinandersetzungen. Zudem besserten sich die Bedingungen nur für jene, die ausreichenden politischen Einfluss geltend machen konnten. Frauen besaßen im 19. Jahrhundert in den meisten Ländern kein Wahlrecht, weshalb es sehr viel länger dauerte, bis sie wirtschaftliche Chancen erhielten und in den Genuss umfassender Rechte kamen.

In den meisten europäischen Kolonien wurden die Lebensbedingungen nicht besser; vielmehr verschlechterten sie sich deutlich. Einigen Ländern wurde eine Deindustrialisierung aufgezwungen, darunter Indien, das mit britischen Textilien überschwemmt wurde. Wie Teile Afrikas wurde Indien so in einen Lieferanten von Rohstoffen verwandelt, mit denen der unersättliche Appetit der wachsenden europäischen Industrie gestillt wurde. In anderen Gebieten, etwa im Süden der Vereinigten Staaten, wurde die schlimmste Art der Zwangsarbeit in Form von Sklaverei ausgeweitet, und die indigenen Bevölkerungen sowie Einwanderer wurden im Namen des Fortschritts auf übelste Art diskriminiert.

7

DER UMSTRITTENE PFAD[1]

Ich bin jung, ich bin zwanzig Jahre alt; aber ich kenne
vom Leben nichts anderes als die Verzweiflung,
den Tod, die Angst und die Verkettung sinnlosester
Oberflächlichkeit mit einem Abgrund des Leidens.
Ich sehe, dass Völker gegeneinandergetrieben werden
und sich schweigend, unwissend, töricht, gehorsam,
unschuldig töten.

— Erich Maria Remarque, *Im Westen nichts Neues*, 1929[2]

Über die folgenden grundlegenden Punkte besteht unter den Mitgliedern völliges Einvernehmen:

1. Automatisierung und technischer Fortschritt sind von zentraler Bedeutung für das Gemeinwohl, die wirtschaftliche Stärke und die Verteidigung der Nation.
2. Dieses Ziel kann und muss erreicht werden, ohne dass dafür menschliche Werte geopfert werden.
3. Um technischen Fortschritt ohne Opferung menschlicher Werte zu erreichen, bedarf es einer Kombination aus privatwirtschaftlichem und staatlichem Handeln, in Übereinstimmung mit den Grundsätzen einer freiheitlichen Gesellschaft.

– Beratender Ausschuss des Präsidenten für politische Maßnahmen in Bezug auf die Arbeitnehmer-Arbeitgeber-Beziehungen, 1962[3]

Nach den Reformen und der Neuausrichtung der technologischen Innovation in der zweiten Hälfte des 19. Jahrhunderts schien es berechtigten Anlass für eine gewisse Hoffnung zu geben. Zum ersten Mal in der Geschichte trafen rascher technischer Fortschritt und die institutionellen Voraussetzungen dafür zusammen, dass nicht mehr nur eine kleine Elite vom Wandel profitierte.

Aber schon im Jahr 1919 war das Fundament dieses geteilten Wohlstands wieder zerstört. Menschen, die zu Beginn des 20. Jahrhunderts erwachsen wurden, erlebten eine Welt wachsender wirtschaftlicher Ungleichheit und eines beispiellosen Gemetzels im Ersten Weltkrieg, in dem über 20 Millionen Menschen ihr Leben verloren. Der tragische Tod Millionen junger Männer und Frauen war das Ergebnis brutal effektiver militärischer Technik, die von neuen Schusswaffen bis zu Bomben, Panzern, Flugzeugen und Giftgas reichte.

Den meisten Menschen entging es nicht, dass dies eine sehr dunkle Seite des technischen Fortschritts war. Kriege waren über Tausende von Jahren hinweg häufige Ereignisse gewesen, aber die Waffen entwickelten sich nach dem Mittelalter nur langsam weiter. Als Napoleon im Jahr 1815 in Waterloo besiegt wurde, kämpften er und seine Gegner hauptsächlich mit Musketen kurzer Reichweite und Glattrohrkanonen, die sich seit Jahrhunderten kaum verändert hatten.[4] Die Tötungswerkzeuge des 20. Jahrhundert waren viel ausgetüftelter.

Das Elend endete nicht mit dem Krieg. Eine beispiellose Grippepandemie brach im Jahr 1918 über die Menschheit herein; über 500 Millionen Menschen infizierten sich mit dem Erreger und über 50 Millionen starben.[5] Obgleich das Wachstum in den ersten zehn Jahren nach dem Krieg, insbesondere in den Vereinigten Staaten und Großbritannien, wieder anzog, stürzte die Große Depression im Jahr 1929 einen Großteil der Welt in den steilsten wirtschaftlichen Abschwung seit dem Beginn des Zeitalters der Industrialisierung.

Rezessionen und Wirtschaftseinbrüche waren nicht unbekannt. In den Vereinigten Staaten hatte es in den Jahren 1837, 1857, 1873, 1893 und 1907 Bankenpaniken und Rezessionen gegeben. Aber keine davon war mit der Großen Depression vergleichbar, was das Ausmaß von Umwälzung, gesellschaftlicher Spaltung und ruinierten Leben betraf. Und in früheren Krisen stieg die Arbeitslosigkeit auch nicht annähernd auf jenes Niveau, das in den USA und vielen europäischen Ländern nach 1930 erreicht wurde. Man musste in den dreißiger Jahren nicht außergewöhnlich hellsichtig sein, um zu erkennen, dass die Welt sich schlafwandelnd auf ein weiteres gigantisches, von der Technologie befeuertes Gemetzel zubewegte.

Der österreichische Romancier Stefan Zweig brachte die Verzweiflung, die viele in seiner Generation empfanden, auf den Punkt, als er in seiner Autobiografie *Die Welt von Gestern* schrieb, kurz bevor er und seine Frau sich im Jahr 1942 das Leben nahmen: »Selbst aus dem Abgrund des Grauens, in dem wir heute halb blind herumtasten mit verstörter und zerbrochener Seele, blicke ich immer wieder auf zu jenen alten Sternbildern, die über meiner Kindheit glänzten, und tröste mich mit dem ererbten Vertrauen, dass dieser Rückfall nur als ein Intervall erscheinen wird in dem ewigen Rhythmus des Voran und Voran.« [6]

Man hätte Zweigs vorsichtigem Optimismus, dies sei nur ein kurzes Intermezzo auf dem Weg zu einer Art Fortschritt, der immer weiter aufwärts führe, widersprechen können. In den dreißiger Jahren konnten nur wenige den Optimismus zum Ausdruck bringen, der der Whig'schen Geschichtsauffassung entsprach.[7]

Aber zumindest mittelfristig gaben etliche Ereignisse Zweig recht. Nach dem Zweiten Weltkrieg bauten viele Länder im Westen und einige asiatische Länder neue Institutionen auf, die geteilten Wohlstand förderten, und sie verzeichneten hohe Wachstumsraten, von denen fast alle Segmente ihrer Gesellschaften profitierten. Die Jahrzehnte nach 1945 wurden in Frankreich »*les trentes glorieuses*« genannt, die dreißig glorreichen Jahre, und das Gefühl, das in dieser Bezeichnung zum Ausdruck kommt, war in der westlichen Welt weit verbreitet.

Dieses Wachstum beruhte auf zwei wesentlichen Bausteinen, ähnlich denjenigen, die in der zweiten Hälfte des 19. Jahrhunderts in Großbritannien aufkamen: erstens, einer klaren Richtungsvorgabe für die technologische Innovation, die nicht nur Kosteneinsparungen durch Automatisierung, sondern auch eine Vielzahl neuer Aufgaben, Produkte und Chancen generierte; und, zweitens, einem institutionellen Rahmen, der die von Arbeitern und staatlicher Regulierung ausgehenden Gegenkräfte stärkte.

Diese Bausteine wurden in den zehner und zwanziger Jahren des 20. Jahrhunderts gelegt.[8] Dies spricht dafür, dass wir die ersten siebzig Jahre des 20. Jahrhunderts als Teil derselben Epoche ansehen sollten, auch wenn es zwischenzeitlich zu herben Rückschlägen kam. Die eingehende Untersuchung dieser beiden Bausteine und der Vision, die sich parallel dazu entwickelte, liefert nicht nur Anhaltspunkte dafür, wie wir heute wieder Wohlstand für alle schaffen können; sie zeigt auch, wie zufallsabhängig und mühsam es in Wirklichkeit gewesen ist, dieses

Ergebnis zu erreichen. Viele starke Kräfte, die von partikularen Visionen und eigennützigen Interessen getragen wurden, leisteten zu vielen kritischen Zeitpunkten Widerstand. Zunächst blieb der Widerstand jedoch wirkungslos, auch wenn er die Voraussetzungen dafür schuf, dass das Streben nach Wohlstand für alle im weiteren Verlauf auf dramatische Weise zusammenbrach. Dies erörtern wir in Kapitel 8.

Die Elektrifizierung des Wachstums

Die Vereinigten Staaten hatten im Jahr 1870, unmittelbar nach dem Bürgerkrieg, ein BIP in Höhe von etwa 98 Milliarden Dollar. Im Jahr 1913 erreichte es 517 Milliarden Dollar zu konstanten Preisen.[9] Die USA waren nicht nur die größte Volkswirtschaft der Erde, sondern zusammen mit Deutschland, Frankreich und Großbritannien auch in der naturwissenschaftlichen Forschung weltweit führend.[10] Neu entwickelte Technologien breiteten sich rasch in der amerikanischen Wirtschaft aus und veränderten die Lebensverhältnisse der Menschen von Grund auf.

Aber es gab auch viele besorgniserregende Entwicklungen – Ungleichheit, schlechte Lebensbedingungen sowie Abbau von Arbeitsplätzen und Verarmung von Arbeitern –, von denen schon die Briten in den Jahrzehnten nach 1750 betroffen gewesen waren. Tatsächlich waren die Gefahren für die USA womöglich größer, denn sie waren in der Mitte des 19. Jahrhunderts noch weitgehend agrarwirtschaftlich geprägt. Im Jahr 1860 arbeiteten 53 Prozent aller Erwerbstätigen in der Landwirtschaft.[11] Die zügige Mechanisierung der Landwirtschaft könnte Millionen von Menschen arbeitslos machen.

Und einige neue landwirtschaftliche Maschinen hatten tatsächlich diesen Effekt. Die McCormick-Erntemaschine, die 1831 erfunden und kontinuierlich verbessert wurde, verminderte den Bedarf an Arbeitskräften zur Erntezeit.[12] Erntemaschinen, Mähbinder, Dreschmaschinen, Mähmaschinen und dann Mähdrescher veränderten die US-Landwirtschaft in den Jahrzehnten nach 1860 von Grund auf. Diese Maschinen verringerten den Bedarf an Arbeitern pro Fläche in verschiedenen Phasen des Anbauzyklus. Für die Maisproduktion mit manuellen Methoden betrug der Arbeitskräftebedarf im Jahr 1855 182 Personenstunden pro Acre (0,4 ha). Die Mechanisierung reduzierte den Arbeitskräftebedarf bis 1894 auf weniger als 28 Personenstunden pro Acre. Über den gleichen Zeitraum verringerte sich der Bedarf an Arbeitskräften bei der Baumwollproduktion in ähnlichem Umfang (von 168 auf 79 Personenstunden pro Acre) und bei der Kartoffelerzeugung (von 109 auf 38 Personenstunden pro Acre). Beim Weizen waren die potenziellen

Einsparungen sogar noch eindrucksvoller: statt 62 Personenstunden pro Acre im Jahr 1829/30 nur noch knapp über 3 Personenstunden pro Acre im Jahr 1895/96.[13]

Die Folgen der Mechanisierung waren für Arbeiter dramatisch. Der Anteil des Faktors Arbeit an der landwirtschaftlichen Wertschöpfung betrug im Jahr 1850 rund 32,9 Prozent. Bis 1909/10 fiel er auf 16,7 Prozent.[14] Der Anteil der US-Erwerbsbevölkerung, die in der Landwirtschaft beschäftigt war, sank ebenso schnell und erreichte im Jahr 1910 rund 31 Prozent.

Wenn sich die Industrie ebenfalls in Richtung Automatisierung der Arbeit und Abbau von Arbeitskräften entwickelt hätte, wären die Aussichten für die erwerbstätige Bevölkerung in den USA düster gewesen. Stattdessen geschah etwas ganz anderes. Aufgrund der hohen Innovationsgeschwindigkeit in der amerikanischen Industrie erhöhte sich die Nachfrage nach Arbeitskräften deutlich: Der Anteil der Beschäftigten im Verarbeitenden Gewerbe stieg von 14,5 Prozent im Jahr 1850 auf 22 Prozent im Jahr 1910.

Es fanden nicht nur mehr Menschen Beschäftigung im Verarbeitenden Gewerbe; auch der Anteil der Arbeitnehmerentgelte am Volkseinkommen (Lohnquote) stieg, ein untrügliches Anzeichen dafür, dass die technologische Innovation sich in eine arbeitnehmerfreundlichere Richtung bewegte. Zur gleichen Zeit erhöhte sich der Anteil der Arbeitnehmerentgelte an der Wertschöpfung im Verarbeitenden Gewerbe und in der Dienstleistungsbranche von etwa 46 Prozent auf 53 Prozent (der Rest entfiel auf die Eigentümer von Maschinen und auf Kapitalgeber).

Wie schafften es die USA, jene »luddistische« Phase zu vermeiden, die im Zuge der Industrialisierung in Großbritannien aufgetreten war, als Arbeiter durch Maschinen ersetzt wurden und verelendeten und die Löhne stagnierten oder zurückgingen?

Ein Teil der Antwort liegt in dem technologischen Innovationspfad, den die US-Industrie einschlug, als Maschinen breitere Anwendung fanden. Wie wir in Kapitel 6 sahen, war die technologische Innovation in den USA auf Produktivitätssteigerungen ausgerichtet, um so das vergleichsweise knappe Angebot an Arbeitskräften besser zu nutzen. Das von Eli Whitney entwickelte System austauschbarer Teile sollte in erster Linie den Produktionsprozess vereinfachen, um Arbeiter, denen es an handwerklicher Fertigkeit mangelte, zu befähigen, qualitativ hochwertige Produkte herzustellen. Die gesamte zweite Hälfte des 19. Jahrhunderts hindurch dauerten diese Bemühungen an, die Produktivität in ähnlicher Weise zu steigern. Ein Beleg für diese Innovativität war eine explosionsartige Zunahme der Zahl der Patente. Die Vereinigten Staaten erteilten im Jahr 1850 2 193 Patente. Bis 1910 erhöhte sich diese Zahl auf 67 370.[15]

Wichtiger als die Zahl der Patente war die Richtung, die diese Innovationsdynamik einschlug, wobei diese auf zwei Fundamenten ruhte: Massenproduktion und ein Systemansatz, die beide Whitneys Beispiel folgten. Massenproduktion bedeutete den Einsatz von Maschinen, um eine große Menge standardisierter, verlässlicher Produkte zu niedrigeren Kosten herzustellen. Der Systemansatz konzentrierte sich darauf, technische Planung, Design, manuelle Arbeit und Maschinen zu integrieren und verschiedene Teile des Produktionsprozesses auf die effizienteste Weise zu organisieren.

Die Sogwirkung der Produktivität auf die Löhne tritt nur dann ein, wenn Arbeitskräfte neue Aufgaben und Chancen erhalten und ein institutioneller Rahmen gegeben ist, der sicherstellt, dass ihnen ein Teil der Produktivitätsgewinne zufließt. In Kapitel 1 sahen wir, dass dieser Sogeffekt der Produktivität auf die Löhne eher gegeben ist, wenn technologische Fortschritte erhebliche Verbesserungen mit sich bringen und diese ihrerseits eine größere Nachfrage nach Arbeitskräften in anderen Branchen erzeugen – zum Beispiel durch Rückwärts- und Vorwärtsverbindungen (Verflechtungen mit Zulieferern beziehungsweise Abnehmerbranchen). Der Systemansatz und die Massenproduktion waren in dieser Hinsicht besonders wichtig, weil sie auf große Kosteneinsparungen abzielten und zu einer erheblichen Produktionsausweitung führten. Auf diese Weise erzeugten sie Nachfrage nach Inputs aus anderen Branchen und kurbelten deren Output an.

Diese Richtung der technologischen Innovation erhöhte die Grenzproduktivität und den Lebensstandard der Arbeiter, wie der bereits in Kapitel 6 zitierte französische Besucher Pierre Émile Levasseur feststellte:

> Die Fabrikanten sind der Meinung, dass die Arbeiter von der Entwicklung [der Einführung industrieller Maschinen] profitiert haben, und zwar in mehrfacher Hinsicht: als Anbieter von Arbeitskraft, weil die Höhe der Löhne gestiegen ist, als Konsumenten von Produkten, weil sie mit der gleichen Summe mehr kaufen können, und als Personen, die körperlich anstrengende Arbeit verrichten, weil ihre Tätigkeit weniger beschwerlich geworden ist, da die Maschine jetzt fast alles erledigt, was große Kraft erfordert; der Werktätige bringt nicht länger seine Muskeln ins Spiel, vielmehr ist er zu einem Inspektor geworden, der seinen Verstand benutzt.[16]

Diese Trends zeichneten sich zwar schon in den siebziger Jahren des 19. Jahrhunderts ab, aber zwei eng miteinander verflochtene Veränderungen verstärkten sie und transformierten die amerikanische Industrie: Elektrizität und die stärkere

Nutzung von Informationen, ingenieurwissenschaftlichem Sachverstand und Planung beim Produktionsprozess.

Beginnend im späten 18. Jahrhundert, wuchs das wissenschaftliche Verständnis der Elektrizität kontiniuerlich, aber die großen Durchbrüche, die die menschliche Lebenswelt grundlegend umformten, begannen erst in den achtziger Jahren des 19. Jahrhunderts. Thomas Edison hat nicht nur das wissenschaftliche Verständnis von Licht vorangebracht, sondern auch eine wegweisende Rolle bei der Einführung von Beleuchtungssystemen in großem Maßstab gespielt. Die von ihm erfundenen Glühlampen erhöhten die Lichtmenge, die nach Einbruch der Dunkelheit für die Lektüre zur Verfügung stand, um einen Faktor von rund einhundert.

Die Elektrizität ist besonders bedeutsam, weil sie eine Universaltechnologie ist. Diese neue, vielseitig einsetzbare Energiequelle ermöglichte die Entwicklung vieler neuer Geräte. Sie förderte auch die Entstehung grundverschiedener Organisationen. Und die für die Entwicklung und Nutzung elektrischer Technologien verfügbaren Optionen hatten sehr unterschiedliche Verteilungswirkungen.

Die neuen Kommunikationsgeräte, die durch Elektrizität ermöglicht wurden, insbesondere der Telegraf, das Telefon und das Radio, hatten weitreichende Auswirkungen auf die amerikanische Industrie sowie auf den inländischen Konsum. Die besseren Kommunikationsmöglichkeiten führten auch dazu, dass sich Logistik und Planung verbesserten, und diese erwiesen sich als entscheidend für den Erfolg des Systemansatzes.

Die wohl folgenreichste Anwendung der Elektrizität im Produktionsprozess war die Transformation der Betriebsabläufe in Fabriken.[17] Andrew Ure beschrieb das besondere Gepräge der frühen britischen Fabrik im Jahr 1835: »Der Begriff *Fabriksystem* bezeichnet, in der Technik, die gemeinsame Tätigkeit von – erwachsenen und jüngeren – Arbeitern zahlreicher Rangstufen, die mit Fleiß und Geschick ein System von Produktionsmaschinen bedienen, die kontinuierlich von einer zentralen Energiequelle angetrieben werden« (Hervorhebung im Original).[18]

Es sei ein bahnbrechender Fortschritt, eine »zentrale Energiequelle« auf diese Weise zu nutzen, so Ure, weil es die Effizienz steigere und eine bessere Abstimmung der Arbeitsabläufe ermögliche. Aber die Abhängigkeit von einer einzelnen zentralen Energiequelle, ob auf Wind-, Wasser- oder Dampfkraft beruhend, war auch ein Hemmnis. Sie begrenzte die Arbeitsteilung, machte es notwendig, Maschinen um die zentrale Energiequelle herum anzuordnen, ließ es nicht zu, dass eine Maschine im Bedarfsfall mehr Energie nutzte, und führte zu häufigen Arbeitsunterbrechungen, die den gesamten Produktionsprozess beeinträchtigten. Dies bedeutete, dass die Maschinen nicht in der Reihenfolge angeordnet werden konnten, in der die einzelnen Arbeitsschritte erledigt werden mussten, weil die Standorte der Maschinen von ihrem Energiebedarf diktiert wurden. So mussten beispielsweise Maschinen mit Transmissionsantrieb sehr nah an der zentralen Energiequelle aufgestellt werden, weil die Antriebsenergie mit der Entfernung schwächer wurde. Dies bedeutete, dass man noch keine Förderbänder einführen konnte und dass halbfertige Produkte zwischen Maschinen, die an verschiedenen Stellen in der Fabrik standen, hin und her bewegt werden mussten.

Dies alles änderte sich mit dem Beginn der kommunalen Stromverteilung an Haushalte und Betriebe im Jahr 1882. Die Elektrifizierung schritt rasant voran. Im Jahr 1889 wurde etwa 1 Prozent des Energiebedarfs von Fabriken durch Elektrizität gedeckt. Im Jahr 1919 lag dieser Anteil bereits bei über 50 Prozent.[19] Elektrische Energie sorgte für einen gewaltigen Produktivitätsschub in Fabriken. Bessere Beleuchtung bedeutete, dass Arbeiter ihre Umgebung besser sehen und Maschinen mit größerer Präzision bedienen konnten.[20] Außerdem ermöglichte Elektrizität eine bessere Belüftung und erleichterte die Wartung. So schrieb ein Architekt im Jahr 1895: »Elektrisches Glühlicht ist der Höhepunkt aller Beleuchtungsmethoden. Es erfordert keine Pflege, es steht jederzeit zur Verfügung, es beeinträchtigt nie die Qualität der Luft im Zimmer, es erzeugt keine Wärme, keine Gerüche. Es ist der Inbegriff der Reinlichkeit und so zuverlässig wie eine Uhr.«[21] Elektrizität verhieß auch neue Anwendungen, wie etwa elektrische Zeituhren, Steuereinrichtungen und neue Öfen, die in andere Maschinen integriert werden konnten, um die Präzision mechanischer Arbeit zu verbessern.

Noch wichtiger war die Reorganisation der Fabrik dank der flexiblen Anordnung der Maschinen.[22] Jede Fertigungsanlage konnte jetzt eine eigene, ihr zugeordnete lokale Energiequelle erhalten. Westinghouse Electric & Manufacturing Company stand an der Spitze vieler dieser Entwicklungen. So sagte ein Ingenieur in leitender Position bei Westinghouse im Jahr 1903:

> Aber der größte Vorteil des elektrischen Antriebs liegt in seiner größeren Flexibilität und der Freiheit, die er bietet, um den ganzen Betriebsablauf und die Anordnung der Maschinen besser zu planen. Große Maschinen, die mit unabhängigen Motoren ausgerüstet sind, können an jedem Ort aufgestellt werden, der für den Fertigungsprozess am geeignetsten ist, ohne dass solche Einschränkungen berücksichtigt werden müssten, die sich ergeben, wenn die Kraft über Transmissionswellen übertragen werden muss. Und wie bereits erwähnt wurde, hat es auch immense Vorteile, große tragbare Geräte nutzen zu können. Wenn an der Decke keine Wellen mehr verlaufen, ermöglicht dies auch den Betrieb von Kränen, die

> jetzt optimal eingesetzt werden können. Eine Fabrik ohne an der Decke verlaufende Geflechte aus Wellen und Riemen ist zudem viel heller und einladender. Und die Erfahrung hat gezeigt, dass die Arbeiter erheblich produktiver sind, wenn sie in gut beleuchteten und gut belüfteten Fabriken arbeiten.[23]

Diese Erwartungen waren nicht falsch. Die Standortflexibilität und die modulare Struktur von Fabriken ließen die Anzahl von Spezialmaschinen rasch ansteigen. Eine der allerersten Fabriken, die Spezialmaschinen einsetzten, war die Columbia Mills Company in South Carolina.[24] Ursprünglich direkt an einem Kanal errichtet, um Wasserkraft zu nutzen, stellte Columbia Mills Ende der neunziger Jahre des 19. Jahrhunderts auf Elektrizität um und profitierte sofort von der besseren Beleuchtung. In diesen Werken und in den frühen Westinghouse-Fabriken ermöglichte eine je eigene Energiequelle für verschiedene Maschinentypen ein einfacheres Fabriklayout, einen geringeren fabrikinternen Gütertransport und eine viel leichtere Steuerung der Energiezufuhr an einzelne Maschinen.[25]

Elektrische Energie bedeutete auch einen geringeren Reparaturbedarf und eine höhere Modularität, sodass kleinere Reparaturen durchgeführt werden konnten, ohne den gesamten Produktionsprozess zum Erliegen zu bringen. In vielen Branchen wurden jetzt Fabriken in dieser Weise reorganisiert, elektrische Maschinen und mit diesen verbundene Förderbänder eingeführt, was bemerkenswerte Produktivitätssteigerungen zur Folge hatte.[26] Eisenwerke und Gießereien, die diese Methoden einführten, erzeugten schätzungsweise die zehnfache Menge an Eisen bei geringerem Platzbedarf.[27]

Diese beträchtlichen Produktivitätssteigerungen aufgrund des Einsatzes elektrischer Energie waren von zentraler Bedeutung für die wirtschaftliche Expansion und die höhere Nachfrage nach Arbeitskräften in Branchen jenseits des Verarbeitenden Gewerbes. Außerdem führten sie aufgrund der Art und Weise, wie elektrische Energie genutzt wurde, um Fabriken zu reorganisieren, zu erheblichen Verbesserungen für die Arbeiter.

Neue Aufgaben von neuen Ingenieuren

Theoretisch kann jede neue Energiequelle einige bestehende Aufgaben automatisieren, sodass der Bedarf an Arbeitskräften nur geringfügig oder gar nicht steigt. Fortgeschrittenere Maschinen und größere mechanische Leistung brachten von selbst eine gewisse Automatisierung mit sich. Dennoch kam es um die Wende zum 20. Jahrhundert zu einem deutlichen Anstieg der Nachfrage nach Arbeitskräften in der amerikanischen Industrie. Tatsächlich deuten die Zahlen über den Anteil der Arbeitnehmerentgelte am Volkseinkommen (Lohnquote) darauf hin, dass Arbeitskräfte zu Beginn des 20. Jahrhunderts für den Produktionsprozess wichtiger wurden und der Anteil des Faktors Arbeit am Volkseinkommen entsprechend zunahm. Warum?

Vor allem deshalb, weil sich die Organisation der Produktion noch in einer anderen Hinsicht grundlegend veränderte. Im Zuge der Elektrifizierung der Industrie gewannen Ingenieure und Angestellte an Einfluss; sie restrukturierten Fabriken und den Produktionsprozess, was sich positiv auf die Produktivität und die Arbeitsbedingungen auswirkte.

In den fünfziger Jahren des 19. Jahrhunderts sahen amerikanische Fabriken genauso aus wie ihre britischen Pendants. Ein Unternehmer, der das Kapital investiert und die Maschinen aufgestellt hatte, managte die Belegschaft. Einige frühe Industrielle wie Richard Arkwright führten sehr erfolgreich neue Produktionsverfahren ein. Aber im Allgemeinen gab es keine nennenswerte Produktionsplanung, Datensammlung, Effizienzanalyse und keinen kontinuierlichen Verbesserungsprozess. Buchführung und Lagerbestandskontrolle erfolgten unsystematisch und willkürlich. Dem Design wurde zu wenig und dem Marketing so gut wie keine Beachtung geschenkt. Die organisatorischen Aspekte der Industrie begannen sich erst in den letzten Jahrzehnten des 19. Jahrhunderts zu wandeln; dies kündigte den Beginn des Zeitalters der Ingenieur-Manager an.[28]

Im Jahr 1860 waren weniger als 3 Prozent der Beschäftigten im Verarbeitenden Gewerbe in den USA Büroangestellte einschließlich Manager und Ingenieure. Bis 1910 erhöhte sich ihr Anteil auf 13 Prozent. Im gleichen Zeitraum stieg die Gesamtzahl der Beschäftigten im Verarbeitenden Gewerbe von unter einer Million auf über neun Millionen. Der Anteil der Angestellten an der Gesamtzahl der Arbeitnehmer in der Industrie nahm nach dem Ersten Weltkrieg weiter zu und erreichte im Jahr 1940 fast 21 Prozent.[29]

Diese Angestellten erneuerten die Fabrik und machten sie effizienter. Dies hatte eine steigende Nachfrage nach Arbeitskräften zur Folge – nicht nur nach Angestellten, sondern auch nach Arbeitern, die jetzt neue Aufgaben übernahmen. Manager sammelten Informationen, bemühten sich um Produktivitätssteigerungen, begannen, Designs zu verbessern, und passten kontinuierlich Produktionsmethoden an, indem sie neuartige Funktionen und Aufgaben einführten. Der Einfluss der Ingenieure auf die Gestaltung der Produktion war in Verbindung mit den von Angestellten gesammelten Informationen und der Elektrifizierung ausschlaggebend dafür, dass elektrische Spezialmaschinen installiert wurden, die neue Arbeitsaufgaben mit sich brachten, wie zum Beispiel Schweißen, Stanzen und eben das Bedienen der Spezialmaschinen.

Auf diese Weise schuf die Reorganisation der industriellen Fertigung, die durch Angestellte ermöglicht wurde, vergleichsweise gut bezahlte Stellen für Fabrikarbeiter. Durch die Ausweitung der Massenproduktion stieg die Nachfrage nach Angestellten noch weiter.

Eine weitere Dimension des Beschäftigungswachstums ergab sich aus den Verflechtungen, die neue Fabriken zwischen dem Einzel- und dem Großhandel schufen. In dem Maße, wie diese Fabriken größere Stückzahlen ausstießen und sich die Massenproduktion auf breiter Front durchsetzte, entstanden auch in diesen Branchen neue Arbeitsplätze für Ingenieure, Manager, Verkäufer und Verwaltungsangestellte.

Es ist bemerkenswert, dass viele dieser Angestelltentätigkeiten eine höhere fachliche Qualifikation erforderten als die meisten Arbeitsplätze im 19. Jahrhundert. So benötigten etwa Büroangestellte angemessene Lese-, Schreib- und Rechenfähigkeiten, um die Produktionsmenge, die Lagerbestände und Finanzkonten zu erfassen bzw. zu erstellen und um ihre Ergebnisse sachgerecht zu kommunizieren. Hier half ein weiterer Trend in der amerikanischen Wirtschaft: die rasche Zunahme von Arbeitskräften mit Highschool-Abschluss.[30] Im Jahr 1910 hatten weniger als 10 Prozent der Achtzehnjährigen einen Highschool-Abschluss; bis 1940 hatte sich diese Zahl auf 40 Prozent erhöht. Dies war das Ergebnis großer Investitionen in die Schulbildung in der zweiten Hälfte des 19. Jahrhunderts, wobei die lokalen »Volksschulen« (*common schools*) im gesamten Land eine Grundschulbildung anboten. In den achtziger Jahren des 19. Jahrhunderts gingen annähernd 90 Prozent der weißen Kinder im Alter zwischen acht und zwölf Jahren im Nordosten und im Mittleren Westen zur Schule (unter schwarzen Kindern waren es weit weniger). Statistische Analysen bestätigen die zentrale Rolle, die neue Arbeitsaufgaben und Wirtschaftszweige bei der Zunahme der Arbeitskräftenachfrage spielten. Eine Studie dokumentiert, dass neue Branchen mit einem vielfältigeren Stellenangebot sowohl beim allgemeinen Beschäftigungswachstum als auch bei der Ausweitung der Stellenangebote für Angestellte im Verarbeitenden Gewerbe der USA führend waren.[31] Eine andere Studie kam zu dem Ergebnis, dass das Produktivitätswachstum in den USA zwischen 1909 und 1949 mit Beschäftigungszuwächsen einherging und dass sich dieses Muster zuerst in neuen Branchen zeigte, die sich auf elektrische Maschinen und Elektronik stützten.[32] Hier sollte nochmals an zwei entscheidende Aspekte der technologischen Innovation während dieser Zeit erinnert werden. Erstens automatisierten Unternehmen weiterhin Teile des Produktionsprozesses. Tatsächlich wurden nicht nur in der Landwirtschaft, sondern in der gesamten Wirtschaft bei einigen Aufgaben Menschen durch neue Maschinen ersetzt. Der zentrale Unterschied zur ersten Phase der Industriellen Revolution in Großbritannien war die Tatsache, dass der automatisierungsbedingte Rückgang des Arbeitskräftebedarfs durch andere Aspekte der technologischen Innovation kompensiert wurde. Diese schuf nämlich für Arbeitskräfte, insbesondere für solche mit einer lediglich elementaren Schulbildung, Beschäftigungsmöglichkeiten im Verarbeitenden Gewerbe und in der Dienstleistungsbranche.

Zweitens: Obgleich sich einige der Vorteile, die Arbeitnehmern aus der Expansion etlicher Branchen erwuchsen, in Anbetracht der Produktivitätsverbesserungen und der hohen Verflechtungen infolge neuer Fabriken von selbst ergaben, verdankten sich andere Entscheidungen, die von Unternehmen und dem neuen Kader aus Ingenieuren und Managern getroffen wurden.

Die Richtung des Fortschritts war in dieser Ära keine unvermeidliche Folge der bahnbrechenden naturwissenschaftlichen Erkenntnisse der Zeit. Tatsächlich ließ die Elektrizität als eine Universaltechnologie verschiedene Anwendungen und unterschiedliche Entwicklungspfade zu.

Manager und Ingenieure hätten sich entscheiden können, die Automatisierung als eine Strategie zur Kostensenkung in existierenden Branchen noch entschlossener voranzutreiben. Stattdessen folgten sie dem amerikanischen technologischen Innovationspfad und bemühten sich, neue Systeme und Maschinen zu entwickeln, die effizienter waren und zugleich die Fähigkeiten von Facharbeitern und ungelernten Arbeitern erweiterten.[33] Diese technologischen Weichenstellungen waren grundlegend für die Zunahme der Nachfrage nach Arbeitskräften in der Industrie, die die rückläufige Arbeitsintensität in der Landwirtschaft und bei einigen Aufgaben in der Industrie mehr als wettmachte.

Auf dem Fahrersitz

Es gibt kein besseres Beispiel, um zu verdeutlichen, wie Elektrifizierung, Ingenieurwissenschaft, der Systemansatz und neue Aufgaben zusammenkamen, als die Automobilindustrie, allen voran die Ford Motor Company.[34]

Der Automobilbau in den USA begann im Jahr 1896. Die Ford Motor Company wurde im Jahr 1903 von Henry Ford gegründet. Ihre ersten Kraftfahrzeuge, die Modelle A, B, C, F, K, R und S, wurden mithilfe von Verfahren hergestellt, die in der Industrie bereits weit verbreitet waren und die Elemente des Systems austauschbarer Teile mit handwerklichen Fertigkeiten verknüpften. Es handelte sich um Automobile mittlerer Preislage, die einen Nischenmarkt bedienten.

Aber Henry Ford, der ikonische Eigentümer und Chefmanager des Unternehmens, wollte schon früh viel mehr Autos produzieren und zu einem niedrigeren Preis verkaufen, um einen Massenmarkt zu schaffen. Auch wenn Model N ein erster Schritt in diese Richtung war, sprengte es nicht den üblichen Rahmen. Es wurde in der Piquette-Fabrik in Detroit produziert, die die gleiche Architektur und Organisation aufwies wie Fabriken, die aus einer zentralen Quelle mit Energie versorgt wurden, und sie enthielt nicht die gesamte verfügbare Palette elektrischer Maschinen.

Die echte Zeitenwende vollzog sich mit dem berühmten Model T, das Ford im Jahr 1908 als ein »Auto für die Massen« auf den Markt brachte. Ermöglicht wurde dies durch eine perfekte Verschmelzung von Fortschritten, die in anderen Industrien gemacht worden waren und die auf die Automobilfertigung zugeschnitten wurden. Die Ford-Produktion wurde in eine neue Fertigungsstätte in Highland Park vor den Toren Detroits verlegt, wo auch eine Werkzeugmaschinenfabrik eröffnete, die auf einem einzigen Stockwerk untergebracht wurde und in der eine breite Palette neuer elektrischer Maschinen zum Einsatz kam.[35] Das Werk kombinierte die neuartige Fabrikorganisation mit der umfassenden Einführung austauschbarer Teile und, später, Förderbändern zum Zweck der Massenproduktion. Etwa zur gleichen Zeit rühmte sich das Unternehmen: »Wir produzieren 40 000 Zylinder, 10 000 Motoren, 40 000 Lenkräder, 20 000 Achsen, 10 000 Karosserien, 10 000 Stück von jedem Teil, das im Auto verbaut wird […], alle *genau gleich*« (Hervorhebung im Original).[36]

Die Massenproduktion erlaubte eine weitere Expansion. Das Unternehmen produzierte schon bald über 200 000 Automobile pro Jahr, was für Zeitgenossen eine unfassbar große Zahl war.

Ein Reporter des *Detroit Journal*, der die neue Fabrik in Highland Park, wo das Model T in Serie gefertigt wurde, besichtigte, brachte die geistige Haltung, die Fords Produktionsmethode zugrunde lag, auf den Punkt: »System, System, System!«[37] Fred Colvin gelangte in einer eingehenden Untersuchung, die im *American Machinist* veröffentlicht wurde, zum gleichen Ergebnis:

> Die Abläufe sind so akribisch geplant, dass wir nicht nur Bohrmaschinen eingezwängt zwischen schwere Fräsmaschinen und sogar Stanzmaschinen vorfinden, sondern auch Öfen für das Einsatzhärten und Geräte für das Ausgießen mit Lagermetallen inmitten der Maschinen. Dies verringert auch die manuelle Handhabung auf ein Minimum; denn wenn ein Teil das Stadium des Einsatzhärtens erreicht hat, ist es auch schon bei dem Ofen eingetroffen, in dem es gehärtet wird, und bei Werkstücken, die

am Ende des Bearbeitungsprozesses geschliffen werden, sind die Schleifmaschinen leicht erreichbar, wenn sie von der Härtungsbehandlung kommen.[38]

Henry Ford selbst hatte in diesem Punkt eine klare Meinung:

> Die Erfindung eines neuen Verfahrens für die Stromerzeugung hat die Industrie vom Treibriemen und der Transmissionswelle unabhängig gemacht; denn nun erst war es möglich geworden, jeder einzelnen Arbeitsmaschine einer Fabrik ihren eigenen Motor zu stellen. Ein verhältnismäßig belangloser Umstand, könnte man meinen.
>
> Tatsache aber ist, dass die heutige Industrie mit Treibriemen und Transmissionswelle aus einer Reihe von Gründen schlechter nicht auskommen könnte. Durch den Motorenbetrieb nämlich ist es erst möglich geworden, die Arbeitsmaschinen im Sinne der Arbeitsfolge aneinanderzureihen, und diese Einrichtung hat vielleicht allein die Leistungsfähigkeit der Industrien um das Doppelte gefördert; denn durch sie hat sich ein gewaltiger Aufwand an Hantierungen und Transporten erübrigt. Riemen und Transmissionswelle hatten überdies sehr viel Kraft vergeudet, sodass keine Fabrik dabei wirklich groß werden konnte; denn selbst die längste Welle war in Anbetracht der neuzeitlichen Erfordernisse noch klein.

Ford betonte, dass Methoden, die vor Einführung der Elektrizität üblich waren, nicht mehr den Erfordernissen der Gegenwart entsprächen: »Auch waren früher Arbeitsmaschinen mit beschleunigter Leistung undenkbar, da weder Rollen noch Riemen die Geschwindigkeiten ausgehalten hätten, die heute verlangt werden; ohne solche Schnellläufer und die besseren Stahlarten, die sie erforderten, wäre aber, was man neuzeitlich nennt, nie entstanden […].«[39]

Diese Organisation der Produktion ermöglichte in Verbindung mit Fortschritten bei elektrisch angetriebenen Maschinen die Herstellung eines viel preiswerteren Produkts, das zuverlässig funktionierte und das ohne Fachkenntnisse über die Motoren und die mechanischen Teile des Automobils bedient werden konnte. Für das Model T wurde zunächst ein Preis von rund 850 Dollar festgesetzt (was etwa 25 000 Dollar heute entspricht), während andere Autos damals im Schnitt um die 1500 Dollar kosteten.[40]

Ford resümierte in seiner späteren Bewertung das Wesen der bahnbrechenden Neuerungen, denen die Automobilindustrie den Weg bereitete:

> Massenproduktion ist nicht bloß Großserienfertigung, denn diese hätte man wohl auch ohne die Voraussetzungen der Massenproduktion realisieren können. Und sie ist auch nicht bloß Maschinenfertigung, die ebenfalls ohne die geringste Ähnlichkeit mit der Massenproduktion bestehen kann. Massenproduktion ist die Fokussierung der Prinzipien Kraft, Genauigkeit, Wirtschaftlichkeit, Systematisierung, Kontinuität und Geschwindigkeit auf ein Fertigungsprojekt. Die Interpretation dieser Prinzipien durch Erforschung der Betriebsabläufe und Entwicklung von Maschinen und ihre Koordinierung ist die vorzügliche Aufgabe der Unternehmensleitung.[41]

Die Folgen für die Arbeitnehmer waren ähnlich wie jene, die sich aus der Einführung des Fabriksystems in anderen Branchen ergaben, sie waren jedoch aus mehreren Gründen erheblich weitreichender. Die Massenproduktion von Autos hatte zur Folge, dass die Nachfrage nach den hierfür benötigten Einsatzgütern stark zunahm und viele andere Branchen, die wirtschaftlich von Transportmitteln für Personen und Güter abhängig waren, einen kräftigen Wachstumsschub erfuhren. In technologischer Hinsicht gehörte die Automobilindustrie zu den fortschrittlichsten Branchen der Volkswirtschaft und setzte daher in größerem Umfang als andere auf technische Entwurfs- und Konstruktionsverfahren, Planung und andere informationsintensive Aktivitäten. Folglich war sie führend, was die Schaffung neuer Aufgaben für Büroangestellte betraf.

Ford war außerdem maßgeblich an der Einführung neuer Aufgaben für Fabrikarbeiter beteiligt, denn mit der Reorganisation der Fabrik erhielten auch Montage, Lackieren und Schweißen sowie die Maschinenbedienung ein völlig anderes Gepräge. Dieser Wandel verlangte den Arbeitern einiges ab, denn es fiel ihnen oft schwer, mit den Anforderungen der Ford-Fabriken klarzukommen.

Die Anpassungsschwierigkeiten der Arbeiter hatten eine Reihe von Folgen; die wichtigsten waren die sehr hohen Fehlzeiten- und Fluktuationsraten. Die hohe Fluktuation stellte eine besonders große Herausforderung für Henry Ford und seine Ingenieure dar, weil sie die Fließband- und Produktionsplanung erheblich erschwerte. So erreichten die Fluktuationsraten in der Fabrik in Highland Park im Jahr 1913, aufs Jahr gesehen, sage und schreibe 380 Prozent.[42] Es war unmöglich, die Arbeiter bei der Stange zu halten, und die, die blieben, begannen immer öfter zu streiken. Den Grund für diese Unzufriedenheit fasste die Frau eines Arbeiters in einem Brief an Henry Ford zusammen: »Das Kettensystem, das Sie haben, ist ein *Sklaventreiber*! *Mein Gott*!, Mr. Ford. Mein Ehemann ist nach Hause gekommen und hat sich sofort hingelegt und wollte nicht einmal sein Abendbrot essen – so erschöpft ist er gewesen.«[43] Derartige Reaktionen veranlassten Ford und seine Ingenieure dazu, den Lohn für die Arbeiter anzuheben, zuerst auf 2,34 Dollar pro Tag und dann auf die berühmten 5 Dollar pro Tag, was in einem Wirtschaftssystem, in dem sich die meisten Arbeitnehmer für weniger abrackerten, bemerkenswert hoch war. Mit steigenden Löhnen sanken Fluktuation und Fehlzeiten, und Ford glaubte auch, dass sich die Produktivität der Arbeiter erhöhte.[44]

Eine wichtige Quelle von Produktivitätssteigerungen waren Schulungen. Die Arbeit in den Ford-Fabriken erforderte zwar spezielle Fertigkeiten, die aber nicht schwer zu erwerben waren. Die flexible Fabrik hatte eine modulare Aufgabenstruktur geschaffen, sodass die Bedienung der meisten Maschinen nur die Beherrschung einer wohldefinierten Abfolge von Handgriffen und Grundkenntnisse in Störungsbehebung erforderte. Wie Colvin betonte: »Der Grundgedanke des ganzen Arbeitsprozesses ist Einfachheit.«[45] Dies bedeutete, dass Arbeitern durch Schulungsmaßnahmen leicht die notwendigen Fertigkeiten erlernen konnten, und wie viele andere Unternehmen zu dieser Zeit begann auch Ford, umfassende Schulungen anzubieten, um die Produktivität der Arbeiter zu erhöhen.

Der Zusammenhang zwischen fortgeschrittenen Maschinen und der Vermittlung neuer Fertigkeiten als Grundlage für die Schaffung neuer Beschäftigungschancen und einer steigenden Nachfrage nach Arbeitskräften sollte sich auch in der Nachkriegszeit als entscheidend erweisen. Im Jahr 1967 beschrieb ein Manager von Ford die Personaleinstellungsstrategie des Unternehmens folgendermaßen: »Wenn wir eine offene Stelle hatten, sahen wir uns in der Wartehalle der Fabrik unter den Leuten um, die dort standen. Wenn dort jemand war, der körperlich okay aussah und kein offensichtlicher Alkoholiker war, wurde er eingestellt.«[46] In der Praxis bedeutete dies beispiellose Chancen für Arbeiter, die keine hohe Schulbildung und kein spezielles Know-how mitbrachten, wenn sie auf den Arbeitsmarkt kamen. Ungelernte Arbeiter konnten nach ihrer Einstellung angelernt, geschult und an fortgeschrittenen Maschinen produktiv eingesetzt werden. Dies hatte weitreichende Folgen: So entstand nämlich eine starke Kraft, die auf eine breitere Teilung der Wohlstandsgewinne hinwirkte – einige der am höchsten bezahlten Stellen standen ungelernten Arbeitern offen.

Es gab noch einen weiteren Grund, aus dem Ford für Forderungen nach höheren Löhnen empfänglich war. Wie es Magnus Alexander, ein Elektrotechniker, der mitgeholfen hatte, die Produktionssysteme bei Westinghouse und General Electric zu planen, ausdrückte: »Produktivität *erzeugt* Kaufkraft.«[47] Und Kaufkraft war unabdingbar für die Massenproduktion.

Diese Entwicklungen beschränkten sich nicht auf die Ford Motor Company, vielmehr wurden sie zu einem festen Bestandteil der amerikanischen Industrie. General Motors (GM) schlug schon bald Ford bei seinem eigenen Spiel, indem das Unternehmen mehr in Maschinen investierte und eine flexiblere Produktionsstruktur entwickelte. Massenproduktion bedeutete Massenmarkt, aber Massenmarkt bedeutete nicht unbedingt, dass jeder das gleiche Auto in der gleichen Farbe kaufte. General Motors verstand dies vor Ford, und während Ford allen potenziellen Käufern, unabhängig von ihren Präferenzen und Bedürfnissen, weiterhin das Model T anbot, begann GM, seine flexible Produktionsstruktur dazu zu nutzen, eine breitere Palette von Modellen auf den Markt zu bringen.

Eine unvollständige neue Vision

Die Vision der mittelständischen Unternehmer, die die frühe Phase der Industriellen Revolution in Großbritannien antrieb, beruhte auf der Erwartung kostensenkender Effizienzsteigerungen, um so höhere Gewinne zu erwirtschaften. Wie sich dies auf die Menschen »niedrigeren Standes«, ihre Beschäftigten, auswirkte, interessierte diese ehrgeizigen Unternehmer kaum. Auch den Industriellen des amerikanischen Systems ging es vor allem um Gewinnmaximierung, und in der Frühphase der Industrialisierung der USA, als Unternehmer wie Andrew Carnegie in der Stahlindustrie und John D. Rockefeller in der Erdölindustrie neue technische Verfahren einführten, eine beherrschende Stellung in ihren Branchen innehatten und gigantische Gewinne erwirtschafteten, nahm die Ungleichheit deutlich zu. Viele dieser Industriemagnaten waren Arbeitern, die sich organisieren wollten, feindlich gesinnt. So wies zum Beispiel Henry Ford seinen Sicherheitschef des Öfteren an, gegen Streikende und auch gegen Gewerkschaftssympathisanten gewaltsam vorzugehen.

Dennoch erkannten etliche Industrielle, dass eine kooperativere Beziehung zu ihrer Belegschaft und zu den Kommunen, in denen sie tätig waren, im Zeitalter der elektrischen Energie für das Unternehmen von Vorteil war. Auch hierin war Henry Ford ein Pionier. Zusammen mit dem 5-Dollar-Tageslohn führte sein Unternehmen ein Pensionsprogramm, andere Vergünstigungen und eine Reihe von Leistungen für Familien ein, womit es die Absicht signalisierte, etwas von den hohen Gewinnen, die es mit neuen Technologien und der Massenproduktion von Autos erzielte, mit seinen Mitarbeitern zu teilen.

Es war nicht Altruismus, der Ford motivierte. Er ergriff diese Maßnahmen, weil er glaubte, höhere Löhne würden die Fluktuation und die Zahl der Streiks verringern, kostspielige Stillstände des Fließbands verhindern und die Produktivität steigern. Viele führende Unternehmen folgten seinem Beispiel und führten eigene Hochlohnprogramme und Zusatzleistungen ein. Magnus Alexander resümierte das Wesen dieser neuen Politik: »Während *Laissez-faire* und ein ausgeprägter Individualismus das Wirtschaftsleben in der ersten Hälfte der Geschichte der Vereinigten Staaten kennzeichneten, verschiebt sich der Schwerpunkt jetzt in Richtung einer freiwilligen Übernahme sozialer Verpflichtungen, wie sie sich unausgesprochen aus der Richtung wirtschaftlicher Aktivitäten und nationaler und internationaler sowie kooperativer Anstrengungen im Interesse der Allgemeinheit ergeben.«[48]

Eine weitere Person, die dieser Vision eine konkrete Gestalt gab, war der amerikanische Wirtschaftswissenschaftler John R. Commons, der für eine Art »Wohlfahrtskapitalismus« plädierte.[49] Dabei sollten Produktivitätssteigerungen aufgrund eines Bandes der Loyalität und Gegenseitigkeit zwischen Arbeitgebern und Arbeitnehmern auch Letzteren zugutekommen. Laut Commons war die Konzentration auf Kostensenkungen zum Nachteil der Arbeiter eine zum Scheitern verurteilte Strategie.

Trotzdem musste diese Art des Wohlfahrtskapitalismus ein bloßer Wunsch bleiben, solange keine institutionellen Veränderungen erfolgten, die Arbeiter befähigten, sich zu organisieren und eine Gegenmacht zu bilden. Diese Reformen begannen nach der Großen Depression und zunächst weit entfernt von den Vereinigten Staaten.

Skandinavische Entscheidungen

Die Große Depression nahm ihren Anfang mit massiven Kursverlusten an der New Yorker Börse im Jahr 1929, die innerhalb weniger Monate die Hälfte des Börsenwerts der gelisteten Aktien vernichteten. Sie brachte zuerst die US-Wirtschaft und dann die Weltwirtschaft zum Erliegen. Bis zum Jahr 1933 fiel das US-amerikanische BIP um 30 Prozent, und die Arbeitslosigkeit stieg auf 20 Prozent. Es kam zu zahlreichen Bankenpleiten, durch die sich die Lebensersparnisse vieler Menschen in Luft auflösten.

Der Börsenkrach und das darauf folgende wirtschaftliche Chaos lösten heftige Schockwellen aus. Gerüchte verbreiteten sich, wonach sich Börsenmakler von Wolkenkratzern gestürzt hätten, als der Markt zusammenbrach. Später sollte sich herausstellen, dass dem nicht so war. Als der Leiter der Pathologie der Stadt New York die Daten auswertete, stellte er fest, dass die Anzahl der Suizide im Oktober und November 1929 sogar unter dem langjährigen Durchschnitt lag. Aber auch wenn die Behauptung, Finanziers hätten sich in großer Zahl aus Fenstern gestürzt, eine Übertreibung war, galt dies nicht für die schwere Wirtschaftskrise, in der sich das Land wiederfand.

Von den USA ausgehend, breiteten sich die wirtschaftlichen Turbulenzen rasch weltweit aus. Im Jahr 1930 steckten die meisten europäischen Länder in einer noch schwereren Rezession. Verschiedene Länder reagierten unterschiedlich auf die wirtschaftliche Notlage, sodass diese jeweils andere politische und gesellschaftliche Konsequenzen hatte. Deutschland litt bereits an einer starken politischen Polarisierung; mehrere rechte Parteien machten es den Sozialdemokraten schwer, das Land zu regieren.[50] Die Abgeordneten legten keine umfassenden Lösungskonzepte vor, und einige der gesetzlichen Maßnahmen, die sie beschlossen, vertieften die Krise noch weiter. Schon bald befand sich die industrielle Produktion in Deutschland im freien Fall, ihr Wert hatte sich im Jahr 1929 halbiert, und die Arbeitslosigkeit erreichte über 30 Prozent.

Die wirtschaftlichen Nöte, die Unfähigkeit und, in den Augen vieler, die Gleichgültigkeit der politischen Entscheidungsträger ebneten den Weg für einen fast vollständigen Legitimitätsverlust der etablierten Parteien und für den Aufstieg der Nationalsozialisten. Die Nazis waren nicht mehr als eine politische Randbewegung, die bei der Reichstagswahl von 1928 – der letzten vor Beginn der Depression – lediglich 2,6 Prozent der Stimmen erhielt. Bei der ersten Wahl nach Beginn der Wirtschaftskrise schoss ihr Stimmenanteil in die Höhe und erreichte im Juli 1932 37,3 Prozent. Im November 1932 musste die NSDAP zwar Verluste hinnehmen, konnten aber noch immer 33,1 der Stimmen auf sich vereinen, und im Januar 1933 wurde Hitler zum Reichskanzler ernannt.

Eine ähnliche Dynamik zeigte sich in Frankreich, das ebenfalls eine verheerende Wirtschaftskrise, inkohärente und wirkungslose politische Reaktionen und den wachsenden Einfluss extremistischer Parteien erlebte, auch wenn sich die demokratisch gewählte Regierung an der Macht hielt.

Ganz anders fiel die Reaktion in dem kleinen und wirtschaftlich noch immer rückständigen Schweden aus.[51] Ende der zwanziger Jahre war die schwedische Volkswirtschaft nach wie vor überwiegend landwirtschaftlich geprägt; rund die Hälfte der Erwerbsbevölkerung arbeitete in diesem Sektor. Das Land hatte erst im Jahr 1918 das allgemeine Wahlrecht für Männer eingeführt, und Industriearbeiter besaßen nur begrenzten politischen Einfluss. Aber die Partei, die sie repräsentierte, die Sozialdemokratische Arbeiterpartei Schwedens (SAP), hatte einen großen Vorteil. Bereits Ende des 19. Jahrhunderts hatte die damalige Führung der Partei erkannt, dass Schwedens Institutionen reformiert werden mussten. Um dieses Ziel zu erreichen, musste die Partei auf demokratischem Weg an die Macht kommen. Dies bedeutete, dass sie sich vom Marxismus lösen musste, und ihre Führung bemühte sich darum, eine Koalition mit den Landarbeitern und dem Bürgertum zu schmieden. So erklärte einer der einflussreichsten Führer der Partei, Hjalmar Branting, im Jahr 1886: »In einem rückständigen Land wie Schweden können wir unsere Augen nicht vor der Tatsache verschließen, dass der Mittelstand eine sehr wichtige Rolle spielt. Die Arbeiterklasse braucht die Hilfe, die sie aus dieser Richtung bekommen kann, so wie der Mittelstand seinerseits die Unterstützung der Arbeiter braucht, damit wir in der Lage sind, [unseren] gemeinsamen Feinden standzuhalten.«[52]

Nach dem Beginn der Großen Depression begann die SAP für eine robuste politische Reaktion zu werben, die sowohl eine makroökonomische Komponente (höhere Staatsausgaben, höhere Löhne in der Industrie, um die Nachfrage zu stützen, und eine expansive Geldpolitik durch Aufgabe des Goldstandards) als auch eine institutionelle Komponente hatte (die Schaffung der Voraussetzungen für eine konstante Aufteilung der Gewinne zwischen Arbeitnehmern und Kapital, Umverteilung durch Steuern und Sozialversicherungsprogramme). Um dieses Programm umzusetzen, begann die Partei nach Koalitionspartnern zu suchen. Das sah zumindest anfangs nach einem hoffnungslosen Unterfangen aus. Die Parteien rechts von der Mitte hatten nicht die Absicht, mit der SAP, die mit den Gewerkschaften eng verbunden war, zusammenzuarbeiten, und Arbeiter- und Bauernparteien lagen während dieser Zeit oft miteinander im Streit, nicht nur in Schweden, sondern in vielen westeuropäischen Ländern. Die SAP war entschlossen, in der Industrie hohe Löhne aufrechtzuerhalten und die Anzahl der Beschäftigten im Verarbeitenden Gewerbe zu steigern. Nach Ansicht der Gewerkschaften untergruben höhere Lebensmittelpreise diese Pläne, da sie die Kosten der dringend benötigten staatlichen Programme hochtreiben und das reale Nettogehalt der Arbeiter aushöhlen würden. Die Interessenvertreter der Bauernschaft hingegen drangen auf höhere Lebensmittelpreise und wollten nicht, dass staatliche Mittel in Industrie-Förderprogramme flossen.

Die Führung der SAP verstand, wie wichtig es war, eine Koalition zu schmieden, die der Partei eine verlässliche Mehrheit im Parlament verschaffen würde. Dies war zum Teil eine Reaktion auf die düstere wirtschaftliche Lage, denn im Jahr 1930 war es zu einer raschen Zunahme von Armut und Arbeitslosigkeit in Schweden gekommen. Aber es hing auch damit zusammen, dass die Parteiführung aufmerksam registrierte, wie Untätigkeit andere europäische Länder in die Arme von Extremisten trieb.

Im Vorfeld der schwedischen Reichstagswahl im Jahr 1932 präsentierte Parteichef Per Albin Hansson die Partei konsequent als »Volksheim«, das für die Werktätigen und den Mittelstand da sei. So hieß es im Parteiprogramm: »Die Partei beabsichtigt nicht, [eine] Arbeiterklasse auf Kosten der anderen zu unterstützen und zu helfen. In ihrem Einsatz für die Zukunft macht sie keinen Unterschied zwischen der Industriearbeiterschaft und der Bauernschaft oder zwischen Handarbeitern und Geistesarbeitern.«[53] Der Appell wirkte, und die Partei baute ihren Stimmenanteil von 37 Prozent im Jahr 1928 auf fast 42 Prozent im Jahr 1932 aus. Er überzeugte auch den Bauernbund, sich einer Koalition unter Hansson anzuschließen. Dies basierte auf einer Vereinbarung, die man heute einen »Kuhhandel« nennen würde, bei dem die SAP Unterstützung von Interessenvertretern der Landwirtschaft für Ausgabenerhöhungen erhielt, auch für den Industriesektor, wofür sie im Gegenzug einen stärkeren Schutz der Landwirtschaft und höhere staatlich festgesetzte Preise versprach.

So wichtig wie die makroökonomischen Reaktionen war die neue institutionelle Struktur, die die SAP aufbaute. Die Lösung, die sie für die Institutionalisierung der Gewinnpartizipation (Rent Sharing) vorlegte, bestand darin, Regierung, Gewerkschaften und Unternehmen zusammenzubringen, um für beide Seiten vorteilhafte Vereinbarungen zu schließen, die eine gerechte Aufteilung der Produktivitätsgewinne zwischen Kapital und Arbeit sicherstellen sollten. Die Unternehmen lehnten dieses korporatistische Modell zunächst ab, da sie über die Gewerkschaftsbewegung das Gleiche dachten wie ihre deutschen und amerikanischen Pendants – sie war etwas, dem man aus dem Weg gehen sollte, um die Kosten niedrig zu halten und die Kontrolle über die Arbeitswelt zu behalten. Aber dies begann sich nach der Reichstagswahl von 1936 zu ändern, bei der die SAP weitere Zuwächse verzeichnete. Die Wirtschaftsvertreter erkannten, was die Stunde geschlagen hatte; sie könnten die SAP nicht durch bloßen Widerstand zu Fall bringen.

Bei einem berühmten Treffen in dem Urlaubsort Saltsjöbaden im Jahr 1938 gelang es, mit einem Großteil der Unternehmen eine Vereinbarung zu schließen; sie erklärten sich darin mit den grundlegenden Komponenten des skandinavischen sozialdemokratischen Systems einverstanden. Die wichtigsten Elemente waren branchenweite Tarifabschlüsse, die sicherstellten, dass Gewinne und Produktivitätssteigerungen mit Arbeitnehmern geteilt wurden, und eine deutliche Ausweitung von Umverteilungs- und Sozialversicherungsprogrammen sowie staatliche Markteingriffe. Allerdings zielte diese Vereinbarung nicht auf eine Enteignung der Unternehmen ab. Es bestand allgemeines Einvernehmen darüber, dass Privatunternehmen auch weiterhin in der Lage sein mussten, profitabel zu produzieren, und dies sollte durch technologische Investitionen erreicht werden.

Zwei Elemente dieser Vereinbarung sind besonders bemerkenswert. Erstens müssten Unternehmen hohe Löhne zahlen und Beschäftigungs- und Arbeitsbedingungen mit den Gewerkschaften aushandeln und Massenentlassungen zur Senkung der Arbeitskosten ausschließen. Dann hätten sie Anreize, die Grenzproduktivität der Arbeitskräfte zu erhöhen, was eine natürliche Tendenz zu arbeitnehmerfreundlichen Technologien fest verankern würde.

Zweitens schufen branchenweite Vereinbarungen Anreize für Unternehmen, die Produktivität zu steigern, ohne dass sie befürchten mussten, dass diese Steigerungen zu weiteren Lohnerhöhungen führen würden.[54] Einfach ausgedrückt: Wenn es einem Unternehmen gelang, eine höhere Produktivität zu erreichen als seine Wettbewerber, dann würde es bei branchenweiten Tarifverträgen weiterhin mehr oder weniger die gleichen Löhne zahlen, sodass die Produktivitätssteigerungen sich vollumfänglich in höheren Gewinnen niederschlagen würden. Diese Erkenntnis motivierte Unternehmen, in Innovation und neue Maschinen zu investieren. Wenn dies in einer ganzen Branche geschah, führte es zu höheren Löhnen; es profitierten also sowohl die Arbeitnehmer als auch die Kapitalbesitzer.

Bemerkenswerterweise verwirklichte daher das korporatistische Modell, auf das sich die SAP und die Gewerkschaften in Schweden verständigten, einige der Ziele jener Vision des Wohlfahrtskapitalismus, die Leute wie John R. Commons in den Vereinigten Staaten vertraten. Der Unterschied bestand darin, dass der Wohlfahrtskapitalismus, der gewissermaßen ein freiwilliges Geschenk der Unternehmen war, in hohem Maße von dem guten Willen von Managern abhängig war, die sich oftmals dagegen sträubten, weil sie die Gewinne steigern und die Löhne senken wollten. Eingebettet in einen institutionellen Rahmen, der die Gegenmacht der Arbeiter stärkte und staatliche Regulierungsbefugnisse einschloss, stand der Wohlfahrtskapitalismus auf viel festerem Boden.

Auch beim Aufbau der staatlichen Regulierungsmacht spielten Gewerkschaften eine zentrale Rolle. Sie setzten die erweiterten Wohlfahrtsprogramme um und überwachten sie, sie förderten die Kommunikation zwischen Arbeitnehmern und Unternehmensleitung, wenn neue Technologien eingeführt oder in einigen Unternehmen Stellen abgebaut wurden.

Zu Beginn des 20. Jahrhunderts war Schweden ein Land mit extrem hoher Ungleichheit. Der Anteil des reichsten 1 Prozent der Bevölkerung am Volkseinkommen betrug über 30 Prozent, damit war die Ungleichheit in Schweden höher als in den meisten anderen europäischen Ländern. In den Jahrzehnten, nachdem das institutionelle Grundgefüge der neuen Koalition geschaffen worden war, nahmen Beschäftigung und Produktivität rasch zu, wärend die Ungleichheit zurückging. In den sechziger Jahren war Schweden zu einem der Länder mit der höchsten Gleichheit weltweit geworden; der Anteil des obersten 1 Prozent der Bevölkerung am Volkseinkommen schwankte um die 10 Prozent.

Ziele des New Deal

Wie die Sozialdemokratische Arbeiterpartei Schwedens wurde auch US-Präsident Franklin Delano Roosevelt mit dem Versprechen gewählt, die Große Depression entschlossen zu bekämpfen.[55] Die Vision von Roosevelt hatte viel gemeinsam mit jener der schwedischen Sozialdemokraten. Die makroökonomische Reaktion in Form höherer Staatsausgaben, Stützung der Agrarpreise, öffentlicher Bauvorhaben und anderer Maßnahmen zur Stützung der Nachfrage war von entscheidender Bedeutung. Im Jahr 1933 war die Regierung von Roosevelt die erste in der Geschichte der USA, die einen Mindestlohn einführte, der nicht nur als gesetzliche Maßnahme zur Armutsbekämpfung, sondern auch als ein Mittel zur gesamtwirtschaftlichen Stabilisierung angesehen wurde, da er für zusätzliche Kaufkraft in den Händen der Arbeiter sorgen würde. Genauso wichtig war die institutionelle Erneuerung, die sich auf die Schaffung einer gegen die Unternehmensinteressen gerichteten Gegenmacht konzentrierte; diese umfasste sowohl staatliche Regulierungsmaßnahmen als auch die Stärkung der Gewerkschaftbewegung.

Bei dieser institutionellen Generalüberholung von oben stützten sich die New Dealers auf die Reformen, die die »progressive Bewegung« (*progressive movement*) in den USA umgesetzt hatte (und die wir in Kapitel 11 eingehender erörtern werden). Aber ihre Pläne gingen darüber hinaus.

Der Ökonom Rexford Tugwell, ein Mitglied von Rooseveelts »Brain Trust«, fasste die regulatorische Philosophie der New Dealers folgendermaßen zusammen: »Ein starker Staat mit einer Exekutive, die durch Gesetzgebungsdelegation umfassend ermächtigt wird, ist der einzige Ausweg aus unserem Dilemma und die einzige Möglichkeit, unsere unermesslichen gesellschaftlichen und wirtschaftlichen Potenziale zu heben.«[56] Ausgehend von dieser Philosophie, schuf die Regierung »vierzig New-Deal-Behörden in alphabetischer Reihenfolge«, wie es in der *New York Times* hieß, von AAA (Agricultural Adjustment Administration) bis zu USES (United States Employment Service), und sie setzte darüber hinaus mehrere Maßnahmen um, ähnlich jenen, die die schwedischen Sozialdemokraten ergriffen hatten, wie zum Beispiel Lohn- und Preiskontrollen, Arbeitnehmerschutz gemäß den »Richtlinien über lautere Praktiken« und Maßnahmen gegen Kinderarbeit.

Am wichtigsten waren wohl Maßnahmen, die auf die Stärkung der Gewerkschaftsbewegung abzielten. Sie beruhten auf der Überzeugung, dass Unternehmen trotz der Reformen in der Progressive Era (1890er- bis 1920er-Jahre) ihre Produktivitäts- und Ertragszuwächse nach wie vor nicht mit ihren Beschäftigten teilten, und niedrige Löhne schufen sowohl Ungleichheits- als auch gesamtwirtschaftliche Probleme. Die Ungleichheit war hoch und nahm weiter zu. Im Jahr 1913 vereinnahmte das reichste 1 Prozent der Haushalte bereits rund 20 Prozent des Volkseinkommens, und diese Zahl stieg weiter auf über 22 Prozent Ende der zwanziger Jahre.

Eine wichtige Gesetzesinitiative der Regierung Roosevelt war der Wagner Act von 1935, der das Recht von Arbeitnehmern anerkannte, sich (ohne Einschüchterung und Entlassungsdrohungen seitens der Arbeitgeber) kollektiv zu organisieren, und der mehrere Streitschlichtungsverfahren einführte. Noch vor der Großen Depression räumten einige Intellektuelle und Geschäftsleute ein, dass Produktivitätsgewinne nicht fair geteilt würden, auch wenn Unternehmen wie Ford die Löhne erhöhten, um die Fluktuation zu verringern. Im Jahr 1928 hielt der einflussreiche amerikanische Ingenieur Morris Llewellyn Cooke eine Rede vor der Taylor Society, einem Verein, der sich der Förderung der »wissenschaftlichen Betriebsführung« widmete:

> Die Interessen der Gesellschaft – einschließlich derjenigen der Arbeiter – sprechen für ein gewisses Maß an Kollektivverhandlungen, mit dem Ziel, die schwächere Seite in Verhandlungen über Arbeitsstunden, Löhne, Status und Arbeitsbedingungen zu repräsentieren. Erfolgreiche Kollektivverhandlungen setzen voraus, dass die Arbeiter sich auf einer hinreichend umfassenden Basis – zum Beispiel landesweit – organisieren, um dieser Verhandlungsmacht ausreichend Gewicht zu verleihen.[57]

Cooke, der später unter den Präsidenten Roosevelt und Truman hohen Regierungsämter bekleidete, behauptete, dass es angesicht der weiten Verbreitung moderner Großunternehmen unerlässlich sei, dass sich Arbeiter organisierten, und dass man einsehen müsse, dass »irgendeine Form der Organisation von Arbeitern, wie zum Beispiel Gewerkschaften, einem tiefen gesellschaftlichen Bedürfnis entspricht«.

Carle Conway, der Chairman of the Board von Continental Can und laut Harvard Business School ein »Held des kapitalistischen Unterfangens« zeigte sich erstaunlich gewerkschaftsfreundlich:

> Zweifellos müsste jeder, der während [der letzten 30 Jahre] am Geschäftsleben teilnahm, naiv sein, wenn er denken würde, dass die Unternehmensleitungen im Großen und Ganzen Kollektivverhandlungen oder manche der anderen Reformen, die die Arbeiter schließlich durchgesetzt haben,

begrüßt hätten. […] Aber ist es nicht auch wahrscheinlich, dass ein besseres Verständnis der grundsätzlichsten Dinge, um die es in dem Ringen zwischen Arbeitern und Unternehmensleitungen in den letzten dreißig Jahren ging, die beiden Standpunkte einander so weit annähern könnte, dass man sich auf ein gemeinsames Ziel verständigt, sodass Kollektivverhandlungen und viele der anderen Reformen den Interessen sowohl der Arbeiter als auch des Managements dienlich wären?[58]

Allerdings sollten die Hoffnungen der New Dealers, anders als die der schwedischen Sozialdemokraten, nicht vollständig in Erfüllung gehen. Ein Hort des Widerstands waren Südstaaten-Demokraten, die befürchteten, die im Rahmen des New Deal ergriffenen Maßnahmen würden die Rassentrennung in Frage stellen, und die daher darauf drängten, die Gesetze weniger umfassend zu gestalten als in Schweden.

Aspekte des New-Deal-Programms, die auf Ausgabensteigerungen und auf eine Ausweitung von Tarifverhandlungen abzielten, stießen auch auf den hartnäckigen Widerstand des Obersten Gerichtshofs der USA, der entsprechende Maßnahmen oft blockierte. Dennoch gelang es Roosevelt mit seiner Politik, die Talfahrt der Wirtschaft zum Stillstand zu bringen und die Gewerkschaftsbewegung deutlich zu stärken. In der Nachkriegszeit spielten diese beiden Elemente eine wichtige Rolle.

Es war von entscheidender Bedeutung, dass die grundlegenden institutionellen Reformen sowohl in Schweden als auch in den Vereinigten Staaten im Rahmen eines demokratischen Systems stattfanden. Roosevelt selbst war bestrebt, die Macht in seinen Händen zu zentralisieren, und er versuchte sogar, den Widerstand des Obersten Gerichtshofs gegen seine Politik dadurch zu unterlaufen, dass er die Zahl der Richter erhöhte. Aber seine eigene Partei blockierte entsprechende Versuche.

Die Alliierten gingen als Sieger aus dem Zweiten Weltkrieg hervor, weil die Vereinigten Staaten ihre gesamte Wirtschaft auf Kriegsproduktion umstellten. Fabriken, die Waschmaschinen hergestellt hatten, produzierten jetzt Flugzeuge. Tausende von Landungsbooten wurden gefertigt. Bei ihrem Kriegseintritt verfügten die USA über sechs Flugzeugträger; Anfang 1945 ließen sie jeden Monat einen hocheffektiven, wenn auch manchmal kleineren Träger vom Stapel laufen.[59]

Das US-Militär hatte Mühe, eine robuste logistische Infrastruktur für die Versorgung seiner im Ausland eingesetzten Truppen aufzubauen.[60] Als die General Eisenhower unterstellten Truppen sich im September 1942 auf die Invasion Nordafrikas vorbereiteten, beklagte sich »Ike« in Washington, dass in England noch kein ausreichender Nachschub eingetroffen sei. Das Kriegsministerium antwortete in bissigem Tonfall: »Es sieht ganz so aus, als hätten wir alle Güter mindestens zweimal und die meisten Güter sogar dreimal verschifft.«[61] Einige Jahre lang kam es bei den transatlantischen Seetransporten zu einer chaotischen Überversorgung, die jedoch nicht den Sieg der Vereinigten Staaten vereitelte. Ein General witzelte: »Die amerikanische Armee löst ihre Probleme nicht, sie überwältigt sie.«[62]

Dieses Hochfahren der Produktion steigerte den Bedarf an Arbeitskräften, die extrem gefordert wurden. Wie würden sie nach dem Sieg im Jahr 1945 für diese außerordentlichen Anstrengungen belohnt werden?

Glorreiche Jahre

Auch wenn die Grundlagen für den geteilten Wohlstand in den ersten vierzig Jahren des 20. Jahrhunderts gelegt wurden, haben die meisten Amerikaner dies wohl nicht klar erkannt. Die erste Hälfte des Jahrhunderts sah die beiden brutalsten, zerstörerischsten und mörderischsten Kriege in der Geschichte der Menschheit und eine massive wirtschaftliche Depression, die in denjenigen, die diese Ereignisse überlebten, Angst und ein Gefühl der Unsicherheit tief verankerten. Die Ängste saßen tief und hielten sich lange. Neuere Studien bestätigen, dass Menschen, die die Große Depression durchmachten, oft dauerhaft traumatisiert waren und für den Rest ihres Lebens keine wirtschaftlichen Risiken mehr eingehen wollten. In der ersten Hälfte des 20. Jahrhunderts gab es Zeiten kräftigen Wirtschaftswachstums, aber die Früchte dieses Wachstums kamen meistens den Vermögenden zugute, sodass die Ungleichheit hoch blieb und gelegentlich sogar zunahm.

Vor diesem Hintergrund waren die Jahrzehnte nach 1940 bemerkenswert. Die gesamtwirtschaftliche Produktion (das Bruttoinlandsprodukt oder BIP) pro Kopf wuchs in den USA zwischen 1940 und 1973 durchschnittlich um 3,1 Prozent pro Jahr. Dieses Wachstum wurde von Produktivitätssteigerungen während und nach dem Krieg angetrieben. Neben dem Pro-Kopf-BIP ist der Anstieg der totalen Faktorproduktivität (TFP) ein aufschlussreiches Maß des Wirtschaftswachstums, auch deshalb, weil sie den Beitrag von Erhöhungen des Kapitalstocks (Maschinen und Gebäuden) außer Betracht lässt. Die Wachstumsrate der TFP ist daher ein besseres Maß des technologischen Fortschritts, denn sie gibt an, ein wie großer Anteil des BIP-Wachstums von technologischen Innovationen und Effizienzsteigerungen herrührt. Das Wachstum der TFP in den USA betrug (im nichtagrarischen, nichtstaatlichen Sektor) zwischen 1891 und 1939 im Schnitt weniger als 1 Prozent pro Jahr. Zwischen 1940 und 1973 stieg es auf durchschnittlich fast 2,2 Prozent pro Jahr. Dies verdankte sich nicht nur dem Boom während des Krieges und in der unmittelbaren Nachkriegszeit. Die durchschnittliche jährliche Wachstumsrate der TFP zwischen 1950 und 1973 lag noch immer bei über 1,7 Prozent.

Diese beispiellose Wachstumsrate der Produktionskapazität der US-Wirtschaft beruhte auf bahnbrechenden technischen Neuerungen, die in den zwanziger und dreißiger Jahren einsetzten, aber genauso wichtig war es, dass sie zügig übernommen und effizient organisiert wurden.

Methoden zur Massenproduktion waren in der Automobilindustrie bereits fest etabliert, und nach dem Krieg wurden sie in der gesamten amerikanischen Industrie eingeführt. Die Automobilproduktion selbst legte weiterhin stark zu. In den dreißiger Jahren produzierten die Vereinigten Staaten durchschnittlich rund drei Millionen Automobile pro Jahr. In den sechziger Jahren hatte sich die Produktion auf fast acht Millionen erhöht. Es ist nicht übertrieben, zu sagen, dass Amerika den Automobilbau revolutionierte, aber dann hat der Automobilbau Amerika revolutioniert.

Rückwärts- und Vorwärtsverbindungen mit anderen Branchen hatten entscheidenden Anteil an der Steigerung der gesamtwirtschaftlichen Produktionskapazität. Die Massenproduktion von Kraftfahrzeugen schuf eine wachsende Nachfrage nach Einsatzgütern aus praktisch allen anderen Wirtschaftszweigen. Noch wichtiger war, dass sich mit dem Bau neuer Fern- und Landstraßen und mit dem Zugang immer größerer Bevölkerungsgruppen zu Automobilen und anderen modernen Verkehrsmitteln die Geografie der Städte grundlegend wandelte und die Stadtrandgebiete sich rasch ausdehnten.

Bessere Verkehrsmittel führten auch – über Einkaufszentren, größere Geschäfte und größere Kinos – zu einem breiter gefächerten Angebot an Dienstleistungen und Unterhaltungsmöglichkeiten. So bemerkenswert wie die Schnelligkeit der Wachstums- und Produktivitätssteigerungen war die Inklusivität des Wohlstands.

In der ersten Hälfte des 20. Jahrhunderts kamen die Früchte des Wachstums nicht allen gleichermaßen zugute. Wachstumsschübe gingen mit hoher Ungleichheit einher. In den Nachkriegsjahrzehnten hingegen zeigte sich ein ganz anderes Muster.

Zum einen wurde die Ungleichheit während und nach dem Zweiten Weltkrieg rasch geringer. Der Anteil des obersten 1 Prozent der Einkommensverteilung sank von seinem Höchststand von 22 Prozent in den zwanziger Jahren bis 1960 auf unter 13 Prozent. Auch andere Aspekte der Ungleichheit gingen während der Nachkriegsjahre zurück, zum Teil aufgrund strengerer Regulierungen und

Preiskontrollen. Zwei Wissenschaftler, die diesen Zeitraum erforschten, waren so beeindruckt von der Abnahme der Ungleichheit während dieser Ära, dass sie sie »Große Kompression« nannten.[63]

Noch bemerkenswerter war das anschließende Wachstumsmuster. Die Reallöhne stiegen zwischen 1949 und 1973 mit einer durchschnittlichen Rate von fast 3 Prozent pro Jahr so schnell wie die Produktivität und manchmal sogar schneller. Und die Früchte des Wachstums wurden breit geteilt. So lagen zum Beispiel die Reallohnzuwächse sowohl von gering qualifizierten als auch von hoch qualifizierten Arbeitskräften während dieses Zeitraums ähnlich nahe bei 3 Prozent pro Jahr.

Was war das Erfolgsgeheimnis des geteilten Wohlstands in den Jahrzehnten nach dem Zweiten Weltkrieg? Die Antwort liegt in den beiden Elementen, die wir weiter oben in diesem Kapitel hervorhoben: einer Richtung der technologischen Innovation, die neue Aufgaben und Stellen für Arbeitskräfte sämtlicher Qualifikationsstufen schuf, und einem institutionellen Ordnungsrahmen, der dafür sorgte, dass Produktivitätszuwächse zwischen Arbeitgebern, Führungskräften und Arbeitnehmern geteilt wurden.

Die Richtung des technologischen Wandels baute auf dem auf, was in der ersten Hälfte des Jahrhunderts begann. Tatsächlich wurden die meisten der Technologien, die grundlegend für die Ära geteilten Wohlstands waren, Jahrzehnte zuvor erfunden und in den fünfziger und sechziger Jahren dann auf breiter Front eingeführt. Dies ist ziemlich offensichtlich im Fall des Verbrennungsmotors, der zwar weiter verbessert wurde, dessen grundlegendes technisches Design aber weitgehend unverändert blieb.

Das robuste Wachstum der US-Wirtschaft nach dem Krieg bot keine unmittelbare Gewähr dafür, dass Arbeitnehmer von diesen Technologien profitieren würden. Die Teilung der Wohlstandsgewinne wurde ab dem Tag, an dem der Zweite Weltkrieg endete, in Frage gestellt. Wie wir als Nächstes darlegen werden, war es ein hartes Stück Arbeit, dafür zu sorgen, dass ein breiter Querschnitt der Gesellschaft vom Wirtschaftswachstum profitierte.

Konflikte um Automatisierung und Löhne

In den Jahrzehnten nach dem Zweiten Weltkrieg hatten von John Maynard Keynes geäußerte Befürchtungen (die wir in Kapitel 1 diskutierten), der technologische Wandel könne zu Arbeitsplatzverlusten führen, vielleicht noch mehr Berechtigung. Werkzeugmaschinen wurden weiter verbessert, und bemerkenswerte Fortschritte bei numerisch gesteuerten Maschinen bauten auf Ideen auf, die bis zum Jacquardwebstuhl zurückreichten, und perfektionierten diese. Dieser Webstuhl, der von Joseph Marie Jacquard im Jahr 1804 entworfen worden war, war einer der bedeutendsten Meilensteine auf dem Weg zur Automatisierung des Webens im 19. Jahrhundert.[64] Er führte Aufgaben aus, die selbst für geschickte Weber schwer zu meistern waren. Jacquards bahnbrechende Neuerung bestand darin, dass er eine Maschine konstruierte, die Gewebe entsprechend den Mustern webte, die über eine Reihe von Lochkarten eingegeben wurden.

Die numerisch gesteuerten Maschinen der fünfziger und sechziger Jahre gingen noch einen Schritt weiter: Viele verschiedene Maschinen wurden zunächst mithilfe von Lochkarten und dann mit Computern gesteuert.[65] Jetzt konnten Bohrmaschinen, Drehmaschinen, Fräsen und andere Maschinen instruiert werden, Herstellungsschritte zu implementieren, die bislang von Arbeitern ausgeführt werden mussten.

Das Magazin *Fortune* widmete der Begeisterung über programmierbare automatische Werkzeugmaschinen (auch numerische Steuerung genannt) im Jahr 1946 ein eigenes Heft über die »Die automatische Fabrik«, in dem verkündet wurde, dass »die Gefahren und Verheißungen der bedienungsfreien Maschinen näher sind als je zuvor«. Ein Leitartikel im selben Heft mit dem Titel »Maschinen ohne Menschen« begann mit folgenden Worten: »Stellen Sie sich, wenn Sie möchten, eine Fabrik vor, die so sauber und geräumig ist und so ununterbrochen in Betrieb wie ein Wasserkraftwerk. Die Produktionshalle ist menschenleer.«[66] Die Fabrik der Zukunft würde von Ingenieuren und Technikern gesteuert und käme ohne (viele) Arbeiter aus. Diese Aussicht sprach zahlreiche amerikanische Unternehmensführer an, die nur allzu froh darüber waren, dass sich ihnen neue Möglichkeiten boten, die Arbeitskosten zu senken.

Auch die US-Marine und die US-Luftwaffe, die Fortschritte in der Automatisierung als strategisch relevant ansahen, investierten große Summen in die Weiterentwicklung der numerischen Steuerung.[67] Aber wichtiger als die direkten Investitionen des Staates in Automatisierungstechnologien war die Tatsache, dass er bei der Entwicklung digitaler Technologien eine führende Rolle spielte und diese durch Anreize förderte. Das US-Kriegsministerium (ab 1949 Verteidigungsministerium) hatte im Zug der Kriegsanstrengungen massiv die Ausgaben für Wissenschafts- und Technikforschung erhöht, und ein erheblicher Teil davon floss nun in die Förderung der Computertechnologie und der digitalen Infrastruktur.

Die politischen Entscheidungsträger nahmen dies zur Kenntnis und gelangten zu der Überzeugung, dass die Schaffung von Arbeitsplätzen inmitten der rasch voranschreitenden Automatisierung eine entscheidende Herausforderung dieses

Zeitalters darstelle. So antwortete Präsident Kennedy, als er im Jahr 1962 gefragt wurde, wie er die Automatisierung beurteile: »Ich halte es, wirklich, für die größte innenpolitische Herausforderung der sechziger Jahre, Vollbeschäftigung zu einer Zeit aufrechtzuerhalten, in der die Automatisierung Menschen ersetzt.«[68]

Tatsächlich gingen die Fortschritte bei den Automatisierungstechnologien während dieses ganzen Zeitraums weiter, auch jenseits numerisch gesteuerter Maschinen und außerhalb des Industriesektors. So wurden Telefonzentralen in den zwanziger Jahren oftmals von jungen Frauen (»Fräulein vom Amt«) manuell bedient. In den USA war AT&T der größte Arbeitgeber von Frauen unter zwanzig. Im Laufe der nächsten dreißig Jahre wurden im gesamten Land automatische Telefonzentralen eingeführt. Die meisten Telefonistinnen wurden arbeitslos, und im Jahr 1960 gab es praktisch keine mehr. Überall dort, wo automatische Telefonzentralen eingeführt wurden, nahm die Zahl der Stellen für junge Frauen ab.[69]

Aber Befürchtungen, das Arbeitsplatzangebot würde schrumpfen, bewahrheiteten sich nicht; den Arbeitnehmern ging es recht gut, und die Nachfrage nach Arbeitskräften mit unterschiedlichsten Qualifikationen nahm in den fünfziger, sechziger und siebziger Jahren weiterhin zu. Die meisten der Frauen, die als Telefonistinnen bei AT&T entlassen worden waren, fanden beispielsweise in den folgenden Jahrzehnten eine Anstellung in der expandierenden Dienstleistungsbranche und in Firmenbüros.

Die neu eingeführten Technologien dieser Zeit schufen im Wesentlichen genauso viele neue Arbeitsplätze, wie durch Automatisierung verloren gingen. Dies geschah aus den gleichen Gründen, die wir im Zusammenhang mit der Massenproduktion in der Automobilindustrie erörtert haben. Verbesserungen in den Kommunikations-, Transport- und Fertigungstechnologien zogen die anderen Branchen mit. Noch wichtiger aber war, dass dank dieser Fortschritte auch neue Arbeitsplätze in den Branchen entstanden, in denen diese Neuerungen eingeführt wurden. Weder die numerische Steuerung noch andere automatische Maschinen machten menschliche Bedienungspersonen vollständig überflüssig, zum Teil, weil die Maschinen nicht vollautomatisch funktionierten und in dem Maße, wie sie die Produktion mechanisierten, eine Reihe zusätzlicher Arbeitsaufgaben nötig machten.

Neuere Studien über die Entwicklung des Berufsspektrums in den USA seit 1940 zeigen, dass in den fünfziger Jahren eine Vielzahl neuer Berufsbezeichnungen und Arbeitsanforderungen in zahlreichen Arbeiterberufen entstanden, wie zum Beispiel Glaser, Mechaniker, LKW- und Traktorfahrer, Zement- und Betonfertiger und Baufacharbeiter. In den sechziger Jahren kamen für Sägearbeiter, Mechaniker, Planierer und Sortierer, Metallgießer, LKW- und Traktorfahrer, Öler und Schmierer eine Vielzahl neuer Aufgaben hinzu. Das Verarbeitende Gewerbe schuf weiterhin neue Arbeitsplätze für Techniker, Ingenieure und auch Büroangestellte.

In anderen Branchen ging die Ausweitung der Arbeitsaufgaben über rein technische Tätigkeiten hinaus. Einzelhandels- und Großhandelsbranchen erlebten ein rasches Wachstum und boten eine breite Palette von Stellen im Kundendienst, im Marketing und in kundenfernen Support-Funktionen an. In der gesamten US-Wirtschaft wuchs die Zahl der Stellen für Verwaltungspersonal, Sachbearbeiter und Fachkräfte in dieser Zeit schneller als die für praktisch alle anderen Berufe.[70] Die meisten der Aufgaben, die Arbeitskräfte in diesen Berufen ausführten, gab es in den vierziger Jahren noch gar nicht. Wenn diese Stellen Fachkenntnisse verlangten, dann folgten die meisten Unternehmen dem, was schon in der ersten Hälfte des 20. Jahrhunderts, namentlich im Verarbeitenden Gewerbe, üblich gewesen war: Sie stellten Arbeitskräfte ohne formale Qualifikationen ein. Nachdem die Arbeiter darin geschult worden waren, die erforderlichen Aufgaben auszuführen, profitierten sie von den höheren Löhnen, die für diese Tätigkeiten gezahlt wurden.

Ähnlich wie in der Vorkriegszeit verlangten viele Aufgabenerweiterungen mehr Rechenkenntnisse und bessere Lese- und Schreibfähigkeiten, aber auch soziale Kompetenzen; diese waren erforderlich, um in komplexen Organisationen gut kommunizieren und Probleme lösen zu können, die im Kontakt mit Kunden und bei der Bedienung fortgeschrittener Maschinen auftraten. Dies bedeutete, dass neue Aufgaben erst dann vollumfänglich ausgeführt werden konnten, wenn Arbeitnehmer die allgemeinen Kompetenzen besaßen, die sie benötigten, um entsprechend geschult zu werden. Zum Glück expandierte das amerikanische Bildungssystem wie schon in der vorangegangenen Ära, und die für die neuen Aufgaben benötigten Kompetenzen waren reichlich verfügbar. Viele Industriearbeiter hatten jetzt einen Highschool-Abschluss, und Stellen für Ingenieure, Techniker, Entwickler und Sachbearbeiter konnten mit Arbeitskräften besetzt werden, die eine über den Sekundarschulabschluss hinausgehende Bildung erhalten hatten.

Aber es wäre falsch, zu glauben, es sei vorgezeichnet gewesen, dass der technologische Fortschritt in der Nachkriegszeit eine Richtung einschlug, die neue Aufgaben schuf, um diejenigen zu ersetzen, die zügig wegautomatisiert wurden. Der Streit um die Richtung der technologischen Innovation verschärfte sich, da er ein fester Bestandteil der Auseinandersetzungen zwischen Arbeitnehmern und Unternehmen war, und Fortschritte bei arbeitnehmerfreundlichen Technologien können nicht losgelöst von dem institutionellen Rahmen betrachtet werden, der Unternehmen dazu veranlasste, sich in diese Richtung zu bewegen, vor allem unter dem Einfluss der von der Gewerkschaftsbewegung ausgehenden Gegenmacht.[71]

Der Wagner Act und die entscheidende Rolle der Gewerkschaften bei den Kriegsanstrengungen stärkten die Arbeiterschaft, und es wurde allgemein erwartet, dass die Gewerkschaften eine tragende Säule des institutionellen Gefüges im Amerika der Nachkriegszeit sein würden. Harold Ickes, Roosevelts Innenminister, bestätigte diese Erwartung, als er bei einem Gewerkschaftskongress kurz vor Kriegsende erklärte: »Sie sind auf dem richtigen Weg, und Sie sollten sich von niemandem aufhalten oder auch nur bremsen lassen.«[72]

Die Gewerkschaftsbewegung hörte genau hin und zeigte nach dem Krieg, dass sie es ernst meinte. Die United Auto Workers (UAW) forderte bei ihren ersten Vertragsverhandlungen nach dem Krieg satte Lohnerhöhungen von General Motors. Als GM ablehnte, war ein großer Streik die Reaktion.[73] Das blieb nicht auf die Automobilbranche beschränkt. Im selben Jahr, 1946, kam es zu einer breiteren Welle von Ausständen, die das US-Bundesamt für Arbeitsmarktstatistik »die konzentrierteste Phase von Konflikten zwischen Arbeitnehmern und Arbeitgebern in der Geschichte des Landes« nannte.[74] So legte zum Beispiel ein Elektrikerstreik einen weiteren Giganten der amerikanischen Industrie, General Electric, lahm.

Die Gewerkschaftsbewegung lehnte Automatisierung nicht durchweg ab, eben weil man einsah, dass Automatisierungsmaßnahmen unvermeidlich waren und dass, wenn die richtigen Entscheidungen getroffen würden, Kosteneinsparungen für alle Beteiligten vorteilhaft wären. Gefordert wurde vielmehr, technologische Fortschritte zu nutzen, um Arbeitern neue Aufgaben zu verschaffen und ihnen einen Teil der Kostensenkungen und Produktivitätssteigerungen zukommen zu lassen. So erklärte zum Beispiel die UAW im Jahr 1955: »Wir bieten unsere Kooperation […] bei der gemeinsamen Suche nach Strategien und Programmen an […], die sicherstellen, dass größerer technischer Fortschritt zu größerem menschlichem Fortschritt führt.«[75]

Im Jahr 1960 installierte General Motors in seiner Fisher Body Division in Detroit eine numerisch gesteuerte Bohrmaschine und ordnete die Tätigkeit des Maschinenbedieners in die gleiche Lohngruppe ein, in die auch der Bediener einer manuellen Revolverbohrmaschine eingestuft wurde. Die Gewerkschaft war damit nicht einverstanden und behauptete, dies sei eine neue Aufgabe mit zusätzlichen Verantwortlichkeiten, die zusätzliche Kompetenzen erfordere. Aber der Streit reichte tiefer. Die Gewerkschaft wollte einen Präzedenzfall schaffen und festschreiben, dass vorhandene Facharbeiter und angelernte Kräfte ein angestammtes

Recht auf diese neuen Aufgaben hätten. Diese Auffassung war für die Unternehmensleitung äußerst beunruhigend, denn wenn sie sich durchsetzte, würde dies bedeuten, dass sie die Kontrolle über den Produktionsprozess und organisatorische Entscheidungen verlieren würde. Die beiden Parteien konnten sich nicht einigen, und es wurde ein Schlichtungsverfahren eröffnet. Im Jahr 1961 entschied der Schlichter zugunsten der Gewerkschaft: »Dies ist kein Fall, in dem eine Entscheidung der Geschäftsleitung eine Funktion abgeschafft oder auf andere Weise Methoden, Prozesse oder Fertigungsmittel verändert hätte.«[76]

Diese Entscheidung hatte weitreichende Folgen. GM musste den Bedienern der numerisch gesteuerten Maschinen zusätzliche Schulungen anbieten und höhere Löhne zahlen. Der allgemeine Grundsatz lautete, dass der Maschinenbediener »zusätzliche Fertigkeiten erwerben muss, um mit den numerischen Steuerungssystemen umgehen zu können«,[77] und dass »die erhöhten Anstrengungen, die von Arbeitern, die an automatisierten Maschinen eingesetzt werden, verlangt werden, sie zu höheren Löhnen berechtigen«.[78] Tatsächlich war die Schulung der Beschäftigten das zentrale Anliegen der Gewerkschaften. Sie forderten Schulungsangebote, denn sie wollten sicherstellen, dass Arbeiter die für die Bedienung der neuen Maschinen erforderlichen Kompetenzen erwerben konnten und einen Nutzen daraus ziehen würden.

Der Einfluss der Gewerkschaften darauf, wie Automatisierungstechnologien eingeführt wurden und wie Arbeiter damit klarkamen, ist auch bei einer weiteren ikonischen Technologie dieser Zeit klar ersichtlich: Containern. Die Einführung großer Metallcontainer im Langstrecken-Frachtverkehr in den fünfziger Jahren revolutionierte die Transportindustrie, da sie zu einem massiven Rückgang der Frachtkosten weltweit führte. Sie vereinfachte bzw. beseitigte viele der manuellen Aufgaben, die bis dahin Hafenarbeiter verrichtet hatten, wie das Verpacken, Auspacken und Umpacken von Paletten. Sie ermöglichte auch die Einführung neuer, schwerer Hebe- und Transportgeräte. In vielen Fällen, wie etwa im New Yorker Hafen, führten Container zu einer deutlichen Verringerung von Arbeitsplätzen für Hafenarbeiter.

An der Westküste nahmen die Dinge jedoch einen ganz anderen Verlauf. Zur Zeit der Einführung des Containers gab es in den pazifischen Häfen bereits Probleme. Eine Untersuchung des Kongresses im Jahr 1955 hatte endemische Ineffizienzen aufgedeckt, die durch Arbeitspraktiken verursacht wurden, für die oftmals die International Longshore and Warehouse Union (ILWU) verantwortlich zeichnete. Harry Bridges, ein Veteran und unabhängiger Gewerkschaftsorganisator, der die lokale Geschäftsstelle der ILWU leitete, sah ein, dass Reformen der Arbeitsregeln notwendig waren, damit die Gewerkschaft und die Arbeitsplätze für Hafenarbeiter überlebten. Er erklärte: »Die Leute, die denken, wir könnten die Mechanisierung weiterhin aufhalten, leben noch immer in den dreißiger Jahren und kämpfen den Kampf, den wir schon vor langer Zeit gewonnen haben.«[79] Dies veranlasste die ILWU dazu, die Einführung neuer Technologien zu unterstützen, allerdings nur dann, wenn dies vorteilhaft für die Arbeiter und insbesondere ihre Mitglieder war. Im Jahr 1956 empfahl der Verhandlungsausschuss der Gewerkschaft: »Wir glauben, dass es möglich ist, die Mechanisierung in der Industrie zu fördern und gleichzeitig unsere innerbetrieblichen Rechte zur Geltung zu bringen und nochmals zu bekräftigen, zusammen mit konkreten Mindestpersonalbedarfen, sodass die ILWU für die gesamte Arbeit von den Gleisanlagen außerhalb der Piers bis zu den Frachträumen der Schiffe zuständig sein wird.«[80]

Dies war im Wesentlichen eine ähnliche Strategie wie diejenige, die die UAW in ihren Verhandlungen mit GM verfolgte: Automatisierung zulassen, aber sicherstellen, dass zugleich neue Stellen für Arbeiter geschaffen werden. Diese Strategie war deshalb erfolgreich, weil Bridges das Vertrauen der Basis genoss und weil er mit der Geschäftsleitung geschickt über die Einführung neuer Technologien kommunizierte. Obgleich nicht alle Gewerkschaftsmitglieder zunächst so offen für neue Technologien waren wie Bridges, konnten er und die lokale Gewerkschaftsführung sie letztlich überzeugen. In den Worten eines Journalisten, der in den späten fünfziger Jahren über die Arbeitswelt berichtete: »Jeder Hafenarbeiter begann darüber zu sprechen, was die Mechanisierung wohl noch mit sich bringen werde und wie man trotzdem Stellen und Einkommen, Leistungen, Renten und so weiter bewahren könne.«[81]

Container automatisierten Arbeit, aber sie steigerten auch die Produktivität und erhöhten die Frachtmenge, die in pazifischen Häfen umgeschlagen wurde. Schiffe konnten schneller und mit viel größeren Mengen an Gütern beladen werden. Mit dem Seefrachtaufkommen stieg auch die Nachfrage nach Hafenarbeitern, und die Gewerkschaft begann, die schnellere Einführung von Kränen und anderen Maschinen zu verlangen. Wie Bridges im Jahr 1963 zur Unternehmensleitung sagte: »Die Tage des Schwitzens an diesen Arbeitsplätzen sollten vorbei sein, und das wollen wir erreichen.«[82]

Automobile und Seefrachttransport waren keine Sonderfälle. In den Nachkriegsjahrzehnten fand in sämtlichen Wirtschaftszweigen eine fortlaufende Automatisierung statt, aber in vielen Fällen wurden gleichzeitig neue Beschäftigungsmöglichkeiten für Arbeitskräfte geschaffen. Neuere Forschungsarbeiten schätzen, dass die Automatisierung, für sich betrachtet, den Anteil des Faktors Arbeit am Volkseinkommen (Lohnquote) in den fünfziger, sechziger und siebziger Jahren jedes Jahr um 0,5 Prozentpunkte verringerte.[83] Allerdings wurden die (arbeits-)

verdrängenden Effekte von Automatisierungstechnologien auf nahezu perfekte Weise von anderen technologischen Fortschritten ausgeglichen, die neue Aufgaben und Stellen für Arbeitskräfte schufen. Folglich blieb die Lohnquote in allen großen Wirtschaftszweigen – Verarbeitendes Gewerbe, Dienstleistungen, Baugewerbe und Verkehrswirtschaft – konstant. Dieses ausgewogene Muster stellte sicher, dass sich Produktivitätssteigerungen in durchschnittlichen Lohnzuwächsen sowie im Anstieg der Einkommen von Arbeitskräften unterschiedlicher Qualifikationsstufen niederschlugen. Arbeitsaufgaben, die in diesem Zeitraum neu hinzukamen, spielten eine entscheidende Rolle für das Produktivitätswachstum und bei der Verteilung der Zugewinne quer durch alle Qualifikationsniveaus. In Branchen mit neuen Aufgaben sehen wir ein höheres Produktivitätswachstum sowie eine höhere Nachfrage nach Geringqualifizierten, die so ebenfalls vom technologischen Fortschritt profitierten. Die in diesen Jahrzehnten in den USA vorgenommenen technologischen Weichenstellungen und getroffenen Entscheidungen über Gewinnpartizipation waren in vielerlei Hinsicht prägend. Aber für Europäer waren sämtliche Probleme in Nordamerika trivial im Vergleich zu ihrem eigenen, schon geradezu existenziellen Ringen.

Beseitigung materieller Not

Die Bevölkerung Deutschlands litt schwer unter den Folgen des Krieges. Viele Städte, darunter Hamburg, Köln, Düsseldorf, Dresden und sogar Berlin, waren durch alliierte Bombenangriffe dem Erdboden gleichgemacht worden. Über 10 Prozent der Deutschen waren im Krieg ums Leben gekommen, und bis zu zwanzig Millionen Menschen waren obdachlos. Mehrere Millionen Menschen aus den deutschen Ostgebieten mussten als Vertriebene Richtung Westen ziehen.[84]

Auch Frankreich, Belgien, die Niederlande und Dänemark, die von den Nazis besetzt und brutal geknechtet worden waren, lagen in Trümmern. Ein Großteil der Straßennetze in diesen Ländern war zerstört worden. Wie in Deutschland waren die meisten Ressourcen in die Rüstungsproduktion gelenkt worden, und es mangelte an allem.

Obgleich Großbritannien von den Verwüstungen der Besatzung verschont blieb, litt es ebenfalls unter den Folgen des Krieges. Was die Einführung moderner Haushaltsgeräte betraf, war das Land zurückgefallen. Nur wenige Haushalte besaßen Kühlschränke und Backöfen, die in Nordamerika schon Standard waren, und nur die Hälfte der Häuser hatte heißes Wasser oder Innentoiletten. Aus dieser Asche des Krieges ging etwas recht Unerwartetes hervor. Im Verlauf der nächsten dreißig Jahre wuchs die Wirtschaft in einem Großteil Europas, von Skandinavien bis Deutschland, Frankreich und Großbritannien, in einem atemberaubenden Tempo. Das reale Pro-Kopf-BIP erhöhte sich in Deutschland zwischen 1950 und 1973 jährlich um durchschnittlich rund 5,5 Prozent. Die gleiche Kennzahl lautete knapp über 5 Prozent für Frankreich, 3,7 Prozent für Schweden und 2,9 Prozent für Großbritannien. In all diesen Fällen profitierte ein bemerkenswert breiter Querschnitt der Bevölkerung von dem Wachstum. Der Anteil des obersten 1 Prozent der Haushalte am Volkseinkommen, der Ende der zehner Jahre des 20. Jahrhunderts bei über 20 Prozent gelegen hatte, fiel in den siebziger Jahren in allen drei Ländern auf weniger als 10 Prozent.

Die Grundlagen dieses geteilten Wohlstands unterschieden sich nicht von dem, was in den Vereinigten Staaten geschehen war. Das erste Standbein bildeten Technologien, die im weitesten Sinne arbeitnehmerfreundlich waren und die zeitgleich mit der Automatisierung von Arbeitsprozessen neue Aufgaben schufen. Hier folgte Europa den Vereinigten Staaten, die im Hinblick auf moderne Industrietechnik sogar noch weiter an Europa vorbeigezogen waren. Fortschritte, die in Amerika umgesetzt wurden, breiteten sich rasch nach Europa aus, und neue industrietechnische Verfahren und Methoden zur Massenproduktion wurden zügig übernommen. Europäische Unternehmen hatten eine Vielzahl von Anreizen, diese Technologien aufzugreifen, und das Wiederaufbauprogramm nach dem Krieg, wie es im Marshall-Plan verankert war, stellte einen wichtigen Rahmen für den Technologietransfer bereit. Das Gleiche tat die großzügige Unterstützung europäischer Regierungen für Forschung und Entwicklung.

Auf diese Weise setzte sich eine bestimmte Richtung des technologischen Wandels, die sowohl für Facharbeiter als auch für Geringqualifizierte optimale Verwendung finden wollte, aus den Vereinigten Staaten kommend auch in Europa durch.[85] Und so begannen viele weitere Länder, zur Befriedigung der Nachfrage auf ihren wachsenden Massenmärkten sowohl in die industrielle als auch in die Dienstleistungsbranche zu investieren.

Wie in den Vereinigten Staaten wurde auch in den meisten europäischen Ländern dieser Pfad der wirtschaftlichen Entwicklung durch steigende Investitionen ins Bildungswesen und Weiterbildungsprogramme für Arbeitnehmer gestärkt, die dafür sorgten, dass es Arbeitnehmer mit den passenden Kompetenzen gab, um die neuen Stellen zu besetzen. Als gut verdienende Arbeiter in die Mittelschicht aufstiegen, kurbelten sie die Nachfrage nach neuen Produkten und Dienstleistungen an, die jene Industriezweige, in denen sie beschäftigt waren, in großen Mengen zu produzieren begannen. Allerdings gab es keine länderübergreifende Einheitlichkeit der technologischen Richtungsentscheidungen.

Jedes Land strukturierte seine Volkswirtschaft auf individuelle Weise, und diese Entscheidungen beeinflussten selbstverständlich die Art und Weise, wie dieses industrielle Wissen genutzt und weiterentwickelt wurde. Während in den skandinavischen Ländern technologische Investitionen im Rahmen des korporatistischen Modells getätigt wurden, entwickelte die deutsche Industrie ein eigenes System der Lehrlingsausbildung, das sowohl die Arbeitgeber-Arbeitnehmer-Beziehungen als auch die Technologie-Auswahl prägte (in Kapitel 8 gehen wir ausführlich darauf ein).

Genauso wichtig war die zweite Säule des geteilten Wohlstands: die Stärke der Arbeiterbewegung und der grundlegende institutionelle Rahmen, der sich nach dem Krieg in Europa herausbildete.

Die USA begannen in den dreißiger Jahren, die Arbeiterbewegung zu stärken und mit einer gewissen Zaghaftigkeit regulatorisch in das Marktgeschehen einzugreifen. Das gleiche Muster kleiner Schritte, unterbrochen von mehreren Rückschlägen, war in den USA auch typisch für die Entstehung von Institutionen in der Nachkriegszeit.

Andere Säulen des modernen sozialen Sicherungs- und des Regulierungssystems wurden nach und nach eingeführt; den Kulminationspunkt bildete Präsident Lyndon B. Johnsons »Great Society«-Programm in den sechziger Jahren.

Nach den Erschütterungen zweier Weltkriege hatten viele europäische Staaten ein stärkeres Verlangen danach, neue Institutionen aufzubauen, und vielleicht besaßen sie sogar eine noch größere Bereitschaft, vom Vorbild Skandinavien zu lernen.

In Großbritannien veröffentlichte eine Regierungskommission unter Leitung von William Beveridge im Jahr 1942 einen richtungweisenden Bericht. Darin hieß es, dass »ein revolutionärer Moment in der Weltgeschichte eine Zeit für Revolutionen, nicht für Reparaturen ist«. Der Bericht identifizierte fünf Grundprobleme der britischen Gesellschaft: materielle Not, Krankheit, Unwissenheit, Verwahrlosung und Müßiggang. Er begann mit der Feststellung: »Die Beseitigung materieller Not erfordert, erstens, die Verbesserung des staatlichen Absicherungssystems, das heißt Schutz vor zeitweiligem oder dauerhaftem Verlust von Kaufkraft.«[86] Der Bericht stellte einen Entwurf für ein staatliches Versicherungsprogramm vor, das Menschen mithilfe umverteilender Besteuerung, Rentenversicherung, Arbeitslosenversicherung, Arbeitsunfallschutz, Erwerbsunfähigkeitsversicherung, Kindergeld und staatlicher Gesundheitsversorgung »von der Wiege bis zur Bahre« schützen sollte.

Diese Vorschläge sorgten sofort für Furore. Mitten im Krieg griff die britische Öffentlichkeit sie bereitwillig auf. Als die Neuigkeiten aus dem Bericht die Truppen erreichten, jubelten sie angeblich und waren von frischer Tatkraft erfüllt. Direkt nach dem Krieg errang die Labour Party, die mit dem Versprechen, die Empfehlungen des Berichts vollständig umzusetzen, in den Wahlkampf gezogen war, einen Erdrutschsieg.[87]

Ähnliche staatliche Versicherungsprogramme wurden in den meisten europäischen Ländern eingeführt. Japan setzte seine eigene Version um.

Die Grenzen des sozialen Fortschritts

Historisch gesehen sind die Jahrzehnte nach dem Ende des Zweiten Weltkriegs ohne Beispiel. Soweit wir wissen, gab es keine zweite Epoche, in der das Wohlstandsniveau aller Bevölkerungsgruppen so schnell zunahm.

In der Antike haben Griechen und Römer über Jahrhunderte hinweg Wachstum erlebt, aber dieses Wachstum war sehr viel niedriger – um die 0,1 bis 0,2 Prozent pro Jahr.[88] Es beruhte außerdem auf der brutalen Ausbeutung ausgegrenzter Gruppen, insbesondere eines Heers von Sklaven und einer großen Zahl von Nichtbürgern, die sowohl in Griechenland als auch in Rom Zwangsarbeit verrichten mussten. Die Aristokratie beziehungsweise die Patrizier waren die Hauptnutznießer dieses Wachstums, auch wenn eine breitere Gruppe von Bürgern ebenfalls einen gewissen Wohlstand genoss.

Während des Mittelalters war das Wachstum niedrig und gesellschaftlich ungleich verteilt, wie wir in Kapitel 4 sahen. Das Wachstum beschleunigte sich nach dem Beginn der Industriellen Revolution in Großbritannien um das Jahr 1750 herum, aber es blieb hinter den Wachstumsraten in den fünfziger und sechziger Jahren des 20. Jahrhunderts zurück, die in vielen westlichen Ländern im Durchschnitt über 2,5 Prozent pro Jahr betrugen.[89]

Andere Aspekte des Wachstums in der Nachkriegszeit waren genauso einzigartig. Die sekundäre und die postsekundäre Bildung waren ehedem ein Privileg der Ober- und der oberen Mittelschicht. Dies änderte sich nach dem Krieg, und in den siebziger Jahren wurde die sekundäre und auch die Hochschulbildung in fast allen westlichen Ländern viel breiteren Bevölkerungsgruppen zugänglich.[90]

Auch der allgemeine Gesundheitszustand der Bevölkerung verbesserte sich enorm. Die Lebensverhältnisse waren in Großbritannien und in anderen Ländern nicht mehr so schlecht wie zu Beginn des 19. Jahrhunderts. Trotzdem waren Infektionskrankheiten in der ersten Hälfte des 20. Jahrhunderts weit verbreitet, und die Armen waren viel stärker davon betroffen. Dies änderte sich in den Jahrzehnten nach dem Zweiten Weltkrieg. Die Lebenserwartung bei der Geburt erhöhte sich in Großbritannien von fünfzig Jahren im Jahr 1900 auf 72 Jahre im Jahr 1970. In den Vereinigten Staaten gab es eine Zunahme in ähnlicher Höhe, von 47 im Jahr 1900 auf fast 71 im Jahr 1970, und in Frankreich von 47 auf 78.[91] In allen Fällen waren Verbesserungen der Gesundheitsversorgung und der Lebensverhältnisse der Arbeiterschaft aufgrund von Investitionen in das öffentliche Gesundheitswesen, Krankenhäuser und Kliniken die Triebkräfte des Wandels.[92]

Wir sollten es mit dieser optimistischen Beurteilung aber nicht übertreiben. Auch wenn die westliche Welt als Ganze eine beispiellose Phase geteilten Wohlstands erlebte, waren drei Gruppen von politischer Macht und einigen der wirtschaftlichen Verbesserungen ausgeschlossen: Frauen, Minderheiten, in den USA vor allem Afroamerikaner, und Einwanderer.

Viele Frauen waren in ihren Familien und ihren Gemeinschaften noch immer in patriarchale Machtverhältnisse eingeschlossen. Nachdem im frühen 20. Jahrhundert in den meisten Ländern das Frauenwahlrecht eingeführt wurde, hatte sich dies zu ändern begonnen, und der Prozess beschleunigte sich dann mit der zunehmenden Erwerbstätigkeit von Frauen während und nach dem Zweiten Weltkrieg sowie einem tiefgreifenden gesellschaftlichen Einstellungswandel. Folglich verbesserte sich in den Nachkriegsjahrzehnten die wirtschaftliche Lage der Frauen, und das Lohngefälle zwischen Männern und Frauen verringerte sich. Trotzdem ging die Diskriminierung in der Familie, in Schulen und am Arbeitsplatz weiter.

Eine größere Geschlechterparität in Führungspositionen und bei den Arbeitsentgelten sowie eine weitergehende gesellschaftliche Befreiung haben lange auf sich warten lassen. Minderheiten erging es noch schlechter. Obgleich sich die wirtschaftliche Lage von Afroamerikanern allmählich verbesserte und sich die Lohnlücke zwischen ihnen und weißen Amerikanern in den fünfziger und sechziger Jahren erheblich verringerte, blieben die USA eine rassistische Gesellschaft, vor allem im Süden. Schwarze Arbeiter blieben oft von guten Stellen ausgeschlossen, manchmal sogar auf Betreiben von Gewerkschaften. Lynchmorde fanden bis weit in die sechziger Jahre hinein statt, und viele Politiker beider Parteien bewarben sich während eines Großteils dieser Zeit mit einem offen oder verdeckt rassistischen Wahlprogramm um ein Amt.

Auch manche Einwanderer waren marginalisiert. Gastarbeiter aus Südeuropa und der Türkei, die wegen des Arbeitskräftemangels nach dem Krieg von Deutschland angeworben wurden, blieben diese ganze Zeit hindurch Bürger zweiter Klasse. Die Vereinigten Staaten ihrerseits warben mexikanische Einwanderer für die Arbeit auf ihren Feldern an, und diese schufteten oft unter harten Bedingungen für sehr niedrige Löhne und ohne Anspruch auf irgendwelche

Sozialleistungen. Einwanderer waren nicht länger willkommen, wenn sich die wirtschaftliche Lage verschlechterte oder der politische Wind drehte. So wurde zum Beispiel das Bracero-Programm, das auf seinem Höhepunkt fast 350 000 Mexikaner in die USA brachte, wo sie als Landarbeiter auf Farmen eingesetzt wurden, im Jahr 1964 beendet, als man im Kongress befürchtete, Einwanderer würden Amerikanern die Jobs wegnehmen.

Die größten Gruppen, die von dem geteilten Wohlstand dieser Jahrzehnte ausgeschlossen blieben, befanden sich nicht innerhalb, sondern außerhalb Europas und Nordamerikas.

Einige nichtwestliche Länder wie Japan und Südkorea wuchsen schneller und erreichten ein gewisses Maß an geteiltem Wohlstand. Dies basierte vor allem darauf, dass sie in den Vereinigten Staaten entwickelte industrielle Massenproduktionssysteme übernahmen und gelegentlich verbesserten. Befördert wurde dies zudem durch landesspezifische Rahmenbedingungen, die eine gerechte Aufteilung der Früchte des Wachstums begünstigten. In Japan waren langfristige Beschäftigungsverhältnisse und eine begleitende Hochlohnpolitik von entscheidender Bedeutung für die Aufteilung der Wachstumsgewinne. In Südkorea verdankte sich der geteilte Wohlstand in erheblichem Umfang der Bedrohung durch Nordkorea und der Stärke der Gewerkschaftsbewegung, insbesondere nach der Demokratisierung des Landes im Jahr 1988.

Aber das, was in Ostasien geschah, war die Ausnahme, nicht die Regel. Die Bevölkerungen der verbliebenen europäischen Kolonien hatten kaum Mitspracherechte und nur geringe Chancen, an dem Wohlstand teilzuhaben. Die Unabhängigkeit, in welche die meisten Kolonien zwischen 1945 und 1973 entlassen wurden, bedeutete nicht das Ende von Elend, Gewalt und Unterdrückung. In vielen der vormaligen europäischen Kolonien fielen koloniale Institutionen schon bald in die Hände autoritärer Herrscher, die das System, das sie erbten, dazu benutzten, sich selbst und ihre engen Mitstreiter zu bereichern und alle anderen auszupressen. Europa sah dem aus der Ferne tatenlos zu; allerdings unterstützte es gelegentlich Kleptokraten, um sich Zugang zu natürlichen Ressourcen zu sichern. Die CIA schaltete sich ein, um bei Staatsstreichen gegen demokratisch gewählte Politiker zu helfen – zum Beispiel im Iran, Kongo und in Guatemala –, und sie stand immer bereit, wenn es galt, US-freundliche Herrscher zu unterstützen, unabhängig davon, ob sie korrupt waren oder Blut an ihren Händen klebte. Der größte Teil der nicht-westlichen Welt blieb in Bezug auf die wirtschaftliche Entwicklung weit zurück.

Unterdessen erhob sich im Innern der USA ein weiteres, genauso folgenreiches Fortschrittshindernis. Das Wirtschaftsmodell, das dem Wohlstand für alle zugrunde liegt, wurde in den Vereinigten Staaten zunehmend in Frage gestellt, und das Machtgleichgewicht verschob sich allmählich von der Arbeiterschaft und staatlicher Regulierung weg, nachdem sich die technologische Innovation in Richtung verstärkter Automatisierung bewegte. Bald darauf verblasste die Idee des geteilten Wohlstands.

8

DIGITALER SCHADEN[1]

Erfreulich am Computer ist, dass er tut, was man ihm sagt. Unerfreulich ist, dass er tut, was man ihm sagt.

– Ted Nelson zugeschrieben[2]

Man könnte sagen, dass der Prozess, in dem die fortschreitende Einführung neuer computergestützter, automatisierter und robotisierter Ausrüstung die Bedeutung der menschlichen Arbeitskraft verringert, Ähnlichkeit mit dem Prozess hat, in dem die Einführung von Traktoren und anderen Maschinen den Bedarf an Pferden und anderen Zugtieren in der Landwirtschaft zunächst verringerte und schließlich vollkommen beseitigte.

– Wassily Leontief, »Technological Advance, Economic Growth, and the Distribution of Income«, 1983[3]

Die Ursprünge der Computerrevolution kann man bis in den neunten Stock des Tech-Square-Gebäudes des MIT zurückverfolgen. Dort schrieb in den Jahren 1959–60 eine Gruppe junger Männer, die oft nachlässig gekleidet waren und bis in die frühen Morgenstunden arbeiteten, Programmcodes in Assemblersprache. Angetrieben wurden diese Programmierer von einer Vision, die oft als »Hackerethik« bezeichnet wird und ein Vorläufer jener Denkweise war, die später die Unternehmer im Silicon Valley motivieren sollte.

Die Schlüsselbestandteile dieser Ethik waren Dezentralisierung und Freiheit. Die Hacker empfanden nur Geringschätzung für das wichtigste Computerunternehmen jener Zeit: Sie waren überzeugt, dass International Business Machines (IBM) die Informationen kontrollieren und bürokratisieren wolle, während sie sich einen vollkommen freien und uneingeschränkten Zugang zu Computern wünschten. Die Hacker prägten ein Mantra, das die Unternehmer der Techbranche später missbrauchen würden: »Die Informationen sollten vollkommen frei zugänglich sein.« Ihr Misstrauen gegenüber der Autorität war so groß, dass ihr Weltbild beinahe anarchistische Züge aufwies.

Jene Splittergruppe der Hackergemeinschaft, die Anfang der siebziger Jahre in Nordkalifornien entstand und größere Berühmtheit erlangen sollte, misstraute ebenfalls den großen Unternehmen.[4] Lee Felsenstein, einer der führenden Köpfe dieser Bewegung, war ein politischer Aktivist, der im Computer ein Werkzeug zur Befreiung des Menschen sah und gerne einen Satz aus dem Science-Fiction-Roman *Revolt in 2100* zitierte: »Geheimhaltung ist der Grundpfeiler der Tyrannei.«[5] Felsenstein arbeitete an Hardware-Verbesserungen, um die Arbeit mit dem Computer zu demokratisieren und die Macht von IBM und anderen führenden Unternehmen zu brechen.

Ted Nelson, ein weiterer nordkalifornischer Hacker, veröffentlichte einen Text, der als Handbuch des Hacking bezeichnet werden kann. Diese Arbeit, die den Titel »Computer Lib« trägt, steht unter dem Motto »Die Allgemeinheit muss sich nicht mit dem abfinden, was ihr vorgesetzt wird«:

Dies ist ein Buch für die persönliche Freiheit.
Und gegen Einschränkungen und Zwang …
Mit diesem Schlachtruf könnt ihr auf die Straße gehen:
Computermacht für das Volk!
Nieder mit dem Cybercrud![6]

Mit »Cybercrud« meinte Nelson die Lügen, die mächtige Personen über Computer und Information erzählten, um die Kontrolle ihrer Experten über die Computer zu rechtfertigen.

Die Hacker waren in der Computerrevolution keine Außenseiter. Sie hatten entscheidenden Anteil an zahlreichen Fortschritten sowohl in der Software als auch in der Hardware. Viele Informatiker und Unternehmer in dieser Branche teilten die Werte und Ansichten der Hacker, obwohl sie sich nicht an ihrer Arbeit beteiligten und eine andere Einstellung in puncto Körperpflege hatten.

Die Vorstellung, die Zukunft der Informatik liege in der Dezentralisierung, war nicht auf die abgerissenen Hacker im Tech-Square-Gebäude des MIT und in Berkeley beschränkt. Eine weitere Pionierin, Grace Hopper, drängte in den siebziger Jahren im amerikanischen Verteidigungsministerium auf eine Dezentralisierung der Datenverarbeitung. Hopper leistete wichtige Beiträge zur Softwareinnovation und entwarf frühe Programmierkonventionen, die ihren Höhepunkt in der neuen Computersprache COBOL fanden. Im Computer sah Hopper ein Instrument, um den Zugang zur Information zu erweitern, und nahm Einfluss auf den Einsatz der Informatik in einer der größten Organisationen der Welt, den US-Streitkräften.[7]

Angesichts der Tatsache, dass die zukunftsträchtigste Technologie jener Zeit in den Händen solcher Visionäre lag, hätte ein aufmerksamer Beobachter zu der Überzeugung gelangen können, dass die folgenden Jahrzehnte die Position der Gegenkräfte, die den Großunternehmen die Stirn boten, weiter stärken, die Arbeitskräfte mit neuen produktiven Werkzeugen ausstatten und zu einer noch breiteren Verteilung des Wohlstands führen würden.

Es sollte anders kommen. Die digitalen Technologien wurden zum Totengräber des verteilten Wohlstands. Der Lohnanstieg verlangsamte sich, der Anteil der Arbeitnehmerentgelte am Volkseinkommen sank deutlich, und um das Jahr 1980 begann die Einkommensungleichheit zuzunehmen. Zu dieser Veränderung trugen zahlreiche Faktoren bei, darunter die Globalisierung und die Schwächung der Arbeiterbewegung, aber die Neuausrichtung der technologischen Entwicklung hatte entscheidenden Anteil daran. Die digitalen Technologien automatisierten die Arbeit und benachteiligten die Arbeit gegenüber dem Kapital und die gering qualifizierten Arbeitskräfte gegenüber denen mit Hochschulabschluss.

Um diese Kursänderung verstehen zu können, müssen wir uns den umfassenden gesellschaftlichen Wandel ansehen, den die Vereinigten Staaten in jener Zeit durchmachten. Die Unternehmen festigten ihre Position gegenüber Arbeiterschaft und Staat. Noch wichtiger war, dass eine neue Vision, der zufolge die Maximierung von Unternehmensgewinnen und Aktionärserträgen dem Gemeinwohl diente, zu einem Organisationsprinzip wurde, an dem sich große Teile der Gesellschaft orientierten. Diese Vision und die massive Bereicherung, die sie einigen wenigen ermöglichte, lenkten die Tech-Branche in eine Richtung, die sich sehr von jener unterschied, die den frühen Hackern vorgeschwebt hatte. Die neue Vision von einem »digitalen Utopia« beruhte auf einer von oben angeordneten Gestaltung von Software, die dazu dienen sollte, Tätigkeiten zu automatisieren und die Arbeitskräfte zu kontrollieren. Der Weg, den die Technologie einschlug, führte nicht nur zu größerer Ungleichheit, sondern auch dazu, dass das Versprechen eines spektakulären Produktivitätszuwachses nicht eingelöst wurde.[8]

Rückgängig gemacht

Die Hoffnung, die Computerrevolution werde zu einer breiteren Verteilung des Wohlstands führen, zerschlug sich rasch.[9] Mitte der siebziger Jahre war das Wirtschaftswachstum deutlich unter das in den fünfziger oder sechziger Jahren beobachtete Niveau gesunken. Teilweise war die Verlangsamung des Wachstums auf die Ölkrisen von 1973 und 1979 zurückzuführen, die überall in der westlichen Welt zur Stagflation – zu einer Kombination von hoher Arbeitslosigkeit und hoher Inflation – führten. Aber der grundlegendere Wandel, das heißt die Veränderung der Struktur des Wirtschaftswachstums, stand noch bevor.

Zwischen 1949 und 1973 stieg der Reallohn (Stundenlohn; ermittelt wurde der Medianwert) in den Vereinigten Staaten um mehr als 2,5 Prozent pro Jahr. Doch ab 1980 kam das Wachstum des Medianlohns praktisch zum Stillstand: Er erhöhte sich nur noch um 0,45 Prozent pro Jahr, obwohl die durchschnittliche Produktivität der Arbeitskräfte weiter stieg (zwischen 1980 und der Gegenwart im Durchschnitt um mehr als 1,5 Prozent pro Jahr).

Die Verlangsamung des Einkommenswachstums war sehr ungleichmäßig verteilt. Die Einkommen von Arbeitskräften mit Hochschulabschluss stiegen weiter rasch, während Männer mit Sekundarschulabschluss und darunter in den Jahren 1980 bis 2018 einen durchschnittlichen jährlichen Einkommensrückgang von 0,45 Prozent hinnehmen mussten.

Doch nicht nur die Kluft zwischen Arbeitskräften mit Hochschulabschluss und solchen mit einem niedrigeren Ausbildungs-/Schulabschluss vergrößerte sich. Ab 1980 nahm die Ungleichheit in sämtlichen Bereichen deutlich zu. Beispielsweise stieg der Anteil des reichsten 1 Prozent der amerikanischen Haushalte am Volkseinkommen zwischen 1980 und 2019 von etwa 10 auf 19 Prozent.[10]

Doch die Einkommensungleichheit erzählt nur einen Teil der Geschichte. Die Vereinigten Staaten sind seit jeher stolz auf den »amerikanischen Traum«, das heißt auf die Möglichkeit für Menschen aus bescheidenen Verhältnissen, sozial aufzusteigen und ihr Einkommen zu erhöhen, was Kindern die Chance gibt, ein besseres Leben zu führen als ihre Eltern. In den achtziger Jahren wurde es immer schwieriger, diesen Traum zu verwirklichen. 90 Prozent der im Jahr 1940 geborenen Amerikaner verdienten als Erwachsene inflationsbereinigt mehr als ihre Eltern. Aber bei Amerikanern des Jahrgangs 1984 war dieser Anteil auf nur noch 50 Prozent gesunken. Die amerikanische Gesellschaft ist sich der Tatsache, dass die meisten Arbeitskräfte heute schlechtere Zukunftsaussichten als in der Vergangenheit haben, vollkommen bewusst. In einer neueren Studie des Pew Research Center hat sich herausgestellt, dass 68 Prozent der Amerikaner glauben, den heutigen Kindern werde es finanziell schlechter gehen als der Generation ihrer Eltern.[11]

Auch in anderer Hinsicht wurde der wirtschaftliche Fortschritt rückgängig gemacht. Im Jahr 1940 verdienten schwarze Amerikaner weniger als die Hälfte des Einkommens von Weißen. Bis 1979 stiegen die Stundenlöhne männlicher Schwarzer auf 86 Prozent der Löhne männlicher Weißer. Von da an ging die Schere wieder auseinander, und mittlerweile verdienen männliche Schwarze nur noch 72 Prozent dessen, was männliche Weiße verdienen. Bei Frauen hat sich der Trend ebenfalls umgekehrt.[12]

Auch die Verteilung des Einkommens zwischen Kapital und Arbeit änderte sich. Über weite Strecken des 20. Jahrhunderts flossen zwischen 67 und 70 Prozent des Volkseinkommens den Arbeitskräften zu, während der Rest auf Investitionserträge (in Form von Gewinnen und Zahlungen für Maschinen) entfiel. Ab den achtziger Jahren stieg der Einkommensanteil des Kapitals, während jener der Arbeitskräfte deutlich sank. Im Jahr 2019 war der Anteil der Arbeitseinkommen am Volkseinkommen unter 60 Prozent gesunken.

Diese Trends sind nicht auf die Vereinigten Staaten beschränkt, obwohl die Verschiebung in anderen Ländern aus verschiedenen Gründen weniger ausgeprägt ist. Bereits in den achtziger Jahren war die Ungleichheit größer als in den meisten anderen Industrieländern, und von da an nahm sie in den USA besonders deutlich zu. Doch in einigen anderen Ländern war eine ähnliche Entwicklung zu beobachten.

Der Anteil der Arbeitnehmerentgelte am Volkseinkommen sinkt in den meisten Industrieländern seit vielen Jahren. Beispielsweise verringerte er sich in Deutschland von 70 Prozent in den frühen achtziger Jahren auf etwa 60 Prozent im Jahr 2015. Gleichzeitig verschob sich die Einkommensverteilung zugunsten der reichsten Personen. Von 1980 bis 2020 stieg der Einkommensanteil des reichsten 1 Prozent in Deutschland von etwa 10 auf 13 Prozent und in Großbritannien von 7 auf fast 13 Prozent. Sogar in den skandinavischen Ländern nahm die Ungleichheit in dieser Zeit zu: Der Einkommensanteil des reichsten 1 Prozent der Einwohner kletterte in Schweden von rund 7 auf 11 Prozent und in Dänemark von 7 auf 13 Prozent.[13]

Was ist geschehen?

Auf einer Ebene ist klar, was geschehen ist. Die breite Verteilung des Wohlstands in der Nachkriegszweit stützte sich auf zwei Säulen: Neben der Automatisierung wurden neue Möglichkeiten für Arbeitskräfte in verschiedensten Bereichen geschaffen, und die Verteilung der ökonomischen Renten (das heißt die Aufteilung der Erträge von Produktivitätszuwächsen zwischen Kapital und Arbeit) sorgte dafür, dass die Löhne kräftig stiegen. Aber um das Jahr 1970 stürzten insbesondere in den Vereinigten Staaten beide Säulen ein.

Selbst in Blütezeiten sind technologische Ausrichtung und Höhe der Löhne umstritten. Hätten sie die Möglichkeit, so würden viele Unternehmensleitungen versuchen, die Arbeitskosten durch eine Begrenzung der Lohnerhöhungen und eine verstärkte Automatisierung zu senken, die einige Tätigkeiten den menschlichen Arbeitskräften entzieht und deren Verhandlungsposition schwächt. Diese Unausgewogenheit wirkt sich auf die Richtung der Innovation aus und lenkt die technologische Entwicklung hin zur Automatisierung. Wie wir in Kapitel 7 gesehen haben, wurden diese Tendenzen in den Jahrzehnten nach dem Zweiten Weltkrieg teilweise eingedämmt, und die Gewerkschaften ermutigten die Unternehmen, neben neuen Maschinen auch mehr Fachtätigkeiten einzuführen und ihre Beschäftigten systematisch zu schulen.

Die Schwächung der Arbeiterbewegung in den vergangenen Jahrzehnten hat der breiten Verteilung des Wohlstands aus zwei Gründen geschadet. Das Lohnwachstum verlangsamte sich teilweise, weil die amerikanischen Gewerkschaften an Macht verloren und die Fähigkeit einbüßten, gute Löhne für ihre Mitglieder durchzusetzen. Noch gravierender war, dass die Arbeitnehmer ohne starke Gewerkschaften ihren Einfluss auf die Ausrichtung der Technologie einbüßten.

Zwei weitere Veränderungen schwächten die Arbeiterschaft zusätzlich und erhöhten die Ungleichheit. Erstens entwickelten die Unternehmen und ihre Manager in Ermangelung einer Gegenmacht auf Seiten der Arbeiterbewegung eine ganz andersartige Vision: Die Senkung der Arbeitskosten erlangte Priorität, und von nun an galt es als Versagen des Managements, wenn die Produktivitätserträge mit den Arbeitnehmern geteilt wurden. Die Unternehmen nahmen nicht nur eine härtere Haltung in den Lohnverhandlungen ein, sondern konzentrierten auch die Produktion zunehmend an Standorten, an denen die Belegschaft nicht gewerkschaftlich organisiert war. Viele Unternehmen führten die leistungsabhängige Entlohnung ein, was guten Managern und sehr leistungsfähigen Mitarbeitern zugutekam, jedoch zu Lasten geringer qualifizierter Arbeitskräfte ging. Die Auslagerung von Produktionsschritten zur Kostensenkung erfreute sich ebenfalls wachsender Beliebtheit. In der Vergangenheit hatten große Unternehmen wie General Motors oder General Electric viele gering qualifizierte Tätigkeiten wie die Arbeit in einer Werkscafeteria, Reinigungsarbeiten und Sicherheitsdienste eigenen Angestellten übertragen. Die Löhne dieser Mitarbeiter wurden ebenso erhöht wie die der übrigen Belegschaft. Doch die auf die Kostensenkung fixierte Vision, die in den achtziger Jahren auf dem Vormarsch war, setzte diese Praxis mit Verschwendung gleich, weshalb die Unternehmensführungen dazu übergingen, diese Funktionen externen Auftragnehmern zu übertragen, die ihren Mitarbeitern niedrige Löhne bezahlten. Auf diese Art wurde ein weiterer Weg zu Lohnerhöhungen für Arbeitnehmer versperrt.

Zweitens lag es nicht nur daran, dass sich die Unternehmen entschlossen, aus einem gegebenen Menü von Technologien jene auszuwählen, die der Automatisierung dienten. Mit der Neuausrichtung der digitalen Industrie änderte sich das verfügbare Menü an sich, und die verstärkte Automatisierung erhielt Vorrang vor arbeitnehmerfreundlichen Technologien. Eine Vielzahl digitaler Werkzeuge eröffnete neue Möglichkeiten, um Arbeitskräfte durch Maschinen und Algorithmen zu ersetzen, und die Kräfte, die sich dieser Entwicklung widersetzten, waren zu schwach. So nahmen viele Unternehmen begeistert eine rasante Automatisierung in Angriff und verzichteten darauf, neue Aufgaben und Möglichkeiten für die Arbeitskräfte zu schaffen. Insbesondere Menschen ohne Hochschulabschluss fielen zurück. Das hatte zur Folge, dass trotz steigender Produktivität (Produktion pro Arbeitskraft) in der amerikanischen Wirtschaft die Grenzproduktivität der Arbeitskräfte (das Maß, in dem eine zusätzliche Arbeitsstunde die Produktion erhöht) nicht Schritt halten konnte.

Es muss erneut betont werden, dass die Verteilung des Wohlstands nicht unter der Automatisierung an sich litt, sondern unter einer unausgewogenen Mischung von Technologien: Es wurden jene bevorzugt, die der Automatisierung dienten, während jene vernachlässigt wurden, die neue Aufgaben für die Arbeitskräfte schaffen konnten. Auch in den Jahrzehnten nach dem Zweiten Weltkrieg war die Automatisierung rasch vorangeschritten, aber diese Entwicklung wurde durch andere technologische Veränderungen ausgeglichen, welche die Nachfrage nach Arbeitskräften erhöhten. Studien haben gezeigt, dass sich die Automatisierung ab dem Jahr 1980 beschleunigte – aber vor allem entstanden weniger neue Tätigkeiten und Technologien, die den Menschen neue Möglichkeiten eröffneten. Diese Veränderung hat wesentlich zur Schwächung der Position der Arbeitskräfte in der Wirtschaft beigetragen. Der Anteil der Arbeit an der Produktion, in der die Automatisierung besonders schnell voranschritt und besonders wenige neue Tätigkeiten entstanden sind, sank zwischen der Mitte der achtziger Jahre und dem Ende der zehner Jahre unseres Jahrhunderts von 65 auf 46 Prozent.

Die Automatisierung hat auch wesentlich zur wachsenden Ungleichheit beigetragen, weil sie insbesondere jene Tätigkeiten erfasst, die normalerweise von Arbeitskräften mit geringer oder mittlerer Qualifikation in Fabriken und Büros ausgeübt werden. Fast alle demografischen Gruppen, die seit 1980 einen Rückgang ihres Realeinkommens hinnehmen mussten, sind auf Tätigkeiten spezialisiert, die mittlerweile automatisiert worden sind. Schätzungen in neueren Studien zeigen, dass die Automatisierung in den Vereinigten Staaten für fast drei Viertel des Gesamtanstiegs der Ungleichheit zwischen verschiedenen demografhischen Gruppen verantwortlich ist.

Ein gutes Beispiel für die Entwicklung ist die Automobilindustrie. Die amerikanischen Autohersteller zählten im 20. Jahrhundert 80 Jahre lang zu den dynamischsten Arbeitgebern, und wie wir in Kapitel 7 gesehen haben, spielten sie nicht nur in der Automatisierung, sondern auch in der Einführung neuer Tätigkeiten für die Arbeitskräfte eine Vorreiterolle. In der Automobilindustrie gab es zahlreiche gut bezahlte manuelle Tätigkeiten. Arbeitskräfte ohne Hochschulabschluss und manchmal sogar ohne Schulabschluss wurden eingestellt und geschult, um anspruchsvolle neue Maschinen zu bedienen, und bezogen gute Löhne.

Doch in den letzten Jahrzehnten haben sich Natur und Verfügbarkeit der Arbeitsplätze in der Automobilindustrie grundlegend gewandelt. Viele der Produktionstätigkeiten in der Karosseriewerkstatt, darunter Lackieren, Schweißen und Präzisionsarbeit, sowie eine Vielzahl von Montageschritten sind unter Einsatz von Robotern und spezialisierter Software automatisiert worden. Die Reallöhne von Industriearbeitern sind seit 1980 kaum gestiegen. In der Automobilindustrie ist der amerikanische Traum heute sehr viel schwerer zu verwirklichen als in den fünfziger oder sechziger Jahren.

Die Auswirkungen dieses Wandels in Technologie und Produktionsorganisation sind an den Einstellungsstrategien der Industrie erkennbar. In den achtziger Jahren hörten die großen amerikanischen Autobauer auf, gering qualifizierte Arbeitskräfte einzustellen und für komplexe Tätigkeiten zu schulen; stattdessen nahmen sie nur noch höher qualifizierte Bewerber mit formaler Qualifikation auf, die zahlreiche Tests und Interviews zu Kenntnissen und Persönlichkeit absolvieren mussten. Diese neue Personalstrategie wurde dadurch ermöglicht, dass die Zahl der Bewerber jene der verfügbaren Jobs deutlich überstieg und dass viele Kandidaten eine über den Sekundarschulabschluss hinausgehende Bildung besaßen.[14]

Die Auswirkungen der neuen Automatisierungstechnologien auf den amerikanischen Traum sind nicht auf die Automobilbranche beschränkt. Manuelle Tätigkeiten in anderen Industrien sowie Bürotätigkeiten, die in der Vergangenheit Menschen aus benachteiligten Gesellschaftsgruppen Aufstiegschancen eröffneten, sind in der gesamten amerikanischen Wirtschaft das Hauptziel der Automatisierung mit Robotern und Software. In den siebziger Jahren waren 52 Prozent der amerikanischen Arbeitskräfte in solchen »Mittelschichttätigkeiten« beschäftigt; bis 2018 sank dieser Anteil auf 33 Prozent. Arbeitskräfte, die in der Vergangenheit solchen Tätigkeiten nachgegangen waren, wurden in schlechter bezahlte Jobs abgedrängt, darunter Bau, Reinigungsdienste oder Lebensmittelverarbeitung, und mussten eine deutliche Verringerung ihres Realeinkommens hinnehmen. Mit diesen Arbeitsplätzen verschwanden auch viele Beschäftigungschancen für Arbeitskräfte ohne Hochschulabschluss.

Obwohl die geringere Verteilung der Produktivitätserträge und die Konzentration der neuen Technologien auf die Automatisierung wesentlich zur Erhöhung der Ungleichheit und zum Rückgang des Anteils der Arbeit beigetragen haben, spielen auch andere Faktoren eine Rolle. Die Verlagerung der Produktion in Niedriglohnländer hat zur Verschlechterung der Bedingungen für die amerikanischen Arbeitskräfte beigetragen: Zahlreiche Arbeitsplätze in Automobilbau und Elektronik wanderten in Länder wie China oder Mexiko ab. Noch wichtiger sind die steigenden Güterimporte aus China, die sich negativ auf viele amerikanische Fertigungsbetriebe und ihre Heimatgemeinden ausgewirkt haben. Zwischen 1990 und 2007 dürften durch die chinesische Konkurrenz drei Millionen Arbeitsplätze verloren gegangen sein. Doch die Auswirkungen der Automatisierungstechnologien und der geringeren Verteilung der Produktivitätserträge auf die Ungleichheit sind noch weitreichender gewesen als die Folgen dieses »China-Schocks«.[15]

Die Konkurrenz durch die Importe aus China hat sich überwiegend auf Fertigungssektoren mit geringer Wertschöpfung ausgewirkt, darunter Textil- und

Bekleidungsindustrie sowie Spielwarenerzeugung.[16] Von der Automatisierung sind hingegen vor allem Industriesektoren mit hoher Wertschöpfung und höheren Löhnen betroffen, darunter Automobilbranche, Elektronik, Metallerzeugung, chemische Industrie und Bürotätigkeiten. Der Arbeitsplatzschwund in diesen Bereichen hat größeren Anteil an der Zunahme der Ungleichheit. Zwar hat die Konkurrenz durch China und andere Niedriglohnländer die Beschäftigung in den Fertigungsindustrien verringert und den Lohnanstieg gebremst, doch den größten Anteil an der Lohnungleichheit hat die Ausrichtung des technologischen Wandels.

Diese Trends in Technologie und Handel können ganze Gemeinden zerstören. Viele Gebiete im industriellen Kernland der Vereinigten Staaten, darunter Flint und Lansing in Michigan, Defiance in Ohio und Beaumont in Texas, waren früher auf die Schwerindustrie spezialisiert und boten Zehntausenden Menschen Beschäftigungschancen. Doch nach 1970 begann der Niedergang dieser Orte, als die Arbeitskräfte durch die Automatisierung verdrängt wurden. Andere industrielle Ballungsgebiete wie Des Moines in Iowa und Raleigh-Durham und Hickory in North Carolina, die sich auf die Herstellung von Textilien, Bekleidung und Möbeln spezialisiert hatten, litten sehr unter der Konkurrenz durch billige chinesische Importe. Gleichgültig, ob die Ursache die Automatisierung oder die Konkurrenz von Importen waren, die Arbeitsplatzverluste in der Fertigungsindustrie setzten die Einkommen der Arbeitskräfte in der gesamten lokalen Wirtschaft unter Druck und verringerten die Nachfrage nach Dienstleistungen in Groß- und Einzelhandel und anderen Bereichen. In einigen Fällen wurden ganze Regionen in eine tiefe, andauernde Rezession gestürzt.[17]

Die Auswirkungen dieser regionalen Entwicklungen gehen über die wirtschaftlichen Folgen hinaus und zeichnen ein allgemeines Bild der Probleme der amerikanischen Gesellschaft. Als zahlreiche Arbeitsplätze in der Fertigungsindustrie verschwanden, wuchsen die sozialen Probleme. Die Zahl der Eheschließungen sank, die Zahl der unehelichen Geburten stieg, und in den besonders schwer getroffenen Gemeinden machten sich zunehmend Probleme der psychischen Gesundheit bemerkbar. Beschäftigungsrückgang und schwindende wirtschaftliche Möglichkeiten insbesondere für Menschen ohne Hochschulabschluss haben anscheinend wesentlich zur Zunahme von Fällen des »Tods aus Verzweiflung« beigetragen, wie es die Ökonomen Anne Case und Angus Deaton ausdrücken, das heißt der durch Drogen- und Alkoholkonsum verursachten vorzeitigen Todesfälle sowie der Selbstmorde. Teilweise infolge dieser erhöhten Sterblichkeit sinkt die Lebenserwartung in den Vereinigten Staaten seit einigen Jahren, was eine in der jüngeren Geschichte der westlichen Länder beispiellose Entwicklung ist.[18]

In einigen populärwissenschaftlichen Darstellungen der zunehmenden Ungleichheit wird der technologischen Ausrichtung die Globalisierung als Erklärung gegenübergestellt. Dabei wird oft impliziert, die Technologie sei eine Manifestation der unvermeidlichen Kräfte der Ungleichheit, während die Vereinigten Staaten und andere hoch entwickelte Volkswirtschaften in der Frage, in welchem Umfang sie die Globalisierung und konkurrierende Importe aus Niedriglohnländern zulassen sollten, ein gewisses Maß an Entscheidungsfreiheit genössen.

Doch hier wird eine falsche Dichotomie konstruiert. Die Richtung der technologischen Entwicklung steht keineswegs von vornherein fest, und sie ist nicht unvermeidlich. Dass die Technologie die Ungleichheit erhöht hat, liegt an Entscheidungen von Unternehmen und anderen einflussreichen Akteuren. In jedem Fall kann die Globalisierung nicht von der technologischen Entwicklung getrennt werden. Die gewaltige Zunahme der Importe aus Tausende Kilometer entfernten Ländern und die komplexen globalen Lieferketten, die für die Verlagerung von Arbeitsplätzen in der Produktion nach China oder Mexiko aufgebaut werden mussten, wurden durch Fortschritte in der Kommunikationstechnologie ermöglicht. Gestützt auf bessere digitale Werkzeuge zur Verfolgung und Koordinierung der Aktivitäten in weit entfernten Produktionsanlagen, organisierten Unternehmen die Produktion neu und verlegten viele der Montage- und Fertigungsschritte, die sie zuvor selbst durchgeführt hatten, ins Ausland. Dabei beseitigten sie auch zahlreiche manuelle Tätigkeiten, die eine mittlere Qualifikation erforderten, was die Ungleichheit vergrößerte.

Tatsächlich gehen Globalisierung und Automatisierung Hand in Hand und entspringen beide dem Bedürfnis, die Arbeitskosten zu senken und die Arbeitskräfte beiseitezuschieben. Beide Prozesse wurden durch den Mangel an Gegenkräften am Arbeitsplatz und in der Politik seit dem Jahr 1980 ermöglicht.

Automatisierung, Produktionsverlagerung ins Ausland und die Konkurrenz der Importe aus China haben sich auch auf andere hoch entwickelte Volkswirtschaften ausgewirkt, wenn auch in abgeschwächter Form. In weiten Teilen Europas wurden die Kollektivverhandlungen nicht so umfassend ausgehöhlt wie in den Vereinigten Staaten. In den skandinavischen Ländern ist die Gewerkschaftsdichte weiterhin hoch. Es ist kein Zufall, dass die Reallöhne dort trotz zunehmender Ungleichheit nicht so deutlich sanken wie auf dem amerikanischen Arbeitsmarkt. In Deutschland wiesen die Unternehmen Arbeitern oft neue Aufgaben zu und lenkten die technologische Entwicklung in eine etwas andere, besser auf die Interessen der Arbeitskräfte zugeschnittene Richtung. In Frankreich haben gesetzliche Mindestlöhne und Gewerkschaften die Zunahme der Ungleichheit eingedämmt, obwohl die Arbeitslosigkeit gestiegen ist.

Trotz unterschiedlicher Ausprägungen hat sich die Technologie in den meisten westlichen Ländern ähnlich entwickelt und vergleichbare Auswirkungen gehabt. Am deutlichsten zeigt sich das daran, dass die Zahl der Arbeitsplätze sowohl für Arbeiter als auch für Angestellte in fast allen Industrieländern gesunken ist.

Hier stellen sich offenkundig zwei Fragen: Wie gelang es den Unternehmen, ihre Position gegenüber den Arbeitnehmern zu festigen und die Aufteilung der ökonomischen Renten lahmzulegen? Und warum verwandelte sich die Technologie in einen Gegner der Arbeitskräfte? Wie wir sehen werden, hängt die Antwort auf die erste Frage mit einer Reihe institutioneller Umwälzungen in den westlichen Ländern zusammen. Die Antwort auf die zweite Frage hat ebenfalls mit diesem institutionellen Wandel zu tun, doch entscheidenden Einfluss auf die Neuausrichtung der technologischen Entwicklung zum Nachteil der Arbeitskräfte hat eine neue utopische (in Wahrheit im Wesentlichen dystopische) digitale Vision. In den folgenden Abschnitten befassen wir uns zunächst mit den institutionellen Entwicklungen und wenden uns erneut der Frage zu, wie sich die idealistische Hackerethik der sechziger und siebziger Jahre in ein Projekt zur Automatisierung und Entmachtung der Arbeitnehmer verwandelte.[19]

Das Unbehagen im liberalen Establishment

In Kapitel 7 haben wir gesehen, dass in den Vereinigten Staaten ab den dreißiger Jahren des vergangenen Jahrhunderts so etwas wie ein Machtgleichgewicht zwischen Unternehmen und organisierter Arbeiterschaft hergestellt wurde. Untermauert wurde es durch robuste Lohnanstiege sowohl in gering als auch in hoch qualifizierten Tätigkeiten und durch eine im Wesentlichen arbeitnehmerfreundliche Ausrichtung der technologischen Entwicklung. In den siebziger Jahren sah die politische und wirtschaftliche Landschaft in den Vereinigten Staaten ganz anders aus als zu Beginn des 20. Jahrhunderts. Der überwältigende politische und wirtschaftliche Einfluss von Großunternehmen wie Carnegie Steel und Rockefellers Standard Oil gehörte der Vergangenheit an.

Ein Symbol dieser Veränderungen war die von Ralph Nader angeführte Verbraucherschutzbewegung. Naders Buch *Unsafe at Any Speed* (1965) war ein Manifest für die Rechenschaftspflicht der Unternehmen. In diesem Fall nahm er insbesondere die Autobauer ins Visier, aber Nader bekämpfte jegliches Fehlverhalten der Wirtschaft, insbesondere der Großunternehmen.

Das Engagement der Verbraucherschützer mündete in die Verabschiedung einiger grundlegender Rechtsvorschriften. Der National Traffic and Motor Vehicle

Safety Act von 1966, in dem erstmals Sicherheitsstandards für Autos vorgegeben wurden, war eine direkte Reaktion auf die Sorgen der Öffentlichkeit, die Nader mit seiner Aufklärungsarbeit geweckt hatte.[20] Im Jahr 1970 wurde die Umweltschutzbehörde EPA (Environmental Protection Agency) gegründet, die den Auftrag erhielt, Luftverschmutzung und Umweltschäden durch industrielle Aktivitäten zu verhindern. Im Dezember desselben Jahres wurde die Arbeitsschutzbehörde OSHA (Occupational Safety and Health Administration) ins Leben gerufen, um Gesundheit und Wohlergehen am Arbeitsplatz zu gewährleisten. Mit einigen dieser Fragen hatte sich zuvor das Bureau of Labor Standards beschäftigt, aber die OSHA besaß sehr viel größere Autorität gegenüber den Unternehmen. Der 1972 verabschiedete Consumer Product Safety Act ging noch weiter und gab einer unabhängigen Behörde die Vollmacht, Normen festzulegen, Produkte vom Markt zu nehmen und Unternehmen zu verklagen, um die Verbraucher vor Verletzungen oder Tod zu bewahren.

Mit dem Civil Rights Act von 1964 war Diskriminierung am Arbeitsplatz aufgrund von Ethnie, Geschlecht, Hautfarbe, Religion oder nationaler Herkunft bereits verboten worden, aber dieses Gesetz blieb weitgehend wirkungslos, da es keine Behörde gab, die es durchsetzen konnte. Das änderte sich mit der Verabschiedung des Equal Employment Opportunity Act von 1972, der den Behörden eine Handhabe gegen Arbeitgeber bot, die Afroamerikaner und Angehörige anderer Minderheiten diskriminierten.

Die Lebensmittel- und Medikamentenbehörde FDA (Food and Drug Administration), die seit Beginn des 20. Jahrhunderts existierte, erhielt mit dem Kefauver-Harris-Zusatz von 1962 und der Neuorganisation der Gesundheitsbehörde in den Jahren 1955–1973 deutlich mehr Befugnisse. Den Anstoß zu diesen Veränderungen hatten mehrere aufsehenerregende Skandale in Europa und den Vereinigten Staaten gegeben. Der Kongress gelangte zu der Überzeugung, dass die FDA unabhängiger werden müsse und nur Medikamente zulassen dürfe, die nachweislich unbedenklich und wirksam seien. Im Jahr 1974 machte sich das Justizministerium auch daran, AT&T zu zerschlagen, das Unternehmen, das bis dahin den Telefonmarkt in den Vereinigten Staaten beherrscht hatte.

Diese Veränderungen waren das Ergebnis einer neuen, offensiveren staatlichen Ordnungspolitik. Viele dieser Eingriffe wurden unter dem republikanischen Präsidenten Richard Nixon vorgenommen. Nixons Drang zur Regulierung der Wirtschaft deckte sich durchaus mit den Vorstellungen der Hauptströmung der Republikaner in der Nachkriegszeit. Schon Dwight D. Eisenhower hatte sich in diese Richtung bewegt und sich als »moderner Republikaner« bezeichnet, der im Wesentlichen am Vermächtnis des New Deal festhalten würde.

Und es lag nicht nur an der Ordnungspolitik. In den sechziger Jahren setzte sich die Bürgerrechtsbewegung durch, und die amerikanische Linke trat nachdrücklicher für die Bürgerrechte und weiterreichende politische Reformen ein. Lyndon B. Johnson leitete das »Great Society«-Programm und den »Krieg gegen die Armut« ein und übernahm einige Schlüsselbestandteile der in Europa entwickelten sozialen Sicherheitsnetze.[21]

Nicht alle begrüßten diese Veränderungen. Einschränkungen der Bewegungsfreiheit von Unternehmen kamen oft den Arbeitskräften und Verbrauchern zugute, wurden von Unternehmern und Managern jedoch abgelehnt. Seit Beginn des 20. Jahrhunderts kämpften Teile der Wirtschaft gegen Vorschriften und Gesetze, welche die Macht der Gewerkschaften stärkten. Während des New Deal intensivierten sie ihre Kampagnen, und Führungskräfte einiger der größten Unternehmen, darunter DuPont, Eli Lilly, General Motors, General Mills und Bristol-Myers, gründeten Organisationen wie die American Enterprise Association (die später im American Enterprise Institute aufging) und die American Liberty League, um die Maßnahmen im Rahmen des New Deal zu kritisieren und Alternativen vorzuschlagen.[22]

Auch nach dem Zweiten Weltkrieg hielten viele Wirtschaftstreibende an der Überzeugung fest, dass das Land von den »Progressiven« dominiert werde. In seinem 1965 erschienen Buch *The Liberal Establishment: Who Runs America and How* erklärte M. Stanton Evans, das »progressive Establishment« habe die Kontrolle übernommen.[23]

Frühe wirtschaftsfreundliche, konservative Organisationen und Denkfabriken erhielten finanzielle Unterstützung von Managern und vermögenden Amerikanern, die den New Deal ablehnten. Wie so oft mischte sich auch hier die Weltanschauung mit materiellen Interessen. Steuerbefreite philanthropische und gemeinnützige Spenden großer amerikanischer Unternehmen fließen oft Anliegen zu, die sich mit ihren strategischen Interessen decken (beispielsweise unterstützen Unternehmen der Energiebranche Denkfabriken, die Zweifel am Klimawandel säen).

Der schädliche Einfluss des Geldes auf die amerikanische Politik ist eingehend untersucht worden. Aber manche Beobachter machen es sich zu einfach. Es gibt Korruption in Washington, und manchmal ändern Politiker ihre Haltung unter dem Einfluss von Wahlkampfspenden vermögender Geldgeber. Doch zumeist müssen die Politiker und ihre Mitarbeiter davon überzeugt werden, dass eine bestimmte Vorgehensweise entweder dem Interesse der Allgemeinheit oder dem ihrer Wähler dient. Geld allein kann das nicht bewirken: Es muss sich eine alternative Vision davon durchsetzen, wie die Marktwirtschaft organisiert werden sollte. In den fünfziger und sechziger Jahren wurden Elemente einer solchen Vision zusammengefügt.

Was für General Motors gut ist …

Im Jahr 1953 ernannte Präsident Eisenhower den Chef von General Motors, Charles Wilson, zum Verteidigungsminister. Als Wilson in seiner Bestätigungsanhörung vor einem Senatsausschuss seine umstrittene Entscheidung rechtfertigen musste, sein großes Aktienpaket von GM nicht abzustoßen, prägte er folgenden Aphorismus: »Was gut für unser Land ist, ist gut für General Motors, und umgekehrt.«[24]

Damit wollte Wilson sagen, dass er sich keine Situation vorstellen konnte, in der er etwas tun müsste, was gut für das Land, nicht jedoch für General Motors wäre. Doch seine Aussage wird fälschlich so gedeutet, dass er aus nachvollziehbaren Gründen behauptet habe, alles, was gut für General Motors sei, sei auch gut für das Land. In den achtziger Jahren hatte sich die Vorstellung durchgesetzt, dass alles, was gut für die Wirtschaft oder auch nur für die Großunternehmen sei, auch gut für das Land sei. Das war das Gegenteil von der in den dreißiger Jahren vorherrschenden Einstellung, und jetzt setzte sich die These durch, dass Regeländerungen, die der Wirtschaft zugutekamen und die Gewinne der Unternehmen erhöhten, am besten geeignet seien, um den Wohlstand aller Gesellschaftsgruppen zu erhöhen.

Diese intellektuelle Kehrtwende war von politischen Unternehmern und Organisationen mit großem Einsatz vorbereitet worden. Ein intellektueller Vorreiter des Vorhabens war die konservative Zeitschrift *National Review*, die William F. Buckley Jr. im Jahr 1955 gegründet hatte. Buckley wollte mit seiner Publikation dem Linksruck der amerikanischen Gesellschaft begegnen, denn »das belesene Amerika lehnte in seiner Reifephase den Konservatismus ab und bevorzugte radikale gesellschaftliche Experimente«. Er fuhr fort: »Da Ideen die Welt regieren, übernahmen die Ideologen, nachdem sie die intellektuelle Klasse für sich gewonnen hatten, einfach das Ruder.«[25]

Die einflussreiche Lobbyorganisation Business Roundtable war derselben Auffassung: »Die Wirtschaft hat gravierende Probleme mit der intellektuellen Gemeinde, den Medien und der Jugend. […] Die anhaltende Feindseligkeit dieser Gruppen bedroht die wirtschaftliche Aktivität.«[26] Im Jahr 1975 schaltete die Organisation eine Anzeige in *Reader's Digest*, in der es hieß: »Unsere Art, uns in diesem Land unser ›tägliches Brot‹ zu verdienen, wird so heftig attackiert wie nie zuvor.« Die Bedrohung sah Business Roundtable in Aussagen wie »Das freie Unternehmertum macht uns selbstsüchtig und materialistisch« und »Das freie Unternehmertum legt Reichtum und Macht in die Hände einiger Weniger«.[27] Die amerikanische Handelskammer, die theoretisch alle amerikanischen Unternehmen vertrat, schloss sich Business Roundtable an und nahm ebenfalls den Kampf gegen die staatliche Ordnungspolitik auf.[28]

In einer Rede vor Spitzenmanagern in Boston im Jahr 1978 gab George H. W. Bush, der sich zu jener Zeit um die Nominierung zum republikanischen Präsidentschaftskandidaten bemühte, dieser Stimmung Ausdruck: »Vor weniger als fünfzig Jahren konnte Calvin Coolidge sagen, das Geschäft Amerikas seien die Geschäfte. Heute scheint das Geschäft Amerikas die Reglementierung der Geschäfte zu sein.«[29]

Trotz der Bemühungen von Denkfabriken und Wirtschaftsführern fehlte weiterhin ein kohärentes Paradigma, welches das Wohlergehen der Unternehmen mit dem der Gesellschaft gleichsetzte. Die Sogwirkung der Produktivität war ein zentraler Bestandteil der neuen Vision, aber ihre Logik wurde noch weiter ausgedehnt: Organisatorische Veränderungen oder Gesetze, die gut für die Wirtschaft waren, mussten auch gut für die Gesellschaft insgesamt sein, denn sie erhöhten die Nachfrage nach Arbeitskräften, wodurch mehr Menschen am Wohlstand teilhaben konnten. Wenn man diesen Gedankengang fortsetzte, gelangte man zur »Trickle-down-Ökonomie«. Das Konzept wird heute mit der Wirtschaftspolitik von Präsident Ronald Reagan in den achtziger Jahren verbunden und beinhaltet die Idee, die Superreichen steuerlich zu entlasten: Wenn die Reichen weniger Steuern bezahlen müssen, so der Gedanke, werden sie mehr investieren, weshalb die Produktivität steigen wird, was der gesamten Gesellschaft zugutekommen wird.

Die Anwendung dieses Gedankengangs auf die Ordnungspolitik führt zu Schlussfolgerungen, die denen Ralph Naders und der Verbraucherschützer widersprechen. Diese Theorie des freien Markts besagt, dass ordnungspolitische Eingriffe in einer funktionierenden Marktwirtschaft bestenfalls unnötig sind. Wenn Unternehmen unsichere oder minderwertige Produkte verkaufen, werden sich die Konsumenten davon abwenden, was anderen Unternehmen oder neuen Marktteilnehmern eine Chance eröffnet, die Verbraucher mit besseren Alternativen für sich zu gewinnen.

Derselbe Wettbewerbsprozess, der die Sogwirkung von Produktivitätszuwächsen hervorbringt, kann demnach auch eine disziplinierende Wirkung auf die Produktqualität haben. So betrachtet, können Vorschriften sogar kontraproduktiv sein und Verbrauchern und Arbeitskräften schaden. Wenn der Marktprozess den Unternehmen ohnehin Anreize gibt, sichere und hochwertige Produkte anzubieten, werden zusätzliche Vorschriften lediglich Aufwand erzeugen und die Rentabilität verringern, was die Unternehmen zwingen wird, die Preise zu erhöhen oder ihre Belegschaft zu verringern.

Diese idealisierenden Vorstellungen vom Marktprozess sind Teil der Wirtschaftstheorie, seit Adam Smith in *Der Wohlstand der Nationen* das Konzept der »unsichtbaren Hand« einführte, eine Metapher für einen Markt, der gute Ergebnisse für jedermann erzeugt, sofern es genug Wettbewerb gibt. Dieser Punkt ist seit jeher umstritten. Ökonomen wie John Maynard Keynes nehmen einen gegensätzlichen Standpunkt ein und verweisen darauf, dass die tatsächlichen Marktabläufe nicht dem Ideal entsprechen. Beispielsweise versagt die Sogwirkung von Produktivitätszuwächsen, wenn es auf dem Arbeitsmarkt keinen ausreichenden Wettbewerb gibt, und dasselbe gilt bei mangelndem Wettbewerb auf dem Produktmarkt. Wir können uns auch nicht darauf verlassen, dass der Markt hochwertige Produkte hervorbringen wird, wenn es den Verbrauchern schwerfällt, unsichere Produkte von besseren zu unterscheiden.

In akademischen Kreisen und in der Politik schlägt das Pendel abwechselnd in Richtung einer marktfreundlichen und einer marktskeptischen Einstellung aus. In den Jahrzehnten nach dem Zweiten Weltkrieg hatten die Marktskeptiker die Oberhand, was teilweise auf den Einfluss von Keynes' Vorstellungen und die in der Zeit des New Deal ergriffenen Maßnahmen zurückzuführen war. Aber es gab weiterhin zahlreiche Gruppen unbeugsamer Anhänger des freien Markts, zum Beispiel an der Universität Chicago und in der Hoover Institution in Stanford.

In den siebziger Jahren wurden die Ideen dieser Verfechter der freien Marktwirtschaft zu einem kohärenten Gedankengebäude zusammengesetzt. Zahlreiche Faktoren trugen dazu bei. Einige Intellektuelle, darunter Friedrich Hayek, erhielten viel Zustimmung zu ihrer Kritik am politischen Konsens der Nachkriegszeit. Hayek hatte seine Theorien in der Zwischenkriegszeit in Wien entwickelt, wo die Idee der freien Marktwirtschaft populär und die Katastrophe der zentralen Planwirtschaft in der nicht weit entfernten Sowjetunion offenkundig war. Hayek verließ Österreich Anfang der dreißiger Jahre und fand eine neue Heimat an der London School of Economics, wo er viele seiner Gedanken weiterentwickelte. Im Jahr 1950 wechselte er an die Universität Chicago, wo sein Einfluss weiter wuchs.[30]

Besonders einflussreich wurde Hayeks These, die Märkte als dezentralisiertes System seien sehr viel besser geeignet, die in der Gesellschaft verstreuten Informationen zu nutzen. Hingegen gingen immer, wenn versucht werde, die Ressourcenzuteilung mittels zentraler Planung oder ordnungspolitischer Eingriffe zu regulieren, Informationen darüber verloren, was die Verbraucher wirklich wollten und wie die Produktivität erhöht werden könnte.

Regulierungspolitik ist nie einfach, und in der Nachkriegszeit beschworen Gesetzgeber und Behörden mit ihren Eingriffen zahlreiche unbeabsichtigte Konsequenzen und Effizienzverluste herauf. Beispielsweise wurden die Aktivitäten in der Luftfahrt in jener Zeit vom Civil Aeronautics Board strikt reglementiert. Die Luftfahrtbehörde legte Flugpläne, Strecken und Tarife fest und entschied darüber, welche neuen Fluggesellschaften auf neuen Märkten aktiv werden durften. Als sich die Luftfahrttechnologie weiterentwickelte und die Nachfrage nach Flugreisen stieg, wurden diese Eingriffe immer undurchschaubarer und führten zu massiver Ineffizienz in der Branche. Im Jahr 1978 wurde den Fluglinien mit einem Deregulierungsgesetz erlaubt, die Flugpreise selbst festzulegen. Das erleichterte neuen Fluggesellschaften den Markteintritt, erhöhte den Wettbewerb und drückte die Preise, was die meisten Verbraucher zu schätzen wussten.

Auf der richtigen Seite und an der Seite der Aktionäre

Die Vorstellung, nicht reglementierte Märkte dienten den Interessen des Landes und dem Gemeinwohl, wurde zur Grundlage für einen neuen wirtschafts- und gesellschaftspolitischen Ansatz. Der neue Konsens beinhaltete jedoch keine klaren Empfehlungen dazu, wie sich die Unternehmensführungen verhalten sollten und was ihre Handlungen rechtfertigen würde. Die Antworten auf diese Fragen lieferten schließlich zwei Ökonomen von der Universität Chicago, George Stigler und Milton Friedman. Ihre Vorstellungen von Wirtschaft und Politik überlappten sich mit denen Hayeks, aber sie gingen in mancher Hinsicht weiter als er. Sowohl Stigler als auch Friedman lehnten die Regulierung der Märkte kategorischer ab als Hayek.

Friedman, der wie Hayek und Stigler mit dem Wirtschaftsnobelpreis ausgezeichnet wurde, leistete wichtige Beiträge auf vielen Feldern, darunter Makroökonomie, Preistheorie und Geldpolitik. Doch seine vielleicht einflussreichste Arbeit erschien nicht in einer Fachzeitschrift, sondern im *New York Times Magazine*. Der kurze Artikel, der im September 1970 veröffentlicht wurde, trug den unbescheidenen Titel »A Friedman Doctrine«. Darin erklärte Friedman, die »gesellschaftliche Verantwortung« der Unternehmen werde falsch verstanden. Die Unternehmen sollten sich ausschließlich darum kümmern, Gewinn zu machen und hohe Renditen für ihre Aktionäre zu erwirtschaften: »Die gesellschaftliche Verantwortung von Unternehmen besteht darin, ihren Gewinn zu erhöhen.«[31]

Friedman gab einer Vorstellung Gestalt, die bereits in Umlauf war. In den vorangegangenen Jahrzehnten war heftige Kritik an den staatlichen Eingriffen in die Wirtschaft laut geworden, und die Zahl derer, die sich dafür aussprachen, die freie Entfaltung der Marktkräfte nicht zu behindern, wuchs. Doch der Einfluss der »Friedman-Doktrin« ist kaum zu überschätzen. Sie brachte eine neue Vision vom Wirtschaftsleben zum Ausdruck, in der Großunternehmen, die viel Geld verdienten, nicht länger die Bösewichte waren, die Nader und seine Verbündeten in ihnen gesehen hatten. Jetzt waren sie die Helden, und ihre Manager hatten einen klaren Auftrag: Sie mussten den Gewinn erhöhen.

Die Doktrin erhielt auch Unterstützung aus einem anderen Lager. Der Ökonom Michael Jensen erklärte, die Manager börsennotierter Unternehmen vernachlässigten ihre Pflichten gegenüber ihren Aktionären und verfolgten Vorhaben, die ihrem persönlichen Ruhm dienten, oder errichteten verschwenderische Unternehmensimperien. Jensen hielt eine strengere Kontrolle der Manager für nötig, aber da dies schwierig sei, bestehe die natürliche Lösung darin, ihr Einkommen an die Erträge zu koppeln, die sie für die Aktionäre erwirtschafteten. Die Manager sollten mit hohen Bonuszahlungen und Aktienoptionen dazu gebracht werden, den Börsenwert ihres Unternehmens zu erhöhen.

Gemeinsam mit der »Friedman-Doktrin« löste der »Jensen-Zusatz« die »Shareholder-Value-Revolution« aus: Die Unternehmen und ihre Manager sollten sich bemühen, den Börsenwert zu maximieren.[32] So würden nicht regulierte Märkte und die Sogwirkung der Produktivität das Gemeinwohl fördern.

Business Roundtable teilte diese Einschätzung und schlug vor, die Bürger sollten ökonomisch geschult werden, da mehr Wissen über wirtschaftliche Zusammenhänge die Einstellung der Bevölkerung zur Wirtschaft positiv beeinflussen und die Unterstützung für politische Maßnahmen wie Steuersenkungen erhöhen werde, die das Wirtschaftswachstum ankurbeln und der gesamten Gesellschaft zugutekommen würden. Im Jahr 1980 erklärte die Organisation: »Business Roundtable ist überzeugt, dass zukünftige steuerpolitische Maßnahmen auf eine Erhöhung der Investitionen oder eine Stärkung der Angebotsseite der Wirtschaft zielen sollten, um Qualität und Umfang unserer Produktionskapazität zu erhöhen.«[33]

Zwei weitere Auswirkungen dieser Doktrin dürften noch größere Bedeutung gehabt haben. Erstens war anscheinend jedes Mittel recht, um Geld zu verdienen, denn die Gewinnmaximierung diente ja dem Gemeinwohl. Einige Unternehmen gingen noch einen Schritt weiter. Die Kombination von Friedman-Doktrin und üppigen Aktienoptionen für Spitzenmanager bewegte manche Führungskräfte dazu, in eine legale Grauzone vorzustoßen und schließlich sogar gegen das Gesetz zu verstoßen. Bezeichnend dafür ist die Entwicklung des Energiekonzerns Enron, eines Lieblings der Börsen. Das in Houston ansässige Unternehmen wurde von

1. Ferdinand de Lesseps, »der große Kanalgräber«.

2. Das Panoptikum, das Jeremy Bentham im Jahr 1791 vorschlug, um eine »effizientere« Überwachung in Gefängnissen, Schulen und Fabriken zu ermöglichen.

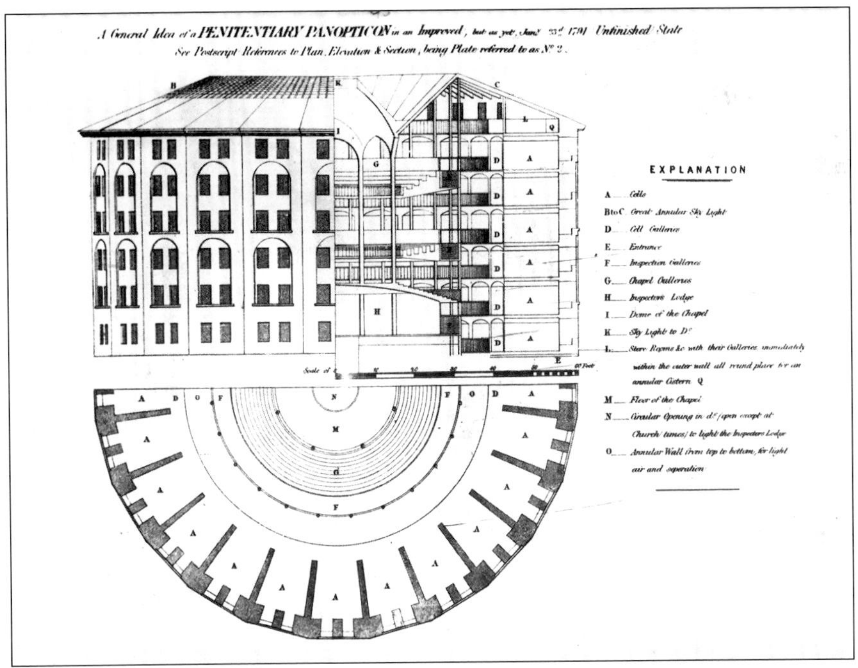

3. Der Suezkanal. Lesseps war überzeugt: »Der Name des Fürsten, der den großartigen Kanal zwischen den Meeren eröffnet, wird von Jahrhundert zu Jahrhundert gepriesen werden bis ans Ende der Zeit.«

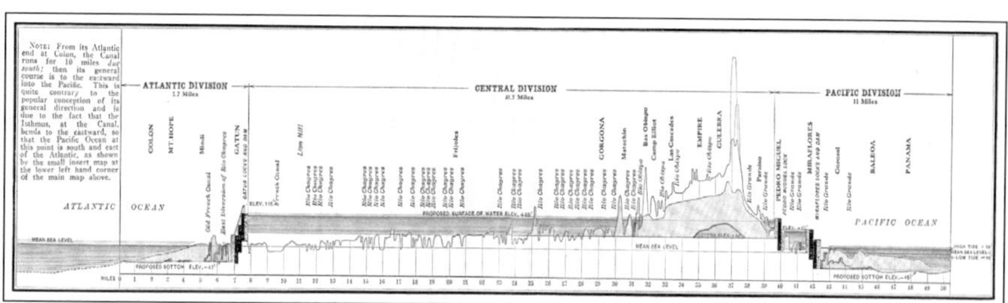

4. Lesseps' Vision von einem schleusenlosen Kanal in Panama führte zu einem katastrophalen Fehlschlag, kostete mehr als 20 000 Menschen das Leben und trieb ungezählte Anleger in den Ruin.

5. Eine bedeutende mittelalterliche Technologie, die große Produktivitätszuwächse ermöglichte, den Wohlstand der Bauern jedoch kaum erhöhte.

6. Die Produktivitätszuwächse im Mittelalter warfen hohe Erträge ab, mit denen monumentale Bauwerke finanziert wurden, etwa die Kathedrale von Lincoln, die von 1311 bis 1548 das höchste Gebäude der Welt war.

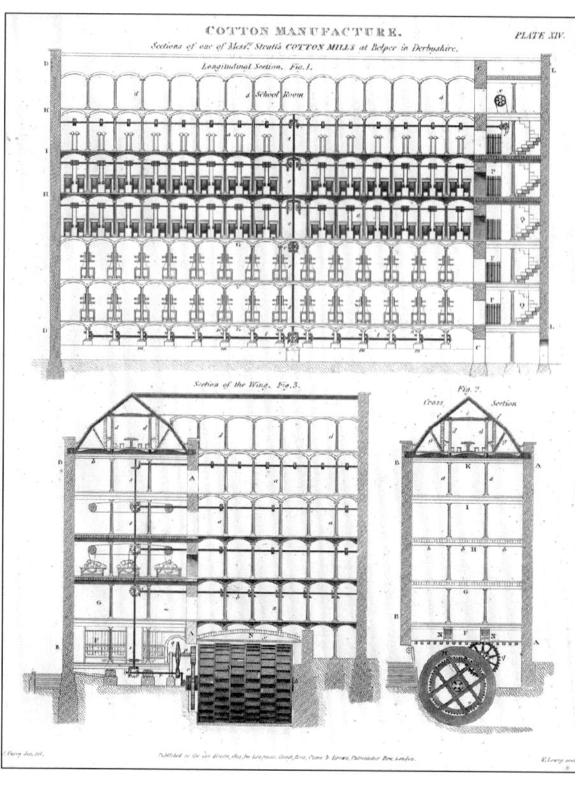

7. Große Textilfabriken wie diese mit Wasserkraft betriebene Baumwollfabrik in Belper in Derbyshire erhöhten die durchschnittliche Produktivität um mehr als das Hundertfache. Aber die Arbeitsbedingungen waren ungesund, die Arbeiter und Arbeiterinnen hatten keine Autonomie, Kinderarbeit war verbreitet und die Löhne blieben niedrig.

8. Bewohner des Arbeitshauses All Saints in Hertford. Viele Empfänger der »Unterstützung«, die in den Armengesetzen vorgesehen war, waren an zermürbende Arbeit gewöhnt.

9. Die von Eli Whitney erfundene Baumwollentkörnungsmaschine machte einen gewaltigen Produktionsanstieg im Süden der Vereinigten Staaten möglich, ebnete damit jedoch auch den Weg für eine Ausweitung und Intensivierung der Sklaverei.

10. Eli Whitney war auch ein Vorreiter des Einsatzes von austauschbaren Teilen in der Industrie im Norden der Vereinigten Staaten. Diese Neuerung erhöhte die Produktivität ungelernter Arbeiter und verringerte den Bedarf an qualifizierten Arbeitskräften. Zu sehen sind Getrieberäder von Charles Babbage, der eine »vollautomatische Rechenmaschine« bauen wollte.

11. George Stephensons Lokomotive *Rocket* siegte bei den Rainhill Trials im Jahr 1829 und wurde zur Grundlage für Zugmaschinen, welche die Welt erobern sollten.

12. Die um das Jahr 1880 gebaute Lokomotive *Archimedes* wartet am Bahnhof Euston auf Fahrgäste. Die Eisenbahn zahlte hohe Löhne und trieb das Wachstum der britischen Industrie an.

13. Menschliche Ausscheidungen und Industrieabwässer wurden in die Themse geleitet, die eine Brutstätte für Infektionskrankheiten war.

14. Das von Joseph Bazalgette (oben rechts) entworfene Kanalisationssystem Londons kann sich hinsichtlich Einfallsreichtum und Umsetzung mit den ägyptischen Pyramiden messen. Was die Wirkung auf die Volksgesundheit anbelangt, war Bazalgettes Bauwerk wesentlich bedeutender.

15. Diese stilisierte Radierung zeigt eine Molkerei im 19. Jahrhundert. Alle Maschinen sind über einen Treibriemen mit derselben Antriebswelle verbunden.

16. Henry Ford erklärte: »Der Motor ermöglichte es, die Maschinerie den Arbeitsschritten entsprechend anzuordnen, und das allein hat die Effizienz der Industrie wahrscheinlich verdoppelt […].« Das Foto wurde im Jahr 1919 im Rouge-Werk in Dearborn (Michigan) aufgenommen.

17. Der Sitzstreik von 1937, ein entscheidender Augenblick in der Entwicklung der Gegenkräfte in den Vereinigten Staaten: Mitglieder der Gewerkschaft United Auto Workers haben es sich gemütlich gemacht, und die Produktion im General-Motors-Werk in Flint (Michigan) steht still.

18. Eine Kundgebung streikender Fluglotsen im Jahr 1981. Präsident Ronald Reagan behielt die Oberhand in diesem Arbeitskonflikt.

19. Dockarbeiter beim Beladen eines Schiffs in den Royal Albert Docks in London im Jahr 1885.

20. Verladearbeiten in der Gegenwart: ein Arbeiter, ein Portalkran, viele Container.

21. Ein IBM-Computer im Jahr 1959.

22. Roboter in einem Porsche-Werk im Jahr 2022. Ein Arbeiter mit Handschuhen beaufsichtigt sie.

23. Eine Rekonstruktion der Turing-Bombe, die Alan Turing entwickelte, um im Zweiten Weltkrieg die Entschlüsselung von Funksprüchen der Wehrmacht zu beschleunigen.

24. Der weitblickende Norbert Wiener, ein Mathematikprofessor am MIT, warnte im Jahr 1949 vor einer neuen »industriellen Revolution von ungehemmter Grausamkeit«.

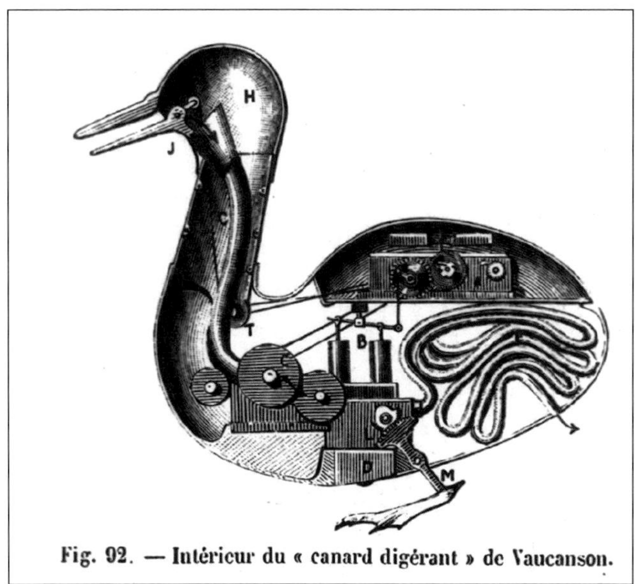

25. Ein fantasievoller Entwurf des Verdauungsapparats von Jacques de Vaucansons mechanischer Ente.

26. Technologie, die den Menschen ergänzt: Engelbarts Maus für die Steuerung eines Computers, die im Jahr 1968 bei der »Mother of all Demos« vorgestellt wurde.

27. So-lala-Automatisierung: Kunden versuchen, an Selbstbedienungskassen die Arbeit der Kassierer zu machen, und scheitern manchmal an der Aufgabe.

28. Facebook entscheidet darüber, was die Leute sehen sollten und was nicht.

29. Die Beaufsichtigung der Arbeitsabläufe in einem Logistikzentrum von Amazon.

30. Digitale Überwachung chinesischer Prägung: eine Maschine zur Kontrolle von Sozialkrediteinstufungen in China.

31. Milton Friedman: »Die gesellschaftliche Verantwortung von Unternehmen besteht darin, ihren Gewinn zu erhöhen.«

32. Ralph Nader: »Das uneingeschränkte Verhalten der Großunternehmen unterwirft unsere Demokratie der Kontrolle einer Unternehmensplutokratie, die sich kaum selbst Beschränkungen auferlegt.«

33. Ted Nelson: »Computermacht für das Volk!«

34. Elon Musk: »Roboter werden alles besser können als wir.«

der Zeitschrift *Fortune* sechs Jahre in Folge zum »innovativsten Unternehmen Amerikas« gekürt. Doch im Jahr 2001 stellte sich heraus, dass Enrons finanzieller Erfolg im Wesentlichen auf systematische Bilanzfälschung und Betrug zurückzuführen war. Der Börsenwert des Unternehmens war mit Täuschungsmanövern in die Höhe getrieben worden (und Enrons Führungsriege war um Hunderte Millionen Dollar reicher geworden). Enron ist das Unternehmen, das als Übeltäter in Erinnerung geblieben ist, aber viele andere Unternehmen und Manager machten sich ähnlicher Machenschaften schuldig, und zu Beginn des 21. Jahrhunderts wurde eine Reihe ähnlicher Skandale aufgedeckt.[34]

Zweitens verschob die Doktrin das Machtverhältnis zwischen Unternehmensführungen und Arbeitskräften. Die Aufteilung der Produktivitätserträge zwischen Unternehmen und Arbeitskräften war eine tragende Säule des allgemeinen Wohlstands, der nach dem Zweiten Weltkrieg geschaffen worden war. Ermöglicht wurde sie dadurch, dass die Arbeitnehmer die Unternehmen in Kollektivverhandlungen zwingen konnten, hohe Löhne zu zahlen, und dadurch, dass die Aufteilung der Wachstumserträge zur gesellschaftlichen Norm wurde. Dazu kam, dass sich der »Wohlfahrtskapitalismus« durchsetzte, wie wir in Kapitel 7 gesehen haben. Die Friedman-Doktrin gab eine andere Richtung vor: Gute Manager mussten keine hohen Löhne zahlen. Ihre gesellschaftliche Verantwortung war auf das Wohlergehen ihrer Aktionäre beschränkt. Viele prominente Unternehmensleiter, darunter Jack Welch von General Electric, befolgten den Rat und widersetzten sich Lohnerhöhungen.

Nirgendwo war der Einfluss der Friedman-Doktrin größer als an den Wirtschaftshochschulen, den Business Schools. In den siebziger Jahren begann die Professionalisierung des Managements. Der Anteil der an einer Business School ausgebildeten Manager stieg rasch. Im Jahr 1980 hatten rund 25 Prozent der CEOs börsennotierter amerikanischer Unternehmen ein betriebswirtschaftliches Studium an einer Business School abgeschlossen. Im Jahr 2020 überstieg dieser Anteil 43 Prozent. Viele Lehrkräfte an diesen Hochschulen übernahmen Friedmans Doktrin und gaben seine Vision an die angehenden Manager weiter.[35]

Neuere Studien haben gezeigt, dass Manager, die eine Business School besucht hatten, die Friedman-Doktrin insbesondere bei der Lohnfestsetzung anzuwenden begannen. In ihren Unternehmen stiegen die Löhne langsamer als in vergleichbaren Unternehmen, deren Manager keinen Master of Business Administration (MBA) an einer solchen Hochschule erworben hatten. In den Vereinigten Staaten und Dänemark geben Manager ohne MBA rund 20 Prozent des Wertschöpfungszuwachses an die Mitarbeiter weiter; in Unternehmen, deren Manager an Business Schools ausgebildet wurden, liegt der entsprechende Anteil bei 0 Prozent. Es dürfte ernüchternd für die Business Schools und Ökonomen der Friedman-Jensen-Schule sein, dass es keinen Beleg dafür gibt, dass Manager mit einem solchen Studium Produktivität, Umsatz, Exporte oder Investitionen erhöhen. Hingegen erhöhen sie den Shareholder Value, weil sie die Löhne verringern, und sie gestehen sich selbst höhere Gehälter zu als andere Manager.

Der Widerstand gegen den New Deal, die regulierungs- und arbeitnehmerfeindliche Haltung einiger Manager und der Einfluss der Friedman-Doktrin genügten jedoch nicht, um diesen Richtungswechsel herbeizuführen. Anfang der siebziger Jahre wurde nur in Randgruppen über eine umfassende Deregulierung und Entmachtung der Arbeiterbewegung diskutiert, obwohl eine wachsende Zahl von Unternehmen lautstark gegen die Belastung durch die wachsende Zahl von Vorschriften protestierte. Das änderte sich mit der Ölkrise von 1973 und der folgenden Stagflation, die als Versagen des bestehenden Systems und als Hinweis darauf gedeutet wurde, dass die amerikanische Wirtschaft nicht mehr richtig funktionierte. Die Verfechter dieser Interpretation riefen nach einer Kurskorrektur, und die Friedman-Doktrin, die eine Stärkung der Unabhängigkeit der Unternehmen von ordnungspolitischen Eingriffen und Gewerkschaften forderte, schien sich als Lösung anzubieten.

Vorstellungen, die bis dahin nur von Denkfabriken verfochten worden waren, die nicht die vorherrschende Meinung wiedergaben, fanden eine wachsende Zahl von Anhängern in Politik und Wirtschaft. Dass Barry Goldwater, der im Jahr 1964 als republikanischer Kandidat ins Rennen um das Weiße Haus ging, keine breite Unterstützung in der Wirtschaft fand, lag zum Teil daran, dass seine Vorschläge zur Verringerung der staatlichen Eingriffe zu jener Zeit extrem wirkten. Im Jahr 1979 brüstete sich Goldwater, damit, dass sich »fast alle von mir 1964 verfochtenen Prinzipien im gesamten politischen Spektrum durchgesetzt haben«. Ronald Reagan bekräftigte diese Erkenntnis kurz nach seinem Wahlsieg in einer Rede vor konservativen Aktivisten: »Wäre Barry Goldwater nicht bereit gewesen, diesen Weg allein zu beschreiten, so hätten wir heute Abend keinen Grund zum Feiern.«

Groß ist schön

Selbst wenn sich die Vorstellung durchsetzen würde, dass der Marktmechanismus perfekt funktioniert, dass staatliche Vorschriften überwiegend nutzlos sind und dass die Aufgabe der Unternehmen darin besteht, die Aktionärserträge zu maximieren, ist aus Sicht der Großunternehmen immer noch eine schwierige Frage zu beantworten.

Viele Unternehmen haben beträchtlichen Spielraum bei der Preisgestaltung, weil sie Teile des Markts beherrschen oder einen loyalen Kundenstamm haben. Man denke beispielsweise an die marktbeherrschende Position von Coca-Cola, das 45 Prozent des Markts für kohlensäurehaltige Erfrischungsgetränke hält und großen Einfluss auf die Preise in der Branche hat. Wenn ein Unternehmen ein Monopol hat, beginnt der Marktmechanismus zu versagen. Noch schlimmer ist es, wenn Monopolisten neuen Konkurrenten den Marktzutritt verwehren können oder in der Lage sind, Wettbewerber zu übernehmen. Die amerikanischen Raubkapitalisten des 19. Jahrhunderts verstanden das nur zu gut.

Adam Smith, der als Erster die Wunderkräfte des Marktmechanismus beschwor, sah sehr deutlich, dass sogar kleine Gruppen gemeinsam vorgehender Unternehmer dem Gemeinwohl schaden konnten. In einer berühmten Passage in *Der Wohlstand der Nationen* schrieb er: »Geschäftsleute des gleichen Gewerbes kommen selten, selbst zu Festen und zur Zerstreuung, zusammen, ohne daß das Gespräch in einer Verschwörung gegen die Öffentlichkeit endet oder irgendein Plan ausgeheckt wird, wie man die Preise erhöhen kann.«[36] Viele Anhänger des freien Markts berufen sich auf die Vorstellungen von Smith und sind skeptisch gegenüber großen Unternehmen, und einige von ihnen schlagen Alarm, wenn Fusionen und Übernahmen die Marktmacht führender Unternehmen noch erhöhen.

Ihre Fähigkeit, die Marktabläufe zu stören, ist nicht der einzige Grund für das Misstrauen gegenüber Großunternehmen. Ein in der Wirtschaftswissenschaft bekanntes Phänomen ist der von dem Wirtschaftsnobelpreisträger Kenneth Arrow beschriebene Ersetzungseffekt,[37] den sein Fachkollege Clayton Christensen später als »Innovator's Dilemma« einem breiten Publikum vorstellte: Großunternehmen haben eine Abneigung gegen Innovation, weil sie sich davor fürchten, diese könnte die Gewinne schmälern, die sie mit ihren vorhandenen Produkten erzielen. Warum sollte man ein neues Produkt einführen, wenn dieses die Einnahmen aus dem Verkauf eines bereits vorhandenen Produkts verringern wird? Im Gegensatz dazu könnte ein neuer Marktteilnehmer sehr an einer Neuerung interessiert sein, weil ihn nur der mit diesem neuen Produkt zu erzielende Gewinn interessiert. Die verfügbaren Daten bestätigen diese Annahme. Jüngere und kleinere Unternehmen investieren gemessen am Umsatz fast doppelt so viel in die Forschung wie ältere und größere Unternehmen und wachsen daher sehr viel schneller.[38]

Noch wichtiger ist der Einfluss der Großunternehmen auf die politische und gesellschaftliche Machtverteilung. Louis Brandeis, Jurist und Mitglied des Obersten Gerichtshofs der Vereinigten Staaten, beschrieb dies treffend: »Wir können

Demokratie haben, oder wir können eine Vermögenskonzentration in den Händen weniger haben, aber wir können nicht beides haben.«[39] Brandeis war nicht nur deshalb ein Gegner von Großunternehmen, weil sie die Marktkonzentration verschärften und Monopolbedingungen schufen, was den Marktmechanismus störte. Er war auch überzeugt, dass sie unverhältnismäßig großen politischen Einfluss erlangten, wenn sie sehr groß wurden, und dass das wachsende Vermögen ihrer Eigentümer den politischen Prozess zersetzte. Für Brandeis stand die Auseinandersetzung mit der gesellschaftlichen Macht – zum Beispiel mit der Frage, wessen Ideen und Visionen die Gesellschaft übernimmt –, nicht im Mittelpunkt, aber seine Überlegungen sind auch für diese Frage relevant. Wenn einige wenige Unternehmen und ihre Manager eine stärkere Position und größere Macht erlangen, wird es schwieriger, ihrer Vision etwas entgegenzusetzen.

Doch in den sechziger Jahren äußerten einige Ökonomen Zweifel am Nutzen von Maßnahmen gegen die Monopolbildung. Hier tat sich insbesondere George Stigler hervor, der Antitrust-Maßnahmen ebenso wie Vorschriften als Bestandteil der staatlichen Einmischung in die Wirtschaft betrachtete. Stiglers Vorstellungen beeinflussten auch Rechtswissenschaftler mit ökonomischen Kenntnissen, darunter insbesondere Robert Bork.

Borks Einfluss und persönliche Geltung war keineswegs auf akademische Kreise beschränkt. Er war Generalanwalt der Regierung Nixon und wurde für knapp drei Monate geschäftsführender Justizminister, nachdem der Amtsinhaber und dessen Stellvertreter zurückgetreten waren, weil sie Nixons Forderung nach einer Entlassung des Watergate-Ermittlers Archibald Cox nicht nachgeben wollten. Bork hatte keine solchen Bedenken: Nach seinem Amtsantritt enthob er Cox umgehend seiner Pflichten.

Doch größeren Einfluss übte Bork in seiner akademischen Tätigkeit aus. Gestützt auf die Thesen Stiglers und anderer entwickelte er einen neuen Zugang zu Kartellbestimmungen und Vorschriften zur Verhinderung der Monopolbildung. Im Mittelpunkt seiner Überlegungen stand die Einschätzung, dass Großunternehmen mit beherrschender Marktposition nicht zwangsläufig ein Problem waren, das staatliche Eingriffe erforderlich machte. Die entscheidende Frage war in seinen Augen, ob solche Unternehmen den Interessen der Verbraucher schadeten, indem sie die Preise erhöhten, und Bork wollte den Behörden die Beweislast aufbürden. Wenn ihnen kein Fehlverhalten nachzuweisen sei, dann könne davon ausgegangen werden, dass die Verbraucher von ihrer erhöhten Effizienz profitieren würden, weshalb sich der Staat aus ihren Aktivitäten heraushalten solle. Demnach wirken Großunternehmen wie Google und Amazon möglicherweise wie Monopolisten und verhalten sich so, aber Borks Doktrin folgend muss der Staat nicht eingreifen, solange nicht bewiesen ist, dass sie die Preise erhöhen.[40]

Das Manne Economics Institute for Federal Judges, das im Jahr 1976 mit finanzieller Unterstützung von Unternehmen gegründet wurde, schulte zahlreiche Richter in Intensivkursen in Ökonomie, aber dort wurde eine ganz spezifische Version der Wirtschaftswissenschaft unterrichtet, die auf den Vorstellungen Friedmans, Stiglers und Borks beruhte. Die Richter, die an diesen Schulungen teilnahmen, wurden von den Thesen dieser Männer beeinflusst und begannen, sich in ihren Urteilsbegründungen häufiger der Sprache der Ökonomie zu bedienen. Auffällig ist, dass sie auch konservativere Urteile fällten und zumeist gegen Aufsichtsbehörden und Antitrust-Maßnahmen entschieden. Die Federalist Society, gegründet 1982 mit ähnlich großzügiger Unterstützung von Managern, die staatliche Eingriffe ablehnten, verfolgte ein ähnliches Ziel: Sie wollte Jurastudenten, Richtern und Mitgliedern des Obersten Gerichtshofs wirtschaftsfreundliche, der Ordnungspolitik abgeneigte Vorstellungen nahebringen. Ihr Erfolg war überwältigend: Aktuell zählen sechs von neun Höchstrichtern zu ihren Absolventen.[41]

Der neue Umgang mit den Großunternehmen hatte umwälzende Auswirkungen. Heute gibt es in den Vereinigten Staaten einige Konzerne, die zu den größten und dominantesten der Geschichte zählen: Alphabet (Google), Meta (Facebook), Apple, Amazon und Microsoft erwirtschaften zusammen etwa ein Fünftel des amerikanischen Bruttoinlandsprodukts. Zu Beginn des 20. Jahrhunderts – zu einer Zeit, als Öffentlichkeit und Reformer sehr besorgt über die Monopole waren – hatten die fünf größten amerikanischen Unternehmen lediglich einen BIP-Anteil von einem Zehntel. Und das Phänomen ist nicht auf die Tech-Branche beschränkt. Von 1980 bis in die Gegenwart ist der Konzentrationsgrad (die Marktmacht der größten Unternehmen) in mehr als drei Vierteln der amerikanischen Wirtschaftszweige gestiegen.

Die veränderte Einstellung zu Kartellen hat entscheidend zu dieser Entwicklung beigetragen. In den letzten vier Jahrzehnten hat das amerikanische Justizministerium nur eine Handvoll Fusionen und Übernahmen verhindert. Diese Zurückhaltung hat die Übernahme von WhatsApp und Instagram durch Facebook, den Kauf von Whole Foods durch Amazon, die Fusion von Time Warner und America Online (AOL) sowie von Exxon und Mobil ermöglicht und dazu geführt, dass die 1911 erfolgte Zerschlagung von Standard Oil teilweise rückgängig gemacht wurde. In der Zwischenzeit haben Google und Microsoft zahlreiche Start-ups und kleine Unternehmen geschluckt, die sich zu Rivalen hätten entwickeln können.

Das rasante Wachstum der Großkonzerne hat weitreichende Auswirkungen gehabt. Viele Ökonomen erklären, dass diese Unternehmen heute größere Marktmacht genössen, die sie einsetzten, um Innovationsbemühungen von Konkurrenten zu unterbinden und ihre Spitzenmanager und Aktionäre reicher zu machen. Die Verbraucher leiden oft unter der Entstehung riesiger Monopole, weil diese die Preise verzerren und die Innovation unterbinden. Sie bremsen auch die Sogwirkung des Produktivitätswachstums, weil sie den Wettbewerb um Arbeitskräfte verringern. Sie vergrößern die Ungleichheit erheblich, indem sie ihre ohnehin vermögenden Aktionäre noch reicher machen. Manchmal erhöhen Großkonzerne das Einkommen ihrer Beschäftigten, indem sie ihre Gewinne mit diesen teilen. Aber aufgrund einer weiteren institutionellen Veränderung in den letzten Jahrzehnten ist das nicht wahrscheinlich: Die Macht der Arbeitnehmer ist geschwunden.

Ein aussichtsloses Unterfangen

Die Auswirkungen der Friedman-Doktrin auf die Lohnfestsetzung waren möglicherweise ebenso bedeutsam wie ihre direkte Wirkung. Wenn Manager, welche die Aktionärserträge maximierten, auf der richtigen Seite standen, dann war alles, was ihnen im Weg stand, eine Ablenkung oder sogar ein Hindernis im Streben nach dem Gemeinwohl. So gab die Friedman-Doktrin den Managern einen zusätzlichen Antrieb, gegen die Arbeiterbewegung vorzugehen.

Obwohl die amerikanischen Gewerkschaften großen Anteil am Aufbau eines breit gestreuten Wohlstands in den Jahren nach dem Zweiten Weltkrieg hatten, war ihre Beziehung zu den Unternehmensführungen stets gespannt. Wenn Gewerkschaften eine Vertretung in einer Fabrik durchsetzen, steigt die Wahrscheinlichkeit, dass diese Fabrik geschlossen wird. Das liegt teilweise daran, dass Unternehmen mit zahlreichen Produktionsstätten auf Standorte ausweichen, deren Belegschaft nicht gewerkschaftlich organisiert ist. Die Manager zögern Abstimmungen über eine Vergewerkschaftung hinaus und bedienen sich verschiedener Taktiken, um die Arbeitnehmer dazu zu bewegen, auf den Beitritt zu einer Gewerkschaft zu verzichten. Gelingt das nicht, werden die Arbeitsplätze an einen anderen Standort verlegt.

Dass die Beziehung zwischen Arbeitgebern und Gewerkschaften konfliktträchtig ist, hat teils spezifische und teils institutionelle Gründe. Einige amerikanische Gewerkschaften entwickelten enge Beziehungen zum organisierten Verbrechen, weil sie in von der Mafia kontrollierten Bereichen präsent waren.

Gewerkschaftsführer wie Jimmy Hoffa, der Vorsitzende der Transportgewerkschaft International Brotherhood of Teamsters, verkörperten diese dunkle Seite der Gewerkschaftsmacht und trugen vermutlich dazu bei, dass der Rückhalt für die Gewerkschaften in der amerikanischen Öffentlichkeit schwand. (Hoffa wurde wegen Bestechung und zahlreichen anderen Verbrechen zu einer Gefängnisstrafe verurteilt und ein paar Jahre später vermutlich von der Mafia ermordet.)

Wichtiger als die persönlichen Mängel der Gewerkschaftsführer war jedoch die Organisationsform der amerikanischen Gewerkschaften. In Kapitel 7 haben wir gesehen, dass die Kollektivverträge in Schweden und anderen skandinavischen Ländern im Kontext des korporatistischen Modells organisiert wurden, das eine bessere Kommunikation und Zusammenarbeit zwischen Management und Gewerkschaften fördern sollte. Außerdem wurden die Löhne branchenweit ausgehandelt. Das deutsche System verbindet Tarifverhandlungen auf Branchenebene mit der Beteiligung von Betriebsräten, welche die Belegschaften in den Aufsichtsräten der Unternehmen vertreten. In den Vereinigten Staaten hingegen wurden mit dem Taft-Hartley Acts von 1947 einige der für die Gewerkschaften vorteilhaften Bestimmungen des Wagner Act ausgehöhlt. Das Gesetz schrieb vor, dass die Kollektivverhandlungen auf Unternehmensebene geführt werden mussten. Außerdem wurden sekundäre Arbeitskampfmaßnahmen wie Boykotte zur Unterstützung von Streikenden verboten. Die Folge ist, dass die amerikanischen Gewerkschaftsvertreter die Löhne ohne Koordinierung auf Branchenebene nur am unmittelbaren Arbeitsplatz aushandeln. Diese Regelung führt zu häufigeren Konflikten zwischen Unternehmen und Beschäftigten. Wenn die Manager zu der Überzeugung gelangen, dass eine unnachgiebige Haltung gegenüber den Gewerkschaften die Löhne verringern und dem Unternehmen einen Kostenvorteil gegenüber Konkurrenten sichern kann, steigt die Wahrscheinlichkeit, dass sie die Forderungen der Gewerkschaften ablehnen werden.[42]

Um das Jahr 1980 begann sich das Machtverhältnis weiter zum Nachteil der amerikanischen Arbeiterbewegung zu verschieben. Eine entscheidende Rolle spielte Ronald Reagans hartes Vorgehen gegen die Fluglotsen im Jahr 1981. Als die Verhandlungen zwischen der Gewerkschaft der Fluglotsen und der Luftfahrtbehörde in eine Sackgasse gerieten, rief die Gewerkschaft zum Ausstand auf, obwohl Staatsdiener kein Streikrecht hatten. Der Präsident gab umgehend Anweisung, die streikenden Fluglotsen, die er als »Bedrohung der nationalen Sicherheit« bezeichnete, zu entlassen. Die Privatwirtschaft folgte seinem Beispiel, und mehrere Großunternehmen begannen, angesichts von Arbeitskampfmaßnahmen einfach neue Arbeitskräfte einzustellen, anstatt den Forderungen der Gewerkschaften nachzugeben.

Die Gewerkschaftsdichte in den Vereinigten Staaten hatte schon vor dem Konflikt zwischen Reagan und den Fluglotsen und der Reaktion der Unternehmen ihren Zenit überschritten. Doch in den frühen achtziger Jahren hatten die Gewerkschaften immer noch etwa 18 Millionen Mitglieder, und 20 Prozent der Arbeitnehmer gehörten Gewerkschaften an. Seit damals haben die Gewerkschaften einen stetigen Mitgliederschwund hinnehmen müssen, was teilweise an der härteren Haltung von Unternehmen und Politikern und teilweise am Beschäftigungsrückgang in der Fertigungsindustrie liegt, in der die Gewerkschaftsdichte besonders hoch ist. Im Jahr 2021 gehörten nur noch 10 Prozent der amerikanischen Arbeitnehmer einer Gewerkschaft an. In den achtziger Jahren waren die meisten Bestimmungen über die automatische Inflationsanpassung der Löhne aus den Gewerkschaftsverträgen gestrichen worden, was die Position der Arbeitnehmer weiter schwächte und ihre Aussichten auf eine Beteiligung an den Erträgen von Produktivitätszuwächsen schmälerte.

Die Verschiebung der Kräfteverhältnisse zum Nachteil der Arbeitnehmer ist nicht auf die Vereinigten Staaten beschränkt. Margaret Thatcher, die im Jahr 1979 zur britischen Premierministerin gewählt wurde, gab der Deregulierung Vorrang, setzte zahlreiche wirtschaftsfreundliche Gesetze durch und kämpfte unnachgiebig gegen die Gewerkschaften, die viel von ihrer ehemaligen Stärke einbüßten.

Eine schmerzhafte Umstrukturierung

Die zunehmende industrielle Konzentration und die geringere Beteiligung der Arbeitskräfte an den Erträgen der Unternehmen rissen erste Löcher in das in den fünfziger und sechziger Jahren entwickelte Modell der Wohlstandsverteilung, aber für sich genommen hätten sie nicht genügt, um jene radikale Kursumkehr herbeizuführen, die wir erlebt haben. Diese war nur möglich, weil auch die Richtung der technologischen Entwicklung zuungunsten der Arbeitskräfte geändert wurde. Und hier kommen die digitalen Technologien ins Spiel.

Die Friedman-Doktrin ermutigte die Unternehmen, ihre Gewinne mit allen erdenklichen Mitteln zu erhöhen, und in den achtziger Jahren eigneten sich die Manager diese Denkweise an. Die Vergütung in Form von Aktienoptionen für die Manager trug zu dieser Verschiebung bei. Die Kultur an der Spitze der Unternehmen begann sich zu wandeln. In den achtziger Jahren sahen sich die amerikanischen Unternehmen zuerst in der Unterhaltungselektronik und bald auch in der Automobilbranche starker Konkurrenz seitens effizienter japanischer Hersteller ausgesetzt. Die Wirtschaftsführer hielten es für unumgänglich, auf diese Bedrohung zu reagieren.

Aufgrund der im Großen und Ganzen ausgewogenen Investitionen in Automatisierung und neue Aufgaben in den fünfziger und sechziger Jahren war die Grenzproduktivität der Arbeitskräfte gestiegen, und der Einkommensanteil der Arbeitnehmer in der Fertigungsindustrie blieb zwischen 1950 und den frühen achtziger Jahren weitgehend konstant bei nahezu 70 Prozent. Aber in den achtziger Jahren betrachteten viele amerikanische Manager die Arbeitskräfte nicht länger als Ressource, sondern als Kostenfaktor. Sie gelangten zu der Überzeugung, dass diese Kosten gesenkt werden mussten, wenn man sich gegen die ausländische Konkurrenz behaupten wollte. Das bedeutete, dass der Arbeitskräfteeinsatz in der Produktion durch Automatisierung verringert werden musste. Rufen wir uns in Erinnerung, dass die Automatisierung die Produktion pro Arbeitskraft erhöht, aber die Grenzproduktivität der Arbeitskräfte begrenzt oder sogar verringert, indem sie diese an den Rand drängt. Ist dieser Effekt stark genug, so sinkt die Nachfrage nach Arbeitskräften und das Lohnwachstum verlangsamt sich.

Um die Arbeitskosten zu verringern, brauchten die amerikanischen Unternehmen eine neue Vision und neue Technologien. Die Business Schools lieferten die Vision, die entstehende Tech-Branche die Technologien. Die wichtigsten Ideen zur Kostensenkung fassten Michael Hammer und James Champy im Jahr 1993 in ihrem Buch *Reengineering im Management* zusammen. Die Autoren erklärten in ihrem »Manifest für die Unternehmensrevolution«, die amerikanischen Unternehmen seien ausgesprochen ineffizient geworden, was vor allem an einem aufgeblähten mittleren Management und einem schwerfälligen Verwaltungsapparat liege. Die Unternehmen müssten umstrukturiert werden, um ihre Wettbewerbsfähigkeit zu erhöhen, und neue Software könne die Werkzeuge dafür liefern.[43]

Der Fairness halber muss darauf hingewiesen werden, dass Hammer und Champy klarstellten, das »Reengineering« sei nicht auf die Automatisierung beschränkt, aber sie waren überzeugt, dass durch die bessere Nutzung von Software viele gering qualifizierte Arbeitsplätze beseitigt würden: »Viele der alten Routinetätigkeiten werden schlicht abgeschafft oder automatisiert. Das alte Modell beruhte auf einfachen Aufgaben für einfache Menschen; das neue hingegen bietet facettenreiche Berufe für intelligente Menschen, wodurch die Eintrittsbarrieren in die Erwerbstätigkeit erhöht werden. Nach dem Business Reengineering werden nur wenige simple Routinetätigkeiten für ungelernte Kräfte bereitstehen.«[44] In der Praxis waren die intelligenten Leute, die den komplexen Aufgaben gewachsen waren, fast immer Arbeitskräfte mit Hochschulausbildung. Gut bezahlte Jobs für Arbeitskräfte ohne Studium wurden in den umstrukturierten Umgebungen knapp.

Die Hohepriester dieser neuen Vision waren in den aufstrebenden Unternehmensberatungen zu Hause. In den fünfziger Jahren war Consulting noch weitgehend unbekannt gewesen, und das Wachstum der Branche ging Hand in Hand mit den Bemühungen, die Unternehmen durch eine »bessere« Nutzung der digitalen Technologien leistungsfähiger zu machen. Gemeinsam mit den Business Schools trieben führende Consulting-Firmen wie McKinsey und Arthur Andersen auch die Kostensenkung voran. Immer mehr wortgewandte Managementexperten predigten diese Ideen, und den Arbeitskräften fiel es immer schwerer, Widerstand dagegen zu leisten.

So wie die Friedman-Doktrin gab *Reengineering im Management* Ideen, die in der Praxis bereits angewandt wurden, eine klare Form. Als das Buch erschien, hatten bereits mehrere große amerikanische Unternehmen begonnen, Software einzusetzen, um ihre Belegschaft zu verringern oder den Betrieb auszuweiten, ohne neue Mitarbeiter einstellen zu müssen. Im Jahr 1971 warb IBM für seine »Textverarbeitungsmaschinen«, die es den Managern ermöglichen sollten, ihre Produktivität zu erhöhen und verschiedene Bürotätigkeiten zu automatisieren.[45]

Im Jahr 1981 führte IBM seinen Personal Computer ein, der eine Reihe zusätzlicher Fähigkeiten besaß, und schon bald wurden neue Softwareprogramme entwickelt, mit denen Bürotätigkeiten einschließlich Verwaltungs- und Buchhaltungsfunktionen automatisiert werden konnten. Schon im Jahr 1980 sagte Michael Hammer eine umfassendere »Büroautomatisierung« voraus:

> Die Büroautomatisierung ist einfach eine Erweiterung der Funktionen, welche die Datenverarbeitung seit Jahren erfüllt. Diese Funktionen werden aktualisiert, um die neuen Möglichkeiten von Hardware und Software zu nutzen. Die verteilte Verarbeitung, welche die Post ersetzen wird, die Quelldatenerfassung zur Verringerung des wiederholten Tippens sowie für Endbenutzer bestimmte Systeme sind die Elemente, mit denen die »Büroautomatisierung« über die herkömmlichen Anwendungen hinaus erweitert werden wird, um alle Segmente des Büros zu unterstützen.[46]

Ein Vizepräsident von Xerox sagte voraus: »Möglicherweise sind wir Zeugen der vollen Entfaltung der postindustriellen Revolution, in der geistige Routinetätigkeiten automatisiert werden wie die mechanische Arbeit im 19. Jahrhundert.«[47] Andere Beobachter hielten diese Entwicklungen für bedenklich, rechneten jedoch mit einer »Automatisierung sämtlicher Phasen der Informationsverarbeitung von der Sammlung bis zur Verbreitung«.[48]

Interviews mit Arbeitskräften sowohl in Fabrikhallen als auch in Büros zeigten, dass sich die Menschen bereits in den achtziger Jahren vor den neuen digitalen Technologien fürchteten. Wie es ein Arbeiter ausdrückte: »Wir wissen nicht, was in der Zukunft aus uns werden wird. Die moderne Technologie übernimmt. Wo wird unser Platz sein?«[49]

Angesichts der Einführung dieser frühen digitalen Technologien äußerte Wassily Leontief, ein weiterer Wirtschaftsnobelpreisträger, im Jahr 1983 die Befürchtung, der menschlichen Arbeitskraft drohe dasselbe Schicksal wie dem Arbeitspferd: Sie werde in den modernen Produktionsabläufen weitgehend überflüssig werden.

Die Befürchtungen waren nicht vollkommen unangebracht. Eine Fallstudie zur Einführung neuer Computersoftware in einer Großbank hat gezeigt, dass die in den achtziger und neunziger Jahren eingeführten Technologien die Zahl der Arbeitskräfte, die mit der Bearbeitung von Schecks betraut waren, deutlich verringerte.[50] Zur selben Zeit wurden auch die Verwaltungstätigkeiten in verschiedenen Branchen rasch automatisiert.

Als sich diese Technologien ausbreiteten, schrumpfte die Zahl der relativ gut bezahlten Arbeitsplätze in vielen Bereichen. Im Jahr 1970 gingen 33 Prozent der amerikanischen Frauen gut bezahlten Bürotätigkeiten nach; in den folgenden fünf Jahrzehnten sank ihr Anteil stetig auf mittlerweile 19 Prozent.[51] Neuere Studien haben gezeigt, dass diese Automatisierungstrends wesentlich zu Stagnation und Rückgang der Löhne von Büroangestellten mit geringer und mittlerer Qualifikation beigetragen haben.

Aber woher kam die Software, die den Personalabbau ermöglichte? Nicht von den frühen Hackern, die sich der Kontrolle der Unternehmen über die Computer hartnäckig widersetzten. Ihnen wäre es nicht in den Sinn gekommen, Software zu entwickeln, die eingesetzt werden konnte, um Arbeitskräfte überflüssig zu machen. Lee Felsenstein sah solche Forderungen voraus und wütete dagegen: »Der industrielle Zugang ist grausam und funktioniert nicht: Das Designmotto lautet ›Entwickelt von Genies für die Nutzung durch Idioten‹. Und die Losung für das ungeschulte Volk lautet: Haltet sie davon fern!« Er wollte stattdessen die Fähigkeit des Benutzers fördern, »mehr über das Werkzeug zu lernen und ein gewisses Maß an Kontrolle darüber zu erlangen«.[52] Bob Marsh, einer seiner Mitarbeiter, drückte es so aus: »Wir wollten den Mikrocomputer für menschliche Wesen zugänglich machen.«[53]

William (Bill) Henry Gates III. hatte etwas anderes im Sinn. Gates studierte in Harvard zunächst Jura und anschließend Mathematik, verließ die Universität jedoch im Jahr 1975, um gemeinsam mit Paul Allen Microsoft zu gründen. Aufbauend auf der bahnbrechenden Arbeit vieler anderer Hacker, entwickelten

Allen und Gates anhand der Programmiersprache BASIC ein rudimentäres Compilerprogramm für den Heimcomputer Altair, aus dem sie anschließend ein Betriebssystem für IBM machten. Es ging Gates von Anfang an ums Geldverdienen. Im Jahr 1976 beschuldigte er Hacker in einem offenen Brief, von Allen und ihm programmierte Software gestohlen zu haben: »Der Mehrheit der Bastler muss bewusst sein, dass die meisten von ihnen ihre Software stehlen.«[54]

Gates war entschlossen, einen Weg zu finden, um mit Software viel Geld zu verdienen. Der naheliegende Weg bestand darin, seine Produkte an große, etablierte Unternehmen zu verkaufen. Der Großteil der Branche folgte dem Beispiel von Microsoft und Gates. Anfang der neunziger Jahre stellten die meisten führenden Softwarefirmen, darunter aufstrebende Marken wie Lotus, SAP und Oracle, Bürosoftware für Großunternehmen zur Verfügung und leiteten die nächste Phase der Büroautomatisierung ein.

Obwohl die auf Bürosoftware gestützte Automatisierung vermutlich größere Auswirkungen auf die Beschäftigung hatte, sind die allgemeinen Trends auch an den Auswirkungen einer weiteren ikonischen Technologie dieser Zeit zu erkennen. Die Rede ist vom Industrieroboter.

Roboter sind das Automatisierungswerkzeug schlechthin, denn sie übernehmen repetitive manuelle Aufgaben, darunter Bewegung von Objekten, Montage, Lackieren und Schweißen. Der Traum von autonomen Maschinen, die Tätigkeiten ähnlich wie Personen ausführen konnten, ist so alt wie die griechische Mythologie der Antike. Der tschechische Schriftsteller Karel Čapek gab dieser Idee im Jahr 1920 in seinem Theaterstück *W.U.R.* beziehungsweise *R.U.R.* eine klare Form und führte das Wort *robot* ein. In Čapeks futuristischem Szenario betreiben Roboter Fabriken und arbeiten für die Menschen, aber es dauert nicht lange, bis sie sich gegen ihre Herren auflehnen. Seitdem sind Befürchtungen, die Roboter könnten eines Tages außer Kontrolle geraten und sich gegen uns wenden, nicht aus der öffentlichen Debatte über dieses Thema wegzudenken. Doch abgesehen von den Science-Fiction-Fantasien steht eines fest: Roboter automatisieren die Arbeit.

Die Vereinigten Staaten hinkten in den achtziger Jahren in der Robotik hinterher, was teilweise daran lag, dass sie nicht unter einem vergleichbaren demografischen Druck standen wie andere Länder, darunter Deutschland und Japan. Doch in den neunziger Jahren begannen sich die Roboter auch in der amerikanischen Fertigungsindustrie rasch auszubreiten. So wie die Automatisierungssoftware in den Büros taten die Roboter, was ihre Designer beabsichtigten: Sie verringerten den Arbeitseinsatz in der Produktion. Die Automobilindustrie wurde vollkommen von den Robotern revolutioniert und beschäftigt heute sehr viel weniger Arbeiter in traditionellen manuellen Tätigkeiten.

Roboter erhöhen die Produktivität. Aber in der amerikanischen Fertigungsindustrie haben die Produktivitätszuwächse keine Sogwirkung ausgeübt, sondern Druck auf Beschäftigung und Löhne ausgeübt. Genau wie die Software, die eine Automatisierung von Bürotätigkeiten ermöglichte, beseitigte die Robotik innerhalb kürzester Zeit zahlreiche manuelle Tätigkeiten. Zu den besten Jobs, die Arbeitskräften ohne Hochschulabschluss in den fünfziger und sechziger Jahren zugänglich waren, zählten Schweißen, Lackieren, Materialhandhabung und Montage. Diese Tätigkeiten wurden erheblich eingeschränkt. Im Jahr 1960 gingen fast 50 Prozent der männlichen Erwerbstätigen in den Vereinigten Staaten manuellen Tätigkeiten nach. Mittlerweile ist dieser Anteil auf 33 Prozent geschrumpft.[55]

Auch diesmal hatten wir eine Wahl

War die Hinwendung zur Automatisierung ab 1980 ein unvermeidliches Resultat des technologischen Fortschritts? War die neue Computertechnologie von Natur aus besser für die Automatisierung geeignet? Obwohl diese Möglichkeit nicht vollkommen ausgeschlossen werden kann, gibt es zahlreiche Belege dafür, dass die Ausrichtung der technologischen Entwicklung und die Betonung der Kostensenkung auf bewussten Entscheidungen beruhten.

Noch mehr als die Elektrizität eignen sich die digitalen Technologien für den Einsatz in verschiedensten Bereichen. Unterschiedliche Entscheidungen darüber, wie sie genutzt werden sollen, werden wahrscheinlich unterschiedlichen Bevölkerungsgruppen zugutekommen. Tatsächlich glaubten viele der frühen Hacker, der Computer werde die Position der Arbeitskräfte stärken und ihre Arbeit bereichern, anstatt sie zu automatisieren. In Kapitel 9 werden wir sehen, dass sie sich nicht irrten: Viele wichtige digitale Werkzeuge haben die menschliche Arbeitskraft vorteilhaft ergänzt. Doch leider zielten die meisten Bemühungen in der aufstrebenden Computerbranche auf die Automatisierung.

Obwohl die Unternehmen überall Zugang zu denselben Software-Werkzeugen und Robotertechnologien hatten, trafen sie in manchen Ländern eine andere Wahl als ihre amerikanischen Gegenstücke. Beispielsweise mussten die deutschen Produktionsbetriebe immer noch mit den Gewerkschaften verhandeln und ihre Entscheidungen den Arbeitnehmervertretern im Aufsichtsrat erklären.[56] Außerdem schreckten sie davor zurück, Arbeitskräfte zu entlassen, die jahrelang im Unternehmen ausgebildet worden waren und zahlreiche relevante Kenntnisse erworben hatten. Daher nahmen diese Unternehmen technologische und organisatorische

Anpassungen vor, um die Grenzproduktivität ihrer Beschäftigten zu erhöhen, was die Auswirkungen der Automatisierung abfederte.

Obwohl die Automatisierung der Industrieproduktion in Deutschland schneller voranschritt und die Zahl der Roboter pro Industriearbeiter dort mehr als doppelt so hoch ist wie in den Vereinigten Staaten, haben sich die deutschen Unternehmen bemüht, Arbeiter an den Betrieb zu binden und ihnen neue Aufgaben zuzuweisen – oft in technischen, Aufsichts- oder Bürofunktionen. Die kreative Nutzung der Fähigkeiten der Arbeitskräfte zeigt sich auch daran, wie deutsche Unternehmen neue Software in der Fertigung einsetzen. In den neunziger Jahren und zu Beginn des 21. Jahrhunderts wurden in Deutschland Programme wie Industrie 4.0 oder Digitale Fabrik gestartet, um mit computergestützter Entwicklung und Qualitätssicherung gut ausgebildete Arbeitskräfte in die Lage zu versetzen, zu Entwicklung und Inspektion beizutragen, indem sie beispielsweise an virtuellen Prototypen arbeiteten oder Software-Werkzeuge zur Ermittlung von Problemen nutzten. So wurde dafür gesorgt, dass die Grenzproduktivität der Arbeitskräfte stieg, obwohl die deutsche Industrie rasch neue Roboter und Software einführte. Es ist bezeichnend, dass in Deutschland nach der Einführung von Robotern besonders viele Arbeitnehmer mit neuen technischen Aufgaben betraut werden, und in diesen Bereichen haben die Gewerkschaften eine stärkere Position.[57]

Deutschland litt nach dem Zweiten Weltkrieg unter Arbeitskräftemangel, da es einen beträchtlichen Teil seiner männlichen Bevölkerung im Krieg verloren hatte. Und dieser Arbeitskräftemangel hielt an, da die Geburtenrate in Deutschland schneller sank als im übrigen Europa. Der Bedarf an Menschen im erwerbsfähigen Alter stieg in den achtziger Jahren deutlich. So wie der Mangel an qualifizierten Arbeitskräften im 19. Jahrhundert in den Vereinigten Staaten einen arbeitnehmerfreundlichen Einsatz neuer Technologien begünstigt hatte, bewegte er die deutschen Unternehmen dazu, Wege zu suchen, um die Fähigkeiten ihrer Beschäftigten möglichst gut zu nutzen, indem sie in die Qualifizierung durch die Lehre investierten.[58] Außerdem begünstigte die Entwicklung die Umschulung von Arbeitskräften für technisch anspruchsvollere Tätigkeiten, als Automatisierungstechnologien eingeführt wurden.

Infolge dieser Prioritäten und Anpassungen stieg die Beschäftigtenzahl in der deutschen Automobilindustrie zwischen 2000 und 2018. Dabei erhöhte sich der Anteil der technischen und Bürojobs, etwa in Maschinenbau, Design und Reparatur, in dieser Branche von 30 auf 40 Prozent. Zur selben Zeit verringerten die amerikanischen Autobauer, deren Produktion sich ähnlich entwickelte wie die der deutschen, die Beschäftigtenzahl um etwa 25 Prozent und verzichteten auf eine vergleichbare Aufwertung der Tätigkeiten.

Eine ähnliche Erfahrung wie Deutschland machte Japan. Die japanischen Unternehmen, die ebenfalls mit einem schrumpfenden Arbeitskräfteangebot konfrontiert waren, führten noch schneller Roboter ein als die deutschen. Und sie verbanden die Automatisierung ebenfalls mit der Schaffung neuer Tätigkeiten. Die japanischen Unternehmen konzentrierten sich auf eine flexible Produktion und auf Qualität und automatisierten nicht alle Abläufe in den Fabriken, sondern schufen eine Reihe komplexer und gut bezahlter Tätigkeiten für ihre Mitarbeiter. Außerdem investierten sie in Software für flexible Planung, Lieferkettensteuerung und Design ebenso viel wie in Software-Werkzeuge für die Automatisierung. Alles in allem verringerten die japanischen Autobauer ihre Belegschaften in dieser Zeit nicht im selben Maße wie die amerikanischen.[59]

In Finnland, Norwegen und Schweden, wo Kollektivverhandlungen weiter eine wichtige Rolle spielen und ein großer Teil der Beschäftigten in der Industrie von Kollektivvereinbarungen profitiert, teilen die Unternehmen weiterhin die Produktivitätserträge mit den Mitarbeitern, und die Automatisierung wird oft mit anderen technologischen Anpassungen kombiniert, die den Arbeitskräften zugutekommen.

In den fünfziger und sechziger Jahren konnten die Gewerkschaften in den USA so wie in Deutschland Widerstand gegen eine übermäßige Automatisierung leisten oder Maßnahmen zum Schutz der Arbeitskräfte verlangen. Doch in den neunziger Jahren war die amerikanische Arbeiterbewegung geschwächt. Da die vorherrschende Vision das Augenmerk auf die Kostensenkung und die Überlegenheit vollkommen automatisierter Abläufe legte, wirkten die Arbeitskräfte wie etwas, das aus dem Produktionsprozess entfernt werden musste. In dieser Vision waren sie keine Menschen mit Fähigkeiten, deren Wert für das Unternehmen durch Ausbildung und Investitionen in geeignete Technologien erhöht werden konnte. Die Entscheidungen für Automatisierung und Verringerung der Belegschaft verstärkten den Trend, denn die Automatisierung verringerte auch die Zahl der gewerkschaftlich organisierten Arbeiter und schwächte die Arbeiterbewegung weiter.

Die Politik trug ebenfalls zu diesen Entwicklungen bei. Das amerikanische Steuersystem bevorzugt seit jeher das Kapital gegenüber der Arbeit; die effektive Steuerbelastung von Kapitalerträgen ist niedriger als die auf Arbeitseinkommen. In den neunziger Jahren wurde die Asymmetrie zwischen der Besteuerung des Kapitals und jener der Arbeitseinkommen verstärkt, und das galt insbesondere für Investitionen in Ausrüstung und Software. Mehrere amerikanische Regierungen senkten die Unternehmensteuer und die Einkommensteuern der reichsten Amerikaner, indem sie die Kapitalsteuern verringerten (die Erträge von Kapitalinvestitionen kommen den Reichen in unverhältnismäßig hohem Maße zugute).

Ab der Jahrtausendwende wurde das Kapital zusätzlich steuerlich entlastet, da die Abschreibungen auf Investitionen in Ausrüstung und Software ausgeweitet wurden. Diese Maßnahmen sollten ursprünglich nur vorübergehend sein, doch die Geltungsdauer der Steuervergünstigungen wurde oft verlängert und sie wurden ausgeweitet.[60]

Während der durchschnittliche Steuersatz auf Arbeitseinkommen, ermittelt anhand von Personalkosten und Einkommensteuern, in den letzten drei Jahrzehnten bei mehr als 25 Prozent lag, sanken die effektiven Steuern auf Ausrüstungs- und Softwarekapital (einschließlich aller Kapitalerträge und Einkommensteuern) in diesem Zeitraum von rund 15 Prozent auf weniger als 5 Prozent im Jahr 2018. Die Steueranreize bewegten die Unternehmen dazu, noch mehr in Automatisierungsausrüstung zu investieren, und ihre Nachfrage kurbelte die Entwicklung von Automatisierungstechnologien in einem sich selbst verstärkenden Kreislauf an.

Ein weiterer Faktor, der zu dieser Entwicklung beigetragen haben dürfte, ist die Forschungs- und Wissenschaftspolitik der amerikanischen Regierung. Bereits vor dem Zweiten Weltkrieg wurden Wissenschaft und Forschung im privaten Sektor vom Staat großzügig gefördert, insbesondere in für die Landesverteidigung bedeutsamen Bereichen. Diese Förderung gab der Entwicklung in wichtigen neuen Bereichen einen Schub, darunter Antibiotika, Halbleiter, Satelliten, Luftfahrt, Sensoren und Internet.

Doch in den letzten fünf Jahrzehnten wurden sowohl die strategische Technologieentwicklung staatlicher Forschungseinrichtungen als auch die Förderung der privatwirtschaftlichen Forschung zurückgefahren. Die Bundesausgaben für Forschung und Entwicklung sanken von rund 2 Prozent des Bruttoinlandsprodukts Mitte der sechziger Jahre auf etwa 0,6 Prozent in der Gegenwart. Der amerikanische Staat ging auch vermehrt dazu über, die Forschungsprioritäten führender Unternehmen zu unterstützen. Unter diesen Bedingungen konnten Großkonzerne insbesondere im digitalen Zeitalter die Richtung der technologischen Entwicklung vorgeben. Sie hatten Anreize und nahmen eine Grundhaltung ein, die sie dazu bewegten, die Automatisierung voranzutreiben.[61]

Die in den Vereinigten Staaten entwickelten Technologien und Geschäftsstrategien breiteten sich weltweit aus, obwohl Einführung und Gestaltung der Automatisierungstechnologien in den einzelnen Ländern unterschiedlich gehandhabt wurden. Die Friedman-Doktrin und die mit dem Einsatz digitaler Werkzeuge zur Kostensenkung verbundenen Konzepte wirkten sich auf die Unternehmenspraktiken in Großbritannien und dem übrigen Europa aus. Beispielsweise nehmen an Business Schools ausgebildete Manager in Dänemark und den Vereinigten

Staaten ganz ähnlichen Einfluss auf die Unternehmen. Die Unternehmensberatung hat die westliche Welt erobert, und neue digitale Technologien und Roboter werden rasch eingeführt. Automatisierung und Globalisierung verringern den Anteil der Arbeitskräfte, die manuellen und Bürotätigkeiten nachgehen, in fast allen industrialisierten Ländern. Trotz der Unterschiede zwischen den einzelnen Ländern hat sich die Richtung, die dem Fortschritt in den Vereinigten Staaten gegeben wurde, weltweit erheblich ausgewirkt.

Ein digitales Utopia

Die Ausrichtung der technologischen Entwicklung, die der Automatisierung Vorrang gab, ist nur im Kontext der in den achtziger Jahren entwickelten digitalen Vision zu verstehen. Diese Vision verband den in der Friedman-Doktrin verwurzelten Wunsch nach einer Senkung der Arbeitskosten mit Elementen der Hackerethik, löste sich jedoch von der Philosophie früher Hacker wie des antielitären Lee Felsenstein, der misstrauisch gegenüber der Macht der Großunternehmen war. Felsenstein warf IBM und anderen Konzernen vor, die Technologie mit ihrer Ideologie »Entwickelt von Genies für die Nutzung durch Idioten« zu missbrauchen. Die neue Vision rückte stattdessen das von oben vorgegebene Design digitaler Technologien in den Mittelpunkt, die Arbeitskräfte aus dem Produktionsprozess entfernen sollten.

Die Anhänger dieser Vision legten eine Begeisterung an den Tag, die daran erinnerte, wie Ferdinand de Lesseps vom Suezkanal und später dem Panamakanal geschwärmt hatte. Sie blickten erwartungsvoll auf die Möglichkeiten der Technologie, die lediglich talentierten Programmierern und Ingenieuren anvertraut werden musste. Bill Gates fasste diesen Optimismus zusammen: »Immer, wenn ich ein Problem sehe, werde ich nach Technologien suchen, mit denen es gelöst werden kann.«[62] Dass die Technologie bestimmte Gesellschaftsgruppen gegenüber der Bevölkerungsmehrheit bevorzugen könnte, kam Gates und seinen Verbündeten anscheinend nicht in den Sinn.

Bei der Transformation der Hackerethik in eine digitale Utopie der Unternehmen ging es im Wesentlichen um Geld und gesellschaftliche Macht. In den achtziger Jahren konnten die Hacker entweder an ihren Idealen festhalten oder sehr, sehr reich werden, indem sie sich Unternehmen anschlossen, die rasch wuchsen und Macht erlangten. Viele schlugen den zweiten Weg ein.

Gleichzeitig ging der Antiautoritarismus in eine Faszination für die »Disruption« über: Die Zerstörung bestehender Praktiken und Lebensgrundlagen wurde begrüßt oder sogar gefördert. Die Wortwahl mochte unterschiedlich sein, aber das zugrunde liegende Weltbild erinnerte an das der britischen Unternehmer im frühen 19. Jahrhundert, die glaubten, mit gutem Recht alle Kollateralschäden ignorieren zu können, die sie im Streben nach Fortschritt insbesondere den Arbeitskräften zufügten. Mark Zuckerberg machte später das Motto »Bewege dich schnell und mache Dinge kaputt« zu Facebooks Mantra.[63]

Fast in der gesamten Tech-Branche setzte sich eine elitäre Geisteshaltung durch. Software und Programmierung waren die Betätigungsfelder von sehr talentierten Menschen – und die weniger fähigen waren nur von begrenztem Nutzen. Der Journalist Gregory Ferenstein befragte Dutzende Gründer und Manager von Start-up-Unternehmen, die solche Ansichten äußerten. Ein Unternehmensgründer erklärte, sehr wenige Personen »leisten große Beiträge zum Wohlergehen der Allgemeinheit, indem sie wichtige Unternehmen gründen oder sich an die Spitze wichtiger Anliegen setzen«. Es wurde als selbstverständlich betrachtet, dass diese Wenigen, die wichtige Beiträge zum Gemeinwohl leisteten, indem sie neue Unternehmen gründeten, auch fürstlich entlohnt werden sollten. Der Silicon-Valley-Unternehmer Paul Graham, den *Businessweek* zu den »25 einflussreichsten Personen im Internet« zählte, drückte es so aus: »Ich bin ein Experte darin, die wirtschaftliche Ungleichheit zu erhöhen, und ich habe das vergangene Jahrzehnt hart gearbeitet, um das zu erreichen. […] Man kann große Vermögensunterschiede nur verhindern, indem man verhindert, dass manche Menschen reich werden, und das kann man nur verhindern, indem man sie daran hindert, neue Unternehmen zu gründen.«[64]

Noch gravierender waren die Auswirkungen dieser elitären Vision auf das Wesen der Arbeit: Die meisten Menschen waren nicht einmal intelligent genug, um sich in den Tätigkeiten auszuzeichnen, die ihnen zugeteilt worden waren, und daher war der Einsatz der Software, welche die technologischen Vordenker entwickelten, um die Abhängigkeit der Unternehmen von diesen fehlerhaften Kreaturen zu verringern, vollkommen gerechtfertigt. So wurde die Automatisierung der Arbeit zu einem festen Bestandteil dieser Vision, und sie war ihre vielleicht bedeutsamste Auswirkung.

Nicht in der Produktivitätsstatistik

Die Sogwirkung von Produktivitätszuwächsen ist grundlegend für diese Vision von einem digitalen Utopia. Wenn technologische Verbesserungen zahlreichen Arbeitskräften schaden, wird es sehr viel schwieriger, zu behaupten, Produktivitätszuwächse seien im Interesse der Allgemeinheit.

Die Sogwirkung ist schwächer, wenn das Machtgleichgewicht zugunsten der Arbeitgeber verschoben wird, wenn die technologische Entwicklung in eine Richtung geht, die den Arbeitskräften schadet, und wenn die Produktivitätszuwächse nicht zu einem Beschäftigungswachstum in anderen Branchen führen. Es gibt jedoch ein noch grundlegenderes Problem: Obwohl wir unentwegt mit neuen Produkten und Apps bombardiert werden, fallen die Produktivitätszuwächse, deren Erträge geteilt werden könnten, seit einigen Jahrzehnten geringer aus.

Die Generationen, die in den sechziger und siebziger Jahren lebten, verwendeten jahrzehntelang dasselbe (Wählscheiben-)Telefon und denselben Fernsehapparat – so lange, bis ein neues Gerät gekauft werden musste, weil das alte den Geist aufgegeben hatte. Heute tauschen die meisten Mittelschichtfamilien ihre Handys, Fernsehgeräte und andere elektronische Apparate alle zwei Jahre: Es kommen ständig leistungsfähigere und schickere Modelle auf den Markt, die zahlreiche neue Funktionen aufweisen. Apple beispielsweise bringt fast jedes Jahr ein neues iPhone heraus.

Es hat den Anschein, als hätte sich die Innovation dramatisch beschleunigt. Im Jahr 1980 wurden beim amerikanischen Patentamt 62 000 Patente angemeldet. Bis 2018 stieg diese Zahl fast um das Fünffache auf 285 000 Anmeldungen. Im selben Zeitraum wuchs die Bevölkerung der Vereinigten Staaten um weniger als 50 Prozent.[65]

Hinzu kommt, dass ein Großteil des Wachstums sowohl der Patentanmeldungen als auch der Forschungsausgaben auf Neuerungen in Elektronik, Kommunikation und Software entfällt, also auf jene Bereiche, die den Fortschritt der Menschheit antreiben sollten. Aber bei näherer Betrachtung stellen wir fest, dass die Früchte der digitalen Revolution sehr viel schwerer zu sehen sind. Schon im Jahr 1987 wies der Nobelpreisträger Robert Solow auf die geringen Produktivitätserträge der Investitionen in digitale Technologien hin: »Wir sehen das Computerzeitalter überall, nur nicht in den Produktivitätsstatistiken.«[66]

Jene, die größere Hoffnungen in den Computer setzten, empfahlen Solow, geduldig zu sein: Das Produktivitätswachstum werde sich bald einstellen. Nach mehr als 35 Jahren warten wir immer noch. Tatsächlich wächst die Produktivität in den Vereinigten Staaten und den meisten anderen westlichen Volkswirtschaften so langsam wie in wenigen Phasen seit Beginn der Industriellen Revolution.[67]

Wenn wir den in Kapitel 7 behandelten Maßstab der Produktivität heranziehen – die totale Faktorproduktivität (TFP) –, so ist sie in den Vereinigten Staaten seit 1980 durchschnittlich um nicht einmal 0,7 Prozent pro Jahr gestiegen. Zum Vergleich: Von den vierziger bis in die siebziger Jahre wuchs die TFP jährlich um rund 2,2 Prozent. Der Unterschied ist bemerkenswert: Hätte die Produktivität nach 1980 weiter so stark zugenommen wie in den fünfziger und sechziger Jahren, so wäre der Anstieg des Bruttoinlandsprodukts der USA seit damals in jedem Jahr um 1,5 Prozent höher ausgefallen. Und die Verlangsamung des Produktivitätswachstums ist nicht auf die Zeit nach der globalen Finanzkrise von 2007–2008 beschränkt. In den Jahren des Aufschwungs zwischen 2000 und 2007 erhöhte sich die Produktivität in den Vereinigten Staaten um weniger als 1 Prozent im Jahr.[68]

Ungeachtet dieser Fakten halten die führenden Köpfe der Tech-Branche an der Überzeugung fest, wir dürften uns glücklich schätzen, im Zeitalter der Technologie und Innovation zu leben. Der Journalist Neil Irwin fasste diese optimistische Haltung in der *New York Times* prägnant zusammen: »Wir leben im goldenen Zeitalter der Innovation, in einer Ära, in der digitale Technologien die Grundlagen des menschlichen Daseins verwandeln.«[69]

Das langsame Produktivitätswachstum ist demnach einfach deshalb problematisch, weil wir uns all der Segnungen der Neuerungen nicht wirklich bewusst sind. Beispielsweise erklärt Hal Varian, der Chefökonom von Google, das Produktivitätswachstum wirke lediglich aufgrund falscher Messmethoden gering: Der Nutzen von Produkten wie Smartphones, die gleichzeitig als Kameras, Computer, Systeme zur globalen Positionsbestimmung und Musikgeräte dienten, werde nicht angemessen berücksichtigt. Außerdem würden die tatsächlichen Produktivitätszuwächse dank besserer Suchmaschinen und umfassender Informationen im Internet vernachlässigt.[70] Der Chefökonom von Goldman Sachs, Jan Hatzius, ist derselben Meinung: »Wir glauben, dass es den Statistikern wahrscheinlich immer schwerer fällt, das Produktivitätswachstum insbesondere in der Technologiebranche richtig zu messen.«[71] Hatzius schätzt, das tatsächliche Produktivitätswachstum der amerikanischen Wirtschaft seit 2000 sei möglicherweise deutlich höher als von den Statistikbehörden geschätzt.

Im Prinzip sollten der Anstieg der Produktivität und der zusätzliche Nutzen neuer Technologien für die Verbraucher in den TFP-Zahlen enthalten sein, die auf dem um Preisveränderungen, Qualität und Produktvielfalt bereinigten BIP-Wachstum beruhen. Produkte, die das Wohlergehen der Konsumenten deutlich erhöhen, sollten auch die TFP deutlich erhöhen. In der Praxis sind solche Anpassungen selbstverständlich unvollkommen und es können Messfehler auftreten. Doch diese Probleme sind keine ausreichende Erklärung für die Verlangsamung des Produktivitätswachstums.

Das Problem, dass Qualitätsverbesserungen und der allgemeine gesellschaftliche Nutzen neuer Produkte nicht ausreichend berücksichtigt werden, existiert seit der Einführung nationaler Einkommensstatistiken. Es ist keineswegs klar, dass die digitalen Technologien zusätzliche Bewertungsprobleme verursachen. Auch sanitäre Einrichtungen, Antibiotika und das Autobahnnetz brachten eine Vielzahl neuer Dienste hervor und hatten zahlreiche indirekte Wirkungen, die in den Statistiken nicht vollkommen erfasst werden konnten. Dazu kommt, dass Probleme bei der Messung die gegenwärtige Verlangsamung des Produktivitätswachstums keineswegs in ihrer Gesamtheit erklären können: In Wirtschaftszweigen, in denen mehr in digitale Technologien investiert wird, sind weder eine stärkere Verlangsamung des Produktivitätswachstums noch Hinweise auf schnellere Qualitätsverbesserungen zu beobachten als in weniger digitalisierten Bereichen.[72]

Einige Ökonomen, darunter Tyler Cowen und Robert Gordon, sind überzeugt, dass die enttäuschende Entwicklung der Produktivität Ausdruck der schrumpfenden Zahl von Chancen auf bahnbrechende Neuerungen ist. Im Unterschied zu den Technologieoptimisten meinen sie, dass die revolutionären Neuerungen hinter uns liegen und dass nur noch Verbesserungen in kleinen Schritten möglich sind, weshalb die Produktivität nur noch langsam wachsen wird.[73]

Es besteht unter den Ökonomen kein Konsens in der Frage, was genau geschieht, aber die These, der Menschheit gingen die Ideen aus, findet kaum Fürsprecher. Tatsächlich wurden bei der Entwicklung von Werkzeugen für wissenschaftliche Forschung und Technik und in Kommunikation sowie Informationserwerb in den letzten Jahren gewaltige Fortschritte gemacht, wie wir in Kapitel 1 gesehen haben. Es gibt zahlreiche Hinweise darauf, dass die westlichen Volkswirtschaften keineswegs unter einem Mangel an Ideen leiden, sondern dass sie die Möglichkeiten und die verfügbaren wissenschaftlichen Kenntnisse nicht nutzen. Forschung und Innovation laufen auf Hochtouren. Doch diese Volkswirtschaften lassen sich die erwarteten Erträge dieser Aktivitäten entgehen.

Die einfache Tatsache ist, dass Forschung und Innovation in den Vereinigten Staaten ausgesprochen unausgewogen verteilt sind. Während immer mehr Ressourcen in Computer und Elektronik fließen, werden fast alle anderen Fertigungssektoren vernachlässigt. Neuere Studien haben gezeigt, dass Neuerungen größeren Unternehmen mit höherer Produktivität zugutekommen, während Unternehmen der zweiten und dritten Ebene überall in der industrialisierten

Welt zurückfallen, was daran liegen dürfte, dass sich ihre Investitionen in digitale Technologien nicht bezahlt machen.[74]

Auf einer grundlegenden Ebene werden die Produktivitätszuwächse dank der Automatisierung immer begrenzt sein, vor allem verglichen mit der Einführung neuer Produkte und Tätigkeiten, die wie in den frühen Ford-Fabriken den Produktionsprozess verwandeln. Der Zweck der Automatisierung besteht darin, die menschliche Arbeitskraft durch billigere Maschinen oder Algorithmen zu ersetzen, und die Verringerung der Produktionskosten um 10 oder auch 20 Prozent in einigen Produktionsschritten wird nur relativ geringe Auswirkungen auf die TFP oder auf die Effizienz des Produktionsprozesses haben. Im Gegensatz dazu führte die Einführung neuer Technologien wie der Elektrizität, neuer Designs oder neuer Produktionsfunktionen im 20. Jahrhundert zu einer deutlichen Erhöhung der totalen Faktorproduktivität.

Abgesehen davon, dass die Innovation in den letzten 40 Jahren nicht genutzt worden ist, um die Grenzproduktivität der Arbeitskräfte zu erhöhen und neue Aufgaben für sie zu schaffen, wurden auch viele »niedrig hängende Früchte« nicht gepflückt. Am Beispiel der Automobilindustrie können wir uns ein Bild von den ungenutzten Möglichkeiten für Produktivitätserhöhungen machen: Obwohl die Einführung von Robotern und Spezialsoftware die Produktion pro Arbeitskraft erhöht hat, gibt es Hinweise darauf, dass mehr Investitionen in die Menschen die Produktivität stärker hätten erhöhen können. Die japanischen Autobauer, darunter Toyota, entdeckten das in den achtziger Jahren. Als sie mehr und mehr Arbeitsschritte automatisierten, stellten sie fest, dass die Produktivität dadurch nicht wesentlich stieg. Der Grund dafür war, dass die Hersteller ohne Arbeitskräfte in der Produktionsschleife Flexibilität einbüßten und die Fähigkeit verloren, sich rasch an Veränderungen der Nachfragemuster und der Produktionsbedingungen anzupassen. Also tat das Unternehmen einen Schritt zurück und wies den Arbeitskräften wieder eine zentrale Rolle in wichtigen Produktionsabläufen zu.

Toyota hat gezeigt, dass dies auch in den Vereinigten Staaten funktioniert: Das Werk von General Motors im kalifornischen Fremont litt unter geringer Produktivität, Qualitätsschwankungen und Arbeitskonflikten und musste im Jahr 1982 schließen. Im Jahr darauf gründeten Toyota und General Motors ein Gemeinschaftsunternehmen und nahmen das Werk in Fremont wieder in Betrieb. Die frühere Belegschaft samt den Gewerkschaftsvertretern wurde übernommen. Allerdings wurden Toyotas Managementprinzipien angewandt, einschließlich der Methode, fortschrittliche Maschinen mit einer Weiterbildung der Arbeitskräfte, Flexibilität und Eigeninitiative zu verbinden. Produktion und Qualität in

Fremont stiegen rasch auf das Niveau von Toyotas japanischen Fabriken, das sehr viel höher war als das der amerikanischen Autobauer.[75]

Tesla, der von Elon Musk geleitete Hersteller von Elektroautos, lernte dieselben Lektionen in jüngerer Zeit. Musks digitaler Utopie gehorchend, wollte das Unternehmen ursprünglich fast alle Bestandteile der Autoproduktion automatisieren. Es funktionierte nicht. Als die Kosten unaufhörlich stiegen und ständige Verzögerungen Tesla daran hinderten, die Nachfrage zu befriedigen, räumte Musk ein: »Ja, die exzessive Automatisierung bei Tesla war ein Fehler. Genauer gesagt, sie war mein Fehler. Der Mensch wird unterschätzt.«[76]

Das hätte eigentlich keine große Überraschung sein sollen. Karel Čapek, der den Begriff des Roboters geprägt hatte, erkannte auch die Grenzen dieser Maschinen und ihre Unfähigkeit, die feineren Tätigkeiten zu bewältigen, die Menschen erlernen: »Erst Jahre der Praxis lehren einen die mystische und rohe Sicherheit eines echten Gärtners, der weiß Gott wo hintritt und dabei doch nichts zertritt.«[77]

In der Innovation sind die Auswirkungen noch gravierender als in der Fabrikorganisation, wenn niedrig hängende Früchte nicht gepflückt werden. Im Streben nach zunehmender Automatisierung haben die Manager Investitionen in Technologien vernachlässigt, die bessere Informationen und Plattformen für Zusammenarbeit und Entwicklung neuer Tätigkeiten liefern und dadurch die Produktivität der Arbeitskräfte erhöhen könnten. Wäre statt der von einer digitalen Utopie gespeisten Fixierung auf die Automatisierung eine ausgewogenere Innovation betrieben worden, so hätte die Produktivität rascher erhöht werden können.

Auf dem Weg in die Dystopie[78]

Den größten Beitrag zur Zunahme der Ungleichheit und zum wachsenden Rückstand der meisten amerikanischen Arbeitskräfte leistet die gesellschaftliche Unausgewogenheit der technologischen Entwicklung. Wie wir gesehen haben, können wir uns nicht darauf verlassen, dass der technologische Fortschritt zwangsläufig allen Menschen zugutekommen wird. Produktivitätszuwächse üben nur unter bestimmten Umständen eine Sogwirkung aus. Diese Wirkung bleibt aus, wenn der Wettbewerb zwischen den Arbeitgebern nicht intensiv genug ist, wenn die Arbeitnehmer wenig oder keine Macht haben und wenn die Automatisierung unablässig voranschreitet.

In den Jahrzehnten nach dem Zweiten Weltkrieg wurde die Produktion rasch automatisiert, aber dies ging mit der Einführung innovativer Technologien einher, welche die Grenzproduktivität der Arbeitskräfte und die Nachfrage nach

Arbeitern erhöhten. Die Kombination dieser zwei Kräfte und eine Umgebung, die den Wettbewerb zwischen den Unternehmen förderte und Kollektivverhandlungen begünstigte, sorgten dafür, dass die Produktivität eine Sogwirkung auf die Arbeitseinkommen ausübte.

Ab dem Jahr 1980 änderte sich das grundlegend. Von da an beschleunigte sich die Automatisierung, aber es wurden nur wenige Technologien eingeführt, um ihre nachteiligen Auswirkungen auf die Arbeitskräfte zu mildern. Das Lohnwachstum verlangsamte sich, da das Durchsetzungsvermögen der Arbeiterbewegung schwand. Der mangelnde Widerstand seitens der Arbeitskräfte trug vermutlich wesentlich zur zunehmenden Konzentration auf die Automatisierung bei. Selbst in Zeiten, in denen der Wohlstand relativ breit verteilt wird, neigen viele Manager zur Automatisierung, um die Arbeitskosten zu verringern und die Verhandlungsposition der Beschäftigten zu schwächen. Als nach 1980 die Gegenkräfte der organisierten Arbeiterbewegung und der staatlichen Ordnungspolitik geschwächt wurden, wurde die Aufteilung der Produktivitätserträge eingeschränkt. So setzte sich der natürliche Hang zur Automatisierung durch. Nun wurden die Einkommen eines sehr viel kleineren Teils der Bevölkerung durch die Sogwirkung der Produktivitätszuwächse nach oben gezogen.

Erschwerend kam hinzu, dass die digitalen Technologien in Ermangelung von Gegenkräften in den Dienst einer neuen digitalen Utopie gestellt wurden. Software und Maschinen wurden eingesetzt, um die Macht der Unternehmen zu stärken und die Arbeitskräfte an den Rand zu drängen. Es setzte sich die Vorstellung durch, die von den Technologieführern durchgesetzten digitalen Lösungen würden beinahe automatisch im Interesse der Allgemeinheit sein. Doch die Mehrheit der Arbeitskräfte sah sich eher mit einer Dystopie konfrontiert: Sie verloren ihre Arbeitsplätze und ihren Lebensunterhalt.

Bei Entwicklung und Einsatz der digitalen Technologien hätte ein anderer Weg gewählt werden können. Die frühen Hacker orientierten sich an einer anderen Vision und trieben die technologische Entwicklung voran, um die Dezentralisierung zu fördern und die Kontrolle der Unternehmen über die Technologie zu schwächen. Dieser alternative Zugang ermöglichte einige bemerkenswerte Erfolge, obwohl er, wie wir sehen werden, kaum Einfluss auf die wichtigsten Entwicklungen in der Tech-Branche hatte.

Die unausgewogene Ausrichtung der technologischen Entwicklung war also das Ergebnis einer Entscheidung, die obendrein sozial konstruiert war. Und dann kam wirtschaftlich, politisch und sozial alles noch viel schlimmer, denn die Technologievisionäre entdeckten ein neues Werkzeug, mit dem sie die Gesellschaft umbauen konnten: die künstliche Intelligenz.

9

KÜNSTLICHES RINGEN[1]

Es ist noch nichts Entscheidendes über diesen Gegenstand veröffentlicht worden, und allerorten finden sich noch wirkliche Genies in der Mechanik, sowie Leute von großem, allgemeinem Scharfsinn und durchdringendem Verstand, die anstandslos den Automaten für eine *reine Maschine* erklären, dessen Bewegungen sich ohne menschliche Hilfe vollziehen, und der folglich die erstaunlichste Erfindung der Menschheit ist.

– Edgar Allan Poe, »Mälzels Schachspieler (Schachtürke)«, 1836[2]

Die Welt der Zukunft wird ein mehr und mehr aufreibender Kampf gegen die Beschränkungen unseres Verstandes sein, keine bequeme Hängematte, in die wir uns legen können, um von unseren Robotersklaven bedient zu werden.

– Norbert Wiener, *God & Golem, Inc.*, 1965[3]

In einem Sonderbericht über die Zukunft der Arbeitswelt im April 2021 erteilte das Wirtschaftsmagazin *Economist* denjenigen eine Lektion, die sich wegen wachsender Ungleichheit und schwindender Stellenangebote für Arbeitskräfte Sorgen machten: »Seit Beginn der Epoche des Kapitalismus haben Menschen über die Arbeitswelt geklagt; sie glaubten schon immer, die Vergangenheit wäre besser gewesen als die Gegenwart und die heutigen Arbeitnehmer würden beispiellos schlecht behandelt werden.«

Befürchtungen bezüglich einer KI-gestützten Automatisierung seien besonders übertrieben, und »weit verbreitete Vorstellungen über die Arbeitswelt sind größtenteils irreführend«.[4] Anschließend wartete der Bericht mit einer klaren Neuformulierung der These von der »Sogwirkung der Produktivität« auf: »Durch Senkung der Produktionskosten kann die Automatisierung in der Tat eine größere Nachfrage nach Gütern und Dienstleistungen erzeugen und so die Schaffung von Arbeitsplätzen ankurbeln, die sich nur schwer automatisieren lassen. Die Wirtschaft braucht vielleicht weniger Kassenpersonal in Supermärkten, aber mehr Massagetherapeutinnen.«[5]

Das Fazit des Berichts: »Eine glänzende Zukunft für die Arbeitswelt.«[6]

Die Unternehmensberatung McKinsey gelangte Anfang 2022 im Rahmen ihrer strategischen Partnerschaft mit den Organisatoren des jährlichen Weltwirtschaftsforums in Davos zu einer ähnlichen Einschätzung:

> Vielen Arbeitnehmern auf der ganzen Welt mögen Veränderungen als eine Bedrohung erscheinen, insbesondere, wenn es sich um neue Technologien handelt. Dies geht oft mit der Befürchtung einher, Automatisierungsmaßnahmen würden Menschen von Arbeitsplätzen verdrängen. Aber ein Blick über die Schlagzeilen hinaus zeigt, dass das Gegenteil der Fall ist, denn Technologien der Vierten Industriellen Revolution (4IR) kurbeln Produktivität und Wachstum in Fertigung und Produktion an, und zwar sowohl bei Industriebranchen, die wiederbelebt werden sollen, als auch bei Neuansiedlungen. Diese Technologien schaffen mehr und neuartige Arbeitsplätze, die das Verarbeitende Gewerbe transformieren

und die Menschen helfen, erfüllende, einträgliche und zukunftssichere berufliche Laufbahnen einzuschlagen.[7]

Der *Economist* und McKinsey brachten die Überzeugung vieler Tech-Entrepreneure und -Experten zum Ausdruck, wonach die Befürchtungen im Hinblick auf KI und Automatisierung übertrieben seien. Das Pew Research Center befragte Wissenschaftler und Technologieführer und gab die Aussagen von über hundert Befragten wieder, wobei die überwältigende Mehrheit erklärte, dass KI ungeachtet der Risiken breit gefächerte wirtschaftliche und gesellschaftliche Vorteile mit sich bringen werde.

Gemäß der vorherrschenden Sichtweise könne es im Zuge dieses Prozesses zwar zu gewissen Verwerfungen kommen – zum Beispiel zu Arbeitsplatzverlusten –, aber diese Übergangskosten seien unvermeidlich. In den Worten eines der Experten, die vom Pew Research Center zitiert werden: »In den kommenden 12 Jahren wird KI Menschen in allen möglichen Berufen befähigen, ihre Arbeit effizienter zu erledigen, insbesondere aber in den Berufen, bei denen es um ›Schutz und Rettung von Leben‹ geht: individualisierte Medizin, Polizeiarbeit und auch Kriegsführung (wo sich Angriffe darauf konzentrieren werden, Infrastruktur zu zerstören, und weniger darauf, feindliche Kämpfer und Zivilisten zu töten).« Dieselbe Person räumte auch ein: »Natürlich wird es auch einige Schattenseiten geben: eine größere Arbeitslosigkeit in gewissen ›Routinejobs‹ (z. B. Transportfahrer, Gastronomie, Roboter und Automatisierung usw.).«[8]

Aber wir sollten uns über diese Schattenseiten nicht allzu sehr den Kopf zerbrechen, denn dieselben Tech-Entrepreneure linderten die Belastungen durch ihre Philanthropie. Wie Bill Gates auf dem Weltwirtschaftsforum von 2008 sagte, haben diese erfolgreichen Unternehmer die Chance, anderen Menschen und zugleich ihren Unternehmen Gutes zu tun, indem sie den Benachteiligten mit neuen Produkten und Technologien helfen. Er erklärte, dass »die Herausforderung darin besteht, ein System zu konzipieren, in dem Marktanreize einschließlich Gewinn und Anerkennung den Wandel antreiben«, mit dem Ziel, »die Lebensverhältnisse derjenigen zu verbessern, die nicht in vollem Umfang von Marktkräften profitieren«. Er nannte dieses System »schöpferischen Kapitalismus« (*creative capitalism*) und gab für jeden das philanthropische Ziel aus, »im kommenden Jahr ein Projekt des schöpferischen Kapitalismus in Angriff zu nehmen«, um auf diese Weise die Probleme der Welt zu lindern.[9]

Wir werden in diesem Kapitel darlegen, dass diese Vision, wonach von talentierten Entrepreneuren erfolgreich eingeführte und gemanagte neue Technologien, einschließlich intelligenter Maschinen, beinahe zwangsläufig allen nützen, eine Illusion ist – die KI-Illusion. Wie Lesseps' Überzeugung, dass sowohl die Investoren als auch der Welthandel von Kanälen profitieren würden, ist es eine Vision, die auf bestimmten Ideen beruht, aber sie erhält zusätzliche Schubkraft dadurch, dass sie Eliten, die die technologische Innovation in Richtung Automatisierung und Überwachung lenken wollen, bereichert und noch mächtiger macht.

Selbst die Beschreibung digitaler Fähigkeiten als intelligente Maschinen ist ein nicht hilfreicher Aspekt dieser Vision. Digitale Technologien sind universell einsetzbar und können auf vielfältige Weise entwickelt werden. Wenn wir sie in eine bestimmte Richtung lenken, sollten wir uns darauf konzentrieren, sie so nützlich wie möglich für menschliche Zwecke zu machen – das, was wir »Maschinennützlichkeit« nennen. Die Förderung des Einsatzes von Maschinen und Algorithmen, um menschliche Fähigkeiten zu ergänzen und Menschen mehr Gestaltungsmacht zu geben, führte in der Vergangenheit zu Innovationsschüben mit hoher Maschinennützlichkeit. Dagegen fördert die blinde Begeisterung für Maschinenintelligenz Datensammlung in großem Stil, Entmächtigung von Arbeitnehmern und Bürgern und einen Automatisierungswettlauf, auch wenn dabei lediglich eine So-lala-Automatisierung herauskommt, die nur geringe Produktivitätszuwächse mit sich bringt. Es ist kein Zufall, dass Automatisierung und massenhafte Datensammlung diejenigen bereichern, die digitale Technologien kontrollieren.

KI-Traumwelten

Menschen sind zu Recht begeistert von den Fortschritten bei digitalen Technologien. Neue Maschinenfähigkeiten können unsere Handlungsmöglichkeiten massiv erweitern und viele Aspekte unseres Lebens zum Besseren verändern. Und es sind schon enorme Fortschritte gemacht worden. So sind zum Beispiel der Generative Pre-Trained Transformer 3 (GPT-3), der im Jahr 2020 von OpenAI veröffentlicht wurde, und ChatGPT, im Jahr 2022 von demselben Unternehmen vorgestellt, Natural-Language-Processing-Systeme mit bemerkenswerten Fähigkeiten. Diese Programme, die bereits mit riesigen Mengen an Textdaten aus dem Internet trainiert und optimiert wurden, können Aufsätze und sogar Gedichte schreiben, die sich kaum noch von solchen unterscheiden, die von Menschen verfasst worden sind; sie können Gespräche wie ein Mensch führen, und, was am eindrucksvollsten ist, sie übersetzen Anweisungen in natürlicher Sprache in Maschinencode.

Softwareprogramme haben eine einfache Logik. Ein Programm bzw. ein Algorithmus ist ein Rezept, das eine Maschine anweist, eine vorgegebene Reihe von

Inputs zu nehmen und eine schrittweise Folge von Berechnungen damit durchzuführen. So bestand zum Beispiel beim Jacquardwebstuhl der Input aus mehreren Lochkarten, die einen elegant konzipierten mechanischen Prozess auslösten, bei dem die Kettfäden einzeln gehoben und gesenkt wurden, was es ermöglichte, komplexe, in den Karten spezifizierte Muster zu weben. Verschiedene Karten erzeugten unterschiedliche Muster, von denen einige erstaunlich komplex waren.[10]

Moderne Rechner werden »digital« genannt, weil die Eingaben in diskreter Form dargestellt werden und einen aus einer endlichen Menge von Werten (im Regelfall als Einsen und Nullen) annehmen. Aber mit dem Jacquardwebstuhl teilen sie den allgemeinen Grundsatz, dass sie exakt die Abfolge von Berechnungen oder Aktionen umsetzen, die von einem Programmierer festgelegt worden ist.

Wie steht es mit künstlicher Intelligenz? Leider existiert keine allgemein anerkannte Definition.[11] Einige Experten definieren künstliche Intelligenz als Maschinen oder Algorithmen, die »intelligentes Verhalten« oder »höhere Fähigkeiten« zeigen, auch wenn oftmals strittig ist, was genau darunter zu verstehen ist. Andere warten mit Definitionen auf, die durch Programme wie GPT-3 motiviert sind und die intelligente Maschinen mit denjenigen gleichsetzen, die Ziele verfolgen, ihre Umgebung beobachten, anderweitige Inputs erhalten und versuchen, ihre Ziele zu erreichen. So erhält zum Beispiel GPT-3 in verschiedenen Anwendungen unterschiedliche Ziele, und es versucht, sie so gut wie möglich zu erreichen.

Unabhängig davon, wie moderne Maschinenintelligenz genau definiert wird, ist klar, dass neue digitale Algorithmen weithin in jedem Bereich unseres Lebens zum Einsatz kommen werden. Wir werden nicht versuchen, uns für eine der vielen verschiedenen Definitionen von Maschinenintelligenz zu entscheiden, vielmehr meinen wir, wenn wir von »moderner KI« sprechen, das gegenwärtig vorherrschende Paradigma auf diesem Gebiet.

Schon lange vor der Einführung der modernen KI wurden digitale Technologien auf den Produktionsprozess angewandt – zum Beispiel in Form von numerisch gesteuerten Maschinen. Die bedeutendsten Fortschritte auf dem Feld des Computing in den letzten siebzig Jahren beruhten darauf, dass man neue Wege gefunden hat, um Arbeitsaufgaben mithilfe von Software auszuführen, etwa bei der Dokumentenerstellung, beim Datenbankmanagement, bei der Buchführung und der Lagerbestandskontrolle. Software kann auch neue Produktionsfähigkeiten hervorbringen. Bei der rechnergestützten Konstruktion verbessert Software die Genauigkeit des Konstruktionsprozesses und vereinfacht diesen für die beteiligten Fachkräfte. Sie macht Kassenpersonal und andere Mitarbeiter mit direktem Kundenkontakt produktiver. Wie in Kapitel 8 dargelegt, ermöglicht sie außerdem Automatisierung.

Damit eine Aufgabe mit herkömmlicher Software automatisiert werden kann, muss sie eine »Routine« sein, das heißt, sie muss vorhersagbare Schritte umfassen, die in einer definierten Reihenfolge implementiert werden. Routineaufgaben werden wiederholt ausgeführt und in eine vorhersagbare Umgebung eingebettet. So ist zum Beispiel Maschinenschreiben eine Routine. Ebenso Stricken und andere einfache Produktionsaufgaben, die eine beträchtliche Menge an repetitiven Tätigkeiten umfassen. Software wird mit Maschinen kombiniert, die mit der physischen Welt interagieren, um verschiedene Routineaufgaben zu automatisieren, genauso, wie es Jacquard vorschwebte, und genau dies vollbringen moderne numerisch gesteuerte Geräte wie Drucker und computergestützte Drehmaschinen regelmäßig. Software ist auch ein fester Bestandteil der Robotertechnik, die umfassend zur industriellen Automatisierung eingesetzt wird.[12]

Aber nur ein kleiner Bruchteil unserer Arbeitsaufgaben sind echte Routinen. Die meisten Dinge, die wir tun, erfordern ein gewisses Maß an Problemlösung. Wir finden Lösungen für neue Situationen oder Herausforderungen, indem wir auf der Basis vergangener Erfahrungen und unseres Vorwissens Analogien herstellen. Wir passen uns flexibel an fortwährende Veränderungen der relevanten Umgebung an. Wir verlassen uns stark auf soziale Interaktionen wie kommunikativen Austausch und Erklärungen von anderen, und wir genießen das kameradschaftliche Miteinander mit Kollegen oder auch Kunden bei geschäftlichen Transaktionen. In der Gruppe sind wir Menschen ziemlich kreativ.

Die Tätigkeit im Kundendienst zum Beispiel erfordert sowohl soziale als auch Problemlösungsfähigkeiten. Es gibt Zehntausende von Problemen, denen sich ein Kunde gegenübersehen kann, darunter seltene oder auch höchst individuelle. Es ist relativ leicht, einem Kunden zu helfen, der einen Flug verpasst hat und der gerne den nächsten erreichbaren Flieger nehmen würde. Was aber ist, wenn der Reisende am falschen Flughafen gelandet ist oder jetzt zu einem anderen Ziel fliegen muss?

Mithilfe moderner KI-Methoden ist es gelungen, ein breiteres Spektrum von Routineaufgaben, wie zum Beispiel von Bankangestellten erbrachte Dienstleistungen, zu automatisieren. Schon in den neunziger Jahren, also vor Beginn der KI-Ära, fanden im Bankwesen umfassende Automatisierungsanstrengungen statt – etwa durch den vermehrten Einsatz von Geldautomaten –, wobei der Schwerpunkt auf einfachen Aufgaben wie etwa Bargeldauszahlung lag. Die Einreichung von Schecks war nur teilweise automatisiert. Geldautomaten nahmen Einzahlungen an, und Schecks wurden mithilfe der Magnetic-Ink-Character-Recognition-Technologie nach ihrer Bankleitzahl und Kontonummer sortiert. Aber für andere Routineaufgaben wie die Handschriftenerkennung, die Verwaltung von Konten und die Überwachung von Überziehungskrediten waren nach wie vor Menschen notwendig. Aufgrund der jüngsten Fortschritte bei KI-basierten Handschriftenerkennungstools und Entscheidungshilfen können Schecks jetzt ohne Beteiligung von Bankangestellten verarbeitet werden.

Aber die Ambitionen der KI gehen weit darüber hinaus: Die Automatisierung soll auf Nicht-Routineaufgaben wie Kundendienst, Steuererklärungen und sogar Finanzberatung ausgeweitet werden. Viele der Aufgaben, die mit diesen Dienstleistungen verbunden sind, sind vorhersagbar und können leicht automatisiert werden. So können zum Beispiel Informationen aus Lohn- und Steuerbescheinigungen (wie etwa dem W-2-Formular in den Vereinigten Staaten) gescannt und automatisch in die entsprechenden Felder eingetragen werden, um Steuerschulden zu berechnen, oder die relevanten Informationen über Einlagen und Guthaben können einem Bankkunden zur Verfügung gestellt werden. In jüngster Zeit hat sich KI auch an komplexere Aufgaben herangewagt. Ausgetüftelte Steuersoftware kann bei Ausgaben oder Posten, die fraglich erscheinen, Rücksprache mit Nutzern halten, und Kundinnen und Kunden können zur näheren Einordnung ihres Problems sprachgesteuerte Menüs angeboten werden (auch wenn diese oftmals nicht fehlerfrei funktionieren, auf diese Weise ein Teil der Arbeit auf die Nutzerinnen und Nutzer abgewälzt wird und längere Verzögerungen auftreten, weil Kunden, die dementsprechend weitere Hilfe benötigen, auf eine Mitarbeiterin oder einen Mitarbeiter warten müssen).

Bei der robotergestützten Prozessautomatisierung (RPA) zum Beispiel implementiert die Software Aufgaben, nachdem sie beobachtet hat, wie Menschen die grafische Benutzeroberfläche der Anwendung bedient haben.[13] RPA-Bots kommen jetzt bei Banktransaktionen, Kreditvergabeentscheidungen, im Online-Handel und bei verschiedenen Software-Support-Funktionen zum Einsatz. Bekannte Beispiele sind automatische Stimmerkennungssysteme und Chatbots, die von Remote-IT-Support-Praktiken lernen. Viele Experten sind überzeugt davon, dass diese Art der Automatisierung sich auf eine Vielzahl von Aufgaben ausweiten wird, die gegenwärtig noch von Büroangestellten ausgeführt werden.[14] Der *New York Times*-Journalist Kevin Roose fasst das Potenzial der RPA wie folgt zusammen:

> »Jüngsten Fortschritten auf dem Gebiet der KI und des maschinellen Lernens verdanken wir Algorithmen, die Ärzte, Juristen und Banker in gewissen Teilbereichen ihrer Tätigkeitsfelder übertreffen. Und in dem Maße, wie Bots lernen, höherwertige Aufgaben zu übernehmen, klettern sie die Karriereleiter hinauf.«

Angeblich werden wir alle Nutznießer dieser spektakulären neuen Fähigkeiten sein. Die gegenwärtigen CEOs von Amazon, Facebook, Google und Microsoft haben einhellig beteuert, KI werde die technologische Landschaft in den kommenden Jahrzehnten von Grund auf positiv verändern. Kai-Fu Lee, der ehemalige President von Google China, drückt es folgendermaßen aus: »Und wie bei den meisten Technologien werden auch bei KI langfristig die positiven gesellschaftlichen Auswirkungen stärker zu Buche schlagen als die negativen.«[15]

Die Fakten stützen diese hochfliegenden Versprechungen aber nur zum Teil. Obgleich schon seit zwanzig Jahren viel über den Einsatz intelligenter Maschinen geredet wird, begannen sich diese Technologien erst nach 2015 auszubreiten. Dieses »Abheben« der KI zeigt sich in den Summen, die Unternehmen für KI-bezogene Aktivitäten ausgeben, und in der Anzahl der Stellenausschreibungen für Arbeitskräfte mit besonderen KI-Fachkenntnissen (wie etwa in den Bereichen maschinelles Lernen, Machine Vision, Deep Learning, Bilderkennung, Natural-Language Processing, neuronale Netze, Support Vector Machines und latente semantische Analyse).

Wenn wir diesen unauslöschlichen Fußabdruck nachverfolgen, sehen wir, dass KI-Investitionen und die Einstellung von KI-Spezialisten sich auf Unternehmen konzentrieren, deren Fokus auf Aufgaben liegt, die von diesen Technologien ausgeführt werden können, wie etwa versicherungsmathematische und Buchhaltungsfunktionen, Beschaffungs- und Einkaufsanalyse und diverse andere Bürotätigkeiten, die mit Mustererkennung, Berechnungen und einfacher Spracherkennung verbunden sind.[16] Allerdings haben dieselben Unternehmen insgesamt auch viel weniger neue Arbeitskräfte eingestellt – zum Beispiel dadurch, dass sie ihre Ausschreibungen für alle möglichen anderen Stellen verringerten.

Tatsächlich gibt es zahlreiche Anhaltspunkte dafür, dass der Schwerpunkt von KI-Anwendungen bislang ganz klar auf Automatisierung liegt. Ungeachtet von Behauptungen, dass KI und RPAs auch in zunehmendem Maße höhere fachliche Kompetenzen erfordernde Nichtroutine-Aufgaben übernehmen werden, sind Geringqualifizierte, die bereits durch frühere Formen der digitalen Automatisierung benachteiligt worden sind, bislang die Hauptleidtragenden der KI-Automatisierung gewesen. Und es gibt auch keine Belege dafür, dass Geringqualifizierte von KI-Anwendungen profitieren, während die Personen, die diese Firmen leiten, selbst und ihre Aktionäre durchaus einen gewissen Nutzen daraus ziehen.

Es ist beruhigend, dass KI nicht so schnell voranzuschreiten scheint, dass sie Massenarbeitslosigkeit erzeugt. Wie die Industrieroboter, die wir in Kapitel 8 diskutierten, können gegenwärtige Technologien bislang nur eine begrenzte Menge an Aufgaben ausführen, und ihre Auswirkungen auf die Beschäftigung sind überschaubar. Dennoch entwickelt sich KI in eine Richtung, die Geringqualifizierte benachteiligt und einige Arbeitsplätze vernichtet. Dies wird wohl vor allem dazu führen, dass die Löhne vieler Arbeitnehmer noch weiter sinken – eine vollkommen arbeitsfreie Zukunft dagegen ist nicht zu erwarten. Das Problem besteht darin, dass KI zwar die meisten ihrer Versprechen nicht halten kann, aber trotzdem den Bedarf an gering qualifizierten Arbeitskräften verringert.

Der Nachahmungsirrtum

Warum dann dieser ganze Hype um Maschinenintelligenz? Was uns eigentlich interessieren sollte, ist die Frage, ob Maschinen und Algorithmen für uns nützlich sind. Laut den meisten Definitionen ist zum Beispiel das Globale Positionsbestimmungssystem (GPS) wohl nicht als »intelligent« anzusehen, weil es auf der Implementierung eines einfachen Suchalgorithmus beruht (des A*-Such-Algorithmus, der im Jahr 1968 entwickelt wurde). Dennoch leisten uns GPS-Geräte äußerst nützliche Dienste. Kaum ein Experte würde Taschenrechner als intelligent bezeichnen, aber sie erledigen Aufgaben, die die Fähigkeiten der meisten Menschen übersteigen (wie etwa zwei siebenstellige Zahlen schnell miteinander zu multiplizieren).

Statt uns auf Maschinenintelligenz zu versteifen, sollten wir uns fragen, wie nützlich Maschinen für uns sind. Auf diese Weise definieren wir die Maschinennützlichkeit (MN). Wenn wir uns an der Maschinennützlichkeit orientieren würden, würde uns dies in eine Richtung führen, die gesamtgesellschaftlich, insbesondere aber für Arbeitnehmer und Bürger vorteilhafter wäre. Bevor wir dieses Argument weiter ausführen, sollten wir verstehen, woher der gegenwärtige Fokus auf Maschinenintelligenz kommt. Dies führt uns zu einer Vision, die der britische Mathematiker Alan Turing formulierte.[17]

Während seiner gesamten wissenschaftlichen Laufbahn war Turing fasziniert von den Fähigkeiten von Maschinen. Im Jahr 1936 leistete er einen grundlegenden Beitrag zu der Frage, was es bedeutet, wenn etwas »berechenbar« ist. Kurt Gödel und Alonzo Church hatten sich kurz zuvor mit der Frage beschäftigt, wie sich die Menge berechenbarer Funktionen definieren lässt, das heißt die Menge der Funktionen, deren Werte mit einem Algorithmus berechnet werden können. Turing entwickelte den überzeugendsten Lösungsansatz für diese Frage.

Er stellte sich einen abstrakten Rechner vor, der heute Turingmaschine genannt wird, der entsprechend den Eingaben, die auf einem potenziell unendlichen Band spezifiziert sind – zum Beispiel Anweisungen, grundlegende Rechenoperationen zu implementieren –, Berechnungen ausführen kann. Dann definierte er eine Funktion als berechenbar, wenn eine solche Maschine die Funktionswerte berechnen kann. Eine Maschine wird dann universelle Turingmaschine genannt, wenn sie jede beliebige Zahl berechnen kann, die von irgendeiner Turingmaschine kalkuliert werden kann. Insbesondere gilt auch: Wenn der menschliche Intellekt im Grunde ein hochkomplexer Rechner ist und wenn die Aufgaben, die er ausführt, innerhalb der Klasse der berechenbaren Funktionen liegen, dann könnte eine universelle Turingmaschine alle geistigen Fähigkeiten des Menschen nachahmen. Allerdings befasste sich Turing vor dem Zweiten Weltkrieg nicht mit der Frage, ob Maschinen wirklich denken und in welchem Umfang sie menschliche Aufgaben ausführen können.

Während des Krieges beteiligte sich Turing an den Aktivitäten in der hoch geheimen Forschungsanstalt Bletchley Park, wo Mathematiker und andere Experten daran arbeiteten, verschlüsselte deutsche Funkbotschaften zu entziffern. Er konzipierte einen intelligenten Algorithmus – und entwarf eine Maschine –, der das Knacken feindlicher Geheimcodes beschleunigen sollte. Dies half dem britischen militärischen Nachrichtendienst, verschlüsselte Funksprüche, von denen die Deutschen glaubten, sie wären nicht zu knacken, schnell zu dechiffrieren.

Nach Bletchley nahm Turing seine Arbeiten zum Thema Berechnung aus der Vorkriegszeit wieder auf und machte den nächsten Schritt. Im Jahr 1947 erklärte er auf einer Tagung der London Mathematical Society, Maschinen könnten Intelligenz besitzen. Turing ließ sich von den feindseligen Reaktionen der Konferenzteilnehmer nicht beirren und arbeitete weiter an dem Problem. Im Jahr 1951 schrieb er: »›Man kann eine Maschine nicht dazu bringen, für einen selbst zu denken.‹ Dies ist ein Gemeinplatz, der für gewöhnlich unhinterfragt für wahr erachtet wird. Es ist die Absicht dieses Aufsatzes, ihn zu hinterfragen.«[18]

In seinem wegweisenden Aufsatz von 1950, »Computing Machinery and Intelligence«, definiert er, was unter einer intelligenten Maschine zu verstehen sei. Turing dachte sich ein »Imitationsspiel« aus (das heute Turing-Test genannt wird), in dem ein Fragesteller sich mit zwei Gesprächspartnern unterhält, von denen der eine ein Mensch und der andere eine Maschine ist. Der Fragesteller stellt über eine Computertastatur und einen Bildschirm eine Reihe von Fragen, um so herauszufinden, wer was ist. Eine Maschine ist intelligent, wenn der Fragesteller sie nicht als solche erkennen kann.

Nach dieser Definition ist gegenwärtig keine Maschine intelligent, aber man könnte sie so modifizieren, dass sie eine weniger kategorische Klassifizierung von Maschinenintelligenz erlaubte. Danach wäre eine Maschine umso intelligenter, je besser sie Menschen imitieren kann. Um dies zu operationalisieren, kann man den Begriff der »Gleichwertigkeit mit einem Menschen« (Parität) bei einer Aufgabe definieren, die dann gegeben wäre, wenn eine Maschine eine Aufgabe mindestens so gut ausführen kann wie ein Mensch. Dann wäre sie umso intelligenter, je mehr Aufgaben sie genauso gut lösen würde wie ein Mensch.

Turings eigene Gedanken zu diesem Thema waren subtiler. Er ging davon aus, dass das Bestehen dieses Tests nicht unbedingt echte Denkfähigkeit bedeuten muss: »Ich möchte nicht den Eindruck erwecken, als hätte Bewusstsein für mich nichts Mysteriöses. Zum Beispiel tritt im Zusammenhang mit jedem Versuch, es zu verorten, eine Art Paradoxon auf.«[19] Ungeachtet dieses Vorbehalts trat das moderne Fachgebiet der künstlichen Intelligenz in die Fußstapfen Turings und konzentrierte sich auf künstliche Intelligenz, definiert als Fähigkeit von Maschinen, autonom zu handeln, zuerst menschliche Parität zu erreichen und dann Menschen zu übertreffen.

Euphorie und überwiegend Ernüchterung

Die Faszination an der Maschinenintelligenz führt oft zu Übertreibungen. Jacques de Vaucanson hätte eigentlich wegen seiner vielen Erfindungen, unter anderem der Konstruktion des ersten automatischen Webstuhls und einer Planschlitten-Drehmaschine, die sämtliche Metalle schneiden konnte und die für die frühe Werkzeugmaschinenindustrie bahnbrechend war, durchaus einen Platz in der Technikgeschichte verdient. Aber der Franzose ist vor allem als Betrüger in Erinnerung geblieben: Er konstruierte eine mechanische Ente, die mit den Flügeln schlug, fraß und trank und das, was sie zu sich genommen hatte, sogar wieder ausschied, nachdem sie es »verdaut« hat. Dies beruhte allerdings auf einer Täuschung, denn Futter und Wasser wurden in eines der vielen inneren Kompartimente weitergeleitet, das daraufhin bereits verdaute Nahrung in Form von Exkrementen ausschied.

Auf de Vaucansons Ente folgte schon bald der sogenannte Schachtürke des ungarischen Erfinders Wolfgang von Kempelen, ein Schach spielender Automat, dessen Name sich von der lebensgroßen, hinter einem Tisch sitzenden Figur herleitete, die osmanische Kleidung und einen Turban trug.[20] Der Türke besiegte viele namhafte Schachspieler, unter anderen Napoleon und Benjamin Franklin, löste das bekannte Schachrätsel, bei dem ein Springer auf einem leeren Schachbrett eine Route finden muss, auf der er jedes Feld genau einmal berührt, und er beantwortete sogar Fragen mithilfe einer Buchstabentafel. Leider verdankte er seinen Erfolg einem erfahrenen Schachspieler, der im Innern der Konstruktion versteckt war.

Auch in den fünfziger Jahren sorgten Behauptungen, Maschinen würden bald menschliche Intelligenz reproduzieren, für großes Aufsehen. Das Gründungsereignis – der erste Schritt auf dem Weg zum heute vorherrschenden KI-Paradigma und der Ort, an dem der Begriff »künstliche Intelligenz« geprägt wurde – war eine Konferenz am Dartmouth College im Jahr 1956, die von der Rockefeller Foundation finanziert wurde.[21] Brillante junge Wissenschaftler, die sich mit Themen beschäftigten, die eng miteinander zusammenhingen, versammelten sich während des Sommers in Dartmouth. Der Psychologe und Wirtschaftswissenschaftler Herbert Simon, der später mit dem Nobelpreis ausgezeichnet wurde, fing den Optimismus ein, als er schrieb, dass »Maschinen in zwanzig Jahren in der Lage sein werden, jede Arbeit zu verrichten, die ein Mensch erledigen kann«.

Im Jahr 1970 zeigte sich Marvin Minsky, der Co-Organisator der Dartmouth-Konferenz, im Gespräch mit dem Magazin *Life* noch immer zuversichtlich:

> In drei bis acht Jahren werden wir eine Maschine mit der allgemeinen Intelligenz eines durchschnittlichen Menschen haben. Damit meine ich eine Maschine, die in der Lage sein wird, Shakespeare zu lesen, mechanische Bauteile eines Autos zu schmieren, im Büro zu klüngeln, Witze zu erzählen, sich mit jemandem zu streiten. Zu diesem Zeitpunkt wird die Maschine beginnen, sich mit einer fantastischen Geschwindigkeit selbst weiterzubilden. Innerhalb weniger Monate wird sie das Niveau eines Genies erreichen und noch ein paar Monate später werden ihre Fähigkeiten unermesslich sein.[22]

Diese Hoffnungen auf eine Intelligenz auf menschlichem Niveau, gelegentlich auch »Künstliche Allgemeine Intelligenz« (KAI) genannt, wurden schon bald zunichte gemacht. Bezeichnenderweise gingen von der Dartmouth-Konferenz keine nennenswerten Impulse aus. Da keine der spektakulären Versprechungen von KI-Forschern eingelöst wurde, versiegte die finanzielle Förderung der KI-Forschung nach und nach, und das, was der erste »KI-Winter« genannt wurde, brach an.

Aufgrund von Fortschritten bei den Computing-Technologien und einigen begrenzten Erfolgen von Expertensystemen, die Ratschläge und Empfehlungen auf Expertenniveau versprachen, machte sich Anfang der achtziger Jahre eine neue Aufbruchsstimmung breit. Es wurden eine Reihe von Anwendungen entwickelt, die mithalfen, mehrere Krankheitserreger und bislang unbekannte Moleküle zu identifizieren. Schon bald machten wieder Behauptungen die Runde, künstliche Intelligenz werde demnächst die Leistungsfähigkeit menschlicher

Experten erreichen, und es flossen erneut Gelder in die Forschung. Ende der achtziger Jahre begann ein zweiter KI-Winter, weil die Versprechungen abermals nicht eingelöst wurden.

Zum dritten Mal setzte die Euphorie Anfang der Nullerjahre ein und konzentrierte sich auf das, was manchmal auch »enge KI« genannt wird, bei der es darum geht, spezifische Aufgaben mit hoher Zuverlässigkeit zu verrichten, wie zum Beispiel ein Objekt auf Bildern zu identifizieren, fremdsprachliche Texte zu übersetzen oder ein Spiel wie Schach oder Go zu spielen. Das übergeordnete Ziele bestand weiterhin darin, mindestens genauso gut zu werden wie ein Mensch.

Statt mathematische und logikbasierte Modelle, die die menschliche Kognition nachbilden, zu konzipieren, wandelten Forscher dieses Mal verschiedene menschliche Aufgaben in Vorhersage- bzw. Klassifizierungsprobleme um. Zum Beispiel kann man das Erkennen eines Bildes als einen Prozess auffassen, bei dem es darum geht, vorherzusagen, in welche Kategorie aus einer langen Liste von Kategorien das Bild gehört. KI-Programme können dann auf statistische Verfahren zurückgreifen, die mit riesigen Datensätzen trainiert wurden, um immer genauere Klassifizierungen vorzunehmen. Nachrichten in sozialen Medien, die unter Milliarden von Nutzern kursieren, sind ein Beispiel für diesen Datentyp.

Nehmen wir das Problem, zu erkennen, ob sich auf einem Bild eine Katze befindet. Die alte Vorgehensweise hätte es erforderlich gemacht, dass eine Maschine den gesamten Prozess modelliert, auf dessen Basis Menschen entscheiden, ob etwas, was sie sehen, eine Katze ist. Der moderne Ansatz umgeht den Schritt, die menschliche Entscheidungsfindung zu modellieren oder sogar zu verstehen. Stattdessen stützt er sich auf einen großen Datensatz von Menschen, die auf Bildern Katzen richtig erkennen. Anschließend passt er ein statistisches Modell an große Datensätze von Bildern mit vielfältigen Merkmalen an, um vorherzusagen, wann Menschen auf einem Bild eine Katze erkennen. Dann wird das statistische Schätzmodell auf neue Bilder angewandt, um vorherzusagen, ob sich darauf eine Katze befindet oder nicht.

Fortschritte wurden durch schnellere Computerprozessoren sowie durch neue Grafikprozessoren (GPUs) erreicht, die ursprünglich zur Generierung hochauflösender Grafiken in Videospielen verwendet wurden und sich als ein leistungsfähiges Tool für die Datenverarbeitung erwiesen. Außerdem wurden große Fortschritte bei der Datenspeicherung gemacht, was die Kosten für das Speichern und das Zugreifen auf riesige Datenbestände verringerte, und es gab Verbesserungen bei der Fähigkeit, sehr hohe Rechenleistungen durch Verteilung auf viele Geräte zu erreichen, unterstützt durch rasche Fortschritte bei Mikroprozessoren und Cloud Computing.

Genauso wichtig sind Fortschritte beim maschinellen Lernen gewesen, vor allem beim »Deep Learning«, bei dem mehrschichtige statistische Modelle wie etwa neuronale Netze eingesetzt werden. Bei der herkömmlichen statistischen Analyse steht am Anfang die Annahme eines Forschers, die einen möglichen kausalen Zusammenhang beschreibt. Eine Hypothese, die einen Zusammenhang zwischen dem Gesamtwert des US-Aktienmarkts und den Leitzinsen behauptet, ist ein einfaches Beispiel für einen solchen kausalen Zusammenhang, und sie bietet sich von selbst für eine statistische Analyse an, wenn man herausfinden will, ob sie mit den Daten übereinstimmt, und um zukünftige Marktbewegungen vorherzusagen. Theoriebildung beruht auf logischem Denken und Wissen, oftmals auch auf einer kreativen Neuinterpretation bestehender Erkenntnisse. Eine Theorie listet sämtliche möglichen Beziehungen zwischen mehreren Variablen auf. Forscher verknüpfen diese Theorie nun mit entsprechenden empirischen Daten, indem sie eine Gerade oder eine Kurve konstruieren, die in der Wolke von Punkten in ihren Datensätzen die Datenpunkte annähert, und auf der Basis dieser Schätzungen Schlussfolgerungen ziehen und Vorhersagen machen. Je nachdem, wie erfolgreich diese erste Vorgehensweise gewesen ist, kommt es zu zusätzlichem menschlichem Input in Form einer überarbeiteten Theorie oder eines vollständigen Fokuswechsels.

Im Gegensatz dazu beginnt der Prüfprozess bei modernen KI-Anwendungen nicht mit präzisen kausalen Hypothesen. So geben Forscher zum Beispiel nicht genau an, welche Merkmale in der digitalen Version eines Bildes maßgeblich dafür sind, dass man erkennt, was darauf abgebildet ist. Mehrschichtige Modelle, die auf riesige Datenmengen angewandt werden, bemühen sich, dieses Fehlen von Ausgangshypothesen wettzumachen. So ist vielleicht jede einzelne Schicht in erster Linie für eine ganz bestimmte Abstraktionsebene zuständig; eine Schicht erfasst vielleicht die Ränder des Bildes und erkennt seine groben Umrisse, während sich eine andere auf andere Aspekte konzentrieren mag, wie etwa darauf, ob ein Auge oder eine Pfote darauf zu sehen ist. Ungeachtet dieser ausgetüftelten Tools ist es ohne Zusammenarbeit zwischen Mensch und Maschine schwer, aus Daten die richtigen Schlüsse zu ziehen, und aufgrund dieser Schwäche bedarf es immer größerer Datenmengen und einer immer höheren Rechenleistung, um Muster zu erkennen.

Typische Algorithmen des maschinellen Lernens nähern eine Datenstichprobe zunächst mit einem flexiblen Modell an und machen dann Vorhersagen, die auf einen größeren Datensatz angewendet werden. So kann zum Beispiel bei der Bilderkennung ein Algorithmus des maschinellen Lernens mit einer Stichprobe ausgezeichneter (»getaggter«) Bilder, deren Tags angeben, ob auf dem Bild eine Katze zu sehen ist, trainiert werden. Dieser erste Schritt führt zu einem

Modell, das Vorhersagen über eine viele größere Datenreihe machen kann, und die Treffgenauigkeit dieser Vorhersagen treibt die nächste Runde algorithmischer Verbesserungen an.

Dieses neue KI-Paradigma hatte bereits drei wichtige Konsequenzen. Erstens hat es dazu geführt, dass KI eng verbunden ist mit der Nutzung riesiger Datenmengen. In den Worten des KI-Wissenschaftlers Alberto Romero, der der Branche im Jahr 2021 enttäuscht den Rücken kehrte: »Wenn man in der KI-Branche arbeitet, dreht sich wahrscheinlich alles um Daten: Man sammelt Daten, man bereinigt Daten, man etikettiert Daten, man teilt Daten auf, man trainiert mit Daten und man evaluiert mit Daten. Daten, Daten, Daten. Und das alles, damit ein Modell sagt: *Es ist eine Katze.*«[23] Diese Fokussierung auf große Datenmengen ist eine grundlegende Folge der auf Turing zurückgehenden Betonung der Autonomie.

Zweitens lässt dieses Paradigma moderne KI als in hohem Maße skalierbar und übertragbar erscheinen, und dies selbstverständlich in Bereichen, die viel interessanter und wichtiger sind als das Erkennen von Katzen. Sobald das Problem, Katzen in einem Bild zu erkennen, »gelöst« ist, können wir dazu übergehen, das Gleiche für komplexere Bilderkennungsaufgaben oder für scheinbar völlig andere Probleme wie die Ermittlung der Bedeutung fremdsprachlicher Sätze zu tun. Daher hat KI durchaus das Potenzial, in der Wirtschaft, aber auch in unserem Alltagsleben wirklich umfassend eingesetzt zu werden– zum Guten, aber oftmals auch zum Schlechten.

Im Extremfall wird das Ziel die Entwicklung einer vollständig autonomen allgemeinen Intelligenz, die *alles* vollbringen kann, was Menschen tun können. In den Worten des Mitgründers und CEOs von Deep Mind, Demis Hassabis, geht es darum, »das Rätsel der Intelligenz zu lösen und dann damit alles andere zu enträtseln«.[24] Aber ist dies die beste Art und Weise, digitale Technologien zu entwickeln? Diese Frage wird in der Regel nicht gestellt.

Drittens – und dies ist noch problematischer – hat dieses Paradigma KI noch stärker in Richtung Automatisierung gedrängt. Wenn Maschinen autonom und intelligent sein können, dann werden sie zwangsläufig mehr Aufgaben von Arbeitskräften übernehmen. Unternehmen können das Tätigkeitsprofil bestehender Arbeitsplätze in enger gefasste Aufgaben aufspalten, KI-Programme mit gigantischen Mengen an Daten darüber trainieren, wie Menschen ihre Aufgaben verrichten, und dann menschliche Arbeitskräfte in diesen Tätigkeitsfeldern durch Algorithmen ersetzen.

Eine elitäre Vision verstärkt diesen Fokus auf Automatisierung. Den Anhängern dieser Sichtweise zufolge sind die meisten Menschen fehleranfällig und erledigen die ihnen übertragenen Aufgaben nicht sonderlich gut. Wie es auf einer

KI-Website heißt: »Menschen neigen von Natur aus dazu, Fehler zu machen.« Andererseits gibt es einige sehr talentierte Programmierer, die ausgetüfelte Algorithmen konzipieren können. Mark Zuckerberg formuliert es folgendermaßen: »Jemand, der seine Aufgaben außergewöhnlich gut erledigt, ist nicht einfach nur ein wenig besser als jemand, der ziemlich gut ist. Er ist hundertmal besser.« Oder in den Worten des Mitgründers von Netscape, Marc Andreessen: »Fünf hervorragende Programmierer bringen dir viel mehr als 1000 mittelmäßige Programmierer.«[25] Gemäß dieser Weltsicht ist es wünschenswert, Technologien von außergewöhnlichen Talenten gleichsam »von oben herunter« entwerfen zu lassen, um menschliche Fehler und ihre Kosten am Arbeitsplatz zu begrenzen. Es wird dann akzeptabel, Arbeitskräfte durch Maschinen und Algorithmen zu ersetzen, und ebenso, riesige Mengen an Daten über Menschen zu sammeln. Diese Betrachtungsweise rechtfertigt außerdem, dass das Erreichen der »menschlichen Parität« – und nicht etwa die Ergänzung menschlicher Fähigkeiten – zum bestimmenden Kriterium des technologischen Fortschritts wird, und dies passt auch hervorragend zu dem nachdrücklichen Bestreben vieler Unternehmen, ihre Arbeitskosten zu senken.

Der unterschätzte Mensch

Trotz der Verdrängung von Arbeitskräften durch Automatisierungsmaßnahmen und massenhafte Datensammlung können Produktivitätszuwächse infolge des Einsatzes neuer Technologien manchmal die Nachfrage nach Arbeitskräften steigern und ihr Einkommen erhöhen. Aber Vorteile für Arbeitnehmer ergeben sich nur dann, wenn neue Technologien zu erheblichen Produktivitätssteigerungen führen. Heute ist dies eine ernste Sorge, weil KI uns bislang eine Menge So-lala-Automatisierung mit begrenzten Produktivitätsgewinnen beschert hat.[26]

Wenn die Produktivität in erheblichem Umfang ansteigt, kann dies einige der negativen Effekte der Automatisierung wettmachen – zum Beispiel dadurch, dass dann die Nachfrage nach Arbeitskräften für nichtautomatisierte Aufgaben steigt oder die Beschäftigung in anderen Branchen stimuliert wird, die in der Folge einen Wachstumsschub erleben. Diese positiven Auswirkungen bleiben jedoch aus, wenn Kosteneinsparungen und Produktivitätszuwächse gering sind. Besonders problematisch ist die So-lala-Automatisierung, weil sie Arbeitnehmer verdrängt, aber keine Produktivitätsverbesserungen bringt.

Im Zeitalter der KI gibt es einen fundamentalen Grund für diese So-lala-Automatisierung. Die meisten Dinge, die Menschen tun, beherrschen sie gut, und KI-basierte Automatisierung bringt wahrscheinlich keine eindrucksvollen Erfolge, wenn sie bei Aufgaben, für deren Verrichtung wir uns über mehrere Hundert Jahre hinweg die erforderlichen Kompetenzen angeeignet haben, einfach nur Menschen ersetzt. Eine So-lala-Automatisierung ist das, was wir zum Beispiel bekommen, wenn Unternehmen es eilig haben, Selbstbedienungskassen zu installieren, die nicht richtig funktionieren und die Servicequalität für Kunden nicht verbessern. Oder wenn qualifizierte Kundenbetreuerinnen, IT-Spezialistinnen oder Finanzberaterinnen durch KI-Algorithmen verdrängt werden, die dann die in sie gesetzten Erwartungen nicht erfüllen.

Viele der produktiven Aufgaben, die Menschen verrichten, sind eine Mischung aus Routine- und komplexeren Tätigkeiten, die mit sozialer Kommunikation, Problemlösung, Flexibilität und Kreativität verbunden sind. Bei solchen Tätigkeiten stützen wir uns auf implizites Wissen und Expertise. Überdies ist ein Großteil dieser Expertise in hohem Maße kontextabhängig und schwer auf KI-Algorithmen zu übertragen, geht also wahrscheinlich verloren, sobald die entsprechenden Aufgaben automatisiert werden.

Um zu verdeutlichen, wie wichtig angehäuftes Wissen ist, müssen wir uns nur die (in Kapitel 4 erörterten) Jäger-und-Sammler-Gesellschaften ansehen. Ethnografische Studien zeigen, dass Wildbeutergruppen sich durchweg bemerkenswert gut an lokale Gegebenheiten anpassen. So ist zum Beispiel Kassava (Maniok) eine sehr nahrhafte Pflanze mit großen Wurzelknollen, die ursprünglich aus dem tropischen Amerika stammt.[27] Aus den Wurzelknollen werden Kassava-Mehl, Brot, Tapioka und verschiedene alkoholische Getränke hergestellt. Allerdings ist die Pflanze giftig, weil sie zwei Blausäure erzeugende Zuckersorten enthält. Wenn sie roh gegessen oder ohne ordnungsgemäße Verarbeitung gekocht wird, kann ihr Verzehr eine Blausäurevergiftung verursachen, mit, in extremen Fällen, schwerwiegenden Folgen bis hin zum Tod.

Die Ureinwohner von Yucatán fanden eine Lösung für dieses Problem und entwickelten mehrere Methoden, um das Gift zu neutralisieren, etwa dadurch, dass sie die Knollen schälten und eine Zeit lang in Wasser einweichten, bevor sie diese länger kochten und das Kochwasser wegschütteten. Einige Europäer haben diese Methoden zunächst nicht verstanden und missdeuteten sie manchmal als primitive, unwissenschaftliche Bräuche, nur um festzustellen, wie gefährlich es war, sie nicht zu befolgen.

Die Anpassungsfähigkeit und der Einfallsreichtum von Menschen haben in der modernen Wirtschaft nichts von ihrer Bedeutung verloren, auch wenn dies von technologieaffinen Eliten oft außer Acht gelassen wird. Zwischen Stadtplanern und Ingenieuren besteht breites Einvernehmen darüber, dass Ampeln für den sicheren und zügigen Verkehrsfluss von entscheidender Bedeutung sind. Im

September 2009 hat die englische Küstenstadt Portishead die Ampeln an einer viel befahrenen Kreuzung ausgeschaltet. Entgegen den Befürchtungen vieler Experten begannen die Fahrer, sich mehr auf ihren gesunden Menschenverstand zu verlassen, und sie stellten sich schnell auf diese neue Organisation des Verkehrs ein. Nach vier Wochen hatte sich der Verkehrsfluss an der Kreuzung erheblich verbessert, ohne dass es zu mehr Unfällen oder Personenschäden kam. Portishead ist kein Sonderfall. Mehrere weitere Experimente mit solchen »nackten Straßen« zeigen ähnliche Ergebnisse.[28] Zwar ist strittig, wie praktikabel nackte Straßen in Großstädten sind, und an den meistbefahrenen Kreuzungen in Megastädten ist eine vollständige Ampelfreiheit wahrscheinlich nicht machbar. Trotzdem fällt es schwer, aus diesen Experimenten nicht den Schluss zu ziehen, dass neue Technologien dadurch, dass sie Menschen Initiative und Entscheidungen abnehmen, manchmal alles schlimmer und nicht etwa besser machen.

Das Gleiche gilt für Produktionsaufgaben. Die menschliche Intelligenz bezieht ihre Stärke daraus, dass sie situativ und sozial ist: Die Fähigkeit, ihre Umgebung zu verstehen und erfolgreich darauf zu reagieren, ermöglicht Individuen, sich flexibel an sich wandelnde Umstände anzupassen.

So sind Menschen in einer ihnen nicht vertrauten Umgebung, die subtile Hinweise auf Bedrohungen enthält, oft wachsamer, auch wenn sie ruhen oder schlafen. In anderen Umgebungen, die wir als vorhersagbar wahrnehmen, können wir Aufgaben mithilfe erlernter Routinen schneller ausführen. Situative Intelligenz hilft uns auch bei der Anpassung an sich wandelnde Rahmenbedingungen ganz allgemein und beim Erkennen von Gesichtern und Mustern, wobei wir Inputs aus mehreren relevanten Kontexten nutzen.

Außerdem ist menschliche Intelligenz in drei wichtigen Aspekten sozial geprägt. Erstens verfügt die Gemeinschaft, in der wir leben, über einen Großteil der für erfolgreiche Problemlösungen und Anpassungen erforderlichen Informationen, die wir uns über implizite und explizite Kommunikation aneignen – zum Beispiel dadurch, dass wir das Verhalten von anderen nachahmen. Das Bestreben, diese Art von externem Wissen richtig zu interpretieren, macht einen zentralen Teil der menschlichen Kognition aus und erklärt die Relevanz der »Theory of Mind« in diesem Bereich. »Theory of Mind« meint die menschliche Fähigkeit, mentale Zustände anderer Menschen zu erkennen und richtige Schlussfolgerungen in Bezug auf ihre Intentionen und ihr Wissen zu ziehen.[29]

Unsere Urteilsbildung basiert, zweitens, auf sozialer Kommunikation; wir entwickeln Argumente und Gegenargumente zugunsten verschiedener Hypothesen und bewerten unser Verständnis der Dinge im Lichte dieses Prozesses. Ohne diese soziale Dimension der Intelligenz würden wir furchtbar schlechte Entscheidungen treffen. Ja, wir machen Fehler, wenn wir Aufgaben in einer künstlichen Laborumgebung lösen sollen, in der diese Aspekte der Intelligenz nicht aktiviert werden können, während wir einige der gleichen Fehler unter natürlichen Bedingungen vermeiden würden.

Drittens erwerben Menschen durch empathische Einfühlung in andere und die dadurch ermöglichte gemeinsame Verfolgung kurz- und langfristiger Ziele zusätzliche Kompetenzen und Fähigkeiten.

Die zentrale Rolle der situativen und sozialen Dimensionen der Intelligenz hängt mit der schwachen Korrelation von analytischen Aspekten der menschlichen Kognition, wie sie von IQ-Tests gemessen werden, mit verschiedenen Dimensionen des Erfolgs zusammen. Selbst auf wissenschaftlichen und technischen Gebieten sind jene Personen am erfolgreichsten, die einen mittelmäßig hohen IQ mit sozialen Kompetenzen und anderen menschlichen Fähigkeiten verbinden.[30]

In den meisten Arbeitsumfeldern fördern situative und soziale Intelligenz nicht nur die flexible Anpassung an die jeweiligen Umstände, sondern auch eine gute Kommunikation mit Kunden und Kollegen, die es erlaubt, die Servicequalität zu verbessern und Fehlerquoten zu verringern. Es ist daher nicht weiter verwunderlich, dass viele Unternehmen ungeachtet der Ausbreitung von KI-Technologien in zunehmendem Maße Arbeitskräfte mit sozialen statt mathematischen oder technischen Kompetenzen suchen. Ursache dieser wachsenden Nachfrage nach sozialen Kompetenzen ist die Tatsache, dass weder traditionelle digitale Technologien noch KI wichtige Aufgaben erledigen können, die mit sozialer Interaktion, Anpassung, Flexibilität und Kommunikation verbunden sind.[31]

Es kann zu einer selbsterfüllenden Prophezeiung werden, wenn man menschliche Fähigkeiten außer Betracht lässt, weil Automatisierungsentscheidungen schrittweise die Gelegenheiten für soziale Kontakte und Lernen von anderen verringern können. Nehmen wir den Kundenservice als Beispiel. Gut ausgebildete Mitarbeiter können Probleme sehr erfolgreich aus dem Weg räumen, gerade weil sie eine Beziehung zu der Person aufbauen, die Hilfe benötigt (zum Beispiel, indem sie Verständnis für jemanden zeigen, der oder die gerade einen Unfall hatte und einen Schaden melden muss). Der direkte Austausch mit dem Kunden ermöglicht es ihnen, die Natur des Problems rasch zu erkennen, und ausgehend von den dabei gewonnenen Informationen können sie mit Lösungen aufwarten, die den Bedürfnissen des Kunden gerecht werden. Darüber hinaus ermöglichen diese Kontakte Kundendienstmitarbeitern, die beruflichen Leistungsanforderungen im Laufe der Zeit besser zu erfüllen.

Stellen Sie sich jetzt die Situation vor, nachdem das gesamte Tätigkeitsspektrum eines Kundenbetreuers in eng gefasste Teilaufgaben zerlegt worden ist und diejenigen, die den direkten Kundenkontakt betreffen, Algorithmen übertragen worden sind. Diese werden die komplexen Probleme, auf die sie stoßen, oftmals nicht vollständig erfassen und beheben können. Wenn ein Kunde dann erfolglos durch eine lange Menüfolge automatisierter Hilfsangebote navigiert hat, erreicht er schließlich einen menschlichen Ansprechpartner, der ihm hilft, das Problem zu lösen. Mittlerweile aber ist der Kunde oder die Kundin oftmals frustriert, frühe Gelegenheiten, eine Beziehung aufzubauen, sind ungenutzt verstrichen, und die Kundendienstmitarbeiterin erhält aus der Kommunikation nicht die gleiche Menge an Informationen wie zuvor, was ihre Fähigkeit einschränkt, die konkrete Situation besser zu verstehen und sich auf diese einzustellen. So kann die Kundendienstmitarbeiterin weniger bewirken, und dies wird womöglich Vorgesetzte und Technologiefans dazu ermuntern, nach weiteren Möglichkeiten zu suchen, ihr noch weniger Aufgaben zu übertragen.

Diese Erkenntnisse über menschliche Intelligenz und Anpassungsfähigkeit werden in der KI-Community gern ausgeblendet. Diese will einfach nur möglichst schnell eine breite Palette von Aufgaben automatisieren, unabhängig davon, welche Rolle menschliche Fähigkeiten dabei spielen.

Es heißt, der Einsatz von KI sei im Begriff, die Radiologie zu revolutionieren. Im Jahr 2016 erklärte Geoffrey Hinton, der Miterfinder moderner Deep-Learning-Methoden, Turing-Award-Gewinner und Google-Wissenschaftler: »Wir sollten sofort damit aufhören, Radiologen auszubilden. Es ist einfach offensichtlich, dass Deep Learning innerhalb von fünf Jahren verlässlichere Ergebnisse liefern wird als Radiologen.«[32]

Bislang ist nichts dergleichen geschehen, und der Bedarf an Radiologen hat seit 2016 zugenommen, und zwar aus einem sehr einfachen Grund: Eine vollständige radiologische Diagnostik erfordert noch mehr situative und soziale Intelligenz als, zum Beispiel, Kundenbetreuung, und das können Maschinen gegenwärtig noch nicht leisten. Tatsächlich zeigen jüngste Forschungen, dass es in der Regel viel effektiver ist, menschliche Expertise mit neuen Technologien zu verknüpfen. So können zum Beispiel hochmoderne Algorithmen des maschinellen Lernens die Diagnose der diabetischen Retinopathie verbessern, die bei Diabetikern durch Schädigung der Blutgefäße in der Netzhaut verursacht wird. Die Treffgenauigkeit steigt erheblich, wenn Algorithmen dafür eingesetzt werden, die schwierigen Fälle zu identifizieren, und diese anschließend zur genaueren diagnostischen Abklärung an Augenärzte verwiesen werden.[33]

Der Technikvorstand des Google-Geschäftsbereichs »selbstfahrende Kraftfahrzeuge« erwartete im Jahr 2015, dass sein damals elfjähriger Sohn mit sechzehn Jahren keinen Führerschein mehr machen müsse.[34] Im Jahr 2019 prophezeite Elon Musk, dass Tesla Ende 2020 eine Million vollständig automatisierte, fahrerlose Taxis auf den Straßen haben würde.[35] Diese Vorhersagen haben sich alle aus dem gleichen Grund nicht bewahrheitet. Wie das »Nackte Straßen«-Experiment verdeutlicht, erfordert das Fahren in verkehrsreichen Städten ein sehr hohes Maß an situativer Intelligenz, weil der Fahrer sich an die fortwährend wechselnden Gegebenheiten anpassen muss, und sogar noch mehr soziale Intelligenz, um angemessen auf die Hinweisreize von anderen Fahrern und Fußgängern zu reagieren.

Die Illusion der Künstlichen Allgemeinen Intelligenz

Das ultimative Ziel des von den Ideen Turings inspirierten gegenwärtigen KI-Rahmenmodells ist die Entwicklung einer allgemeinen Intelligenz auf menschlichem Niveau.[36]

Ungeachtet enormer Fortschritte wie etwa GPT-3 und Empfehlungssystemen ist es unwahrscheinlich, dass das gegenwärtige KI-Paradigma in naher Zukunft Systeme mit einer dem Menschen vergleichbaren Intelligenz hervorbringen oder auch nur viele Entscheidungen, vor denen Menschen stehen, erheblich erleichtern oder verbessern wird. Aufgaben, bei denen soziale und situative Aspekte der menschlichen Kognition eine Rolle spielen, werden weiterhin enorme Herausforderungen für die Maschinenintelligenz darstellen. Sobald wir uns das bislang Erreichte einmal näher ansehen, wird deutlich, wie schwer es ist, erzielte Fortschritte für die Lösung der meisten menschlichen Aufgaben fruchtbar zu machen.

Nehmen wir die am höchsten gerühmten Erfolge der KI wie etwa das Schachprogramm AlphaZero, das wir in Kapitel 1 erörtert haben.[37] Es wird sogar behauptet, AlphaZero sei »kreativ«, weil es auf Züge gekommen ist, die menschliche Schachmeister nicht in Erwägung gezogen oder gesehen hatten. Gleichwohl ist das keine echte Intelligenz. Zunächst einmal ist AlphaZero ein hochgradig spezialisiertes Programm, das nur Schach und ähnliche Spiele spielen kann. Selbst die einfachsten Aufgaben jenseits von Schach wie etwa simple arithmetische Spiele oder Unterhaltungsspiele mit mehr sozialer Interaktion übersteigen seine Fähigkeiten. Schlimmer noch, die Architektur von AlphaZero lässt sich nicht in einer naheliegenden Weise an die vielen einfachen Dinge, die Menschen tun, anpassen, wie zum Beispiel Vergleiche ziehen, Spiele mit weniger strengen Regeln spielen oder eine Sprache erlernen, was Hunderte von Millionen einjährige Kinder jedes Jahr hervorragend meistern.

Auch die schachbezogene Intelligenz von AlphaZero ist sehr spezifisch. Zwar sind die Züge, die AlphaZero innerhalb der Spielregeln ausführt, eindrucksvoll, aber sie erfordern nicht jene Art von Kreativität, die wir Menschen regelmäßig anwenden – wie zum Beispiel Analogien zwischen unstrukturierten, disparaten Umgebungen herstellen und uns Lösungen für eine breite Palette neuartiger Probleme einfallen lassen.[38]

Das Sprachverarbeitungsmodell GPT-3 ist zwar vielseitiger und eindrucksvoller als AlphaZero, hat aber die gleichen Schwächen.[39] Es kann keine Aufgaben ausführen, für die es nicht zuvor trainiert worden ist, und es besitzt kein Urteilsvermögen, sodass einander widersprechende oder ungewöhnliche Anweisungen es verwirren können. Schlimmer noch: Diese Technologie besitzt nichts von der sozialen oder situativen Intelligenz von Menschen. GPT-3 kann nicht über den Kontext nachdenken, in dem die Aufgaben, die es ausführt, stattfinden, und keine kausalen Zusammenhänge zwischen Handlungen und Wirkungen erkennen. Daher missversteht es mitunter selbst einfache Anweisungen und reagiert in der Regel nicht angemessen auf sich verändernde oder völlig neuartige Umgebungen.

Tatsächlich verdeutlicht diese Diskussion ein allgemeines Problem. Statistische Verfahren, die zur Mustererkennung und zur Vorhersage eingesetzt werden, sind kaum geeignet, das Wesen vieler menschlicher Fähigkeiten zu erfassen. Erstens haben diese Methoden Schwierigkeiten mit der situativen Dimension von Intelligenz, weil sich konkrete Situationen nur schwer genau definieren und kodifizieren lassen.

Ein weiteres hartnäckiges Problem statistischer Verfahren ist die sogenannte »Überanpassung« (*overfitting*); darunter versteht man die Tatsache, dass mehr Parameter verwendet werden, als für die Modellierung eines empirischen Zusammenhangs sachlich geboten sind.[40] Man befürchtet, dass ein statistisches Modell infolge von Überanpassung irrelevante Aspekte der Daten erklärt und dann zu ungenauen Vorhersagen und Schlussfolgerungen führt. Statistiker haben zahlreiche Methoden entwickelt, um Überanpassung zu vermeiden – zum Beispiel dadurch, dass sie Algorithmen auf der Grundlage einer anderen Stichprobe entwerfen als derjenigen, auf die sie angewendet werden sollen. Trotzdem bleibt Überanpassung ein Stachel im Fleisch statistischer Methoden, weil sie in einer grundlegenden Weise mit den Unzulänglichkeiten des gegenwärtigen KI-Paradigmas zusammenhängt: dem Fehlen einer Theorie der Phänomene, die modelliert werden sollen.

Um dieses Problem zu erklären, ist es hilfreich, das Phänomen der Überanpassung, wie es auftritt, wenn eine Anwendung irrelevante oder nicht-dauerhafte Merkmale herausgreift, in einer allgemeinen Weise zu veranschaulichen.

Betrachten wir die Aufgabe, Wölfe von Huskys zu unterscheiden. Während Menschen diese Aufgabe hervorragend meistern, fällt sie einer KI schwer. Wenn es Algorithmen gelang, gute Resultate zu erzielen, fand man später heraus, dass dies auf Überanpassung zurückzuführen war: Huskys wurden deshalb erkannt, weil die Bildhintergründe typische Elemente städtischer Szenerien zeigten, wie etwa gepflegte Rasenflächen und Hydranten, während natürliche Bildhintergründe wie schneebedeckte Berge auf Wölfe hindeuteten. Dies sind in zwei grundlegenden Aspekten irrelevante Merkmale. Erstens beziehen wir Menschen uns nicht auf diese Hintergründe, um die Tiere zu definieren oder zu unterscheiden. Zweitens – und dies fällt noch stärker ins Gewicht – werden sich die Lebensräume von Wölfen im Zuge der Klimaerwärmung möglicherweise verändern oder Wölfe müssen vielleicht in anderen Umgebungen erkannt werden. Anders gesagt: Weil der Hintergrund kein definierendes Merkmal von Wölfen ist, führt jede Methode, die sich darauf bezieht, in dem Maße zu falschen Vorhersagen, wie sich die Welt weiterentwickelt oder der Kontext verändert.

Bei intelligenten Maschinen ist Überanpassung besonders ärgerlich, weil sie das trügerische Gefühl erzeugen, verlässlich richtige Ergebnisse zu liefern, während sie dies in Wirklichkeit nicht tun. So deutet ein statistischer Zusammenhang zwischen zwei Variablen, etwa Temperatur und Pro-Kopf-BIP, über Länder hinweg, nicht notwendigerweise darauf hin, dass das Klima einen erheblichen Einfluss auf die wirtschaftliche Entwicklung hat. Er ist vielleicht einfach darauf zurückzuführen, wie sich der europäische Kolonialismus auf Regionen mit unterschiedlichen klimatischen Bedingungen und in verschiedenen Teilen der Erde während eines spezifischen historischen Prozesses auswirkte. Aber ohne die richtige Theorie verwechselt man nur allzu leicht Kausalität mit Korrelation, und beim maschinellen Lernen ist dies oft der Fall.

Das Problem der Überanpassung wird noch viel gravierender, wenn Algorithmen es mit einer ihrem Wesen nach sozialen Situation zu tun haben, in der Menschen auf neue Informationen reagieren. Durch menschliche Reaktionen ändert sich der relevante Kontext des Öfteren, oder er ändert sich *wegen* der Handlungen, die sie auf der Grundlage der Informationen, die Algorithmen liefern, vornehmen. Wir wollen dies an einem Beispiel aus der Wirtschaft verdeutlichen. Ein Algorithmus beobachtet vielleicht die Fehler, die eine Person bei der Arbeitsplatzsuche macht – vielleicht sucht sie in einem Bereich, in dem auf wenige Stellenausschreibungen eine hohe Zahl von Bewerbern kommt –, und versucht vielleicht, diese zu korrigieren. Verfahren, die entwickelt wurden, um Überanpassung zu vermeiden, wie etwa die Trennung von Trainings- und Teststichproben, beheben nicht das grundlegende Problem der Überanpassung: Beide Stichproben sind womöglich an eine bestimmte Umgebung angepasst, in der es viele offene Stellen im Einzelhandel gibt. Aber dies mag sich im Lauf der Zeit ändern, gerade weil wir es mit einer sozialen Situation zu tun haben, in der Menschen auf die verfügbaren Informationen reagieren. Wenn wir zum Beispiel von Algorithmen ermuntert werden, uns auf offene Stellen im Einzelhandel zu bewerben, kommen auf eine freie Stelle vielleicht so viele Bewerber, dass eine Bewerbung aussichtslos erscheint. Solange Maschinenintelligenz nicht in der Lage ist, diesen situativen und sozialen Aspekt der menschlichen Kognition und dynamische Verhaltensänderungen umfassend zu verstehen und nachzuvollziehen, wird das Problem der Überanpassung sie weiterhin in ihrer Leistungsfähigkeit beeinträchtigen.

Die fehlende soziale Intelligenz von KI hat noch weitere unangenehme Folgen. Obgleich eine KI Daten von einer großen Gruppe von Usern verwendet und daher in der Lage ist, die soziale Dimension der Daten einzubeziehen, kann sie sich mit den heute verfügbaren Methoden nicht die Tatsache zunutze machen, dass menschliches Verstehen auf selektiver Imitation, Kommunikation und Argumentation zwischen Menschen gründet. Infolgedessen scheinen viele Automatisierungsbemühungen die Flexibilität, die gut ausgebildete Arbeitskräfte dadurch erreichen können, dass sie schnell und kreativ auf sich verändernde Umstände reagieren, wobei sie sich oftmals Kompetenzen und Sichtweisen, die sie von ihren Kollegen lernen, zunutze machen, eher zu verringern als zu erhöhen.

Selbstverständlich schließen diese Argumente nicht die Möglichkeit aus, dass ein völlig neuer Ansatz das Problem der KAI in naher Zukunft knackt. Allerdings gibt es bislang keinerlei Anhaltspunkte dafür, dass wir kurz vor einem solchen Durchbruch stünden. Und dies ist auch nicht das Gebiet, in das die meisten KI-Gelder investiert werden. Der Fokus der Branche liegt weiterhin auf umfangreicher Datensammlung und Automatisierung eng definierter Aufgaben mithilfe von Techniken des maschinellen Lernens.

Das ökonomische Problem, das sich aus dieser Geschäftsstrategie ergibt, liegt auf der Hand: Wenn Menschen nicht so nutzlos sind, wie es manchmal vermutet wird, und intelligente Maschinen nicht so intelligent, wie es in der Regel angenommen wird, dann ist das Ergebnis So-lala-Automatisierung: die volle Dosis an Arbeitsplatzverdrängung, aber nur wenig von den versprochenen Produktivitätssteigerungen. Tatsächlich profitieren sogar die Unternehmen selbst kaum von dieser Automatisierung, und einen Teil der KI-Systeme führen sie wohl nur wegen des Hypes um KI ein. So meinte der ehemalige KI-Forscher Alberto Romero, den wir bereits weiter oben zitiert haben: »Die Marketingmacht von KI ist so groß, dass viele Unternehmen KI nutzen, ohne zu wissen, warum. Jeder will auf den KI-Zug aufspringen.«[41]

Das moderne Panoptikum

Eine weitere weit verbreitete Anwendung moderner KI veranschaulicht, wie die Begeisterung für autonome Technologien, zusammen mit massenhafter Datensammlung, digitale Technologien auf einen ganz schmalen Innovationspfad eingeengt hat, und wie sie, einmal mehr, Unternehmen geringfügige Vorteile und der Gesellschaft und den Arbeitnehmern erhebliche Nachteile einbrachte.

Der Einsatz digitaler Tools zur Überwachung von Arbeitnehmern ist nichts Neues. Als die Sozialpsychologin und Professorin für Betriebswirtschaftslehre Shoshana Zuboff Arbeitnehmer interviewte, die Anfang der achtziger Jahre die Einführung digitaler Technologien erlebten, bekam sie immer wieder zu hören, diese würden von der Unternehmensleitung dazu eingesetzt, sie stärker zu überwachen. Ein Büroangestellter formulierte es folgendermaßen: »Das ETS [digitales Ausgabenverfolgungssystem] ist für die Geschäftsleitung zu einem Mittel geworden, uns zu kontrollieren. Sie können, wenn sie wollen, Veränderungen minutengenau erfassen.«[42]

Aber frühere Bemühungen werden von dem, was wir heute sehen, weit in den Schatten gestellt. Amazon zum Beispiel erhebt Unmengen von Daten über seine Zusteller und Lagerarbeiter, die dann mit Algorithmen kombiniert werden, um die Arbeitsabläufe in einer Weise zu reorganisieren, die den Durchsatz erhöht und Betriebsunterbrechungen minimiert.

Das Unternehmen, das der zweitgrößte privatwirtschaftliche Arbeitgeber in den Vereinigten Staaten ist, zahlt höhere Mindestlöhne als mehrere andere Einzelhändler wie etwa Walmart. Aber Arbeitsplätze bei Amazon sind in einem grundlegenden Sinne keine guten Jobs. Wer hier arbeitet, muss strenge Arbeitsroutinen mit eng bemessenen Zeitvorgaben befolgen und wird fortwährend überwacht, um sicherzustellen, dass er oder sie nicht länger braucht und öfter Pausen macht und ständig den geforderten Einsatz bringt. Jüngste Nachrichtenmeldungen haben enthüllt, dass ein erheblicher Prozentsatz der Beschäftigten an zahlreichen Amazon-Standorten entlassen wird, weil sie diese Arbeitsanforderungen nicht erfüllen, und einige dieser Kündigungen erfolgen automatisch, auf der Grundlage der gesammelten Daten (auch wenn Amazon bestreitet, dass es automatische Kündigungen ausspricht). In den Worten einer Person, die sich für die Arbeitnehmerinteressen einsetzt: »Wir hören von Arbeitnehmern immer wieder, dass sie tatsächlich wie Roboter behandelt werden, weil sie von diesen automatisierten Systemen überwacht und beaufsichtigt werden.«[43]

Jeremy Benthams Panoptikum sollte ein Modell nicht nur für Gefängnisse, sondern auch für die ersten britischen Fabriken sein. Aber die Fabrikanten des 18. und 19. Jahrhunderts verfügten nicht über die Technologien für eine kontinuierliche Überwachung. Amazon hingegen schon. In den Worten eines Amazon-Mitarbeiters in New Jersey: »Sie können im Prinzip alles sehen, was du tust, und es ist ausschließlich zu ihrem Vorteil. Sie schätzen dich nicht als Mensch. Es ist entwürdigend.«[44]

Diese Umgebungen mit umfassender Überwachung sind nicht nur erniedrigend, sondern auch gefährlich. Laut einem aktuellen Bericht der Occupational Safety and Health Administration (OSHA) erlitten im Jahr 2020 Amazon-Lagerarbeiterinnen rund sechs schwerwiegende Arbeitsunfälle pro 200 000 geleisteten Arbeitsstunden, fast doppelt so viele wie im Durchschnitt der Lagerwirtschaft.[45] Andere Studien haben sogar noch höhere Unfallraten festgestellt, insbesondere in Hauptgeschäftszeiten wie der Vorweihnachtszeit, in denen die Beschäftigten einer verschärften Überwachung unterliegen. Amazon verlangt von seinen Zustellern und Auftragnehmern außerdem, dass sie eine App zur Datenerfassung namens »Mentor« herunterladen und kontinuierlich laufen lassen, was eine noch engmaschigere Überwachung ermöglicht. Das Unternehmen kündigte vor Kurzem die Einführung zusätzlicher KI-Tools zur Verfolgung der Zusteller an. FedEx und andere Zustelldienste sammeln von ihren Mitarbeitenden ebenfalls eine Menge Daten und nutzen sie, um strenge Terminvorgaben durchzusetzen. Dies erklärt, warum sich viele Zusteller in einem ständigen Wettlauf gegen die Zeit befinden.

Umfassende Datensammlung wird jetzt auch auf Angestellte ausgeweitet, wobei Arbeitgeber nachverfolgen, wie Mitarbeitende ihre Zeit an Computern und verschiedenen Kommunikationsgeräten verbringen. Ein gewisses Ausmaß an Überwachung steht dem Arbeitgeber, rechtlich gesehen, zu, da er sicherstellen muss, dass Mitarbeitende die ihnen übertragenen Aufgaben erfüllen und ihnen zur Verfügung gestellte Maschinen nicht beschädigen oder missbräuchlich nutzen. Allerdings wurden Arbeitnehmer traditionell nicht nur durch Überwachung, sondern auch durch das wechselseitige Wohlwollen motiviert, das sich wegen hoher Löhne und der allgemeinen Annehmlichkeiten am Arbeitsplatz zwischen ihnen und ihrem Arbeitgeber entwickelte. So bemerkte ein Arbeitgeber oder ein Vorgesetzter vielleicht, dass ein Mitarbeitender sich an einem bestimmten Tag nicht wohlfühlte, und er konnte ein wenig nachsichtig mit ihm oder ihr sein, beziehungsweise, umgekehrt, waren Beschäftigte vielleicht bereit, härter als gewöhnlich zu arbeiten, wenn dies hin und wieder einmal notwendig war. Überwachung ermöglicht es Arbeitgebern, Löhne zu senken und den Leistungsdruck auf die Arbeitnehmer zu erhöhen. Somit ist Überwachung eine »Aktivität, die (ökonomische) Renten verlagert«, das heißt, dass Überwachung dazu eingesetzt werden kann, um das Teilen von Produktivitätsgewinnen zu vermeiden und Renten (das mit Produktivitätssteigerungen verbundene zusätzliche Einkommen) von Arbeitnehmern weg zu verlagern, ohne dass dies ihre Produktivität in nennenswertem Umfang oder überhaupt erhöhen würde.

Ein weiterer Bereich, in dem KI-basierte Methoden zur Verlagerung von Renten eingesetzt werden, ist die Arbeitszeitplanung. Für Arbeitnehmer ist die klare Trennung von Arbeitszeit und Freizeit und eine verlässliche Arbeitszeitplanung eine wesentliche Voraussetzung einer selbstbestimmten Lebensgestaltung. Nehmen wir zum Beispiel Beschäftigte von Fast-Food-Restaurants. Wenn sie wissen, dass sie um 8 Uhr morgens zur Arbeit kommen müssen und um 16 Uhr gehen können, dann bedeutet dies für sie ein hohes Maß an Vorhersagbarkeit und ein gewisses Maß an Selbstbestimmung jenseits dieses Achtstundenfensters. Aber was geschieht, wenn die Filialleiterin plötzlich herausfindet, dass der Kundenandrang nach 16 Uhr viel größer ist? Sie hat dann vielleicht einen Anreiz, diese Autonomie einzuschränken und Mitarbeitende anzuweisen, bis nach 16 Uhr zu bleiben. Darf sie das?

Die Antwort wird davon bestimmt, wie stark die Gegenkräfte sind – zum Beispiel Tarifverträge, die solche einseitig angeordneten Belastungen ausschließen, oder auch der gute Wille und die Normen darüber, was in der Arbeitswelt akzeptabel ist –, aber auch von den verfügbaren Technologien, von denen es abhängt, ob Unternehmen die Nachfrage vorhersagen und Dienstpläne in Echtzeit erstellen können.

Aber an derartigen Gegenkräften mangelt es bereits seit einiger Zeit, vor allem in der Dienstleistungsbranche, und guter Wille und Normen, die die Autonomie der Arbeitnehmer anerkennen, sind schon seit Langem verblasst. Die noch verbliebene – technologische – Barriere ist jetzt mithilfe von KI und massenhafter Datensammlung überwunden worden, was den Weg zur »flexiblen Arbeitszeitplanung« ebnet.

Viele Branchen, in denen die Beschäftigten in direktem Kundenkontakt stehen, haben sich von festen Arbeitszeitplänen, etwa mit Arbeitsstunden von 8 Uhr bis 16 Uhr, verabschiedet und stattdessen eine Kombination aus »Null-Stunden-Verträgen« und kurzfristigen Planänderungen eingeführt. Null-Stunden-Verträge bedeuten, dass das Unternehmen von der Verpflichtung zurücktritt, Arbeitnehmer jede Woche für eine gleichbleibend feste Anzahl von Stunden zu beschäftigen und zu entlohnen. Das Recht, den Dienstplan kurzfristig zu ändern, erlaubt Unternehmen, Beschäftigte am Vorabend auf ihrem Handy anzurufen und sie zu bitten, früh am nächsten Morgen zur Arbeit zu erscheinen oder über die reguläre

Arbeitszeit hinaus zu arbeiten. Es ermöglicht ihnen auch, Schichten kurzfristig abzusagen, sodass die betroffenen Mitarbeitenden weniger verdienen.

Beide »Flexibilisierungen« beruhen auf Datenanalyse- und KI-Technologien – zum Beispiel auf Software zur Arbeitszeitplanung, die von Technologieunternehmen wie Kronos entwickelt wird –, die es Arbeitgebern ermöglichen, kurzfristig vorherzusagen, wie sich die Nachfrage wohl entwickeln wird, und dann ihre Beschäftigten dazu zu zwingen, sich daran anzupassen. Eine extreme Version dieser Praktiken ist das »Clopening«: Derselbe Mitarbeitende schließt das Geschäft spätabends und öffnet es früh am nächsten Morgen wieder. Auch dazu werden Arbeitnehmer oft auf den letzten Drücker verpflichtet, wenn ihre Vorgesetzten mithilfe von KI-Tools zu der Einschätzung gelangen, dies sei aus betrieblichen Gründen erforderlich.[46]

Es gibt viele Parallelen zwischen flexibler Personaleinsatzplanung und Arbeitnehmerüberwachung. Die wichtigste besteht darin, dass beides Beispiele für So-lala-Technologien sind: Sie erzeugen keine nennenswerten Produktivitätsgewinne, während sie den Beschäftigten erhebliche Nachteile aufbürden. Wenn Unternehmen die Überwachung ihrer Mitarbeitenden verschärfen, brauchen sie sich nicht länger um deren Wohlwollen zu bemühen und sie können die Löhne kürzen. Aber dies dürfte ihre Produktivität wohl kaum steigern: Arbeitskräfte leisten nicht mehr, wenn sie schlechter bezahlt werden, vielmehr dürften sie weniger motiviert sein und weniger produktiv werden. Durch flexible Personaleinsatzplanung können Unternehmen ihre Einnahmen ein wenig steigern, da ihnen mehr Personal zur Verfügung steht, wenn die Nachfrage hoch ist, während sie mit weniger Beschäftigten auskommen können, wenn der Kundenandrang im Geschäft geringer ist. In beiden Fällen sind die Belastungen für die Beschäftigten höher als die Produktivitätsgewinne. In den Worten eines britischen Arbeitnehmers mit einem Null-Stunden-Vertrag: »Es gibt keine Möglichkeiten, sich beruflich weiterzuentwickeln. [...] Ich mache den Job jetzt seit sechseinhalb Jahren. Seit dieser Zeit haben sich meine Aufgaben nicht geändert, ich bin nicht befördert worden. Ich habe keinerlei Aufstiegschancen. Ich habe gefragt, ob ich vielleicht eine Fortbildung machen könnte, aber das wurde kategorisch abgelehnt.«[47] Ganz egal, wie hoch die Kosten für die Arbeitnehmer und wie geringfügig und flüchtig die Produktivitätsgewinne sind, fragen Unternehmen, die erpicht darauf sind, Kosten zu senken und ihre Beschäftigten strenger zu kontrollieren, weiterhin KI-Technologien nach, und Forscher, die der KI-Illusion verfallen sind, liefern sie ihnen dementsprechend.

Aber gibt es denn eine andere Möglichkeit, digitale Technologien zu nutzen, als sie in den Dienst unablässiger Automatisierung und Überwachung von

Arbeitnehmern zu stellen? Die Antwort lautet: ja. Wenn digitale Technologien gezielt dafür eingesetzt werden, Menschen zu helfen und ihre Fähigkeiten zu ergänzen, dann können die Ergebnisse viel besser sein – und sie sind es auch.

Ungenutzte Chancen

Bei der Interpretation neuerer und länger zurückliegender historischer Ereignisse unterläuft vielen ein deterministischer Fehlschluss: Das, was geschah, musste geschehen. Das ist aber in vielen Fällen falsch. Die Geschichte hätte viele ganz andere Verläufe nehmen können. Das Gleiche gilt für den technologischen Fortschritt. Das gegenwärtige Paradigma, das die dritte Welle der KI, die auf massenhafter Datensammlung und unablässiger Automatisierung beruht, dominiert, ist das Resultat einer bewussten Entscheidung. Tatsächlich ist es eine kostspielige Wahl, nicht nur deshalb, weil sie der Neigung der Eliten zu Automatisierung und Überwachung folgt und die wirtschaftliche Existenzgrundlage von Arbeitnehmern beeinträchtigt. Sie lenkt auch Energien und Forschungsressourcen von anderen, gesellschaftlich nützlicheren Richtungen auf digitale Allzwecktechnologien um. Als Nächstes werden wir sehen, dass Ansätze, die der »Maschinennützlichkeit« Priorität einräumen, in der Vergangenheit einige bemerkenswerte Erfolge erzielten, als sie praktisch ausprobiert wurden, und vielversprechende Chancen für die Zukunft bieten.

Schon vor der Dartmouth-Konferenz hatte der am MIT lehrende Universalgelehrte Norbert Wiener eine andere Vision formuliert, die Maschinen als Ergänzungen des Menschen auffasste. Auch wenn Wiener selbst den Begriff »Maschinennützlichkeit« (MN) nicht verwendete, ist dieser doch von seinen Ideen inspiriert. Wir wünschen uns von Maschinen keine wolkige Intelligenz oder »höhere Fähigkeiten«, sondern, dass sie uns bei der Verwirklichung unserer Ziele helfen. Das wird uns eher gelingen, wenn wir uns auf Maschinennützlichkeit statt auf künstliche Intelligenz konzentrieren.

Wiener identifizierte drei wesentliche Punkte, die seit Turing Träume von einer autonomen Maschinenintelligenz zerplatzen ließen. Erstens ist es schwer, Menschen zu übertreffen und zu ersetzen, weil Maschinen Lebewesen immer nur unvollkommen nachahmen können. Wie es Wiener in einem etwas anderen Zusammenhang ausdrückte: »Das beste materielle Modell einer Katze ist eine andere Katze beziehungsweise möglichst dieselbe Katze.«[48]

Zweitens hatte die Automatisierung unmittelbare negative Auswirkungen auf arbeitende Menschen: »Erinnern wir uns, daß der Automat, abgesehen von unserer Meinung über die Gefühle, die er haben oder nicht haben kann, das genaue wirtschaftliche Äquivalent des Sklaven ist. Jede Arbeit, die sich mit Sklavenarbeit mißt, muß sich an die wirtschaftlichen Bedingungen von Sklavenarbeit angleichen.«[49]

Und schließlich bedeutete das Streben nach Automatisierung auch, dass Wissenschaftler und Technologen die Kontrolle über die Richtung, in die sich der technologische Fortschritt bewegt, verlieren könnten. »Wir müssen erkennen, dass menschliches Handeln auf Rückkopplungen beruht«, bedeutet, dass wir unser Verhalten auf der Basis von Informationen über das, was um uns herum geschieht, korrigieren. Aber »wenn eine von uns konstruierte Maschine in der Lage ist, eingehende Daten mit einer Geschwindigkeit zu verarbeiten, mit der wir nicht Schritt halten können, dann wissen wir vielleicht nicht, wann wir sie abschalten sollten, bis es zu spät ist«.[50] Allerdings sei nichts von alldem unvermeidlich: Maschinen könnten als Ergänzung zu unseren eigenen Fähigkeiten in den Dienst von Menschen gestellt werden. Wie Wiener in einem Artikel schrieb, den er 1949 für die *New York Times* verfasste (und der erst nach seinem Tod im Jahr 2013 auszugsweise veröffentlicht wurde): »Wir können bescheiden sein und mithilfe von Maschinen ein gutes Leben führen, oder wir können vermessen sein und sterben.«[51]

Zwei Visionäre trugen Wieners Fackel weiter. Der erste war J. C. R. Licklider, der sich darauf konzentrierte, andere zu ermuntern, diesen Ansatz in einer produktiven Weise zu übernehmen und weiterzuentwickeln. Licklider, ein studierter Psychologe, wandte sich später der Informationstechnik zu, und er schlug Ideen vor, die die Entwicklung vernetzter Rechner und interaktiver Rechensysteme maßgeblich voranbringen sollten.[52] In seinem bahnbrechenden Artikel »Man-Computer Symbiosis« von 1960 legt er diese Vision klar und deutlich dar. Lickliders Analyse ist auch mehr als sechzig Jahre nach ihrer Veröffentlichung noch immer höchst aktuell, insbesondere in ihrer Betonung, dass »Rechenmaschinen, im Vergleich zu Menschen, sehr schnell und sehr genau sind, aber sie können immer nur eine oder ein paar elementare Operationen gleichzeitig ausführen. Menschen sind flexibel, fähig, sich auf der Basis neuer Informationen ›kontingent selbst zu programmieren‹.«[53]

Der zweite Vertreter dieser alternativen Sichtweise, Douglas Engelbart, formulierte ebenfalls Ideen, die Vorläufer unseres Begriffs der Maschinennützlichkeit sind. Engelbart ging es darum, Rechner benutzerfreundlicher und für Nichtprogrammierer leichter bedienbar zu machen, war er doch überzeugt davon, dass sie dann die stärkste transformative Wirkung entfalten würden, wenn sie »die Fähigkeit des Menschen verbessern, komplexe, drängende Probleme zu bewältigen«.

Engelbarts bedeutendste Innovationen wurden auf spektakuläre Art und Weise bei einer Show vorgestellt, die später die »Mutter aller Demos« genannt wurde. Auf einer Konferenz, die am 9. Dezember 1968 gemeinsam mit dem Institute for Electrical and Electronics Engineers von der Association for Computer Machinery organisiert wurde, präsentierte Engelbart den Prototypen der Computermaus. Diese technische Neuheit, die aus einer großen Rolle, einem geschnitzten hölzernen Gestell und einer einzelnen Taste bestand, hatte keinerlei Ähnlichkeit mit der Computermaus, wie wir sie heute kennen, aber mit dem Kabel an ihrer Rückseite sah sie einem Nager hinreichend ähnlich, um diesen Namen zu bekommen. Sie machte Computer auf einen Schlag für die meisten Nutzer viel leichter zu bedienen. Es war auch die Innovation, die den Macintosh-Computern von Steve Jobs und Steve Wozniak einen Vorsprung vor PCs und Betriebssystemen auf der Basis von Microsoft verschaffte. Weitere Erfindungen von Engelbart, von denen einige auf der Mutter aller Demos zur Schau gestellt wurden, waren der Hypertext (der heute die Grundlage des Internets bildet), Bitmap-Bildschirme (die zahlreiche andere Schnittstellen möglich machten) und frühe Formen der grafischen Benutzerschnittstelle. Engelbarts Gedanken inspirierten etliche weitere Fortschritte, vor allem unter dem Dach des Unternehmens Xerox (und viele dieser Gedanken waren wiederum von maßgeblicher Bedeutung für den Macintosh und andere Computer).

Die alternative Vision von Wiener, Licklider und Engelbart schuf die Voraussetzungen für einige der fruchtbarsten Entwicklungen auf dem Gebiet der digitalen Technologien, auch wenn diese Vision heute von der KI-Illusion in den Schatten gestellt wird. Um diese Errungenschaften richtig einordnen zu können und die Gründe zu verstehen, warum sie nicht so viel Aufmerksamkeit erhielten wie die Erfolge des vorherrschenden Paradigmas, müssen wir zuerst erörtern, wie Maschinennützlichkeit in der Praxis funktioniert.

Maschinennützlichkeit in der Praxis

Wir können vier miteinander zusammenhängende, aber zugleich eigenständige Methoden unterscheiden, wie digitale Technologien in Richtung Maschinennützlichkeit gelenkt werden können, um Menschen wirkungsvoll zu helfen und ihre Fähigkeiten zu erweitern.[54]

Erstens können Maschinen und Algorithmen die Produktivität von Arbeitskräften bei bestehenden Aufgaben steigern. Wenn ein geschickter Handwerker einen besseren Meißel bekommt oder eine Architektin Zugang zu CAD[*com-*

puter-aided design]-Programmen hat, kann dies seine bzw. ihre Produktivität deutlich erhöhen. Solche Produktivitätssteigerungen erfordern nicht unbedingt neue Tools, sie können auch durch ein verbessertes Maschinendesign erreicht werden. Dieses Ziel verfolgen Fachgebiete wie Mensch-Computer-Interaktion und Human-Centered Design (nutzerorientierte Gestaltung).[55] Diese Ansätze gehen davon aus, dass alle Maschinen und insbesondere Computer gewisse Features benötigen, um von Menschen so produktiv wie möglich genutzt werden zu können, und sie priorisieren die Entwicklung neuer Technologien, die vor allem leicht zu handhaben und benutzerfreundlich sind. Wenn dies gelingt, wie es bei Engelbarts Maus und der grafischen Benutzeroberfläche der Fall war, dann können neue digitale Technologien das sein, was Steve Jobs einmal »ein Fahrrad für unseren Geist« genannt hat, und menschliche Fähigkeiten erweitern. Weil dieser Ansatz Maschinenfähigkeiten in den Dienst von Menschen stellt, zielt er darauf ab, menschliche Intelligenz zu ergänzen.

Obgleich dieses Paradigma bereits bemerkenswerte Verbesserungen gebracht hat, kann noch viel mehr getan werden. Tools der Virtuellen Realität und der Erweiterten Realität haben ein enormes Potenzial, menschliche Fähigkeiten bei Aufgaben wie Planung, Design, Inspektion und Fortbildung zu erweitern. Aber mögliche Anwendungen gehen weit über technische und konstruktive Tätigkeiten hinaus. Kai-Fu Lee fasst den gegenwärtigen Konsens in der Technologie- und Ingenieur-Community zusammen: »Roboter und KI werden die Entwicklung, die Fertigung, das Marketing und die Zustellung der meisten Güter übernehmen.«[56] Wie wir in Kapitel 8 sahen, sind Bemühungen, neue Software-Tools einzuführen, ungeachtet derartiger Behauptungen, eine wichtige Quelle des Produktivitätswachstums im Rahmen des deutschen Industrie-4.0-Programms, das eine flexiblere Anpassung an sich verändernde Umstände oder Bedarfe ermöglicht.

Noch deutlicher wird dieses Potenzial im japanischen Verarbeitenden Gewerbe, wo viele Unternehmen ungeachtet der Einführung fortgeschrittener und manchmal automatisierter Maschinen Flexibilität und Arbeitnehmermitbestimmung bei der Entscheidungsfindung priorisiert haben. Einer der Wegbereiter dieses Ansatzes war W. Edwards Deming, ein weiterer Ingenieur, der sich von der gleichen Vision leiten ließ wie Wiener, Licklider und Engelbart. Deming war maßgeblich beteiligt an der Einführung eines qualitätsorientierten, flexiblen Produktionsverfahrens in der japanischen Industrie. Dafür erhielt er in Japan die höchsten Auszeichnungen, und in seinem Namen wird der Deming-Preis vergeben. Die Erweiterte und die Virtuelle Realität eröffnen gegenwärtig viele neue Möglichkeiten für diese Art von Mensch-Maschine-Kollaboration wie etwa verbesserte Fähigkeiten für menschliche Präzisionsarbeit, besser an menschliche

Bedürfnisse angepasste Designs und flexiblere Reaktionen auf sich verändernde Umgebungsbedingungen.

Der zweite Typ von Maschinennützlichkeit ist sogar noch wichtiger und stand im Mittelpunkt der Kapitel 7 und 8: die Schaffung neuer Aufgaben für Arbeitskräfte. Diese Aufgaben waren von entscheidender Bedeutung für den Anstieg der Nachfrage nach sowohl Fach- als auch ungelernten Arbeitern, obwohl Fertigungsunternehmen wie Ford Teile des Produktionsprozesses automatisierten, die Arbeit reorganisierten und auf Massenproduktion umstellten. Auch digitale Technologien haben im Laufe der letzten fünfzig Jahre zahlreiche neue technische und Designaufgaben hervorgebracht (wenngleich die meisten Unternehmen digitale Automatisierung priorisiert haben). Erweiterte und Virtuelle Realität können auch in Zukunft neue Aufgaben hervorbringen. Der Bildungs- und der Gesundheitssektor verdeutlichen auf plastische Weise, wie algorithmische Fortschritte neue Aufgaben generieren können. Vor über vierzig Jahren wies Isaac Asimov auf das Problem unseres gegenwärtigen Bildungssystems hin: »Heute wird einem das, was die Leute ›Lernen‹ nennen, aufgezwungen. Jeder ist gezwungen, am selben Tag, mit demselben Unterrichtstempo das Gleiche zu lernen. Aber jeder ist anders. Für manche ist das Tempo des Unterrichts zu schnell, für einige zu langsam und für andere geht es in die falsche Richtung.«[57] Als Asimov diese Worte äußerte, war sein Vorschlag für einen personalisierten Unterricht lediglich ein erstrebenswertes, aber unrealistisches Ziel. Abgesehen vom Einzelunterricht für alle Schüler gab es kaum eine Möglichkeit für eine solche Personalisierung. Heute verfügen wir über das Instrumentarium, um Personalisierung in vielen Klassenzimmern zu einer Realität zu machen.[58] Tatsächlich sollte es möglich sein, bestehende digitale Technologien für diesen Zweck neu zu konfigurieren. Dieselben statistischen Verfahren, mit deren Hilfe sich Aufgaben automatisieren lassen, können auch dazu verwendet werden, in Echtzeit Gruppen von Schülern, die ähnliche Schwierigkeiten haben, zu identifizieren, aber ebenso Schüler, denen anspruchsvollerer Lehrstoff vermittelt werden kann. Die jeweiligen Inhalte können dann für kleine Gruppen von Schülern maßgeschneidert werden. Erkenntnisse aus der Bildungsforschung deuten darauf hin, dass sich eine solche Personalisierung sehr positiv auswirkt und gerade in dem Bereich, in dem der größte gesellschaftliche Nachholbedarf besteht, einen besonders großen Nutzen hat: bei der Verbesserung der kognitiven und sozialen Fähigkeiten von Schülern aus sozioökonomisch schwachen Haushalten.

Im Gesundheitssystem ist die Lage ähnlich: Die richtige Art von Maschinennützlichkeit kann Krankenpflegekräften und anderen Gesundheitsfachkräften eine selbstbestimmtere Arbeitsgestaltung ermöglichen, und diese ist insbesondere bei der medizinischen Grundversorgung, der Prävention und bei technisch einfachen medizinischen Anwendungen von großem Nutzen.

Der dritte Beitrag von Maschinen zu menschlichen Fähigkeiten mag in der nahen Zukunft sogar noch bedeutsamer werden. Gute Entscheidungsfindung ist auf zutreffende Informationen angewiesen, und auch die menschliche Kreativität beruht auf der zeitnahen Verfügbarkeit zutreffender Informationen. Die kreative Lösung der meisten Aufgaben erfordert, dass man Analogien herstellt und neue Kombinationen vorhandener Methoden und Designs entdeckt. Menschen, die solche Arbeiten verrichten, warten dann mit bislang unerprobten Ideen auf, die an empirischen Daten überprüft, kritisch analysiert und im Anschluss weiter ausgefeilt werden. All diese menschlichen Aufgaben lassen sich dadurch erleichtern, dass Informationen in geeigneter Weise gefiltert werden, um sicherzustellen, dass nur sachdienliche Informationen bereitgestellt werden.

Das World Wide Web, das oft mit dem britischen Informatiker Tim Berners-Lee assoziiert wird, ist ein idealtypisches Beispiel für diese Art von Unterstützung des menschlichen Denkens.[59] Ende der achtziger Jahre existierte das Internet, also das globale Netzwerk von Computern, die miteinander kommunizieren, schon seit rund zwanzig Jahren, aber es gab keine einfache Methode, um auf den Schatz von Informationen zuzugreifen, die in diesem Netzwerk gespeichert waren. Gemeinsam mit dem belgischen Informatiker Robert Cailliau entwickelte Berners-Lee Engelbarts Hypertext-Idee weiter und führte Hyperlinks ein, die es erlaubten, Informationen an einem Ort mit den entsprechenden Informationen in anderen Teilen des Internets zu verknüpfen. Die beiden Wissenschaftler schrieben den ersten Webbrowser, der in der Lage war, diese Informationen abzurufen, und nannten ihn World Wide Web beziehungsweise einfach nur Web. Das Web ist ein Meilenstein in der Mensch-Maschine-Komplementarität: Es befähigt Menschen, in einem historisch beispiellosen Ausmaß auf Informationen und Wissen zuzugreifen, das andere Menschen produziert haben.

Maschinennützlichkeit kann viele weitere Anwendungen befähigen, Menschen in ihrer Eigenschaft als Arbeitnehmer, Verbraucher und Bürger bessere Informationen zur Verfügung zu stellen. Empfehlungssysteme haben im besten Fall diese Fähigkeit: Sie können Unmengen an Informationen von anderen Personen zusammentragen und Nutzern relevante Aspekte präsentieren, um ihnen bei der Entscheidungsfindung zu helfen.

Die vierte Kategorie, die darauf beruht, mithilfe digitaler Technologien neue Plattformen und Märkte zu erschaffen, wird sich vielleicht als die bedeutendste Anwendung der Vision von Wiener, Licklider und Engelbart erweisen. Wirtschaftliche Produktivität ist untrennbar verknüpft mit Kooperation und Handel.

Menschen mit unterschiedlichen Fähigkeiten und Begabungen zusammenzubringen ist von jeher ein wichtiger Aspekt wirtschaftlicher Dynamik gewesen, der dank der digitalen Technologien noch erheblich ausgeweitet werden kann.

Dieses Phänomen wird auf eindrucksvolle Weise durch die Fischereiwirtschaft im südindischen Bundesstaat Kerala veranschaulicht, die durch den Einsatz von Mobiltelefonen revolutioniert wurde.[60] An einigen lokalen Strandmärkten in Kerala kehrten Fischer mit einem guten Fang von ihren Ausfahrten zurück, stießen dann jedoch auf eine unzureichende Nachfrage, die den Preis auf null drückte und dazu führte, dass eine große Menge Fisch verdarb. Auf einem anderen Strandmarkt, nur wenige Kilometer entfernt, stieß das geringe Angebot an Fisch auf viele Käufer, was zu hohen Preisen, unbefriedigter Nachfrage und weit verbreiteten Ineffizienzen führte. Ab dem Jahr 1997 wurde in Kerala ein flächendeckendes Mobilfunknetz aufgebaut. Fischer und Großhändler begannen über Mobiltelefone Informationen über die Verteilung von Angebot und Nachfrage auf Strandmärkten zu sammeln. Im Anschluss gingen die Streuung der Preise und die Verluste infolge nicht verkaufter Fische deutlich zurück. Die grundlegenden ökonomischen Zusammenhänge dieser Erfolgsgeschichte sind klar: Mithilfe der Kommunikationstechnologie wurde ein einheitlicher Fischmarkt geschaffen, und eine sorgfältige Studie über diese Vorgänge belegt, dass sowohl die Fischer als auch die Verbraucher erheblich davon profitierten.

Digitale Technologien eröffnen potenziell mehr Gelegenheiten, neue Verbindungen zu knüpfen und neue Märkte zu erschaffen, und einige Plattformen machen sich diese bereits zunutze. Ein inspirierendes Beispiel ist das mobile Währungs- und Geldtransfersystem M-Pesa, das im Jahr 2007 in Kenia eingeführt wurde und billige und schnelle Bankdienstleistungen mithilfe von Mobiltelefonen erbringt.[61] Dieses System deckte zwei Jahre nach seiner Einführung 65 Prozent der kenianischen Bevölkerung ab und wurde seither von mehreren anderen Entwicklungsländern übernommen. Diese Volkswirtschaften sollen auf breiter Basis davon profitiert haben. Ein weiteres Beispiel ist Airbnb, das einen neuen Markt hervorgebracht hat, auf dem Menschen private Unterkünfte anmieten können; dies hat die Auswahl für Verbraucher vergrößert und macht den Hotelketten Konkurrenz.

Auch auf Gebieten wie Übersetzungsdiensten, wo die KI-basierte Automatisierung recht erfolgreich ist, gibt es komplementäre Alternativen, die auf der Erstellung neuer Plattformen basieren. So könnte man zum Beispiel, statt einfach nur auf vollautomatisierte Übersetzungen von oftmals geringer Qualität zurückzugreifen, auch Plattformen aufbauen, die Personen, die qualitativ höherwertige Sprachdienste benötigen, mit qualifizierten mehrsprachigen Menschen weltweit zusammenbringen.

Neue Plattformen müssen sich nicht auf monetäre Transaktionen beschränken. Mittels dezentraler digitaler Strukturen lassen sich Plattformen für umfassendere Formen der Zusammenarbeit, das Teilen von Expertise und kollektives Handeln aufbauen, wie wir in Kapitel 11 erörtern werden.

Die von uns erwähnten Erfolge der Maschinennützlichkeit gehören zu den produktivsten Anwendungen digitaler Technologien und haben den Weg für unzählige weitere Neuerungen bereitet. Gleichwohl spielen sie insgesamt in der gegenwärtigen Richtung der KI nur eine untergeordnete Rolle. Für das Jahr 2016 schätzte das McKinsey Global Institute, dass zwischen 20 und 30 Milliarden Dollar der gesamten globalen KI-Aufwendungen von 26 bis 39 Milliarden Dollar auf eine Handvoll Technologiekonzerne in den Vereinigten Staaten und China entfielen.[62] Soweit wir das beurteilen können, scheint der größte Teil dieser Ausgaben leider in massenhafte Datensammlung zu fließen, die für Automatisierung und Überwachung notwendig ist.

Warum also entwickeln Technologieunternehmen keine Tools, die Menschen helfen und gleichzeitig ihre Produktivität erhöhen? Dafür gibt es mehrere Gründe, die allesamt viel über die grundlegenden Kräfte aussagen, mit denen wir es zu tun haben. Nehmen wir das Beispiel des Schulunterrichts und erinnern wir uns daran, dass neue Aufgaben, wie in diesem Beispiel, auch deshalb nützlich sind, weil sie die Produktivität steigern, indem sie sinnerfüllende und gut bezahlte Arbeitsplätze für Menschen schaffen – in diesem Fall für Lehrer. Aber neue Unterrichtsaufgaben bedeuten höhere Kosten für Schulen, die sowieso schon in Geldnöten stecken. Die meisten öffentlichen Schulen müssen sich wie andere moderne Organisationen darauf konzentrieren, die Personalkosten einzudämmen, und daher fällt es ihnen wahrscheinlich schwer, zusätzliche Lehrer einzustellen. Folglich könnten ihnen neue Algorithmen für die automatisierte Notengebung und automatisierten Unterricht attraktiv erscheinen.

Das Gleiche gilt für das Gesundheitswesen. Trotz der 4 Billionen Dollar, die die Vereinigten Staaten jedes Jahr für die Gesundheitsversorgung ausgeben, stehen auch die Krankenhäuser unter Kostendruck, und während der COVID-19-Pandemie wurde der Mangel an Pflegekräften auf schmerzliche Weise deutlich. Neue Technologien, die die Fähigkeiten und Verantwortlichkeiten von Pflegekräften erweitern, hätten zur Folge, dass mehr Pflegekräfte für eine qualitativ hochwertige Gesundheitsversorgung zur Verfügung stünden.

Diese Feststellung wiederholt einen zentralen Punkt: Den Menschen ergänzende Maschinen sind für Organisationen dann nicht attraktiv, wenn diese Kosten senken wollen.

Eine weitere Herausforderung besteht darin, dass neue Plattformen und

Methoden, um Informationen zu sammeln und Usern bereitzustellen, auch Möglichkeiten für neuartige ausbeuterische Nutzungen eröffnen. Das World Wide Web zum Beispiel ist ebenso sehr zu einer Plattform für digitale Werbung und Verbreitung von Falschinformationen wie zu einer Quelle nützlicher Informationen geworden. Mittels Empfehlungssystemen werden Kunden – je nach den finanziellen Anreizen der Plattform – oft zu ganz bestimmten Produkten gelotst. Digitale Tools können Managern Informationen verschaffen, die sich nicht nur für eine bessere Entscheidungsfindung, sondern auch für eine bessere Überwachung von Beschäftigten nutzen lassen. Einige der KI-basierten Empfehlungssysteme haben bestehende Vorurteile aufgenommen und abermals verstärkt – zum Beispiel gegenüber ethnischen Minderheiten bei der Personaleinstellung oder auch gegenüber ethnischen Minderheiten im Justizsystem. Plattformen für Fahrgemeinschaften und für Zustelldienste haben Arbeitnehmern, die keinerlei Schutz und keine Beschäftigungssicherheit haben, ausbeuterische Arbeitsbedingungen auferlegt. Daher ist die Art und Weise, wie selbst die vielversprechendsten Anwendungen der Mensch-Maschine-Komplementarität genutzt werden, nach wie vor von Marktanreizen, der Vision und den Prioritäten führender Tech-Unternehmer sowie der Stärke von Gegenmächten abhängig.

Im Übrigen gibt es eine genauso unüberwindliche Barriere für die Mensch-Maschine-Komplementarität. Im Schatten des Turing-Tests und der KI-Illusion sind Top-Forscher auf dem Gebiet bestrebt, menschliche Parität zu erreichen, und die Fachgemeinschaft neigt dazu, entsprechende Errungenschaften wertzuschätzen und zu respektieren, bevor nach der Nützlichkeit für den Menschen gefragt wird. Dies wiederum zwingt die technologische Innovation in eine ganz bestimmte Richtung, in der es darum geht, Wege zu finden, Arbeitnehmern Aufgaben wegzunehmen und sie KI-Programmen zuzuweisen. Verschärft wird dieses Problem selbstverständlich noch durch finanzielle Anreize seitens großer Unternehmen, die unbedingt Kosten einsparen wollen, indem sie auf Algorithmen zurückgreifen.

Die Mutter aller ungeeigneten Technologien

Nicht nur Arbeitnehmer und Bürger in den Industriestaaten werden den Preis für die KI-Illusion bezahlen.

Auch wenn die Wirtschaft in vielen ärmeren Ländern in den letzten fünfzig Jahren gewachsen ist, leben mehr als drei Milliarden Menschen in den Entwicklungsländern noch immer von weniger als 6 Dollar pro Tag. Sie können sich damit kaum drei ordentliche Mahlzeiten täglich leisten, denn sie brauchen ja auch noch Geld für Unterkunft, Kleidung und Gesundheitsversorgung. Viele hoffen, technologische Innovationen würden helfen, Armut zu lindern. Neue Technologien, die in Europa, den Vereinigten Staaten oder China eingeführt und perfektioniert worden seien, könnten an Entwicklungsländer transferiert werden und deren Wirtschaftswachstum ankurbeln. Es wird auch behauptet, der internationale Handel und die Globalisierung seien in diesem Prozess von zentraler Bedeutung, denn Niedrigeinkommensländer könnten die Produkte, die sie mit fortgeschrittenen Technologien herstellen, exportieren.

Erfolgsgeschichten von Ländern mit sehr hohen wirtschaftlichen Wachstumsraten wie etwa Südkorea, Taiwan, Mauritius und, in jüngerer Vergangenheit, China scheinen dies zu bestätigen. Jedes dieser Länder erreichte für Zeiträume von über dreißig Jahren durchschnittliche Wachstumsraten pro Kopf der Bevölkerung von über 5 Prozent. In allen diesen Fällen trugen industrielle Technologien maßgeblich zu diesem Wachstum bei, und ebenso Exporte auf Weltmärkte.

Aber die Frage, ob und in welcher Weise Entwicklungsländer von Technologieimporten profitierten, verlangt nach einer differenzierteren Antwort, als gemeinhin angenommen wird. Einige Ökonomen, unter anderem Frances Stewart, erkannten in den siebziger Jahren, dass Technologieimporte manchmal nicht nur nichts bringen, sondern Ungleichheit und Armut sogar noch verschlimmern können, weil die Technologien des Westens für die Bedürfnisse von Entwicklungsländern oftmals »ungeeignet« sind.[63] Die Landwirtschaft in Afrika verdeutlicht dieses Problem.

Praktisch die gesamten weltweiten Ausgaben für die Erforschung und Entwicklung neuer landwirtschaftlicher Technologien entfallen auf Länder mit hohem und mittlerem Einkommen, und ein erheblicher Teil davon wird dafür aufgewendet, Lösungen für das hartnäckigste Problem der Landwirtschaft zu finden: Getreideschädlinge und Pflanzenpathogene, die schätzungsweise bis zu 40 Prozent der Weltagrarproduktion vernichten. So ist zum Beispiel dem Maiszünsler, der Maispflanzen in Westeuropa und Nordamerika befällt, große Aufmerksamkeit geschenkt worden, und es wurden resistente Maissorten gezüchtet (für die mehr als 5000 biotechnologische Patente vergeben wurden und die zahlreiche gentechnisch veränderte Sorten umfassen). Das Gleiche gilt für den Westlichen Maiswurzelbohrer, der ebenfalls Mais in den Vereinigten Staaten und Teilen Westeuropas befällt, und den Baumwollkapselbohrer, der früher ein bedeutender Schädling der Baumwolle in den USA gewesen ist.

Aber diese Kulturpflanzen und Chemikalien sind für die afrikanische und südasiatische Landwirtschaft, der andere Schädlinge und Pathogene zu schaffen machen, nicht besonders nützlich. Der Maisstängelbohrer, der die gleichen Nutzpflanzen in Afrika befällt, und die Wüstenheuschrecke, die so gut wie alle Feldfrüchte in Afrika und weiten Teilen Südasiens vertilgt, sind gewaltige Barrieren für die Steigerung der landwirtschaftlichen Produktivität in diesen Regionen. Aber ihnen wurde viel weniger Aufmerksamkeit geschenkt (es wurden in diesem Bereich nur sehr wenige Patente vergeben und keine gentechnisch veränderten Sorten entwickelt). Die Gesamtsumme an Forschungsgeldern und die Anzahl von Innovationen, die gezielt die Probleme einkommensschwacher Entwicklungsländer adressieren, sind erbärmlich gering. Schätzungen zufolge könnte die globale landwirtschaftliche Produktivität um bis zu 42 Prozent gesteigert werden, wenn biotechnologische Forschungsanstrengungen von westlichen Schädlingen und Pathogenen weg auf diejenigen umgelenkt würden, die der Landwirtschaft in den Entwicklungsländern zusetzen. Neue Nutzpflanzen und in der Landwirtschaft eingesetzte Chemikalien, die überwiegend auf die Bedürfnisse der westlichen Landwirtschaft zugeschnitten sind, sind ein Beispiel für den Transfer ungeeigneter Technologien.[64]

Stewarts Interesse galt nicht so sehr Schädlingen und Pathogenen als vielmehr der Frage, wie kapitalintensiv neue Produktionsmethoden sind. So entsprechen zum Beispiel komplexe industrielle Maschinen in der Fertigung und Mähdrescher in der Landwirtschaft möglicherweise nicht den Bedürfnissen der Entwicklungsländer, wo Kapital knapp ist und wo es zwingend erforderlich ist, während des Wachstumsprozesses Arbeitsplätze – gute Arbeitsplätz – für die Bevölkerung zu schaffen.

Solche Inkongruenzen beeinträchtigen die wirtschaftliche Entwicklung. Entwicklungsländer werden vielleicht letztlich auf den Einsatz neuer Technologien verzichten, weil diese nicht ihren Bedürfnissen entsprechen oder allzu kapitalintensiv sind. Tatsächlich werden in den Vereinigten Staaten entwickelte Nutzpflanzensorten nur selten in ärmere Länder exportiert, es sei denn, diese haben zufällig ganz ähnliche klimatische Verhältnisse und Nutzpflanzenpathogene. Selbst wenn in Industriestaaten entwickelte neue Technologien in Entwicklungsländern eingeführt werden, ist deren Nutzen oftmals begrenzt, weil den Empfängerländern womöglich die hoch qualifizierten Arbeitskräfte fehlen, die erforderlich sind, um die modernsten Maschinen zu bedienen und zu warten. Außerdem erzeugen aus den Wohlstandsländern importierte Technologien oft einen dualen Arbeitsmarkt: einen hoch kapital- und qualifikationsintensiven Sektor, in dem auskömmliche Löhne gezahlt werden, der neben einem viel größeren Sektor mit nur wenigen guten Arbeitsplätzen entsteht. Kurzum, ungeeignete Technologien verringern die weltweite Armut nicht, vielmehr erhöhen sie womöglich die Ungleichheit sowohl zwischen dem Westen und den übrigen Regionen als auch innerhalb der Entwicklungsländer selbst.[65]

Viele Menschen in den Entwicklungsländern sind sich dieser Notwendigkeiten schon seit geraumer Zeit bewusst. Einige der bahnbrechendsten Neuerungen des 20. Jahrhunderts entstanden im Zuge der »Grünen Revolution«, wie sie heute genannt wird, die maßgeblich von Forschern aus Mexiko, den Philippinen und Indien getragen wurde.[66] Im Westen entwickelte neue Reissorten waren ungeeignet für die Boden- und Klimaverhältnisse in diesen Ländern. Ein Durchbruch kam im Jahr 1966 mit der erfolgreichen Züchtung einer neuen Hybridsorte, IR8-Reis, der in kurzer Zeit zu einer Verdopplung der Reisproduktion auf den Philippinen führte. IR8 und verwandte Kulturvarietäten, die in Zusammenarbeit mit indischen Forschungsinstituten entwickelt wurden, wurden bald auch in Indien eingeführt und revolutionierten die dortige Landwirtschaft – in einigen Gebieten steigerten sie die Ernteerträge um bis zu 1000 Prozent. Entscheidenden Anteil an dieser Revolution hatten auch von der Rockefeller Foundation bereitgestellte Gelder und die Tatsache, dass Wissenschaftler eine führende Rolle spielten, insbesondere der Agrarwissenschaftler Norman Borlaug, der später mit dem Friedensnobelpreis ausgezeichnet wurde, weil er maßgeblich dazu beitrug, mehr als eine Milliarde Menschen vor dem Hungertod zu bewahren.

Heute sehen wir uns der Mutter aller ungeeigneten Technologien gegenüber, nämlich der KI. Hinzu kommt, dass es keinerlei Anstrengungen gibt, die mit denen der Grünen Revolution vergleichbar wären (und es gibt auch nicht viele KI-Forscher, die den Ehrgeiz hätten, in Borlaugs Fußstapfen zu treten).

Erfolgreiche Armutsbekämpfung und schnelles Wirtschaftswachstum waren in Fällen wie Südkorea, Taiwan und China nicht einfach nur auf den Import westlicher Produktionsmethoden zurückzuführen. Vielmehr beruhte wirtschaftlicher Erfolg auf neuen Technologien, die es ermöglichten, die Humanressourcen dieser Länder effektiver zu nutzen. In all diesen Fällen schufen die Technologien neue Beschäftigungsangebote, und die Länder selbst erhöhten auch ihre Investitionen ins Bildungswesen, um die »Passung« zwischen den Anforderungen der Technologien und den Kompetenzen ihrer Bevölkerung zu verbessern.

Die gegenwärtige Entwicklungsrichtung der KI schließt diese Möglichkeit aus. Digitale Technologien, Robotik und andere Automatisierungseinrichtungen haben bereits die Qualifikationsanforderungen der globalen Produktion erhöht und begonnen, die internationale Arbeitsteilung umzugestalten – zum Beispiel dadurch, dass sie in vielen Entwicklungsländern, deren Erwerbsbevölkerung hauptsächlich aus Personen mit niedrigem Bildungsniveau besteht, zu einem Prozess der Deindustrialisierung beitragen.

KI ist abermals der nächste Akt in diesem Prozess. Statt Arbeitsplätze und Chancen für die Mehrheit der Bevölkerung in Ländern mit niedrigem und mittlerem Einkommen zu schaffen, erhöht KI so, wie sie gegenwärtig entwickelt wird, die Nachfrage nach Kapital, hoch qualifizierten Produktionsarbeitern und auch nach hochwertigen Dienstleistungen, etwa von Unternehmensberatungen und Technologiefirmen. Das sind eben jene Ressourcen, bei denen in den Entwicklungsländern der größte Mangel herrscht. Wie bei den Beispielen für exportgetriebenes Wachstum und in der Grünen Revolution verfügen viele dieser Volkswirtschaften über reichlich Ressourcen, die sie dazu nutzen könnten, das Wirtschaftswachstum anzukurbeln und Armut zu bekämpfen. Aber diese Ressourcen werden ungenutzt bleiben, wenn sich die technologische Innovation weiterhin auf den Pfaden bewegen wird, die die KI-Illusion diktiert.

Wiedergeburt der Zweiklassengesellschaft[67]

Die Industrielle Revolution begann im 18. Jahrhundert in Großbritannien, wo der größte Teil der Bevölkerung keine nennenswerte politische oder soziale Macht besaß. Die Richtung des Fortschritts und das Produktivitätswachstum in einer solchen Zweiklassengesellschaft haben erwartungsgemäß die Lebensbedingungen von Millionen von Menschen zunächst verschlechtert. Dies begann sich erst zu ändern, als sich die Verteilung der sozialen Macht wandelte und der technische Fortschritt eine neue Richtung einschlug, mit der Folge, dass die Grenzproduktivität der Arbeitskräfte anstieg. Entscheidend waren auch Institutionen und Normen für eine stabile Beteiligung der Arbeiter an Produktivitätsgewinnen; diese stellten sicher, dass sich Produktivitätssteigerungen in Lohnerhöhungen niederschlugen. Dieses Ringen um die Richtung des technischen Fortschritts und die neue Macht der Arbeiter begann in der zweiten Hälfte des 19. Jahrhunderts, die stark hierarchische Struktur der britischen Gesellschaft zu verändern.

In den Kapiteln 6 und 7 verfolgten wir diesen Prozess zuerst in Großbritannien und dann, mit dem Wechsel der Technologieführerschaft, in den Vereinigten Staaten. Im 20. Jahrhundert bewegte sich der technologische Wandel in den USA noch entschlossener in Richtung einer Steigerung der Grenzproduktivität der Arbeiter. Auf diese Weise schuf er die Voraussetzungen für geteilten Wohlstand nicht nur im Inland, sondern in einem Großteil der Welt, da sich amerikanische Technologien und Innovationen global ausbreiteten und in vielen Ländern Massenproduktion und die Entstehung einer Mittelschicht ermöglichten. Die Vereinigten Staaten standen in den letzten fünfzig Jahren an der Spitze des technologischen Fortschritts, und ihre Produktionsmethoden und -praktiken, insbesondere ihre digitalen Innovationen, werden nach wie vor weltweit übernommen, jetzt aber mit ganz anderen Konsequenzen. Das US-amerikanische Modell des Wohlstands für alle funktioniert nicht mehr, seit sich die Macht in den Händen von Großkonzernen ballt, die Institutionen und Normen, die eine faire Aufteilung der Produktivitätsgewinne gewährleisteten, zerfielen und die technologische Innovation seit ungefähr 1980 überwiegend in Richtung Automatisierung verlief.

Schon vor der jüngsten KI-Innovationswelle war all dies im Gange und die Vision, die dem Einsatz neuer Technologien zur Automatisierung von Arbeitsabläufen, Überwachung und zur Maximierung des Leistungsdrucks auf Arbeitnehmer zugrunde liegt, fest verankert. Schon lange vor den 2010er-Jahren waren wir auf dem Weg zurück in eine Zweiklassengesellschaft. Jetzt, wo die KI-Illusion stärker geworden ist, beschleunigt sich dieser Prozess noch.

Die moderne KI gibt den Tech-Eliten noch mehr und noch leistungsfähigere Werkzeuge an die Hand. Diese erlauben es ihnen, Arbeitsabläufe noch umfassender zu automatisieren, menschliche Arbeitskräfte zu verdrängen und vorgeblich alle möglichen guten Taten zu vollbringen, wie zum Beispiel die Produktivität zu steigern und grundlegende Probleme der Menschheit zu lösen (so behaupten sie jedenfalls). Diese Führungskräfte, denen durch KI noch mehr Macht zuwächst, verspüren noch weniger das Bedürfnis, den Rest der Bevölkerung zurate zu ziehen. Tatsächlich glauben viele von ihnen, dass die meisten Menschen nicht sonderlich intelligent sind und womöglich nicht einmal wissen, was für sie selbst gut ist.

Die enge Verknüpfung von digitalen Technologien mit dem Großkapital hat seit Mitte der Nullerjahre eine wachsende Zahl von Milliardären hervorgebracht. Diese Vermögen vervielfachten sich, als sich KI-Tools in den 2010er-Jahren allmählich immer weiter ausbreiteten. Aber dies war nicht darauf zurückzuführen, dass sich KI als auch nur annähernd so produktiv oder großartig erwiesen hätte, wie es ihre Propagandisten behaupteten. Im Gegenteil, KI-basierte Automatisierung geht in vielen Fällen nicht mit nennenswerten Produktivitätssteigerungen einher. Schlimmer noch, sie trägt nichts zu einem fair geteilten Wohlstand bei. Gleichwohl begeistert und bereichert sie Tycoons und Topmanager, weil sie Freiräume von Arbeitnehmern für eine selbstbestimmte Arbeitsgestaltung beschneidet und neue Wege eröffnet, um Informationen über Menschen zu Geld zu machen (darauf gehen wir in Kapitel 10 ausführlich ein).

Dass all dies ausgeblendet wird, weil man Hals über Kopf digitale Technologien zur Automatisierung von Arbeitsaufgaben und zur Überwachung von Menschen einsetzen will, ist der Grund dafür, dass wir diese neue Phase der Vision die

KI-Illusion nennen. Diese Illusion dürfte sich im Verlauf der nächsten Dekade in dem Maße verstärken, wie noch leistungsfähigere Algorithmen entwickelt werden, die globale Online-Vernetzung weiter wächst und Haushaltsgeräte und andere Maschinen dauerhaft mit der Cloud verbunden sein werden, was eine noch umfassendere Datensammlung erlauben wird.

Heute nähern wir uns immer mehr jener dystopischen Zukunft an, die in der *Zeitmaschine* von H. G. Wells geschildert wird. Unsere Gesellschaft ist schon heute wieder eine Zweiklassengesellschaft. An der Spitze stehen die großen Tycoons, die fest davon überzeugt sind, dass sie aufgrund ihrer überragenden Genialität ihren Reichtum verdient hätten. Ganz unten befinden sich die einfachen Menschen, die nach Einschätzung der Tech-Entrepreneure fehleranfällig sind und in der Arbeitswelt ersetzt werden sollten. Da KI immer mehr Aspekte des modernen Wirtschaftslebens durchdringt, dürften sich die beiden Klassen immer weiter auseinanderentwickeln.

All dies war nicht vorgezeichnet. Digitale Technologien mussten nicht zur Automatisierung von Arbeitsaufgaben eingesetzt werden, und KI-Technologien mussten nicht unkritisch dazu genutzt werden, diesen Trend noch zu verstärken. Die Tech-Community musste nicht dem Zauber der Maschinenintelligenz erliegen, statt sich der Verbesserung der Maschinennützlichkeit zu widmen. Dass die technologische Innovation diese Richtung einschlägt, ist nicht vorherbestimmt, und die Zweiklassengesellschaft, die unsere Führungskräfte erschaffen, ist keine Naturnotwendigkeit.

Es gibt Auswege aus der misslichen Lage, in der wir uns gegenwärtig befinden: Wir müssen die Verteilung von Macht in der Gesellschaft verändern und den technologischen Wandel in eine andere Richtung lenken. Diese Veränderungen müssen durch basisnahe, demokratische Prozesse erreicht werden. Allerdings steht zu befürchten, dass KI auch die Demokratie zerstören wird.

10

DIE DEMOKRATIE ZERBRICHT[1]

Die Geschichte der sozialen Medien ist noch nicht geschrieben, und ihre Folgen sind nicht neutral.

– Chris Cox, Leiter Produktentwicklung, Facebook, 2019[2]

Wenn wir ständig belogen werden, führt dies nicht dazu, dass wir die Lügen glauben. Es führt dazu, dass niemand mehr irgendetwas glaubt.

– Hannah Arendt, Interview, 1978[3]

Am 2. November 2021 beschuldigte die chinesische Tennisspielerin Peng Shuai im sozialen Netzwerk Weibo einen hochrangigen Sportfunktionär, sie sexuell genötigt zu haben. Zwanzig Minuten später wurde die Mitteilung gelöscht. Sie tauchte nie wieder im chinesischen Internet auf. Doch bevor Pengs Beitrag entfernt wurde, hatten bereits einige Nutzer Screenshots davon gemacht, und ausländische Medien griffen die Nachricht auf. In China wurde auch der Zugang zu ausländischen Informationsquellen rasch beschränkt. Die chinesische Öffentlichkeit hatte großes Interesse an Peng Shuai, aber nur wenige Menschen bekamen ihre ursprüngliche Botschaft zu Gesicht, und eine öffentliche Diskussion über den Vorfall fand nicht statt.

In China ist die rasche Beseitigung politisch heikler Informationen nicht die Ausnahme, sondern die Regel. Das Internet und die sozialen Medien werden dort ständig überwacht. Es wird geschätzt, dass der chinesische Staat jedes Jahr 6,6 Milliarden Dollar für Beobachtung und Zensur von Online-Inhalten ausgibt.

China investiert auch massiv in andere digitale Überwachungswerkzeuge, insbesondere in künstliche Intelligenz. Besonders deutlich ist das in der autonomen Region Xinjiang zu sehen, wo seit den Unruhen im Juli 2009 systematisch Daten über die muslimischen Uiguren gesammelt werden; ab dem Jahr 2014 wurde die Überwachung erheblich ausgeweitet. Die Kommunistische Partei hat mehrere führende Tech-Firmen mit der Entwicklung von Instrumenten beauftragt, mit denen Daten über Lebensgewohnheiten von Personen und Haushalten, Kommunikationsmuster, Erwerbstätigkeit, Ausgabenverhalten und sogar Hobbys gesammelt und ausgewertet werden können, um eine »vorausschauende Polizeiarbeit« zu ermöglichen und die elf Millionen Einwohner der Provinz zu kontrollieren, die allesamt als potenzielle Dissidenten betrachtet werden.

Mehrere große chinesische Tech-Firmen, darunter die Ant Group (an der Alibaba Anteile hält), der Telekom-Riese Huawei und einige der größten KI-Unternehmen der Welt – zum Beispiel SenseTime, CloudWalk und Megvii – beteiligen sich im Dienste des Regimes an der Entwicklung von Überwachungswerkzeugen und an ihrem Einsatz in Xinjiang.[4] Es werden auch regelmäßig KI-Werkzeuge zur Gesichtserkennung gegen die Uiguren eingesetzt.

Was in Xinjiang begann, wurde rasch auf das übrige China ausgeweitet. Mittlerweile sind im ganzen Land Kameras für die Gesichtserkennung installiert, und die Regierung macht stetige Fortschritte bei der Errichtung ihres »Sozialkreditsystems«, in dem Informationen über Personen und Unternehmen gesammelt werden, um in den Augen der Partei unerwünschte und nicht vertrauenswürdige Aktivitäten aufzudecken. Zu diesen Aktivitäten zählen natürlich abweichende Meinungsäußerungen und subversive Kritik an der Partei. Im offiziellen Planungsdokument wird erklärt, das Sozialkreditsystem beruhe auf

> Gesetzen, Vorschriften, Normen und Satzungen. Es stützt sich auf ein vollständiges Netzwerk, das die Kreditaufzeichnungen der Mitglieder der Gesellschaft und die Kreditinfrastruktur umfasst und durch die gesetzmäßige Anwendung von Kreditinformationen und ein Kreditdienstsystem unterstützt wird. Es dient der Errichtung einer Kultur der Aufrichtigkeit und der Aufrechterhaltung von Ehrlichkeit und traditionellen Tugenden. Seine Anreizmechanismen bestehen darin, Vertrauen zu fördern und Vertrauensbruch zu beschränken. Sein Ziel ist es, die ehrliche Geisteshaltung und das Kreditniveau der gesamten Gesellschaft zu fördern.[5]

Frühe Versionen des Systems wurden gemeinsam mit Privatunternehmen entwickelt, darunter Alibaba, Tencent und der Fahrdienstanbieter Didi. Das Ziel bestand vermutlich darin, zwischen (für die Partei) akzeptablem und inakzeptablem Verhalten zu unterscheiden und die Bewegungsfreiheit und die Aktivitäten von »Übeltätern« einzuschränken. Seit 2017 sind Prototypen des Sozialkreditsystems in Dutzenden Großstädten eingeführt worden, darunter Hangzhou, Chengdu und Nanking. Das Oberste Volksgericht hat erklärt, dass Personen, die gerichtlichen Anordnungen zuwiderhandelten, »bisher [bis zum 9. Juli 2019] am Kauf von rund 27,3 Millionen Flugtickets und fast 6 Millionen Bahnfahrkarten gehindert worden sind«.[6] Einige Beobachter sehen im chinesischen Modell und im Sozialkreditsystem einen Prototyp für eine neuartige »digitale Diktatur«, in der die autoritäre Herrschaft durch strikte Überwachung und umfassende Datensammlung aufrechterhalten wird.

Viele hatten sich vom Internet und den sozialen Medien eine ganz andere Wirkung auf den politischen Diskurs und die Demokratie erwartet: Die Online-Kommunikation versprach die Schwarmintelligenz freizusetzen. Im Internet würden verschiedene Meinungen ungehindert miteinander konkurrieren und die Wahrheit würde triumphieren. Das Netz sollte die Demokratien stärken und die Diktaturen in die Defensive drängen, indem es Informationen über Korruption, Unterdrückung und Machtmissbrauch zutage fördern würde. Wikis wie das mittlerweile berüchtigte WikiLeaks sollten zur Demokratisierung des Journalismus beitragen. Die sozialen Medien würden all das auf ein noch höheres Niveau heben, indem sie einen offenen politischen Diskurs und die Koordinierung zwischen den Bürgern ermöglichen würden.

Anfangs schien die Entwicklung diese zuversichtliche Einschätzung zu bestätigen. Am 17. Januar 2001 wurden auf den Philippinen Textmitteilungen eingesetzt, um Protestkundgebungen gegen das Parlament zu koordinieren, das entschieden hatte, im Amtsenthebungsverfahren gegen Präsident Joseph Estrada wichtiges Beweismaterial nicht zuzulassen. Mitteilungen über den Vorgang wurden von Nutzer zu Nutzer weitergegeben, und rasch versammelten sich mehr als eine Million Menschen im Zentrum Manilas, um gegen einen Kongress zu protestieren, der sich zum Komplizen von Estradas Korruption und Verbrechen machte. Als das Leben in der Hauptstadt zum Stillstand kam, widerriefen die Abgeordneten ihre Entscheidung und Estrada wurde abgesetzt.[7]

Weniger als ein Jahrzehnt später waren die sozialen Medien an der Reihe. Im Arabischen Frühling nutzte die Demokratiebewegung Facebook und Twitter, um die autokratischen Herrscher Zine el-Abidine Ben Ali in Tunesien und Hosni Mubarak in Ägypten zu Fall zu bringen. Unter den Anführern der ägyptischen Protestbewegung war Wael Ghonim, ein Computeringenieur von Google. In einem Interview fasste er die Stimmung in der Demokratiebewegung und den Optimismus der Tech-Branche zusammen: »Ich hoffe, Mark Zuckerberg eines Tages persönlich treffen zu können, um ihm zu danken. Diese Revolution – oder ein Großteil dieser Revolution – begann auf Facebook. Wenn du eine Gesellschaft befreien willst, musst du ihr nur das Internet geben. Wenn du die gesellschaftliche Freiheit erhalten willst, musst du den Menschen nur das Internet geben.«[8] Einer der Gründer von Twitter verstand die Rolle seines Netzwerks genauso: »Manche Tweets können in einem unterdrückten Land positive Veränderungen bewirken […].«[9]

Viele Politiker sahen es ähnlich. Die amerikanische Außenministerin Hillary Clinton rückte im Jahr 2010 ein freies Internet in den Mittelpunkt ihrer Strategie zur Verbreitung der Demokratie in aller Welt.[10]

Wie sind wir in eine Situation geraten, in der sich digitale Werkzeuge in wirkungsvolle Waffen in den Händen von Autokraten verwandelt haben, die Informationsfreiheit und abweichende Meinungen zu unterdrücken versuchen? Wie konnte es dazu kommen, dass sich die sozialen Medien in eine Brutstätte der Desinformation verwandelt haben und nicht nur von autoritären Regimen, sondern auch von Rechts- und Linksextremisten missbraucht werden?

In diesem Kapitel werden wir zeigen, dass die schädlichen Auswirkungen der digitalen Technologien und der künstlichen Intelligenz auf Politik und gesellschaftlichen Diskurs keineswegs unvermeidlich waren. Der Schaden ist entstanden, weil in der Entwicklung dieser Technologien ein bestimmter Weg eingeschlagen wurde. Als damit begonnen wurde, diese digitalen Werkzeuge in erster Linie für die umfassende Datensammlung und -verarbeitung einzusetzen, verwandelten sie sich in leistungsfähige Werkzeuge in den Händen von Staaten und Unternehmen, die an Überwachung und Manipulation interessiert waren. Während die Bürger zusehends entmachtet wurden, wurde die hierarchische Kontrolle nicht nur in autokratisch, sondern auch in demokratisch regierten Ländern verstärkt, und es setzten sich neue Geschäftsmodelle durch, die darauf beruhten, das Engagement der Nutzer zu fördern und ihre Empörung zu schüren, um Geld damit zu verdienen.

Ein Zensursystem als politische Waffe

Es war in China nie leicht, sich der Kommunistischen Partei entgegenzustellen. Als Mao Zedong im Jahr 1957 die Kampagne »Lasst hundert Blumen blühen« startete, um Kritik an der Partei zu erlauben, glaubten viele, er wolle die Repression lockern. Aber die Hoffnung, die chinesischen Kommunisten seien tatsächlich bereit, abweichende Meinungen zu dulden, zerschlug sich rasch, als Mao die »Anti-Rechts-Kampagne« vom Zaun brach. Jene, die zuvor seine Einladung angenommen und kritische Ansichten geäußert hatten, wurden nun verhaftet, ins Gefängnis gesteckt und gefoltert, viele hingerichtet. Nach Schätzungen wurden in den Jahren 1957 bis 1959 zwischen 500 000 und zwei Millionen Menschen als »rechte Kräfte« verfolgt.

Ende der siebziger und Anfang der achtziger Jahre bot sich ein ganz anderes Bild. Im Jahr 1976 war Mao gestorben, und die Verfechter einer harten Linie, darunter seine Witwe Jiang Qing, die gemeinsam mit drei weiteren hochrangigen Parteifunktionären die sogenannte »Viererbande« bildete, unterlagen im folgenden Machtkampf und wurden an den Rand gedrängt. Deng Xiaoping, ein Angehöriger der alten Garde der chinesischen Revolutionäre, der sich im Bürgerkrieg als General der Roten Armee ausgezeichnet und die »Anti-Rechts-Kampagne« mitgeplant hatte, eine hohe Funktion in der KPCh innehatte und zum stellvertretenden Ministerpräsidenten aufgestiegen, dann jedoch selbst einer Säuberung zum Opfer gefallen war, kehrte auf die politische Bühne zurück und übernahm im Jahr 1978 die Führung der Partei. Zum Reformer gewandelt, nahm Deng einen Umbau der chinesischen Wirtschaft in Angriff.

In dieser Phase lockerte die Kommunistische Partei ihre Kontrolle über die Gesellschaft. Es tauchten neue Medien auf, die teilweise offene Kritik an der Partei äußerten. Es entstanden verschiedene Basisbewegungen, darunter Zusammenschlüsse von Studenten, die eine Demokratisierung forderten, und Initiativen, welche die Rechte der Landbevölkerung gegen die Landaneignung verteidigten.[11]

Doch das Massaker auf dem Platz des Himmlischen Friedens (Tiananmen) im Jahr 1989 machte die Hoffnung auf eine gesellschaftliche Öffnung erneut zunichte. Als die Partei in den achtziger Jahren mehr Meinungsfreiheit duldete, waren in der städtischen Bevölkerung und insbesondere in der Studentenschaft Forderungen nach mehr Freiheit und Reformen laut geworden. Im Jahr 1986 kam es zu einer Welle von Studentenprotesten. Die Jugend rief nach Demokratie, Meinungsfreiheit und wirtschaftlicher Liberalisierung. Die Hardliner in der Parteiführung warfen dem reformwilligen Generalsekretär Hu Yaobang zu große Nachgiebigkeit gegenüber der Opposition vor und entmachteten ihn.

Nach Hus Herztod brachen im April 1989 neue Proteste aus. Hunderte Studenten der Universität Peking marschierten ins Stadtzentrum zum Tiananmen-Platz, der an die Verbotene Stadt angrenzt. Innerhalb weniger Stunden wuchs die Zahl der Demonstranten auf dem Platz deutlich, und die Studenten formulierten die »Sieben Forderungen«, darunter jene nach einer Anerkennung von Hu Yaobangs Vorstellungen von Demokratie und Freiheit, nach einem Ende der Pressezensur, nach Aufhebung der Einschränkungen des Demonstrationsrechts sowie nach entschlossenen Maßnahmen gegen die Korruption führender Parteifunktionäre und ihrer Familien.

Während die Parteiführung darüber nachdachte, wie sie auf die Proteste reagieren sollte, wuchs die Unterstützung für die Demokratiebewegung. Am 13. Mai traten die Studenten auf dem Tiananmen-Platz in einen Hungerstreik, und innerhalb weniger Tage schlossen sich eine Million Menschen den Demonstranten an. Schließlich schlug sich Deng Xiaoping auf die Seite der Hardliner und willigte ein, die Armee einzusetzen, um den Protesten ein Ende zu setzen. Am 20. Mai wurde das Kriegsrecht verhängt, und in den folgenden zwei Wochen wurden mehr als 250 000 Soldaten in die Hauptstadt verlegt, um die Demokratiebewegung niederzuschlagen. Am 4. Juni war der Widerstand der Bevölkerung gebrochen. Nach unabhängigen Schätzungen wurden beim sogenannten Tiananmen-Massaker bis zu 10 000 Demonstranten getötet. Die Parteiführung entschloss sich, die Freiheitsrechte, die sich die Bevölkerung in den achtziger Jahren erkämpft hatte, entschlossen zu unterdrücken und jegliche Opposition unter Kontrolle zu bringen.[12]

Doch in den neunziger Jahren und im ersten Jahrzehnt des 21. Jahrhunderts gelang es der Kommunistischen Partei in großen Teilen des Landes nicht, die Opposition vollkommen unter Kontrolle zu bringen. Zu Beginn des neuen Jahrtausends schlossen sich zahlreiche Rechtsanwälte zur Weiquan-Bewegung zusammen, um Opfer von Menschenrechtsverletzungen in ganz China zu verteidigen und sich vor Gericht für Umweltschutz, Recht auf Wohnraum und Meinungsfreiheit einzusetzen. Besonders großes öffentliches Interesse weckte die von dem Schriftsteller und Aktivisten Liu Xiaobo angeführte Bewegung, die im Jahr 2008 die *Charta 08* veröffentlichte und darin Reformen vorschlug, die deutlich über die »sieben Forderungen« der Demokratiebewegung auf dem Tiananmen-Platz hinausgingen. Liu und seine Mitstreiter forderten in ihrem Manifest nicht weniger als eine neue Verfassung, die freie Wahl aller öffentlichen Amtsträger, Gewaltenteilung, eine unabhängige Justiz, Schutz der grundlegenden Menschenrechte sowie weitreichende Versammlungs- und Meinungsfreiheit.

Doch im Jahr 2010 war es in China sehr viel schwieriger geworden, öffentlich von der Parteilinie abweichende Meinungen zu äußern. Die Behörden hatten gelernt, das Internet zu nutzen, um den politischen Diskurs wirksam zu überwachen und von missliebigen Meinungsäußerungen zu säubern. Bald nach der Ankunft des Internets in China im Jahr 1994 hatte die Partei begonnen, Dissens im Netz zu zensieren. Im Jahr 2002 wurde der Grundstein für die Errichtung der »Großen Firewall« gelegt, welche die für chinesische Bürger zugänglichen Websites und die Möglichkeiten zum Meinungsaustausch beschränken sollte. Sieben Jahre später wurde das Abschottungsprojekt abgeschlossen, und seitdem wird die Firewall regelmäßig ausgeweitet.[13]

Doch zu Beginn der zehner Jahre stieß die digitale Zensur immer noch an Grenzen. In einer großen Studie sammelten Forscher im Jahr 2011 auf 1382 chinesischen Websites und Plattformen mehrere Millionen Social-Media-Posts, um anschließend zu untersuchen, welche Mitteilungen von den chinesischen Behörden entfernt wurden. Die Ergebnisse der Studie zeigten, dass die »Große Firewall« funktionierte, obwohl sie keine völlige Kontrolle ermöglichte. Den Großteil von (Hunderttausenden) Meinungsäußerungen, in denen Regierung oder Partei kritisiert wurden, ließen die Behörden unangetastet. Sie löschten lediglich die sehr viel kleinere Zahl von Posts zu sensiblen Themen, bei denen die Gefahr bestand, dass breite Bevölkerungskreise reagieren und verschiedene Oppositionsgruppen gemeinsame Proteste organisieren würden. Beispielsweise wurden die allermeisten Posts zu Protesten in der Inneren Mongolei oder in Zengcheng in der Provinz Guangdong umgehend entfernt. Dasselbe geschah mit Posts zu Bo Xilai (dem früheren Bürgermeister von Dalian, der dem Politbüro angehörte und zu jener Zeit einer Säuberung zum Opfer fiel) und Fang Binxing (dem Vater der »Großen Firewall«).[14]

Ein anderes Forscherteam fand heraus, dass die Kommunikation in sozialen Netzwerken trotz »Großer Firewall« und systematischer Zensur immer noch Proteste auslösen konnte. Mitteilungen auf Weibo ermöglichten die Koordinierung und geografische Ausbreitung von Kundgebungen.[15] Doch schon zu jener Zeit waren oppositionelle Aktivitäten in den sozialen Medien von geringer Dauer.

Ab 2014 beschränkte sich das Regime nicht mehr auf eine zurückhaltende Zensur, bei der einige kritische Meinungsäußerungen durch das Netz geschlüpft waren. Unter der Führung von Xi Jinping ging die Partei zum Einsatz neuer Überwachungs- und KI-Technologien zunächst in Xinjiang und dann in ganz China über. Im Jahr 2017 kündigte die Regierung einen »Plan zur Entwicklung von KI der nächsten Generation« an, um China die weltweite Führungsposition auf diesem Gebiet zu sichern.[16] Dabei konzentrierte sich die chinesische Führung auf den Einsatz künstlicher Intelligenz zur Überwachung der Bürger. Seit 2014 steigen die Ausgaben Chinas für Überwachungssoftware und Kameras und sein Anteil an den globalen KI-Investitionen rasant, und mittlerweile entfallen rund 20 Prozent der weltweiten Investitionen in diesen Bereich auf China, wo mehr KI-Patente eingereicht werden als in jedem anderen Land.

Mit besserer KI kam eine intensivere Überwachung. Xiao Qiang, der Gründer der *China Digital Times*, drückt es so aus: »China hat ein Zensursystem, das als politische Waffe eingesetzt wird. Es ist hoch entwickelt, gut organisiert und koordiniert und nutzt die Ressourcen des Staates. Es dient nicht einfach dazu, Dinge zu löschen. Es wird auch ein leistungsfähiger Apparat eingesetzt, um ein Narrativ zu konstruieren, und er wird mit gewaltiger Durchschlagkraft auf jedes beliebige Ziel gerichtet.«[17]

Mittlerweile entgehen der chinesischen Zensur nur noch wenige missliebige Posts in den großen sozialen Netzwerken. Die »Große Firewall« erfasst fast alle in den Augen des Regimes politisch bedenklichen ausländischen Websites, und es gibt kaum noch Hinweise darauf, dass in sozialen Medien Protestbewegungen koordiniert werden können. Die Chinesen haben keinen Zugang mehr zu den meisten unabhängigen ausländischen Medien, darunter *New York Times*, CNN, BBC, *Guardian* und *Wall Street Journal*. Große westliche soziale Netzwerke und Suchmaschinen, darunter Google, YouTube, Facebook, Twitter, Instagram und verschiedene Video-Sharing-Sites, wurden ebenfalls blockiert.

Die künstliche Intelligenz hat die Fähigkeit des chinesischen Regimes zur Umgehung des politischen Diskurses und zur Unterdrückung abweichender Meinungen und Informationen deutlich erhöht, insbesondere im Bereich von Multimediainhalten und Live-Chats.

Eine schönere neue Welt

Im zweiten Jahrzehnt des 21. Jahrhunderts weckte die Situation des politischen Diskurses in China bereits Erinnerungen an George Orwells *1984*. Indem der chinesische Staat Informationen unterdrückte und systematische Propaganda betrieb, versuchte er die Darstellung der politischen Realität vollkommen zu kontrollieren. Während ausländische Medien ausführlich über Korruptionsuntersuchungen berichteten, die hochrangige Parteifunktionäre oder ihre Familien betrafen, sorgte die staatliche Zensur in China dafür, dass die Bevölkerung über die Details im Dunkeln blieb und stattdessen mit Propaganda über der Tugendhaftigkeit der Parteiführung überhäuft wurde.[18]

Bei vielen Menschen schien die Indoktrinierung zumindest teilweise zu funktionieren – jedenfalls wagten sie nicht, zu sagen, dass sie die offizielle Darstellung für unwahr hielten. Im Jahr 2001 führte die Kommunistische Partei eine umfassende Reform der Lehrpläne für die Sekundarschule durch. Das Ziel war es, die chinesische Jugend politisch zu erziehen. Eine Mitteilung über die Reform aus dem Jahr 2004 trug den Titel »Vorschläge zur Stärkung des ideologischen und moralischen Aufbaus unserer Jugend«. Die neuen Lehrbücher, die im Jahr 2004 eingeführt wurden, enthielten eine nationalistischere Darstellung der Geschichte und hoben die Autorität und die Vorzüge der Kommunistischen Partei hervor. Die westlichen Demokratien wurden kritisiert und als dem chinesischen System unterlegen dargestellt.

Die Ansichten von Schülern, die mit den neuen Lehrbüchern lernten, unterschieden sich deutlich von denen von Schulabsolventen in derselben Provinz, die ihren Abschluss vor der Einführung dieser Bücher gemacht hatten. Die mit dem neuen Material indoktrinierten Schüler vertrauten Staatsbeamten eher und hielten das chinesische System eher für demokratisch als die Schüler, die noch die früheren Lehrbücher verwendet hatten. Ob die Befragten tatsächlich die offizielle Darstellung glaubten oder einfach verinnerlicht hatten, dass von ihnen erwartet wurde, diese Meinung zu teilen, ist schwerer zu beurteilen. Klar ist jedoch, dass sie Ansichten äußerten, die erheblich von der Propaganda beeinflusst waren, der sie ausgesetzt waren.[19]

Ende der zehner Jahre wurden alle diese Tendenzen deutlich verstärkt. Aufgrund von digitaler Zensur und Propaganda waren bei den jungen Chinesen sehr viel öfter eine nationalistische Einstellung, eine unkritische Unterstützung für Partei und Staat und eine geringe Bereitschaft zur Auseinandersetzung mit kritischer Berichterstattung und abweichenden Meinungen zu beobachten. Nach den massiven Investitionen in künstliche Intelligenz wurde die »Große Firewall« auch durch eine ständige Überwachung anhand von Daten ergänzt, die auf allen chinesischen Plattformen und am Arbeitsplatz gesammelt wurden. Hatten chinesische Studenten unter solchen Bedingungen überhaupt den Wunsch, sich in ausländischen Medien zu informieren, wenn sie die Möglichkeit dazu erhielten? Diese Frage untersuchten zwei Forscher in einer ambitionierten Studie.[20] Die Antwort war sogar für sie selbst eine Überraschung.

In den zehner Jahren hatte die »Große Firewall« noch eine Schwachstelle: Sie identifizierte die IP-Adressen, die Aufschluss über den Standort gaben, um chinesische Nutzer am Zugang zu ausländischen Medien und Websites zu hindern, aber mit einem VPN (einem »virtuellen privaten Netzwerk«) konnten in China ansässige Nutzer ihre IP-Adresse verbergen und auf zensierte Websites zugreifen. Der chinesische Staat hatte die VPN-Nutzung nicht ausdrücklich verboten, und die Behörden hatten keinen Zugang zu Informationen darüber, welche Websites mittels eines VPN besucht wurden, weshalb diese Methode zur Umgehung des Überwachungsstaats eigentlich ungefährlich war. (Mittlerweile hat sich das geändert, denn die private VPN-Nutzung ist verboten, und sämtliche Anbieter solcher Netzwerke müssen sich behördlich registrieren lassen.)

Die beiden Forscher boten Studenten in Peking in einem gut gestalteten Experiment, das sich in den Jahren 2015 bis 2017 über einen Zeitraum von 18 Monaten erstreckte, einen kostenlosen VPN-Zugang an (und ermutigten sie teilweise mit Newslettern und anderen Mitteln zur Nutzung). Dank des VPN konnten sie sich westliche Nachrichtenseiten ansehen. Die derart ermutigten Studenten besuchten die westlichen Websites, interessierten sich für die Nachrichten und bemühten sich anschließend weiterhin um Informationen aus ausländischen Quellen. Ihre Antworten in der Studie deuten darauf hin, dass sie die Informationen verstanden und als glaubwürdig betrachteten, ihre politische Meinung änderten und eine kritischere Haltung gegenüber dem chinesischen Staat einnahmen. Außerdem zeigten sie deutlich größere Sympathie für demokratische Institutionen.

Doch ohne die zusätzliche Ermutigung zeigte die große Mehrheit der Studenten kein Interesse am Besuch ausländischer Websites und wollte nicht einmal den kostenlosen VPN-Zugang nutzen. Die Indoktrinierung in der Schule und die Propaganda in den chinesischen Medien, die ihnen eingeschärft hatten, dass in westlichen Quellen keine zuverlässigen Informationen über China zu finden seien, hatten ihr Denken so tiefgreifend geprägt, dass es nicht mehr nötig war, die Informationen aktiv zu zensieren: Die Studenten hatten die Zensur verinnerlicht.

Die Forscher gelangten zu dem Schluss, dass sich dieses Ergebnis eher mit Aldous Huxleys Darstellung in *Schöne neue Welt* als mit George Orwells *1984* deckte. Der Gesellschaftskritiker Neil Postman drückte es so aus: »Orwell fürchtete diejenigen, die Bücher verbieten. Huxley befürchtete, daß es eines Tages keinen Grund mehr geben könnte, Bücher zu verbieten, weil keiner mehr da ist, der Bücher lesen will.«[21]

In Huxleys Dystopie ist die Gesellschaft in strikt voneinander getrennte Kasten unterteilt, mit Alpha-Menschen an der Spitze, Betas, Gammas und Deltas bis hinab zu Epsilons. Aber Zensur und ständige Überwachung haben sich erübrigt, denn: »Unter einem wissenschaftlich geschulten Diktator wird Erziehung wirklich etwas leisten – mit dem Ergebnis, daß die meisten Menschen dazu heranwachsen werden, ihre Sklaverei zu lieben und nie von einer Revolution zu träumen. Es scheint keinen stichhaltigen Grund zu geben, daß eine durch und durch wissenschaftliche Diktatur je gestürzt werden sollte.«[22]

Von Prometheus zu Pegasus

Nicht nur in China werden digitale Werkzeuge eingesetzt, um abweichende Meinungen zu unterdrücken. Der Iran, Russland und andere Diktaturen bedienen sich ebenfalls solcher Instrumente, um Dissidenten aufzuspüren und zu bestrafen und den Zugang zu freier Information zu behindern.

Schon vor dem Arabischen Frühling war die Weltöffentlichkeit im Iran Zeuge geworden, wie eine Demokratiebewegung die sozialen Netzwerke nutzen konnte. Riesige Volksmengen (manche Beobachter schätzten die Zahl der Kundgebungsteilnehmer auf drei Millionen) strömten auf die Straße, um Präsident Mahmud Achmadineschad zu Fall zu bringen, der sich ihrer Meinung nach im Jahr 2009 nur durch Wahlbetrug an der Macht gehalten hatte. Zur Koordinierung der Proteste der sogenannten Grünen Bewegung wurden verschiedene Werkzeuge genutzt, darunter Textnachrichten und Facebook.

Die Proteste wurden rasch niedergeschlagen, führende Köpfe der Opposition sowie zahlreiche Studenten verhaftet. Die Internetzensur im Iran wurde verschärft. Im Jahr 2012 wurde ein »Oberster Rat für den virtuellen Raum« eingerichtet, um das Internet und die sozialen Netzwerke zu überwachen, und heute sind im Iran fast alle westlichen sozialen Medien, verschiedene Streamingplattformen (darunter Netflix) und die meisten westlichen Nachrichtenwebsites gesperrt.

In Russland wurden die sozialen Netzwerke ebenfalls von der Opposition genutzt, und der Staat reagierte mit ähnlichen Repressionsmaßnahmen. Das beliebteste soziale Netzwerk des Landes war VK (*VKontakte*), das im Jahr 2011 zahlreiche Nutzer hatte. Am 4. Dezember 2011 kam es bei der Parlamentswahl zu

Betrug, der im Internet dokumentiert wurde: mit Fotos von gefälschten Wahlzetteln und Videos von Anhängern der Regierung, die zahlreiche Stimmen abgaben. Die Veröffentlichung löste eine Protestwelle aus. In späteren Studien zeigte sich, dass die Kundgebungen auf der VK-Plattform koordiniert worden waren und dass die Proteste in Städten, in denen dieses Netzwerk umfassend genutzt wurde, sehr viel mehr Menschen angelockt hatten.[23]

Wie in China und im Iran veranlassten die Proteste auch in Russland den Staat dazu, Überwachung und Zensur der Online-Aktivitäten der Bürger zu verstärken. Seitdem wird eine intensive Zensur betrieben. Alle Telekommunikationsanbieter sind verpflichtet, im Rahmen des »Systems für operative investigative Aktivitäten« vom FSB bereitgestellte Hardware zu installieren, die es dem Geheimdienst ermöglicht, die Metadaten oder sogar Inhalte zu überwachen und den Zugang zu Websites zu blockieren, ohne dass dafür eine gerichtliche Anordnung benötigt würde. Nach einer weiteren Protestwelle im Jahr 2020 wurden noch mehr regimekritische Websites und Nachrichtenportale gesperrt. VPN-Nutzung und der verschlüsselte Browser Tor wurden verboten, und Unternehmen wurden durch die Androhung astronomischer Bußgelder gezwungen, den Zugang zu illegalen Inhalten – darunter regierungskritische Websites und Posts in sozialen Netzwerken – zu unterbinden. KI-Werkzeuge spielen in der russischen Zensur eine untergeordnete Rolle, aber in jüngster Zeit kommen sie auch dort vermehrt zum Einsatz.

Der Missbrauch digitaler Werkzeuge zur Unterdrückung von Oppositionsgruppen ist nicht auf Diktaturen beschränkt. Im Jahr 2020 wurde Forbidden Stories, einer internationalen Organisation, die Berichte von und über Journalisten veröffentlicht, die von repressiven Regimen bedrängt werden, eine Liste von etwa 50 000 Telefonnummern von Oppositionspolitikern, Menschenrechtsaktivisten, Journalisten und Dissidenten zugespielt, die vermutlich unter Einsatz der Spyware Pegasus bespitzelt worden waren. Pegasus wurde von der israelischen Tech-Firma NSO Group entwickelt (NSO ist benannt nach den Anfangsbuchstaben der Vornamen ihrer Gründer Niv Karmi, Shalev Hulio und Omri Lavie. Das Unternehmen bestreitet jegliches Fehlverhalten und erklärt, seine Software ausschließlich »überprüften staatlichen Kunden« zur Verfügung zu stellen, die selbst entscheiden, wie sie Pegasus einsetzen wollen.)

Pegasus ist eine sogenannte »Zero-Click-Software«, was bedeutet, dass das Programm aus der Entfernung auf Mobiltelefonen installiert werden kann, ohne dass ein Nutzer irgendwelche Links anklicken oder seine Einwilligung geben müsste. Benannt ist das Programm nach dem geflügelten Pferd aus der griechischen Mythologie, was eine Anspielung auf die Art der Software (es ist ein trojanisches Pferd) sowie auf die Tatsache ist, dass Pegasus in ein Smartphone »fliegt«, anstatt manuell installiert werden zu müssen. Wie wir in Kapitel 1 gesehen haben, vergleichen die führenden Köpfe der Tech-Branche die Entwicklung der künstlichen Intelligenz gerne mit der Entdeckung des Feuers und stellen sich als moderne Gegenstücke zu Prometheus dar, weil sie der Menschheit die Segnungen dieser Technologie bringen. Aber die modernen digitalen Technologien haben uns nicht Prometheus gebracht, sondern Pegasus.

Pegasus kann Textmitteilungen lesen, Gespräche mithören, das ausspionierte Gerät lokalisieren, Passwörter abgreifen, die Online-Aktivitäten des Besitzers verfolgen und sogar die Kontrolle über Kamera und Mikrofon eines Smartphones übernehmen. Angeblich wird es in vielen Ländern mit autokratischen Herrschern regelmäßig eingesetzt, darunter Saudi-Arabien, die Vereinigten Arabischen Emirate und Ungarn. Es wird vermutet, dass saudische Geheimagenten den Journalisten Jamal Khashoggi mit Pegasus beobachteten, bevor sie ihn brutal ermordeten und zerstückelten. (Die saudische Regierung erklärt, seine Ermordung sei eine »nichtautorisierte Operation« gewesen.)[24]

Eine Untersuchung der Telefonnummern, die Forbidden Stories zugespielt wurden, hat gezeigt, dass auch viele demokratische Staaten systematisch diese Software missbrauchen. In Mexiko wurde die Spyware ursprünglich für den Kampf gegen die Drogenkartelle erworben und zur Verhaftung von El Chapo eingesetzt, dem Chef des Sinaloa-Kartells. Doch in der Folge wurde sie verwendet, um Journalisten, Rechtsanwälte, die ein Massaker an 43 Schülern untersuchten, sowie Oppositionelle auszuspionieren, darunter der spätere Präsident Andrés Manuel López Obrador. In Indien nutzt die Regierung von Narendra Modi die Software noch umfassender und hat zahlreiche Oppositionspolitiker, Studentenvertreter, Journalisten, Wahlbeauftragte und sogar führende Vertreter des Inlandsgeheimdienstes überwachen lassen.

Und Pegasus wird nicht nur in Entwicklungs- und Schwellenländern eingesetzt. Die Telefonnummer des französischen Präsidenten Emmanuel Macron findet sich ebenfalls auf der Liste, und dasselbe gilt für die Nummern mehrerer hochrangiger Vertreter des amerikanischen Außenministeriums.

Die Vereinigten Staaten brauchen Pegasus nicht, um Verstöße zu begehen (obwohl einige ihrer Sicherheitsbehörden mit der Software experimentierten und auch als Vermittler beim Verkauf an die Regierung von Dschibuti agierten). Am 5. Juni 2013 veröffentlichte der *Guardian* die Enthüllungen Edward Snowdens über die illegale Datensammlung durch die Nationale Sicherheitsbehörde NSA. Die NSA hat in Zusammenarbeit mit Google, Microsoft, Facebook, Yahoo und anderen Anbietern von Internetdiensten sowie mit Telefongesellschaften wie AT&T

und Verizon gewaltige Mengen an Daten über Internetsuchen, Online-Kommunikation und Telefongespräche amerikanischer Bürger angehäuft. Sie bespitzelte auch die Regierungen verbündeter Länder, darunter Deutschland und Brasilien. Sie sammelte Daten, die per Satellit und Unterwasser-Glasfaserkabel übermittelt wurden. Als Mitarbeiter einer Technologieberatungsfirma, die für die NSA tätig war, hatte Snowden entdeckt, welche Reichweite die Spionageprogramme hatten: »Ich hatte an meinem Schreibtisch die Befugnis, jedermann abzuhören, seien es Sie oder Ihr Buchhalter, ein Bundesrichter oder sogar der Präsident. Ich brauchte dazu nur die persönliche E-Mail-Adresse.«[25] Obwohl einige dieser Aktivitäten verfassungswidrig waren und ohne Wissen oder Aufsicht des Kongresses stattfanden, wurden sie von dem für die Kontrolle von Überwachungsaktivitäten zuständigen Bundesgericht FISC (Foreign Intelligence Surveillance Court) genehmigt.

Die Vereinigten Staaten sind nicht China, und diese Aktivitäten mussten vor den Medien und sogar vor den meisten Kongressmitgliedern verborgen werden. Snowdens Enthüllungen lösten in der amerikanischen Öffentlichkeit einen Proteststurm gegen die illegalen Datensammlungsstrategien der NSA und anderer Behörden aus. Doch die meisten Überwachungsaktivitäten konnten dadurch nicht gestoppt werden. Vielleicht noch schlimmer ist, dass Unternehmen wie Clearview AI praktisch ohne Beaufsichtigung durch die Zivilgesellschaft oder öffentliche Institutionen begonnen haben, Bilder von den Gesichtern Hunderter Millionen Nutzer zu sammeln und diese Informationen an Strafverfolgungsbehörden zu verkaufen. In den Augen des Gründers und Geschäftsführers von Clearview ist daran nichts Sittenwidriges: »Wir sind überzeugt, dass wir die Technologie bestmöglich einsetzen.«[26]

Der Einsatz der Pegasus-Spyware, die Bespitzelung durch die NSA und der Umgang mit der Gesichtserkennungstechnologie von Clearview sind Symptome eines grundlegenden Problems. Sind digitale Werkzeuge einmal auf dem Markt, so werden viele, wenn nicht die meisten Regierungen diese Instrumente zur massenhaften Datensammlung einsetzen, um die Opposition zu bekämpfen und die Bürger besser zu überwachen. Diese Werkzeuge werden undemokratische Regime stärken und in die Lage versetzen, sich besser gegen Widerstand in der Bevölkerung zu wappnen. Sie können sogar das Abgleiten demokratischer Staaten in autoritäre Praktiken erleichtern.

Die Demokratie stirbt im Dunkeln. Aber sie leidet auch unter der Beleuchtung durch die moderne künstliche Intelligenz.

Überwachung und Ausrichtung der technologischen Entwicklung

Anfangs lösten das Internet und die sozialen Netzwerke Begeisterung aus, weil sie das Potenzial hatten, zur gesellschaftlichen Demokratisierung beizutragen. Mittlerweile ist ein Teil der Öffentlichkeit zur gegenteiligen Überzeugung gelangt und betrachtet die digitalen Werkzeuge als inhärent antidemokratisch. Der Historiker Yuval Noah Harari erklärt: »Die Technologie fördert die Tyrannei.«[27]

Beide binären Urteile sind falsch. Die digitale Technologie ist weder pro- noch antidemokratisch. Es war keineswegs unausweichlich, dass KI-Technologien von Staaten genutzt wurden, um die Medien zu beaufsichtigen, die Informationen zu zensieren und ihre Bürger zu unterdrücken. Vielmehr entschieden sich jene, die Macht hatten, die Technologie in diese Richtung zu lenken.

Wie wir in Kapitel 9 gesehen haben, hätten die digitalen Technologien, die sich beinahe naturgemäß für verschiedenste Zwecke eignen, eingesetzt werden können, um den Nutzen von Maschinen zu erhöhen. Beispielsweise hätten sie neue Tätigkeiten für Arbeitskräfte oder neue Plattformen hervorbringen können, welche die menschlichen Fähigkeiten potenziert hätten. Die Konzentration auf die Überwachung der Arbeitskräfte und die Arbeitsplatzzerstörung mittels Automatisierung waren Resultate der Vision und des Geschäftsmodells der großen Tech-Firmen. Dasselbe gilt für den Einsatz der KI durch autoritäre Regime sowie einige vermeintlich demokratische Regierungen.

Der Traum von einem Internet und digitalen Technologien, welche die Bürger in ihrer Auseinandersetzung mit Diktaturen unterstützen würden, war nicht vollkommen wirklichkeitsfremd. Die digitalen Technologien können zur Verschlüsselung eingesetzt werden, was es den Behörden unmöglich macht, die private Kommunikation auszuspionieren. Dienste wie VPN-Verbindungen können genutzt werden, um die Zensur zu umgehen. Netzwerke wie Tor sind (unseres Wissens) gegenwärtig für Behörden nicht zu knacken, weshalb sie die Privatsphäre schützen und die persönliche Sicherheit erhöhen. Dennoch haben sich die Hoffnungen auf eine digitale Demokratisierung zerschlagen. Der Grund dafür ist, dass sich die Tech-Branche auf die Seite des Staates geschlagen hat, der das Geld und die Macht hat und die Gesellschaft kontrollieren will.

Datensammlung und Überwachung wurden ausgeweitet, weil die Tech-Branche einen bestimmten Weg eingeschlagen hat. Die Fortschritte in der Verarbeitung von Daten in großem Maßstab unter Einsatz des Maschinenlernens haben dazu beigetragen, aber dass Staaten und Unternehmen in der Lage sind, die

Bevölkerung zu überwachen, liegt vor allem daran, dass sie Zugang zu gewaltigen Datenmengen haben.

Haben KI-Technologien einmal autoritäre Neigungen geweckt, ist die Folge ein Teufelskreis. Wenn Staaten autoritärer werden, wächst ihr Interesse an künstlicher Intelligenz, mit der sie ihre Bevölkerung beobachten und kontrollieren können, und das lenkt die Entwicklung der KI weiter in Richtung Überwachungstechnologie.

Beispielsweise ist die Nachfrage chinesischer Lokalbehörden nach KI-Technologien, die Gesichtserkennung und andere Arten der Überwachung ermöglichen, in den letzten Jahren deutlich gestiegen. Dieser Anstieg der Nachfrage wird teilweise durch lokale gesellschaftliche Konflikte ausgelöst. Politiker, die mit Unzufriedenheit in der Bevölkerung konfrontiert sind, wünschen sich eine verstärkte Kontrolle und Überwachung. In der zweiten Hälfte der zehner Jahre wurden massive Proteste, insbesondere solche gegen die Zentralregierung, fast unmöglich, aber lokal kam es weiterhin zu Protestkundgebungen, die eine Zeit lang sogar in den sozialen Netzwerken koordiniert wurden.

Doch zu diesem Zeitpunkt bevorzugten die KI-Werkzeuge bereits eindeutig die Unterdrücker, anstatt den Unterdrückten zu helfen. Gestützt auf KI-Technologien, konnten die lokalen Behörden Proteste leichter unterdrücken und verhindern. Der chinesische Zentralstaat und die Behörden vor Ort sind bereit, eine große Zahl von Polizeibeamten zu beschäftigen, aber Investitionen in künstliche Intelligenz verringern offenbar den Personalbedarf für die Überwachung und sogar für die tatsächliche Unterdrückung von Demonstranten.

Noch bedeutsamer ist jedoch, dass sich die erhöhte Nachfrage seitens lokaler Behörden auch auf die Ausrichtung der Innovation auswirkt. Daten zu neu gegründeten KI-Unternehmen in China zeigen, dass die staatliche Nachfrage nach Überwachungstechnologie die Innovation in eine ganz andere Richtung lenkt. Von lokalen Behörden beauftragte KI-Anbieter beginnen, sich in der Forschung auf Gesichtserkennung und andere Verfolgungstechnologien zu konzentrieren. Es dürfte mit diesen Innovationsanreizen zu tun haben, dass China eine weltweite Vormachtstellung auf dem Gebiet von Überwachungstechnologien wie Gesichtserkennung einnimmt, während es in anderen Bereichen wie Sprachverarbeitung, sprachlichem Denken und abstraktem Denken hinterherhinkt.

Nach Einschätzung internationaler Experten hat China in der KI-Forschung immer noch in fast allen Bereichen einen deutlichen Rückstand auf die Vereinigten Staaten. Doch in einem Bereich besitzt China mittlerweile einen Vorsprung: bei den Daten.

Chinesische Forscher arbeiten mit sehr viel größeren Datenmengen und ohne die Datenschutzbeschränkungen, die den Zugang ihrer westlichen Kollegen zu persönlichen Informationen oft einschränken. Die Aufträge von lokalen Behörden wirken sich besonders nachhaltig auf die Ausrichtung der KI-Forschung aus, wenn die Behörden Auftragnehmern in den Beschaffungsverträgen zusagen, große Mengen an Daten mit ihnen zu teilen. Wenn Start-up-Unternehmen Zugriff auf große Datenmengen haben und zur Entwicklung von Überwachungstechnologie aufgefordert werden, können sie wirksame Anwendungen testen und entwickeln, um die Bürger zu kontrollieren und ihre Bewegungen zu verfolgen.[28]

Die Überwachungstechnologie ist eine Falle: Mächtige Regierungen mit ausreichend Geld, die abweichende Meinungen unterdrücken wollen, verlangen KI-Technologien, um ihre Bevölkerung zu kontrollieren. Je nachdrücklicher die Forderungen erhoben werden, desto mehr derartige Werkzeuge werden von den Forschern entwickelt. Und wenn sich die KI in die Richtung repressiver Werkzeuge entwickelt, wird sie attraktiver für autoritäre Regierungen (und solche, die es werden möchten).

Tatsächlich exportieren chinesische Start-ups mittlerweile ihre für Überwachung und Repression bestimmten Produkte in andere nichtdemokratische Staaten. Der chinesische Technologieriese Huawei, der sehr vom unbeschränkten Datenzugang und von finanziellen Anreizen zur Entwicklung von Spionagetechnologie profitiert, hat solche Werkzeuge in fünfzig Länder exportiert.[29] In Kapitel 9 haben wir gesehen, dass sich die KI-gestützte Automatisierung in technologisch fortschrittlichen Ländern auf die übrige Welt auswirken und schädliche Auswirkungen auf die meisten Arbeitskräfte haben dürfte. Dasselbe gilt für die KI-gestützte Überwachung: In aller Welt fällt es den Menschen immer schwerer, sich der Unterdrückung zu entziehen.

Soziale Netzwerke und Büroklammern

Internetzensur und sogar hoch entwickelte Spyware ändern nichts daran, dass soziale Netzwerke das Potenzial haben, zur Verbesserung des politischen Diskurses und zur Koordinierung des Widerstands gegen die schlimmsten Unterdrückungsregime beizutragen. Es sollte niemanden überraschen, dass Diktaturen neue Technologien einsetzen, um ihre Bevölkerung zu unterdrücken. Dass die Vereinigten Staaten dasselbe tun, war angesichts der langen Geschichte gesetzlosen Verhaltens ihrer Sicherheitsdienste, das durch den »Krieg gegen den Terror« weiter angefacht wurde, ebenfalls zu erwarten. Vielleicht besteht die Lösung darin, die sozialen Netzwerke weiter auszubauen, eine erhöhte Konnektivität zu ermöglichen und jegliche Einschränkungen für Inhalte zu beseitigen, damit staatlicher Missbrauch ungehindert angeprangert werden kann. Doch leider geht die Entwicklung der KI-gestützten sozialen Netzwerke gegenwärtig in eine Richtung, die fast ebenso schädlich für die Demokratie und die Menschenrechte ist wie eine staatliche Zensur des Internets.

Um zu veranschaulichen, welche Gefahren von superintelligenter KI ausgehen, wenn ihre Ziele nicht mit denen der Menschheit in Einklang gebracht werden können, bedienen sich Informatiker und Philosophen gerne der Parabel von der Büroklammer.[30] In diesem Gedankenexperiment erhält eine unaufhaltsame intelligente Maschine die Anweisung, mehr Büroklammern zu produzieren, und setzt ihre großen Fähigkeiten ein, um dieses Ziel zu erreichen, indem sie neue Methoden entwickelt, um die ganze Welt in Büroklammern umzuwandeln. Ähnlich verhält es sich mit den Auswirkungen der KI auf die Politik: Sie könnte nicht dank ihrer überlegenen Fähigkeiten, sondern aufgrund ihrer Mittelmäßigkeit unsere Institutionen in Büroklammern verwandeln.

Facebook war im Jahr 2017 in Myanmar so beliebt, dass das Unternehmen dort mit dem Internet gleichgesetzt wurde. 22 Millionen von 53 Millionen Einwohnern des Landes nutzten das soziale Netzwerk. Und sie waren ein geeignetes Ziel für Desinformation und Volksverhetzung. Myanmar ist ein ethnischer Flickenteppich und beherbergt nicht weniger als 135 offiziell anerkannte Ethnien. Sein Militär, das seit 1962 mit eiserner Faust regiert und nur zwischen 2015 und 2020 eine von den Militärs streng beaufsichtigte parlamentarische Demokratie zuließ, schürt in der buddhistischen Mehrheitsbevölkerung immer wieder Ressentiments gegenüber anderen Volksgruppen. Keine Gruppe wird öfter zum Ziel von Angriffen als die muslimischen Rohingya, die vom Regime als Ausländer dargestellt werden, obwohl sie seit Jahrhunderten in Myanmar leben. Die Staatsmedien fachen den Hass auf die Rohingya unentwegt an.

Inmitten dieser explosiven Mischung von ethnischen Spannungen und gehässiger Propaganda tauchte im Jahr 2010 Facebook in Myanmar auf und setzte sich rasch im Land durch. In Einklang mit dem im Silicon Valley verbreiteten Glauben an die Überlegenheit der Algorithmen gegenüber dem Menschen überließ Facebook die Beaufsichtigung seines Netzwerks in Myanmar ungeachtet der gewaltigen Zahl von Teilnehmern einer einzigen Person. Diese sprach Birmanisch, beherrschte jedoch kaum eine der rund hundert anderen Sprachen, die in dem Land gesprochen werden.[31]

In Myanmar wurden auf Facebook von Anfang an Hasstiraden und Aufrufe zu Gewalt verbreitet. Im Juni 2012 veröffentlichte ein hochrangiger Regierungsvertreter, der dem damaligen Präsidenten Thein Sein nahestand, folgende Botschaft auf seiner Facebook-Seite:

> Es wird berichtet, dass Rohingya-Terroristen, die der sogenannten Rohingya-Solidaritätsorganisation angehören, die Grenze überschreiten und bewaffnet in unser Land eindringen. Rohingya aus anderen Ländern kommen ins Land. Da unser Militär frühzeitig darüber informiert wurde, wird es sie auslöschen! Ich glaube, das geschieht bereits.[32]

Weiter hieß es in dem Post: »Wir werden uns von anderen nicht über humanitäre Fragen oder Menschenrechte belehren lassen.« Mit dieser Mitteilung wurde nicht nur der Hass auf die muslimische Minderheit geschürt, sondern auch die falsche Behauptung verbreitet, die Rohingya drängen aus dem Ausland nach Myanmar ein.

Im Jahr 2013 postete der buddhistische Mönch Ashin Wirathu, den das Magazin *Time* als Gesicht des buddhistischen Terrors bezeichnete, auf Facebook Nachrichten, in denen er die Rohingya als ausländische Invasoren und Mörder bezeichnete, die eine Bedrohung für das Land seien. Er erklärte: »Ich bin stolz darauf, als Extremist bezeichnet zu werden.«[33]

Menschenrechtsaktivisten und internationale Organisationen forderten Facebook auf, irreführende Informationen und hetzerische Posts zu unterbinden. Ein Facebook-Manager räumte ein: »Wir sehen ein, dass wir mehr tun könnten und sollten.« Doch was immer Facebook tat, es genügte nicht, um die Hetze einzudämmen. Im August war das Netzwerk zum wichtigsten Medium für die Organisation von Angriffen auf die Rohingya geworden. Die Vereinigten Staaten stuften die Kampagne schließlich als Völkermord ein.

Dass die Volksverhetzung auf Facebook in Myanmar so gut funktionierte, hätte niemanden überraschen sollen. Das Geschäftsmodell von Facebook beruht auf der Einbindung der Nutzer, und jede Mitteilung, die starke Emotionen weckt, darunter natürlich auch Hetze und provokante Desinformation, wird von den Algorithmen bevorzugt, weil sie Tausende und manchmal Hunderttausende Nutzer zur Beteiligung motiviert.

Menschenrechtsgruppen und Aktivisten machten die Geschäftsführung von Facebook schon im Jahr 2014 mit geringem Erfolg auf die besorgniserregende Zunahme der Hetze und die daraus resultierenden Gräueltaten in Myanmar aufmerksam. Anfangs wurde das Problem ignoriert, die Aktivisten wurden abgeblockt. Unterdessen schwoll die Menge hetzerischer Kommentare und Falschinformationen über die muslimische Minderheit weiter an. Es gab auch Belege dafür, dass auf Facebook Hassverbrechen einschließlich von Morden an Rohingya organisiert wurden. Das Unternehmen sträubte sich dagegen, das Problem entschlossen in Angriff zu nehmen, was jedoch nicht daran lag, dass ihm Myanmar nicht am Herzen gelegen hätte. Als die Regierung Myanmars Facebook sperrte, wurde die Unternehmensleitung augenblicklich aktiv, da sie befürchtete, die Schließung werde einen Teil der 22 Millionen Facebook-Mitglieder im Land dazu bewegen, der Plattform den Rücken zu kehren.

Im Jahr 2019 gab Facebook auch der Forderung der Regierung statt, vier ethnische Organisationen als »gefährlich« einzustufen und von der Plattform zu verbannen. Diese Websites waren mit separatistischen Gruppen wie der Arakan-Armee, der Kachin-Unabhängigkeitsarmee und der Armee der Nationaldemokratischen Allianz von Myanmar verbunden, aber vor allem veröffentlichten sie Fotos und andere Beweise für von der Armee und extremistischen buddhistischen Mönchen verübte Morde und Gräueltaten.[34]

Als Facebook schließlich dem Druck der Menschenrechtsgruppen nachgab, bestand seine Lösung darin, potenzielle Hassbotschaften mit »Aufklebern« zu kennzeichnen. Es war den Nutzern erlaubt, Mitteilungen mit schädlichem oder fragwürdigem Inhalt zu posten, aber der »Aufkleber« enthielt die Warnung »Denke nach, bevor du etwas weitergibst« oder »Sei nicht die Ursache für Gewalt«. Aber so wie eine dumme Version des von der Produktion von Büroklammern besessenen KI-Programms war der Algorithmus von Facebook so darauf versessen, die Nutzer zur Beteiligung anzuregen, dass er schädliche Posts als die beliebtesten identifizierte, weil sich die Leute auf den Inhalt einließen, indem sie ihn als schädlich kennzeichneten. Also empfahl der Algorithmus diese Inhalte, womit er die Verbreitung von Hassbotschaften zusätzlich ankurbelte.[35]

Facebook scheint keine Lehren aus der Erfahrung in Myanmar gezogen zu haben. Im Jahr 2018 geschah etwas Ähnliches in Sri Lanka, wo in Facebook-Posts zu Gewalt gegen Muslime aufgerufen wurde. Menschenrechtsgruppen meldeten die Hetze, aber das Unternehmen reagierte nicht. Ein Forscher und Aktivist urteilte: »Es wird zu Gewalt gegen ganze Gemeinschaften aufgerufen, aber Facebook erklärt, das verstoße nicht gegen die Normen des Netzwerks.«[36]

Zwei Jahre später war Indien an der Reihe. Im Jahr 2020 ignorierte das Management von Facebook Warnungen seiner Mitarbeiter und weigerte sich, das Konto des indischen Politikers T. Raja Singh zu sperren, der zur Erschießung eingewanderter Rohingya und zur Zerstörung von Moscheen aufrief.[37] Im selben Jahr wurden bei Pogromen in Delhi zahlreiche Moscheen zerstört und mehr als 50 Menschen getötet.

Die Desinformationsmaschine

Es gibt Parallelen zwischen der Volksverhetzung und Desinformation in Myanmar und der Nutzung von Facebook in den Vereinigten Staaten. Der Grund ist derselbe: Hetze, Extremismus und Desinformation wecken starke Emotionen und bewegen mehr Nutzer dazu, sich zu beteiligen und Zeit auf der Plattform zu verbringen, was Facebook die Möglichkeit gibt, mehr individualisierte digitale Werbung zu verkaufen.

Im amerikanischen Präsidentschaftswahlkampf im Jahr 2016 stieg die Zahl der Posts, die irreführende Informationen oder nachweislich falsche Behauptungen enthielten, deutlich an. Dennoch bezeichneten im Jahr 2020 14 Prozent der Amerikaner die sozialen Netzwerke als ihre wichtigste Informationsquelle, und 70 Prozent der Befragten erklärten, zumindest einen Teil ihrer Nachrichten von Facebook und anderen sozialen Medien zu beziehen.[38]

Dies war kein bloßes Nebenprogramm. Die Autoren einer Studie zu Desinformation auf der Plattform gelangten zu dem Schluss, dass sich »falsche Behauptungen in sämtlichen Informationskategorien schneller und weiter ausbreiteten als die Wahrheit«.[39] Viele offenkundig irreführende Posts wurden viral, weil sie weitergeleitet wurden. Aber es lag nicht nur daran, dass Nutzer Falschmeldungen verbreiteten. Die Algorithmen von Facebook gaben diesen sensationellen Meldungen Vorrang sowohl vor politisch weniger relevanten Posts als auch vor Informationen aus vertrauenswürdigen Quellen.

Im Präsidentschaftswahlkampf 2016 trug Facebook wesentlich zur Verbreitung von Desinformation vor allem unter rechtsgerichteten Nutzern bei. Anhänger von Donald Trump besuchten oft Websites, auf denen Desinformation weiterverbreitet wurde, die auf Facebook in Umlauf gebracht worden war. Geringer war der Verkehr von sozialen Netzwerken zu traditionellen Medien. Wie neuere Studien gezeigt haben, neigen Menschen dazu, Posts mit falschen Informationen zu glauben, weil sie sich nicht gut daran erinnern, wo sie eine Nachricht gesehen haben. Das kann besonders bedeutsam sein, weil die Nutzer oft unzuverlässige und manchmal schlichtweg falsche Informationen von Gleichgesinnten weitergeleitet bekommen. In diesen Echokammer-Umgebungen ist es auch wenig wahrscheinlich, dass man mit gegensätzlichen Informationen konfrontiert wird.[40]

Echokammern sind möglicherweise ein unvermeidliches Nebenprodukt der sozialen Netzwerke. Aber es ist seit mehr als einem Jahrzehnt bekannt, dass die Algorithmen der Plattformen die Wirkung von Echokammern verstärken. Der Internetaktivist Eli Pariser, der MoveOn.org leitet, berichtete im Jahr 2010 in einem TED-Vortrag, dass er Nachrichten von vielen progressiven und konservativen Websites beziehe, nach einer Weile jedoch festgestellt habe, dass er zunehmend zu linken Sites gelenkt wurde, weil der Algorithmus registriert hatte, dass er eher Meldungen auf diesen Sites anklickte. Er prägte den Begriff der *Filterblase*, um zu beschreiben, wie die Algorithmenfilter einen künstlichen Raum erzeugten, in dem man nur Stimmen hört, die den eigenen politischen Ansichten entsprechen.[41]

Filterblasen haben schädliche Auswirkungen. Der Algorithmus von Facebook wird Nutzer mit rechtsgerichteten Vorstellungen eher zu rechten Inhalten und linksgerichtete Nutzer eher zu linken Inhalten lenken. Forscher haben gezeigt, dass die so entstehenden Filterblasen die Verbreitung falscher Informationen im sozialen Netzwerk begünstigen, weil die Menschen von den Nachrichten beeinflusst werden, die sie zu Gesicht bekommen. Und die Wirkungen von Filterblasen sind nicht auf die sozialen Medien beschränkt. Eine neuere Studie, in der Personen, die regelmäßig Fox News einschalteten, dazu bewegt wurden, sich CNN anzusehen, zeigte sich, dass die Auseinandersetzung mit den CNN-Inhalten eine Mäßigung ihrer politischen Einstellung zu verschiedensten Themen bewirkte. Der Hauptgrund für diese Wirkung war offenbar, dass Fox News einige Fakten hervorhob und andere unterschlug, womit der Sender seine Zuschauer zu rechten Überzeugungen lenkte. Es häufen sich die Belege dafür, dass diese Wirkung in sozialen Netzwerken noch stärker ist.

Trotz Kongressanhörungen und Medienberichten zu Facebooks Rolle im Wahlkampf des Jahres 2016 war die Situation vier Jahre später kaum anders. Die Desinformation auf der Plattform nahm noch größere Ausmaße an und wurde teilweise von Präsident Trump verbreitet, der wiederholt behauptete, bei der Briefwahl werde betrogen und Einwanderer nähmen scharenweise an der Wahl teil, ohne Staatsbürger zu sein. Mehrfach erhob er in sozialen Medien die Forderung nach einem Auszählungsstopp.

Im Vorfeld der Wahl kam es zu einer Kontroverse über Facebook, weil auf der Plattform ein manipuliertes Video von Nancy Pelosi aufgetaucht war, das den Eindruck erweckte, die Sprecherin des Repräsentantenhauses sei betrunken oder krank. Sie nuschelte und klang, als fühle sie sich unwohl. Das gefälschte Video wurde von Verbündeten Trumps, darunter Rudy Giuliani, verbreitet, und der Hashtag #DrunkNancy weckte großes Interesse. Das Video wurde rasch viral und mehr als zwei Millionen Mal angesehen.[42] In den Filterblasen der Plattform zirkulierten auch abwegige Verschwörungstheorien wie die von QAnon verbreiteten. Aus Dokumenten, die die ehemalige Facebook-Angestellte Frances Haugen dem Kongress und der Börsenaufsichtsbehörde SEC zur Verfügung stellte, geht hervor, dass das Management von Facebook in vielen Fällen über die Entwicklungen im Bilde war.

Als der Druck auf Facebook wuchs, verteidigte der für das globale Geschäft und die Kommunikationsstrategie zuständige Bereichsleiter Nick Clegg, ein ehemaliger stellvertretender britischer Premierminister, das Vorgehen des Unternehmens, indem er ein soziales Netzwerk mit einem Tennisplatz verglich: »Wir haben dafür zu sorgen, dass der Platz bespielbar ist – dass die Spielfläche eben ist, die Linien klar gezogen sind, das Netz die richtige Höhe hat. Aber wir greifen nicht zum Schläger und spielen. Wie die Spieler spielen, ist ihre Sache, nicht unsere.«[43]

In den Wochen nach der Wahl ergriff Facebook eine Notfallmaßnahme und änderte seine Algorithmen, um die Verbreitung rechtsextremer Verschwörungstheorien zu unterbinden, in denen behauptet wurde, Trump habe die Wahl gewonnen und sei durch illegale Stimmen und Betrug an den Wahlurnen seines Siegs beraubt worden. Doch Ende Dezember war Facebooks Algorithmus wieder ganz der alte, und der »Tennisplatz« war bereit für eine Wiederholung des Fiaskos von 2016.

Mehrere rechtsextreme Gruppen sowie Donald Trump selbst verbreiteten weiterhin Unwahrheiten, und mittlerweile wissen wir, dass die Revolte am 6. Januar 2022 teilweise unter Einsatz von Facebook und anderen sozialen Medien organisiert wurde. Beispielsweise nutzten Mitglieder der rechtsradikalen Miliz Oath Keepers Facebook, um zu vereinbaren, wie und wo sie sich treffen würden, und mehrere andere extremistische Gruppen schickten einander am 6. Januar über die Plattform Live-Mitteilungen. Thomas Caldwell, einer der Rädelsführer der Oath Keepers, postete Berichten zufolge während des Sturms auf das Kapitol Aktualisierungen und erhielt über die Plattform Tipps dazu, wie er sich im Gebäude zurechtfinden und zur Gewalt gegen Abgeordnete und Polizisten aufrufen konnte.[44]

Desinformation und Hetze sind nicht auf Facebook beschränkt. Um das Jahr 2016 wurde YouTube zu einem ergiebigen Rekrutierungsreservoir für die extreme Rechte. Im Jahr 2019 veröffentlichte Caleb Cain, ein 26-jähriger Studienabbrecher, ein Video, in dem er seine Radikalisierung durch YouTube beschrieb. Er erklärte, er habe sich »im Dschungel der alternativen Rechten verloren«, und schilderte, wie er »tiefer und tiefer hineingeraten« war, als er sich mehr und mehr radikale Inhalte angesehen hatte, die von YouTubes Algorithmen empfohlen wurden.[45]

Der Journalist Robert Evans hat untersucht, wie diese Gruppen Scharen gewöhnlicher Bürger anwarben, und festgestellt, dass Extremisten auf ihrer Website die Bedeutung YouTubes für ihre Radikalisierung hervorheben: »15 von 75 faschistischen Aktivisten, die wir untersucht haben, führten ihr Red-Pilling auf

YouTube-Videos zurück.«[46] (Der Begriff »Red-Pilling« stammt aus dem Argot dieser Gruppen und bezieht sich auf den Film *The Matrix*: Die Anerkennung der von diesen rechtsextremen Gruppen verfochtenen Wahrheiten entspricht der Einnahme der roten Pille im Film.)

Die Wahl der Algorithmen durch YouTube und das Bestreben des Unternehmens, die Verweildauer auf der Plattform zu verlängern, trugen entscheidend zu dieser Bekehrung bei. Um die Verweildauer der Besucher auf der Plattform zu erhöhen, modernisierte das Unternehmen im Jahr 2012 seinen Algorithmus, sodass der Zeit, die Besucher mit der Betrachtung von Videos verbrachten, größeres Gewicht beigemessen wurde als der Zahl der angeklickten Videos. Durch diese Änderung des Algorithmus wurden Videos bevorzugt, welche die Nutzer fesselten, und unter diesen Beiträgen waren hetzerische extremistische Inhalte von der Art, nach der Cain süchtig geworden war.

Im Jahr 2015 beauftragte YouTube ein Forscherteam aus dem KI-Bereich seines Mutterunternehmens, Google Brain, den Algorithmus der Plattform zu verbessern. Es wurden neue Algorithmen eingeführt, die weitere Wege zur Radikalisierung ebneten – und gleichzeitig hielten sich die Nutzer natürlich länger auf der Plattform auf. Eine der Forscherinnen von Google Brain, Minmin Chen, brüstete sich auf einer KI-Konferenz damit, dass der neue Algorithmus das Verhalten der Nutzer änderte: »Wir können die Nutzer tatsächlich in einen anderen Zustand lenken, anstatt ihnen nur vertraute Inhalte zu empfehlen.«[47] Das schuf ideale Bedingungen für Randgruppen, die versuchten, Menschen zu radikalisieren. Nutzern, die sich ein Video über den Terrorangriff am 11. September ansahen, wurden rasch entsprechende Verschwörungstheorien angeboten. Da rund 70 Prozent aller YouTube-Videos aufgrund von Empfehlungen der Algorithmen angesehen werden, fanden Radikale zahlreiche Möglichkeiten zu Desinformation und Manipulation vor, um Nutzer in ihre Echokammer zu locken.

Twitter war nicht anders. Das bevorzugte Medium des ehemaligen Präsidenten Trump wurde zu einem wichtigen Kommunikationsmittel für Rechtsextreme (natürlich nutzten es auch Linksextreme gerne). Trumps islamfeindliche Tweets verbreiteten sich rasch und lösten nicht nur eine Welle antimuslimischer und fremdenfeindlicher Posts auf der Plattform, sondern auch tatsächliche Hassverbrechen gegen Muslime aus; solche Verbrechen häuften sich in Bundesstaaten, in denen Trump eine überdurchschnittlich große Anhängerschaft hatte.[48]

Einige der schlimmsten und hetzerischsten Äußerungen wurden auf anderen Plattformen verbreitet, darunter 4chan, 8chan und Reddit einschließlich verschiedener Subplattformen, etwa The_Donald (wo Verschwörungstheorien und Desinformation rund um Trump erzeugt und in Umlauf gebracht wurden),

Physical_Removal (eine Plattform, die sich für die Beseitigung von Linken ausspricht) und mehrere andere Sites mit explizit rassistischen Bezeichnungen, die wir hier nicht nennen möchten. Im Jahr 2015 wurde Reddit vom Southern Poverty Law Center als die Plattform mit dem »gewalttätigsten rassistischen Inhalt« im Internet eingestuft.[49]

War es unausweichlich, dass sich die sozialen Medien in eine solche Kloake verwandelten? Oder waren bestimmte Entscheidungen der führenden Tech-Firmen dafür verantwortlich, dass wir in diese betrübliche Lage gerieten? Letzteres kommt der Wahrheit näher, und tatsächlich finden wir hier auch die Antwort auf die in Kapitel 9 gestellte Frage: Warum erfreut sich die KI so großer Beliebtheit, obwohl sie die Produktivität nicht erheblich erhöht hat und nicht leistungsfähiger ist als Menschen?

Die Antwort auf diese Frage – und den Grund dafür, dass sich die digitalen Technologien in eine bestimmte Richtung entwickelt haben – finden wir in der Tatsache, dass Unternehmen, die große Datenmengen sammeln, mit maßgeschneiderter digitaler Werbung gewaltige Einnahmen erzielen können. Aber digitale Werbung ist nur gut, wenn die Konsumenten ihr ausreichende Aufmerksamkeit schenken. Daher bemühten sich die Plattformen, ihre Nutzer dazu zu bewegen, sich mit den Online-Inhalten auseinanderzusetzen. Das konnten sie am besten erreichen, indem sie starke Emotionen wie Empörung oder Wut weckten.

Das Geschäft mit der Werbung

Um zu verstehen, wie sich die Desinformation in den sozialen Netzwerken ausbreitete, müssen wir uns die Ursprünge von Google ansehen.[50]

Das Internet wuchs und gedieh schon vor Google, aber die verfügbaren Suchmaschinen waren nicht allzu hilfreich. Das Besondere am Internet ist seine faszinierende Größe: Im Jahr 2021 wurde die Zahl der Websites auf 1,88 Milliarden geschätzt. Derart viele Websites nach relevanten Informationen zu durchforsten war eine Herausforderung.

Die frühen Suchmaschinen funktionierten nach einem Prinzip, das jedem vertraut ist, der schon einmal das Register eines Buchs verwendet hat: Dort findet man sämtliche Stellen, an denen ein bestimmter Begriff auftaucht. Wenn man herausfinden möchte, wo in einem Buch das Neolithikum, die Jungsteinzeit, behandelt wird, sucht man im Register die Seiten, auf denen der Begriff »Neolithikum« genannt wird. Das funktioniert, weil ein gegebener Begriff nur an einer begrenzten Zahl von Stellen auftaucht, weshalb eine »erschöpfende Suche« auf allen im

Register angegebenen Seiten zu bewältigen und hilfreich ist. Aber stellen wir uns vor, was geschieht, wenn wir das Register eines riesigen Buchs mit dem Titel *Das Internet* durchsuchen müssen. Die Liste der Nennungen des Begriffs »Neolithikum« in diesem gewaltigen Buch dürfte Hunderttausende Stellen umfassen. Viel Spaß bei der erschöpfenden Suche!

Das Problem ist natürlich, dass viele dieser Erwähnungen für unsere Zwecke kaum relevant sein werden. Es dürfte nur einige wenige Websites geben, die als maßgebliche Quellen für die benötigten Informationen über das Neolithikum und über den Übergang der Menschheit zur Sesshaftigkeit und zur ortsgebundenen Landwirtschaft betrachtet werden können. Nur wenn man einen Weg findet, um den wirklich relevanten Erwähnungen Priorität einzuräumen, kann man die wichtigen Informationen rasch finden. Die frühen Suchmaschinen waren dazu nicht imstande.

Womit wir bei zwei ebenso forschen wie intelligenten jungen Männern sind. Larry Page studierte in Stanford, wo er mit dem berühmten Computerwissenschaftler Terry Winograd arbeitete, und Sergey Brin war mit Page befreundet. Winograd, ursprünglich ein Anhänger des gegenwärtig vorherrschenden KI-Paradigmas, hatte mittlerweile seine Meinung geändert und beschäftigte sich in Anlehnung an die Vorstellungen Wieners, Lickliders und Engelbarts mit Problemen, zu deren Bewältigung das Wissen von Mensch und Maschine kombiniert werden konnte. Wie wir gesehen haben, bot sich das Internet für diese Zusammenarbeit an: Sein Rohmaterial waren die von Menschen erzeugten Inhalte und das menschliche Wissen, aber um auf dieses Material zugreifen zu können, brauchte man Algorithmen.

Page und Brin fanden einen besseren Weg, um diese Kombination zu bewerkstelligen. Ihre Lösung war in gewissem Sinne eine wirkliche Interaktion zwischen Mensch und Maschine: Menschen konnten am besten beurteilen, welche Websites relevant waren, und Suchalgorithmen eigneten sich sehr gut dazu, Verknüpfungsinformationen zu sammeln und zu verarbeiten. Konnte man die Einstufung der Relevanz von Websites durch die Suchalgorithmen nicht davon abhängig machen, welchen Links die Besucher von Websites folgten?

Anfangs war dies nur eine theoretische Überlegung – Page und Brin erkannten, dass es möglich war. Dann fanden sie die algorithmische Lösung dafür, wie man es tun konnte. Dies war die Grundlage für ihren revolutionären PageRank-Algorithmus. (»Page« bezieht sich angeblich sowohl auf Larry Page als auch auf die Tatsache, dass Seiten gereiht werden.) Die Idee war, unter den relevanten Seiten jenen Priorität einzuräumen, die häufiger verlinkt wurden. Anstatt anhand von Ad-hoc-Regeln zu entscheiden, welche der Seiten, die den Begriff

»Neolithikum« enthielten, dem Nutzer vorgeschlagen werden sollten, würde der Algorithmus diese Seiten abhängig davon reihen, wie oft sie aufgerufen wurden. Die beliebteren Seiten würden höher platziert. Aber warum sollte man nicht noch einen Schritt weitergehen? Wenn eine Seite von anderen Seiten mit hoher Einstufung verlinkt wurde, gab dies besseren Aufschluss über ihre Relevanz. Um diese Erkenntnis umzusetzen, entwickelten Brin und Page einen rekursiven Algorithmus, der jeder Seite einen Rang zuwies, der davon abhing, wie viele andere hoch eingestufte Seiten mit ihr verlinkten. (»Rekursiv« bedeutet, dass der Rang jeder Seite von den Rängen aller anderen Seiten abhängt.) Es ist keine einfache Aufgabe, die Ränge von Millionen Websites zu berechnen, aber in den neunziger Jahren war es bereits möglich.

Letzten Endes ist es zweitrangig, wie der Algorithmus die Resultate berechnet. Die bahnbrechende Neuerung bestand darin, dass Page und Brin einen Weg fanden, um das Wissen, das in der subjektiven Bewertung der Relevanz von Internetseiten enthalten war, zu nutzen, um der Maschine bei der Bewältigung der zentralen Aufgabe zu helfen, die Suchergebnisse abhängig von ihrem Nutzen zu ordnen. Im Jahr 1998 veröffentlichten Brin und Page einen Artikel mit dem Titel »Die Anatomie einer großen Hypertext-Suchmaschine«, der mit folgendem Satz begann: »In dieser Arbeit stellen wir Google vor, einen Prototyp für eine große Suchmaschine, die sich die im Hypertext verborgene Struktur umfassend zunutze macht. Google ist dafür ausgelegt, das Internet effizient zu durchforsten und einen Index zu erstellen, um sehr viel bessere Suchergebnisse zu liefern als die vorhandenen Systeme.«[51]

Page und Brin wussten, dass ihnen eine bahnbrechende Neuerung gelungen war, aber sie hatten keinen klaren Plan dafür, wie sie geschäftlichen Nutzen daraus ziehen konnten. Larry Page gestand: »Erstaunlicherweise dachte ich zu keinem Zeitpunkt daran, eine Suchmaschine zu entwickeln. […] Ich hatte das noch nicht einmal im Entferntesten auf dem Schirm.«[52] Aber als das Projekt abgeschlossen war, war klar, dass die beiden eine vielversprechende Entdeckung gemacht hatten. Wenn sie diese Suchmaschine bauen konnten, würde sie die Funktionsweise des World Wide Web deutlich verbessern.

So entstand das Unternehmen Google. Anfangs wollten Page und Brin ihre Software verkaufen oder Lizenzen vergeben. Aber ihre ersten Versuche waren nicht erfolgreich, was teilweise daran lag, dass sich andere große Tech-Firmen bereits auf eigene Lösungen festgelegt hatten oder anderen Bereichen Vorrang einräumten, denn die Internetsuche galt zu jener Zeit nicht als lukratives Geschäftsfeld. Die führende Plattform Yahoo war nicht an dem von Page und Brin entwickelten Algorithmus interessiert.

Das änderte sich im Jahr 1998, als der Investor Andreas (»Andy«) von Bechtolsheim die Bühne betrat. Er traf sich mit Page und Brin und verstand sofort, dass die neue Technologie vielversprechend war, sofern die beiden einen Weg finden konnten, um ihre Lösung zu Geld zu machen. Und Bechtolsheim wusste, wie das zu schaffen war: mit Werbung.

Page und Brin hatten nicht vor, Werbung zu verkaufen, ja, diese Möglichkeit war ihnen überhaupt nicht in den Sinn gekommen. Aber Bechtolsheim lenkte ihr Unternehmen im Handumdrehen in eine andere Richtung, indem er Google Inc. einen Scheck über 100 000 Dollar ausstellte, obwohl Google noch gar keine Aktiengesellschaft war. Kurz darauf wurde es eine AG, das Potenzial der neuen Technologie, Werbeeinnahmen zu erzielen, wurde unübersehbar, und es floss sehr viel mehr Geld. Ein neues Geschäftsmodell war geboren.

Im Jahr 2000 stellte das Unternehmen AdWords vor, eine Plattform, die Werbung verkaufte, die Nutzern gezeigt werden sollte, die mit Google nach Websites suchten. Die Plattform stützte sich auf eine Erweiterung bekannter Auktionsmodelle und versteigerte rasch die wertvollsten (gut sichtbaren) Flächen auf der Suchmaske. Die Preise hingen davon ab, wie viel potenzielle Werbekunden boten und wie oft ihre Werbung angeklickt wurde.

Im Jahr 1998 und auch noch im Jahr 2000 sprach niemand von Big Data und KI. Aber schon bald konnten Unternehmen dank der Anwendung von KI-Werkzeugen auf große Datenmengen wertvolle Informationen über die Interessen der Nutzer sammeln, um sie mit gezielten Werbebotschaften anzusprechen. Die künstliche Intelligenz revolutionierte innerhalb kürzester Zeit Googles ohnehin erfolgreiches Monetarisierungsmodell. Das bedeutete insbesondere, dass Google verfolgen konnte, welche Websites von der unverwechselbaren IP-Adresse eines Nutzers aus besucht wurden, um diesen Nutzer anschließend mit individualisierter Werbung anzusprechen. Nutzern, die sich Karibikstrände ansahen, wurde Werbung von Fluglinien, Reisebüros und Hotels gezeigt, und wer nach Kleidung oder Schuhen suchte, wurde mit Werbung von Textileinzelhändlern bombardiert.

Der Nutzen gezielter Werbung kann kaum überschätzt werden. Das ewige Problem der Werbebranche kommt in einem geflügelten Wort aus dem späten 19. Jahrhundert zum Ausdruck: »Ich weiß, dass die Hälfte meiner Werbemaßnahmen verschwendet ist, aber ich weiß nicht, welche Hälfte.« Die frühe Internetwerbung litt ebenfalls unter diesem Problem. Die Werbeanzeigen eines Anbieters von Herrenbekleidung wurden sämtlichen Besuchern und Besucherinnen einer Plattform wie jener des Musikstreamingdienstes Pandora gezeigt, aber die Hälfte dieser Personen war weiblich, und auch die große Mehrheit der Männer hatte in diesem Augenblick kein Interesse daran, im Internet Kleidung zu kaufen. Dank des Targeting konnte man ausschließlich jene Personen ansprechen, die Interesse an einem Kauf gezeigt hatten, indem sie zum Beispiel die Website eines Bekleidungsgeschäfts besucht oder sich anderswo Modeartikel angesehen hatten. Das Targeting revolutionierte die digitale Werbung – aber so wie viele Revolutionen richtete es beträchtliche Kollateralschäden an.

Google beschleunigte rasch die Datensammlung, indem es eine Vielzahl fortschrittlicher Produkte kostenlos anbot, darunter Gmail und Google Maps, um mehr über die Präferenzen der Nutzer in Erfahrung zu bringen. Dies ging über die Dinge, nach denen die Leute suchten, und über ihren exakten Aufenthaltsort hinaus. Und Google übernahm YouTube. Von nun an konnte Werbung gezielt auf die einzelnen Nutzer ausgerichtet werden, deren Profil gestützt auf ihre Käufe, Aktivitäten und Aufenthaltsorte entwickelt wurde. Die Rentabilität der Werbung erhöhte sich deutlich. Die Resultate waren verblüffend. Im Jahr 2021 erzielte Google (beziehungsweise sein Mutterunternehmen Alphabet) den Großteil seiner Einnahmen von 65,1 Milliarden Dollar mit Werbung.

Google und andere Unternehmen fanden heraus, wie sie mit Werbung viel Geld verdienen konnten, und das erklärt nicht nur das Auftauchen eines neuen Geschäftsmodells, sondern beantwortet auch eine grundlegende Frage, die wir in Kapitel 9 gestellt haben: Wenn die KI oft nur zu einer So-lala-Automatisierung führt, warum weckt sie dann so große Begeisterung? Die Hauptgründe dafür sind die Möglichkeiten zur Sammlung gewaltiger Datenmengen und zur gezielten Werbung. Beides sollte rasch ungeahnte Ausmaße annehmen.

Ein sozial bankrottes Netzwerk

Was Google aus den Metadaten zu E-Mail-Aktivität und Aufenthaltsorten über seine Nutzer lernen kann, ist wenig wert, verglichen mit dem, was manche Menschen ihren Freunden und Bekannten über ihre Aktivitäten, Absichten, Wünsche und Ansichten verraten. Die sozialen Netzwerke hoben das Geschäftsmodell der gezielten Werbung auf ein ganz anderes Niveau.[53]

Mark Zuckerberg verstand frühzeitig, dass Facebooks Erfolg davon abhängen würde, ob es sich in das Vehikel, wenn nicht sogar in den Erzeuger eines »sozialen Netzes« verwandeln ließe, in dem die Menschen verschiedensten sozialen Aktivitäten nachgehen würden. Um das zu erreichen, gab er dem Wachstum der Plattform absoluten Vorrang.

Doch obwohl er sich an Googles erfolgreichem Geschäftsmodell orientieren konnte, war es schwierig, die Informationen auf seiner Plattform zu Geld zu machen. Facebooks erste Versuche, Daten zu sammeln, um Werbung gezielter einsetzen zu können, schlugen fehl. Im Jahr 2007 führte das Unternehmen ein Programm namens Beacon ein, um Informationen über das Konsumverhalten von Facebook-Nutzern auf anderen Websites zu sammeln, wenn die Nutzer ihre Freunde in ihrem Newsfeed über ihre Käufe informierten. Doch diese Initiative wurde sofort als schwere Verletzung der Privatsphäre der Nutzer angeprangert und musste eingestellt werden. Das Unternehmen musste einen Weg finden, um die Sammlung großer Datenmengen für gezielte digitale Werbung mit einem gewissen Maß an Nutzerkontrolle zu verbinden.

Die Person, die das möglich machte, war Sheryl Sandberg. Sie war zuvor für Googles AdWords verantwortlich gewesen und hatte entscheidende Beiträge dazu geleistet, dieses Unternehmen in eine Maschine für gezielte Werbung zu verwandeln. Im Jahr 2008 stellte Facebook sie als Co-Geschäftsführerin (COO) ein. Sandberg wusste, wie sie Datensammlung und Nutzerkontrolle miteinander verbinden konnte, und sie erkannte Facebooks Potenzial in diesem Bereich: Das Unternehmen konnte neue Nachfrage für Produkte und damit für Werbung erzeugen, indem es sein Wissen über das soziale Umfeld der Nutzer und über ihre Vorlieben einsetzte. Bereits im November 2008 bezeichnete Sandberg diese Kombination als grundlegend für das Wachstum des Unternehmens: »Wir glauben, dass wir das Vertrauen der Nutzer dadurch gewonnen haben, dass wir ihnen selbst die Kontrolle über ihre Daten überlassen und es ihnen ermöglichen, im Internet ganz sie selbst zu sein.«[54] Wenn die Menschen authentisch waren, gaben sie mehr über sich preis, und Facebook konnte mehr Informationen sammeln, die genutzt wurden, um Werbeeinahmen zu erzielen.

Die erste wichtige Innovation war die »Gefällt mir«-Schaltfläche, die nicht nur Aufschluss über die Präferenzen der Nutzer gab, sondern auch als emotionaler Auslösereiz diente, um sie zur Beteiligung zu bewegen. Es wurden weitere Änderungen an der Architektur vorgenommen, zum Beispiel an der Funktionsweise des Newsfeeds und an den Möglichkeiten, Feedback zu geben. Besonders wichtig war, dass KI-Algorithmen begannen, den Newsfeed jedes Nutzers so zu organisieren, dass er sein Interesse weckte und ihn bei der Stange hielt – und natürlich konnte die Werbung auf diese Art besonders nutzbringend platziert werden.

Facebook bot Werbekunden auch neue Werkzeuge an, die ebenfalls auf grundlegenden KI-Technologien beruhten. Beispielsweise konnten die Kunden ein maßgeschneidertes Zielpublikum aufbauen, damit Werbung an Nutzer mit bestimmten demografischen Merkmalen geschickt werden konnte. Dazu kam die Möglichkeit, ein Lookalike-Publikum (eine ähnliche Zielgruppe) zu definieren, was nach Aussage des Unternehmens dazu diente, mit der Werbung »neue

Personen zu erreichen, die wahrscheinlich an Ihrem Unternehmen interessiert sein werden, weil sie ähnliche Merkmale aufweisen wie Ihre vorhandenen Kunden«.[55]

Im Bereich der Werbung hatten die sozialen Netzwerke gegenüber den Suchmaschinen den großen Vorteil, dass sie die Nutzer intensiv einbinden konnten. Wenn Menschen mit einer Suchmaschine wie Google nach einem Produkt suchten oder einkauften, wurden sie manchmal auf Werbeanzeigen aufmerksam, aber dieses Interesse dauerte nicht lange, weshalb das Unternehmen nicht viel für die Werbung verlangen konnte. Wenn man die Leute hingegen dazu bringen konnte, längere Zeit auf einer Seite zu verweilen und sich die Werbung anzusehen, die auf dem Bildschirm erschien, würde man höhere Werbeeinnahmen erzielen. Die Erhöhung der Zahl der Likes von Freunden und Bekannten erwies sich als ausgezeichnete Methode, um die Nutzer besser einzubinden.

Facebook spielte von Anfang an mit der Psychologie der Nutzer, um diese Ziele zu erreichen, und führte systematische Tests und Experimente durch, um festzustellen, welche Art von Posts und welche Art der Präsentation stärkere Emotionen und Reaktionen auslösten.

Die sozialen Beziehungen gehen insbesondere innerhalb von Gruppen stets mit Gefühlen wie Missbilligung, Ablehnung und Neid einher. Mittlerweile gibt es zahlreiche Belege dafür, dass Facebook nicht nur Empörung über politische Inhalte, sondern auch starke negative Emotionen in anderen sozialen Kontexten fördert. All diese Emotionen nutzt das Unternehmen, um die Nutzer dazu zu bewegen, mehr Zeit auf seiner Plattform zu verbringen. Sensationelle Inhalte sind ebenso wie Angst geeignet, die Aufenthalte der Besucher auf der Plattform zu verlängern. Sozialpsychologische Studien haben gezeigt, dass eine intensive Nutzung sozialer Netzwerke mit einem höheren Maß an Neid und Gefühlen der Unzulänglichkeit korreliert und oft das Selbstwertgefühl beeinträchtigt.[56]

Beispielsweise wirkte sich Facebooks Siegeszug an amerikanischen Hochschulen sehr nachteilig auf die psychische Gesundheit der Studenten aus und führte zu einer Zunahme von Depressionen. Studentinnen und Studenten, die Zugang zu der Plattform erhielten, berichteten auch über eine deutliche Verschlechterung ihrer Noten, was darauf hindeutet, dass die Auswirkungen nicht auf emotionale Reaktionen auf Inhalte beschränkt waren, sondern dass sich auch das Verhalten außerhalb des sozialen Netzwerks änderte.[57] Facebook verdient Geld mit diesen Gefühlen, weil sowohl Ängste als auch das Bemühen um Anerkennung die Nutzer dazu bewegen, mehr Zeit auf der Plattform zu verbringen.[58]

Ein ehrgeiziges Forschungsprojekt hat wertvolle Erkenntnisse über diesen Zusammenhang geliefert. Die Forscher gaben einigen Nutzern von Facebook

Anreize, zeitweilig auf Besuche auf der Plattform zu verzichten, und verglichen anschließend ihre Zeitnutzung und ihre emotionale Situation mit denen der Mitglieder einer Kontrollgruppe, die Facebook weiterhin intensiv nutzte. Jene, die dazu angehalten worden waren, Facebook eine Weile zu ignorieren, verbrachten mehr Zeit mit anderen sozialen Aktivitäten und waren deutlich zufriedener. Aber nach dem Ende der Studie kehrten sie zu Facebook – und in einen schlechteren psychischen Zustand – zurück, was möglicherweise auf den sozialen Druck seitens der Plattform und der Mitglieder ihres Netzwerks zurückzuführen war, die sie wieder einbinden wollten.[59]

Um die Nutzer zum Engagement auf der Plattform zu bewegen, führte Facebook rasch zahlreiche neue Merkmale und Algorithmen ein, ohne genau zu untersuchen, wie diese sich auf die Psyche der Nutzer auswirkten und ob sie zur Verbreitung von Desinformation beitrugen. Dass sich das Unternehmen und seine Techniker bei der Einführung neuer Merkmale vollkommen darauf konzentrierten, die Nutzer zu mehr Engagement zu bewegen, kommt in einem geflügelten Wort zum Ausdruck, das Facebooks Mitarbeiter häufig verwenden: »Fuck it, ship it.«[60]

Aber das Unternehmen richtete nicht nur unbeabsichtigte Schäden in dem Bemühen an, die Nutzer an die Plattform zu binden. Das Management von Facebook wollte sich nicht von anderen Bestrebungen daran hindern lassen, die Aktivität der Nutzer anzuregen. Sandberg forderte wiederholt, auf Instagram, das Facebook im Jahr 2012 übernommen hatte, mehr Werbung zu schalten. Facebook hatte versprochen, die Unabhängigkeit Instagrams zu respektieren und dessen Management die strategischen Entscheidungen einschließlich jener über den Aufbau der App und über die Werbung zu überlassen.

Als sich Facebook nach der Präsidentschaftswahl von 2020 entschieden hatte, seinen Algorithmus zu ändern, damit dieser irreführende Informationen und nicht vertrauenswürdige Websites nicht länger begünstigte, war die Wirkung verblüffend gewesen: Hassbotschaften und Desinformation wurden nicht mehr viral. Aber kurze Zeit später wurden die Änderungen wieder rückgängig gemacht und die Plattform kehrte zu ihrer gewohnten Praxis zurück. Der Hauptgrund dafür war, dass Facebook bei einer Untersuchung der Auswirkungen der Änderung auf die Nutzerbindung festgestellt hatte, dass die Besucher weniger Zeit auf der Plattform verbrachten, wenn sie weniger Empörung und andere starke Emotionen empfanden.

Zuckerberg, Sandberg und später Clegg verteidigten ihre Entscheidungen stets mit dem Argument, Facebook dürfe die Meinungsfreiheit der Menschen nicht einschränken. Der britische Komiker Sacha Baron Cohen fasste zusammen, worin nach Ansicht vieler Beobachter das Problem bestand: »Es geht darum, den Menschen einschließlich einiger der verwerflichsten Menschen auf der Erde die größte Plattform aller Zeiten zu bieten, damit sie ein Drittel des Planeten erreichen können.«[61]

Die antidemokratische Wende

Wir können das von den sozialen Netzwerken heraufbeschworene politische Chaos nur verstehen, wenn wir das Gewinnmotiv berücksichtigen, das die Betreiber dazu bewegt, ein Höchstmaß an Nutzerbeteiligung anzustreben und zu diesem Zweck manchmal die Wut zu schüren. Umgekehrt wäre die gezielte Werbung ohne die Sammlung und Verarbeitung gewaltiger Datenmengen nicht möglich gewesen.

Das Gewinnmotiv ist nicht der einzige Faktor, der die Tech-Branche in eine antidemokratische Richtung gelenkt hat. Die Vision, auf der diese Unternehmen beruhen und die wir als die KI-Illusion bezeichnen, hat eine ebenso wichtige Rolle gespielt.

Wie wir in Kapitel 1 gesehen haben, hängt das Funktionieren der Demokratie vor allem davon ab, dass viele verschiedene Stimmen, darunter jene der Normalbürger, gehört werden und Einfluss auf die Ausrichtung der öffentlichen Politik nehmen. Das von dem Philosophen Jürgen Habermas entwickelte Konzept der Öffentlichkeit beinhaltet einige wesentliche Merkmale eines gesunden demokratischen Diskurses. Habermas erklärte, der öffentliche Raum, in dem Individuen neue Zusammenschlüsse bilden und gesellschaftliche und politische Fragen diskutieren, sei grundlegend für die politische Demokratie. Er zog britische Kaffeehäuser und französische Salons des 19. Jahrhunderts als Modelle heran und erklärte, das entscheidende Merkmal der Öffentlichkeit sei, dass sie den Menschen die Möglichkeit gebe, ungehindert an Debatten über Fragen von allgemeinem Interesse teilzunehmen, ohne sich in eine strikte Hierarchie aufgrund des bestehenden Status einfügen zu müssen. So erzeuge die Öffentlichkeit ein Forum für unterschiedliche Meinungsäußerungen und sorge dafür, dass diese Meinungen die Politik beeinflussen. Besonders wirksam sei sie, wenn sie Menschen in die Lage versetze, in einer Vielzahl von Fragen mit anderen zu interagieren.[62]

Anfangs bestand sogar die Hoffnung, die Online-Kommunikation könne eine neue Öffentlichkeit hervorbringen, in der Menschen mit vielfältigerem Hintergrund als in der Lokalpolitik ungehindert miteinander interagieren und ihre Vorstellungen austauschen könnten.

Leider ist eine Online-Demokratie nicht mit den Geschäftsmodellen der führenden Tech-Firmen und mit der KI-Illusion vereinbar. Tatsächlich steht sie in klarem Widerspruch zu einem technokratischen Zugang, der besagt, dass viele wichtige Entscheidungen zu komplex sind, um sie den Normalbürgern zu überlassen. In den meisten Tech-Firmen herrscht die Überzeugung, dass dort geniale Männer (und manchmal, aber nicht allzu oft geniale Frauen) im Dienste des Gemeinwohls arbeiten. Wenn das stimmt, dann ist es nur natürlich, dass die wichtigen Entscheidungen diesen Personen überlassen werden sollten. Wenn man den politischen Diskurs der Massen so betrachtet, muss er nicht gefördert und geschützt, sondern manipuliert und ausgebeutet werden.

Die KI-Illusion begünstigt also einen antidemokratischen Impuls, obwohl sich viele Führungskräfte in der amerikanischen Tech-Branche als Linksliberale betrachten und die demokratischen Institutionen und teilweise die Demokratische Partei unterstützen. Doch ihre Unterstützung ist oft kulturell verwurzelt und umgeht den unverzichtbaren Baustein der Demokratie: die aktive politische Beteiligung der Bürger. Diese Teilhabe wird insbesondere mit Blick auf die KI unterbunden, weil die meisten Unternehmensgründer und Wagniskapitalgeber der Meinung sind, die Menschen verstünden die Technologie nicht und machten sich unbegründete Sorgen über deren Eindringen in ihre Privatsphäre. Ein Wagniskapitalgeber erklärt: »Die meisten Befürchtungen bezüglich der künstlichen Intelligenz sind übertrieben oder sogar unbegründet.« Die Lösung besteht darin, diese Sorgen zu ignorieren, weiterzumarschieren und die KI in sämtliche Lebensbereiche zu integrieren, weil die Menschen »die Furcht vor einer Technologie möglicherweise erst verlieren, wenn diese vollkommen ins Alltagsleben integriert ist und in unserem Denken in den Hintergrund tritt«.[63] Dieselbe Methode befürwortete Mark Zuckerberg im Gespräch mit *Time*: »Jedes Mal, wenn eine Technologie oder Innovation auftaucht und die Natur von etwas verändert, gibt es Personen, die den Wandel bedauern und sich nach dem früheren Zustand zurücksehnen. Aber ich denke, es kann keinen Zweifel daran geben, dass es gut für die Menschen ist, die Möglichkeit zu haben, in Kontakt mit anderen zu bleiben.«[64]

Beschleunigt wurde diese antidemokratische Wende durch einen weiteren Bestandteil der KI-Illusion, die im Motto »Bewege dich schnell und mache Dinge kaputt« enthaltene Verherrlichung der »Disruption« als Tugend. Mit *Disruption* sind alle negativen Auswirkungen auf andere gemeint, darunter Arbeitskräfte, Organisationen der Zivilgesellschaft, traditionelle Medien und sogar die Demokratie an sich. Dies waren allesamt als legitim betrachtete Ziele, zu deren Zerstörung aufgerufen wurde, sofern dies eine Konsequenz aufregender neuer Technologien war und mit einem größeren Marktanteil und höheren Einnahmen einherging.

Ein Ausdruck dieses antidemokratischen Impulses ist Facebooks Forschung dazu, wie seine Nutzer auf negative und positive Emotionen von Freunden in ihrem Newsfeed reagieren. Im Jahr 2014 führte das Unternehmen eine große interne Studie durch, in deren Rahmen der Newsfeed von fast 700 000 Nutzern manipuliert wurde: Diese Personen wurden eine Woche lang entweder einer geringeren Zahl positiver Äußerungen oder weniger negativen Emotionen ausgesetzt. Erwartungsgemäß stellte sich heraus, dass mehr Kontakte mit negativen Emotionen und weniger Kontakte mit positiven Emotionen nachhaltige negative Auswirkungen auf die Nutzer hatten.

Das Unternehmen bat die Nutzer nicht um Erlaubnis, sie in die Studie einbeziehen zu dürfen, und versuchte nicht einmal, die in der wissenschaftlichen Forschung geltenden Standards zu erfüllen, die eine Aufklärung und Einwilligung von Versuchspersonen vorschreiben. Nachdem Forscher von Facebook und andere einige Ergebnisse der Studie in *Proceedings of the National Academy of Sciences* veröffentlicht hatten, äußerte der Herausgeber der Fachzeitschrift in einer Erklärung seine Bedenken darüber, dass die Studie ohne Einwilligung der betroffenen Nutzer durchgeführt worden war und die Standards für wissenschaftliche Forschung nicht erfüllte.[65] Google ging ähnlich vor, als es versuchte, die Menge der mit Google Books und Google Maps gesammelten Daten zu erhöhen. Das Unternehmen missachtete Datenschutzbedenken und gab grünes Licht, ohne die Nutzer um ihre Einwilligung zu bitten oder sie zurate zu ziehen; die Hoffnung war, dass Bedenken im Nachhinein ausgeräumt würden oder dass sich die Öffentlichkeit zumindest mit vollendeten Tatsachen abfinden würde.[66] Im Fall von Google funktionierte die Methode.

Facebook und Google sind keine Ausnahmen in der Branche. Mittlerweile ist es üblich, dass Tech-Firmen gewaltige Mengen an Daten sammeln, ohne die Einwilligung derer einzuholen, deren Informationen oder Fotos verwertet werden. Beispielsweise werden im Bereich der Bilderkennung viele KI-Algorithmen mit dem Datensatz von ImageNet trainiert, das von der Informatikerin Fei-Fei Li, der späteren Forschungsleiterin von Google Cloud, gegründet wurde.[67] Der Datensatz, der über 15 Millionen Bilder enthält, die in mehr als 22 000 Kategorien unterteilt sind, wurde mit Privatfotos aufgebaut, die im Internet in verschiedene Applikationen hochgeladen wurden. Die Personen, die diese Fotos aufnahmen oder darauf zu sehen waren, wurden nicht gefragt, ob sie mit der Verwendung durch Google einverstanden waren. In der Tech-Branche wurde dieses Vorgehen allgemein als akzeptabel betrachtet. Li erklärte: »In der Internetära sind wir plötzlich mit einer Explosion der Bilddaten konfrontiert.«[68]

Die *New York Times* berichtet, dass Clearview ohne Zustimmung der Betroffenen systematisch Fotos von Gesichtern gesammelt hat, um Vorhersagewerkzeuge zu entwickeln, mit denen illegale Einwanderer und Personen, die wahrscheinlich Straftaten begehen werden, identifiziert werden können.[69] Ein solches Vorgehen wird mit dem Argument gerechtfertigt, die groß angelegte Datensammlung sei für den technologischen Fortschritt erforderlich. Ein Investor eines auf Gesichtserkennung spezialisierten Start-up-Unternehmens begründete die massenhafte Datensammlung damit, dass »die Gesetze definieren müssen, was legal ist, aber man kann die Technologie nicht verbieten. Sie könnte zu einer dystopischen Zukunft führen, aber man kann sie nicht verbieten.«[70]

Die Wahrheit ist ein wenig komplexer. Umfassende Überwachung und massenhafte Datensammlung sind nicht der einzige Weg zu technologischem Fortschritt, und ihre Begrenzung wäre nicht gleichbedeutend mit einem Verbot der Technologie. Wir haben es hier vielmehr mit einer antidemokratischen Entwicklung zu tun, die ihren Ursprung im Gewinnmotiv und in der KI-Illusion hat, die dazu führt, dass autoritäre Staaten und Tech-Firmen der Welt ihre Vision aufzwingen.

Beim Radio war es genauso, nur ganz anders

Möglicherweise verursachen nicht nur die digitalen Technologien und die künstliche Intelligenz diese Probleme. Jede bahnbrechende neue Kommunikationstechnologie birgt das Potenzial für Missbrauch.

Nehmen wir eine andere Technologie, die im 20. Jahrhundert unsere Kommunikation grundlegend veränderte: das Radio. Der Rundfunk ist ebenfalls eine Technologie, die für verschiedenste Zwecke genutzt werden kann, und er war auf seine Art ebenso revolutionär wie die sozialen Netzwerke. Er ermöglichte es zum ersten Mal in der Geschichte, ein Massenpublikum mit verschiedenen Formen von Unterhaltung sowie mit Informationen und natürlich Propaganda zu erreichen. Im Jahr 1886 hatte der deutsche Physiker Heinrich Hertz die Existenz elektromagnetischer Wellen nachgewiesen, und ein Jahrzehnt später baute der italienische Physiker Guglielmo Marconi den ersten Funksender. Anfang des 20. Jahrhunderts gab es erste Radiosendungen, und in den zwanziger Jahren eroberte der kommerzielle Rundfunk viele westliche Länder. Und es dauerte nicht lange, bis das Radio auch für Propaganda und Desinformation genutzt wurde. Präsident Franklin D. Roosevelt erkannte die Bedeutung der Technologie und machte seine »Kamingespräche« zu einem zentralen Bestandteil einer Aufklärungskampagne für den New Deal.

Charles Coughlin, ein katholischer Priester mit außergewöhnlichen rednerischen Fähigkeiten, wurde zum Inbegriff der Radiopropaganda in den Vereinigten Staaten. Coughlin war ursprünglich ein Anhänger Roosevelts, wandte sich Mitte der dreißiger Jahre jedoch gegen den New Deal und gründete die National Union for Social Justice. In seinen Radioansprachen, die zunächst von CBS übertragen wurden, spielte antisemitische Propaganda eine ebenso große Rolle wie seine politischen Vorstellungen. Schon bald unterstützte Father Coughlin im Radio Benito Mussolini und Adolf Hitler.[71]

Couglins Mischung von Kritik an Roosevelt mit faschistischen und antisemitischen Tiraden hatte in den dreißiger Jahren beträchtlichen Einfluss auf die amerikanische Politik. In einer neueren Studie ist untersucht worden, wie sich die abhängig von geografischen und topologischen Hindernissen unterschiedlichen Signalstärken in amerikanischen Countys auf die öffentliche Meinung auswirkten. Wie sich herausgestellt hat, verringerte Coughlins Radiopropaganda die Unterstützung für die New-Deal-Maßnahmen und kostete Roosevelt in der Wahl von 1936 mehrere Prozentpunkte (obwohl das seinen Erdrutschsieg nicht verhindern konnte). Und Coughlin beeinflusste nicht nur das Wahlverhalten der Bürger. In Countys, in denen seine Sendungen gut empfangen werden konnten, wurden eher Niederlassungen des den Nationalsozialisten nahestehenden German American Bund gegründet, und die Unterstützung für die Kriegsbeteiligung der Vereinigten Staaten war dort geringer. Noch mehrere Jahrzehnte später war der Anteil der Personen, die Juden feindselig gegenüberstanden, in diesen Countys höher.[72]

Die Propaganda, die Coughlin in den Vereinigten Staaten so wirksam einsetzte, wurde zur selben Zeit in Deutschland perfektioniert. Nach ihrer Machtergreifung nutzten die Nationalsozialisten die Radiopropaganda aggressiv. Propagandaminister Joseph Goebbels verstand es meisterhaft, den Rundfunk einzusetzen, um den Rückhalt für die Politik des Regimes zu stärken und den Hass auf Juden und »Bolschewiken« zu schüren. Goebbels erklärte, »sowohl die Eroberung als auch die Ausnutzung der Macht wäre ohne Rundfunk und Flugzeug in dieser Form gar nicht denkbar gewesen«.[73]

Die Nationalsozialisten verstanden es, mit Rundfunksendungen die Stimmung in der Bevölkerung zu manipulieren. Ein Forscherteam, das die unterschiedliche Stärke der Funksignale in verschiedenen Teilen Deutschlands sowie Änderungen der Inhalte von Radiosendungen im Lauf der Zeit untersuchte, fand heraus, dass die NS-Propaganda sehr wirksam war. Die Radiosendungen verstärkten antisemitische Aktivitäten und erhöhten die Zahl der Personen, die jüdische Mitbürger bei den Behörden denunzierten.[74]

Die Radiopropaganda von Extremisten wurde in den Vereinigten Staaten und Deutschland schließlich unter Kontrolle gebracht. Die dazu angewandte Methode verrät einiges über die Unterschiede zwischen sozialen Netzwerken und Rundfunk und gibt Hinweise darauf, wie neue Kommunikationstechnologien am besten genutzt werden können.

Das Problem in den Vereinigten Staaten in den dreißiger Jahren war, dass Coughlin dank einer nationalen Plattform Millionen Menschen mit hetzerischer Rhetorik erreichen konnte. Heute besteht die Gefahr darin, dass die Algorithmen von Facebook und anderen sozialen Medien die Verbreitung von Desinformation fördern, mit der potenziell Milliarden Menschen erreicht werden können.

Coughlins schädlichen Einfluss neutralisierte die Regierung Roosevelt mit der Entscheidung, der 1. Verfassungszusatz garantiere zwar die Meinungsfreiheit, nicht jedoch das Recht auf Verbreitung von Meinungen im Rundfunk. Die Regierung erklärte, das Frequenzspektrum sei ein Gemeingut, dessen Nutzung vom Staat geregelt werden müsse. Die neuen Vorschriften machten Rundfunkgenehmigungen erforderlich, und die Sendungen von Father Coughlin wurden aus dem Radio verbannt. Coughlin verfasste weiter Artikel und begann bald wieder, Radiosendungen zu produzieren, aber er hatte nur noch Zugang zu einzelnen Sendern, die ihr Programm nicht landesweit ausstrahlten. Nach dem Kriegseintritt der Vereinigten Staaten wurden seine Möglichkeiten, Propaganda für Hitler und gegen eine amerikanische Kriegsbeteiligung zu betreiben, weiter eingeschränkt.

Heute wimmelt es im Talkradio von Desinformation und Hassbotschaften, aber ihre Reichweite ist in der Regel beschränkt, verglichen mit den landesweit ausgestrahlten Sendungen Coughlins oder den Plattformen, die soziale Medien für gezielte Falschinformationen anbieten.

Deutschland ging noch entschlossener gegen die Radiopropaganda vor. Das Grundgesetz verbietet Volksverhetzung sowie die Anstiftung zu Gewalt und Akten, welche die Würde bestimmter Bevölkerungsgruppen verletzen. Und die deutsche Verfassung stellt das Leugnen des Völkermords an den Juden und die Verbreitung antisemitischer Propaganda unter Strafe.[75]

Digitale Entscheidungen

Es war nicht unumgänglich, dass die KI-Technologien für die Automatisierung der Arbeit und für die Überwachung der Beschäftigten genutzt wurden. Und es war auch nicht unausweichlich, dass sie eingesetzt wurden, um die Zensur durch autoritäre Staaten zu ermöglichen. Die digitalen Technologien sind nicht inhärent antidemokratisch, und die sozialen Netzwerke müssen sich keineswegs bemühen, Empörung, Extremismus und Wut zu schüren. In die gegenwärtige Misere haben uns die Entscheidungen von Tech-Firmen, KI-Forschern und Regierungen gebracht.

Wie an anderer Stelle in diesem Kapitel erwähnt, litten YouTube und Reddit anfangs ebenso sehr unter Rechtsextremismus, Desinformation und Hassbotschaften wie Facebook. Aber diese beiden Plattformen haben in den letzten fünf Jahren einige Schritte unternommen, um diese Fehlentwicklung zu korrigieren.

Nach der Veröffentlichung von Insider-Berichten wie dem von Caleb Cain und Reportagen in der *New York Times* und dem *New Yorker* reagierten YouTube und sein Mutterunternehmen Google auf den wachsenden öffentlichen Druck, indem sie die Algorithmen änderten, um die Verbreitung besonders bösartiger Inhalte einzudämmen. Google nimmt für sich in Anspruch, mittlerweile Videos aus »vertrauenswürdigen Quellen« zu bevorzugen, bei denen die Wahrscheinlichkeit geringer ist, dass sie für die Radikalisierung missbraucht werden oder Desinformation enthalten. Das Unternehmen erklärt auch, die Anpassung seiner Algorithmen habe die Zahl der Ansichten von »grenzwertigen Inhalten« um 70 Prozent verringert (als »grenzwertig« werden diese Inhalte bezeichnet, weil das Unternehmen für sich in Anspruch nimmt, eindeutige Hassbotschaften bereits ausgeschlossen zu haben).

Bei Reddit sieht es ähnlich aus. Auf der Plattform wurden einige der schlimmsten extremistischen und hetzerischen Inhalte verbreitet, was Steve Huffman, einer der Gründer, anfangs mit der Begründung verteidigte, dies sei vollkommen mit der von Reddit verfochtenen »offenen und aufrichtigen Diskussion« vereinbar. Mittlerweile hat das Unternehmen auf den öffentlichen Druck reagiert und die Normen für die Moderation der Inhalte verschärft. Nachdem die auf der Plattform organisierte Kundgebung der suprematistischen Bewegung Unite the Right im Jahr 2017 in Charlottesville (Virginia) in Gewalt ausgeartet war, die ein Todesopfer und Dutzende Verletzte gefordert hatte, änderten die Gründer Reddits den Kurs. Die Plattform begann, zahlreiche Sub-Reddits zu entfernen, auf denen Hassbotschaften, rassistische Sprache und eklatante Desinformation verbreitet worden waren. Im Jahr 2019 wurde The_Donald entfernt.[76]

Doch die Verbesserungen dank der Selbstregulierung der Plattformen sollten nicht überschätzt werden. Es gibt auf YouTube immer noch sehr viel Desinformation und manipulative Inhalte, die von den Algorithmen begünstigt werden, und auf Reddit findet man zahlreiche hasserfüllte Posts. Beide Plattformen haben ihr Geschäftsmodell nicht geändert und versuchen weiterhin, das Engagement der Nutzer zu maximieren, um Einnahmen mit gezielter Werbung erzielen zu können. Plattformen mit anderen Geschäftsmodellen, darunter Uber und Airbnb, sind sehr viel entschlossener gegen Hassbotschaften auf ihren Websites vorgegangen.

Aber das beste Beispiel dafür, dass andersartige Modelle tragfähig sein können, ist Wikipedia. Die Plattform zählt zu den meistbesuchten im Internet und wurde in der jüngeren Vergangenheit jedes Jahr mehr als 5,5 Milliarden Mal aufgerufen. Wikipedia versucht nicht, die Aufmerksamkeit der Nutzer zu monopolisieren, weil es sich nicht mit Werbung finanziert.

Das hat die Plattform in die Lage versetzt, einen ganz anderen Bezug zu Desinformation zu wählen. Die Einträge in der Online-Enzyklopädie werden von anonymen Freiwilligen verfasst, und jedermann kann einen neuen Eintrag beginnen oder bestehende ändern. Die Plattform beschäftigt Administratoren, die aus einer Gruppe von häufigen Nutzern mit nachgewiesener Zuverlässigkeit rekrutiert werden und auf mehreren Ebenen arbeiten. Unter den Freiwilligen, die Beiträge leisten, sind erfahrene Redakteure, die zusätzliche Privilegien genießen und für Wartung und Konfliktbeilegung zuständig sind. Auf einer höheren Ebene sind die »Stewards« angesiedelt, die Meinungsverschiedenheiten ausräumen sollen. Nach Angabe der Plattform sind die Stewards für die »technische Umsetzung des Gemeinschaftskonsenses« sowie dafür zuständig, »in Notfällen einzugreifen und gegen wikiübergreifenden Vandalismus vorzugehen«. Den Stewards übergeordnet ist das »Schiedsgerichtskomitee«, dem Redakteure angehören, die »gemeinsam oder in Untergruppen verbindliche Lösungen für Streitigkeiten finden, welche die Gemeinschaft nicht beilegen konnte«. Die Administratoren können Seiten schützen oder löschen und im Falle umstrittener Inhalte oder von Vandalismus oder Desinformation in der Vergangenheit die Bearbeitung blockieren. Die Administratoren ihrerseits werden von »Bürokraten« beaufsichtigt und befördert.[77]

Diese Verwaltungsstruktur erleichtert es der Plattform, die Verbreitung von Desinformation und jene Art von Polarisierung zu unterbinden, die auf anderen Websites so verbreitet ist. Die Erfahrung von Wikipedia zeigt, dass die Schwarmintelligenz, von der die Optimisten in der Frühzeit der sozialen Medien träumten, durchaus funktionieren kann, aber nur, wenn sie in eine geeignete Organisationsstruktur eingebunden und angemessen beaufsichtigt wird und wenn die richtigen Entscheidungen über Einsatz und Ausrichtung der Technologie gefällt werden.

Alternativen zum Geschäftsmodell der gezielten Werbung findet man nicht nur bei gemeinnützigen Plattformen wie Wikipedia. Netflix, das sich auf Abonnements stützt, sammelt ebenfalls Informationen über seine Nutzer und investiert hohe Summen in künstliche Intelligenz, um seinen Abonnenten auf ihre individuellen Bedürfnisse zugeschnittene Inhalte empfehlen zu können. Aber auf der Plattform findet man kaum Desinformation oder politische Konfrontationen, denn sie will ihre Nutzer nicht zum Engagement bewegen, sondern ihre Erfahrung verbessern, um mehr Abonnenten zu gewinnen.

Auch soziale Netzwerke können mit einem auf Abonnements beruhenden Modell arbeiten und Geld damit verdienen. Natürlich wird ein solches Modell nicht sämtliche Probleme der sozialen Medien lösen. Nutzer können auch auf einer Plattform, die sich auf Abonnements stützt, Echokammern erzeugen, und es können neue Wege gefunden werden, um Desinformation und Unsicherheit zu Geld zu machen. Doch alternative Geschäftsmodelle können sich vom Bemühen um eine intensive Einbindung der Nutzer lösen, das die schlimmste Art von sozialer Interaktion fördert, die sowohl der psychischen Gesundheit als auch dem demokratischen Diskurs schadet.

Ein soziales Netzwerk kann vielfältige positive Wirkungen haben, wenn die Möglichkeiten für Desinformation, Polarisierung und Schädigung der psychischen Gesundheit eingeschränkt werden. Forscher haben den Markteintritt von Facebook in neuen Ländern untersucht und festgestellt, dass kleine Unternehmen in den betroffenen Ländern über das Netzwerk Zugang zu Informationen über ausländische Märkte erhalten, was sie in die Lage versetzt, ihre Umsätze zu erhöhen.[78] Es gibt keinen Grund für die Annahme, dass ein Unternehmen nicht mit solchen Diensten Geld verdienen könnte, anstatt seine Fähigkeit zu nutzen, die Nutzer zu manipulieren. Wie wir in Kapitel 11 sehen werden, können soziale Netzwerke und digitale Werkzeuge die Menschen auch besser vor Überwachung schützen und sogar die Demokratie fördern. Die Provokation emotionaler Reaktionen, die dann genutzt werden, um die Nutzer mit gezielter Werbung anzusprechen, war nie die einzige Option für die sozialen Netzwerke.

In dem Moment, da wir die Demokratie am meisten brauchen, wird sie ausgehöhlt

Besonders schlimm ist, dass die künstliche Intelligenz die Demokratie just in dem Moment untergräbt, in dem wir sie am dringendsten brauchen. Wird die Entwicklung der digitalen Technologien nicht in eine vollkommen andere Richtung gelenkt, so werden sie im Westen und zunehmend in aller Welt weiterhin die Ungleichheit fördern und viele Arbeitskräfte verdrängen. Die KI-Technologien werden auch eingesetzt, um die Beschäftigten strenger zu überwachen und auf diese Art den Druck auf die Löhne weiter zu erhöhen.

Wer möchte, kann auf die Sogwirkung von Produktivitätszuwächsen vertrauen. Aber es gibt keinen Hinweis darauf, dass die Erträge von Produktivitätserhöhungen in absehbarer Zeit breiten Bevölkerungsgruppen zugutekommen werden. Wie wir gesehen haben, neigen Manager und Unternehmer oft dazu, neue Technologien zur Automatisierung von Arbeitsabläufen und zur Entmachtung der Arbeitskräfte einzusetzen, wenn sie nicht von Gegenmächten daran gehindert werden. Die massenhafte Datensammlung hat diese Neigung verstärkt.

Ohne Demokratie ist es jedoch schwer, Gegenkräfte zu stärken. Wenn eine Elite umfassende Kontrolle über die Politik ausübt und Repressions- und Propagandawerkzeuge wirksam einsetzen kann, wird es schwierig, eine gut organisierte und schlagkräftige Opposition aufzubauen. In China wird es in absehbarer Zeit nicht möglich sein, von der Parteilinie abweichende Meinungen frei zu äußern, vor allem, da die Kommunistische Partei ein zunehmend wirkungsvolles System von Zensur und KI-gestützter Überwachung errichtet hat. Aber auch die Hoffnung auf ein Wiedererstarken der Gegenkräfte in den Vereinigten Staaten und großen Teilen der westlichen Welt schwindet. Die künstliche Intelligenz untergräbt die Demokratie und liefert gleichzeitig sowohl autoritären als auch demokratisch gewählten Regierungen die Werkzeuge für Repression und Manipulation.

In *1984* fragte George Orwell: »Woher wissen wir denn schon, daß zwei und zwei vier ist? Oder daß die Gravitationskraft funktioniert? Oder daß die Vergangenheit unveränderbar ist? Wenn sowohl die Vergangenheit als auch die äußere Realität nur in der Vorstellung existieren und die Vorstellung selbst kontrollierbar ist – was dann?«[79] Heute hat diese Frage noch größere Relevanz als zu Orwells Zeiten, denn wie die Philosophin Hannah Arendt voraussah, hören die Menschen, wenn sie mit Falschinformationen und Propaganda bombardiert werden, sowohl in nichtdemokratischen als auch demokratischen Ländern auf, *irgendwelche* Informationen zu glauben. Und es könnte noch schlimmer kommen: Menschen, die an ihre sozialen Netzwerke gefesselt sind, in denen immerzu Empörung und andere starke negative Emotionen geweckt werden, kapseln sich von ihrer Gemeinde und vom demokratischen Diskurs ab, weil im Internet eine getrennte alternative Realität entstanden ist, in der extremistische Stimmen den Ton angeben, künstliche Echokammern entstehen und größer werden, jegliche Information verdächtig oder parteilich ist und die Möglichkeit von Kompromissen nicht mehr gesehen oder sogar abgelehnt wird.

Optimisten erwarten, dass neue Technologien wie das Web 3.0 oder das Metaverse die Entwicklung in eine andere Richtung lenken werden. Aber wenn die Tech-Firmen an ihrem gegenwärtigen Geschäftsmodell festhalten und sich

Staaten auf Überwachung konzentrieren, werden auch die neuen Technologien zu diesen Trends beitragen, noch dichtere Filterblasen erzeugen und die Kluft zur Realität vergrößern.

Aber vielleicht ist es noch nicht zu spät. In Kapitel 11 werden wir zeigen, wie der Kurs geändert werden kann und welche spezifischen Maßnahmen einen Wandel herbeiführen können.

11

DIE NEUAUSRICHTUNG DER TECHNOLOGIE[1]

Die Computer werden im Wesentlichen gegen die Menschen statt für die Menschen eingesetzt, sie werden eingesetzt, um die Menschen zu kontrollieren, anstatt sie zu befreien. *Höchste Zeit, das zu ändern – wir brauchen ein … Volkscomputerunternehmen*

– Erster Newsletter der People's Computer Company, Oktober 1972[2]

Die meisten Dinge, die zu tun sich lohnt, werden als unmöglich bezeichnet, bis sie getan werden.

– Louis Brandeis (Anwalt), Schlichtungsverfahren, New York Cloak Industry, 13. Oktober 1913[3]

Das *Gilded Age* (»vergoldetes Zeitalter«) im späten 19. Jahrhundert war ähnlich wie die Gegenwart in den Vereinigten Staaten eine Zeit rasanter technologischer Veränderungen und alarmierender Ungleichheit. Die ersten Unternehmen, die in neue Technologien investierten und die Chancen ergriffen, die sich vor allem in besonders dynamischen Branchen wie Eisenbahn, Stahlerzeugung, Maschinenbau, Erdöl und Bankwesen boten, wuchsen rasch und strichen fantastische Gewinne ein.

In dieser Epoche entstanden Unternehmen von beispielloser Größe. Einige von ihnen beschäftigten mehr als 100 000 Menschen – deutlich mehr als die amerikanischen Streitkräfte jener Zeit. Obwohl die Reallöhne stiegen, als die Wirtschaft wuchs, nahm die Ungleichheit deutlich zu, und Millionen Menschen, die sich nicht gegen ihre wirtschaftlich und politisch mächtigen Arbeitgeber wehren konnten, arbeiteten unter furchtbaren Bedingungen. Die Räuberbarone, wie die berühmtesten und skrupellosesten Magnaten genannt wurden, erwarben nicht nur dank ihres Einfallsreichtums bei der Einführung neuer Technologien, sondern auch durch Zusammenschlüsse mit Konkurrenten gewaltige Vermögen. Um eine Branche zu beherrschen, brauchte man zudem politische Verbindungen.

Sinnbilder jener Ära waren die von diesen Männern aufgebauten riesigen »Trusts«, darunter Standard Oil. Diese Kartelle kontrollierten wichtige Inputs und konnten Rivalen aus dem Markt drängen. Im Jahr 1850 entwickelte der britische Chemiker James Young ein Verfahren zum Raffinieren von Erdöl. Wenige Jahre später waren weltweit zahlreiche Ölraffinerien entstanden. Im Jahr 1859 wurde in Titusville in Pennsylvania ein Erdölvorkommen entdeckt, und das Öl verwandelte sich rasch in das Schmiermittel der Industrialisierung in den Vereinigten Staaten. Schon bald nahm die von John D. Rockefeller gegründete Standard Oil Company eine beherrschende Stellung in dieser Branche ein. Rockefeller, der sowohl die Chancen als auch die Fehlentwicklungen jener Zeit verkörperte, wuchs in Armut auf. Er erkannte die Bedeutung des Erdöls, wurde zum beherrschenden Akteur im Ölgeschäft und sicherte seinem Unternehmen eine Monopolstellung. Anfang der neunziger Jahre kontrollierte Standard Oil rund 90 Prozent der Ölraffinerien und Pipelines in den Vereinigten Staaten und war berüchtigt für räuberische

Preisgestaltung, fragwürdige Nebenabsprachen – zum Beispiel mit Eisenbahngesellschaften, die kein Öl von Rockefellers Konkurrenten beförderten – und Maßnahmen zur Einschüchterung von Rivalen und Arbeitern.

Dominante Unternehmen in anderen Wirtschaftszweigen, darunter Andrew Carnegies Stahlunternehmen, Cornelius Vanderbilts Eisenbahnkonglomerat, das Chemieimperium DuPont, der Landwirtschaftsmaschinenbauer International Harvester und die Großbank J. P. Morgan, bedienten sich ähnlicher Praktiken.

Es setzte sich die Überzeugung durch, dass die staatlichen Institutionen der Vereinigten Staaten nicht dafür gerüstet waren, der Macht dieser Unternehmen Grenzen zu setzen. Die Kartelle übten wachsenden politischen Einfluss aus, was teilweise an ihren guten Beziehungen zu mehreren US-Präsidenten und teilweise daran lag, dass sie ausgezeichnete Kontakte im Senat hatten, dessen Mitglieder zu jener Zeit nicht direkt vom Volk gewählt, sondern von den Parlamenten der Einzelstaaten entsandt wurden. Die allgemeine Einschätzung (die der Realität entsprach) war, dass die Senatssitze »ge- und verkauft« wurden, und die Räuberbarone kauften eifrig. Und ihr Einfluss war nicht auf den Senat beschränkt. Die Wahlkämpfe von Präsident William McKinley in den Jahren 1896 und 1900 wurden von der Wirtschaft großzügig unterstützt und teilweise von Senator Mark Hanna organisiert, der das System so beschrieb: »In der Politik sind zwei Dinge wichtig. Das eine ist Geld. An das andere kann ich mich nicht erinnern.«[4] Es gab kaum wirksame Gesetze, um zu verhindern, dass die Unternehmen der Räuberbarone ihre Branchen kontrollierten und den Wettbewerb unterbanden, indem sie die mit ihrer Größe einhergehende Macht einsetzten.

Wenn sich die Arbeiter zusammenschlossen, um Lohnerhöhungen oder bessere Arbeitsbedingungen durchzusetzen, wurden sie oft unerbittlich unterdrückt, beispielsweise im »großen Eisenbahnstreik« im Jahr 1877, im »großen Eisenbahnstreik im Südwesten« im Jahr 1886, im Streik bei Carnegie Steel im Jahr 1892, im Pullman-Streik (Eisenbahnerstreik) von 1894 und im Streik der Kohlebergleute von 1902. Im Ausstand der United Mine Workers bei der von Rockefeller kontrollierten Colorado Fuel and Iron Company eskalierten 1913/14 die Zusammenstöße zwischen Streikenden und Wachleuten, Nationalgarde und vom Unternehmen eingestellten Streichbrechern; 21 Menschen starben, darunter Frauen und Kinder.

Die Vereinigten Staaten wären heute ein ganz anderer Ort, wenn die wirtschaftlichen und sozialen Bedingungen des *Gilded Age* Bestand gehabt hätten. Doch es bildete sich eine »progressive Bewegung«, die sich der Macht der Trusts widersetzte und institutionelle Veränderungen forderte. Die Bewegung hatte ihre Ursprünge in früheren ländlichen Zusammenschlüssen wie der National Grange of the Order of Patrons of Husbandry und später der Populist Party, aber die

Progressiven schmiedeten rund um die städtische Mittelschicht eine sehr viel größere Koalition und nahmen erheblichen Einfluss auf die Entwicklung der Vereinigten Staaten.[5]

Zu ihrem Erfolg trug bei, dass sich Einstellung und Normen der amerikanischen Gesellschaft und insbesondere der Mittelschicht wandelten. Der Sinneswandel der Öffentlichkeit wurde vor allem von einer Gruppe von Enthüllungsjournalisten (die als *muckraker*, wörtlich »Mistkratzer«, bezeichnet wurden) und von Reformern wie dem Rechtsanwalt und späteren Richter am Obersten Gerichtshof Louis Brandeis herbeigeführt. Upton Sinclair beschrieb in seinem Roman *Der Dschungel* die furchtbaren Arbeitsbedingungen in Schlachthöfen und Fleischverpackungsbetrieben, und Lincoln Steffens berichtete über die politische Korruption in vielen Großstädten.

Doch den vielleicht größten Einfluss hatte die Arbeit der Enthüllungsjournalistin Ida Tarbell über Standard Oil. Tarbell veröffentlichte ab 1902 im *McClure's Magazine* eine Reihe von Artikeln, in denen sie über Einschüchterungsversuche, Preismanipulation, illegale Praktiken und politische Kungelei berichtete. Sie kannte Rockefellers Geschäftspraktiken aus eigener Erfahrung. Ihr Vater hatte in Pennsylvania Erdöl gefördert und war von Standard Oil aus dem Geschäft gedrängt worden: Rockefeller hatte mit örtlichen Eisenbahngesellschaften eine geheime Vereinbarung geschlossen, damit sie die Preise für die Beförderung des Erdöls seiner Konkurrenten anhoben. Tarbells Reportagen, die im Jahr 1904 in dem Buch *The History of the Standard Oil Company* gesammelt wurden, trugen dazu bei, die Einstellung der amerikanischen Öffentlichkeit zu den Kartellen und den gesellschaftlichen Auswirkungen des Raubkapitalismus zu verändern.[6]

Andere Enthüllungsjournalisten folgten Tarbells Beispiel. In einer Artikelreihe mit dem Titel »Der Verrat des Senats«, die in der Zeitschrift *Cosmopolitan* erschien, beleuchtete David Graham Phillips im Jahr 1906 undurchsichtige Abmachungen und Korruption im Senat. Brandeis prangerte in *Other People's Money and How Bankers Use It* unethische Praktiken im Bankensektor und insbesondere bei J. P. Morgan an.

Wichtig war auch die Arbeit von Gemeindeaktivisten wie Mary Harris Jones (bekannt als »Mother Jones«), die eine wichtige Rolle in der Organisation der United Mine Workers und der radikaleren Knights of Labor spielte. Jones beteiligte sich an der Organisation des »Kinderkreuzzugs« von 1903, eines Protestmarschs von minderjährigen Bergleuten und Fabrikarbeitern. Sie marschierten mit Spruchbändern, auf denen Parolen wie »Wir wollen in die Schule gehen, nicht in die Gruben!« standen, zu Präsident Theodore Roosevelts Sommerresidenz, um die mangelhafte Durchsetzung des Verbots von Kinderarbeit anzuprangern.[7]

Die Progressiven nahmen nicht nur Einfluss auf die öffentliche Meinung, sondern organisierten sich auch politisch. Die Populist Party hatte bereits gezeigt, wie eine Protestbewegung in eine Partei mit landesweitem Einfluss umgewandelt werden konnte. Bei den Wahlen im Jahr 1892 erhielt die Progressive Party 8,5 Prozent der Stimmen. Die städtische Mittelschicht baute auf diesem frühen Erfolg auf, und Politiker unterschiedlicher Couleur, darunter William Jennings Bryan, Theodore Roosevelt, Robert La Follette, William Taft und Woodrow Wilson, übernahmen Forderungen der Progressiven in die Programme der Großparteien, gewannen Wahlen und ebneten den Weg für Reformen.

Die Progressiven verfolgten ehrgeizige Reformvorhaben, darunter eine Beaufsichtigung und Zerschlagung von Kartellen, neue Vorschriften für den Finanzsektor, politische Reformen zur Bekämpfung der Korruption in Stadtverwaltungen und Senat sowie eine Steuerreform. Und ihre politischen Vorschläge waren keine bloßen Wahlslogans. Die Progressiven waren fest von der Bedeutung der Sachkenntnis in der Gestaltung politischer Maßnahmen überzeugt und trugen zur Gründung neuer Berufsverbände und zur systematischen Untersuchung vieler sozialer Fragen bei.

Wichtige politische Reformen in jener Zeit hatten ihren Ursprung in den Ideen, die Enthüllungsjournalisten, Aktivisten und Reformer in die öffentliche Debatte eingeführt hatten. Beispielsweise mündete Sinclairs Darstellung direkt in die Verabschiedung des Pure Food and Drug Act, eines Gesetzes über Lebensmittelhygiene. Ida Tarbells Recherchen und Artikel gaben den Anstoß zur Anwendung des Sherman Antitrust Act von 1890 auf Industrie- und Eisenbahnkonglomerate. Die Maßnahmen zur Eindämmung der Macht der Kartelle wurden durch die Verabschiedung des Clayton Act im Jahr 1914 und die Einrichtung der Federal Trade Commission für eine strengere Beaufsichtigung von Monopolen sowie durch Antitrust-Eingriffe gestärkt. Der Druck der Progressiven trug auch zur Einrichtung des Pujo-Ausschusses des Kongresses bei, der Missbrauch im Finanzsektor untersuchte.[8]

Noch größere Auswirkungen hatten institutionelle Eingriffe wie der Tillman Act von 1907, der es Unternehmen verbot, Kandidaten für politische Ämter auf Bundesebene Geld zu spenden, der 16. Verfassungszusatz (1913), mit dem eine Einkommensteuer auf Bundesebene eingeführt wurde, der 17. Verfassungszusatz (ebenfalls 1913), der die Direktwahl aller Mitglieder des Bundessenats vorschrieb, und der 19. Verfassungszusatz (1920), mit dem Frauen das Wahlrecht erhielten.

Die von den Progressiven angestoßenen Reformen veränderten die politische Ökonomie nicht auf einen Schlag. Die Großunternehmen hatten weiterhin große Macht, und die Ungleichheit blieb ausgeprägt. Doch wie wir in Kapitel 7 gesehen haben, legte die progressive Bewegung den Grundstein für die Reformen des New Deal und für die Verteilung des Wohlstands nach dem Zweiten Weltkrieg.

In der progressiven Basisbewegung war Platz für vielfältige Meinungen. Dank dieser Vielfalt gelang es, die populistische Koalition aufzubauen und neue politische Ideen zu entwickeln. Aber die Bewegung brachte auch einige unerfreuliche Elemente hervor. Dazu zählten der offene oder verdeckte Rassismus einiger ihrer führenden Köpfe (einschließlich Woodrow Wilson), die Eugenik, die viele Anhänger unter den Progressiven fand, und die Prohibition, die im Jahr 1919 mit dem 18. Verfassungszusatz eingeführt wurde. Doch trotz all ihrer Mängel baute diese Bewegung die amerikanischen Institutionen vollkommen um.

Die progressive Bewegung liefert ein historisches Anschauungsbeispiel für die drei Bestandteile der Formel, die wir anwenden können, um uns aus unserer gegenwärtigen Notlage zu befreien.

Zunächst müssen wir das Narrativ und die Normen ändern. Die Progressiven versetzten die amerikanischen Bürger in die Lage, sich persönlich ein zutreffendes Bild von den wirtschaftlichen und gesellschaftlichen Problemen zu machen, anstatt akzeptieren zu müssen, was ihnen Abgeordnete, Wirtschaftsmagnaten und die mit diesen verbündete Boulevardpresse erzählten. Beispielsweise bewarb sich Tarbell nie um ein politisches Amt, ja, sie engagierte sich nicht einmal für ein bestimmtes Anliegen. Stattdessen ging sie dem Handwerk des Enthüllungsjournalismus nach, um die Wahrheit über Standard Oil und seinen Besitzer Rockefeller ans Licht zu bringen. Die Progressiven veränderten die Vorstellung davon, welche geschäftlichen Praktiken akzeptabel waren und was der Normalbürger tun konnte, um sich gegen Unrecht zur Wehr zu setzen.

Zweitens müssen wir die Gegenkräfte stärken. Gestützt auf ein verändertes Narrativ und geänderte soziale Normen, trugen die Progressiven zum Aufbau einer breiten gesellschaftlichen Bewegung bei, die den Räuberbaronen die Stirn bieten und die Politiker zu Reformen drängen konnten, woran auch die Gewerkschaften Anteil hatten.

Drittens müssen wir politische Lösungen finden. Den Progressiven gelang das, gestützt auf ein neues Narrativ sowie auf Forschung und Sachkenntnis.

Die Neuausrichtung des technologischen Wandels

Obwohl wir heute mit digitalen und globalen Herausforderungen konfrontiert sind, können wir immer noch von der Bewegung der Progressiven lernen. Die Umweltschutzbewegung, die der existenziellen Bedrohung durch den Klimawandel entgegentritt, zeigt, dass die drei Bestandteile der Formel auch heute genutzt werden können, um die technologische Entwicklung in eine andere Richtung zu lenken. Obwohl die meisten großen Unternehmen der Energiebranche weiterhin fossile Brennstoffe nutzen und die Politik überwiegend handlungsunfähig ist, sind in der Nutzung erneuerbarer Energien bemerkenswerte Fortschritte gelungen.

Die Emissionen fossiler Energieträger sind in erster Linie ein technologisches Problem. Die Industrialisierung beruhte auf dem Einsatz fossiler Brennstoffe, und die Investitionen in Technologie fließen seit Mitte des 18. Jahrhunderts vor allem in die Verbesserung und Ausweitung der Nutzung dieser herkömmlichen Energiequellen. Schon in den achtziger Jahren des vergangenen Jahrhunderts war klar, dass die Emissionen der fossilen Brennstoffe mit geringfügigen Eingriffen in Förderung und Verbrauch von Kohle und Erdöl nicht ausreichend verringert werden konnten, um eine fortschreitende Erderwärmung zu vermeiden: Es wurden neue Energiequellen gebraucht, was eine Neuausrichtung der technologischen Entwicklung erforderlich machte. Doch mehrere Jahrzehnte lang wurde kaum etwas getan. Noch im ersten Jahrzehnt des 21. Jahrhunderts kostete Sonnenenergie mehr als das Zwanzigfache des Preises von fossiler Energie. Wind war etwa zehnmal so teuer wie Kohle und Erdöl. Die Wasserkraft war bereits in den neunziger Jahren billiger als diese Energieträger, aber die Kapazitäten waren beschränkt.

Mittlerweile ist der Betrieb von Kraftwerken, die mit Sonnenenergie, Wind- oder Wasserkraft betrieben werden, billiger als der Betrieb von Anlagen, die fossile Brennstoffe verwenden. Beispielsweise schätzt die Internationale Agentur für erneuerbare Energien (IRENA), dass fossile Brennstoffe zwischen 50 und 150 Dollar pro 100 Kilowattstunden kosten, während Sonnenenergie zwischen 40 und 54 Dollar und Energie aus Onshore-Windparks weniger als 40 Dollar kostet.[9] Zwar gibt es einige Bereiche, in denen die erneubaren Energien nicht effektiv genutzt werden können (zum Beispiel als Flugzeugtreibstoff), und die Energiespeicherung ist schwierig, aber der Großteil der weltweiten Stromnetze könnte mit erneuerbarer Energie versorgt werden, wenn sich die Politik dazu entschließen würde.[10]

Wie gelangen diese beeindruckenden Fortschritte? Zunächst einmal änderte sich das Narrativ über das Klima. Einen ersten Schritt tat Rachel Carson im Jahr 1962 mit ihrem Buch *Der stumme Frühling*. In den siebziger Jahren begannen mehrere Organisationen, darunter insbesondere Greenpeace, öffentlichkeitswirksam für den Schutz der Umwelt zu werben. Greenpeace startete Anfang der neunziger Jahre ein Programm zum Kampf gegen die Erderwärmung und versuchte, die Taktik der Ölkonzerne zu entlarven, die sich bemühten, die von den fossilen Brennstoffen verursachten Umweltschäden zu verbergen.

Großen Einfluss auf die öffentliche Meinung hatte der Dokumentarfilm *Eine unbequeme Wahrheit*, mit dem der frühere amerikanische Vizepräsident und Präsidentschaftskandidat Al Gore im Jahr 2006 die Welt auf die Erderwärmung aufmerksam machen wollte. Der Film fand rund um den Erdball ein Millionenpublikum. Etwa zur selben Zeit traten neue Organisationen auf den Plan, die sich den Kampf gegen den Klimawandel auf die Fahnen geschrieben hatten. Bill McKibben, der Gründer von 350.org, erklärte, kein Thema sei wichtiger für die Menschheit als die Umwelt: »In 50 Jahren wird sich niemand mehr für Haushaltsdefizite oder die Eurokrise interessieren. Die Leute werden fragen: ›Dann schmolzen also die Polkappen ab – und was habt ihr getan?‹«[11]

Das geänderte Narrativ wurde von einer zunehmend organisierten politischen Bewegung aufgegriffen, zu der grüne Parteien gehörten, die den Klimawandel in den Mittelpunkt ihrer Programme rückten. Die Grünen in Deutschland sprachen eine große Wählerschaft an und beteiligten sich an Regierungen, und auch in anderen westeuropäischen Nationen erlangten die Umweltbewegungen große Bedeutung. Im September 2019 demonstrierte die Klimaschutzbewegung mit einer Reihe von Streiks und Kundgebungen in 4 500 Städten in aller Welt ihre Stärke.

Der zweite Faktor hatte zwei bedeutende Folgen: Diese Bewegungen setzten die Wirtschaft unter Druck. Als die Öffentlichkeit in vielen westlichen Ländern über die Gefahren des Klimawandels aufgeklärt wurde, begann sie nach klimaneutralen Produkten wie Elektroautos und erneuerbaren Energien zu rufen, und die Beschäftigten vieler großer Unternehmen drängten ihre Arbeitgeber, ihre CO_2-Bilanz zu verbessern. Und die Öffentlichkeit bewegte einen Teil der Politik dazu, die Erderwärmung ernst zu nehmen.

Diese Entwicklungen schufen die Grundlage für Änderungen am dritten Faktor, den technischen und politischen Lösungen. Wirtschaftliche und Umweltanalysen zeigten, dass drei Maßnahmen erforderlich waren, um die Klimakatastrophe abzuwenden: Es musste eine CO_2-Steuer eingeführt werden, um die fossilen Emissionen zu verringern. Innovation und Forschung im Bereich der erneuerbaren Energien und sauberer Technologien mussten unterstützt werden.

Und besonders schmutzige Technologien mussten mit restriktiven Vorschriften zurückgedrängt werden.

Während CO_2-Steuern in vielen Ländern, etwa in den Vereinigten Staaten, Großbritannien und Australien, auf erbitterten Widerstand stießen, wurden sie in mehreren europäischen Ländern eingeführt. Die weltweiten CO_2-Steuern sind noch nicht hoch genug, um der Erderwärmung wirksam zu begegnen, aber einige Länder erhöhen sie schrittweise. In Schweden liegt der Steuersatz mittlerweile bei mehr als 120 Dollar pro Tonne CO_2, was den Preis von aus Kohle gewonnenem Strom deutlich erhöht.

Eine CO_2-Steuer ist geeignet, die Kohlenstoffemissionen zu verringern. Da sie die Produktion fossiler Brennstoffe weniger rentabel macht, kann sie Investitionen in alternative Energiequellen anregen. Aber die gegenwärtigen Steuern verringern die Gewinne der Unternehmen nur geringfügig und werden nicht zu einer Neuausrichtung der technologischen Entwicklung führen. Sehr viel wirksamer sind Programme, die direkte Anreize zu Innovationen und Investitionen in saubere Energien geben. Die US-Regierung hat vor Kurzem jährliche Steuervergünstigungen von mehr als 10 Milliarden Dollar für erneuerbare Energien und von fast 3 Milliarden Dollar für die Erhöhung der Energieeffizienz beschlossen. Es fließen auch direkt staatliche Mittel in neue Technologien, beispielsweise unter der Leitung des National Renewable Energy Laboratory, der NASA und des Verteidigungsministeriums. In Deutschland und Skandinavien wird die Erforschung erneuerbarer Energien noch großzügiger subventioniert.

Ordnungspolitische Eingriffe wie die Emissionsnormen, die Kalifornien erstmals im Jahr 2002 einführte, wirken der ineffizienten Nutzung fossiler Energieträger direkt entgegen, indem sie beispielsweise ältere Fahrzeuge mit deutlich höherem Treibstoffverbrauch aus dem Verkehr ziehen. Solche Vorschriften spornen die Industrie auch zur Forschung an Elektroantrieben an.

Die drei politischen Hebel (CO_2-Steuern, Forschungssubventionen und Vorschriften) kurbeln gemeinsam mit dem Druck von Konsumenten und Zivilgesellschaft sowohl die Innovation auf dem Gebiet der erneuerbaren Energien als auch die Produktion von Solarpanelen und Windkraftanlagen an. Die grundlegende Technologie zur Gewinnung von Strom aus Sonnenenergie mittels der photovoltaischen Nutzung der Photonen ist seit dem Ende des 19. Jahrhunderts bekannt, und bereits in den fünfziger Jahren produzierte Bell Labs Solarpanele. Um die Jahrtausendwende folgten bahnbrechende Fortschritte. In den Vereinigten Staaten, Frankreich, Deutschland und Großbritannien stieg die Zahl der Patente auf Anlagen zur Gewinnung sauberer Energie deutlich.[12] Die Produktion stieg, und die Kosten von Solarpanelen sanken rasch. Dank der rasanten Fortschritte werden mittlerweile mehr als 20 Prozent des gesamten in Europa verbrauchten Stroms aus erneubaren Energiequellen gewonnen. (Die Vereinigten Staaten haben einen Rückstand.)

Bemerkenswert ist, dass sich China der Neuausrichtung der technologischen Entwicklung in Europa und den Vereinigten Staaten anschloss. In Reaktion auf die wachsende Nachfrage in Europa und insbesondere in Deutschland begann das Land Ende der neunziger Jahre, Solarpanele zu produzieren. Der chinesische Staat wollte der heimischen Industrie eine führende Rolle auf diesem Markt sichern und die großen Probleme des Landes mit der Luftverschmutzung in den Griff bekommen. Er förderte mit großzügigen Subventionen und billigen Krediten eine rasche Erhöhung der Produktionskapazitäten. Die Kosten von Solarpanelen und anderer Ausrüstung begannen dank des »Learning by Doing« zu sinken (als die Produktionsmengen stiegen, lernten die Unternehmen, kostengünstige und energieeffiziente Solarpanele herzustellen). Die chinesischen Produzenten führten neue Maschinen und technische Verfahren ein, um die Polysiliziumscheiben dünner zu schneiden, was es ihnen ermöglichte, mit derselben Menge Rohmaterial mehr Solarzellen zu produzieren, die Kosten zu senken und die Produktion zu erhöhen. Mittlerweile ist China der weltweit größte Hersteller von Solarpanelen und Polysilizium (allerdings werden viele Fabriken mit Kohlestrom betrieben). Aus amtlichen chinesischen Statistiken geht hervor, dass im Jahr 2020 29 Prozent des heimischen Stromverbrauchs auf erneuerbare Energien entfielen.

Allerdings sollten die bisherigen Erfolge nicht überschätzt werden. Es gibt immer noch viele Bereiche – darunter die kostengünstige Energiespeicherung –, in denen deutliche Verbesserungen nötig sind, und einige Branchen, zum Beispiel Luftfahrt und Landwirtschaft, haben ihre Kohlenstoffemissionen nicht verringert. In den Entwicklungs- und Schwellenländern, darunter China und Indien, steigen die Emissionen trotz der Fortschritte im Bereich der erneuerbaren Energien weiter. Und es gibt kaum Hoffnung auf eine globale CO_2-Steuer, die den Verbrauch in naher Zukunft deutlich senken könnte.

Dennoch können wir mit Blick auf das Problem der digitalen Technologien sehr viel von der Neuausrichtung der technologischen Entwicklung im Energiesektor lernen. Dieselbe Kombination von Schritten – Änderung des Narrativs, Aufbau von Gegenkräften und Entwicklung und Durchführung spezifischer Maßnahmen, um die größten Probleme zu lösen – kann auch genutzt werden, um die digitale Technologie in eine andere Richtung zu lenken.

Umgestaltung der digitalen Technologien

Unsere gegenwärtigen Probleme wurzeln in der immensen wirtschaftlichen, politischen und gesellschaftlichen Macht der Großunternehmen und insbesondere der Techbranche. Die Machtfülle der Unternehmen vereitelt die Aufteilung des Wohlstands, weil sie die Beteiligung breiter Bevölkerungsgruppen an den Erträgen des technologischen Wandels einschränkt. Aber besonders schädlich wirkt sich die Macht der Unternehmen auf den Kurs der technologischen Entwicklung aus, der übermäßig auf Automatisierung, Überwachung, Datensammlung und Werbung ausgerichtet ist.[13] Um den Wohlstand wieder besser zu verteilen, müssen wir der Technologie eine andere Richtung geben, und um das zu erreichen, müssen wir erneut den Zugang wählen, der den Progressiven vor mehr als einem Jahrhundert zum Erfolg verhalf.

Dazu müssen wir zunächst das Narrativ und die Normen ändern. Hier sind grundlegende Schritte erforderlich. Die Gesellschaft und ihre mächtigen Sprecher dürfen sich nicht länger von den Milliardären der Tech-Branche und ihren fantastischen Vorhaben hypnotisieren lassen. Die Debatte über neue Technologien sollte nicht ausschließlich um die faszinierenden Merkmale neuer Produkte und Algorithmen kreisen, sondern auch um die Frage, ob diese Neuerungen den Menschen dienen oder schaden. Wir dürfen die Entscheidung darüber, ob digitale Technologien für die Automatisierung von Arbeitsabläufen und zur Stärkung großer Unternehmen und nichtdemokratischer Staaten eingesetzt werden sollen, nicht einer Handvoll Unternehmern und Ingenieuren überlassen. Man muss kein KI-Experte sein, um sich an den Entscheidungen über die Richtung des Fortschritts und die von diesen Technologien geprägte Zukunft unserer Gesellschaft beteiligen zu können. Man muss kein Investor in der Tech-Branche und kein Wagniskapitalgeber sein, um die Unternehmer und Ingenieure in diesem Bereich für die Auswirkungen ihrer Erfindungen zur Rechenschaft ziehen zu können.

Die Entscheidungen über die Richtung der technologischen Entwicklung sollten Teil der Kriterien sein, die Investoren zur Bewertung von Unternehmen heranziehen. Institutionelle Anleger können transparente Angaben dazu verlangen, ob neue Technologien Arbeitsabläufe automatisieren oder neue Tätigkeiten schaffen werden, ob sie der Überwachung oder der Befähigung der Arbeitskräfte dienen, ob sie sich positiv oder negativ auf den politischen Diskurs und die Gesellschaft auswirken werden. Die Investoren sollten sich nicht ausschließlich an den Gewinnaussichten orientieren. Eine Zweiklassengesellschaft mit einer kleinen Elite und einer schrumpfenden Mittelschicht ist keine gute Grundlage für Wohlstand oder Demokratie. Doch es ist möglich, die digitalen Technologien in den Dienst der Menschen zu stellen und gleichzeitig die Produktivität zu erhöhen: Investitionen in Technologien, die den Menschen helfen, können auch einträglich sein.

Wie bei den Reformen der Progressiven und der Neuausrichtung des Energiesektors bedarf es eines neuen Narrativs, um in der digitalen Ära Gegenkräfte aufzubauen. Ein solches Narrativ kann in Kombination mit öffentlichem Druck Entscheidungsträger zu einem verantwortungsbewussteren Verhalten bewegen. Beispielsweise haben wir in Kapitel 8 gesehen, dass Manager mit einem abgeschlossenen Business-School-Studium dazu neigen, die Löhne zu drücken und die Arbeitskosten zu verringern, was vermutlich am anhaltenden Einfluss der Friedman-Doktrin liegt – an der Vorstellung, der einzige Zweck und die einzige Verantwortung eines Unternehmens bestehe darin, Gewinn zu erzielen. Ein wirkungsvolles neues Narrativ über den geteilten Wohlstand kann ein Gegengewicht sein, das die Prioritäten eines Teils der Manager beeinflussen und sogar das von den Business Schools vertretene Paradigma ändern könnte. Außerdem kann es helfen, die Denkweise Tausender intelligenter junger Menschen zu ändern, die in der Tech-Branche arbeiten möchten. Allerdings dürfte es sich kaum nachhaltig auf die Magnaten dieser Branche auswirken.

Noch grundlegender ist es, spezifische Maßnahmen zu entwickeln und zu unterstützen, um die Richtung der technologischen Entwicklung zu ändern. Wie wir in Kapitel 9 erklärt haben, können die digitalen Technologien die menschliche Arbeitskraft ergänzen, indem sie:

- die Produktivität der Arbeitskräfte in ihren gegenwärtigen Tätigkeiten erhöhen;
- mithilfe der Maschinenintelligenz neue Tätigkeiten schaffen, welche die menschliche Leistungsfähigkeit erhöhen;
- bessere, nützlichere Informationen für menschliche Entscheidungen liefern;
- neue Plattformen schaffen, die Menschen mit unterschiedlichen Fähigkeiten und Bedürfnissen zusammenbringen.

Beispielsweise können die digitalen und KI-Technologien einen wirksameren Unterricht ermöglichen, indem sie neue Werkzeuge liefern und den Lehrern bessere Informationen zur Verfügung stellen. Sie können einen auf den einzelnen Schüler zugeschnittenen Unterricht möglich machen, indem sie in Echtzeit Stärken und Schwächen identifizieren. So können sie zahlreiche neue, produktive Tätigkeiten für die Lehrer schaffen. Darüber hinaus können sie Plattformen schaffen, um den Zugang der Lehrer zum Unterrichtsmaterial zu verbessern.

Ähnliche Wege können in Gesundheitswesen, Unterhaltung und Produktion beschritten werden, wie wir bereits gesehen haben.

Eine Methode, welche die Funktionen der Arbeitskräfte ergänzt, anstatt sie an den Rand zu drängen oder zu beseitigen, dürfte eher gewählt werden, wenn die vielfältigen menschlichen Fähigkeiten auf Grundlage der situativen und sozialen Aspekte der menschlichen Kognition berücksichtigt werden. Um derart vielfältige Ziele für den technologischen Wandel vorzugeben, wird jedoch eine Vielzahl verschiedener Innovationsstrategien benötigt, und wenn wenige Tech-Firmen über die Zukunft der Technologie entscheiden, werden diese vielfältigen Strategien eher nicht verfolgt.

Vielfältige Innovationsstrategien sind auch wichtig, weil die Automatisierung nicht an sich schädlich ist. Technologien, die zuvor von Menschen erfüllte Aufgaben auf Maschinen und Algorithmen übertragen, sind so alt wie die Industrie und werden weiterhin ein Teil unseres Lebens sein. Auch die Datensammlung ist nicht an sich schlecht, aber sie wird mit einer breiten Verteilung des Wohlstands und mit der Demokratie unvereinbar, wenn sie in den Händen von nicht rechenschaftspflichtigen Unternehmen und Staaten gebündelt wird, die diese Daten einsetzen, um Konsumenten und Bürger zu entmündigen. Das Problem ist eine unausgewogene Ausrichtung der Innovation, die der Automatisierung und Überwachung Vorrang gibt, anstatt neue Aufgaben und Chancen für die Arbeitnehmer zu schaffen. Eine Neuausrichtung der Technologie ist nicht gleichbedeutend mit einer Unterdrückung der Automatisierung oder einem Verbot der Datensammlung, sondern wir können die Entwicklung von Technologien fördern, welche die menschlichen Fähigkeiten ergänzen und besser zur Geltung bringen.

Gesellschaft und Staat müssen zusammenarbeiten, um dieses Ziel zu erreichen. Wie bei erfolgreichen Reformen in der Vergangenheit muss die Zivilgesellschaft Druck ausüben. Außerdem bedarf es wie im Fall des Energiesektors staatlicher Vorschriften und Anreize. Doch der Staat kann nicht das Nervenzentrum der Innovation sein, und Bürokraten werden keine Algorithmen und keine neuen Produkte entwickeln. Wir brauchen einen geeigneten institutionellen Rahmen und staatliche Anreize, die von einem konstruktiven Narrativ begleitet werden, um den privaten Sektor dazu zu bewegen, sich von exzessiver Automatisierung und Überwachung zu lösen und arbeitnehmerfreundliche Technologien zu entwickeln.

Eine zentrale Frage lautet, ob Bemühungen um eine Neuausrichtung der technologischen Entwicklung im Westen sinnvoll sind, wenn Automatisierung und Überwachung in China weiter vorangetrieben werden. Wir glauben, dass es sinnvoll ist. China ahmt bei den meisten fortschrittlichen Technologien weiterhin die Neuerer im Westen nach, und ein Kurswechsel in den Vereinigten Staaten und Europa würde sich weltweit erheblich auf die technologische Entwicklung auswirken. Wie im Fall der Neuerungen im Energiesektor kann eine deutliche Kursänderung im Westen auch die Investitionen in China erheblich beeinflussen.

Im restlichen Kapitel werden wir uns mit der Frage beschäftigen, wie Gegenkräfte gestärkt werden können, die Einfluss auf die zukünftige Entwicklung von Technologien nehmen können, und wie Anreize zur Entwicklung gesellschaftlich nützlicher Technologien geschaffen werden können.

Der Aufbau von Gegenkräften

Wir können die technologische Entwicklung nicht in eine andere Richtung lenken, ohne neue Gegenkräfte zu schaffen. Und um Gegenkräfte aufzubauen, brauchen wir zivilgesellschaftliche Organisationen, die Menschen für gemeinsame Anliegen gewinnen und Normen für Selbstregierung und politische Aktion pflegen.

Organisation der Arbeitskräfte. Die Gewerkschaften sind seit Beginn des Industriezeitalters eine wichtige Gegenkraft. Sie setzen sich für die Aufteilung der Erträge von Produktivitätszuwächsen zwischen Arbeitgebern und Arbeitnehmern ein. An Arbeitsplätzen, an denen die Arbeitskräfte eine Vertretung haben (in Form von Gewerkschaftsvertretern oder Betriebsräten), werden sie in Entscheidungen über Technologie und Organisation eingebunden und stellen ein Gegengewicht dar, das eine übermäßige Automatisierung verhindern kann.

In ihrer Glanzzeit waren die Gewerkschaften erfolgreich, weil sie Bande zwischen ihren Mitgliedern knüpften. Sie sorgten für Kameradschaft zwischen Menschen, die in einem Betrieb oder einer Branche arbeiteten und ähnliche Tätigkeiten verrichteten. Gemeinsame wirtschaftliche Interessen bewegten ihre Mitglieder dazu, sich zusammen für bessere Arbeitsbedingungen und Lohnerhöhungen einzusetzen. Und die Gewerkschaften verfolgten politische Ziele, die den Überzeugungen und Interessen ihrer Mitglieder entsprachen, darunter das Wahlrecht. Heute dürften diese Bestandteile nicht mehr so gut zusammenwirken.

Die Konzentration der Arbeitskräfte ist heute sehr viel geringer und die Tätigkeiten sind vielgestaltiger, was zur Folge hat, dass die Kameradschaft schwindet. Die Zunahme von hoch qualifizierten Jobs in den meisten Unternehmen hat dazu geführt, dass die Arbeitskräfte auch unterschiedliche wirtschaftliche Interessen verfolgen. Die Arbeiter im Produzierenden Gewerbe stellen mittlerweile einen geringeren Teil der amerikanischen Arbeitskräfte (13,7 Prozent im Jahr 2016),[14] und die Organisationen, die ihre Interessen vertreten, sprechen kaum noch für die gesamte Arbeiterschaft. Die Erwerbsbevölkerung hat auch weniger gemeinsame politische Ziele, und die Zahl der Anhänger von rechten und linken Parteien ist gleichmäßiger verteilt.

Dennoch können neue Methoden zur Organisation der Arbeitskräfte funktionieren, wo die überkommenen versagen. Zu erkennen ist das zum Beispiel an den erfolgreichen Vorstößen zur Integration der Mitarbeiter von Unternehmen wie Amazon und Starbucks in Gewerkschaften in den Jahren 2021 und 2022.[15] Bei der von der Belegschaft beschlossenen Gewerkschaftswahl in einem Amazon-Lager auf Staten Island wurden neuartige Taktiken angewandt, da sich diese Arbeitsumgebung deutlich von jener unterschied, in der sich die traditionellen Arbeiterbewegungen in der Vergangenheit durchgesetzt hatten. Die Mitarbeiterfluktuation in den Lagern von Amazon war hoch, und die Belegschaften waren in jeder Hinsicht vielgestaltig: Die Beschäftigten kamen aus unterschiedlichsten Verhältnissen und sprachen Dutzende verschiedene Sprachen. Die Bewegung wurde nicht von professionellen Gewerkschaftsvertretern, sondern von Lagerarbeitern organisiert. Sie wurde nicht von einer zentralisierten Gewerkschaft unterstützt, sondern finanzierte sich über das soziale Netzwerk GoFundMe. Ihren Erfolg verdankte sie offenbar einer flexibleren und weniger ideologischen Vorgehensweise. Sie konzentrierte sich auf Fragen, die den meisten Lagerarbeitern von Amazon am Herzen lagen, darunter die übermäßig strenge Beaufsichtigung, ungenügende Pausen und hohe Unfallraten. Obwohl sich ihre Strategie grundlegend von der des legendären Sitzstreiks der GM-Arbeiter im Jahr 1936 unterschied, der einen Wendepunkt in der Geschichte der amerikanischen Arbeiterbewegung darstellte, erinnert sie an diesen Arbeitskampf, da auch hier neue Organisationsmethoden an der Basis angewandt wurden.[16]

Das andere Problem der Gewerkschaften in den Vereinigten Staaten und Großbritannien ist, dass sie traditionell auf Fabrikebene organisiert sind, was zu mehr Konflikten mit dem Management führt. In Zukunft müssen Organisationen aufgebaut werden, die eine ganze Branche erfassen. Dies können Organisationen mit mehreren Ebenen sein, in denen einige Entscheidungen am individuellen Arbeitsplatz und andere auf Branchenebene gefällt werden. Das zweigleisige deutsche System ist ein gutes Beispiel: Die Betriebsräte kümmern sich um Kommunikation und Koordination am Arbeitsplatz und werden in Entscheidungen über Technologie und Weiterbildung einbezogen, während sich die branchenweit tätigen Gewerkschaften auf die Festsetzung der Löhne konzentrieren. Natürlich ist es möglich, dass zukünftige Arbeiterbewegungen größere Ähnlichkeit mit anderen zivilgesellschaftlichen Organisationen oder lockeren Zusammenschlüssen auf Branchenebene haben werden. Das zeigt, dass Experimente mit neuen Organisationsformen ein wichtiger Schritt sind.

Zivilgesellschaftliche Aktionen, allein und zusammen. Die westlichen Gesellschaften sind heute Konsumgesellschaften, und die Präferenzen und Meinungsäußerungen der Konsumenten können Unternehmen und Technologien beeinflussen. Im Fall von erneuerbaren Energien und Elektroautos waren die Reaktionen der Konsumenten entscheidend. Und gemeinsam mit der Medienberichterstattung zwang der Druck der Konsumenten YouTube und Reddit, Schritte zu unternehmen, um den Extremismus auf ihren Plattformen zurückzudrängen.

Doch für kollektive Aktionen müssen sich zahlreiche Menschen zusammentun, wollen sie ein Ziel erreichen – indem sie beispielsweise Unternehmen zur Verringerung ihres CO_2-Ausstoßes bewegen. Solche Aktivitäten sind für die meisten Menschen kostspielig: Sie müssen die Zeit aufbringen, um sich zu informieren und Versammlungen zu besuchen, sie müssen ihre Konsumgewohnheiten ändern und gelegentlich an Protestkundgebungen teilnehmen. Diese Kosten steigen deutlich, wenn Unternehmen und in manchen Fällen sogar staatliche Sicherheitsdienste Gegendruck ausüben. In autoritären und sogar in halbdemokratischen Staaten schlagen die Behörden manchmal Proteste mit Gewalt nieder und unterdrücken Organisationen der Zivilgesellschaft.

Hier tritt das Problem der »Trittbrettfahrer« auf: Menschen teilen die Wertvorstellungen einer Gruppe, beteiligen sich jedoch nicht an deren kollektiven Aktionen, weil sie die Kosten nicht auf sich nehmen wollen. Diese Tendenz ist natürlich noch ausgeprägter, wenn der Staat jene bestraft, die andere Meinungen äußern. Beispielsweise haben Studien zu den Protesten in Hongkong gezeigt, dass Universitätsstudenten, die erwarteten, dass andere an den Protesten gegen die Unterdrückung der Demokratie teilnehmen würden, selbst eine geringere Neigung zur Teilnahme an Kundgebungen zeigten und es vorzogen, als Trittbrettfahrer von den Anstrengungen anderer zu profitieren.[17] Das Trittbrettfahren ist die Ursache des Dilemmas des kollektiven Handelns: Ohne Koordinierung wird nur eine Minderheit der Menschen, die sich gesellschaftliche Veränderungen wünschen, selbst aktiv werden.

Die Konsumentscheidung, das unkoordinierte individuelle Handeln in Reinform, leidet sehr unter dem Dilemma des kollektiven Handelns. Nur ein Bruchteil derer, die die Treibhausgasemissionen verringern möchten, wird auf Flugreisen oder fossile Energieträger verzichten. Daher kommt den Organisationen der Zivilgesellschaft, die Konsumenten koordinieren und dafür sorgen, dass diese sich nicht wie individuelle Entscheidungsträger auf dem Markt, sondern eher wie Bürger verhalten, eine entscheidende Rolle zu.

Abgesehen davon, dass sie ein Forum für Debatten und für die Verbreitung vertrauenswürdiger Information bieten, können zivilgesellschaftliche Einrichtungen sowohl Zuckerbrot als auch Peitsche einsetzen, um Proteste zu koordinieren und den öffentlichen Druck auf widerspenstige Unternehmen zu erhöhen. Das Zuckerbrot besteht darin, das ethische Bedürfnis zur Teilnahme an Aktivitäten zu fördern, die gut für das Gemeinwohl sind, und gleichzeitig unterschiedliche Menschen zusammenzubringen, die sich gegenseitig zur Beteiligung motivieren. Die Peitsche können sie einsetzen, indem sie apathischen Menschen ins Bewusstsein rufen, dass es nicht richtig ist, untätig zu bleiben und von den Anstrengungen anderer zu profitieren.

Diese Funktionen können auch andere Organisationen wie Gewerkschaften erfüllen, aber die Einrichtungen der Zivilgesellschaft sind insbesondere dann unverzichtbar, wenn die wichtigsten Fragen – etwa der Klimawandel oder die digitalen Technologien – Auswirkungen auf viele Menschen haben und die Interessen verschiedener traditionell voneinander getrennter Gruppen betreffen. Beispielsweise können die Gewerkschaften an Aktionen teilnehmen, um den Klimaschutz voranzutreiben, aber im Unterschied zu Greenpeace, 350.org und ähnlichen Organisationen sind sie nicht in einer idealen Position, um Probleme des kollektiven Handelns in Zusammenhang mit dem Klimawandel zu lösen. Organisationen wie Greenpeace können Angehörige ganz unterschiedlicher Gesellschaftsgruppen zusammenbringen, und dazu sind Gewerkschaften nur eingeschränkt in der Lage. Dasselbe gilt für Maßnahmen im Bereich der digitalen Technologien und der Vorschriften für Unternehmen. In beiden Fällen sind die Auswirkungen weitreichend und erfordern breite Koalitionen, die am besten von zivilgesellschaftlichen Organisationen aufgebaut werden können.

Können Online-Organisationen derartige Bemühungen fördern, anstatt sie zu behindern? Kann es in der digitalen Ära überhaupt eine breite Zivilgesellschaft geben? Der anfängliche Optimismus bezüglich des Internets und der sozialen Medien, die als Forum für eine »digitale Öffentlichkeit« dienen sollten, ist verflogen. Aber es ist möglich, neue und besser funktionierende Online-Gemeinschaften aufzubauen.

Demokratische Politik wird nicht nur von gewählten Volksvertretern betrieben. Die Selbstverwaltung (*self-governance*), am Arbeitsplatz wie in in anderen Lebensbereichen, kann ebenso wichtig sein wie Wahlen. Tatsächlich entstehen in Phasen, in denen die westliche Demokratie gut funktioniert, oft andere Institutionen, die es den Bürgern ermöglichen, an den politischen Entscheidungen teilzuhaben, ihre Meinungen auszudrücken und zu entwickeln und Druck auf die öffentliche Politik auszuüben. Zu diesen Institutionen zählen die Lokalpolitik,

Gemeindeversammlungen und vor allem verschiedene Vereine und Einrichtungen der Zivilgesellschaft. In einigen Gesellschaften außerhalb der westlichen Welt ist die politische Beteiligung ohne solche Institutionen möglich, beispielsweise in den Dorfversammlungen und in der Wahl traditioneller Stammesoberhäupter in Teilen Subsahara-Afrikas. In Botswana, das zu den wirtschaftlich erfolgreichsten Ländern des vergangenen halben Jahrhunderts zählt, spielte diese Art der Beteiligung (in traditionellen Versammlungen, die als *kgotla* bezeichnet werden) eine wichtige Rolle in der wirtschaftlichen und politischen Entwicklung.[18]

Es müssen unbedingt geeignete Bedingungen geschaffen werden, um demokratischen Institutionen den Aufbau neuer und besserer Online-Gemeinschaften zu ermöglichen. Einige digitale Technologien können dabei helfen, und es müssen Wege gefunden werden, um die Entwicklung dieser Instrumente zu fördern. Beispielsweise sind digitale Werkzeuge gut geeignet, um neue Foren aufzubauen, in denen in Echtzeit ein Meinungsaustausch und Debatten stattfinden können, die bestimmten Regeln unterworfen sind. Online-Versammlungen und die Kommunikation über das Internet können die Kosten der Beteiligung verringern und größere gruppenübergreifende Zusammenschlüsse ermöglichen. Digitale Werkzeuge können die Bürger sogar in großen Versammlungen in die Lage versetzen, an der Debatte teilzunehmen, indem sie Kommentare beisteuern oder ihre Zustimmung oder Ablehnung zu Protokoll geben. Wenn diese Werkzeuge gut gestaltet sind, können sie unterschiedlichen Meinungen Geltung verschaffen, etwas, was unverzichtbar ist für eine erfolgreiche demokratische Governance, das heißt das System von steuernden und regelnden Strukturen. Ein solches Projekt ist New_Public, das von dem Internetaktivisten Eli Pariser und der Kommunikationsexpertin Talia Stroud entwickelt worden ist und eine Plattform sowie Werkzeuge für die demokratische Beratschlagung und Basisbeteiligung liefern soll, um insbesondere Beiträge zur zukünftigen technologischen Entwicklung zu leisten.[19] Die Betreiber des Projekts wollen die Technologie umfassender als »das, was zu tun wir lernen können«, definieren (wie es die Science-Fiction-Autorin Ursula Le Guin ausdrückt)[20], und rufen zu einer dezentralisierten Entwicklung von Technologien auf.

Besonders bemerkenswert ist die von Audrey Tang initiierte Initiative zur Erneuerung der Demokratie. Tang, eine frühere Aktivistin, ist gegenwärtig Digitalministerin von Taiwan. Sie wurde als Mitglied der studentischen »Sonnenblumenbewegung« politisch aktiv, die im Jahr 2014 das taiwanesische Parlament besetzte, um gegen ein Handelsabkommen zu protestieren, das die regierende Kuomintang-Partei mit China geschlossen hatte, ohne die Öffentlichkeit zu konsultieren.

Tang, die zuvor als Software-Unternehmerin und Programmiererin tätig gewesen war, half als Freiwillige dabei, der taiwanesischen Öffentlichkeit die Anliegen der Bewegung nahezubringen. Nach dem Wahlsieg der Demokratischen Fortschrittspartei im Jahr 2016 wurde Tang zur Ministerin ernannt und konzentrierte sich auf digitale Kommunikation und Transparenz. Sie entwickelte eine Vielzahl digitaler Werkzeuge, um die Entscheidungsfindung in der Regierung transparent zu machen und die öffentliche Beratschlagung und die Mechanismen zur Konsultation der Gesellschaft zu verbessern.[21] Die Instrumente der digitalen Demokratie wurden für eine Reihe von Schlüsselentscheidungen genutzt, darunter die Regulierung der Tätigkeit von Uber und Vorschriften für den Alkoholverkauf. In einem »Präsidenten-Hackathon« können die Bürger der Regierung Anregungen geben. Auf einer weiteren Plattform, g0v, stellen mehrere taiwanesische Ministerien Daten zur Verfügung, die Hacker verwenden können, um alternative Versionen von Staatsdiensten zu entwickeln. Diese Technologien trugen zur raschen und effektiven Reaktion Taiwans auf COVID-19 bei; Privatsektor und Zivilgesellschaft entwickelten gemeinsam mit den Behörden Werkzeuge für Tests und Kontaktverfolgung.[22]

Natürlich besteht die Möglichkeit, dass in neuen Foren für die virtuelle Beteiligung die Fehler der sozialen Netzwerke wiederholt und Echokammern und Extremismus gefördert werden. Werden solche Werkzeuge einmal umfassend genutzt, so beginnen einige Akteure, Strategien zur Verbreitung von Desinformation zu entwickeln, während andere versuchen, die Plattform für Demagogie zu nutzen. Sensationelle, irreführende Inhalte können sich ausbreiten, und die Verfechter rivalisierender Standpunkte können beginnen, einander niederzuschreien, anstatt eine konstruktive Debatte zu führen. Diese Fehler kann man vermeiden, indem man Online-Werkzeuge zur Verbesserung der Demokratie als unvollendete Projekte betrachtet, die kontinuierlich weiterentwickelt werden müssen, um auf neue Herausforderungen zu reagieren. Außerdem dürfen sie nicht als Ersatz für die herkömmliche Bürgerbeteiligung betrachtet werden, sondern können diese nur ergänzen.

Diese Lösungen haben neben der sozialen auch eine technische Dimension. Die algorithmische Architektur von Online-Systemen kann so gestaltet werden, dass sie Beratschlagung und Dialog fördert, anstatt Provokationen und das Buhlen um Aufmerksamkeit zu begünstigen. Da nur der private Sektor Algorithmen entwickeln kann, müssen bessere Marktanreize für die Technologieentwicklung gegeben werden. (Dazu später mehr.)

Das zivilgesellschaftliche Engagement hängt auch davon ab, dass ausreichend Informationen über Abmachungen und Entscheidungen in den Hinterzimmern der Macht an die Öffentlichkeit gelangen. Digitale Technologien können dazu beitragen, den Einfluss von Großunternehmen und Geld aus der Wirtschaft auf die Politik zu beleuchten. Mit Online-Werkzeugen können Verbindungen, Gefälligkeiten und Geldflüsse zwischen Unternehmen und Politikern und Beamten verfolgt werden. Wir teilen nicht die in unseren Augen übermäßig zuversichtliche Einschätzung des früheren Richters am Obersten Gerichtshof Anthony Kennedy, der erklärt hat: »Dank des Internets kann die unverzügliche Offenlegung von Ausgaben Aktionäre und Bürger mit den Informationen versorgen, die sie brauchen, um Unternehmen und gewählte Amtsträger für ihre Positionen und Kooperation mit Geldgebern zur Rechenschaft zu ziehen.«[23] Dafür werden auch andere, traditionelle Sicherheitsmechanismen benötigt. Schritte zur Gewährleistung der Transparenz sollten daher als Ergänzung zu traditionelleren Arten der zivilgesellschaftlichen Beteiligung betrachtet werden. Beispiele sind eine automatische Registrierung und Veröffentlichung von Begegnungen und Interaktionen von Politikern und hochrangigen Beamten mit Lobbyisten und Managern aus der Privatwirtschaft.

Es ist wichtig, im Bemühen um Transparenz ein Gleichgewicht zu finden. Die Öffentlichkeit muss nicht über jede politische Debatte und sämtliche Verhandlungen über politische Koalitionen informiert werden. Doch da die Ausgaben für das Lobbying in der westlichen Welt eine astronomische Höhe erreicht haben, hat die Öffentlichkeit ein Recht, zu wissen, welche Vereinbarungen Lobbyisten, Politiker und Unternehmen geschlossen haben, und diese Verbindungen müssen Regeln unterworfen werden.

Maßnahmen zur Neuausrichtung der technologischen Entwicklung

Die Existenz von Gegenkräften und sogar die Errichtung neuer Institutionen werden für sich genommen nicht genügen, um die technologische Entwicklung in eine andere Richtung zu lenken. Es müssen spezifische Maßnahmen ergriffen werden, um die Anreize zu ändern und eine gesellschaftlich nützliche Innovation zu fördern. Ergänzende Maßnahmen – Subventionen und Unterstützung für die Entwicklung arbeitnehmerfreundlicher Technologien, Steuerreformen, Umschulungen, Programme für Dateneigentum und Datenschutz, Zerschlagung von Tech-Konzernen und Steuern auf digitale Werbung – können dazu beitragen, die technologische Entwicklung in eine andere Richtung zu lenken.

Marktanreize zur Neuausrichtung. Staatliche Subventionen für die Entwicklung von Technologien mit größerem gesellschaftlichem Nutzen zählen zu den wirksamsten Mitteln, um der technologischen Entwicklung in einer Marktwirtschaft eine neue Richtung zu geben. Wie die Erfahrung mit den Subventionen für erneuerbare Energien gezeigt hat, ist eine solche Unterstützung effektiver, wenn sie mit Änderungen der gesellschaftlichen Normen und Verbrauchervorlieben einhergeht, die in dieselbe Richtung weisen.

Es gibt jedoch bedeutsame Unterschiede zwischen grünen und digitalen Technologien. Als die Welt begann, sich Sorgen über die Zerstörung der Umwelt zu machen, hatten die Aktivisten keine klare Vorstellung davon, wie sich der Energieverbrauch auf das Klima auswirkte oder wie die Treibhausgasemissionen der verschiedenen Energiequellen gemessen werden konnten. Doch die wissenschaftlichen Kenntnisse und die Messmethoden entwickelten sich rasch und standen bereits in den achtziger Jahren zur Verfügung. Von da an war es einfach, zu schätzen, welche Menge an Treibhausgasen die verschiedenen Energieträger abgaben. Dieses Wissen liegt mittlerweile den meisten CO_2-Steuern, dem Emissionshandel und den Subventionen für erneuerbare Energien und Elektroautos zugrunde.

Es ist sehr viel schwieriger, festzustellen, wie verschiedene digitale Technologien genutzt werden und wie sie sich auf Löhne, Ungleichheit und Überwachung auswirken. Beispielsweise können neue digitale Technologien, die das Management in die Lage versetzen, die Leistungen ihrer Untergebenen besser zu beobachten, als Ergänzung der menschlichen Fähigkeiten betrachtet werden, da sie den Managern die Möglichkeit geben, sich anderen Aufgaben zuzuwenden und ihre Fähigkeiten zu erweitern. Auf der anderen Seite können sie auch eine intensivere Überwachung ermöglichen oder Tätigkeiten beseitigen, die von anderen Angestellten ausgeführt wurden.

Dennoch gibt es einige Kriterien, die herangezogen werden können, um einen Rahmen für die Messung der Auswirkungen digitaler Technologien zu entwickeln. Erstens ist es relativ einfach, zu beurteilen, ob neue Technologien für Beaufsichtigung und Überwachung genutzt werden. Entwicklung und Einsatz solcher Technologien sollten unterbunden werden. Eine Behörde wie die amerikanische Occupational Safety and Health Administration (OSHA), deren Aufgabe der Arbeitsschutz ist, könnte klare Richtlinien entwickeln, um eine aufdringliche Überwachung von Beschäftigten und eine übermäßige Datensammlung in den Unternehmen zu verhindern, und andere Behörden könnten die Sammlung von Daten über Konsumenten und Bürger regulieren. Außerdem könnte der Staat dazu übergehen, Patente auf Technologien, die der Überwachung von Arbeitskräften oder Bürgern dienen, nicht mehr zu registrieren – einschließlich solcher, die in China eingereicht werden. Umgekehrt könnten Technologien, die

Werkzeuge zum Schutz der Privatsphäre von Arbeitskräften und Nutzern liefern, subventioniert werden.

Zweitens weisen Automatisierungstechnologien ein verräterisches Merkmal auf: Sie verringern den Anteil der Arbeit an der Wertschöpfung, was bedeutet, dass nach Einführung solcher Technologien der Anteil des Kapitals an der Wertschöpfung steigt, während der Arbeitsanteil sinkt. Forscher haben dokumentiert, dass die Einführung von Robotern und anderen Automatisierungstechnologien fast immer zu einem deutlichen Rückgang des Arbeitsanteils führt. Umgekehrt erhöhen Technologien, die neue Tätigkeiten für Arbeitskräfte schaffen, normalerweise den Arbeitsanteil. Daher können Einsatz und Entwicklung von Technologien, die den Arbeitsanteil erhöhen, subventioniert werden. Solche Maßnahmen können auch dazu beitragen, dass die Erträge von Produktivitätszuwächsen mit den Arbeitskräften geteilt werden, da Lohnerhöhungen den Arbeitsanteil erhöhen, weshalb die Unternehmen für zusätzliche Subventionen in Frage kommen werden.

Drittens kann die Erforschung von Technologien, welche die menschliche Arbeitskraft ergänzen, subventioniert werden, wenn detaillierte Daten dazu gesammelt werden, ob neue Methoden in der Praxis die menschliche Arbeit ergänzen oder wegautomatisieren. Wir haben bereits einige Beispiele dafür genannt, wie neue digitale Technologien die menschliche Arbeit ergänzen können, indem sie neue Tätigkeiten schaffen – etwa, indem sie bessere Informationen für einen personalisierten Unterricht oder eine maßgeschneiderte Gesundheitspflege liefern oder mithilfe von erweiterter und virtueller Realität die Verbesserung von Entwicklung und Produktion in Fabriken ermöglichen. Zwar ist eine solche Klassifizierung nach der Einführung einer Technologie sehr viel einfacher, aber ein Teil der benötigten Informationen ist schon im Entwicklungsstadium verfügbar und könnte genutzt werden, um einen Rahmen für die Messung des von neuen Technologien zu erwartenden Automatisierungsgrades zu entwerfen. Dieser Rahmen könnte dann herangezogen werden, um gezielt Innovationsbemühungen zu subventionieren.

Es ist unproblematisch, dass Zweck und Einsatzmöglichkeiten neuer Technologien unklar sind, denn es geht nicht darum, die Automatisierung zu verhindern. Vielmehr sollte die Politik versuchen, eine Vielzahl verschiedener Ansätze zu fördern, um die Entwickler dazu zu bewegen, sich verstärkt auf die Komplementarität mit dem Menschen und auf die Stärkung der menschlichen Unabhängigkeit zu konzentrieren. Um das zu erreichen, bedarf es keiner exakten Klassifizierung von Technologien je nachdem, ob sie Arbeitsabläufe automatisieren oder neue Tätigkeiten für die Arbeitskräfte schaffen. Stattdessen bedarf es der

Entschlossenheit, mit Technologien zu experimentieren, die Arbeitskräften und Bürgern dienen sollen.

Aus denselben Gründen halten wir nichts von einer Automatisierungssteuer, mit der Entwicklung und Anwendung entsprechender Technologien direkt verhindert werden sollen. Das Ziel der Neuausrichtung sollte ein ausgewogener Technologiemix sein, und das kann eher mit Subventionen für Technologien erreicht werden, welche die Tätigkeit von Menschen ergänzen. Da es schwierig ist, die Automatisierung von anderen Einsatzgebieten digitaler Technologien zu unterscheiden, ist eine Automatisierungssteuer außerdem gegenwärtig nicht praktikabel. Auch eine Besteuerung von Technologien, die offenkundig der Automatisierung dienen – zum Beispiel von Industrierobotern –, wäre nicht hilfreich, da ein solcher Eingriff die sehr viel weiter verbreiteten algorithmischen Automatisierungstechnologien nicht erfassen würde. Wenn es mit Subventionen und anderen Maßnahmen jedoch nicht gelingt, die technologische Entwicklung in eine andere Richtung zu lenken, muss eine Automatisierungssteuer in Zukunft möglicherweise in Betracht gezogen werden.

Zerschlagung der Tech-Konzerne. Die Großunternehmen sind zu mächtig geworden, und das ist an sich ein Problem. Google beherrscht die Internetsuche, Facebook hat nur wenige Konkurrenten im Bereich der sozialen Netzwerke, und Amazon errichtet ein Monopol im elektronischen Handel. Die überwältigenden Marktanteile dieser Unternehmen erinnern an Standard Oil, das zum Zeitpunkt seiner Zerschlagung im Jahr 1911 einen Marktanteil von 90 Prozent bei Erdöl und Erdölprodukten hatte, sowie an AT&T, das nahezu ein Monopol auf die Telefonie hatte, als es 1982 nach einem achtjährigen Antitrust-Verfahren aufgespalten wurde.

Eine hochgradige Marktkonzentration und riesige Monopole können die Innovation abwürgen und in eine bestimmte Richtung lenken. Beispielsweise brachte Netscape Mitte der neunziger Jahre einen Browser auf den Markt, der sehr viel besser war als der von Microsoft, und lenkte die Browserentwicklung in eine andere Richtung, indem es den Anstoß zu einer Reihe von Neuerungen anderer Unternehmen gab (im Jahr 2007 kürte *PC Magazine* den Netscape Navigator zum »besten Tech-Produkt aller Zeiten«). Leider gelang es Microsoft trotz einer Kartellklage des amerikanischen Justizministeriums, Netscape vom Markt zu verdrängen.

Diese Überlegungen dürften heute bedeutsamer sein, weil eine Handvoll Unternehmen über die Richtung entscheiden, in die sich die digitalen Technologien und insbesondere die künstliche Intelligenz entwickeln. Im Mittelpunkt ihrer Geschäftsmodelle stehen Automatisierung und Datensammlung. Daher müssen die größten Tech-Konzerne zerschlagen werden, um ihre Vormachtstellung zu brechen und Raum für eine vielfältigere Innovation zu schaffen. Nur so kann die Technologie in eine andere Richtung gelenkt werden.

Doch eine Zerschlagung dieser Unternehmen genügt nicht, weil sie nichts an der Ausrichtung der Technologie auf Automatisierung, Überwachung oder digitale Werbung ändern wird. Nehmen wir als Beispiel Facebook, das nach der umstrittenen Übernahme von WhatsApp und Instagram das naheliegende erste Ziel einer Antitrust-Maßnahme wäre. Würde man das Unternehmen aufspalten und die beiden Apps von Facebook trennen, so würde zwar der Datenaustausch zwischen ihnen beendet, aber an ihren Geschäftsmodellen würde sich nichts ändern. Facebook würde weiter versuchen, die Aufmerksamkeit seiner Nutzer zu fesseln, und daher weiterhin eine Plattform für die Ausbeutung von Selbstzweifeln, für Desinformation und Extremismus sein. WhatsApp und Instagram würden dasselbe Geschäftsmodell übernehmen, wenn sie nicht durch Vorschriften oder öffentlichen Druck daran gehindert würden. Dasselbe gilt wahrscheinlich für YouTube, das auch nach einer Trennung von Googles Mutterunternehmen Alphabet an seinem Geschäftsmodell festhalten würde.

Daher können eine Zerschlagung und Maßnahmen zur Kartellbekämpfung im Allgemeinen nur ein ergänzendes Werkzeug sein, um die technologische Entwicklung fort von Automatisierung, Überwachung, Datensammlung und digitaler Werbung zu lenken.

Steuerreformen. Die gegenwärtigen Steuersysteme vieler Industrieländer begünstigen die Automatisierung. Wie wir in Kapitel 8 gesehen haben, ist die Arbeit in den Vereinigten Staaten in den letzten vier Jahrzehnten durchschnittlich mit Abgaben von 25 Prozent in Form von Lohnnebenkosten und Einkommensteuern belastet worden, während Ausrüstung und Software sehr viel geringer besteuert werden. Obendrein sind die Steuern auf diese Investitionsgüter seit der Jahrtausendwende aufgrund der Verringerung der Unternehmensteuer und der Spitzensätze der Einkommensteuer stetig gesunken; dazu kommen immer großzügigere Abschreibungen auf Investitionen in Maschinen und Software.

Ein Unternehmen, das in Automatisierungsausrüstung oder -software investiert, zahlt heute weniger als 5 Prozent Steuern. Stellt das Unternehmen für dieselben Tätigkeiten Arbeitskräfte ein, so muss es 20 Prozentpunkte mehr zahlen: Wenn das Unternehmen mehr Arbeitskräfte einstellt und ihnen 100 000 Dollar im Jahr bezahlt, müssen Arbeitgeber und Arbeitnehmer gemeinsam 25 000 Dollar an Lohnnebenkosten abführen. Kauft das Unternehmen stattdessen neue Ausrüstung für 100 000 Dollar, um dieselben Tätigkeiten zu bewältigen, so zahlt es weniger als 5 000 Dollar Steuern. Diese Asymmetrie trägt zur Automatisierung bei und ist in ähnlicher, wenn auch teilweise nicht so ausgeprägter Form in den Steuersystemen anderer westlicher Länder zu finden.

Mit einer Steuerreform kann diese Asymmetrie und damit auch der Anreiz zu übermäßiger Automatisierung beseitigt werden. Ein erster Schritt bestünde darin, die Lohnnebenkosten deutlich zu senken oder sogar vollkommen zu beseitigen. Es ist nicht ratsam, die Arbeit zu verteuern.

In einem zweiten Schritt könnten die Kapitalertragsteuern angehoben werden. Die Beseitigung von Bestimmungen, welche die effektive Besteuerung von Kapital verringern, darunter großzügige Abschreibungsmöglichkeiten und die steuerliche Bevorzugung von Kapitalbeteiligungen und übertragenen Zinsen, wäre eine Möglichkeit, das zu erreichen. Eine geringfügige Anhebung der Unternehmensteuer würde zudem die Grenzsteuersätze von Kapitaleigentümern direkt erhöhen und damit die Kluft zwischen den Steuern auf Kapital und Arbeit weiter verringern.[24] Gleichzeitig müssen Steuerschlupflöcher geschlossen werden, darunter die Möglichkeit, die Steuerbelastung multinationaler Unternehmen zu verringern, indem die buchhalterischen Gewinne in andere Länder umgeleitet werden – andernfalls könnte die Unternehmensteuer umgangen werden und wäre nicht vollkommen wirksam.[25]

Investition in die Arbeitskräfte. Wenn Unternehmen in Arbeitskräfte investieren, erhalten sie nicht dieselben Steueranreize wie für Investitionen in Ausrüstung und Software. Eine Angleichung der Belastung von Kapital und Arbeit ist ein wichtiger Schritt zur Beseitigung der Bevorzugung der Automatisierung gegenüber Investitionen in Arbeitskräfte.

Aber die Steuerpolitik kann noch mehr bewirken. Die Grenzproduktivität der Arbeitskräfte kann durch die Weiterbildung am Arbeitsplatz erhöht werden. Selbst Arbeitskräfte mit Hochschulabschluss erwerben die meisten Kenntnisse, die sie in einer bestimmten Tätigkeit oder Branche benötigen, erst nach ihrem Eintritt in ein Unternehmen. Teilweise erhalten sie eine formale Ausbildung, – zum Beispiel in Schulungen –, aber andere erforderliche Kenntnisse werden ihnen am Arbeitsplatz von Kollegen und Vorgesetzten vermittelt. Dieser Prozess hängt oft von der Gestaltung der Tätigkeiten und davon ab, wie viel Zeit die Angestellten der Aus- und Weiterbildung widmen können. Wir haben gesehen, dass die Ausbildung von gering qualifizierten Arbeitskräften in den ersten Jahrzehnten nach dem Zweiten Weltkrieg wesentlichen Anteil an der breiten Verteilung des Wohlstands hatte.

Es gibt gute Gründe dafür, dass Unternehmen zu wenig in die Aus- und Weiterbildung ihrer Beschäftigten investieren. Die meisten Kenntnisse, die Arbeitskräfte in der Ausbildung erwerben, sind »allgemeiner« Natur, weshalb die

Beschäftigten diese Kenntnisse auch bei anderen Arbeitgebern produktiv nutzen könnten. In die allgemeine Ausbildung zu investieren ist für die Unternehmen weniger interessant, weil sie den Beschäftigten aufgrund der Konkurrenz anderer Arbeitgeber nach der Ausbildung höhere Löhne zahlen müssen und sie an Mitbewerber verlieren können, weshalb sich ihre Investitionen nicht rentieren würden. Der Wirtschaftsnobelpreisträger Gary Becker hat gezeigt, dass ein besseres Ausbildungsniveau erreicht werden könnte, wenn die Arbeitskräfte mit einer Lohnkürzung während der Ausbildung indirekt für diese bezahlten und gleichzeitig die Hoffnung auf ein höheres Einkommen in der Zukunft hätten. Doch diese Lösung wird oft nicht richtig funktionieren. Möglicherweise können sich Arbeitskräfte die Lohnkürzung nicht leisten oder vertrauen nicht darauf, dass der Arbeitgeber tatsächlich ausreichende Zeit und Mühe auf ihre Ausbildung verwenden wird, wenn sie die Verringerung ihres Einkommens akzeptieren. Erschwerend kommt hinzu, dass bei der Aushandlung der Gehälter weder das Unternehmen noch die Arbeitskraft den gesamten Ertrag der Ausbildungsinvestitionen erntet, weshalb selbst solche Gehaltskürzungen nicht geeignet sind, eine angemessene Ausbildung zu ermöglichen.

Institutionelle Lösungen und staatliche Ausbildungssubventionen könnten die daraus folgende Unterinvestition korrigieren. Beispielsweise haben die Unternehmen im deutschen dualen Berufsbildungssystem Anreize zu beträchtlichen Ausbildungsanstrengungen. In vielen Wirtschaftszweigen dauert eine Lehre zwei, drei oder sogar vier Jahre. Ermöglicht wird das dadurch, dass die Arbeitskräfte eine enge Beziehung zu ihrem Arbeitgeber entwickeln und das Unternehmen nach dem Abschluss der Lehre nicht sofort verlassen. Diese Programme werden oft von den Gewerkschaften unterstützt und beaufsichtigt. Ähnliche Berufsbildungsprogramme gibt es auch in anderen Ländern, aber in den Vereinigten Staaten und in Großbritannien wäre es schwierig, sie einzuführen, denn dort werden die Gewerkschaften kaum dieselbe Rolle spielen und die Ausstiegsrate bei jüngeren Arbeitskräften ist sehr viel höher als in Deutschland. Daher sollte die staatliche Förderung – die zum Beispiel darin bestehen kann, dass Unternehmen ihre Ausbildungsinvestitionen vom versteuerbaren Gewinn abziehen dürfen – in den Vereinigten Staaten eine wichtigere Rolle spielen.[26]

Staatliche Führungsrolle bei der Neuausrichtung des technologischen Wandels. Der Staat ist nicht der Motor der Innovation, aber er kann mit Steuern, Subventionen, Vorschriften und Vorgaben eine wichtige Rolle in dem Bemühen spielen, die technologische Entwicklung in eine andere Richtung zu lenken. Tatsächlich ist die Identifizierung spezifischer Erfordernisse in Kombination mit einer Führungsrolle des Staates in vielen bahnbrechenden Forschungsanstrengungen ausschlaggebend, weil sie die Aufmerksamkeit der Forscher auf bestimmte erreichbare Ziele oder Bestrebungen lenkt.

Das gilt beispielsweise für Antibiotika, eine der bedeutsamsten Technologien des 20. Jahrhunderts. Die Bedeutung von Medikamenten, die Bakterien bekämpfen konnten, ist bekannt, seit Alexander Fleming im Jahr 1928 im Londoner St. Mary's Hospital durch einen Glücksfall entdeckte, dass Penizillin Bakterien töten kann. Ernst Chain, Howard Florey und weitere Biochemiker und Mediziner reinigten und erzeugten Penizillin, das Patienten verabreicht werden konnte. Genauso wichtig wie die wissenschaftlichen Fortschritte war jedoch die Nachfrage seitens des Militärs, insbesondere der US Army. Im Jahr 1942 wurde das Medikament erstmals erfolgreich eingesetzt. Als die Alliierten am 6. Juni 1944 in der Normandie landeten, hatten die amerikanischen Streitkräfte bereits einen Vorrat von 2,3 Millionen Dosen Penizillin angelegt. Bemerkenswert ist, dass finanzielle Anreize bei der Entwicklung dieses Medikaments kaum eine Rolle spielten.[27]

Dieselbe Kombination hatte Anteil an zahlreichen wissenschaftlichen Durchbrüchen in Bereichen, die der amerikanische Staat als strategisch bedeutsam eingestuft hatte, etwa bei Luftverteidigung, Sensoren, Satelliten und Computern. Oft wurden führende Wissenschaftler zusammengebracht, um ein Problem zu lösen, und eine große Nachfrage nach diesen Technologien bewegte den Privatsektor zum Einstieg. Eine Variante dieses Zugangs ermöglichte in der COVID-19-Pandemie die rasche Entwicklung von Impfstoffen.

Eine ähnliche Kombination könnte zur Neuausrichtung der digitalen Technologie beitragen. Wenn sich zeigt, dass eine Neuausrichtung der Forschung einen gesellschaftlichen Nutzen hat, kann sie zahlreiche Forscher anlocken. Eine garantierte Nachfrage nach erfolgreichen Technologien kann der Privatwirtschaft zusätzliche Anreize geben. Beispielsweise könnte die amerikanische Regierung Forschungsteams bilden und finanzieren, um digitale Technologien zu entwickeln, die menschliche Fähigkeiten in Bildung und Gesundheitswesen ergänzen können, und sich verpflichten, diese Technologien in Schulen und in Krankenhäusern des Kriegsveteranenministeriums einzusetzen, sofern sie die technischen Anforderungen erfüllen.

Wir wollen klarstellen, dass wir hier nicht über eine traditionelle »Industriepolitik« sprechen, bei der Bürokraten versuchen, erfolgversprechende Unternehmen oder Technologien für eine staatliche Unterstützung auszuwählen. Die historischen Ergebnisse der Industriepolitik sind durchwachsen. Wenn sie erfolgreich war, so in Form von staatlichen Anreizen für ganze Branchen. Beispiele sind die chemische, metallverarbeitende und Werkzeugmaschinenindustrie in Südkorea in den siebziger Jahren[28] oder die Metallindustrie in Finnland zwischen 1944 und 1952 (als das Land Reparationen in Sachleistungen an die Sowjetunion zahlen musste).[29]

Im Gegensatz zur Suche nach erfolgversprechenden Kandidaten geht es bei der technologischen Neuausrichtung darum, Technologien zu identifizieren, die gesellschaftlichen Nutzen versprechen. Im Energiesektor erfordert die technologische Neuausrichtung eine Unterstützung von umweltfreundlichen Technologien, anstatt zu versuchen, festzustellen, ob Wind- oder Sonnenenergie (geschweige denn welche Art von Solarpanelen) vielversprechender ist. Die von uns befürwortete Art der staatlichen Führung beruht auf demselben Ansatz und soll die Entwicklung von Technologien fördern, die der Befähigung von Arbeitskräften und Bürgern dienen, anstatt zu versuchen, spezifische technologische Entwicklungslinien auszuwählen.

Schutz der Privatsphäre und Dateneigentum. Hauptziel einer Neuausrichtung der Technologie der Zukunft ist die künstliche Intelligenz, und diese dient in erster Linie der unablässigen Sammlung von Daten über jedermann. Zwei Vorschläge sollten wir uns genauer ansehen.

Der erste lautet, den Schutz der Privatsphäre zu verbessern. Die Sammlung großer Mengen von Daten über die Nutzer und ihre Freunde und Kontakte in den sozialen Netzwerken hat zahlreiche schädliche Auswirkungen. Die Plattformen sammeln Daten, um die Nutzer zu manipulieren (was naturgemäß ein zentraler Bestandteil ihres auf der Werbung beruhenden Geschäftsmodells ist). Diese Datensammlung ebnet auch den Weg für eine beängstigende Zusammenarbeit zwischen Plattformen und Staaten, die ihre Bürger bespitzeln wollen. Und die Konzentration so vieler Daten in den Händen weniger Unternehmen erzeugt ein Machtungleichgewicht zwischen ihnen und ihren Konkurrenten und Nutzern.

Ein besserer Schutz der Privatsphäre, das heißt eine Verpflichtung der Plattformen, das ausdrückliche Einverständnis der Nutzer dazu einzuholen, welche Daten gesammelt und wie sie verwendet werden dürfen, könnte nützlich sein. Aber die bisherigen Versuche, einen solchen Datenschutz durchzusetzen – ein Beispiel ist die Datenschutz-Grundverordnung (DSGVO) der Europäischen Union von 2018 –, sind nicht sehr erfolgreich gewesen. Viele Menschen machen sich kaum Gedanken über den Datenschutz, weil sie nicht verstehen, wie ihre Daten gegen sie eingesetzt werden können. Es gibt Belege dafür, dass die DSGVO kleinere Unternehmen benachteiligt, ohne der Datensammlung und Überwachung durch große Unternehmen wie Google, Facebook und Microsoft einen Riegel vorzuschieben.[30]

Es gibt einen weiteren Grund dafür, dass der Schutz der Privatsphäre so schwierig ist: Die sozialen Netzwerke erhalten von ihren Nutzern Informationen über andere, sei es, weil die Menschen indirekt Informationen über ihre Freunde preisgeben oder weil sie die Plattform in die Lage versetzen, mehr über ihre demografische Gruppe in Erfahrung zu bringen und Personen mit ähnlichen Merkmalen gezielter mit Werbung anzusprechen. Von dieser »Datenexternalität« wissen viele Nutzer nichts.[31]

Wirksamer als Datenschutzbestimmungen könnte es sein, das ist der zweite Vorschlag, das Eigentumsrecht der Nutzer an ihren Daten zu garantieren. Das Dateneigentum, das erstmals von dem Informatiker Jaron Lanier ins Spiel gebracht wurde, kann regeln, wie die Nutzerdaten gesammelt werden, und gleichzeitig die großen Techunternehmen daran hindern, ihre Daten als kostenlosen Input für ihre KI-Programme zu nutzen.[32] Wenn die Nutzer Eigentümer ihrer Daten sind, können die Tech-Firmen auch nicht mehr ungehindert riesige Mengen an Daten im Internet und in öffentlichen Dokumenten schürfen, ohne die Einwilligung der betroffenen Personen einzuholen. Das Dateneigentum könnte sogar direkt oder indirekt dazu führen, dass auf Werbung beruhende Geschäftsmodelle aufgegeben werden.

Das Dateneigentum soll unter anderem gewährleisten, dass die Nutzer für die Preisgabe ihrer Daten bezahlt werden. Doch bei vielen Anwendungen sind die Daten der Nutzer im Wesentlichen austauschbar. Beispielsweise findet eine Plattform problemlos Hunderttausende Nutzer, die niedliche Katzen identifizieren können; welche Nutzer das tun, ist unerheblich. Daher sind die Plattformen in einer vorteilhaften Verhandlungsposition und können sogar wertvolle Nutzerdaten billig kaufen. Datenexternalitäten vergrößern dieses Problem zusätzlich. Lanier räumt das ein und spricht sich für die Gründung von »Datengewerkschaften« aus, die auf dem Modell der amerikanischen Writers Guild beruhen sollen. Die Writers Guild vertritt Autoren, die Inhalte für Film, Fernsehen und Online-Sendungen liefern. Diese Datengewerkschaften könnten Preise und Bedingungen für alle Nutzer oder Untergruppen aushandeln und auf diese Art Versuche der Plattformen durchkreuzen, eine Strategie des »Teile und herrsche« anzuwenden und die Daten einer Untergruppe zu sammeln, um anschließend anderen Nutzergruppen bessere Bedingungen abzutrotzen. Datengewerkschaften könnten die Tech-Riesen auch daran hindern, die von einer Geschäftssparte gesammelten Daten zu verwenden, um in anderen Bereichen eine Eintrittsbarriere zu errichten – ein Beispiel ist Uber, das Daten aus seiner Fahrdienst-App nutzt, um sich einen Vorteil in der Essenslieferung zu sichern (die Behörden von Vancouver haben vor Kurzem versucht, einen solchen Datenaustausch zu verhindern).

Darüber hinaus könnte die Datengewerkschaft als Modell für andere Arbeitsorganisationen dienen. Diese können sich in einflussreiche Zusammenschlüsse der Zivilgesellschaft verwandeln und zum Aufbau einer größeren Gesellschaftsbewegung beitragen, vor allem, wenn sie mit den anderen von uns vorgeschlagenen Maßnahmen kombiniert werden.

Aufhebung von Abschnitt 230 des Communications Decency Act.[33] Der Abschnitt 230 des 1996 verabschiedeten Gesetzes über die Verbreitung anstößiger Inhalte im Internet schützt die Plattformen vor rechtlichen Schritten aufgrund der von ihnen gehosteten Inhalte und vor einschränkenden Vorschriften. Im Abschnitt 230 heißt es ausdrücklich: »Kein Anbieter oder Nutzer eines interaktiven Computerdienstes kann als Herausgeber oder Sprecher von Informationen betrachtet werden, die von einem anderen Anbieter von Informationsinhalten bereitgestellt werden.« Diese Bestimmung schützt Plattformen wie Facebook und YouTube vor dem Vorwurf, zu Desinformation oder auch Hassbotschaften beizutragen. Die Manager dieser Unternehmen verteidigen sich außerdem oft mit dem Argument, ihre Plattformen seien Bollwerke der Meinungsfreiheit. Mark Zuckerberg sagte es in einem Interview mit Fox News im Jahr 2020 sehr deutlich: »Ich bin fest davon überzeugt, dass Facebook nicht über den Wahrheitsgehalt von allem urteilen sollte, was die Leute im Internet sagen.«[34]

Angesichts des wachsenden öffentlichen Drucks haben die Plattformen in jüngster Zeit einige Schritte unternommen, um Desinformation und extremistische Inhalte einzudämmen. Aber es ist unwahrscheinlich, dass sie aus freien Stücken entschlossene Maßnahmen ergreifen werden. Das hat einen einfachen Grund: Ihr Geschäftsmodell beruht auf der Verbreitung von umstrittenen und sensationellen Inhalten. Daher bedarf es staatlicher Eingriffe. Ein erster Schritt bestünde darin, den Abschnitt 230 aufzuheben und die Plattformen zur Verantwortung zu ziehen, wenn sie solche Inhalte *fördern*.

Die Betonung des Worts »fördern« ist bedeutsam. Selbst wenn Facebook die auf seiner Plattform veröffentlichten Inhalte sehr viel strenger beaufsichtigen würde, wäre es unrealistisch, zu erwarten, dass das Unternehmen sämtliche Posts entfernen könnte, die Falschinformationen oder Hassbotschaften enthalten. Aber man könnte durchaus von Facebook verlangen, dafür zu sorgen, dass seine Algorithmen solchen Inhalten nicht länger sehr viel größere Aufmerksamkeit verschaffen, indem sie sie »aufblasen« und aktiv anderen Nutzern empfehlen. Diese Praxis sollte bei einer Änderung von Abschnitt 230 ins Visier genommen werden.

Wir sollten hinzufügen, dass eine Lockerung des gesetzlichen Schutzes vor allem bei Plattformen wie Facebook und YouTube wirksam wäre, die sich der algorithmischen Förderung von Inhalten bedienen, während sie auf andere soziale Medien wie Twitter, wo die direkte Verstärkung von Mitteilungen eine geringere Rolle spielt, geringere Wirkung haben würde. Bei Twitter müsste vermutlich mit verschiedenen Regulierungsstrategien experimentiert werden, um die Beaufsichtigung von Accounts mit besonders vielen Abonnenten durchzusetzen.

Besteuerung digitaler Werbung.[35] Selbst die Aufhebung von Abschnitt 230 wird nicht genügen, weil sie nichts am Geschäftsmodell der Internetplattformen ändern wird. Wir befürworten eine hohe Steuer auf digitaler Werbung, um alternative Geschäftsmodelle wie jene zu fördern, die auf Abonnements beruhen. Das gegenwärtig vorherrschende Modell, das sich im Wesentlichen auf gezielte digitale Werbung stützt, sollte in den Hintergrund gedrängt werden. Einige Unternehmen, darunter YouTube, haben erste (wenn auch halbherzige) Schritte in diese Richtung unternommen. Aber solange die digitale Werbung nicht besteuert wird, ist ein auf Abonnements beruhendes System weniger rentabel. Da Datensammlung und Überwachung der Konsumenten vor allem dazu dienen, mit gezielter Werbung Geld zu verdienen, kann eine Änderung des Geschäftsmodells auch ein wirksames Instrument sein, um die technologische Entwicklung in eine andere Richtung zu lenken.

Die Werbung hat große Ähnlichkeit mit einem »Wettrüsten«. Teilweise dient sie dazu, die Konsumenten mit Marken oder Produkten vertraut zu machen, die ihnen unbekannt sind – womit sie ihnen zusätzliche Wahlmöglichkeiten eröffnet –, aber zumeist wird sie einfach eingesetzt, um die Attraktivität eines Produkts gegenüber den Konkurrenzangeboten zu erhöhen. Coca-Cola muss die Verbraucher nicht auf seine Marke aufmerksam machen (man darf annehmen, dass zumindest in den Vereinigten Staaten jeder Erwachsene Coca-Cola kennt), sondern es geht dem Unternehmen darum, die Leute dazu zu bewegen, Coke statt Pepsi zu kaufen. Pepsi reagiert auf diesen Angriff mit einer Erhöhung seiner eigenen Werbeanstrengungen. In Bereichen, in denen ein solches Wettrüsten stattfindet, nimmt die Verschwendung zu, wenn die Kosten sinken oder die mögliche Wirkung steigt. Die digitale Werbung hat uns auf dieses Terrain geführt, indem sie durch Individualisierung die Wirkung der Werbung erhöht und gleichzeitig die Werbekosten für die Unternehmen verringert hat. Das ist ein wirtschaftliches Argument für eine Besteuerung digitaler Werbung.

Gegenwärtig wissen wir nicht, wie hoch eine solche Steuer sein müsste, um erhebliche Auswirkungen auf extrem rentable Geschäftsmodelle haben zu können, aber wir vermuten, dass die Abgabe hoch sein müsste. Rufen wir uns in Erinnerung, dass eine solche Steuer nicht dazu dient, dem Staat Einnahmen zu verschaffen oder die Menge an Werbung geringfügig zu beeinflussen. Ihr Zweck besteht darin, die Internetplattformen zu einer Änderung ihres Geschäftsmodells zu bewegen. In jedem Fall werden wir vermutlich mit verschiedenen Maßnahmen experimentieren müssen, um die angemessene Höhe dieser Steuer zu bestimmen.

Desinformation und Manipulation werden auch in der analogen Welt betrieben, zum Beispiel bei Fox News. Obwohl es Gründe dafür geben kann, die Werbesteuer auf das Fernsehen auszuweiten, gibt es einen großen Unterschied zu den Internetplattformen: Fernsehsender haben keinen Zugang zu der Technologie, die für Individualisierung der digitalen Werbung eingesetzt wird, und sammeln keine großen Mengen an Daten über ihr Publikum.

Weitere nützliche Maßnahmen

Maßnahmen, welche die Technologie nicht direkt in eine andere Richtung lenken, sind weniger gut geeignet, um die Aufgabe zu bewältigen, sollten jedoch in Betracht gezogen werden, da sie dabei helfen können, die Ungleichheit und die übermäßige politische Macht der Unternehmen und ihrer Manager zu verringern.

Vermögensteuer. Die Vermögensteuer, die jenen auferlegt wird, deren Vermögen ein bestimmtes Maß überschreitet, hat im vergangenen Jahrzehnt eine wachsende Zahl von Anhängern gefunden. In Frankreich führte Präsident Mitterrand im Jahr 1989 eine Steuer auf Vermögen von mehr als umgerechnet 1,3 Millionen Euro ein, deren Anwendungsbereich Präsident Macron im Jahr 2017 begrenzte. In den Vereinigten Staaten schlugen die Präsidentschaftskandidaten Bernie Sanders und Elizabeth Warren im Jahr 2020 die Einführung einer Vermögensteuer vor. Sanders wollte Haushalten mit einem Vermögen von mehr als 50 Millionen Dollar eine jährliche Steuer von 2 Prozent auferlegen, die progressiv auf 8 Prozent für Vermögen von mehr als 50 Millionen Dollar steigen sollte. Warrens jüngster Vorschlag lautet, Vermögen von mehr als 50 Millionen Dollar mit einer Steuer von 2 Prozent und solche von über 1 Milliarde Dollar mit einer Steuer von 4 Prozent zu belasten. In Anbetracht der Tatsache, dass in den letzten Jahrzehnten gewaltige Vermögen angehäuft wurden, und der Notwendigkeit, zusätzliche Steuereinnahmen zu erzielen, um die sozialen Sicherheitsnetze zu verstärken und andere Investitionen zu finanzieren (mehr dazu im Folgenden), können gut gestaltete Vermögensteuern eine wertvolle Einnahmequelle sein.[36]

Obwohl Vermögensteuern nicht direkt zur Neuausrichtung des technologischen Wandels beitragen, würden sie dabei helfen, die Vermögenskluft in vielen Industrieländern zu verringern. Beispielsweise würde eine jährliche Vermögensteuer von 3 Prozent den Reichtum von Magnaten wie Jeff Bezos, Bill Gates und Mark Zuckerberg im Laufe der Zeit deutlich verringern. Eine wichtige Frage ist, ob eine Verringerung der Vermögenskluft auch die Überzeugungskraft dieser

Personen verringern würde. Dies würde auch umfassendere gesellschaftliche Veränderungen erfordern.

Eine Vermögensteuer wäre schwer zu berechnen, und es würde zu zahlreichen Trickserereien kommen, um Vermögen in Treuhandgesellschaften und anderen komplexen Finanzvehikeln zu verstecken, die teilweise ins Ausland verlegt würden. Daher sollte die Vermögensteuer mit einer Unternehmensteuer kombiniert werden, mit der die Unternehmensgewinne, die leichter zu bestimmen sind, direkt belastet würden. Letztere ist auch leichter einzutreiben. Die Vermögensteuer müsste zumindest mit einer verbesserten internationalen Kooperation zwischen den Steuerbehörden und einer Neudefinition der Regeln für Steuerparadiese sowie koordinierten Bemühungen zur Schließung von Steuerschlupflöchern einhergehen. Außerdem müsste eine Vermögensteuer den von der Rechtsstaatlichkeit auferlegten Beschränkungen, der demokratischen Politik und den Verfassungsgrundsätzen angepasst werden, um die Befürchtung zu zerstreuen, dass sie zur Enteignung bestimmter Gruppen eingesetzt werden kann.

Alles in allem dürfte eine Vermögensteuer in Kombination mit Bemühungen zur Schließung von Steuerschlupflöchern und Veränderungen im Rechnungswesen vorteilhafte Auswirkungen haben, ohne jedoch wesentlich zu den von uns angestrebten systemischen Lösungen beizutragen.

Umverteilung und Verstärkung des sozialen Sicherheitsnetzes. Die Vereinigten Staaten brauchen ein besseres soziales Sicherheitsnetz und eine umfassendere Umverteilung des Wohlstands. Es gibt zahlreiche Belege dafür, dass die Sozialsysteme in den Vereinigten Staaten und Großbritannien erheblich geschwächt worden sind, was zu Armut und verringerter sozialer Aufwärtsmobilität beiträgt. Heute ist die Aufwärtsmobilität in den Vereinigten Staaten sehr viel geringer als in Westeuropa.[37]

Beispielsweise werden in Dänemark 85 Prozent der Einkommensunterschiede zwischen Familien innerhalb einer Generation beseitigt, weil Kinder aus armen Familien zumeist größeren Wohlstand als ihre Eltern erwerben. In den Vereinigten Staaten liegt der entsprechende Anteil nur bei etwa 50 Prozent.[38] Das amerikanische Sozialsystem muss rasch gestärkt werden, und benachteiligte Regionen brauchen bessere Schulen. Die entsprechenden Eingriffe müssen durch umfassendere Umverteilungsmaßnahmen ergänzt werden.

Obwohl eine aktive Umverteilung und ein verbesserter Sozialschutz an sich keinen Einfluss auf die Richtung der technologischen Entwicklung haben und die Macht der großen Tech-Unternehmen nicht verringern werden, können sie dazu beitragen, die ausgeprägte Ungleichheit in den Vereinigten Staaten und anderen Industrieländern zu verringern.

Ein spezifischer Vorschlag, den Andrew Yang im Vorwahlkampf der Demokratischen Partei im Jahr 2020 aufgriff, verdient Beachtung: das bedingungslose Grundeinkommen. Die Idee, jeder Erwachsene solle ein garantiertes Grundeinkommen beziehen, erfreut sich auf der Linken wachsender Beliebtheit und wurde auch von Neoliberalen wie Milton Friedman und Charles Murray befürwortet. Tech-Milliardäre wie Jeff Bezos finden ebenfalls Gefallen daran. Die Popularität des Konzepts beruht teilweise auf der Erkenntnis, dass die sozialen Sicherheitsnetze in vielen Ländern einschließlich der Vereinigten Staaten zu schwach sind. Aber der Reiz des bedingungslosen Grundeinkommens hängt auch mit der Sorge zusammen, dass wir dank Robotik und künstlicher Intelligenz auf eine Zukunft ohne Arbeit zusteuern. Diesem Narrativ zufolge brauchen wir das Grundeinkommen, um der Bevölkerungsmehrheit Einkünfte zu sichern (und den von einigen Tech-Milliardären befürchteten Volksaufstand zu vermeiden).

Das bedingungslose Grundeinkommen ist jedoch nicht ideal geeignet, um das soziale Sicherheitsnetz zu stärken, denn das Geld fließt nicht nur denen, die es brauchen, sondern allen Bürgern zu. Im Gegensatz dazu lenken viele der Programme, auf denen die Sozialstaaten des 20. Jahrhunderts beruhten, die Transfers einschließlich von Gesundheitsausgaben und Umverteilungen denen zu, die diese Unterstützung wirklich brauchen. Da das bedingungslose Grundeinkommen nicht gezielt ist, wäre es sehr viel teurer und weniger wirksam als alternative Lösungen.

Ein universelles Grundeinkommen dürfte auch keine geeignete Lösung für unsere gegenwärtigen Probleme sein, vor allem, wenn man es mit Maßnahmen vergleicht, die dazu dienen, neue Chancen für Arbeitskräfte zu schaffen. Es gibt zahlreiche Belege dafür, dass Menschen zufriedener sind und sich mehr in ihrer Gemeinde engagieren, wenn sie das Gefühl haben, wertvolle Beiträge zum Gemeinwohl zu leisten. In Studien berichten Befragte nicht nur von größerem psychischem Wohlbefinden, wenn sie arbeiten, anstatt lediglich Transferleistungen zu beziehen, sondern sie würden auch eher auf beträchtliche Geldsummen verzichten als ihre Arbeit aufzugeben und ein ausschließlich aus Transferleistungen bestehendes Einkommen zu beziehen.

Das grundlegendere Problem des bedingungslosen Grundeinkommens sind jedoch nicht die vorteilhaften psychischen Wirkungen der Arbeit, sondern die falsche Darstellung der gesellschaftlichen Probleme, die mit dem Konzept verbunden sind. Das universelle Grundeinkommen begünstigt eine falsche und kontraproduktive Deutung unserer gegenwärtigen Notlage. Diese besagt, dass wir unausweichlich auf eine Welt zusteuern, in der es für die meisten Menschen kaum noch Arbeit geben wird und die Ungleichheit zwischen den Entwicklern immer anspruchsvollerer digitaler Technologien und der übrigen Gesellschaft zunehmen wird, weshalb uns kein anderer Ausweg als eine umfassende Umverteilung bleibt. Manchmal wird das Grundeinkommen auch als einzige Möglichkeit dargestellt, wachsende gesellschaftliche Unzufriedenheit aufzufangen. Aber wie wir gezeigt haben, ist diese Einschätzung falsch. Wir steuern nicht unausweichlich auf größere Ungleichheit zu, sondern das geschieht, weil die falschen Entscheidungen darüber gefällt werden, wer die gesellschaftliche Macht haben und in welche Richtung sich die Technologie entwickeln soll. Diese grundlegenden Probleme müssen wir in Angriff nehmen. Das bedingungslose Grundeinkommen ist eine defätistische Lösung, mit der wir dieses Schicksal akzeptieren würden.

Tatsächlich deckt sich das Grundeinkommen mit der Vorstellung der Angehörigen der Wirtschaftselite, sie seien die talentierten, aufgeklärten Menschen, die großzügig die übrige Gesellschaft finanzierten. So beschwichtigt das bedingungslose Grundeinkommen die restliche Bevölkerung und vergrößert die Statusunterschiede. Anders ausgedrückt: Anstatt der Zweiteilung unserer Gesellschaft entgegenzuwirken, festigt es deren künstliche Spaltung.

All das zeigt, dass wir nicht nach ausgefallenen Transfermechanismen suchen, sondern die vorhandenen sozialen Auffangnetze verstärken und versuchen sollten, diese Stabilisierungsmaßnahmen mit der Schaffung sinnvoller, gut bezahlter Arbeit für alle Bevölkerungsgruppen zu kombinieren. Und das bedeutet, dass die technologische Entwicklung in eine andere Richtung gelenkt werden muss.

Bildung. Die meisten Ökonomen und Politiker empfehlen zur Verringerung der Ungleichheit höhere Investitionen in die Bildung. Diese fest verwurzelte Vorstellung hat etwas für sich: Die Schulbildung ist unverzichtbar, um den Arbeitskräften geeignete Fähigkeiten zu vermitteln, und sie stabilisiert die Gesellschaft, indem sie der Jugend Grundwerte vermittelt. In vielen Ländern ist die Bildung insbesondere für sozioökonomisch benachteiligte Schüler mangelhaft. Und wie wir gesehen haben, zählt die Schulbildung zu den Bereichen, in denen künstliche Intelligenz, welche menschliche Fähigkeiten ergänzt, eingesetzt werden kann, um die Bildungsergebnisse zu verbessern und sinnvolle neue Tätigkeiten zu schaffen. In den Vereinigten Staaten müssten Teile des Bildungssystems, darunter die Community Colleges und die Berufsschulen, umgebaut und insbesondere besser auf Kenntnisse ausgerichtet werden, für die es in Zukunft eine größere Nachfrage geben wird.

Obwohl Schulbildung an sich nicht genügen wird, um die technologische Entwicklung in eine andere Richtung zu lenken oder die gesellschaftlichen Gegenkräfte zu stärken, können Investitionen in das Bildungswesen einigen besonders benachteiligten Gesellschaftsgruppen helfen, die keinen Zugang zu einer guten Schulbildung haben.

Höhere Investitionen in das Bildungssystem versetzen die Gesellschaft in die Lage, mehr Ingenieure und Programmierer hervorzubringen, die dank ihrer höheren Qualifikation höhere Einkommen erlangen werden. Wir müssen jedoch bedenken, dass der Bedarf der Unternehmen an solchen qualifizierten Arbeitskräften begrenzt ist. Eine gute Schul- und Ausbildung hat auch eine indirekte vorteilhafte Wirkung, die der übrigen Gesellschaft zugutekommt: Wenn es mehr Ingenieure und Programmierer gibt, wird die Nachfrage nach anderen, geringer qualifizierten Tätigkeiten steigen, weshalb weniger gut ausgebildete Arbeitskräfte ebenfalls profitieren werden – selbst wenn sie nicht diejenigen sind, die in den Genuss einer guten Schulausbildung kommen und die begehrten Jobs als Programmierer und Ingenieure erhalten werden. Diese Wohlstandsübertragung hängt mit der Sogwirkung von Produktivitätszuwächsen zusammen und hat manchmal die erhoffte Wirkung, aber diese Wirkung hängt von der Art der Technologie und von der Macht der Arbeitskräfte ab. Diese indirekten Wirkungen von Erziehung und Bildung können bedeutsamer sein, wenn die Technologie in eine andere Richtung gelenkt wird (damit nicht alle geringer qualifizierten Arbeitsplätze automatisiert werden) und wenn die Institutionen sogar geringer qualifizierte Arbeitskräfte in die Lage versetzen, Lohnerhöhungen durchzusetzen.

Schließlich warnen wir vor der Vorstellung, die Technologie sollte sich selbst überlassen werden und die Gesellschaft könne ihren schädlichen Auswirkungen auf den Arbeitsmarkt nur begegnen, indem sie die Arbeitskräfte besser ausbilde. Die Richtung der technologischen Entwicklung, ihre Auswirkungen auf die Ungleichheit und die Aufteilung von Produktivitätszuwächsen zwischen Kapital und Arbeit sind nicht unveränderlich, sondern hängen von gesellschaftlichen Entscheidungen ab. Wenn wir uns dieser Tatsache bewusst werden, verliert das Argument, die Gesellschaft solle die Entwicklung der Technologie einigen mächtigen Unternehmen und einer kleinen Gruppe von Personen überlassen und versuchen, das Bildungssystem so gut wie möglich den neuen Erfordernissen anzupassen, an Überzeugungskraft. Die Technologie sollte stattdessen gelenkt werden, um die Fähigkeiten der Arbeitskräfte so gut wie möglich zu nutzen – und natürlich muss gleichzeitig die Bildung den neuen Erfordernissen angepasst werden.

Mindestlohn. Mindestlöhne können ein nützliches Werkzeug für Volkswirtschaften wie die der Vereinigten Staaten und Großbritanniens sein, in denen gering bezahlte Tätigkeiten ein hartnäckiges Problem sind. Früher lehnten viele Ökonomen Mindestlöhne ab, weil sie befürchteten, diese würden die Beschäftigung verringern: Höhere Lohnkosten würden die Unternehmen davon abhalten, zusätzliche Arbeitskräfte einzustellen. Doch mittlerweile hat sich die Konsenseinschätzung der Ökonomen geändert, denn die Erfahrungen auf vielen Arbeitsmärkten in der westlichen Welt zeigen, dass moderate Mindestlöhne keine nennenswerte negative Auswirkung auf die Beschäftigung haben. In den Vereinigten Staaten liegt der landesweit geltende Mindestlohn gegenwärtig bei 7,25 Dollar pro Stunde. Das ist insbesondere für Arbeitskräfte in städtischen Gebieten sehr wenig. Tatsächlich haben viele Bundesstaaten und Städte eigene, höhere Mindestlöhne festgesetzt. So liegt der Mindestlohn in Massachusetts derzeit bei 14,25 Dollar für Beschäftigte, die keine Trinkgelder erhalten.[39]

Die vorliegenden Daten zeigen auch, dass Mindestlöhne die Ungleichheit verringern, weil sie die Löhne von Arbeitskräften im unteren Viertel der Einkommensverteilung anheben. Eine moderate Erhöhung des bundesweiten Mindestlohns in den Vereinigten Staaten (zum Beispiel in Einklang mit dem Vorschlag, ihn schrittweise auf 15 Dollar pro Stunde anzuheben) und ähnliche Erhöhungen in anderen westlichen Ländern werden gesellschaftlich vorteilhaft sein, weshalb wir uns dafür aussprechen.[40]

Aber eine Anhebung des Mindestlohns ist keine systemische Lösung für unsere Probleme. Erstens wirkt sich der Mindestlohn vor allem auf die am schlechtesten bezahlten Arbeitskräfte aus, während eine allgemeine Verringerung der Ungleichheit erfordert, dass die Erträge von Produktivitätszuwächsen gleichmäßig auf die gesamte Bevölkerung verteilt werden. Zweitens kann ein Mindestlohn nur geringe Beiträge dazu leisten, die übermäßig große Macht der Großunternehmen und des Arbeitsmarkts zu beschränken.

Vor allem kann der Mindestlohn kontraproduktiv sein, wenn die Technologie weiterhin vor allem zur Automatisierung eingesetzt wird. In der COVID-19-Pandemie hat sich gezeigt, dass die Unternehmen erhebliche Anreize zur Automatisierung haben, wenn im Gastgewerbe und in den Dienstleistungen keine Arbeitskräfte verfügbar sind, die bereit sind, für relativ niedrige Löhne zu arbeiten.[41] Daher kann der Mindestlohn im Zeitalter der Automatisierung unbeabsichtigte Konsequenzen haben, wenn er nicht mit einer allgemeinen Neuausrichtung der technologischen Entwicklung einhergeht.

Daher sind wir zu der Einschätzung gelangt, dass der Mindestlohn am wirksamsten ist, wenn er Teil eines größeren Maßnahmenpakets ist, das dazu dient, die technologische Entwicklung von der Automatisierung fortzulenken. Wenn die Technologie arbeitnehmerfreundlicher werden kann, wäre die Versuchung für die Unternehmen geringer, Arbeit zu automatisieren, sobald die Löhne steigen. Unter solchen Bedingungen dürften sich die Arbeitgeber angesichts höherer

Löhne auch entschließen, in die Produktivität ihrer Beschäftigten zu investieren – zum Beispiel mit Ausbildungsmaßnahmen oder technologischen Anpassungen. Das bestätigt unsere These, dass kein Weg daran vorbeiführt, den technologischen Wandel in eine andere Richtung zu lenken und die Unternehmen dazu zu bewegen, ihre Arbeitskräfte als wichtige Ressourcen zu betrachten. Wenn dies erreicht werden kann, können Mindestlöhne wirksamer sein und werden mit geringerer Wahrscheinlichkeit kontraproduktive Wirkungen haben.[42]

Reform der Universitäten. Schließlich bedarf es einer Reform der akademischen Welt. Die Technologie wird von der Vision geprägt, und die Vision wurzelt in gesellschaftlicher Macht, die im Wesentlichen in der Fähigkeit besteht, die Allgemeinheit und die Entscheidungsträger von den Vorzügen einer bestimmten Entwicklung der Technologie zu überzeugen. Der akademischen Welt kommt eine zentrale Rolle in der Entwicklung und Ausübung dieser gesellschaftlichen Macht zu, denn die Universitäten prägen Weltbild, Interessen und Fähigkeiten von Millionen talentierten jungen Menschen, die in der Tech-Branche arbeiten werden. Außerdem arbeiten führende Wissenschaftler oft mit führenden Tech-Firmen zusammen und nehmen direkten Einfluss auf die öffentliche Meinung. Daher würden wir von einer unabhängigeren akademischen Welt profitieren. In den vergangenen vier Jahrzehnten haben die Universitäten in den Vereinigten Staaten und anderen Ländern diese Unabhängigkeit sukzessive eingebüßt, weil die Wirtschaft gewaltige Summen in die Hochschulen pumpt. Beispielsweise erhalten viele Wissenschaftler, die an den Spitzenuniversitäten in den Fachgebieten Informatik, Ingenieurwissenschaften, Statistik, Wirtschaftswissenschaften und Physik – und natürlich an den Business Schools – tätig sind, Zuschüsse von Tech-Unternehmen und werden von diesen als Berater beschäftigt.

Wir sind überzeugt, dass diese Finanzierungsbeziehungen unbedingt transparenter gestaltet werden müssen, und möglicherweise sollten bestimmte Grenzen gesetzt werden, um die Unabhängigkeit und Eigenständigkeit der Universitäten wiederherzustellen. Höhere staatliche Zuschüsse für die Grundlagenforschung würden die Abhängigkeit der Universitäten von Unternehmenssponsoren ebenfalls verringern. Aber eine Reform der Universitäten wird offenkundig nicht genügen, um die technologische Forschung in eine andere Richtung zu lenken, und sollte lediglich als ergänzender politischer Eingriff betrachtet werden.

Die Zukunft der Technologie ist nicht entschieden

Die hier skizzierten Reformvorschläge sind weitreichend. Die Tech-Branche und die Großunternehmen haben heute größeren politischen und gesellschaftlichen Einfluss als über weite Strecken des vergangenen Jahrhunderts. Trotz aller Skandale genießen die Riesen der Tech-Branche großes Ansehen und werden nur selten gefragt, mit welcher Art von Zukunftstechnologie – und mit welcher Art von »Fortschritt« – sie die Gesellschaft konfrontieren. Bisher ist keine gesellschaftliche Bewegung auszumachen, die es sich zum Ziel gesetzt hätte, den technologischen Wandel von Automatisierung und Überwachung fortzulenken.

Dennoch glauben wir, dass die Zukunft der Technologie noch nicht entschieden ist.

Ende der achtziger Jahre schien die Lage von HIV-positiven Personen und Aids-Kranken hoffnungslos. Ein Teil der Öffentlichkeit sah in diesen Menschen keine Opfer einer furchtbaren Krankheit, sondern war der Meinung, sie hätten ihr Unglück selbst heraufbeschworen. Die Aids-Kranken hatten keine starke Interessenvertretung, und kein Politiker im Kongress wollte sich ihrer Sache annehmen. Obwohl Aids bereits Tausende Menschen in aller Welt getötet hatte, wurde kaum Forschung betrieben, um wirksame Medikamente oder einen Impfstoff gegen das HI-Virus zu entwickeln.

Im folgenden Jahrzehnt änderte sich alles. Zunächst setzte sich ein neues Narrativ durch, in dessen Mittelpunkt das Leid Zehntausender unschuldiger Opfer dieser aufzehrenden, tödlichen Infektion stand. Dann tauchten einige Aktivisten auf, darunter der Bühnenautor, Schriftsteller und Filmproduzent Larry Kramer und der Autor Edmund White. Ihrer Kampagne schlossen sich rasch Journalisten und andere Medienpersönlichkeiten an. Im Jahr 1993 kam der Film *Philadelphia* in die Kinos und führte der breiten Öffentlichkeit das Leid HIV-positiver Homosexueller vor Augen. Der Film beeinflusste die Einstellung des Kinopublikums nachhaltig. Es folgten Fernsehserien, die ähnliche Themen aufgriffen.

Als sich das Narrativ änderte, begannen sich die Befürworter der Homosexuellenrechte und die HIV-Aktivisten zu organisieren. Sie forderten unter anderem eine Ausweitung der Erforschung von Medikamenten und Impfstoffen. Einige Politiker und führende Wissenschaftler leisteten anfangs Widerstand. Aber das organisierte Vorgehen der Bewegung machte sich bezahlt, und es dauerte nicht lange, bis Parlamentarier und Vertreter des medizinischen Establishments ihre Meinung änderten. Nun flossen Millionenbeträge in die Aids-Forschung.[43]

Als die Geldschleusen geöffnet wurden und der gesellschaftliche Druck stieg, änderte sich die Richtung der medizinischen Forschung, und Ende der neunziger Jahre kamen neue Medikamente auf den Markt, die den Verlauf von HIV-Infektionen bremsen konnten; hinzu traten neuartige Behandlungsmethoden, darunter frühe Stammzellentherapien, Immuntherapien und Versuche zur Genom-Editierung. Ab 2010 stand ein wirksamer Medikamentencocktail zur Verfügung, der die Ausbreitung des Virus verhinderte und den meisten Infizierten ein normales Leben ermöglichte. Mittlerweile laufen klinische Versuche mit verschiedenen HIV-Impfstoffen.

Im Kampf gegen HIV/Aids wurde rasch erreicht, was anfangs unmöglich schien. Genauso verhielt es sich im Fall der erneuerbaren Energien. Als sich einmal ein neues Narrativ durchgesetzt hatte und die Menschen begannen, sich zu organisieren, bewirkten gesellschaftlicher Druck und finanzielle Anreize eine Neuausrichtung der technologischen Entwicklung.

Die zukünftige Entwicklung der digitalen Technologien kann ebenfalls in eine andere Richtung gelenkt werden.

BIBLIOGRAFISCHER ESSAY

ALLGEMEINE QUELLEN UND HINTERGRUND

In diesem Essay erläutern wir, wie sich unser Ansatz zu früheren Arbeiten und Theorien verhält, und geben detaillierte Quellen für Daten, Fakten, Zitate und sonstiges Material an. Auf Arbeiten, die unsere Herangehensweise an spezifische Themen in besonderer Weise beeinflusst haben, gehen wir auch ausführlich in den Anmerkungen ein.

Unser theoretisches Rahmenmodell unterscheidet sich von der herrschenden Lehrmeinung in den Wirtschafts- und auch in einem Großteil der Sozialwissenschaften in vier wesentlichen Punkten: erstens in Bezug auf die Frage, wie sich Produktivitätssteigerungen auf Löhne auswirken, und folglich hinsichtlich der Gültigkeit der These von der Sogwirkung der Produktivität (auf die Löhne); zweitens bezüglich der Anwendungsoffenheit von Technologien und der großen Bedeutung, die der Wahl der Richtung der technologischen Innovation zukommt; drittens bezüglich der Rolle von Verhandlungen und anderen nichtkompetitiven Faktoren bei der Lohnfindung und wie sich diese darauf auswirken, ob und in welcher Weise Produktivitätsgewinne mit Arbeitnehmern geteilt werden; und, viertens, bezüglich der Rolle nichtökonomischer Faktoren – insbesondere sozialer und politischer Macht, Ideen und Visionen – bei der Wahl des technologischen Innovationspfads. Der erste dieser Aspekte wird explizit in Kapitel 1 diskutiert, während die anderen drei eher implizit vorausgesetzt werden. Hier liefern wir zusätzliche Hintergrundinformationen zu diesen Konzepten, wobei wir insbesondere darauf eingehen, wie sie aufeinander aufbauen und sich von bestehenden Beiträgen unterscheiden. Wir stellen auch heraus, wie sich, auf der Basis dieser Ideen, unsere Interpretation der bedeutenden technologischen Übergänge im Laufe der Geschichte von älteren Auffassungen unterscheidet. Schließlich vergleichen wir unseren Ansatz mit einigen neueren Büchern, die sich mit dem Zusammenhang zwischen technologischem Wandel und Ungleichheit befassen.

Wir beginnen mit den vier Bausteinen, die unser Rahmenmodell von früheren Ansätzen unterscheiden.

Erstens, auf kompetitiven Arbeitsmärkten werden Löhne durch die *Grenzproduktivität der Arbeit* bestimmt, wie wir in Kapitel 1 erläuterten. Die meisten gängigen volkswirtschaftlichen Modelle beziehen diese Grenzproduktivität auf die *durchschnittliche Produktivität* (Arbeitsergebnis oder Wertschöpfung pro Arbeitskraft) und gelangen daher zu der Vorhersage, dass der Durchschnittslohn mit der Durchschnittsproduktivität (beziehungsweise, einfacher gesagt, der Produktivität) schwankt. Wenn die Produktivität steigt, sollen folglich auch die Durchschnittslöhne steigen – was wir »Sogwirkung der Produktivität« nennen. Auch wenn der Begriff *Sogwirkung der Produktivität* in Standardlehrbüchern nicht verwendet wird, sind die Ideen, die er aufgreift, doch Gemeingut. Die meisten Modelle, die in Lehrbüchern über das Wirtschaftswachstum behandelt werden (u. a. Barro und Sala-i-Martin 2004, Jones 1998 und Acemoglu 2009), gehen davon aus, dass sich höhere Produktivität direkt in höheren Löhnen niederschlägt. In bahnbrechenden Beiträgen über den technologischen Fortschritt wie etwa denjenigen von Solow (1956), Romer (1990) und Lucas (1988) wird die Auffassung vertreten, der technologische Fortschritt hebe den Lebensstandard aller Menschen.

In dem gegenwärtig populärsten Lehrbuch für Studenten, Gregory Mankiws *Grundzüge der Volkswirtschaftslehre*, steht, dass »Unterschiede der Lebensstandards fast gänzlich den nationalen Unterschieden der *Produktivität* zuzurechnen sind, das heißt der Menge der pro Arbeitsstunde produzierten Güter« (Mankiw 2021, S. 14, kursiv im Original). Anschließend stellt Mankiw einen Zusammenhang zwischen der Produktivität und dem technologischen Wandel her und formuliert den Sogeffekt der Produktivität auf eine prägnante Weise. In einem Abschnitt mit der Überschrift »Warum die Produktivität so wichtig ist« erläutert er, dass der Lebensstandard von der Produktivität bestimmt wird, die ihrerseits vom technologischen Fortschrittsniveau abhänge. Er schreibt: »Uns Deutschen geht es besser als den Menschen in Burundi, da die Produktivität der deutschen Arbeitskräfte höher ist als die der Arbeitskräfte in Burundi« (ebd, S. 708). Er erklärt diese Festellung auch zu einem der zehn wichtigsten Prinzipien der Volkswirtschaftslehre. Mankiw räumt ein, dass Arbeitsplatzverluste möglich seien, formuliert diesen Punkt aber wie folgt: »Es ist auch möglich, dass der technologische Wandel die Arbeitskräftenachfrage verringert. So könnte beispielsweise die Erfindung eines billigen Industrieroboters möglicherweise das Grenzprodukt der Arbeit vermindern und die Arbeitsnachfragekurve nach links verschieben. Ökonomen nennen dies *arbeitssparenden* technologischen Wandel. Historische Erfahrungen sprechen allerdings dafür, dass der technologische Fortschritt überwiegend *arbeitsvermehrend* ist« (Mankiw, 2018, S. 367, Hervorhebung im Original).

Der Anstieg der Löhne, den die These vom Sogeffekt der Produktivität postuliert, muss nicht genau im Gleichschritt erfolgen, sodass das Produktivitätswachstum auch die Kapitalquote im Volkseinkommen erhöhen und die Lohnquote verringern kann. Aber nach gängiger Auffassung kommt das Produktivitätswachstum immer den Arbeitnehmern zugute. Wenn es mehrere Kategorien von Arbeitskräften gebe (zum Beispiel Facharbeiter und ungelernte Arbeitskräfte), könne der technologische Fortschritt zwar die Ungleichheit erhöhen, aber er werde auch das Lohnniveau aller Kategorien von Arbeitskräften erhöhen. Folglich könne der technologische Wandel zwar Ungleichheit hervorrufen, zugleich sei er aber »die Flut, die alle Boote hebt«. Wie in Acemoglu (2002b) dargelegt, erhöht der technologische Fortschritt dem gängigsten volkswirtschaftlichen Modell zufolge zum Beispiel immer den Durchschnittslohn, und selbst wenn er die Ungleichheit verstärkt, soll er immer auch die Löhne am unteren Ende der Verteilung erhöhen. Diese Ergebnisse sind eine Folge des Typs von Modellen, auf den sich die meisten Ökonomen konzentrieren und der davon ausgeht, dass neue Technologien direkt die Produktivität von Kapital oder Arbeit oder beidem erhöhen (mit anderen Worten ist der technologische Wandel, im volkwirtschaftlichen Fachjargon formuliert, entweder »arbeitsvermehrend« oder »kapitalvermehrend« (vgl. Barro und Sala-i-Martin 2004 und Acemoglu 2009 für eine Übersicht über die gängigen Wachstumsmodelle und die Formen des technologischen Wandels). Bei diesen Typen des technologischen Wandels und unter der Annahme »konstanter Skalenerträge« (sodass sich der Output verdoppelt, wenn sich der Einsatz von Kapital und Arbeit verdoppelt) besteht tatsächlich ein enger Zusammenhang zwischen Produktivität und Löhnen bei allen Arten von Arbeit.

Das grundlegende Problem besteht darin, dass Automatisierung, der unserer Auffassung nach während vieler Phasen der modernen Industrialisierung entscheidende Bedeutung zukam, nicht notwendigerweise mit einem Anstieg der Produktivität von Kapital oder Arbeit verbunden ist. Vielmehr bedeutet Automatisierung, dass Aufgaben, die zuvor von Arbeitskräften ausgeführt wurden, jetzt von Maschinen (oder Algorithmen) übernommen werden. Fortschritte bei den Automatisierungstechnologien können die durchschnittliche Produktivität erhöhen und gleichzeitig die durchschnittlichen Reallöhne senken. Außerdem können die Auswirkungen des technologischen Wandels auf die Ungleichheit noch viel größer sein, nämlich dann, wenn die Automatisierung jene Aufgaben betrifft, die von gering qualifizierten Arbeitskräften verrichtet werden, und deren Reallöhne drückt, während sie zugleich die Kapitalerträge und die Löhne höher qualifizierter Arbeitskräfte erhöht (Acemoglu und Restrepo, 2022).

Es ist wichtig, zu betonen, dass Automatisierungsmaßnahmen Löhne senken *können* – aber dies nicht *zwangsläufig* tun. Theoretisch verdrängen sie Beschäftigte von den Aufgaben, die diese früher ausführten, und daher wird vorhergesagt, dass sie immer den Anteil der Arbeitnehmerentgelte (Lohnquote) an der Wertschöpfung verringern (der Anteil des Gesamtproduktionswerts, der den Arbeitnehmern im Gegensatz zu den Kapitaleignern zufließt). Diese Vorhersage ist empirisch bestätigt worden (vgl. zum Beispiel Acemoglu und Restrepo 2020a und Acemoglu, Lelarge und Restrepo 2020). Wie in Kapitel 1 kurz erwähnt, kann Automatisierung, wenn sie die Produktivität hinreichend erhöht, die Nachfrage nach Arbeitskräften und die Reallöhne erhöhen, obwohl sie Arbeitskräfte verdrängt und die Lohnquote verringert. Dies kann deshalb geschehen, weil niedrigere Kosten (höhere Produktivität) Unternehmen, die automatisieren, unter Umständen dazu ermuntern, mehr Arbeitskräfte für nichtautomatisierte Aufgaben einzustellen. Diese Art von Automatisierung mit hoher Produktivitätssteigerung erhöht auch die Nachfrage nach den Produkten anderer Branchen und Sektoren, entweder durch die Nachfrage nach Inputs der Firmen, die Automatisierungstechnologien installieren, oder weil die Realeinkommen von Verbrauchern wegen der Verbilligung von Produkten dieser Firmen steigen. Allerdings werden sich diese positiven Effekte nicht einstellen, wenn die Automatisierung so lala ist, das heißt, wenn sie die Produktivität nur geringfügig steigert (vgl. unsere Diskussion weiter unten und im Rahmen von Kapitel 9). Ein weiteres zentrales Element unseres Rahmenmodells, die Bedeutung neuer Aufgaben bei der Schaffung von Beschäftigungsmöglichkeiten für Arbeitskräfte und als Gegengewicht zur Automatisierung, unterscheidet sich ebenfalls von den meisten wirtschaftswissenschaftlichen Modellen.

Unser globaler Ansatz stützt sich auf eine Reihe älterer Beiträge in der wirtschaftswissenschaftlichen Literatur. Atkinson und Stiglitz (1969) schlugen ein Modell des technologischen Wandels vor, das sich von der herrschenden Lehrmeinung insoweit unterscheidet, als es erlaubt, dass Innovationen die Produktivität »lokal« beeinflussen – das heißt nur in Höhe der vorherrschenden Kapitalintensität (Verhältnis Kapital zu Arbeit). Die erste Arbeit, in der eine Theorie vorgeschlagen wurde, die davon ausgeht, dass Maschinen bei gewissen Tätigkeiten Arbeitskräfte ersetzen, war Zeira (1998). Ein ähnliches Modell wurde in Acemoglu und Zilibotti (2001) skizziert. Diese Idee wurde in der wegweisenden Arbeit von Autor, Levy und Murnane (2003) weiterentwickelt; sie schlugen vor, Aufgaben in Routine- und Nichtroutine-Kategorien einzuordnen, und behaupteten, Routine-Tätigkeiten könnten automatisiert werden. Autor, Levy und Murnane (2003) führten die erste systematische empirische Analyse der Automatisierung in der Arbeitswelt durch und konnten zeigen, dass sie eng mit der Zunahme der Ungleichheit in den Vereinigten Staaten verbunden ist. Acemoglu und Autor (2011) entwickelten ein allgemeines aufgabenbasiertes Modell und leiteten daraus die Vorhersage ab, dass die Automatisierung zu einer zunehmenden Polarisierung der Löhne und Beschäftigungschancen führen werde.

Unser Rahmenkonzept in diesem Buch lehnt sich eng an Acemoglu und Restrepo (2018 und 2022) an. Der Aufsatz von 2018 führte ein Modell ein, in dem Wirtschaftswachstum das Ergebnis eines Prozesses der Automatisierung und der Schaffung neuer Aufgaben ist, und er identifizierte Bedingungen, unter denen technologischer Fortschritt und Produktivitätswachstum die Löhne senken. In diesem Aufsatz wurde auch die Ansicht vertreten, neue Aufgaben seien Schlüsselelemente, die möglicherweise die Auswirkungen von Automatisierungsmaßnahmen ausgleichen könnten, und die Autoren modellierten, wie sich die gleichzeitige Ausweitung der Automatisierung und neuer Aufgaben auf die Entwicklung der Nachfrage nach Arbeitskräften auswirkt. Die Modellierung zeigt, dass Automatisierung nicht unbedingt schlecht für Löhne oder Ungleichheit ist, aber negative Auswirkungen hat, wenn die Einführung arbeitnehmerfreundlicher Arten von Technologien der Automatisierung hinterherhinkt. Das Paper von 2022 präsentiert ein allgemeines, branchen- und sektorübergreifendes Rahmenmodell, das es erlaubt, die Auswirkungen verschiedener Typen von Technologien auf die Einkommensverteilung und die Löhne systematisch zu messen. Es liefert zudem Belege dafür, dass Automatisierung die Hauptursache für die stetig zunehmende Ungleichheit in den USA ist. Dieser Aufsatz bestätigt auch das, was wir in Kapitel 1 darlegten: dass nämlich hinreichend große Produktivitätssteigerungen Beschäftigungs- und Lohnzuwächse auslösen können – zum Beispiel dadurch, dass sie andere Branchen dazu veranlassen, zu expandieren.

Dieses Rahmenmodell bildet auch die Grundlage für unsere Diskussion der »So-lala-Automatisierung« (»so-so automation«) oder »So-lala-Technologien« (ein in Acemoglu und Restrepo 2019b eingeführter Begriff). Insbesondere dann, wenn einige Aufgaben, die früher von Arbeitskräften verrichtet wurden, automatisiert werden, aber die Kosteneinsparungen (Produktivitätssteigerungen) begrenzt sind, führt dieser technologische Wandel dazu, dass eine beträchtliche Anzahl von Arbeitskräften verdrängt wird, während die Produktivität keinen nennenswerten Schub erfährt. So-lala-Automatisierung tritt vor allem dann auf, wenn menschliche Arbeitskräfte die Aufgaben, die automatisiert werden sollen, recht produktiv erledigen, während Maschinen und Algorithmen nicht sonderlich produktiv sind. Übermäßige Automatisierung – die über das hinausgeht, was aus einer reinen Produktionsperspektive effizient wäre, und folglich die richtig gemessene Produktivität womöglich sogar verringert – ist dann definitionsgemäß »unproduktiv«. Wir beziehen uns auf die »richtig gemessene Produktivität«, weil Automatisierung immer auf mechanische Weise den Output pro Arbeitskraft erhöht, indem sie den Bedarf an Arbeitskräften in der Produktion verringert, was den Beitrag der beiden Faktoren Arbeit und Kapital berücksichtigt, wie in Kapitel 7 erläutert.

Zweitens, die meisten Theorien des Wirtschaftswachstums betrachten den Pfad des technologischen Wandels entweder als etwas Exogenes, wie etwa Solow (1956), oder sie endogenisieren die Rate der Innovationen, nehmen aber an, dass diese entlang eines gegebenen Pfads stattfinden, wie etwa Lucas (1988) oder Romer (1990). Im Übrigen werden neue Technologien in beiden Konzeptionen gleich gesehen – als etwas, was die Produktivität der Arbeitskräfte direkt erhöht –, und dies ist der Grund, weshalb sie die These vom Produktivitätssog bestätigen.

Unser Rahmenmodell unterscheidet sich deutlich davon, indem es die Anwendungsoffenheit von Technologien und die Tatsache betont, dass die Richtung des technologischen Wandels – zum Beispiel, wie hoch die Einsparungen bei verschiedenen Faktoren durch neue Technologien sein werden und wie diese deren Produktivität verändern werden – frei gewählt werden kann. Der erste Wirtschaftswissenschaftler, der diese Fragen diskutierte, war Hicks (1932), der vermutete, dass höhere Arbeitskosten Unternehmen dazu veranlassten, Arbeitskräfte einsparende Technologien einzuführen. Ähnliche Ideen wurden in der Literatur über »induzierte Innovation« der sechziger Jahre entwickelt, u.a. von Kennedy (1964), Samuelson (1965) und Drandakis und Phelps (1966), obgleich sich diese Beiträge überwiegend auf die Frage konzentrierten, ob es natürliche Gründe dafür gebe, dass der technologische Wandel den Anteil der Faktoren Kapital und Arbeit am Volkseinkommen konstant halte.

Diese Ideen wurden von Habakkuk (1962) zum ersten Mal empirisch überprüft, und zwar im Kontext des technologischen Fortschritts in den USA des 19. Jahrhunderts. Habakkuks Hauptargument deckte sich mit der Behauptung von Hicks: Der Mangel an Arbeitskräften und insbesondere an Facharbeitern in Amerika sei ein Auslöser für die zügige Entwicklung und Einführung arbeitssparender Maschinen gewesen, wie wir in Kapitel 6 diskutieren. Robert Allen (2009a) stellte eine ähnliche These auf: Danach seien die hohen Arbeitskosten eine Hauptursache dafür gewesen, dass die Industrielle Revolution in Großbritannien in der Mitte des 18. Jahrhunderts einsetzte. Unsere Interpretation technologischer Entwicklungen im späten 19. Jahrhundert in den Vereinigten Staaten lehnt sich eng an Habakkuks These an, und wir behaupten außerdem, dass diese induzierte Richtung der technologischen Innovation bis in die erste Hälfte des 20. Jahrhunderts fortbestand und sich auch auf Großbritannien und andere Länder im Prozess der Industrialisierung ausbreitete.

Unsere Theorie stützt sich auch auf neuere Publikationen über gerichteten technologischen Wandel, die mit Acemoglu (1998, 2002a) und Kiley (1999) beginnen. Diese Paper konzentrierten sich auf die Auswirkungen auf die Ungleichheit, während nachfolgende Arbeiten andere Dimensionen der technologischen Anwendungsoffenheit erkundeten, einschließlich allgemeiner Fragen im Zusammenhang mit der Aufteilung des Volkseinkommens auf die Faktoren Arbeit und Kapital in Acemoglu (2003a), den Auswirkungen des internationalen Handels und von Arbeitsmarktinstitutionen auf die Ungleichheit in Acemoglu (2003b) und den Ursachen und Folgen des Einsatzes ungeeigneter Technologien in Acemoglu und Zilibotti (2001) und Gancia und Zilibotti (2009). Es gibt mittlerweile eine ansehnliche empirische Literatur, die von diesen Ideen inspiriert worden ist. Zu den wichtigen Arbeiten gehören diejenigen, die sich auf die Richtung der pharmazeutischen Forschung konzentrieren, wie Finkelstein (2004) und Acemoglu und Linn (2004); Klimawandel und grüne Technologien in Popp (2002) und Acemoglu, Bursztyn und Hemous (2012); Innovationen in der Textilherstellung während der Industriellen Revolution in Großbritannien in Hanlon (2015) und auf die Landwirtschaft in Moscona und Sastry (2022). Ob die Richtung, die der technologische Fortschritt einschlägt, Arbeit(skräfte) einspart oder ergänzt, wird aus theoretischer Perspektive in Acemoglu (2010) und Acemoglu und Restrepo (2018) erörtert.

Wir erweitern diese Ansätze in konzeptioneller, empirischer und historischer Hinsicht. In konzeptioneller Hinsicht betonen wir den Einfluss, den politische und soziale Faktoren auf die Richtung ausüben, die der technologische Fortschritt einschlägt, während die frühere Literatur ihr Augenmerk vornehmlich auf ökonomische Faktoren richtete. Acemoglu und Restrepo (2018) vertreten zum Beispiel die Auffassung, dass die Richtung des technologischen Wandels von rein ökonomischen Faktoren bestimmt wird, wie dem Anteil der Arbeitnehmerentgelte am Volkseinkommen (Lohnquote), den langfristigen Kapitalkosten und den Arbeitsmarktrenten.

Wir möchten hier eine weitere Auswirkung dieser Ideen, die in den Kapiteln 1 und 8 kurz erwähnt wurden, betonen: Die Anwendungsoffenheit von Technologien öffnet die Tür zu gesellschaftlich kostspieligen Entscheidungen in Bezug auf die Richtung der Innovation. Denn wenn grundlegende Entscheidungen über die Richtung des technologischen Wandels getroffen werden, gibt es in der Tat keine Garantie dafür, dass der marktbasierte Innovationsprozess Bereiche auswählt, die für die Gesellschaft insgesamt beziehungsweise für Arbeitnehmer vorteilhafter sind. Ein Grund dafür ist, dass manche Arten von Technologien Unternehmen höhere Erträge einbringen als andere, auch wenn sie nichts zur gesamtgesellschaftlichen Wohlfahrt beitragen oder diese sogar verringern. Beispiele sind etwa

Technologien, die die Produktivität und Dominanz von Monopolen oder großen Oligopolen steigern (die höhere Preise verlangen und höhere Gewinne erwirtschaften können), Technologien, die Unternehmen helfen, Arbeitnehmer besser zu überwachen, und die die Gewinne steigern, indem sie die Löhne senken, und diejenigen, die Datensammlung ergänzen und die Macht von Unternehmen festigen, die Daten monopolisieren. Ein noch wichtigerer Grund für Verzerrungen in der Richtung der Innovation, auf den in Acemoglu und Restrepo (2018) hingewiesen wird, ist die Tatsache, dass Unternehmen womöglich in einer übertriebenen Weise Automatisierungstechnologien nachfragen, insbesondere, wenn dies sie in die Lage versetzt, Einsparungen bei hohen Löhnen zu erreichen. Innovationsverzerrungen nehmen möglicherweise noch zu, wenn die Technologie-Auswahl von nichtökonomischen Faktoren beeinflusst wird – zum Beispiel, wenn die Vision einflussreicher Personen, Entrepreneure und Organisationen wichtige Investitionsentscheidungen bestimmt (wie in der US-Tech-Branche im Moment) oder wenn eine mächtige Regierung von Innovatoren verlangt beziehungsweise sie dazu drängt, Überwachungstechnologien zu entwickeln (wie es die chinesische Regierung gegenwärtig tut, wie in Kapitel 10 diskutiert).

Wir beschreiben aus empirischer und historischer Perspektive die Verteilungsfolgen wirtschaftlichen Wachstums in den letzten tausend Jahren, wobei wir uns insbesondere auf die Richtung konzentrieren, die die Entwicklung industrieller Technologien von der Mitte des 18. Jahrhunderts bis heute eingeschlagen hat. Wir kennen niemanden, der vor uns eine ähnliche Interpretation der historischen Daten vorgelegt hätte, die folgende Punkte hervorhebt: Wie sich während der frühen Industrialisierung erstmals ein Gleichgewicht zwischen Automatisierungstechnologien und arbeiterfreundlicheren Technologien herausbildete; wie sich dieses in der zweiten Hälfte des 19. Jahrhunderts in eine arbeiterfreundlichere Richtung verschob, die während der ersten achtzig Jahren des 20. Jahrhunderts andauerte, und wie seit 1980 ein erneuter Umschwung festzustellen ist, diesmal in eine automatisierungsfokussierte Richtung. Teilweise Ausnahmen sind die Studie von Acemoglu und Restrepo (2019b) über das Ausmaß von Verdrängung und Wiederbeschäftigung von Arbeitnehmern in der US-Wirtschaft seit 1950, das Buch von Brynjolfsson und McAfee (2014) und das jüngste Buch von Frey (2019), das wir weiter unten diskutieren.

Drittens, auch wenn die meisten ökonomischen Modelle erhebliche Abweichungen von kompetitiven Arbeitsmärkten als dem Vergleichsmaßstab einräumen (zum Beispiel wegen der Lohnsetzungs- und Verhandlungsmacht von Unternehmen oder aufgrund von Informationsproblemen), erkennen sie diese nicht als wesentliche Determinanten der Frage an, ob Produktivitätssteigerungen sich in Lohnzuwächsen niederschlagen. So geht zum Beispiel das kanonische Modell der modernen Volkswirtschaftslehre, das Renten und Friktionen am Arbeitsmarkt einbezieht, auf die Arbeiten von Diamong (1982), Mortensen (1982) und Pissarides (1985) zurück. Wie Pissarides in seiner führenden Abhandlung über dieses Thema, *Equilibrium Unemployment Theory* (2000), betont, sagt dieses Modell vorher, dass Produktivitätswachstum sich eins zu eins in Lohnzuwächsen niederschlage.

Im Gegensatz zu diesen Ansätzen ist unseres Erachtens das Ausmaß und die Natur des Rent Sharing maßgeblich dafür, wie Gewinne aus Produktivitätszuwächsen aufgeteilt werden. Wichtiger Wegbereiter unseres Modells ist u. a. Brenner (1976) mit seiner Kritik an neoklassischen und neomalthusianischen Theorien über den Zusammenbruch des Feudalismus. Brenner hob hervor, wie wichtig politische Macht für das Funktionieren und den Untergang des Feudalismus war. Brenner zufolge waren demografische Faktoren zweitrangig, entscheidend war vielmehr, ob die Kleinbauern genügend Macht besaßen, um sich den Forderungen der Feudalherren zu widersetzen. Brenners Ansatz war eine wichtige Inspirationsquelle für die Theorie von Acemoglu und Wolitzky (2011), auf der wir aufbauen. Ihrer Theorie zufolge können Produktivitätsverbesserungen zu Lohnsenkungen statt -steigerungen führen, weil Arbeitgeber beschließen können, mehr Zwang auf die Beschäftigten auszuüben (zum Beispiel dadurch, dass sie mehr Wachleute einstellen oder Investitionen tätigen, die Arbeitnehmer davon abhalten, zu kündigen), statt ihnen mehr zu zahlen. Ob dies geschieht, hängt ab von dem institutionellen Rahmen und von den externen Optionen, die sich Beschäftigten bieten (zum Beispiel davon, ob sie ungeachtet der Zwangsmaßnahmen des Arbeitgebers fliehen und eine andere Quelle des Lebensunterhalts finden können). Einige dieser Konsequenzen können auf zwangsfreie Umgebungen erweitert werden. Wenn zum Beispiel das Machtgleichgewicht bei Verhandlungen zwischen Unternehmen und Arbeitnehmern konstant gehalten wird, führt eine neue Technologie, die die Produktivität verbessert, zu Lohnerhöhungen. Allerdings können neue Technologien das Machtgleichgewicht auch zuungunsten der Arbeitnehmer verschieben, und wenn dem so ist, können Löhne sinken. Andererseits kann der technologische Wandel auch die Kosten-Nutzen-Abwägung zwischen dem Aufbau eines wechselseitigen guten Willens und einer hohen Arbeitsmoral unter Arbeitnehmern im Vergleich zu ihrer strengen Überwachung verändern, und auch dies kann den Zusammenhang zwischen hoher Produktivität und hohen Löhnen aufbrechen.

Unser gegenwärtiges Modell verallgemeinert diese Betrachtungsweisen, insbesondere in Kapitel 4, in dem wir Agrargesellschaften diskutieren. Anschließend konzentrieren wir uns auf die Rolle des technologischen Wandels in diesem

Rahmenmodell, und in den Kapiteln 6, 7 und 8 entwickeln wir ähnliche Ideen, die für das Rent Sharing in modernen Volkswirtschaften gelten. Diese Ideen werden dann mit zwei anderen Konzepten kombiniert, die in Diskussionen über die Auswirkungen neuer Technologien auf die Löhne in der Regel außer Betracht bleiben. Das ist zum einen die in Acemoglu (1997) und Acemoglu und Pischke (1999) erörterte Möglichkeit, dass höhere Löhne – bei gegebenem Rent Sharing – manchmal Investitionen in die Grenzproduktivität der Arbeitskräfte erhöhen, weil es Unternehmen als profitabler ansehen, die Produktivität ihrer Mitarbeiter zu steigern. Die zweite These, die in Acemoglu (2001) vorgeschlagen wurde, lautet, dass eine bessere Absicherung der Beschäftigten Arbeitgebern Anreize dafür geben kann, »gute Arbeitsplätze« zu schaffen (mit höheren Löhnen, größerer Arbeitsplatzsicherheit und besseren Aufstiegschancen), und gute Arbeitsplätze tragen zu Lohnerhöhungen bei. Diese Ideen helfen uns, zu verstehen, warum Rent Sharing zu gewissen Zeiten mit schnellem Lohnwachstum und breit geteiltem Wohlstand (Kapitel 6 und 7) einherging und wie die Schwächung der Arbeitnehmermacht mit weniger geteiltem Wachstum und weniger Investitionen in arbeitnehmerfreundliche Technologien in Verbindung gebracht werden kann (Kapitel 8).

Viertens, wir legen eine Theorie über Visionen der technologischen Innovation und den Einfluss sozialer Macht auf derartige Visionen vor. Wir betonen insbesondere, sobald die Nutzungsoffenheit von Technologien und die Tatsache anerkannt wird, dass Produktivitätssteigerungen nicht automatisch zu Lohnerhöhungen führen, die Frage in den Mittelpunkt rückt, was die Richtung des technologischen Wandels bestimmt, und folglich, wer die Gewinner und die Verlierer sind. Zu den Schlüsselfaktoren, auf die wir uns in diesem Zusammenhang konzentrieren, gehören Überzeugungskraft und die Frage, wessen Vision einflussreich wird.

Unsere Betonung des Stellenwerts ökonomischer und sozialer Macht verbindet uns mit der umfangreichen und weiter anwachsenden Literatur über Institutionen, Politik und wirtschaftliche Entwicklung. Dabei bauen wir auf den Arbeiten von North und Thomas (1973), North (1982), North, Wallis und Weingast (2009) und Besley und Persson (2011) sowie auf unseren eigenen früheren Arbeiten auf – Acemoglu, Johnson und Robinson (2003, 2005b), Acemoglu und Johnson (2005) und Acemoglu und Robinson (2006b, 2012 und 2019) – sowie auf den bereits erwähnten Ideen Brenners (1976). Wir ergänzen diese Theorien um soziale Faktoren, die mit Visionen und Ideen verbunden sind, Überzeugungskraft und Status und betonen so das Wechselspiel von Politik und Ökonomie. Dabei bauen wir auf Manns (1990) bahnbrechendem Buch über die Quellen sozialer Macht und seine

Unterscheidung zwischen ökonomischer, militärischer, politischer und ideologischer Macht auf. Im Unterschied zu Mann betonen wir die kritische Rolle der Überzeugungskraft, vor allem in modernen Gesellschaften, und wir beschreiben auch, auf welche Weise Institutionen Überzeugungskraft prägen. Zahlreiche Anregungen verdankt unsere Diskussion über die Quellen von Überzeugungskraft der sozialpsychologischen Literatur über die Wirkmechanismen von Überzeugungskraft, wie sie in Cialdini (2023) und Turner (1991) zusammengefasst sind.

Abgesehen von diesen grundlegenden Differenzen unterscheidet sich auch unser Verständnis des Einflusses politischer und sozialer Faktoren auf den technologischen Wandel von den meisten bestehenden Modellen. Sowohl in der Volkswirtschaftslehre als auch in den meisten anderen Sozialwissenschaften hat man sich, da die Anwendungsoffenheit von Technologien außer Betracht bleibt, schwerpunktmäßig mit der Frage beschäftigt, ob Institutionen und gesellschaftliche Kräfte den technologischen Wandel blockieren. Mokyr (1996) war der Erste, der diese Frage in systematischer Weise behandelte, und die Zusammenhänge wurden unter anderem von Krusell und Rios-Rull (1996) und Acemoglu und Robinson (2006a) wirtschaftswissenschaftlich modelliert.

Aus diesen Überlegungen folgt außerdem, dass mächtige Akteure einen größeren Handlungs- und Entscheidungsspielraum erhalten. In den einfachsten Modellen der politischen Ökonomie wirken institutionelle Faktoren vor allem dadurch, dass sie Marktanreize und die Rahmenbedingungen des technologischen Wandels verändern, während die Lohnpolitik der Unternehmen weitgehend von dem Motiv der Profitmaximierung diktiert wird. Dies ist nicht länger der Fall, wenn Ideen und Visionen von Bedeutung sind. In diesem Fall kann es zu grundlegenden Veränderungen in der Innovationsrichtung und bei den Rent-Sharing-Mustern kommen, mit weitreichenden Folgen für die Verteilung der Produktivitätsgewinne innerhalb der Gesellschaft.

Unser Rahmenmodell verknüpft diese vier Bausteine. Soweit wir wissen, befasst sich dieses Buch zum ersten Mal überhaupt mit den Fragen, wie politische und soziale Macht die Technologie-Auswahl beeinflussen und wie Institutionen und Technologie-Auswahlen gemeinsam bestimmen, in welchem Ausmaß Kapitaleigner, Unternehmer und Arbeitnehmer unterschiedlicher Qualifikationsgrade von neuen Produktionsmethoden profitieren. Mithilfe dieses Rahmenmodells reinterpretieren wir die wichtigsten wirtschaftlichen Entwicklungen der letzten tausend Jahre.

Neuere bedeutende Beiträge zu dieser Fragestellung stammen u. a. von Brynjolfsson und McAfee (2014) und Frey (2019). Brynjolfsson und McAfee (2014) diskutierten vor fast zehn Jahren Probleme, die nahe bei unserem eigenen Themenschwerpunkt liegen, und sie nahmen viele der Verwerfungen auf dem Arbeitsmarkt vorweg, die auf die nächste Welle von KI-Technologien folgten, auch wenn ihre Interpretation optimistischer ist als unsere. Sowohl ihr Buch als auch das von Frey erkennen die Verdrängungseffekte der Automatisierung und einige der mit ihr verbundenen sozialen und wirtschaftlichen Kosten an, und Frey beschreibt auf anschauliche Weise einige dieser Kosten im Zusammenhang mit den wirtschaftlichen Entwicklungen im 19. und 20. Jahrhundert, wie wir es ebenfalls tun. Frey stützt sich ausdrücklich auf das Rahmenmodell von Acemoglu und Restrepo (2018) und betont die Möglichkeit, dass neue Technologien entweder durch Automatisierung Arbeitskräfte verdrängen oder deren Produktivität erhöhen. Allerdings lässt er es nicht zu, dass die Richtung des technologischen Wandels von Institutionen und gesellschaftlichen Kräften bestimmt wird, und seine größte Sorge – wie auch die von Brynjolfsson und McAfee (2014) und Mokyr (1990) – bleibt die Möglichkeit, dass die Auswirkungen von Automatisierungstechnologien auf die Ungleichheit und die Lohnhöhe dazu führen, dass der Fortschritt blockiert wird.

Im Unterschied dazu betont das in diesem Buch vorgestellte Rahmenmodell, dass Widerstand gegen Automatisierungstechnologien das Wirtschaftswachstum nicht immer bremst; dieser Widerstand kann auch gesamtgesellschaftlich vorteilhaft sein – nämlich dann, wenn er die Innovation von den Pfaden weglenkt, die negative Folgen für Arbeitnehmer haben, und sie in arbeitnehmerfreundlichere Richtungen führt (beziehungsweise weg von denjenigen, die demokratische Mitbestimmung zerstören, und hin zu jenen, die größeren gesellschaftlichen Gruppen mehr demokratische Teilhabe eröffnen). Weil diese positiven Effekte des Widerstands und politischer Reaktionen seitens Arbeitnehmern und anderer Segmente der Gesellschaft in Freys Konzeption fehlen, hält Frey sie für negative Faktoren. Und entsprechend empfiehlt er den politischen Entscheidungsträgern, derartigen Widerständen vorzubeugen – zum Beispiel durch Umverteilung automatisierungsbedingter Gewinne oder durch verstärkte Bildungsinvestitionen.

In diesem Zusammenhang sollten wir unser Buch zwei anderen aktuellen Beiträgen, West (2018) und Susskind (2020), vergleichend gegenüberstellen. Auch diese Autoren sehen die negativen Auswirkungen von Automatisierungsmaßnahmen, und insbesondere das Vordringen von KI, mit Sorge, erkennen aber nicht die gerichtete Natur des technologischen Wandels. Außerdem betonen sie – im Unterschied zu unserer Position –, dass KI schon jetzt eine sehr leistungsfähige Technologie sei, die schnell viele Arbeitsplätze ersetzen werde. Dies lässt sie eine Zukunft mit weniger Arbeitsplätzen als unvermeidlich ansehen, und sie befürworten daher Maßnahmen wie das bedingungslose Grundeinkommen, um die negativen Auswirkungen dieser unaufhaltsamen technologischen Trends zu bekämpfen. Dies unterschiedet sich deutlich von unserer Sichtweise. So verweisen wir (in den Kapiteln 9 und 10) insbesondere darauf, dass viele Anwendungen der gegenwärtigen KI nicht sonderlich effektiv sind, eben weil die Fähigkeiten intelligenter Maschinen begrenzter sind, als manchmal vermutet wird, und weil sich Menschen bei der Ausführung vieler Aufgaben auf umfangreiches angehäuftes Fachwissen und soziale Intelligenz stützen.

Gleichwohl werden So-lala-Automatisierungstechnologien eingeführt, und in diesem Fall schaden sie Arbeitnehmern, ohne Unternehmen große Produktivitätsgewinne oder Kosteneinsparungen zu bringen (vgl. Acemoglu und Restrepo 2020c, Acemoglu 2021). Daher vertreten wir in diesem Buch – im Gegensatz zu West und Susskind – die Auffassung, dass die zentrale Herausforderung darin besteht, den technologischen Wandel in eine Richtung umzulenken, die ihn von dem Fokus auf Automatisierung und Datensammlung weg hin zu einem ausgewogeneren Portfolio neuer Innovationen führt.

LITERATUR

Acemoglu, Daron. 1997. »Training and Innovation in an Imperfect Labor Market«. *Review of Economic Studies* 64, Nr. 2, S. 445–464.

Acemoglu, Daron. 1998. »Why Do New Technologies Complement Skills? Directed Technical Change and Wage Inequality«. *Quarterly Journal of Economics* 113, Nr. 4, S. 1055–1089.

Acemoglu, Daron. 1999. »Changes in Unemployment and Wage Inequality: An Alternative Theory and Some Evidence«. *American Economic Review* 89, Nr. 5, S. 1259–1278.

Acemoglu, Daron. 2001. »Good Jobs Vs. Bad Jobs«. *Journal of Labor Economics* 19, Nr. 1, S. 1–21.

Acemoglu, Daron. 2002a. »Directed Technical Change«. *Review of Economic Studies* 69, Nr. 4, S. 781–810.

Acemoglu, Daron. 2002b. »Technical Change, Inequality, and the Labor Market«. *Journal of the Economic Literature* 40, Nr. 1, S. 7–72.

Acemoglu, Daron. 2003a. »Labor- and Capital-Augmenting Technical Change«. *Journal of the European Economic Association* 1, Nr. 1, S. 1–37.

Acemoglu, Daron. 2003b. »Patterns of Skill Premia«. *Review of Economic Studies* 70, Nr. 2, S. 199–230.

Acemoglu, Daron. 2009. *Introduction to Modern Economic Growth*. Princeton: Princeton University Press.

Acemoglu, Daron. 2010. »When Does Labor Scarcity Encourage Innovation?«. *Journal of Political Economy* 118, Nr. 6, S. 1037–1078.

Acemoglu, Daron. 2021. »AI's Future Doesn't Have to Be Dystopian«. *Boston Review*, 20. Mai, http://bostonreview.net/forum/science-nature/daron-acemoglu-redesigning-ai.

Acemoglu, Daron. »Harms of AI«. In: Justin Bullock, Yu-Che Chen, Johannes Himmelreich, Valerie M. Hudson, Anton Korinek, Matthew Young und Baobao Zhang (Hg.), *The Handbook of AI Governance*. New York: Oxford University Press. Noch nicht erschienen.

Acemoglu, Daron, Philippe Aghion, Lint Barrage und David Hemous. Noch nicht erschienen. »Climate Change, Director Innovation, and the Energy Transition: The Long-Run Consequences of the Shale Gas Revolution«.

Acemoglu, Daron, Philippe Aghion, Leonardo Bursztyn und David Hemous. 2012. »The Environment and Directed Technical Change«. *American Economic Review* 102, Nr. 1, S. 131–166.

Acemoglu, Daron, Nicolas Ajzeman, Cevat Giray Aksoy, Martin Fiszbein und Carlos Molina. 2021. »(Successful) Democracies Breed Their Own Support«. NBER Diskussionspapier Nr. 29167, DOI:10.3386/w29167.

Acemoglu, Daron, Ufuk Akcigit, Harun Alp, Nicholas Bloom und William Kerr. 2018. »Innovation, Reallocation, and Growth«. *American Economic Review* 108, Nr. 11, S. 3450–3491.

Acemoglu, Daron, und David H. Autor. 2011. »Skills, Tasks and Technologies: Implications for Employment and Earnings«. *Handbook of Labor Economics* 4, S. 1043–1171.

Acemoglu, Daron, David H. Autor, David Dorn, Gordon H. Hanson und Brendan Price. 2014. »Return of the Solow Paradox? IT, Productivity, and Employment in US Manufacturing«. *American Economic Review* 104, Nr. 5, S. 394–399.

Acemoglu, Daron, David H. Autor, David Dorn, Gordon H. Hanson und Brendan Price. 2016. »Import Competition and the Great U.S. Employment Sag of the 2000s«. *Journal of Labor Economics* 34, S. S141–S198.

Acemoglu, Daron, David H. Autor, Jonathon Hazell und Pascual Restrepo. 2022. »AI and Jobs: Evidence from Online Vacancies«. *Journal of Labor Economics* 40 (S1), S. S293–S340.

Acemoglu, Daron, David H. Autor und Christina H. Patterson. Noch nicht erschienen. »Bottlenecks: Sectoral Imbalances in the U.S. Productivity Slowdown«. NBER Macroeconomics Annual.

Acemoglu, Daron, Alex Xi He und Daniel LeMaire. 2022. »Eclipse of Rent-Sharing: The Effects of Managers Business Education on Wages and the Labor Share in the US and Denmark«. NBER Diskussionspapier Nr. 29874, DOI:10.3386/w29874.

Acemoglu, Daron, und Simon Johnson. 2005. »Unbundling Institutions«. *Journal of Political Economy* 113, S. 949–995.

Acemoglu, Daron, und Simon Johnson. 2017. »It's Time to Found a New Republic«. *Foreign Policy*, 15. August, https://foreignpolicy.com/2017/08/15/its-time-to-found-a-new-republic.

Acemoglu, Daron, Simon Johnson und James A. Robinson. 2003. »An African Success Story: Botswana«. In: Dani Rodrik (Hg.). *In Search of Prosperity: Analytical Narratives on Economic Growth*, S. 80–119. Princeton: Princeton University Press.

Acemoglu, Daron, Simon Johnson und James A. Robinson. 2005a. »Institutions as Fundamental Determinants of Long-Run Growth«. In: Philippe Aghion und Steven Durlauf (Hg.). *Handbook of Economic Growth*, 1A, S. 385–472. Amsterdam: North-Holland.

Acemoglu, Daron, Simon Johnson und James A. Robinson. 2005b. »The Rise of Europe: Atlantic Trade, Institutional Change and Economic Growth«. *American Economic Review* 95, S. 546–579.

Acemoglu, Daron, Michael Jordan und Glen Weyl. 2021. »The Turing Test Is Bad for Business«. *Wired*, www.wired.com/story/artificial-intelligence-turing-test-economics-business.

Acemoglu, Daron, Claire Lelarge und Pascual Restrepo. 2020. »Competing with Robots: Firm-Level Evidence from France«. *American Economic Review Papers and Proceedings* 110, S. 383–388.

Acemoglu, Daron, und Joshua Linn. 2004. »Market Size in Innovation: Theory and Evidence from the Pharmaceutical Industry«. *Quarterly Journal of Economics* 119, S. 1049–1090.

Acemoglu, Daron, Ali Makhdoumi, Azarakhsh Malekian und Asu Ozdaglar. Noch nicht erschienen. »Too Much Data: Prices and Inefficiencies in Data Markets«. *American Economic Journal*.

Acemoglu, Daron, Andrea Manera und Pascual Restrepo. 2020. »Does the US Tax Code Favor Automation?«. *Brookings Papers on Economic Activity*, Nr. 1, S. 231–285.
Acemoglu, Daron, Suresh Naidu, Pascual Restrepo und James A. Robinson. 2019. »Democracy Does Cause Growth«. *Journal of Political Economy* 127, Nr. 1, S. 47–100.
Acemoglu, Daron, und Andrew F. Newman. 2002. »The Labor Marketing and Corporate Structure«. *European Economic Review* 46, Nr. 10, S. 1733–1756.
Acemoglu, Daron, Asu Ozdaglar und James Siderius. 2022. »A Model of Online Misinformation«. NBER Diskussionspapier Nr. 28884, DOI:10.3386/w28884.
Acemoglu, Daron, und Jörn-Steffen Pischke. 1998. »Why Do Firms Train? Theory and Evidence«. *Quarterly Journal of Economics* 113, Nr. 1, S. 79–119.
Acemoglu, Daron, und Jörn-Steffen Pischke. 1999. »The Structure of Wages and Investment in General Training«. *Journal of Political Economy* 107, Nr. 3, S. 539–572.
Acemoglu, Daron, und Pascual Restrepo. 2018. »The Race Between Machine and Man: Implications of Technology for Growth, Factor Shares and Employment«. *American Economic Review* 108, Nr. 6, S. 1488–1542.
Acemoglu, Daron, und Pascual Restrepo. 2019a. »Artificial Intelligence, Automation, and Work«. In: Ajay Agarwal, Joshua S. Gans und Avi Goldfarb (Hg.). *The Economics of Artificial Intelligence: An Agenda*. Chicago: University of Chicago Press, S. 197–236.
Acemoglu, Daron, und Pascual Restrepo. 2019b. »Automation and New Tasks: How Technology Changes Labor Demand«. *Journal of Economic Perspectives* 33, Nr. 2, S. 330.
Acemoglu, Daron, und Pascual Restrepo. 2020a. »Robots and Jobs: Evidence from U.S. Labor Markets«. *Journal of Political Economy* 128, Nr. 6, S. 2188–2244.
Acemoglu, Daron, und Pascual Restrepo. 2020b. »Unpacking Skill Bias: Automation and New Tasks«. *American Economic Review, Papers and Proceedings* 110, S. 356–361.
Acemoglu, Daron, und Pascual Restrepo. 2020c. »The Wrong Kind of AI«. *Cambridge Journal of Regions, Economy, and Society* 13, S. 25–35.
Acemoglu, Daron, und Pascual Restrepo. 2021. »Demographics and Automation«. *Review of Economic Studies* 89, Nr. 1, S. 1–44.
Acemoglu, Daron, und Pascual Restrepo. 2022. »Tasks, Automation, and the Rise in US Wage Equality«. *Econometrica* 90, Nr. 5, S. 1973–2016.
Acemoglu, Daron, und James A. Robinson. 2006a. »Economic Backwardness in Political Perspective«. *American Political Science Review* 100, Nr. 1, S. 15–31.
Acemoglu, Daron, und James A. Robinson. 2006b. *Economic Origins of Dictatorship and Democracy*. New York: Cambridge University Press.
Acemoglu, Daron, und James A. Robinson. 2013. *Warum Nationen scheitern: Die Ursprünge von Macht, Wohlstand und Armut*. Frankfurt a. M.: S. Fischer.
Acemoglu, Daron, und James A. Robinson. 2019. *Gleichgewicht der Macht: Der ewige Kampf zwischen Staat und Gesellschaft*. Frankfurt a. M.: S. Fischer.
Acemoglu, Daron, und Alexander Wolitzky. 2011. »The Economics of Labor Coercion«. *Econometrica* 79, Nr. 2, S. 555–600.
Acemoglu, Daron, und Fabrizio Zilibotti. 2001. »Productivity Differences«. *Quarterly Journal of Economics* 116, Nr. 2, S. 563–606.

Adena, Maja, Ruben Enikolopov, Maria Petrova, Veronica Santarosa und Ekaterina Zhuravskaya. 2015. »Radio and the Rise of the Nazis in Prewar Germany«. *Quarterly Journal of Economics* 130, Nr. 4, S. 1885–1939.

Ager, Philipp, Leah Boustan und Katherine Eriksson. 2021. »The Intergenerational Effects of a Large Wealth Shock: White Southerners After the Civil War«. *American Economic Review* 111, Nr. 11, S. 3767–3794.

Agrawal, Ajay, Joshua S. Gans und Avi Goldfarb. 2018. *Prediction Machines: The Simple Economics of Artificial Intelligence.* Cambridge: Harvard Business Review Press.

Agrawal, D. P. 2007. *The Indus Civilization: An Interdisciplinary Perspective.* Neu-Delhi: Aryan.

AIIM (Association for Intelligent Information Management). 2022. »What Is Robotic Process Automation?«, www.aiim.org/what-is-robotic-process-automation.

Alexander, Magnus. 1929. »The Economic Evolution of the United States: Its Background and Significance«. Vortrag beim World Engineering Congress, Tokio, November 1929. National Industrial Conference Board, New York.

Alexopoulos, Michelle, und Jon Cohen. 2016. »The Medium Is the Measure: Technical Change and Employment, 1909–1949«. *Review of Economics and Statistics* 98, Nr. 4, S. 792–810.

Allcott, Hunt, Luca Braghieri, Sarah Eichmeyer und Matthew Gentzkow. 2020. »The Welfare Effects of Social Media«. *American Economic Review* 110, Nr. 3, S. 629–676.

Allcott, Hunt, und Matthew Gentzkow. 2017. »Social Media and Fake News in the 2016 Election«. *Journal of Economic Perspectives* 31, S. 211–236.

Allcott, Hunt, Matthew Gentzkow und Lena Song. 2021. »Digital Addiction«. NBER Diskussionspapier Nr. 28936, DOI:10.3386/w28936.

Allcott, Hunt, Matthew Gentzkow und Chuan Yu. 2019. »Trends in the Diffusion of Misinformation on Social Media«. *Research and Politics* 6, Nr. 2, S. 1–8.

Allen, Robert C. 1992. *Enclosure and the Yeoman: The Agricultural Development of the South Midlands, 1450–1850.* Oxford: Clarendon.

Allen, Robert C. 2003. *Farm to Factory: A Reinterpretation of the Soviet Industrial Revolution.* Princeton: Princeton University Press.

Allen, Robert C. 2009a. *The British Industrial Revolution in Global Perspective.* New York: Cambridge University Press.

Allen, Robert C. 2009b. »How Prosperous Were the Romans? Evidence from Diocletian's Price Edict (301 ad)«. In: Alan Bowman und Andrew Wilson (Hg.). *Quantifying the Roman Economy: Methods and Problems.* Oxford: Oxford University Press, S. 327–345.

Ammen, Daniel. 1879. »The Proposed Interoceanic Ship Canal Across Nicaragua«. In: »Appendix A, Proceedings in the General Session of the Canal Congress in Paris, May 23, and in the 4th Commission«. *Journal of the American Geographical Society of New York* 11 (26. Mai), S. 153–160.

Andersen, Kurt. 2021. *Evil Geniuses: The Unmaking of America, a Recent History.* New York: Random House.

Anderson, Cameron, Sebastien Brion, Don A. Moore und Jessica A. Kennedy. 2012. »A Status-Enhancement Account of Overconfidence«. *Journal of Personality and Social Psychology* 103, Nr. 4, S. 718–735.

Anderson, Janna, und Lee Rainie. 2018. »Improvements Ahead: How Humans and AI Might Evolve Together in the Next Decade«. Pew Research Center, 10. Dezember, www.pewresearch.org/internet/2018/12/10/improvements-ahead-how-humans-and-ai-might-evolve-together-in-the-next-decade.

Andrews, Dan, Chiara Criscuolo und Peter N. Gal. 2016. »The Best vs. the Rest: The Global Productivity Slowdown, Divergence across Firms in the Role of Public Policy«. OECD Diskussionspapier Nr. 5, www.oecd-ilibrary.org/economics/the-best-versus-the-rest_63629cc9-en.

Appelbaum, Binyamin. 2019. *Economists' Hour: False Prophets, Free Markets, and the Fracture of Society.* New York: Little, Brown.

Applebaum, Anne. 2019. *Roter Hunger: Stalins Krieg gegen die Ukraine.* München: Siedler.

Arendt, Hannah. 1978. »Totalitarianism: Interview with Roger Errera«. *New York Review of Books*, www.nybooks.com/articles/1978/10/26/hannah-arendt-from-an-interview.

Arrow, Kenneth J. 1962. »The Economic Implications of Learning by Doing«. *Review of Economic Studies* 29, S. 155–173.

Ash, Elliott, Daniel L. Chen und Suresh Naidu. 2022. »Ideas Have Consequences: The Impact of Law and Economics on American Justice«. NBER Diskussionspapier Nr. 29788. DOI:10.3386/w29788.

Ashton, T. S. 1986. *The Industrial Revolution 1760–1830.* Oxford: Oxford University Press.

Asimov, Isaac. 1989. »Interview with Bill Moyers«. In: Betty Sue Flowers (Hg.). *Bill Moyers: A World of Ideas.* New York: Doubleday, S. 265–278.

Atkinson, Anthony B., und Joseph E. Stiglitz. 1969. »A New View of Technological Change«. *Economic Journal* 79, Nr. 315, S. 573–578.

Atkinson, Rick. 2002. *An Army at Dawn: The War in North Africa, 1942–1943.* New York: Henry Holt.

Auerbach, Jeffrey A. 1999. *The Great Exhibition of 1851: A Nation on Display.* New Haven: Yale University Press.

Autor, David H. 2014. »Skills, Education, and the Rise of Earnings Inequality Among the Other 99 Percent«. *Science* 344, Nr. 6186, S. 843–851.

Autor, David H. 2019. »Work of the Past, Work of the Future«. *American Economic Review, Papers and Proceedings* 109, S. 1–32.

Autor, David H., Caroline Chin, Anna Salomons und Bryan Seegmiller. 2022. »New Frontiers: The Origins and Content of New Work, 1940–2018«. NBER Diskussionspapier Nr. 30389. DOI:10.3386/w30389.

Autor, David H., und David Dorn. 2013. »The Growth of Low-Skill Service Jobs and the Polarization of the U.S. Labor Market«. *American Economic Review* 103, Nr. 5, S. 1553–1597.

Autor, David H., David Dorn und Gordon H. Hanson. 2013. »The China Syndrome: Local Labor Market Effects of Import Competition in the United States«. *American Economic Review* 103, S. 2121–2168.

Autor, David H., David Dorn und Gordon Hanson. 2019. »When Work Disappears: How Adverse Labor Market Shocks Affect Fertility, Marriage, and Children's Living Circumstances«. *American Economic Review: Insights* 1, Nr. 2, S. 161–178.

Autor, David H., Lawrence Katz und Melissa Kearney. 2008. »Trends in U.S. Wage Inequality: Revising the Revisionists«. *Review of Economics and Statistics* 90, Nr. 2, S. 300–323.

Autor, David H., Frank Levy und Richard J. Murnane. 2002. »Upstairs, Downstairs: Computers and Skills on Two Floors of a Large Bank«. *Industrial Labor Relations Review* 55, Nr. 3, S. 432–447.

Autor, David H., Frank Levy und Richard J. Murnane. 2003. »The Skill Content of Recent Technological Change: An Empirical Exploration«. *Quarterly Journal of Economics*, 118, Nr. 4, S. 1279–1333.

Babbage, Charles. 1851 [1968]. *The Exposition of 1851; Or, Views of the Industry, the Science, and the Government of England*, 2. Aufl. Abingdon: Routledge.

Bacon, Francis. 1620 [1870]. Novum Organum (Große Erneuerung der Wissenschaften), http://www.zeno.org/Philosophie/M/Bacon,+Francis/Gro%C3%9Fe+Erneuerung+der+Wissenschaften/Neues+Organon/Zweites+Buch.

Baines, Edward. 1835. *History of the Cotton Manufacture in Great Britain*. London: Fisher, Fisher, and Jackson.

Baldwin, Peter. 1990. *The Politics of Social Solidarity: Class Basis of the European Welfare State 1875–1975*. Cambridge: Cambridge University Press.

Banerjee, Abhijit V., Shawn Cole, Esther Duflo und Leigh Linden. 2007. »Remedying Education: Evidence from Two Randomized Experiments in India«. *Quarterly Journal of Economics*, 122, Nr. 3, S. 1235–1264.

Baptist, Edward E. 2014. *The Half Has Never Been Told: Slavery and the Making of American Capitalism*. New York: Basic Books.

Barker, Juliet. 2014. *1381: The Year of the Peasants' Revolt*. Cambridge: Harvard University Press.

Barlow, Frank. 1999. *The Feudal Kingdom of England, 1042–1216*, 5. Aufl. London: Routledge.

Baron, Joseph L. 1996. *A Treasury of Jewish Quotations*. Lanham: Jason Aronson.

Baron-Cohen, Simon, Alan M. Leslie und Uta Frith. 1985. »Does the Autistic Child Have a ›Theory of Mind‹?«. *Cognition* 21, Nr. 1, S. 37–46.

Barro, Robert, und Xavier Sala-i-Martin. 2004. *Economic Growth*. Cambridge: MIT Press.

Basu, Susanto, und David N. Weil. 1998. »Appropriate Technology and Growth«. *Quarterly Journal of Economics* 113, Nr. 4, S. 1025–1054.

Beatty, Charles. 1956. *De Lesseps of Suez: The Man and His Times*. New York: Harper.

Becker, Gary S. 1993. *Human Capital*, 3. Aufl. Chicago: University of Chicago Press.

Beckert, Sven. 2014. *King Cotton: Eine Geschichte des globalen Kapitalismus*. München: C. H. Beck.

Bentham, Jeremy. 1791 [2013]. *Das Panoptikum*. Berlin: Matthes & Seitz.

Beraja, Martin, Andrew Kao, David Y. Yang und Noam Yuchtman. 2021. »AI-tocracy«. NBER Diskussionspapier Nr. 29466. DOI:10.3386/w29466.

Beraja, Martin, David Y. Yang und Noam Yuchtman. 2020. »Data-Intensive Innovation and the State: Evidence from AI Firms in China«. NBER Diskussionspapier Nr. 27723. DOI:10.3386/w27723.

Berg, Maxine. 1980. *The Machinery Question in the Making of Political Economy 1815–1848*. Cambridge: Cambridge University Press.

Bergeaud, Antonin, Gilbert Cette und Remy Lecat. 2016. »Productivity Trends in Advanced Countries Between 1890 and 2012«. *Review of Income and Wealth* 62, Nr. 3, S. 420–444.

Bergman, Ronen, und Mark Mazzetti. 2022. »The Battle for the World's Most Powerful Cyberweapon«. *New York Times Magazine*, 28. Januar (aktualisiert am 31. Januar).
Berman, Sheri. 2006. *The Primacy of Politics: Social Democracy in the Making of Europe's 20th Century*. New York: Cambridge University Press.
Bernays, Edward L. 1928 [2011]. *Propaganda: Die Kunst der Public Relations*. Freiburg i. Br.: Orange Press.
Bernstein, Peter L. 2005. *Wedding of the Waters: The Erie Canal and the Making of a Great Nation*. New York: W. W. Norton.
Besley, Timothy, und Torsten Persson. 2011. *The Pillars of Prosperity*. Princeton: Princeton University Press.
Beveridge, William H. 1942. »Social Insurance and Allied Services«. Im britischen Parlament vorgelegt im November 1942, http://pombo.free.fr/beveridge42.pdf.
Blake, Robert. 1966. *Disraeli*. London: Faber and Faber.
Blodget, Henry. 2009. »Mark Zuckerberg on Innovation«. *Business Insider*, 1. Oktober, www.businessinsider.com/mark-zuckerberg-innovation-2009-10.
Bloom, Benjamin. 1984. »The Two Sigma Problem: The Search for Methods of Proof Instruction as Effective as One-to-One Tutoring«. *Educational Researcher* 13, Nr. 6, S. 4–16.
Bloom, Nicholas, Charles I. Jones, John Van Reenen und Michael Webb. 2020. »Are Ideas Getting Harder to Find?« *American Economic Review* 110, Nr. 4, S. 1104–1144.
Bonin, Hubert. 2010. *History of the Suez Canal Company, 1858–2008: Between Controversy and Utility*. Genf: Librairie Droz.
Boston Review. 2020. »Taxing the Superrich«. Forum, 17. März, https://bostonreview.net/forum/gabriel-zucman-taxing-superrich.
Bostrom, Nick. 2013 [2014]. *Superintelligenz: Szenarien einer kommenden Revolution*. Berlin: Suhrkamp.
Boudette, Neal. 2018. »Inside Tesla's Audacious Push to Reinvent the Way Cars Are Made«. *New York Times*, 30. Juni, www.nytimes.com/2018/06/30/business/tesla-factory-musk.html.
Boustan, Leah Platt, Jiwon Choi und David Clingingsmith. 2022. »Automation After the Assembly Line: Computerized Machine Tools, Employment and Productivity in the United States«. NBER Diskussionspapier Nr. 30400, Oktober.
Brady, William J., Julian A. Wills, John T. Jost, Joshua A. Tucker und Jay J. Van Bavel. 2017. »Emotion Shapes the Diffusion of Moralized Content in Social Networks«. *Proceedings of the National Academy of Sciences* 114, Nr. 28, S. 7313–7318.
Braghieri, Luca, Ro'ee Levy und Alexey Makarin. 2022. »Social Media and Mental Health«. SSRN Diskussionspapier, https://papers.ssrn.com/sol3/papers.cfm?abstract_id=3919760.
Brecht, Bertolt. 1976. Gesammelte Gedichte. 4 Bde. Frankfurt a. M.: Suhrkamp.
Brenner, Robert. 1976. »Agrarian Class Structure and Economic Development in Preindustrial Europe«. *Past and Present* 70, S. 30–75.
Brenner, Robert. 1993. *Merchants and Revolution*. Princeton: Princeton University Press.
Brenner, Robert, und Christopher Isett. 2002. »England's Divergence from China's Yangzi Delta: Property Relations, Microeconomics, and Patterns of Development«. *Journal of Asian Studies* 61, Nr. 2, S. 609–662.

Bresnahan, Timothy F., und Manuel Trajtenberg. 1995. »General-Purpose Technologies: Engines of Growth?«. *Journal of Econometrics* 65, Nr. 1, S. 83–108.
Briggs, Asa. 1959. *Chartist Studies*. London: Macmillan.
Brin, Sergey, und Lawrence Page. 1998. »The Anatomy of a Large-Scale Hypertextual Web Search Engine«. *Computer Networks and ISDN Systems* 30, S. 107–117.
Brinkley, Alan. 1983. *Voices of Protest: Huey Long, Father Coughlin, and the Great Depression*. New York: Vintage.
Brinkley, Alan. 1989. »The New Deal and the Idea of the State«. In: Steve Fraser und Gary Gerstle, *The Rise and Fall of the New Deal Order, 1930–1980*, Princeton: Princeton University Press, S. 85–121.
Broodbank, Cyprian. 2013. *The Making of the Middle Sea: A History of the Mediterranean from the Beginning to the Emergence of the Classical World*. Oxford: Oxford University Press.
Brothwell, Don, und Patricia Brothwell. 1969. *Food in Antiquity: A Survey of the Diet of Early Peoples*. Baltimore: Johns Hopkins University Press.
Brown, John. 1854 [2001]. *Slave Life in Georgia: A Narrative of the Life, Sufferings, and Escape of John Brown, a Fugitive Slave, Now in England*. Hg. Louis Alexis Chamerovzow, https://docsouth.unc.edu/neh/jbrown/jbrown.html.
Brown, Megan A., James Bisbee, Angela Lai, Richard Bonneau, Jonathan Nagler und Joshua A. Tucker. 2022. Echo Chambers, Rabbit Holes, and Algorithmic Bias: How YouTube Recommends Content to Real Users«. 25. Mai, https://ssrn.com/abstract=4114905.
Brundage, Vernon Jr. 2017. »Profile of the Labor Force by Educational Attainment«. US Bureau of Labor Statistics, Spotlight on Statistics, www.bls.gov/spotlight/2017/educational-attainment-of-the-labor-force.
Brynjolfsson, Erik, und Andrew McAfee. 2014. *The Second Machine Age: Work, Progress, and Prosperity in a Time of Brilliant Technologies*. New York: W. W. Norton.
Buchanan, Angus. 2001. *Brunel: The Life and Times of Isambard Kingdom Brunel*. London: Bloomsbury.
Buchanan, Robertson. 1841. *Practical Essays on Millwork and Other Machinery*, 3. Aufl. London: John Weale.
Buchel, Bettina, und Dario Floreano. 2018. »Tesla's Problem: Overestimating Automation, Underestimating Humans«. *Conversation*, 2. Mai, https://theconversation.com/teslas-problem-overestimating-automation-underestimating-humans-95388.
Buckley, William F. Jr. 1955. »Our Mission Statement«. *National Review*, 19. November, www.nationalreview.com/1955/11/our-mission-statement-william-f-buckley-jr.
Burgin, Angus. 2015. *The Great Persuasion: Reinventing Free-Markets Since the Great Depression*. Cambridge: Harvard University Press.
Burke, Edmund. 1795. *Thoughts and Details on Scarcity*. London: F. and C. Rivington.
Burton, Janet. 1994. *Monastic and Religious Orders in Britain, 1000–1300*, Cambridge Medieval Textbooks. Cambridge: Cambridge University Press.
Buttelmann, David, Malinda Carpenter, Josep Call und Michael Tomasello. 2007. »Enculturated Chimpanzees Imitate Rationally«. *Developmental Science* 10, Nr. 4, S. F31–F38.
Butterfield, Herbert. 1965. *The Whig Interpretation of History*. New York: W. W. Norton.

Calhoun, John C. 1837. »The Positive Good of Slavery«. Rede im US-Senat, 6. Februar.
Cantoni, Davide, Yuyu Chen, David Y. Yang, Noam Yuchtman und Y. Jane Zhang. 2017. »Curriculum and Ideology«. *Journal of Political Economy* 125, Nr. 1, S. 338–392.
Cantoni, Davide, David Y. Yang, Noam Yuchtman und Y. Jane Zhang. 2019. »Protests as Strategic Games: Experimental Evidence from Hong Kong's Antiauthoritarian Movement«. *Quarterly Journal of Economics* 134, Nr. 2, S. 1021–1077.
Čapek, Karel. 1920 [1922]. *W.U.R., Werstands Universal Robots: Utopistisches Kollektivdrama in 3 Aufzügen*. Prag: Orbis / Leipzig: Cnobloch.
Čapek, Karel. 1929 [2010]. *Das Jahr des Gärtners*. Berlin: Aufbau.
Card, David, und Alan Krueger. 2015. *Myth and Measurement: The New Economics of the Minimum Wage*, 20th anniversary ed. Princeton: Princeton University Press.
Carlyle, Thomas. 1829. »Signs of the Times«. *Edinburgh Review* 49, S. 490–506.
Carpenter, Malinda, Josep Call und Michael Tomasello. 2005. »Twelve and 18-Month-Olds Copy Actions in Terms of Goals«. *Developmental Science* 8, Nr. 1, S. F13–F20.
Cartwright, Frederick F., und Michael Biddiss. 2004. *Disease & History*. Phoenix Mill: Sutton.
Carus-Wilson, E. M. 1941. »An Industrial Revolution of the Thirteenth Century«. *Economic History Review* 11, Nr. 1, S. 39–60.
Case, Ann, und Angus Deaton. 2022. *Tod aus Verzweiflung: Der Untergang der amerikanischen Arbeiterklasse und das Ende des amerikanischen Traums*. Kulmbach: Plassen.
Cauvin, Jacques. 2007. *The Birth of the Gods and the Origins of Agriculture*. Cambridge: Cambridge University Press.
Centennial Spotlight. 2021. *The Complete Guide to the Medieval Times*. Miami: Centennial Media.
Centers for Disease Control and Prevention. 2019. »1918 Pandemic (H1N1 Virus)«, www.cdc.gov/flu/pandemic-resources/1918-pandemic-h1n1.html.
Chafkin, Max. 2021. *Peter Thiel: Wie der Pate des Silicon Valley die Welt beherrscht*. München: Finanzbuch Verlag.
Chan, Wilfred. 2021. »A First Look at Our New Magazine«. *New_Public*, 12. September, https://newpublic.substack.com/p/-a-first-look-at-our-new-magazine?s=r.
Chandler, David G. 1974. *Napoleon*. München: List.
Chase, Brad. 2010. »Social Change at the Harappan Settlement of Gola Dhoro: A Reading from Animal Bones«. *Antiquity* 84, S. 528–543.
Chen, Yuyu, und David Y. Yang. 2019. »The Impact of Media Censorship: *1984* or *Brave New World*?«. *American Economic Review* 109, Nr. 6, S. 2294–2332.
Chernoff, Alex, und Casey Warman. 2021. »COVID-19 and Implications for Automation«. Bank of Canada, Staff Working Paper 2021-25, 31. Mai, www.bankofcanada.ca/wp-content/uploads/2021/05/swp2021-25.pdf.
Chetty, Raj, Nathaniel Hendren, Patrick Kline und Emmanuel Saez. 2014. »Where Is the Land of Opportunity? The Geography of Intergenerational Mobility in the United States«. *Quarterly Journal of Economics* 129, Nr. 4 (November), S. 1553–1623.
Childe, Gordon. 1950. »The Urban Revolution«. *Town Planning Review* 21, Nr. 1 (April), S. 3–17.
Chollet, François. 2017. »The Implausibility of Intelligence Explosion«. *Medium*, November 27, https://medium.com/@francois.chollet/the-impossibility-of-intelligence-explosion-5be4a9eda6ec.

Chollet, François. 2019. »On the Measure of Intelligence«. Arbeitspapier, https://arxiv.org/pdf/1911.01547.pdf?ref=https://githubhelp.com.

Christian, Brian. 2020. *The Alignment Problem: Machine Learning and Human Values.* New York: W. W. Norton.

Chudek, Maciej, Sarah Heller, Susan Birch und Joseph Henrich. 2012. »Prestige-Biased Cultural Learning: Bystander's Differential Attention to Potential Models Influences Children's Learning«. *Evolution and Human Behavior* 33, Nr. 1, S. 46–56.

Cialdini, Robert B. 2013. *Die Psychologie des Überzeugens: Wie Sie sich selbst und Ihren Mitmenschen auf die Schliche kommen*, 7. Aufl. Bern: Huber.

Cinelli, Matteo, Gianmarco De Francisci Morales, Alessandro Galeazzi, Walter Quattrociocchi und Michele Starnini. 2021. »The Echo Chamber Effect on Social Media«. *Proceedings of the National Academy of Sciences* 118, Nr. 9, www.pnas.org/doi/10.1073/pnas.2023301118.

Cipolla, Carlo M. (Hg.). 1978. *Europäische Wirtschaftsgeschichte.* Bd. 1: *Das Mittelalter.* Stuttgart: Fischer.

Cipolla, Carlo M. 1972. »The Origins«. In: Cipolla (Hg.). *The Fontana Economic History of Europe: The Middle Ages*, London: Collins/Fontana, S. 11–24.

Clinton, Hillary Rodham. 2010. »Remarks on Internet Freedom«. *Newseum*, 10. Januar, https://2009-2017.state.gov/secretary/20092013clinton/rm/2010/01/135519.htm.

Cohen, Sacha Baron. 2019. »Keynote Address«. ADL, Never Is Now Summit on Anti-Semitism and Hate, 21. November, www.adl.org/news/article/sacha-baron-cohens-keynote-address-at-adls-2019-never-is-now-summit-on-anti-semitism.

Collins, Andrew. 2014. *Gobekli Tepe: Genesis of the Gods. The Temple of the Watchers and the Discovery of Eden.* Rochester: Bear.

Colvin, Fred H. 1913a. »Building an Automobile Every 40 Seconds«. *American Machinist* 38, Nr. 19 (8. Mai), S. 757–762.

Colvin, Fred H. 1913b. »Special Machines for Auto Small Parts«. *American Machinist* 39, Nr. 11 (11. September), S. 439–443.

Congrès international d'études du canal interocéanique. 1879. *Compte Rendu des Séances.* 15.–29. Mai. Paris: Emile Martinet.

Conquest, Robert. 1988. *Ernte des Todes: Stalins Holocaust in der Ukraine, 1929–1933.* München: Langen Müller.

Cooke, Morris Llewellyn. 1929. »Some Observations on Workers' Organizations«. Presidential Address Before the Fifteenth Annual Meeting of the Taylor Society, 6. Dezember 1928. *Bulletin of the Taylor Society* 14, Nr. 1 (Februar), S. 2–10.

Corak, Miles. 2013. »Income Inequality, Equality of Opportunity, and Intergenerational Mobility«. *Journal of Economic Perspectives* 27, Nr. 3 (Sommer), S. 79–102.

Cowen, Tyler. 2010. *The Great Stagnation.* New York: Dutton.

CQ Researcher. 1945. »Automobiles in the Postwar Economy«, https://library.cqpress.com/cqresearcher/document.php?id=cqresrre1945082100.

Crafts, Nicholas F. R. 1977. »Industrial Revolution in England and France: Some Thoughts on the Question, Why Was England First?«. *Economic History Review* 30, Nr. 3, S. 429–441.

Crafts, Nicholas, F. R. 2011. »Explaining the First Industrial Revolution: Two Views«. *European Economic History Review* 15, Nr. 1, S. 153–168.

Crawford, Kate. 2021. *Atlas of AI: Power, Politics, and the Planetary Cost of Artificial Intelligence.* New Haven: Yale University Press.

Crouzet, François. 1985. *The First Industrialists: The Problem of Origins*. New York: Cambridge University Press.

Curtin, Philip D. 1998. *Disease and Empire: The Health of European Troops in the Conquest of Africa*. Cambridge: Cambridge University Press.

Dalhousie, Lord. 1850. »Minute by Dalhousie on Introduction of Railways in India«. In: Roopa Srinivasan, Manish Tiwari und Sandeep Silas (Hg.). 2006. *Our Indian Railway*. Delhi: Foundation Books, Kapitel 2.

Dallas, R. C. 1824. *Recollections of the Life of Lord Byron, from the Year 1808 to the End of 1814*. London: Charles Knight.

Dalton, Hugh. 1986. *The Second World War Diary of Hugh Dalton, 1940–45*. London: Jonathan Cape.

Daly, Mary C., Bart Hobijn und Joseph H. Pedtke. 2017. »Disappointing Facts About the Black-White Wage Gap«. *FRBSF Economic Letter*, Federal Reserve Bank of San Francisco, 5. September.

Dauth, Wolfgang, Sebastian Findeisen, Jens Südekum und Nicole Wössner. 2021. »The Adjustment of Labor Markets to Robots«. *Journal of the European Economic Association* 19, Nr. 6, S. 3104–3153.

Davenport, Thomas H. 1992. *Process Innovation: Reengineering Work Through Information Technology*. Cambridge: Harvard Business Review Press.

David, Paul A. 1989. »Computer and Dynamo: The Modern Productivity Paradox in a Not-too-Distant Mirror«, www.gwern.net/docs/economics/automation/1989-david.pdf.

David, Paul A., und Gavin Wright. 2003. »General Purpose Technologies and Surges in Productivity: Historical Reflections on the Future of the ICT Revolution«. In: Paul A. David und Mark Thomas (Hg.). *The Economic Future in Historical Perspective*. Oxford: Oxford University Press, S. 135–166.

Davies, R. W., und Stephen G. Wheatcroft. 2006. »Stalin and the Soviet Famine of 1932–33: A Reply to Ellman«. *Europe-Asia Studies* 58, Nr. 4 (Juni), S. 625–633.

Dawkins, Richard. 1979. *Das egoistische Gen*. Berlin: Springer.

De Brakelond, Jocelin. 1190er Jahre [1903]. *The Chronicle of Jocelin of Brakelond: A Picture of Monastic Life in the Days of Abbot Samson*. London: De La More.

De Vries, Jan. 2008. *The Industrious Revolution: Consumer Behavior and the Household Economy, 1650 to the Present*. Cambridge: Cambridge University Press.

Deaton, Angus. 2017. *Der große Ausbruch: Von Armut und Wohlstand der Nationen*. Stuttgart: Klett-Cotta.

Defoe, Daniel. 1697 [2006]. *Ein Essay über Projekte*. Wien/Berlin: Springer.

Deming, David J. 2017. »The Growing Importance of Social Skills in the Labor Marketing«. *Quarterly Journal of Economics* 132, Nr. 4, S. 1593–1640.

Denning, Amy. 2012. »How Much Did the Gothic Churches Cost? An Estimate of Ecclesiastical Building Costs in the Paris Basin Between 1100–1250«. Bachelor-These, Florida Atlantic University, www.medievalists.net/2019/04/how-much-did-the-gothic-churches-cost-an-estimate-of-ecclesiastical-building-costs-in-the-paris-basin-between-1100-1250.

Deutsch, Karl. 1969. *Politische Kybernetik: Modelle und Perspektiven*. Freiburg i. Breisgau: Rombach.

Diamandis, Peter H., und Steven Kotler. 2014. *Abundance: The Future Is Better Than You Think*. New York: Free Press.

Diamond, Peter. 1982. »Wage Determination and Efficiency in Search Equilibrium«. *Review of Economic Studies* 49, Nr. 2, S. 217–227.
Dickson, Bruce J. 2021. *The Party and the People: Chinese Politics in the 21st Century.* Princeton: Princeton University Press.
Digital History. 2021. »Ralph Nader and the Consumer Movement«, www.digitalhistory.uh.edu/disp_textbook.cfm?smtid=2&psid=3351.
Disraeli, Benjamin. 1872. »Speech of the Right Hon. B. Disraeli, M.P.«. Free Trade Hall, Manchester, 3. April.
Ditum, Sarah. 2019. »How YouTube's Algorithms to keep us watching are helping to radicalise viewers«. *New Statesman*, 31. Juli, www.newstatesman.com/science-tech/2019/07/how-youtube-s-algorithms-keep-us-watching-are-helping-radicalise.
Dobson, R. B. 1970. *The Peasants' Revolt of 1381.* London: Macmillan.
Donnelly, F. K. 1976. »Ideology and Early English Working-Class History: Edward Thompson and His Critics«. *Social History* 1, Nr. 2, S. 219–238.
Dorn, David. 2009. *Essays on Inequality, Spatial Interaction, and the Demand for Skills.* Dissertationsschrift, Universität St. Gallen.
Douglas, Paul H. 1930a. »Technological Unemployment«. *American Federationist* 37, Nr. 8 (August), S. 923–950.
Douglas, Paul H. 1930b. »Technological Unemployment: Measurement of Elasticity of Demand as a Basis of Prediction of Labor Displacement«. *Bulletin of Taylor Society* 15, Nr. 6, S. 254–270.
Drandakis, E. M., und Edmund Phelps. 1966. »A Model of Induced Invention, Growth and Distribution«. *Economic Journal* 76, S. 823–840.
Du Bois, W. E. B. 1903 [2008]. *The Souls of Black Folk: Die Seelen der Schwarzen.* Freiburg i.Br.: Orange Press.
Duby, Georges. 1977. *Krieger und Bauern: Die Entwicklung von Wirtschaft und Gesellschaft im frühen Mittelalter.* Frankfurt a. M.: Syndikat.
Duby, Georges. 1981. *Die drei Ordnungen: Das Weltbild des Feudalismus.* Frankfurt a. M.: Suhrkamp.
Dunnigan, James F., und Albert A. Nofi. 1995. *Victory at Sea: World War II in the Pacific.* New York: William Morrow.
DuVal, Miles P. Jr. 1947. *And the Mountains Will Move.* Stanford: Stanford University Press.
Dyer, Christopher. 1989. *Standards of Living in the Later Middle Ages: Social Change in England c. 1200–1520.* Cambridge Medieval Textbooks. Cambridge: Cambridge University Press.
Dyer, Christopher. 2002. *Making a Living in the Middle Ages: The People of Britain 850–1520.* New Haven: Yale University Press.
Dyson, George. 2014. *Turings Kathedrale: Die Ursprünge des digitalen Zeitalters.* Berlin: Propyläen.
Eavis, Peter. 2022. »A Starbucks Store in Seattle, the Company's Hometown, Votes to Unionize«. *New York Times*, 22. März.
Ellman, Michael. 2002. »Soviet Repression Statistics: Some Comments«. *Europe-Asia Studies* 54, Nr. 7, S. 1151–1172.
Elvin, Mark. 1973. *The Pattern of the Chinese Past.* Stanford: Stanford University Press.
Engels, Friedrich. 1845 [1962]. »Die Lage der arbeitenden Klasse in England«. In: Insti-

tut für Marxismus-Leninismus beim ZK der SED (Hg.). *Karl Marx – Friedrich Engels Werke*, Bd. 2. Ost-Berlin: Dietz, S. 225–506.
Enikolopov, Ruben, Alexey Makarin und Maria Petrova. 2020. »Social Media and Protest Participation: Evidence from Russia«. *Econometrica* 88, Nr. 4, S. 1479–1514.
Ertman, Thomas. 1997. *Birth of the Leviathan: Building States and Regimes in Medieval and Early Modern Europe*. New York: Cambridge University Press.
Essinger, Jesse. 2004. *Jacquard's Web: How a Hand-Loom Led to the Birth of the Information Age*. Oxford: Oxford University Press.
Evans, Eric J. 1996. *The Forging of the Modern State: Early Industrial Britain, 1783–1870*, 2. Aufl. New York: Longman.
Evans, M. Stanton. 1965. *The Liberal Establishment: Who Runs America … and How*. New York: Devin-Adair.
Evans, Richard J. 2004. *Das Dritte Reich*, Bd. 1: *Aufstieg*. München: Deutsche Verlags-Anstalt.
Evans, Robert. 2018. »From Memes to Infowars: How 75 Fascist Activists Were ›Red-Pilled‹«, bell.ngcat.www.bellingcat.com/news/americas/2018/10/11/memes-infowars-75-fascist-activists-red-pilled.
Evanson, Robert E., und Douglas Gollin. 2003. »Assessing the Impact of the Green Revolution, 1960 to 2000«. *Science* 300, Nr. 5620, S. 758–762.
Everitt, B. S., und A. Skrondal A. 2010. *Cambridge Dictionary of Statistics*. Cambridge: Cambridge University Press.
Feenstra, Robert C., Robert Inklaar und Marcel P. Timmer. 2015. »The Next Generation of the Penn World Table«. *American Economic Review* 105, Nr. 10, S. 3150–3182. www.ggdc.net/pwt.
Feigenbaum, James, und Daniel P. Gross. 2022. »Answering the Call of Automation: How the Labor Market Adjusted to the Mechanization of Telephone Operation«. NBER Diskussionspapier Nr. w28061, überarbeitet am 30. April, DOI:10.3386/w28061.
Feinstein, Charles H. 1998. »Pessimism Perpetuated: Real Wages and the Standard of Living in Britain During and After the Industrial Revolution«. *Journal of Economic History*, 58, Nr. 3, S. 625–658.
Feldman, Noah. 2021. *Takeover: How a Conservative Student Club Captured the Supreme Court*. Hörbuch, www.pushkin.fm/audiobooks/takeover-how-a-conservative-student-club-captured-the-supreme-court.
Feldstein, Steven. 2019. »The Global Expansion of AI Surveillance«. Carnegie Endowment for International Peace, Arbeitspapier, https://carnegieendowment.org/2019/09/17/global-expansion-of-ai-surveillance-pub-79847.
Ferenstein, Gregory. 2017. »The Disrupters: Silicon Valley Elites' Vision of the Future«. *City Journal*, Winter 2017, www.city-journal.org/html/disrupters-14950.html.
Fergusson, Leopoldo, und Carlos Molina. Noch nicht erschienen. »Facebook and International Trade«.
Fernald, John. 2014. »A Quarterly, Utilization-Adjusted Series on Total Factor Productivity«. Arbeitspapier 2012-19, Federal Reserve Bank San Francisco, https://doi.org/10.24148/wp2012-19.
Ferneyhough, Frank. 1975. *The History of Railways in Britain*. Reading: Osprey.
Ferneyhough, Frank. 1980. *Liverpool & Manchester Railway, 1830–1980*. London: Hale.

Field, Joshua. 1848. »Presidential Address«. *Proceedings of the Institute of Civil Engineers*, 1. Februar, www.icevirtuallibrary.com/doi/epdf/10.1680/imotp.1848.24213.
Fine, Sidney. 1969. *Sit-Down: The General Motors Strike of 1936–1937*. Michigan: University of Michigan Press.
Finer, S. E. 1952. *The Life and Times of Sir Edwin Chadwick*. London: Routledge.
Finkelstein, Amy. 2004. »Static and Dynamic Effects of Health Policy: Evidence from the Vaccine Industry«. *Quarterly Journal of Economics* 119, S. 527–564.
Fiszbein, Martin, Jeanne Lafortune, Ethan G. Lewis und Jose Tessada. 2020. »New Technologies, Productivity, and Jobs: The (Heterogeneous) Effects of Electrification on US Manufacturing«. NBER Diskussionspapier Nr. 28076, DOI:10.3386/w28076.
Flannery, Kent, und Joyce Marcus. 2012. *The Creation of Inequality: How Our Prehistoric Ancestors Set the Stage for Monarchy, Slavery, and Empire*. Cambridge: Harvard University Press.
Foer, Franklin. 2018. *Welt ohne Geist: Wie das Silicon Valley freies Denken und Selbstbestimmung bedroht*. München: Blessing.
Foner, Eric. 1989. *Reconstruction: America's Unfinished Revolution, 1863–1877*. New York: Harper Perennial.
Ford, Henry. 1926. »Mass Production«. In: J. L. Garvin (Hg.). *Encyclopedia Britannica*, 13. Aufl., Ergänzungsband 2, S. 821–823.
Ford, Henry, 1931. *Mein Freund Edison*. Leipzig: Paul List.
Ford, Martin. 2021. *Rule of the Robots: How Artificial Intelligence Will Transform Everything*. New York: Basic Books.
Fox, H. S. A. 1986. »The Alleged Transformation from Two-Field to Three-Field Systems in Medieval England«. *Economic History Review* 39, Nr. 4 (November), S. 526–548.
Fraser, Steve, und Gary Gerstle. 1989. *The Rise and Fall of the New Deal Order, 1930–1980*. Princeton: Princeton University Press.
Freeman, Joshua B. 2018. *Behemoth: A History of the Factory and the Making of the Modern World*. New York: W. W. Norton.
Frenkel, Sheera, und Cecelia Kang. 2021. *Inside Facebook: Die hässliche Wahrheit*. Frankfurt a. M.: S. Fischer.
Frey, Carl Benedikt. 2019. *The Technology Trap: Capital, Labor, and Power in the Age of Automation*. Princeton: Princeton University Press.
Frey, Carl Benedikt, und Michael A. Osborne. 2013. »The Future of Employment: How Susceptible Are Jobs to Computerisation?«. Mimeo. Oxford Martin School.
Fried, Ina. 2015. »Google Self-Driving Car Chief Wants Tech on the Market Within Five Years«. *Vox*, 17. März, www.vox.com/2015/3/17/11560406/google-self-driving-car-chief-wants-tech-on-the-market-within-five.
Friedman, Milton. 1970. »A Friedman Doctrine – the Social Responsibility of Business Is to Increase Its Profits«. *New York Times*, 13. September, www.nytimes.com/1970/09/13/archives/a-friedman-doctrine-the-social-responsibility-of-business-is-to.html.
Gaither, Sarah E., Evan P. Apfelbaum, Hannah J. Birnbaum, Laura G. Babbitt und Samuel R. Sommers. 2018. »Mere Membership in Racially Diverse Groups Reduces Conformity«. *Social Psychological and Personality Science* 9, Nr. 4, S. 402–410.
Galbraith, John Kenneth. 1956. *Der amerikanische Kapitalismus im Gleichgewicht der*

Wirtschaftskräfte: Eine neue Lehre vom wirtschaftlichen Kräfteausgleich als letztem Rückhalt des echten Kapitalismus. Stuttgart: Walter.

Galloway, James A., Derek Kane und Margaret Murphy. 1996. »Fuelling the City: Production and Distribution of Firewood and Fuel in London's Region, 1290–1400«. *Economic History Review* 49, Nr. 3 (August), S. 447–472.

Gancia, Gino, und Fabrizio Zilibotti. 2009. »Technological Change and the Wealth of Nations«. *Annual Review of Economics* 1, S. 93–120.

Gaskell, P. 1833. *The Manufacturing Population of England: Its Moral, Social, and Physical Conditions, and the Changes Which Have Arisen from the Use of Steam Machinery, with an Examination of Infant Labor.* London: Baldwin and Cradock.

Gates, Bill. 2008. »Prepared Remarks«. Weltwirtschaftsforum 2008, 24. Januar, www.gatesfoundation.org/ideas/speeches/2008/01/bill-gates-2008-world-economic-forum.

Gates, Bill. 2021. *Wie wir die Klimakatastrophe verhindern: Welche Lösungen es gibt und welche Fortschritte nötig sind.* München: Piper.

Gazley, John G. 1973. *The Life of Arthur Young.* Philadelphia: American Philosophical Society.

Geertz, Clifford. 1963. *Peddlers and Princes.* Chicago: University of Chicago Press.

Gergely, Gyorgy, Harold Bekkering und Ildiko Kiraly. 2002. »Rational Imitation in Preverbal Infants«. *Nature* 415, Nr. 6873, S. 755–755.

Gerstle, Gary. 2022. *The Rise and Fall of the Neoliberal Order: America and the World in the Free Market Era.* New York: Oxford University Press.

Gies, Frances, und Joseph Gies. 1994. *Cathedral, Forge, and Waterwheel: Technology and Invention in the Middle Ages.* New York: HarperCollins.

Gilbert, Thomas Krendl, Sarah Dean, Nathan Lambert, Tom Zick und Aaron Snoswell. 2022. »Reward Reports for Reinforcement Learning«, https://arxiv.org/abs/2204.10817.

Gimpel, Jean. 1980. *Die industrielle Revolution des Mittelalters.* Zürich/München: Artemis.

Gimpel, Jean. 1996. *Die Kathedralenbauer.* Holm: Deukalion.

Goldin, Claudia, und Lawrence F. Katz. 2008. *The Race Between Education and Technology.* Cambridge: Harvard University Press.

Goldin, Claudia, und Robert A. Margo. 1992. »The Great Compression: The Wage Structure in the United States at Midcentury«. *Quarterly Journal of Economics* 107, Nr. 1, S. 1–34.

Goldsworthy, Adrian. 2009. *How Rome Fell: Death of a Superpower.* New Haven: Yale University Press.

Gordon, Robert. 2016. *The Rise and Fall of American Growth.* Princeton: Princeton University Press.

Gourevitch, Peter. 1986. *Politics in Hard Times: Comparative Responses to International Economic Crises.* Ithaca: Cornell University Press.

Graetz, Georg, und Guy Michaels. 2018. »Robots at Work«. *Review of Economics and Statistics*, 100, Nr. 5, S. 753–768.

Greeley, Horace. 1851. *The Crystal Palace and Its Lessons: A Lecture.* New York: Dewitt and Davenport.

Green, Adam S. 2021. »Killing the Priest-King: Addressing Egalitarianism in the Indus Civilization«. *Journal of Archaeological Research* 29, S. 153–202.

Green, Adrian. 2017. »Consumption and Material Culture«. In: Keith Wrightson (Hg.). *A Social History of England, 1500–1750.* Cambridge: Cambridge University Press, S. 242–266.

Greene, Jay. 2021. »Amazon's Employee Surveillance Fuels Unionization Efforts: ›It's Not Prison, It's Work‹«. *Washington Post*, 2. Dezember, www.washingtonpost.com/technology/2021/12/02/amazon-workplace-monitoring-unions.

Greene, Jay, und Chris Alcantara. 2021. »Amazon Warehouse Workers Suffer Serious Injuries at Higher Rates Than Other Firms«. *Washington Post*, 1. Juni, www.washingtonpost.com/technology/2021/06/01/amazon-osha-injury-rate.

Grey, Earl. 1830. Speech in House of Lords Debate. *Hansard*, 22. November 1830, Bd. 1, cc604–18.

Grossman, Lev. 2014. »The Man Who Wired the World«. *Time*, 15. Dezember, https://time.com/facebook-world-plan.

Gruber, Jonathan, und Simon Johnson. 2019. *Jump-Starting America: How Breakthrough Science Can Revive Economic Growth and the American Dream.* New York: PublicAffairs.

Guess, Andrew M., Brendan Nyhan, und Jason Reifler. 2020. »Exposure to Untrustworthy Websites in the 2016 US Election«. *Nature Human Behavior* 4, Nr. 5, S. 472–480.

Guy, John. 2012. *Thomas Becket: Warrior, Priest, Rebel.* New York: Random House.

Habakkuk, H. J. 1962. *American and British Technology in the Nineteenth Century: The Search for Labour-Saving Inventions.* Cambridge: Cambridge University Press.

Haberler, Gottfried. 1932. »Some Remarks on Professor Hansen's View on Technological Unemployment«. *Quarterly Journal of Economics* 46, Nr. 3, S. 558–562.

Habermas, Jürgen. 1991. *Strukturwandel der Öffentlichkeit: Untersuchungen zu einer Kategorie der bürgerlichen Gesellschaft.* Frankfurt a. M.: Suhrkamp.

Hacker, Jacob S. 2002. *The Divided Welfare State: The Battle over Public and Private Social Benefits in the United States.* New York: Cambridge University Press.

Haigh, Thomas. 2006. »Remembering the Office of the Future: The Origins of Word Processing and Office Automation«. *IEEE Annals of the History of Computing* 28, Nr. 4, S. 6–31.

Halberstam, Yosh, und Brian Knight. 2016. »Homophily, Group Size, and the Diffusion of Political Information in Social Networks: Evidence from Twitter«. *Journal of Public Economics* 143, Nr. 1, S. 73–88.

Hammer, Michael, und James Champy. 1995. *Reengineering im Management: Die Radikalkur für die Unternehmensführung.* Frankfurt a. M.: Campus.

Hammer, Michael, und Marvin Sirbu. 1980. »What Is Office Automation?«. Automation Conference, 3.–5. März, Georgia World Congress Center.

Hammond, James Henry. 1836. »Remarks of Mr. Hammond of South Carolina on the Question of Receiving Petitions for the Abolition of Slavery in the District of Columbia«. Rede im Repräsentantenhaus, 1. Februar.

Hanlon, W. Walker. 2015. »Necessity Is the Mother of Invention: Input Supplies and Direct Technical Change«. *Econometrica* 83, Nr. 1, S. 67–100.

Harari, Yuval Noah. 2018. »Why Technology Favors Tyranny«. *Atlantic*, Oktober, www.theatlantic.com/magazine/archive/2018/10/yuval-noah-harari-technology-tyranny/568330.

Harding, Alan. 1993. *England in the Thirteenth Century.* Cambridge Medieval Textbooks. Cambridge: Cambridge University Press.

Harland, John. 1882. *Ballads and Songs of Lancashire, Ancient and Modern*, 3. Aufl. Manchester: John Heywood.

Harrison, Bennett, und Barry Bluestone. 1990. *The Great U-Turn: Corporate Restructuring and the Polarizing of America.* New York: Basic Books.

Harrison, Mark. 2004. *Disease and the Modern World.* Cambridge: Polity.

Hatcher, John. 1981. »English Serfdom and Villeinage: Towards a Reassessment«. *Past and Present* 90, S. 3–39.

Hatcher, John. 1994. »England in the Aftermath of the Black Death«. *Past and Present* 144, S. 3–35.

Hatcher, John. 2008. *The Black Death: A Personal History.* Philadelphia: Da Capo.

Hawkins, Andrew J. 2021. »Elon Musk Just Now Realizing That Self-Driving Cars Are a ›Hard Problem‹«. *Verge*, 5. Juli, www.theverge.com/2021/7/5/22563751/tesla-elon-musk-full-self-driving-admission-autopilot-crash.

Heaven, Will Douglas. 2020. »Artificial General Intelligence: Are We Close, and Does It Even Make Sense to Try?«. *MIT Technology Review*, 15. Oktober, www.technologyreview.com/2020/10/15/1010461/artificial-general-intelligence-robots-ai-agi-deepmind-google-openai.

Heldring, Leander, James Robinson und Sebastian Vollmer 2021a. »The Economic Effects of the English Parliamentary Enclosures«. NBER Diskussionspapier Nr. 29772, DOI:10.3386/w29772.

Heldring, Leander, James Robinson und Sebastian Vollmer. 2021b. »The Long-Run Impact of the Dissolution of the English Monasteries«. *Quarterly Journal of Economics* 136, Nr. 4, S. 2093–2145.

Helpman, Elhanan, und Manuel Trajtenberg. 1998. »Diffusion of General-Purpose Technologies«. In: Helpman (Hg.). *General-Purpose Technologies and Economic Growth*, Cambridge: MIT Press, S. 85–120.

Henrich, Joseph. 2016. *The Secret of Our Success: How Culture Is Driving Human Evolution, Domesticating Our Species, and Making Us Smarter.* Princeton: Princeton University Press.

Hesser, Leon. 2019. *The Man Who Fed the World.* Princeton: Righter's Mill.

Hicks, John. 1932. *The Theory of Wages.* London: Macmillan.

Hill, Kashmir. 2020. »The Secretive Company That Might End Privacy as We Know It«. *New York Times*, 18. Januar (aktualisiert am 2. November 2021), www.nytimes.com/2020/01/18/technology/clearview-privacy-facial-recognition.html.

Hills, Richard L. 1994. *Power from Wind: A History of Windmill Technology.* Cambridge: Cambridge University Press.

Hindle, Steve. 1999. »Hierarchy and Community in the Elizabethan Parish: The Swallowfield Articles of 1596«. *Historical Journal* 42, Nr. 3, S. 835–851.

Hindle, Steve. 2000. *The State and Social Change in Early Modern England, 1550–1640.* New York: Palgrave Macmillan.

Hinton, Geoff. 2016. »On Radiology«. Creative Destruction Lab: Machine Learning and the Market for Intelligence, 24. November, www.youtube.com/watch?v=2HMPRXstSvQ.

Hirschman, Albert O. 1967. *Die Strategie der wirtschaftlichen Entwicklung.* Stuttgart: Fischer.

Hochschild, Adam. 1999. *King Leopold's Ghost: A History of Greed, Terror, and Heroism in Colonial Africa*. Boston: Mariner.

Hollander, Samuel. 2019. »Ricardo on Machinery«. *Journal of Economic Perspectives* 33, Nr. 2, S. 229–242.

Hounshell, David A. 1984. *From the American System to Mass Production, 1800–1932: The Development of Manufacturing Technology in the United States*. Baltimore: Johns Hopkins University Press.

Human Rights Watch. 2013. »›All You Can Do Is Pray‹«: Crimes Against Humanity and Ethnic Cleansing of Rohingya Muslims in Burma's Arakan State«, April, www.hrw.org/report/2013/04/22/all-you-cando-pray/crimes-against-humanity-and-ethnic-cleansing-rohingya-muslims.

Hundt, Reed. 2019. *A Crisis Wasted: Barack Obama's Defining Decisions*. New York: Rosetta.

Huxley, Aldous. 1991. *Wiedersehen mit der schönen neuen Welt*, 2. Aufl. München: Piper.

Ilyas, Andrew, Shibani Santurkar, Dimitris Tsipras, Logan Engstrom, Brandon Transport und Aleksander Mądry. 2019. »Adversarial Examples Are Not Bugs, They Are Features«. *Gradient Science*, 6. Mai, https://gradientscience.org/adv.

Irwin, Neil. 2016. »What Was the Greatest Era for Innovation? A Brief Guided Tour«. *New York Times*, 13. Mai, www.nytimes.com/2016/05/15/upshot/what-was-the-greatest-era-for-american-innovation-a-brief-guided-tour.html.

Isaacson, Walter. 2018. *The Innovators: Die Vordenker der digitalen Revolution von Ada Lovelace bis Steve Jobs*. München: Bertelsmann.

Jack, William, und Tavneet Suri. 2011. »Mobile Money: The Economics of M-PESA«. NBER Diskussionspapier 16721, DOI:10.3386/w16721.

Jäger, Simon, Benjamin Schoefer und Jörg Heining. 2021. »Labor in the Boardroom«. *Quarterly Journal of Economics* 136, Nr. 2, S. 669–725.

James, John A., und Jonathan S. Skinner. 1985. »The Resolution of the Labor-Scarcity Paradox«. *Journal of Economic History* 45, S. 513–540.

Jefferys, James B. 1945 [1970]. *The Story of the Engineers, 1800–1945*. New York: Johnson Reprint.

Jensen, Michael C. 1986. »Agency Costs of Free Cash Flow, Corporate Finance, and Takeovers«. *American Economic Review* 76, Nr. 2, S. 323–329.

Jensen, Michael C., und William H. Meckling. 1976. »Theory of the Firm: Managerial Behavior, Agency Costs and Ownership Structure«. *Journal of Financial Economics* 3, Nr. 4, S. 305–360.

Jensen, Robert. 2006. »The Digital Provide: Information (Technology), Market Performance, and Welfare in the Indian Fisheries Sector«. *Quarterly Journal of Economics* 122, Nr. 3, S. 879–924.

Johnson, Simon, und James Kwak. 2010. *13 Bankers: The Wall Street Takeover and the Next Financial Meltdown*. New York: Pantheon.

Johnson, Simon, und Peter Temin. 1993. »The Macroeconomics of NEP«. *Economic History Review* 46, Nr. 4, S. 750–767.

Johnston, W. E. 1879. »Report«. Teil von »The Interoceanic Ship Canal Meeting at Chickering Hall«. *Journal of the American Geographical Society of New York* 11, S. 172–180.

Jones, Charles I. 1998. *Introduction to Economic Growth*. New York: Norton.

Jones, Robin. 2011. *Isambard Kingdom Brunel*. Barnsley: Pen and Sword.
Judis, John B. 1988. *William F. Buckley: Patron Saint of Conservatives*. New York: Simon & Schuster.
Judt, Tony. 2006. *Die Geschichte Europas von 1945 bis zur Gegenwart*. München: Hanser.
Kapelle, William E. 1979. *The Norman Conquest of the North: The Region and Its Transformation, 1000–1135*. Chapel Hill: University of North Carolina Press.
Karabarbounis, Loukas, und Brent Neiman. 2014. »The Global Decline of the Labor Share«. *Quarterly Journal of Economics* 129, Nr. 1, S. 61–103.
Karabell, Zachary. 2003. *Parting the Desert*. New York: Knopf Doubleday.
Katz, Lawrence F., und Kevin M. Murphy. 1992. »Changes in Relative Wages, 1963–1987: Supply and Demand Factors«. *Quarterly Journal of Economics* 107, Nr. 1, S. 35–78.
Katznelson, Ira. 2013. *Fear Itself: The New Deal and the Origins of Our Time*. New York: W. W. Norton.
Keene, Derek. 1998. »Feeding Medieval European Cities, 600–1500«. Institute of Historical Research, University of London: School of Advanced Study, https://core.ac.uk/download/pdf/9548918.pdf.
Kelly, Morgan, Joel Mokyr und Cormac Ó Gráda. 2014. »Precocious Albion: A New Interpretation of the British Industrial Revolution«. *Annual Review of Economics* 6, Nr. 1, S. 363–389.
Kelly, Morgan, Joel Mokyr und Cormac Ó Gráda. Noch nicht erschienen. »The Mechanics of the Industrial Revolution«. *Journal of Political Economy*, https://papers.ssrn.com/sol3/papers.cfm?abstract_id=3628205.
Keltner, Dacher. 2016. *The Power Paradox: How We Gain and Lose Influence*. New York: Penguin.
Keltner, Dacher, Deborah H. Gruenfeld und Cameron Anderson. 2003. »Power, Approach, and Inhibition«. *Psychological Review* 110, Nr. 2, S. 265–284.
Kennedy, Charles. 1964. »Induced Bias in Innovation and the Theory of Distribution«. *Economic Journal* 74, S. 541–547.
Kennedy, John F. 1963. »Address at the Anniversary Convocation of the National Academy of Sciences«, 22. Oktober, www.presidency.ucsb.edu/documents/address-the-anniversary-convocation-the-national-academy-sciences.
Kerr, Ian. 2007. *Engines of Change: The Railroads That Made India*. Santa Barbara: Praeger.
Keynes, John Maynard. 1930 [2007]. »Wirtschaftliche Möglichkeiten für unsere Enkelkinder«. In: Norbert Reuter (Hg.). *Wachstumseuphorie und Verteilungsrealität: Wirtschaftspolitische Leitbilder zwischen Gestern und Morgen*. Marburg: Metropolis, S. 135–147.
Kiley, Michael T. 1999. »The Supply of Skilled Labor and Skill-Biased Technological Progress«. *Economic Journal* 109, Nr. 458, S. 708–724.
King, Gary, Jennifer Pan und Margaret Roberts. 2013. »How Censorship in China Allows Government Criticism but Silences Collective Expression«. *American Political Science Review* 107, Nr. 2, S. 326–343.
Kinross, Lord. 1969. *Between Two Seas: The Creation of the Suez Canal*. New York: William Morrow.
Kleinberg, Jon, Himabindu Lakkaraju, Jure Leskovec, Jens Ludwig und Sendhil

Mullainathan. 2018. »Human Decisions and Machine Predictions«. *Quarterly Journal of Economics* 133, Nr. 1, S. 237–293.

Knowles, Dom David. 1940. *The Religious Houses of Medieval England*. London: Sheed & Ward.

Koepke, Nikola, und Joerg Baten. 2005. »The biological standard of living in Europe during the last two millennia«. *European Review of Economic History* 9, S. 61–95.

Kohn, Hans. 1950. »Napoleon and the Age of Nationalism«. *The Journal of Modern History*, 22, Nr. 1, S. 21–37.

Koyama, Mark, und Jared Rubin. 2022. *How the World Became Rich: The Historical Origins of Economic Growth*. New York: Polity.

Kraus, Henry. 1979. *Gold Was the Mortar: The Economics of Cathedral Building*, Routledge Library Editions: The Medieval World, Bd. 30. London: Routledge.

Krusell, Per, und Jose-Victor Rios-Rull. 1996. »Vested Interests in a Theory of Stagnation and Growth«. *Review of Economic Studies* 63, S. 301–330.

Krzywdzinski, Martin. 2021. »Automation, Digitalization, and Changes in Occupational Structure in the Automobile Industry in Germany, Japan, and the United States: A Brief History from the Early 1990s Until 2018«. *Industrial and Corporate Change* 30, Nr. 3, S. 499–535.

Krzywdzinski, Martin, und Christine Gerber. 2020. »Varieties of Platform Work: Platforms and Social Inequality in Germany and the United States«. Weizenbaum Series, Nr. 7, Mai, DOI:10.34669/wi.ws/7.

Kurzweil, Ray. 2013. *Menschheit 2.0: Die Singularität naht*, 2. Aufl. Berlin: Lola Books.

Lakwete, Angela. 2003. *Inventing the Cotton Gin: Machine and Myth in Antebellum America*. Baltimore: Johns Hopkins University Press.

Landemore, Helene. 2017. *Democratic Reason: Politics, Collective Intelligence, and the Rule of the Many*. Princeton: Princeton University Press.

Lane, Nathan. 2022. »Manufacturing Revolutions: Industrial Policy and Industrialization in South Korea«. University of Oxford Arbeitspapier, http://nathanlane.info/assets/papers/ManufacturingRevolutions_Lane_Live.pdf.

Langdon, John. 1986. *Horses, Oxen, and Technological Innovation: The Use of Draft Animals in English Farming from 1066 to 1500*. Cambridge: Cambridge University Press.

Langdon, John. 1991. »Water-Mills and Windmills in the West Midlands, 1086–1500«. *Economic History Review* 44, Nr. 3, S. 424–444.

Lanier, Jaron. 2018. *Zehn Gründe, warum du deine Social Media Accounts sofort löschen musst*. Hamburg: Hoffmann & Campe.

Lanier, Jaron. 2019. »Jaron Lanier Fixes the Internet«. *New York Times*, 23. September, www.nytimes.com/interactive/2019/09/23/opinion/data-privacy-jaron-lanier.html.

Lanier, Jaron, und E. Glen Weyl. 2020. »How Civic Technology Can Help Stop a Pandemic. Taiwan's Initial Success Is a Model for the Rest of the World«. *Foreign Affairs*, March 20. www.foreignaffairs.com/articles/asia/2020-03-20/how-civic-technology-can-help-stop-pandemic.

Larson, Erik J. 2021. *The Myths of Artificial Intelligence: Why Computers Can't Think the Way We Do*. Cambridge: Harvard University Press.

Le Guin, Ursula. 2004. »A Rant About ›Technology‹«, www.ursulakleguinarchive.com/Note-Technology.html.

Leapman, Michael. 2001. *The World for a Shilling: How the Great Exhibition of 1851 Shaped a Nation*. London: Headline.
Leaver, E. W., und J. J. Brown. 1946. »Machines Without Men«. *Fortune*, 1. November.
Lecher, Colin. 2019. »How Amazon Automatically Tracks and Fires Warehouse Workers for ›Productivity‹«. *Verge*, 25. April, www.theverge.com/2019/4/25/18516004/amazon-warehouse-fulfillment-centers-productivity-firing-terminations.
Lee, Kai-Fu. 2021. »How AI Will Completely Change the Way We Live in the Next 20 Years«. *Time*, 14. September, https://time.com/6097625/kai-fu-lee-book-ai-2041.
Lee, Kai-Fu, und Chen Qiufan. 2021. *AI 2041: Ten Visions for Our Future*. New York: Currency.
Lehner, Mark. 1999. *Das Geheimnis der Pyramiden in Ägypten*. München: Orbis.
Lenin, Wladimir I. 1920 [1966]. *Werke*, Bd. 31. Ost-Berlin: Dietz.
Lent, Frank. 1895. *Suburban Architecture, Containing Hints, Suggestions, and Bits of Practical Advice for the Building of Inexpensive Country Houses*, 2. Aufl. New York: W. T. Comstock.
Leontief, Wassily W. 1936. »Quantitative Input and Output Relations in the Economic Systems of the United States«. *Review of Economic Statistics* 18, Nr. 3, S. 105–125.
Leontief, Wassily. 1983. »Technological Advance, Economic Growth, and the Distribution of Income«. *Population and Development Review* 9, Nr. 3, S. 403–410.
Lesseps, Ferdinand de. 1880. »The Interoceanic Canal«. *North American Review* 130, Nr. 278 (Januar), S. 1–15.
Lesseps, Ferdinand de. 1887 [2011]. *Recollections of Forty Years*, Bd. 2. Cambridge: Cambridge University Press.
Levasseur, E. 1897. »The Concentration of Industry and Machinery in the United States«. *Annals of the American Academy of Political and Social Science* 9 (März), S. 6–25.
Levine, Sheen S., Evan P. Apfelbaum, Mark Bernard, Valerie L. Bartelt, Edward J. Zajac und David Stark. 2014. »Ethnic Diversity Deflates Price Bubbles«. *Proceedings of the National Academy of Sciences* 111, Nr. 4, S. 18524–18529.
Levinson, Marc. 2006. *The Box: How the Shipping Container Made the World Smaller and the World Economy Bigger*. Princeton: Princeton University Press.
Levitt, Gerald M. 2000. *The Turk, Chess Automaton*. Jefferson: McFarland.
Levy, Ro'ee. 2021. »Social Media, News Consumption, and Polarization: Evidence from a Field Experiment«. *American Economic Review* 111, Nr. 3, S. 831–870.
Levy, Steven. 2010. *Hackers: Heroes of the Computer Revolution*. New York: O'Reilly.
Lewis, C. S. 1964. *Poems*. New York: Harcourt Brace.
Lewis, Michael. 1991. *Wall-Street-Poker: Die authentische Story eines Salomon-Brokers*. Düsseldorf: Econ.
Lewis, R. A. 1952. *Edwin Chadwick and the Public Health Movement 1832–1854*. London: Longman.
Li, Robin. 2020. *Artificial Intelligence Revolution: How AI Will Change Our Society, Economy, and Culture*. New York: Skyhorse. Kindle.
Licklider, J. C. R. 1960. »Man-Computer Symbiosis«. *IRE Transactions on Human Factors in Electronics*, HFE-1, S. 4–11, https://groups.csail.mit.edu/medg/people/psz/Licklider.html.
Lin, Jeffrey. 2011. »Technological Adaptation, Cities, and New Work«. *Review of Economics and Statistics* 93, Nr. 2, S. 554–574.

Link, Andreas. 2022. »Beasts of Burden, Trade, and Hierarchy: The Long Shadow of Domestication«. Arbeitspapier, Friedrich-Alexander-Universität Erlangen-Nürnberg.
Lockhart, Paul. 2021. *Firepower: How Weapons Shaped Warfare*. New York: Basic Books.
Lonergan, Raymond. 1941. »A Steadfast Friend of Labor«. In: Irving Dillard (Hg.), *Mr. Justice Brandeis, Great American*. Saint Louis: Modern View, S. 42–45.
Lucas, Robert E. 1988. »On the Mechanics of Economic Development«. *Journal of Monetary Economics* 22, S. 3–42.
Luchtenberg, Daphne. 2022. »The Fourth Industrial Revolution will be people powered«. McKinsey: Podcast, 7. Januar, www.mckinsey.com/business-functions/operations/our-insights/the-fourth-industrial-revolution-will-be-people-powered.
Lyman, Joseph B. 1868. *Cotton Culture*. New York: Orange Judd.
Lyons, Derek E., Andrew G. Young und Frank C. Keil. 2007. »The Hidden Structure of Overimitation«. *Proceedings of the National Academy of Sciences* 104, Nr. 50, S. 19751–19756.
Macaulay, Thomas Babbington. 1848. *Macaulay's History of England, from the Accession of James II*, Bd. 1. London: J. M. Dent.
MacDuffie, John Paul, und John Krafcik. 1992. »Integrating Technology and Human Resources for High-Performance Manufacturing: Evidence from the International Auto Industry«. In: Thomas A. Kochan und Michael Useem (Hg.). *Transforming Organizations*. Oxford: Oxford University Press, S. 209–225.
Macfarlane, Alan. 1978. *The Origins of English Individualism*. Oxford: Basil Blackwell.
MacFarquhar, Roderick, und Michael Schoenhals. 2008. *Mao's Last Revolution*. Cambridge: Harvard University Press.
Mack, Gestle. 1944. *The Land Divided: A History of the Panama Canal and Other Isthmian Canal Projects*. New York: Alfred A. Knopf.
Maddison, Angus. 2001. *The World Economy: A Millennial Perspective*. Paris: OECD Development Centre.
Malmendier, Ulrike, und Stefan Nagel. 2011. »Depression Babies: Do Macroeconomic Experiences Affect Risk Taking?«. *Quarterly Journal of Economics* 126, Nr. 1, S. 373–416.
Malthus, Thomas Robert. 1798 [1977]. *Das Bevölkerungsgesetz*. [Vollständige Ausgabe nach der 1. Auflage, London 1798]. München: Deutscher Taschenbuch-Verlag.
Malthus, Thomas. 1803 [2018]. *An Essay on the Principle of Population*. Hg. Shannon C. Stimson. New Haven: Yale University Press.
Mankiw, N. Gregory. 2021. *Grundzüge der Volkswirtschaftslehre*, 8. Aufl. Stuttgart: Schäffer-Poeschel.
Mann, Michael. 1990. *Geschichte der Macht. Bd. 1: Von den Anfängen bis zur griechischen Antike*. Frankfurt a. M./New York: Campus.
Mann, Michael. 1991. *Geschichte der Macht*. Bd. 2: *Vom Römischen Reich bis zum Vorabend der Industrialisierung*. Frankfurt a. M.: Campus.
Mantoux, Paul. 1927. *The Industrial Revolution in the Eighteenth Century: An Outline of the Beginning of the Factory System in England*. London: Jonathan Cape.
Manuel, Frank E. 1956. *The New World of Henri Saint-Simon*. Cambridge: Harvard University Press.

Manyika, James, Susan Lund, Michael Chui, Jacques Bughin, Jonathan Woetzel, Parul Batra, Ryan Ko und Saurabh Sanghvi. 2017. »Jobs Lost, Jobs Gained: Workforce Transitions in a Time of Automation«. McKinsey Global Institute, Dezember, https://www.mckinsey.com/~/media/BAB489A30B724BECB5DEDC41E9BB9FAC.ashx.

Marantz, Andrew. 2020. *Antisocial: Online Extremists, Techno-Utopians and the Hijacking of the American Conversation*. New York: Penguin.

Marcus, Gary, und Ernest Davis. 2020. »GPT-3, Bloviator: OpenAI's Language Generator Has No Idea What It's Talking About«. *MIT Technology Review*, 22. August.

Marcus, Steven. 1974 [2015]. *Engels, Manchester, and the Working Class*. Routledge: London.

Marens, Richard. 2011. »We Don't Need You Anymore: Corporate Social Responsibilities, Executive Class Interests, and the Solving of the Mizruchi-Hirschman Paradox«, https://heinonline.org/HOL/Page?handle=hein.journals/sealr35&id=1215&collection=journals&index.

Markoff, John. 2012. »Seeking a Better Way to Find Web Images«. *New York Times*, 19. November, www.nytimes.com/2012/11/20/science/for-web-images-creating-new-technology-to-seek-and-find.html.

Markoff, John. 2013. »In 1949, He Imagined an Age of Robots«. *New York Times*, 20. Mai, www.nytimes.com/2013/05/21/science/mit-scholars-1949-essay-on-machine-age-is-found.html.

Markoff, John. 2015. *Machines of Loving Grace: The Quest for Common Ground Between Humans and Robots*. New York: HarperCollins.

Marlowe, John. 1964. *The Making of the Suez Canal*. London: Cresset.

Marx, Karl. 1890 [1962]. *Das Kapital: Kritik der politischen Ökonomie*. In: Institut für Marxismus-Leninismus beim ZK der SED (Hg.). *Marx-Engels-Werke*, Bd. 23. Ost-Berlin: Dietz.

May, Alfred N. 1973. »An Index of Thirteenth-Century Peasant Impoverishment? Manor Court Fines«. *Economic History Review* 26, Nr. 3, S. 389–402.

McCarthy, Tom. 2020. »Zuckerberg Says Facebook Won't Be ›Arbiters of Truth‹ After Trump Threat«. *Guardian*, 28. Mai, www.theguardian.com/technology/2020/may/28/zuckerberg-facebook-police-online-speech-trump.

McCauley, Brea. 2019. »Life Expectancy in Hunter-Gatherers«. *Encyclopedia of Evolutionary Psychological Science*, 1. Januar, S. 4552–4554.

McCloskey, Deirdre N. 2006. *The Bourgeois Virtues: Ethics for an Age of Commerce*. Chicago: University of Chicago Press.

McCormick, Brian. 1959. »Hours of Work in British Industry«. *ILR Review* 12, Nr. 3 (April), S. 423–433.

McCraw, Thomas K. 2009. *American Business Since 1920: How It Worked*, 2. Aufl. Chichester: Wiley Blackwell.

McCullough, David. 1977. *Sie teilten die Erde: Abenteuer und Geschichte der letzten und größten Pioniertat, der Erbauung des Panama-Kanals*. Bern: Scherz.

McEvedy, Colin, und Richard Jones. 1978. *Atlas of World Population History*. London: Penguin.

McFarland, C. K. 1971. »Crusade for Child Labourers: ›Mother‹ Jones and the March of the Mill Children«. *Pennsylvania History: A Journal of Mid-Atlantic Studies* 38, Nr. 3 (Juli), S. 283–296.

McGerr, Michael. 2003. *A Fierce Discontent: The Rise and Fall of the Progressive Movement in America*. Oxford: Oxford University Press.
McGregor, Richard. 2013. *Der rote Apparat: Chinas Kommunisten*. Berlin: Matthes & Seitz.
McKibben, Bill. 2013. »The Fossil Fuel Resistance«. *Rolling Stone*, 11. April, www.rollingstone.com/politics/politics-news/the-fossil-fuel-resistance-89916.
McKinsey Global Institute. 2017. »Artificial Intelligence: The Next Digital Frontier«. Diskussionspapier, Juni.
McKone, Jonna. 2010. »›Naked Streets‹ Without Traffic Lights Improve Flow and Safety«. TheCityFix, 18. Oktober, https://thecityfix.com/blog/naked-streets-without-traffic-lights-improve-flow-and-safety.
McLean, Bethany, und Peter Elkind. 2003. *The Smartest Guys in the Room: The Amazing Rise and Scandalous Fall of Enron*. New York: Penguin.
Menocal, A. G. 1879. »Intrigues at the Paris Canal Congress«. *North American Review* 129, Nr. 274 (September), S. 288–293.
Menzies, Heather. 1981. »Women and the Chip: Case Studies of the Effects of Informatics on Employment in Canada«. Montreal: Institute for Research on Public Policy.
Mercier, Hugo, und Dan Sperber. 2017. *The Enigma of Reason*. Cambridge: Harvard University Press.
Michaels, Guy. 2008. »The Division of Labour, Coordination, and the Demand for Information Processing«. CEPR Diskussionspapier Nr. DP6358, https://cepr.org/publications/dp6358.
Mill, John Stuart. 1848 [1924]. *Grundsätze der politischen Ökonomie mit einigen Anwendungen auf die Sozialphilosophie*. Jena: Gustav Fischer.
Mingay, G. E. 1997. *Parliamentary Enclosure in England: An Introduction to Its Causes, Incidence, and Impact 1750–1850*. London: Routledge.
Mithen, Steven. 2003. *After the Ice: A Global Human History 20,000–5,000* bc. Cambridge: Harvard University Press.
Mitrunen, Matti. 2019. »War Reparations, Structural Change, and Intergenerational Mobility«. Institute for International Economic Studies, Universität Stockholm, Arbeitspapier, 2. Januar.
Moene, Karl-Ove, und Michael Wallerstein. 1997. »Pay Inequality«. *Journal of Labor Economics* 15, Nr. 3 (Juli 1997), S. 403–430.
Mokyr, Joel. 1988. »Is There Still Life in the Pessimistic Case? Consumption During the Industrial Revolution, 1790–1850«. *Journal of Economic History* 48, Nr. 1, S. 69–92.
Mokyr, Joel. 1990. *The Lever of Riches, Technological Creativity and Economic Progress*. New York: Oxford University Press.
Mokyr, Joel. 1993. »Introduction«. In: Mokyr (Hg.). *The British Industrial Revolution: An Economic Perspective*, Boulder: Westview, S. 1–131.
Mokyr, Joel. 2002. *The Gifts of Athena: Historical Origins of the Knowledge Economy*. Princeton: Princeton University Press.
Mokyr, Joel. 2010. *Enlightened Economy: An Economic History of Britain, 1700–1850*. New Haven: Yale University Press.
Mokyr, Joel. 2016. *A Culture of Growth: The Origins of the Modern Economy*. Princeton: Princeton University Press.
Mokyr, Joel, Chris Vickers und Nicolas L. Ziebarth. 2015. »The History of Technologi-

cal Anxiety in the Future of Economic Growth: Is This Time Different?«. *Journal of Economic Perspectives* 29, Nr. 3, S. 31–50.
Morris, Ian. 2004. »Economic Growth in Ancient Greece«. *Journal of Institutional and Theoretical Economics* 160, S. 709–742.
Morris, Ian. 2013. *The Measure of Civilization: How Social Development Decides the Fate of Nations*. Princeton: Princeton University Press.
Morris, Ian. 2020. *Beute, Ernte, Öl: Wie Energiequellen Gesellschaften formen*. München: Deutsche Verlags-Anstalt.
Mortensen, Dale. 1982. »Property Rights and Efficiency in Mating, Racing and Related Games«. *American Economic Review* 72, S. 968–979.
Mortimer, Thomas. 1772. *The Elements of Commerce, Politics and Finances*. London: Hooper.
Moscona, Jacob, und Karthik Sastry. 2022. »Inappropriate Technology: Evidence from Global Agriculture«. 19. April. Zugänglich unter: SSRN 3886019.
Mougel, Nadege. 2011. »World War I Casualties«. REPERES, Modul 1-0, Erläuterungen, www.centre-robert-schuman.org.
Muldrew, Craig. 2017. »The ›Middling Sort‹: An Emergent Cultural Identity«. In: Keith Wrightson (Hg.). *A Social History of England, 1500–1750*. Cambridge: Cambridge University Press, S. 290–309.
Müller, Karsten, und Carlo Schwarz. 2021. »Fanning the Flames of Hate: Social Media and Hate Crime«. *Journal of the European Economic Association* 19, Nr. 4, S. 2131–2167.
Muralidharan, Karthik, Abhijeet Singhu und Alejandro J. Ganimian. 2019. »Disrupting Education? Experimental Evidence on Technology-Aided Instruction in India«. *American Economic Review* 109, Nr. 4, S. 1426–1460.
Murnane, Richard J., und Frank Levy. 1996. *Teaching the New Basic Skills: Principles for Educating Children to Thrive in the Changing Economy*. New York: Free Press.
Naidu, Suresh, und Noam Yuchtman. 2013. »Coercive Contract Enforcement: Law and the Labor Market in the Nineteenth Century Industrial Britain«. *American Economic Review* 103, Nr. 1, S. 107–144.
Napier, William. 1857 [2011]. *The Life and Opinions of General Sir Charles James Napier, G.C.B.*, Bd. 2. Cambridge: Cambridge University Press.
Ndzi, Ernestine Gheyoh. 2019. »Zero-Hours Contracts Have a Devastating Impact on Career Progression – Labour Is Right to Ban Them«. *Conversation*, 24. September, https://theconversation.com/zero-hours-contracts-have-a-devastating-impact-on-career-progression-labour-is-right-to-ban-them-123066.
Neapolitan, Richard E., und Xia Jiang. 2018. *Artificial Intelligence: With an Introduction to Machine Learning*, 2nd ed. London: Chapman and Hall/CRC.
Neeson, J.M. 1993. *Commoners, Common Right, Enclosure and Social Change in England, 1700–1820*. Cambridge: Cambridge University Press.
Noble, David. 1977. *America by Design: Science, Technology, and the Rise of Corporate Capitalism*. New York: Alfred A. Knopf.
Noble, David. 1984. *Forces of Production: A Social History of Industrial Automation*. New York: Alfred A. Knopf.
Norman, Douglas. 2013. *The Design of Everyday Things*. New York: Basic Books.
North, Douglass C. 1988. *Theorie des institutionellen Wandels: Eine neue Sicht der Wirtschaftsgeschichte*. Tübingen: Mohr.

North, Douglass C., und Robert Paul Thomas. 1973. *The Rise of the Western World: A New Economic History*. Cambridge: Cambridge University Press.
North, Douglass C., John Wallis, und Barry R. Weingast. 2011. *Gewalt und Gesellschaftsordnungen: Eine Neudeutung der Staats- und Wirtschaftsgeschichte*. Tübingen: Mohr.
Nye, David E. 1992. *Electrifying America: Social Meanings of a New Technology*. Cambridge: MIT Press.
Nye, David E. 1998. *Consuming Power: A Social History of American Energies*. Cambridge: MIT Press.
Ober, Josiah. 2015. »Classical Athens«. In: Walter Scheidel und Andrew Monson (Hg.). *Fiscal Regimes and Political Economy of Early States*, Cambridge: Cambridge University Press, S. 492–522.
Ober, Josiah. 2016. *Das antike Griechenland: Eine neue Geschichte*. Stuttgart: Klett-Cotta.
O'Neil, Cathy. 2017. *Angriff der Algorithmen: Wie sie Wahlen manipulieren, Berufschancen zerstören und unsere Gesundheit gefährden*. München: Hanser.
O'Neil, Cathy. 2022. *The Shame Machine: Who Profits in the New Age of Humiliation*. New York: Crown.
Orwell, George. 1949 [2002]. *1984*. München: Heyne.
Overton, Mark. 1996. *Agricultural Revolution in England: The Transformation of the Agrarian Economy 1500–1850*. Cambridge: Cambridge University Press.
Pan, Alexander, Kush Bhatia und Jacob Steinhardt. 2022. »The Effects of Reward Misspecification: Mapping and Mitigating Misaligned Models«, arxiv.org, https://arxiv.org/abs/2201.03544.
Pasquale, Frank. 2015. *The Black Box Society: The Secret Algorithms that Control Money and Information*. Cambridge: Harvard University Press.
Pearl, Judea. 2021. »Radical Empiricism and Machine Learning Research«. *Journal of Causal Inference* 9, Nr. 1, S. 78–82.
Pelling, Henry. 1976. *A History of British Trade Unionism*, 3. Aufl. London: Penguin.
Perlstein, Rick. 2009. *Before the Storm: Barry Goldwater and the Unmaking of the American Consensus*. New York: Bold Type Books.
Pethokoukis, James. 2016. »The Productivity Paradox: Why the US Economy Might Be a Lot Stronger Than the Government Is Saying«. AEI Blog, 20. Mai, www.aei.org/technology-and-innovation/the-productivity-paradox-us-economy-might-be-a-lot-stronger.
Pethokoukis, James. 2017a. »Google Economist Hal Varian Tries to Explain America's Productivity Paradox, and How Workers Should Deal with Automation«, 5. Mai, www.aei.org/economics/google-economist-hal-varian-tries-to-explain-americas-productivity-paradox-and-how-workers-should-deal-with-automation.
Pethokoukis, James. 2017b. »If Not Mismeasurement, Why Is Productivity Growth So Slow?«. AEI Blog, 14. Februar, www.aei.org/technology-and-innovation/the-productivity-paradox-us-economy-might-be-a-lot-stronger.
Philippon, Thomas. 2019. *The Great Reversal: How America Gave Up on Free Markets*. Cambridge: Harvard University Press.
Philippon, Thomas, und Ariell Reshef. 2012. »Wages in Human Capital in the U.S. Finance Industry: 1909–2006«. *Quarterly Journal of Economics* 127, S. 1551–1609.

Phillips-Fein, Kim. 2010. *Invisible Hands: The Businessmen's Crusade Against the New Deal.* New York: W. W. Norton.
Piff, Paul K., Daniel M. Stancato, Stephane Cote, Rodolfo Mendoza-Denton und Dacher Keltner. 2012. »Higher Social Class Predicts Increased Unethical Behavior«. *Proceedings of the National Academy of Sciences* 109, Nr. 11, S. 4086–4091.
Piketty, Thomas, und Emmanuel Saez. 2003. »Income Inequality in the United States, 1913–1998«. *Quarterly Journal of Economics* 118, Nr. 1, S. 1–41.
Pirenne, Henri. 1925. *Medieval Cities: Their Origins and the Revival of Trade.* Princeton: Princeton University Press.
Pirenne, Henri. 1927. *Les villes du Moyen Âge: Essai d'histoire économique et sociale.* Brüssel: Lamertin.
Pirenne, Henri. 1933 [1946]. *Sozial- und Wirtschaftsgeschichte Europas im Mittelalter.* Bern: Francke.
Pissarides, Christopher. 1985. »Short-Run Equilibrium Dynamics of Unemployment, Vacancies, and Real Wages«. *American Economic Review* 75, Nr. 4, S. 676–690.
Pissarides, Christopher. 2000. *Equilibrium Unemployment Theory*, 2. Aufl. Cambridge: MIT Press.
Poe, Edgar Allan. 1836 [1975]. »Maelzel's Chess Player«. In: *The Complete Tales and Poems of Edgar Allan Poe.* New York: Vintage.
Pollard, Sidney. 1963. »Factory Discipline in the Industrial Revolution«. *Economic History Review* 16, Nr. 2, S. 254–271.
Pomeranz, Kenneth. 2001. *The Great Divergence: China, Europe and the Making of the Modern World Economy.* Princeton: Princeton University Press.
Popp, David. 2002. »Induced Innovation and Energy Prices«. *American Economic Review* 92, S. 160–180.
Porter, Roy. 1982. *English Society in the Eighteenth Century*, Penguin Social History of Britain. London: Penguin.
Posner, Eric A., und E. Glen Weyl. 2019. *Radical Markets.* Princeton: Princeton University Press.
Postan, M. M. 1966. »Medieval Agrarian Society in Its Prime: England«. In: Postan (Hg.). *The Cambridge Economic History of Europe*, S. 548–632. London: Cambridge University Press.
Postman, Neil. 2019. *Wir amüsieren uns zu Tode: Urteilsbildung im Zeitalter der Unterhaltungsindustrie.* 21. Aufl. Frankfurt a. M.: Fischer.
Prasad, Aryamala. 2020. »Two Years Later: A Look at the Unintended Consequences of GDPR«. Regulatory Studies Center, George Washington University, 2. September, https://regulatorystudies.columbian.gwu.edu/unintended-consequences-gdpr.
Purnell, Newley, und Jeff Horwitz. 2020. »Facebook's Hate-Speech Rules Collide with Indian Politics«. *Wall Street Journal*, 14. August.
Pyne, Stephen J. 2019. *Fire: A Brief History*, 2. Aufl. Seattle: University of Washington Press.
Qin, Bei, David Stromberg und Yanhui Wu. 2017. »Why Does China Allow Freer Social Media? Protests vs. Surveillance and Propaganda«. *Journal of Economic Perspectives* 31, Nr. 1, S. 117–140.
Raghu, Maithra, Katy Blumer, Greg Corrado, Jon Kleinberg, Ziad Obermeyer und Sendhil Mullainathan. 2019. »The Algorithmic Automation Problem: Prediction, Trash, and Human Effort«, arxiv.org, https://arxiv.org/abs/1903.12220.

Rathje, Steve, Jay J. Van Bavel und Sander van der Linden. 2021. »Out-Group Animosity Drives Engagement on Social Media«. *Proceedings of the National Academy of Sciences* 118, Nr. 26, S. e2024292118.

Reich, David. 2018. *Who We Are and How We Got Here: Ancient DNA and the New Science of the Human Past*. New York: Pantheon.

Remarque, Erich Maria. 1929 [2022]. *Im Westen nichts Neues*. Köln: Kiepenheuer & Witsch.

Reuters Staff. 2009. »Goldman Sachs Boss Says Banks Do ›God's Work‹«. 8. November, www.reuters.com/article/us-goldmansachs-blankfein/goldman-sachs-boss-says-banks-do-gods-work-idUSTRE5A719520091108.

Reynolds, Terry S. 1983. *Stronger Than a Hundred Men: A History of the Vertical Water Wheel*. Baltimore: Johns Hopkins University Press.

Ricardo, David. 1821 [1994]. Über die Grundsätze der Politischen Ökonomie und der Besteuerung. Marburg: Metropolis.

Ricardo, David. 1951–1973. *The Works and Correspondences of David Ricardo*. Hg. Piero Sraffa. Cambridge: Cambridge University Press.

Richardson, Ruth. 2012. *Dickens and the Workhouse: Oliver Twist and the London Poor*. Oxford: Oxford University Press.

Richmond, Alex B. 1825. *Narrative of the Condition of the Manufacturing Population*. London: John Miller.

Riggio, Ronald E. 2014. »What Is Social Intelligence? Why Does It Matter?«. *Psychology Today*, 1. Juli, www.psychologytoday.com/us/blog/cutting-edge-leadership/201407/what-is-social-intelligence-why-does-it-matter.

Roberts, Andrew. 1991. *The Holy Fox: The Life of Lord Halifax*. London: George Weidenfeld and Nicolson.

Rolt, L. T. C. 2009. *George and Robert Stephenson: The Railway Revolution*. Chalford: Amberley.

Romer, Paul M. 1990. »Endogenous Technological Change«. *Journal of Political Economy* 98 (Teil I), S. S71–S102.

Romer, Paul M. 2021. »Taxing Digital Advertising«, 17. Mai, https://adtax.paulromer.net.

Romero, Alberto. 2021. »5 Reasons Why I Left the AI Industry«, https://towardsdatascience.com/5-reasons-why-i-left-the-ai-industry-2c88ea183cdd.

Roose, Kevin. 2019. »The Making of a YouTube Radical«. *New York Times*, 8. Juni.

Roose, Kevin. 2021. »The Robots Are Coming for Phil in Accounting«. *New York Times*, 6. März.

Rosen, George. 1993. *A History of Public Health*. Baltimore: Johns Hopkins.

Rosenberg, Nathan. 1972. *Technology in American Economic Growth*. New York: M. E. Sharpe.

Rosenblueth, Arturo, und Norbert Wiener. 1945. »The Role of Models in Science«. *Philosophy of Science* 12, Nr. 4 (October), S. 316–321.

Rosenthal, Caitlin. 2018. *Accounting for Slavery: Masters and Management*. Cambridge: Harvard University Press.

Royal Commission of Inquiry into Children's Employment. 1842 [1997]. *Report by Jelinger C. Symons Esq., on the Employment of Children and Young Persons in the Mines and Collieries of the West Riding of Yorkshire, and on the State, Condition and Treatment of Such Children and Young Persons*. Hg. Ian Winstanley. Coal Mining

History Resource Centre. Wigan: Picks Publishing, www.cmhrc.co.uk/cms/document/1842_Yorkshir__1.pdf.
Russell, J. C. 1972. »Population in Europe«. In: Carlo M. Cipolla (Hg.). *The Fontana Economic History of Europe: The Middle Ages*, London: Collins/Fontana, S. 25–70.
Russell, Jon. 2019. »Facebook Bans Four Armed Groups in Myanmar«. *TechCrunch*, 5. Februar, https://techcrunch.com/2019/02/05/facebook-bans-four-insurgent-groups-myanmar.
Russell, Josiah Cox. 1944. »The Clerical Population of Medieval England«. *Traditio* 2, S. 177–212.
Russell, Stuart J. 2020. *Human Compatible: Künstliche Intelligenz und wie der Mensch die Kontrolle über superintelligente Maschinen behält*. Frechen: mitp.
Russell, Stuart J., und Peter Norvig. 2012. *Künstliche Intelligenz: Ein moderner Ansatz*, 3. Aufl. München: Pearson.
Safire, William. 2008. *Safire's Political Dictionary*. Oxford: Oxford University Press.
Samuelson, Paul A. 1965. »A Theory of Induced Innovation Along Kennedy-Weisacker Lines«. *Review of Economics and Statistics* 47, S. 343–356.
Sandel, Michael J. 2020. *Vom Ende des Gemeinwohls: Wie die Leistungsgesellschaft unsere Demokratien zerreißt*, 4. Aufl. Frankfurt a. M.: S. Fischer.
Sapolsky, Robert M. 2021. *Gewalt und Mitgefühl: Die Biologie des menschlichen Verhaltens*. München: Hanser.
Satyanath, Shanker, Nico Voigtlander und Hans-Joachim Voth. 2017. »Bowling for Fascism: Social Capital and the Rise of the Nazi Party«. *Journal of Political Economy* 125, Nr. 2, S. 478–526.
Schneider, Gregory. 2003. *Conservatism in America Since 1930: A Reader*. New York: New York University Press.
Schumacher, Shannon, und J. J. Moncus. 2021. »Economic Attitudes Improve in Many Nations Even as Pandemic Endures«. Pew Research Center, 21. Juli 2021. www.pewresearch.org/global/2021/07/21/economic-attitudes-improve-in-many-nations-even-as-pandemic-endures.
Scott, James C. 2019. *Die Mühlen der Zivilisation: Eine Tiefengeschichte der frühesten Staaten*. Berlin: Suhrkamp.
Select Committee. 1834. *Report from Select Committee on Hand-Loom Weavers' Petitions*, 4. August 1834, House of Commons.
Select Committee. 1835. *Report from Select Committee on Hand-Loom Weavers' Petitions*, 1. Juli 1835, House of Commons.
Sharp, Andrew. 1998. *The English Levellers*. Cambridge: Cambridge University Press.
Shears, Jonathan. 2017. *The Great Exhibition, 1851: A Sourcebook*. Manchester: Manchester University Press.
Shilts, Randy. 1988. *AIDS: Die Geschichte eines großen Versagens*. München: Goldmann.
Shimada, Haruo, und John Paul MacDuffie. 1986. »Industrial Relations and ›Humanware‹: Japanese Investments in Automobile Manufacturing in the United States«. MIT Sloan School Arbeitspapier Nr. 1855-87, December, https://dspace.mit.edu/bitstream/handle/1721.1/48159/industrialrelati00shim.pdf;sequence=1.
Shirky, Clay. 2011. »The Political Power of Social Media«. *Foreign Affairs*, Januar/Februar.
Shneiderman, Ben. 2022. *Human-Centered AI*. New York: Oxford University Press.

Shteynberg, Garriy, und Evan P. Apfelbaum. 2013. »The Power of Shared Experience: Simultaneous Observation with Similar Others Facilitates Social Learning«. *Social Psychological and Personality Science* 4, Nr. 6, S. 738–744.

Siegfried, André. 1940. *Suez and Panama*. London: Jonathan Cape.

Silvestre, Henri. 1969. *L'isthme de Suez 1854–1869*. Marseille: Cayer.

Simonite, Tom. 2016. »How Google Plans to Solve Artificial Intelligence«. *MIT Technology Review*, 31. März, www.technologyreview.com/2016/03/31/161234/how-google-plans-to-solve-artificial-intelligence.

Smil, Vaclav. 1994. *Energy in World History*. New York: Routledge.

Smil, Vaclav. 2017. *Energy and Civilization: A History*. Cambridge: MIT Press.

Smith, Adam. 1789 [2013.] *Der Wohlstand der Nationen: Eine Untersuchung seiner Natur und seiner Ursachen*, 13. Aufl. München: Deutscher Taschenbuch-Verlag.

Smith, Bruce D. 1995. *The Emergence of Agriculture*. New York: Scientific American Library.

Smith, Gary, und Jeffrey Funk. 2021. »AI Has a Long Way to Go Before Doctors Can Trust It with Your Life«. *Quartz*, 4. Juni, zuletzt aktualisiert am 20. Juli 2022, https://qz.com/2016153/ai-promised-to-revolutionize-radiology-but-so-far-its-failing.

Solow, Robert M. 1956. »A Contribution to the Theory of Economic Growth«. *Quarterly Journal of Economics* 70, S. 65–94.

Solow, Robert M. 1987. »We'd Better Watch Out«. *New York Times Book Review*, 12. Juli, S. 36.

Sorkin, Amy Davidson. 2013. »Edward Snowden, the N.S.A. Leaker, Comes Forward«. *New Yorker*, 9. Juni.

Spear, Percival. 1965. *The Oxford History of Modern India, 1740–1947*. Oxford: Clarendon.

Specter, Michael. 2021. »How ACT UP Changed America«. *New Yorker*, 7. Juni, www.newyorker.com/magazine/2021/06/14/how-act-up-changed-america.

Spinrad, R. J. 1982. »Office Automation«. *Science* 215, Nr. 4534, S. 808–813.

Stalin, J. W. 1954. *Werke*, Bd. 12. Ost-Berlin: Dietz.

Statute of Labourers. 1351. From *Statutes of the Realm*, 1, S. 307, https://avalon.law.yale.edu/medieval/statlab.asp.

Steadman, Philip. 2012. »Samuel Bentham's Panopticon«. *Journal of Bentham Studies* 14, Nr. 1, S. 1–30.

Steinfeld, Robert J. 1991. *The Invention of Free Labor: The Employment Relation in English and American Law and Culture, 1350–1870*. Chapel Hill: University of North Carolina Press.

Stella, Massimo, Emilio Ferrara und Manlio De Domenico. 2018. »Bots Increase Exposure to Negative and Inflammatory Content in Online Social Systems«. *Proceedings of the National Academy of Sciences* 115, Nr. 49, S. 12435–12440.

Steuart, James. 1767. *An Inquiry into the Principles of Political Economy*. London: Millar and Cadell.

Stewart, Frances. 1977. *Technology and Underdevelopment*. London: Macmillan.

Story, Louise, und Eric Dash. 2009. »Bankers Reaped Lavish Bonuses During Bailouts«. In: *New York Times*, 30. Juli.

Strenze, Tarmo. 2007. »Intelligence and Social-Economic Success: A Meta-analytical Review of Longitudinal Research«. *Intelligence* 35, S. 401–426.

Sunstein, Cass. 2001. *Republic.com*. Princeton: Princeton University Press.
Susskind, Daniel. 2020. *A World Without Work: Technology, Automation, and How We Should Respond*. New York: Picador.
Suzman, James. 2017. *Affluence Without Abundance: What We Can Learn from the World's Most Successful Civilization*. London: Bloomsbury.
Swaminathan, Nikhil. 2008. »Why Does the Brain Need So Much Power?«. *Scientific American*, 28. April.
Swanson, R. N. 1995. *Religion and Devotion in Europe, c. 1215 – c. 1515*. Cambridge Medieval Textbooks. Cambridge: Cambridge University Press.
Tallet, Pierre, und Mark Lehner. 2022. *The Red Sea Scrolls: How Ancient Papyri Reveal the Secrets of the Pyramids*. London: Thames & Hudson.
Tang, Audrey. 2019. »A Strong Democracy Is a Digital Democracy«. *New York Times*, 15. Oktober.
Tarbell, Ida M. 1904. *The History of the Standard Oil Company*. New York: Macmillan.
Taub, Amanda, und Max Fisher. 2018. »Where Countries Are Tinderboxes and Facebook Is a Match«. *New York Times*, 21. April.
Tawney, R. H. 1941. »The Rise of the Gentry«. *Economic History Review* 11, S. 1–38.
Taylor, Bill. 2011. »Great People Are Overrated«. *Harvard Business Review*, 20. Juni, https://hbr.org/2011/06/great-people-are-overrated.
Taylor, Keith (Hg.). 1975. *Henri Saint-Simon (1760–1825): Selected Writings on Science, Industry, and Social Organisation*. London: Routledge.
Tellenbach, Gerd. 1993. *The Church in Western Europe from the Tenth to the Early Twelfth Century*, Cambridge Medieval Textbooks. Cambridge: Cambridge University Press.
Thelen, Kathleen A. 1991. *Union of Parts: Labor Politics and Postwar Germany*. Ithaca: Cornell University Press.
Thelwall, John. 1796. *The Rights of Nature, Against the Usurpations of Establishments*. London: H. D. Symonds.
Thompson, E. P. 1987. *Die Entstehung der englischen Arbeiterklasse*. Frankfurt a. M.: Suhrkamp.
Thrupp, Sylvia L. 1972. »Medieval Industry«. In: Carlo M. Cipolla (Hg.). *The Fontana Economic History of Europe: The Middle Ages*, London: Collins/Fontana, S. 221–273.
Timberg, Craig, Tony Romm und Drew Harwell. 2019. »A Facebook policy lets politicians lie in ads, leaving Democrats fearing what Trump will do«. *Washington Post*, 10. Oktober, www.washingtonpost.com/technology/2019/10/10/facebook-policy-political-speech-lets-politicians-lie-ads.
Time. 1961. »Men of the Year: U.S. Scientists«, 2. Januar, https://content.time.com/time/subscriber/article/0,33009,895239,00.html.
Tirole, Jean. 2021. »Digital Dystopia«. *American Economic Review* 111, Nr. 6, S. 2007–2048.
Tomasello, Michael. 1995. »Joint Attention as Social Cognition«. In: C. Moore und P. J. Dunham (Hg.). *Joint Attention: Its Origins and Role in Development*. Mahwah: Lawrence Erlbaum, S. 103–130.
Tomasello, Michael. 2020. *Mensch werden: Eine Theorie der Ontogenese*. Berlin: Suhrkamp.
Tomasello, Michael, Malinda Carpenter, Josep Call, Tanya Behne und Henrike Moll.

2005. »Understanding and Sharing Intentions: The Origins of Cultural Cognition«. *Behavioral and Brain Sciences* 28, Nr. 5, S. 675–691.
Trefler, Alan. 2018. »The Big RPA Bubble«. *Forbes*, 2. Dezember, www.forbes.com/sites/cognitiveworld/2018/12/02/the-big-rpa-bubble/?sh=9972fe68d950.
Tugwell, Rexford G. 1933. »Design for Government«. *Political Science Quarterly* 48, Nr. 3 (September), S. 331–332.
Tunzelmann, G. N. von. 1978. *Steam Power and British Industrialization to 1860*. Oxford: Clarendon.
Turing, Alan. 1950 [2021]. *Computing Machinery and Intelligence – Können Maschinen denken*? Ditzingen: Philipp Reclam.
Turing, Alan. 1951 [2004]. »Intelligent Machinery, a Heretical Theory«. In: Stuart M. Shieber (Hg.). *The Turing Test: Verbal Behavior as the Hallmark of Intelligence*, Cambridge: MIT Press, S. 105–110.
Turner, John. 1991. *Social Influence*. New York: Thomson Brooks/Cole.
Tworek, Heidi. 2019. »A Lesson from 1930s Germany: Beware State Control of Social Media«. *Atlantic*, 26. Mai, www.theatlantic.com/international/archive/2019/05/germany-war-radio-social-media/590149.
Tzouliadis, Tim. 2008. *The Forsaken: An American Tragedy in Stalin's Russia*. New York: Penguin.
Ure, Andrew. 1835 [1861]. *The Philosophy of Manufactures or, an Exposition of the Scientific, Moral, and Commercial Economy of the Factory System of Great Britain*. London: H. G. Bohn.
Varian, Hal. 2016. »A Microeconomist Looks at Productivity: A View from the Valley«. Brookings Institute Presentation, www.brookings.edu/wp-content/uploads/2016/08/varian.pdf.
Vassallo, Steve. 2021. »How I Learned to Stop Worrying and Love AI«. *Forbes*, 3. Februar, www.forbes.com/sites/stevevassallo/2021/02/03/how-i-learned-to-stop-worrying-and-love-ai.
Verma, Inder M. 2014. »Editorial expression of concern: Experimental evidence of massive-scale emotional contagion through social networks«. *PNAS* 111, Nr. 29 (3. Juli), S. 10779. www.pnas.org/doi/10.1073/pnas.1412469111.
Vosoughi, Soroush, Deb Roy und Sinan Aral. 2018. »The Spread of True and False News Online«. *Science* 359, S. 1146–1151.
Voth, Hans-Joachim. 2004. »Living Standards and the Urban Environment«. In: Roderick Floud und Paul Johnson. *The Cambridge Economic History of Modern Britain*, Cambridge: Cambridge University Press, S. 268–294.
Voth, Hans-Joachim. 2012. *Time and Work in England During the Industrial Revolution*. New York: Xlibris.
Waldman, Steve Randy. 2021. »The 1996 Law That Ruined the Internet«. *Atlantic*, 3. Januar, www.theatlantic.com/ideas/archive/2021/01/trump-fighting-section-230-wrong-reason/617497.
Wang, Tianyi. 2021. »Media, Pulpit, and Populist Persuasion: Evidence from Father Coughlin«. *American Economic Review* 111, Nr. 9, S. 3064–3094.
Warner, R. L. 1904. »Electrically Driven Shops«. *Journal of the Worcester Polytechnic Institute* 7, Nr. 2 (Januar), S. 83–100.
Welldon, Finn, R. 1971. *The Norman Conquest and Its Effects on the Economy*. Hamden: Archon.

Wells, H. G. 1904 [1951]. *Die Zeitmaschine.* Hamburg: Rowohlt.
West, Darrell M. 2018. *The Future of Work: Robots, AI and Automation.* Washington: Brookings Institution.
White, Lynn T. 1968. *Die mittelalterliche Technik und der Wandel der Gesellschaft.* München: Moos.
White, Lynn Jr. 1978. *Medieval Religion and Technology: Collected Essays.* Berkeley: University of California Press.
Wickham, Christopher. 2018. *Das Mittelalter: Europa von 500 bis 1500.* Stuttgart: Klett-Cotta.
Wiener, Jonathan M. 1978. *Social Origins of the New South: Alabama 1860–1885.* Baton Rouge: Louisiana State University Press.
Wiener, Norbert. 1949. »The Machine Age«, Version 3. Unveröffentlichter Artikel. Massachusetts Institute of Technology, https://libraries.mit.edu/app/dissemination/DIPonline/MC0022/MC0022_MachineAgeV3_1949.pdf.
Wiener, Norbert. 1954 [2022]. *Mensch und Menschmaschine – Kybernetik und Gesellschaft.* Frankfurt a. M.: Klostermann.
Wiener, Norbert. 1960. »Some Moral and Technical Consequences of Automation«. *Science* 131, Nr. 3410, S. 1355–1358.
Wiener, Norbert. 1965. *Gott & Golem Inc.* Düsseldorf/Wien: Econ.
Wilkinson, Toby. 2020. *A World Beneath the Sands: The Golden Age of Egyptology.* New York: W. W. Norton.
Williams, Callum. 2021. »The Future of Work«. *The Economist: Special Report,* 10. April, www.economist.com/special-report/2021/04/08/a-bright-future-for-the-world-of-work.
Williamson, Jeffrey G. 1985. *Did British Capitalism Breed Inequality?* London: Routledge.
Wilson, Arnold. 1939. *The Suez Canal: Its Past, Present, and Future.* Oxford: Oxford University Press.
Wolmar, Christian. 2007. *Fire & Steam: How the Railways Transformed Britain.* London: Atlantic.
Wolmar, Christian. 2010. *Blood, Iron, & Gold: How the Railways Transformed the World.* New York: PublicAffairs.
Wood, Gaby. 2002. *Edison's Eve: A Magical History of the Quest for Mechanical Life.* New York: Anchor.
Woodward, C. Vann. 1955. *The Strange Career of Jim Crow.* New York: Oxford University Press.
Wooldridge, Michael. 2020. *A Brief History of Artificial Intelligence: What It Is, Where We Are, and Where We Are Going.* New York: Flatiron.
Wright, Gavin. 1986. *Old South, New South: Revolutions in the Southern Economy Since the Civil War.* New York: Basic Books.
Wright, Katherine I. (Karen). 2014. »Domestication and Inequality? Households, Corporate Groups, and Food Processing Tools at Neolithic Catalhoyuk«. *Journal of Anthropological Archaeology* 33, S. 1–33.
Wrightson, Keith. 1982. *English Society, 1580–1680.* New Brunswick: Rutgers University Press. Kindle.
Wrightson, Keith (Hg.). 2017. *A Social History of England, 1500–1750.* Cambridge: Cambridge University Press.

Xu, Beina, und Eleanor Alpert. 2017. »Media Censorship in China«. Council on Foreign Relations, https://www.cfr.org/backgrounder/media-censorship-china.
Young, Arthur. 1768. *The Farmer's Letters to the People of England*. London: Strahan.
Young, Arthur. 1771. *The Farmer's Tour Through the East of England*. London: Strahan.
Young, Arthur. 1801. *An Inquiry into the Propriety of Applying Wastes to the Better Maintenance and Support of the Poor*. Rackham: Angel Hill.
Zeira, Joseph. 1998. »Workers, Machines, and Economic Growth«. *Quarterly Journal of Economics* 113, Nr. 4, S. 1091–1117.
Zhang, Liang, Andrew Nathan, Perry Link und Orville Schell. 2002. *The Tiananmen Papers*. New York: PublicAffairs.
Zhong, Raymond, Paul Mozur und Aaron Krolik. 2020. »Leaked Documents Show How China's Army of Paid Internet Trolls Helped Censor the Coronavirus«. *ProPublica*, 19. Dezember, www.propublica.org/article/leaked-documents-show-how-chinas-army-of-paid-internet-trolls-helped-censor-the-coronavirus.
Zuboff, Shoshana. 1988. *In the Age of the Smart Machine: The Future of Work and Power*. New York: Basic Books.
Zuboff, Shoshana. 2018. *Das Zeitalter des Überwachungskapitalismus*. Frankfurt a. M.: Campus.
Zweig, Stefan. 1942 [2021]. *Die Welt von gestern: Erinnerungen eines Europäers*. München: Anaconda.

ANMERKUNGEN

1 Wiener (1949).
2 Zitiert in: Steadman (2012), der in Anm. 7 Details nennt. Die Aussage stammt aus einem Brief Benthams an Charles Brown vom Dezember 1786. Für den Kontext und Details vgl. Bentham (2013 [1791]).
3 Aussage von Richard Needham, 18. Juli 1834, in: Select Committee (1834, S. 428, Absatz 5473).
4 Aussage von John Scott, 11. April 1835, in: Select Committee (1835, S. 186, Absatz 2644).
5 Smith (2013 [1789], S. 206–207).
6 Burke (1795, S. 30). Die vollständige Aussage lautet: »Wir, das Volk, sollten unsere Hoffnungen, den göttlichen Unmut zu beschwichtigen, um jede Notlage zu beseitigen, unter der wir leiden, nicht darauf setzen, die Gesetze des Handels zu brechen, welche die Gesetze der Natur und folglich Gottes sind.«
7 Thelwall (1796, S. 21).

Kontrolle über die Technologie

1 Es ist hilfreich, einen Blick auf die historischen Debatten über das in diesem Kapitel behandelte Konzept der technologischen Arbeitslosigkeit und über David Ricardos Haltung gegenüber den Maschinen zu werfen.

Das Konzept der technologischen Arbeitslosigkeit infolge der Weiterentwicklung der Produktionsmethoden wird oft John Maynard Keynes (1930 [1966]) zugeschrieben. Tatsächlich wurde es sehr viel früher entwickelt. Im 18. Jahrhundert machten sich einige Autoren Gedanken darüber, dass technologische Neuerungen Arbeitskräfte verdrängten. Thomas Mortimer beschäftigte sich in der Frühphase der Industriellen Revolution mit dieser Möglichkeit (Mortimer 1772). James Steuart, einer der führenden Wirtschaftswissenschaftler jener Zeit, befasste sich ebenfalls mit diesem Problem und stellte fest, die Maschinen könnten »einen Mann zur Untätigkeit zwingen«, obwohl er dieses Szenario für wenig wahrscheinlich hielt (Steuart 1767, S. 122). Peter Gaskell sah die Gefahr zu Beginn des 19. Jahrhunderts deutlicher: »Die Anpassung mechanischer Erfindungen an fast alle Vorgänge, die bisher einer geschickten menschlichen Hand bedurften, wird bald entweder die Notwendigkeit der menschlichen Arbeit beseitigen, oder diese muss zu einem Preis eingesetzt werden, der es ihr ermöglicht, mit dem Mechanismus zu konkurrieren« (Gaskell 1833, S. 12).

Prominente Nationalökonomen waren zumindest anfangs weniger besorgt. In *An Inquiry into the Nature and Causes of the Wealth of Nations* (*Der Wohlstand der Nationen*) beschrieb Adam Smith (1789 [2013]) technologische Verbesserungen als im Allgemeinen vorteilhaft. Wie wir im Vorwort gesehen haben, war er beispielsweise der Meinung, dass bessere Maschinen die Reallöhne deutlich erhöhen würden.

Wie wir in diesem Kapitel sehen werden, teilte der andere Gründervater der Nationalökonomie aus dieser Zeit, David Ricardo, anfangs diese Zuversicht. In seinem 1817 veröffentlichten Hauptwerk *Principles of Political Economy and Taxation* zog Ricardo eine Parallele zwischen Maschinerie und Außenhandel und bezeichnete beide als für die Menschheit im Allgemeinen vorteilhaft. Beispielsweise schrieb er: »Der natürliche Preis aller Waren, ausgenommen Rohprodukte und Arbeit, hat mit der fortschreitenden Entwicklung des Reichtums und der Bevölkerung eine fallende Tendenz; denn obwohl sie einerseits durch das Steigen des natürlichen Preises des Rohmaterials, aus dem sie hergestellt werden, an wirklichem Wert zunehmen, so wird dies doch mehr als ausgeglichen durch die Verbesserungen der Maschinerie, durch die verbesserte Teilung und Verteilung der Arbeit und durch die wachsenden wissenschaftlichen und handwerklichen Fertigkeiten der Produzenten« (Ricardo 1994 [1821], S. 79–80).

Doch später änderte Ricardo seine Meinung. In der dritten Ausgabe der *Principles* ergänzte er ein Kapitel über die Maschinerie, in dem er eine erste Version der Theorie der technologischen Arbeitslosigkeit entwickelte. Hier schrieb er: »Damit möchte ich nur beweisen, daß die Erfindung und Verwendung von Maschinen von einer Verringerung des Bruttoprodukts begleitet sein kann, und daß sie, sobald dies der Fall ist, für die arbeitende Klasse schädlich sein wird, weil einige aus ihren Reihen ihre Beschäftigung verlieren werden und Bevölkerung im Vergleich zu den für ihre Beschäftigung bestimmten Fonds überzählig wird« (Ricardo 1994 [1821], S. 332). Aber die meisten seiner Zeitgenossen waren nicht überzeugt. Selbst jene Ökonomen, die sich mit der Möglichkeit negativer Auswirkungen auf Tagelöhner oder ungelernte Arbeiter beschäftigten, gelangten zu dem Schluss, solche Auswirkungen seien unwahrscheinlich oder würden lediglich vorübergehend sein. Beispielsweise erklärte John Stuart Mill: » Trotz alledem glaube ich nicht […], daß Verbesserungen in der Produktion oft, wenn überhaupt, den arbeitenden Klassen im ganzen auch nur vorübergehend nachteilig sind« (Mill 1924 [1848], S. 147).

Ähnliche Befürchtungen über die technologische Arbeitslosigkeit äußerten andere bekannte Ökonomen, darunter insbesondere Wassily Leontief, dem wir in Kapitel 8 begegnen werden. Die Geschichte dieser frühen Debatte behandeln Berg (1980) und Hollander (2019). Frey (2019) sowie Mokyr, Vickers und Ziebarth (2015) befassen sich ebenfalls eingehend damit.

Keynes war zuversichtlicher als Ricardo in seinem Kapitel über die Maschinen. Im selben Essay schrieb er: »Für lange Zeiten wird der alte Adam in uns noch so mächtig sein, dass jedermann wünschen wird, *irgendeine* Arbeit zu tun, um zufrieden sein zu können. Wir werden mehr Dinge für uns selbst tun können, als es bei den Reichen heute üblich ist, und nur allzu froh sein, dass wir kleine Pflichten, Aufgaben und Routinesachen haben. Aber darüber hinaus sollten wir uns bemühen, die Butter auf dem Brot dünn zu streichen – um die Arbeit, die dort noch zu tun ist, soweit wie möglich zu teilen. Mit Drei-Stunden-Schichten oder einer Fünfzehn-Stunden-Woche kann das Problem eine ganze Weile hinausgeschoben werden« (Keynes 2007 [1930], S. 143). Auf die Aussage, die wir im Text zitieren, folgt folgender Satz: »Dies ist aber nur eine vorübergehende Phase einer mangelhaften Anpassung. Auf lange Sicht bedeutet all dieses, *dass die Menschheit dabei ist, ihr wirtschaftliches Problem zu lösen*« (S. 140, Hervorhebung im Original).

Obwohl Keynes großes Ansehen unter den Ökonomen genoss, hatten seine Thesen über die technologische Arbeitslosigkeit so wie die Ricardos zuvor nicht wesentlich Einfluss auf das Gebiet. Paul Douglas (1930a, 1930b) beschäftigte sich zur selben Zeit wie oder sogar früher als Keynes unabhängig von diesem mit der technologischen Arbeitslosigkeit. Aber so wie Gottfried Haberler (1932) war Douglas der Meinung, der Marktmechanismus werde die Beschäftigung fast automatisch wiederherstellen, selbst wenn neue Maschinen einige Arbeitskräfte verdrängten. Tatsächlich schenkten die tonangebenden Wirtschaftswissenschaftler den Bedenken Ricardos, Keynes' und Leontiefs bis vor Kurzem kaum Beachtung.

Das in diesem Kapitel eingeführte Konzept der Allzwecktechnologie geht auf David (1989), Bresnahan und Trajtenberg (1995), Helpman und Trajtenberg (1998) sowie David und Wright (2003) zurück. Für unsere Untersuchung ist es bedeutsam, dass die Entscheidung über die Ausrichtung der technologischen Entwicklung besonders bedeutsam ist, wenn die Anwendungsmöglichkeiten von Technologien breit gefächert sind, wie Acemoglu und Restrepo (2019b) betonen.

2 http://www.zeno.org/Philosophie/M/Bacon,+Francis/Gro%C3%9Fe+Erneuerung+-der+Wissenschaften/Neues+Organon/Zweites+Buch.

3 https://www.projekt-gutenberg.org/wells/zeitmasc/chap008.html.

4 *Time* (1960), S. 2 der Online-Ausgabe.

5 Kennedy (1963).

6 Keynes (2007 [1930], S. 140).

7 Ricardo (1951–1973, Bd. 5, S. 30), eine redigierte Version der Protokolle der britischen Parlamentssitzungen (Hansard Records), 16. Dezember 1819.

8 Ricardo 1821 (1994), S. 328.

9 Ricardo (1951–1973, Bd. 8, S. 399–400, Brief vom 30. Juni 1821.

10 Stanford University, Veranstaltungsbericht, 1998, https://news.stanford.edu/pr/98/980128gates.html.

11 Steve Jobs, Konferenzbeitrag, 2007, https://allthingsd.com/20070531/d5-gates-jobs-transcript. Die Entwicklungen auf dem Arbeitsmarkt einschließlich der bildungsabhängigen Einkommensungleichheit werden in Kapitel 8 eingehender behandelt; Angaben zu unseren Quellen und Berechnungen finden sich in den Anmerkungen zu diesem Kapitel.

12 Erik Brynjolfsson, TED-Vortrag, April 2017, www.techpolicy.com/Blog/April-2017/Erik-Brynjolfsson-Racing-with-the-Machine-Beats-R.aspx.

13 Die Fakten zur Automobilindustrie stammen aus McCraw (2009, S. 14, 17, 23). Die Daten zur Beschäftigung in dieser Industrie in den zwanziger Jahren stammen aus CQ Researcher (1945).

14 Die Entwicklung der Tätigkeiten in der Automobilindustrie wird in den Kapiteln 7 und 8 behandelt; für die Quellen vgl. die Anmerkungen zu diesen Kapiteln. Die Aussage zur Fabrik der Zukunft wird zumeist Warren Bennis zugeschrieben. Doch wie eine nähere Untersuchung (https://quoteinvestigator.com/2022/01/30/future-factory) gezeigt hat, verwendete Bennis diesen Scherz 1988 und 1989, »aber er stritt ab, der Urheber zu sein«, weshalb die Feststellung angemessen scheint, dass Bennis »zur Verbreitung des Scherzes beitrug«.

15 Zur Diskussion über das heliozentrische System und zu seiner Anerkennung vgl. https://galileo.ou.edu/exhibits/revolutions-heavenly-spheres-1543.
16 Zur Entwicklung des Moderna-Impfstoffs vgl. www.bostonmagazine.com/health/2020/06/04/moderna-coronavirus-vaccine. Am 24. Februar 2020 gab Moderna bekannt, dass es 42 Tage nach der Identifizierung der Gensequenz des Virus die erste Charge des Impfstoffs mRNA-1273 verschickt hatte.
17 Zur Dampfmaschine vgl. Tunzelman (1978).
18 Zum Sozialkreditsystem in China vgl. www.wired.co.uk/article/china-social-credit-system-explained.
19 Zur Änderung des Facebook-Algorithmus im Jahr 2018 vgl. www.wsj.com/articles/facebook-algorithm-change-zuckerberg-11631654215.
20 Diese Interpretation der Funde aus Swartkrans stammt aus Pyne (2019, S. 25).
21 https://money.cnn.com/2018/01/24/technology/sundar-pichai-google-ai-artificial-intelligence/index.html.
22 Lee (2021).
23 https://theworldin.economist.com/edition/2020/article/17385/demis-hassabis-ais-potential
24 Li (2020).
25 Kurzweil (2013).
26 www.techrepublic.com/article/google-deepmind-founder-demis-hassabis-three-truths-about-ai.
27 www.city-journal.org/html/disrupters-14950.html.

Kanalvision

1 In diesem Kapitel stützen wir uns auf folgende Darstellungen: Wilson (1939), Mack (1944), DuVal (1947), Beatty (1956), Marlowe (1964), Kinross (1969), Silvestre (1969), McCullough (1977), Karabell (2003) und Bonin (2010). Unsere zentrale These, dass Lesseps' – dank des Erfolgs in Suez deutlich gestiegene – gesellschaftliche Macht und seine Vision die Ursachen für das Debakel des Panamakanals waren, stützt sich auf unsere Interpretation dieser Quellen und die unten genannten spezifischen Erkenntnisse.

Über die Debatte auf dem Kongress in Paris im Jahr 1879 berichten Ammen (1879), Johnston (1879) und Menocal (1879). Lesseps (1880 sowie 1887 [2011]) lieferte seine eigene Darstellung der Ereignisse. Die napoleonische Expedition behandeln Chandler (1974) und Wilkinson (2020). Saint-Simons Schriften finden sich in Manuel (1956). Die These, das Panamaprojekt sei vom »Geist Saint-Simons« beseelt gewesen, stellt Siegfried (1940, S. 239) auf.
2 Lewis (1964, S. 7).
3 Ferdinand de Lesseps, zitiert in: DuVal (1947, S. 58).
4 Zu Lesseps' Erklärungen und Aktivitäten auf dem Kongress vgl. Johnston (1879) und Ammen (1879), die beide wenig Sympathie für ihn zeigen.

Mack (1944, Kapitel 25) beschreibt die Arbeit der verschiedenen Komitees und die Klagen der amerikanischen Delegation eingehend. Das *Compte Rendu des Séances* (Ergebnisprotokoll) des Kongresses über den interozeanischen Kanal enthält die offiziellen Aufzeichnungen über die Plenarsitzungen und die Arbeit der einzelnen Komitees.

5 Zitiert nach Johnston (1879, S. 174), einer eindringlichen Darstellung aus erster Hand. Johnston wirkt weniger begeistert als Ammen, Monocal oder Lesseps. Mack (1944, S. 290) gibt eine elegantere Version aus der offiziellen Niederschrift wieder: »Ich fordere den Kongress auf, auf die amerikanische Art vorzugehen, das heißt mit Geschwindigkeit und in einer praktischen Weise, gleichzeitig jedoch sorgfältig [...].«
6 Zitiert nach Karabell (2003, S. 20).
7 Die Angaben zu den Verlusten in der »Schlacht bei den Pyramiden« stammen aus Chandler (1974, S. 243), der erklärt, die Franzosen hätten nominelle Verluste von 29 Gefallenen und »vielleicht 260 Verwundeten« erlitten.
8 Zitiert nach Kohn (1950, S. 26).
9 Zitiert nach Taylor (1975).
10 Für eine weiterführende Diskussion vgl. Manuel (1956, Kapitel 25).
11 Zitiert nach Karabell (2003, S. 205).
12 Bernstein (2005).
13 Karabell (2003) beschreibt die frühe Diskussion über den Bau eines Kanals in Suez.
14 Zu Lesseps' frühen Bemühungen vgl. Wilson (1939), Beatty (1956), Marlowe (1964), Kinross (1969), Silvestre (1969) und Karabell (2003).
15 Lesseps (2011 [1887], S. 170–175). Eine geringfügig abweichende Übersetzung findet sich in Karabell (2003, S. 74): »Die Namen der ägyptischen Herrscher, welche die Pyramiden errichteten, jene nutzlosen Monumente des menschlichen Stolzes, sind unbekannt. Der Name des Fürsten, der den großartigen Kanal durch den Isthmus von Suez eröffnet, wird von der Nachwelt über die Jahrhunderte hinweg gepriesen werden.«
16 Für finanzielle Einzelheiten zum Emissionsangebot vgl. Beatty (1956, S. 181–183), der folgende Aussage aus dem Emissionsprospekt zitiert: »Das Kapital der Gesellschaft ist auf 200 Millionen Franc begrenzt und wird in 400 000 Anteile zum Nennwert von jeweils 500 Franc unterteilt« (S. 182).
17 Beatty (1956, S. 187). In Kapitel 10 beschreibt Beatty diese Phase der Kapitalbeschaffung genauer.
18 Lord Russell, zitiert in: Kinross (1969, S. 174).
19 Zitiert nach: Beatty (1956, S. 218). Lesseps zitierte Lord Henry Scott.
20 Dieser Abschnitt stützt sich auf Karabell (2003).
21 Für die frühen finanziellen Erträge des Suezkanals vgl. Beatty (1956, S. 270); auf den Seiten 271–278 diskutiert Beatty die folgenden politischen Entwicklungen, als sich Großbritannien daranmachte, seinen Einfluss auf Ägypten zu verstärken und den Kanal unter Kontrolle zu bringen.
22 Die Angaben zum Anstieg des Aktienkurses bis 1880 und zu den Dividenden stammen aus McCullough (1977, S. 67–68).
23 Lesseps (1880, S. 14).
24 Ebd.
25 Johnston (1879, S. 172).
26 Zitiert in: McCullough (1977, S. 63).
27 Vgl. DuVal (1947, S. 40, 56–57, 64); Vgl. auch McCullough (1977, S. 63–64, 68–69) zu Kostenschätzungen, Provisionen und »Öffentlichkeitsarbeit«.
28 Lesseps (1880, S. 9).
29 Dies war de facto Godin de Lépinays Urteil in der Frage, ob mit einem anderen

Vorgehen Menschenleben hätten gerettet werden können (vgl. z.B. Mack 1944, S. 294). Lépinay sprach sich für einen Schleusenkanal aus, dessen Kernstück ein künstlich angelegter See über dem Meeresspiegel sein sollte – dieses Design entsprach im Wesentlichen dem, das die Amerikaner schließlich verwirklichten. Lépinay lehnte es ab, für den Plan eines Kanals auf Meeresspiegelniveau zu stimmen, und sagte voraus, dass der Bau eines Schleusenkanals das Leben von 50 000 Menschen retten werde; vgl. Congrès international d'études du canal interocéanique (1879, S. 659). (Lépinays Argumentation ist in einem Schreiben enthalten, das diesem Kongressbericht als Anhang beilag.)

Mack (1944, S. 295) weist darauf hin, dass sich Lépinay in seiner Argumentation teilweise auf die »zu jener Zeit vorherrschende, aber falsche Theorie stützte, das Tropenfieber werde von einer geheimnisvollen toxischen Substanz verursacht, die von frisch ausgehobener Erde freigesetzt werde, weshalb das Krankheitsrisiko umso geringer sei, je weniger Erdreich bewegt werde«. Dennoch behielt Lépinay recht, wenn auch aus teilweise falschen Gründen.

Bezüglich unserer These, dass Franzosen, Briten und andere Europäer im Verlauf eines Jahrhunderts in Militäreinsätzen in tropischen Regionen praktische Maßnahmen zum Schutz der Gesundheit entwickelt hatten, vgl. Curtin (1998). Wenn europäische Militärführungen den Zeitpunkt von Feldzügen in den Tropen wählen und eine Stationierung großer Truppenkontingente in der Regenzeit vermeiden konnten, gelang es ihnen, die Sterblichkeit zumindest an einigen Orten für eine Weile zu verringern. Vgl. Curtin (1998, Kapitel 3, S. 73) zur Ashanti-Expedition von 1874, wobei er eine wichtige Einschränkung vornimmt: »Unabhängig davon, ob der Erfolg auf Glück oder Können beruhte, war er schwer zu wiederholen.«

30 Philippe Bunau-Varilla, zitiert in: McCullough (1977, S. 112).

31 Johnston (1879, S. 180).

Die Macht zu überzeugen

1 Die Ausführungen in diesem Kapitel beruhen auf einer Synthese von Michael Manns Abhandlung über soziale Macht (1990), in der zwischen ökonomischer, politischer, militärischer und ideologischer Macht unterschieden wird, mit sozialpsychologischen Arbeiten über Einfluss und Überzeugung (zum Beispiel Cialdini 2023, Turner 1991), und unseren eigenen früheren Arbeiten über Institutionen und politische Macht (Acemoglu, Johnson und Robinson 2005a, Acemoglu und Robinson 2006b, 2012 und 2019), die sich ihrerseits, unter anderem, auf Brenner (1976), North (1982) und North, Wallis und Weingast (2009) stützen.

Das, was unseren Ansatz in diesem Kapitel auszeichnet, ist zum einen die Tatsache, dass wir den Vorrang der Überzeugungsmacht oder Überzeugungskraft betonen, selbst dann, wenn es Möglichkeiten zur Anwendung von Zwang gibt, und zum anderen unsere Theorie, wonach Überzeugungskraft ihrerseits durch Netzwerke und Institutionen geprägt wird. Unsere Konzeption baut also auf der Literatur über die politische Ökonomie von Institutionen auf, geht aber über diese Literatur hinaus, indem sie die Bedeutung von Ideen und Überzeugungskraft hervorhebt und die Rolle von Institutionen bei der Ausgestaltung der Wirkmechanismen von Überzeugungskraft betont.

2 Deutsch (1969 [1963], S. 171).

3 Bernays (2022 [1928], S. 19).
4 Vgl. Chandler (1966, S. 1011). Dieser Abschnitt stützt sich auf die Darstellung in Kapitel 88 von Chandler.
5 Die Diskussion über die Macht der Wall Street in diesem Abschnitt stützt sich auf Johnson und Kwak (2010). Für empirische Erkenntnisse über den Einfluss von Macht auf menschliches Verhalten und die Art und Weise, wie man von anderen wahrgenommen wird, vgl. Keltner, Gruenfeld und Anderson (2003).
6 Zu der Frage, ob und in welchem Sinne Großbanken »zu groß sind, als dass man sie strafrechtlich belangen könnte« (»too big to jail«), vgl. www.pbs.org/wgbh/frontline/article/eric-holder-backtracks-remarks-on-too-big-to-jail, wo auch eine Diskussion mit dem damaligen US-Justizminister Eric Holder dokumentiert ist, in der er sich von früheren Aussagen distanziert. Vgl. auch folgendes Interview mit Lanny Breuer, stellvertretender Justizminister und Leiter des Referats für Strafrecht im US-Justizministerium: www.pbs.org/wgbh/frontline/article/lanny-breuer-financial-fraud-has-not-gone-unpunished. Für den Gebrauch von »too big to jail« durch Kritiker vgl. https://financialservices.house.gov/uploadedfiles/07072016_oi_tbtj_sr.pdf.
7 Die Details über *Wall Street Poker: Die authentische Story eines Salomon-Brokers* stammen aus Lewis (1990) und wurden bereits zuvor von Johnson und Kwak (2010) in dieser Weise zitiert.
8 Über Memes und ihre Ausbreitung vgl. Dawkins (1978).
9 Die Information über den Anteil des Gehirns am gesamten Energieverbrauch des Körpers stammt aus Swaminathan (2008).
10 Über das Nachahmungsverhalten von Kindern und soziales Lernen vgl. Tomasello, Carpenter, Call, Behne und Moll (2005) und Henrich (2016) für eine allgemeine Diskussion; vgl. auch Tomasello (2020) für eine ganzheitliche Betrachtungsweise. Siehe auch Shteynberg und Apfelbaum (2013).
11 Zu »Übernachahmung« (Overimitation) bei Kindern vgl. Gergely, Bekkering und Kiraly (2002) und Carpenter, Call und Tomasello (2005). Das im Text diskutierte Experiment ist aus Lyons, Young und Keil (2007).
12 Über fehlende Übernachahmung bei Schimpansen vgl. Buttelmann, Carpenter, Call und Tomasello (2007) und Tomasello (2020), Kapitel 5.
13 Über die Experimente, die zeigen, wie sich das Verhalten von Zuschauern auf das Lernen von Kindern auswirkt, vgl. Chudek, Heller, Birch und Henrich (2012).
14 Auch dieser Abschnitt stützt sich auf Johnson und Kwak (2010).
15 Über die Entscheidung, Eigenheimbesitzern nicht zu helfen, vgl. Hundt (2019).
16 Über »üppige Boni« von mehr als einer Million Dollar pro Person vgl. Story und Dash (2009): »Laut einem Bericht, der am Donnerstag von Andrew M. Cuomo, dem Generalstaatsanwalt (Attorney General) von New York, veröffentlicht wurde, zahlten neun der Finanzunternehmen, die zu den größten Empfängern von Stützungsgeldern des Bundes gehörten, rund 5 000 ihrer Wertpapierhändler und Banker für das Jahr 2008 Boni in Höhe von über 1 Million Dollar pro Person.«
17 Über Blankfeins Aussage über »Gottes Werk« wurde in vielen Medien berichtet, u. a. von Reuters Staff (2009).
18 Foner (1989, S. 148).
19 Für eine Diskussion der Einschränkungen, denen Sklaven vor dem Bürgerkrieg beim Erwerb von Schreib- und Lesefähigkeiten und sonstigen Aktivitäten unterlagen, vgl. Woodward (1955). Foner (1989, S. 111) drückt es folgendermaßen aus: »Vor

dem Krieg war in sämtlichen Südstaaten bis auf Tennessee die Unterrichtung von Sklaven verboten, und obschon viele freie Schwarze die Schule besucht hatten und eine Reihe von Sklaven autodaktisch oder mit Unterstützung mitfühlender Master das Lesen und Schreiben erlernt hatten, waren über 90 Prozent der erwachsenen schwarzen Bevölkerung im Jahr 1860 Analphabeten.«

20 Zur politischen Repräsentation von Schwarzen in den Südstaaten und in der US-Bundesregierung nach dem Bürgerkrieg vgl. Woodward (1955, S. 54).

21 Woodward (1955, S. 69).

22 Du Bois (2008 [1903], S. 126)

23 Aus dem Congressional Globe, 1864 (38. Kongress, 1. Sitzung), S. 2251; ein Teil dieses Zitats findet sich auch in Wiener (1978, S. 6); dieselbe Quelle diskutiert Landbesitz und die landwirtschaftliche Grundlage von Macht.

24 Ager, Boustan und Eriksson (2021) gehen der Frage nach, wie Sklavenbesitzer sich von dem durch die Emanzipation ausgelösten Vermögensschock erholten.

25 *Atlantic Monthly* (1. Oktober 1901, S. 1).

26 Zur Dunning School vgl. Foner (1989).

27 Für unsere Sicht des Zusammenhangs zwischen Institutionen, Demokratie und wirtschaftlicher Entwicklung vgl. Acemoglu, Johnson und Robinson (2005a).

28 Das Diktum von Lord Acton stammt aus einem Brief an den anglikanischen Bischof von London (https://oll.libertyfund.org/title/acton-acton-creighton-correspondence). Über das Verhalten von Menschen, die Macht besitzen, vgl. Keltner (2016).

29 Zusammenfassungen der in dem Text beschriebenen Experimente finden sich in Piff, Stancato, Cote, Mendoza-Denton und Keltner (2012).

30 Dieser Abschnitt stützt sich auf die allgemeinen Quellen, die am Anfang dieses Abschnitts aufgelistet wurden.

31 Für Belege dafür, dass demokratische Staaten ein höheres Wachstum des Pro-Kopf-BIP aufweisen, wichtige Reformen schneller und effizienter umsetzen und höhere Bildungs- und Gesundheitsinvestitionen tätigen, siehe Acemoglu, Naidu, Restrepo und Robinson (2019).

32 Für eine Diskussion der Ideen Condorcets und ihrer Anwendbarkeit in der Gegenwart vgl. Landemore (2017).

33 Über Entscheidungsfindung und Einstellungen in divers zusammengesetzten Gruppen vgl. Gaither, Apfelbaum, Birnbaum, Babbitt und Sommers (2018) sowie Levine, Apfelbaum, Bernard, Bartelt, Zajac und Stark (2014).

34 Zur Akzeptanz der Demokratie in der Bevölkerung in Abhängigkeit von der Erfolgsbilanz eines demokratischen regierten Landes in Bezug auf Wirtschaftswachstum und Umverteilung vgl. Acemoglu, Ajzeman, Aksoy, Fiszbein und Molina (2021). Die Autoren gelangen zu dem Schluss, dass Menschen nicht gewillt sind, Macht an nicht rechenschaftspflichtige Experten zu delegieren, insbesondere, wenn diese Menschen Erfahrungen mit einem demokratischen System gemacht haben.

35 Über die Ansichten »derjenigen, die an die Demokratie glauben« und die ihre politischen Mitspracherechte nicht an Experten und deren Prioritäten abtreten wollen, vgl. Acemoglu, Ajzeman, Aksoy, Fiszbein und Molina (2021).

36 Über den Zusammenhang zwischen Status und Selbstüberschätzung vgl. Anderson, Brion, Moore und Kennedy (2012).

Das Elend kultivieren

1 https://www.sgipt.org/wisms/geswis/brecht.htm
2 Arthur Young (1801), zitiert in: Gazley (1973, S. 436–437, Hervorhebung im Original).
3 Unsere Interpretation in diesem Kapitel stützt sich auf die theoretische Arbeit von Brenner (1976) sowie Acemoglu und Wolitzky (2011). Vgl. auch Naidu und Yuchtman (2013). Während diese Autoren die Rolle des Machtgleichgewichts zwischen Grundherren und Bauern (oder Arbeitgebern und Arbeitnehmern in der Industrie) hervorheben, beschäftigen sie sich nicht mit den Auswirkungen des technologischen Wandels. Uns sind keine Studien zur Agrartechnologie bekannt, in denen deren Verelendungskonsequenzen abhängig von institutioneller Struktur und Machtgleichgewicht analysiert worden wären.
4 Die Liste der technologischen Verbesserungen beruht auf Carus-Wilson (1941), White (1964, 1978), Cipolla (1972b), Duby (1977), Thrupp (1972), Gimpel (1980), Fox (1986), Hills (1994), Smil (1994, 2023), Gies und Gies (1994) sowie Centennial Spotlight (2021).
5 Zu den Mühlen und ihren Auswirkungen auf die Produktivität vgl. Gimpel (1980), Smil (1994, 2017), Langdon (1986, 1991) sowie Reynolds (1983).
6 Smil (2017, S. 154) schätzt, dass eine kleine Wassermühle mit weniger als zehn Arbeitern an einem zehnstündigen Arbeitstag genauso viel Mehl mahlen konnte wie 250 Arbeiter, die diese Tätigkeit von Hand verrichten mussten. Derselbe Autor gibt die Zahl der Orte mit Mühlen im England des 11. Jahrhunderts mit 6500 an (Smil 2017, S. 149), während im Domesday Book von 5624 Mühlen im Jahr 1085 die Rede ist (Gimpel 1980, S. 16); dieselbe Quelle (Kapitel 1) enthält Details zu den frühesten Wassermühlen.
7 Im Jahr 1100 ernährten zwei Millionen Landbewohner 2,2 Millionen Menschen, und im Jahr 1300 ernährten vier Millionen Bauern eine Bevölkerung von fünf Millionen Menschen. Wenn die Verteilung der Altersgruppen in den ländlichen Gebieten etwa dieselbe war, womit etwa die Hälfte der Bevölkerung im erwerbsfähigen Alter war, stieg die Zahl der Personen, die von einer aktiven landwirtschaftlichen Arbeitskraft ernährt wurden, von 2,2 auf 2,5, was nach einer groben Berechnung einem Anstieg der landwirtschaftlichen Produktivität um knapp 15 Prozent entspricht.
8 Unsere wichtigsten Quellen für die gesamtwirtschaftliche Entwicklung und die Lebensbedingungen sind Dyer (1989, 2002), May (1973) und Keene (1998). Zu den Auswirkungen der normannischen Eroberung vgl. dieselben Quellen sowie Welldon (1971) und Kapelle (1979). Einen umfassenden Überblick über das mittelalterliche Europa geben Pirenne (1925 bzw. 1927, 1933) und Wickham (2018). Postan (1966) und Barlow (1999) enthalten ebenfalls wertvolle Informationen.
9 Zur städtischen und Gesamtbevölkerung vgl. Russell (1972), zum Beispiel Tabelle 1 (S. 36); Galloway, Kane und Murphy (1996) liefern eine sehr interessante Analyse zu London.
10 Die Daten zu Bau und Betrieb von Klöstern, Kirchen und Kathedralen stammen aus Gimpel (1996), Burton (1994), Swanson (1995) und Tellenbach (1993). Für weitere wirtschaftliche Einzelheiten vgl. Kraus (1979). Für Details zur klerikalen Bevölkerung vgl. Russell (1944). England im 13. Jahrhundert behandelt Harding (1993).

11 Für Einzelheiten zur Zahl der Sakralbauten und zum »Gründungsdatum« vgl. Knowles (1940, S. 147).
12 Zitiert in: Gimpel (1983, S. 12).
13 Denning (2012).
14 Zu Größe und Bevölkerung der Orden erklärt Burton (1994, S. 174): »Im 13. Jahrhundert lag die Gesamtzahl der Mönche, Kanoniker, Nonnen und Mitglieder der Ritterorden zwischen 18 000 und 20 000, womit etwa ein Ordensmitglied auf 150 Einwohner kam.« Harding (1993, S. 233) gibt die Zahl der Weltgeistlichen im 13. Jahrhundert mit 30 000 in 9 500 Pfarreien an, zu denen 20 000 bis 25 000 Mönche, Nonnen und Ordensbrüder in »530 großen Klöstern und 250 kleineren Einrichtungen« kamen.
15 Zur Ständegesellschaft vgl. Duby (1981). Zum Bauernaufstand von 1381 vgl. auch Barker (2014).
16 Zitiert in: Dobson (1970, S. 132).
17 Zitiert in: Dobson (1970, S. 136). Walsingham und Knighton sollte man mit Vorbehalt lesen, da sie offenkundig voreingenommen gegen die Bauern waren.
18 Zitiert nach: Guy (2012, S. 177).
19 Dieser Abschnitt stützt sich auf die zu Beginn des Kapitels genannten allgemeinen Quellen.
20 De Brakelond (1190er Jahre [1903]).
21 Für Einzelheiten zu Saint Albans und dem Konflikt vgl. Gimpel (1996).
22 Malthus (1977 [1798], S. 70). Diese Aussage erschien in der Erstausgabe von 1798 und war eine zentrale Botschaft in Kapitel 1, tauchte jedoch in der normalerweise zitierten Ausgabe von 1803 nicht auf.
23 Unsere Beschreibung der Auswirkungen der Pest auf die Beziehungen zwischen Bauern und Grundherren beruht auf Brenner (1976), Hatcher (1981, 1994) sowie Hatcher (2008, S. 180–182, 242). Vgl. die Zusammenfassung der Literatur zur Beziehung zwischen Bevölkerungs- und Lohnniveau in Hatcher (1981, S. 37–38). Die Interpretation der Schwankungen aufgrund von Veränderungen des Machtgleichgewichts zwischen Grundherren und Bauern beruht auf Brenner (1976) und Hatcher (1994, S. 14–20).
24 Hatcher (1994, S. 11).
25 Statute of Labourers (1351, erster bzw. zweiter Absatz). Unsere Deutung des Statute of Labourers deckt sich mit der Hatchers (1994, S. 10–11).
26 Zitiert nach: Hatcher (1994, S. 11).
27 Zitiert nach: Hatcher (1994, S. 16); dieser Text wurde vor 1378 geschrieben.
28 Zitiert nach: Hatcher (1994, S. 12).
29 Zitiert nach: Hatcher (1994, S. 19).
30 Zitiert nach: Hatcher (1994, S. 17).
31 Zur Entwicklung im alten Griechenland vgl. Morris (2004) und Ober (2015). Zur römischen Republik vgl. Allen (2009b). Mit dem Zusammenbruch Roms beschäftigt sich Goldsworthy (2009).
32 Link (2022) legt Beweise für frühe Wachstumsphasen in aller Welt vor.
33 Für die frühe Landwirtschaft vgl. Smil (1994, 2017), Childe (1950), Brothwell und Brothwell (1969), Smith (1995), Mithen (2003), Morris (2013, 2020) sowie Reich (2018). Scott (2017) ist eine gute Quelle zu einigen Getreidearten.
34 Zur Entstehung der Ungleichheit vgl. Flannery und Marcus (2012).

35 Mit den neueren DNA-Belegen für die Existenz europäischer Jäger und Sammler beschäftigt sich Reich (2018).
36 Für eine eingehende Auseinandersetzung mit Çatalhöyük vgl. Wright (2014). Der Göbekli Tepe wird von Collins (2014) behandelt.
37 Zu den potenziellen Vorteilen des Lebensstils von Wild- und Feldbeutern vgl. Suzman (2017); McCauley (2019) beschäftigt sich mit der Lebenserwartung. Zur Entwicklung des Lebensstandards über einen Zeitraum von 2000 Jahren hinweg vgl. Koepke und Baten (2005).
38 Detaillierte Aufzeichnungen über die Arbeiten an den Pyramiden finden sich in Tallet und Lehner (2022). Lehner (1999) beschreibt genauer, was erforderlich war, um die Pyramiden zu bauen.
39 Für einen Überblick über die Entstehung der Religion vgl. Cauvin (2007).
40 Den Reisanbau im Industal behandelt Green (2021); vgl. auch Agrawal (2007) und Chase (2010).
41 In der Auseinandersetzung mit der Enclosure-Bewegung stützen wir uns auf Tawney (1941), Neeson (1993) und Mingay (1997). Für neuere Erkenntnisse vgl. Heldring, Robinson und Vollmer (2021a, 2021b). Diese Autoren berichten über größere Produktivitätszuwächse, aber auch über eine deutliche Zunahme der Ungleichheit infolge der vom Parlament abgesegneten Einhegungen, was sich mit unserer Darstellung deckt.
42 Malthus (2018 [1803], S. 417); in der ersten Ausgabe von 1798 fehlt diese Stelle.
43 Young (1771, S. 361).
44 Young (1768, S. 95).
45 Young (1801, S. 42), auch zitiert in: Gazley (1973, S. 436).
46 Für die Erträge frei zugänglicher Felder vgl. Allen (2009a). Die allgemeine gesellschaftliche Entwicklung ab 1500 behandeln Wrightson (1982, 2017) und Hindle (1999, 2000).
47 Den Wandel der englischen Landwirtschaft untersuchen Overton (1996) und Allen (1992, 2009a), und den Aufstieg des modernen europäischen Staates behandelt Ertman (1997).
48 Aus einem Brief Whitneys an seinen Vater vom 11. September 1793; ein Bild des Originals ist im Internet zugänglich: www.teachingushistory.org/ttrove/documents/WhitneyLetter.pdf.
49 Zum amerikanischen Süden vgl. Woodward (1955), Wright (1986) sowie Baptist (2014).
50 Für Statistiken zur Baumwollproduktion vgl. Beckert (2014).
51 Zitiert nach: Lyman (1868, S. 158).
52 »Eli Whitney's Patent for the Cotton Gin«, Online-Artikel, National Archives, www.archives.gov/education/lessons/cotton-gin-patent.
53 Brown (2001 [1854], S. 171); ein Teil dieses Zitats findet sich auch in Beckert (2014, S. 118–119).
54 Zur Entwicklung der Buchführung auf den Plantagen vgl. Rosenthal (2018). Für eine eingehende Auseinandersetzung mit der Baumwollproduktion vgl. Lakwete (2003).
55 Hammond (1836). Zum »positiven Gut der Sklaverei« vgl. Calhoun (1837).
56 Lenin (1966 [1920], S. 414). Der Satz geht so weiter: »[…] denn ohne Elektrifizierung ist es unmöglich, die Industrie hochzubringen.«

57 Für Einzelheiten zu den amerikanischen Arbeitskräften, die in die Sowjetunion gingen, vgl. Tzouliadis (2008).

58 Die sowjetische Landwirtschaft und die Hungersnot der dreißiger Jahre behandeln Conquest (1988), Ellman (2002), Allen (2003), Davies und Wheatcroft (2006) sowie Applebaum (2019). Unsere Zahlen stammen aus Allen (2003). Für Hintergrundinformationen zur Landwirtschaftspolitik in den zwanziger Jahren vgl. Johnson und Temin (1993).

59 Stalin (1954, S. 103).

Eine Revolution der mittleren Sorte

1 Unsere Interpretation in diesem Kapitel stützt sich auf mehrere bahnbrechende Analysen der Ursprünge der Industriellen Revolution. Besonders wichtig sind Mantoux (1927), Ashton (1986), Mokyr (1990, 1993, 2002, 2010 und 2016), Allen (2009a), Voth (2004), Kelly, Mokyr und Ó Gráda (2014 sowie noch nicht erschienen), Crafts (1977, 2011), Freeman (2018) sowie Koyama und Rubin (2022). Wir kennen keine anderen Theorien, die einen Zusammenhang zwischen der Industriellen Revolution in Großbritannien und den Bestrebungen der mittelständischen Unternehmer herstellen und die Entwicklung dieser Bestrebungen und ihren Erfolg mit dem institutionellen Wandel erklären, den die englische und später die britische Gesellschaft ab dem 16. Jahrhundert durchliefen. Mokyr (2016) erklärt, die Entstehung einer »Wachstumskultur« ab dem 18. Jahrhundert habe wesentlich zur Industriellen Revolution beigetragen, wobei er sich jedoch vor allem auf die Fortschritte in der Wissenschaft und die auf wissenschaftlichen Erkenntnissen beruhende Phase der Revolution in der zweiten Hälfte des 19. Jahrhunderts konzentriert.

McCloskey (2006) setzt ähnliche Akzente und konzentriert sich auf den Aufstieg der »bürgerlichen Tugenden«, doch ihre Interpretation unterscheidet sich deutlich von unserer. Insbesondere stellt sie keine Beziehung zwischen den Ursprüngen der Vision der »mittleren Sorte« von Unternehmern und den institutionellen Veränderungen in England (und später Großbritannien) ab dem 15. Jahrhundert her. Außerdem bewertet sie die »bürgerlichen Tugenden« durchweg positiv und ist anders als wir nicht der Meinung, dass der Aufstieg im bestehenden Gesellschaftssystem im Mittelpunkt der neu entstehenden Vision stand, weshalb diese kaum zu einer umfassenden Bereicherung führen oder die arbeitenden Gesellschaftsschichten begünstigen konnte. In unserer Diskussion der institutionellen Veränderungen in England stützen wir uns vor allem auf Acemoglu, Johnson und Robinson (2005b) sowie Acemoglu und Robinson (2013).

2 Defoe (2006 [1697], S. 97).

3 Babbage (1968 [1851], S. 103).

4 Die Geschichte über den Besuch der Arbeiter im Crystal Palace stammt aus Leapman (2001, Kapitel 1). Für Details zu den Ausstellungsobjekten vgl. *Official Catalogue of the Great Exhibition of the Works of Industry of All Nations, 1851* (Spicer Brothers, London). Für weitere Kontextinformationen vgl. Auerbach (1999) und Shears (2017).

5 Ashton (1986, S. 58).

6 Die Daten zum Lebensstandard in verschiedenen Epochen stammen aus Morris (2013).

7 Die Bevölkerungsschätzungen stammen aus McEvedy und Jones (1978) und die vorindustriellen Wachstumsraten aus Maddison (2001, S. 28, 90 und 265).
8 Die Geschichte Stephensons beruht im Wesentlichen auf Rolt (2009).
9 Zitiert nach Rolt (2009, S. 98).
10 Zitiert nach Rolt (2009, S. 59).
11 Zitiert nach Rolt (2009, S. 28).
12 Zitiert nach Rolt (2009, S. 29).
13 Zitiert nach Rolt (2009, S. 29).
14 Zitiert nach Ferneyhough (1980, S. 45).
15 In unserer Auseinandersetzung mit dem frühen Wirtschaftswachstum Europas stützen wir uns auf Acemoglu, Johnson und Robinson (2005b) sowie Allen (2009a) – vgl. diese Artikel für genauere Informationen über die einschlägige Literatur.
16 Vgl. Tunzelmann (1978).
17 Vgl. Allen (2009a, S. 53, Tabelle 2.6).
18 Pomeranz (2001) bezweifelt, dass die Geografie China bevorzugte, und erklärt, dem Land habe es an ausreichenden Kohlevorkommen an geeigneten Orten gefehlt.
19 Vgl. Elvin (1973). Zur Frage, warum sich Großbritannien anders entwickelte, vgl. auch Brenner (1993) sowie Brenner und Isett (2002).
20 Vgl. auch die am Anfang der Kapitel 5 und 6 aufgelisteten Quellen für allgemeine Hintergrundinformationen und alternative Hypothesen.
21 Die Information zu den Gründern von Industrieunternehmen stammt aus Crouzet (1985).
22 Mehr zur Idee des Individualismus und seinen möglichen Ursprüngen bei Macfarlane (1978) und Wickham (2016).
23 Zitiert nach: Wrightson (1982).
24 Zitiert nach: Sharp (1998, S. 103).
25 Zitiert nach: Sharp (1998, S. 106).
26 Zitiert nach: Muldrew (2017, S. 290). Turners Tagebuch wurde im Jahr 1761 veröffentlicht.
27 Zitiert nach: Porter (1982, S. 73).
28 Zitiert nach: Porter (1982, S. 73).
29 Zitiert nach: Green (2017, S. 256).
30 Zitiert nach: Wrightson (1982, S. 19). Nach Aussage von Wrightson (1982) umfasste diese Gruppe »Tagelöhner, arme Bauern, Handwerker und Dienstboten«. Dies war die unterste der vier Gruppen in Harrisons Klassifizierung der englischen Gesellschaftsschichten.

Opfer des Fortschritts

1 Neben der Auseinandersetzung mit den Hauptbestandteilen unseres konzeptuellen Rahmens beschäftigen wir uns in diesem Kapitel insbesondere mit den nicht auf die Löhne bezogenen Auswirkungen des Machtverhältnisses zwischen Kapital und Arbeit auf die Autonomie der Arbeitskräfte, die Arbeitsbedingungen und die Gesundheit. Insbesondere erklären wir unter Berücksichtigung der Überwachung der Arbeitskräfte und der Verschiebung der ökonomischen Renten, dass Arbeitgeber neue Technologien oder veränderte gesellschaftliche Bedingungen manchmal nutzen können, um ihre Gewinne zu erhöhen, indem sie die Arbeitslast

erhöhen oder den Arbeitskräften eine strengere Disziplin aufzwingen. Die Bedeutung dieser Fragen im Kontext der Industriellen Revolution in Großbritannien hob Thompson (1987) erstmals hervor. Während einige von Thompsons Thesen – etwa jene zu den Ursprüngen der Arbeiterorganisationen und zu der Frage, ob die Ludditen als Vorläufer einer kohärenten Arbeiterbewegung zu betrachten sind – umstritten sind, gibt es keine Diskussion über die Darstellung der verstärkten Fabrikdisziplin und der Reaktion der Arbeitskräfte in diesem Kapitel, und diese Erkenntnisse wurden durch spätere Forschung – zum Beispiel de Vries (2008), Mokyr (2010) und Voth (2012) – bestätigt.

In unserer Auseinandersetzung mit der Ausrichtung der technologischen Entwicklung in der zweiten Hälfte des 19. Jahrhunderts stützen wir uns auf Habakkuk (1962), insbesondere auf seine Betonung der Tatsache, dass die Entwicklung der Technologie in den Vereinigten Staaten und des »amerikanischen Fertigungssystems« teilweise der Notwendigkeit entsprang, die begrenzte Zahl qualifizierter Arbeitskräfte bestmöglich zu nutzen. In unserer Diskussion stützten wir uns auch auf Rosenberg (1972).

Unseres Wissens gibt es keinen anderen konzeptuellen Rahmen, in dem diese Elemente miteinander verknüpft wurden. Auch kennen wir keine anderen Interpretationen der zweiten Phase der Industriellen Revolution, in denen das Hauptaugenmerk auf der Entwicklung von Technologien liegen würde, die den Interessen der Arbeitskräfte entgegenkommen (indem sie zum Beispiel neue Tätigkeiten hervorbringen), obwohl Mokyr (1990, 2009) und Frey (2019) so wie wir erklären, dass die Technologie ab dem Jahr 1850 die Nachfrage nach Arbeitskräften erhöhte.

Die bereits in Kapitel 1 behandelte Vorstellung, dass ein rasches Produktivitätswachstum dank neuer Technologien zum Beschäftigungswachstum beitragen kann, wenn es die Nachfrage nach Arbeitskräften in anderen Branchen erhöht, spielt eine wichtige Rolle in diesem Kapitel. Wir erweitern sie und wenden sie hier im Kontext der systematischen Auswirkungen der Eisenbahn an. Unsere theoretischen Überlegungen nehmen Anleihen bei der Literatur zu »Rückwärts- und Vorwärtsverbindungen«. Rückwärtsverbindungen ergeben sich dann, wenn das Wachstum einer Branche ein Wachstum in anderen Wirtschaftszweigen auslöst, die Inputs für diese Branche bereitstellen. Um Vorwärtsverbindungen handelt es sich, wenn eine Branche zum Wachstum in anderen Wirtschaftszweigen beiträgt, die seine Produkte als Inputs verwenden. Solche Verbindungen wirken sich zum Beispiel aus, weil das Wachstum der Eisenbahn die Transportkosten für Branchen verringert, die auf Transportdienste angewiesen sind. Rückwärts- und Vorwärtsverbindungen wurden von Hirschman (1967) als wichtiger Faktor in der wirtschaftlichen Entwicklung beschrieben; Grundlage dafür war die Analyse der Input-Output-Verbindungen, deren Vorreiter Leontief (1936) war. Acemoglu und Restrepo (2019b und 2022) zeigen, wie Produktivitätszuwächse und Verbindungen zwischen Branchen trotz Automatisierung die Nachfrage nach Arbeitskräften erhöhen können.

Frühe Kritiker der Industrialisierung und ihrer negativen Auswirkungen waren Gaskell (1833), Carlyle (1829) und Engels (1845 [1962]). Marx wiederholte einen Teil dieser Kritik in *Das Kapital*; beispielsweise erklärte er, in den Fabriken würden »[a] le Sinnesorgane […] gleichmäßig verletzt durch die künstlich gesteigerte Temperatur, die mit Abfällen des Rohmaterials geschwängerte Atmosphäre, den betäubenden Lärm usw., abgesehn von der Lebensgefahr unter dicht gehäufter

Maschinerie, die mit der Regelmäßigkeit der Jahreszeiten ihre industriellen Schlachtbulletins produziert« (Marx 1962 [1890], S. 447–449). Die Frage, ob und wie Löhne und Einkommen stiegen, ist in der wirtschaftswissenschaftlichen Literatur eingehend untersucht worden. Der ausbleibende Anstieg der Realeinkommen wurde ursprünglich als »Paradox der Lebensstandards« bezeichnet. Zu den wichtigen Beiträgen zu dieser Debatte zählen Williamson (1985), Allen (1992, 2009a), Feinstein (1998), Mokyr (1988, 2002) und Voth (2004). Die Verlängerung der Arbeitszeit untersuchen McCormick (1959), de Vries (2008) und Voth (2004). Die einschneidenden Veränderungen aufgrund der Fabrikdisziplin und die Entbehrungen, die sie den Arbeitskräften auferlegten, behandeln Thompson (1987), Pollard (1963) und Freeman (2018).

2 Greeley (1851, S. 25).

3 Engels (1962 [1845], S. 286).

4 Die Zitate in der Einleitung dieses Kapitels stammen aus dem Bericht der Royal Commission of Inquiry into Children's Employment (1842 [1997]), genauer gesagt aus einem Anhang des Hauptberichts, der Details aus Interviews in Yorkshire enthält. Die Zitate finden sich auf S. 116 (David Pyrah), 135 (William Pickard), 93 (Sarah Gooder), 124 (Fanny Drake), 120 (Day) sowie 116 (Briggs). Wir wissen die Arbeit zu schätzen, die das Coal Mining History Resource Centre, Picks Publishing und Ian Winstanley in die Digitalisierung der Dokumente zu den Erfahrungen dieser Menschen investiert haben.

5 Die technischen Informationen zu Kohlebergbau und Dampfmaschinen stammen aus Smil (2023).

6 Die Daten zu Einkommen und Konsum stammen aus Allen (2009a), jene zur Arbeitszeit aus Voth (2012, S. 317, einschließlich Tabelle 4.8). Die Details zur Baumwollindustrie stammen aus Beckert (2014). Wir stützen uns auch auf de Vries (2008).

7 Zur Geschichte des militärischen Drills vgl. Lockhart (2021).

8 Mit Arkwrights Fabrik und seiner Laufbahn beschäftigt sich Freeman (2018).

9 Die Ballade »Hand-Loom v. Power-Loom« schrieb John Grimshaw, veröffentlicht in Harland (1882, S. 189); das Werk wird auch in Thompson (1966, S. 306) zitiert.

10 »Report from Select Committee on Hand-Loom Weavers' Petitions«, veröffentlicht am 1. Juli 1835, House of Commons, Aussage von John Scott am 11. April 1835, S. 186, Absatz 2643..

11 Byrons Rede wurde erstmals in Dallas (1824) veröffentlicht.

12 Zitiert in: Dallas (1824, S. 208).

13 Zitiert in: Dallas (1824, S. 214).

14 Zitiert in: Greeley (1851, S. 25).

15 Ure (1861 [1835], S. 317, Hervorhebung im Original).

16 Richmond (1825, S. 1). Einen Teil dieser Aussage zitiert auch Donnelly (1976, S. 222), der Richmond als »autodidaktischen Weber aus Glasgow« identifiziert.

17 Zum Statute of Labourers und zum Master and Servant Act vgl. Naidu und Yuchtman (2013) sowie Steinfeld (1991).

18 Für eine eingehende Auseinandersetzung mit dem Aufstieg der britischen Gewerkschaften vgl. Pelling (1976).

19 In unserer Auseinandersetzung mit den Poor Laws stützen wir uns auf Lewis (1952).

20 Richardson (2012, S. 14).

21 Baines (1835, S. 244) zitiert »Mr. Farey in seinem *Treatise on the Steam-Engine*«.
22 Engels (1962 [1845], S. 326).
23 Major General Sir Charles James Napier, Tagebucheintrag, 20. Juli 1839. Vgl. Napier (2011 [1857], S. 57) und Freeman (2018, S. 27).
24 Die Daten zur Sterblichkeit in Birmingham und anderen Städten im Norden stammen aus Finer (1952, S. 213), die Zahl der Toiletten aus derselben Quelle (S. 215), in der die Health of Towns Commission (1843–1844) zitiert wird.
25 Cartwright und Biddiss (2004, S. 152–156) beschäftigen sich mit der Tuberkulose und nennen jährliche Opferzahlen für einige Jahre. Die Todesfälle pro Jahr stammen aus amtlichen britischen Daten, vgl. »Deaths Registered in England and Wales«, 2021, https://www.ons.gov.uk/peoplepopulationandcommunity/birthsdeathsandmarriages/deaths/datasets/deathsregisteredinenglandandwalesseriesdrreferencetables.
26 Die Bevölkerungszahlen stammen aus Marcus (2015 [1974], S. 2). Vgl. auch die Diskussion in Kapitel 6 von Rosen (1993) sowie die Darstellung in Harrison (2004).
27 Den Ginkonsum der Briten und andere gesundheitliche Probleme behandeln Cartwright und Biddiss (2004, S. 143–145 sowie an anderen Stellen in Kapitel 7).
28 Macaulay (1848, Bd. 1, S. 2).
29 Zur Whig-Interpretation der Geschichte vgl. Butterfield (1965). Die Whigs waren eine politische Partei, aber als Anhänger der Whig-Interpretation wird jedermann betrachtet, der die Geschichte Großbritanniens vor 1850 durch die rosarote Brille betrachtete.
30 Ure (1861 [1835], S. 307).
31 Die Zahlen zum Transport per Kutsche stammen aus Wolmar (2007, S. 6).
32 Zur Entwicklung der Eisenbahn im Allgemeinen vgl. Ferneyhough (1975), Buchanan (2001) und Jones (2011).
33 Field (1848). Teile des Zitats finden sich auch in Jefferys (1970 [1945], S. 15).
34 Zitiert in: Habakkuk (1962, S. 6). Die Aussage stammt aus einem Bericht Whitworths an das Parlament im Jahr 1854.
35 Levasseur (1897, S. 9).
36 Zitiert in: Habakkuk (1962, S. 22).
37 Zitiert in: Rosenberg (1972, S. 94).
38 Gage Stickney, zitiert in: Hounshell (1984, S. 21).
39 Zur Entwicklung der Nähmaschine vgl. Hounshell (1984, S. 67–123).
40 *Report of the Committee on the Machinery of the U.S.* (S. 128–129), zitiert in: Rosenberg (1972, S. 96).
41 Buchanan (1841, Anhang B, »Remarks on the Introduction of the Slide Principle in Tools and Machines Employed in the Production of Machinery« von James Nasmyth, S. 395). Ein Teil dieser Passage findet sich auch in Jefferys (1970 [1945], S. 12). Nasmyth war ein Ingenieur, der mit Henry Maudslay arbeitete, dem »bedeutendsten« der Ingenieure, die neue Werkzeugmaschinen entwickelten (Jefferys 1970 [1945], S. 13). Vgl. auch James und Skinner (1985) für Statistiken, die belegten, dass die amerikanische Technologie in der zweiten Hälfte des 19. Jahrhunderts den Einsatz ungelernter Arbeiter ergänzte.
42 Thelwall (1796, S. 24, Hervorhebung im Original).
43 Zitiert in: Briggs (1959, S. 34). Das scheint eine paraphrasierte Version seiner Aussagen im *Northern Star* (29. September 1838) zu sein: »Diese Frage des allgemeinen

Wahlrechts war trotz allem, was dagegen vorgebracht wurde, eine Frage von Messer und Gabel; sie war eine Frage von Brot und Käse; und wenn ihn jemand fragte, was er mit allgemeinem Wahlrecht meine, antwortete er, jeder arbeitende Mann im Land habe ein Recht auf einen guten Mantel auf den Schultern, auf eine annehmliche Behausung, in der er und seine Familie Schutz finden würden, und auf ein gutes Abendessen auf dem Tisch, auf kein größeres Maß an Arbeit, als notwendig sei, um seine Gesundheit zu erhalten, auf einen Lohn für diese Arbeit, die sein Wohlergehen sichere, und auf den Genuss aller Segnungen des Lebens, die sich ein vernünftiger Mann wünschen könne.«

44 Grey (1830). Vgl. Hansard, House of Lords Debate, 22. November 1830, Bd. 1, 604–618. Es gibt prägnantere Versionen von Greys Aussage, darunter in Standardquellen wie Evans (1996, S. 282). Diese Versionen mögen der Denkweise des Premierministers entsprechen, aber sie beruhen offenbar auf einem Artikel von Henry Hetherington im *Poor Man's Guardian* (19. November 1831, S. 171), in dem Greys Aussage so zitiert wurde: »Wer glaubt, dass diese Reform zu weiteren Maßnahmen führen wird, der ist im Irrtum, denn niemand lehnt jährliche Parlamente, ein allgemeines Wahlrecht und geheime Wahlen entschiedener ab als ich. Mein Ziel ist es nicht, solche Hoffnungen und Projekte zu fördern, sondern ihnen *ein Ende zu machen* (Hervorhebung in Hetheringtons Bericht).

45 Unsere Auseinandersetzung mit Disraeli beruht auf Blake (1966).

46 Die Auseinandersetzung mit Chadwick beruht auf Lewis (1952) und Finer (1952).

47 Disraeli hielt seine Rede in Manchester am 3. April 1872 in der Free Trade Hall (vgl. Disraeli 1872, S. 22).

48 Unsere Darstellung der indischen Baumwollindustrie beruht auf Beckert (2014).

49 Zitiert in: Dalhousie (1850, Absatz 47). Die allgemeine Bewertung von Lord Dalhousie beruht auf Spear (1965). Mit Dalhousie und seinem Beitrag zum Aufbau des indischen Eisenbahnnetzes vgl. Wolmar (2010, S. 51–52 u. a.) und Kerr (2007).

50 Zitiert in: Dalton (1986, S. 126). Eine etwas andere Version findet sich in Roberts (1991, S. 56). Die Aussage stammt anscheinend aus einem privaten Gespräch Churchills mit Lord Halifax, der sie später an Dalton weitergab.

51 Für eine eingehende Auseinandersetzung mit den Chartisten vgl. Briggs (1959).

Der umstrittene Pfad

1 Dieses Kapitel legt eine Neuinterpretation der Gründe für das Wirtschaftswachstum in den Vereinigten Staaten und Westeuropa im 20. Jahrhundert auf der Basis der Hauptelemente unseres Rahmenmodells vor: dem Gleichgewicht zwischen Automatisierungstechnologien einerseits und der Entwicklung neuer Arbeitsaufgaben und der institutionellen Grundlagen des Rent Sharing andererseits.

Wir betonen, dass die Richtung der technologischen Innovation zu Beginn des 20. Jahrhunderts teilweise von älteren Entscheidungen bestimmt wurde, die im 19. Jahrhundert getroffen worden waren und den Bedarf an Facharbeitern in der US-Wirtschaft senken sollten. Wir kennen keine anderen Darstellungen, in denen eine ähnliche Theorie vertreten wird, auch wenn viele Wissenschaftler die Bedeutung austauschbarer Einzelteile und des »amerikanischen Fertigungssystems« zu Beginn des 20. Jahrhunderts herausstellen – zum Beispiel im Zusammenhang mit der Einführung neuer elektrischer Maschinen und insbesondere in den Automobilfabriken von Ford.

2 Remarque (2022 [1928], S. 233).

3 Committee on Labor-Management Policy des US-Präsidenten, 11. Januar 1962, Begleitschreiben zum ersten offiziellen Bericht an Präsident Kennedy.

4 Über die Entwicklung der Militärtechnik zwischen Mittelalter und Waterloo vgl. Lockhart (2021).

5 Über die Anzahl der Toten im Ersten Weltkrieg und infolge der Spanischen Grippe vgl. Mougel (2011) und Centers for Disease Control and Prevention (2019).

6 Zweig (2021 [1942], S. 22).

7 Über die nachhallenden negativen Auswirkungen der Großen Depression vgl. Malmendier und Nagel (2011).

8 Unsere Diskussion der technologischen Weichenstellungen zu Beginn des 20. Jahrhunderts lehnt sich eng an Hounshell (1984) an.

9 Die Angaben (in internationalen Dollar von 1990) über die Höhe des US-BIP in den Jahren 1870 und 1913 stammen aus Maddison (2001, S. 261).

10 Für den Aufstieg der Vereinigten Staaten als Wissenschaftsnation vgl. Gruber und Johnson (2019, Kapitel 1).

11 Der Anteil der US-Arbeiter, die 1860 in der Landwirtschaft tätig waren, stammt von www.digitalhistory.uh.edu/disptextbook.cfm?smtID=11&psid=383.

12 Die Entwicklung der McCormick-Mähmaschine wird diskutiert in Hounshell (1984, Kapitel 4).

13 Arbeitskräftebedarfe für die manuelle Produktion und für die mechanisierte Produktion von Mais, Baumwolle, Kartoffeln, Weizen und anderen Feldfrüchten stammen aus dem Thirteenth Annual Report of the Commissioner of Labor, Bd. I (1898), S. 24–25, wiedergegeben in »Mechanization of Agriculture as a Factor in Labor Displacement«, *Monthly Labor Review*, Bd. 33, Nr. 4, Oktober 1931, Tabelle 3, 9.

14 Die Daten über den Anteil der Arbeitnehmerentgelte an der Wertschöpfung in der Industrie und in der Landwirtschaft stammen von Edward Budd: www.nber.org/system/files/chapters/c2484/c2484.pdf. Vgl. Acemoglu und Restrepo (2019b) für eine Interpretation.

15 Patentstatistiken stammen von www.uspto.gov/ip-policy/economic-research/research-datasets/historical-patent-data-files.

16 Levasseur (1897, S. 18). Diese Äußerung findet sich auszugsweise auch in Nye (1998, S. 132), wo es über Levasseur heißt, er habe »amerikanische Stahlwerke, Seidenfabriken und Abpackbetriebe besichtigt«. Levasseurs eigener Darstellung (1897) zufolge reiste er offenbar viel in den Vereinigten Staaten umher, wobei er aufmerksam beobachtete, wie menschliche Arbeitskräfte im Vergleich zu Maschinen eingesetzt wurden.

17 Die Diskussion der Schlüsselrolle einer präzisen Ablaufplanung bei der Organisation von Produktionsprozessen stammt aus Nye (1998, S. 142), Nye (1992, Kapitel 5) und Hounshell (1984, Kapitel 6).

18 Ure (1861 [1835], S. 13).

19 Die Ausführungen über die Bedeutung neuer, elektrischen Strom nutzender Anwendungen sind direkt angelehnt an Nye (1992, S. 188–191). Der Anteil der Elektrizität an der Energieversorgung von Fabriken in den Jahren 1889 und 1919 stammt aus Nye (1992, Tabelle 5.1, 187).

20 Hounshell (1984, S. 228) geht ausführlich darauf ein, wie wichtig Präzision in der Fertigung ist.

21 Lent (1895, S. 84). Die Aussage bezieht sich auf Wohngebäude. Sie wird auch von Nye (1998, S. 95) zitiert.

22 Über die durch Elektrizität ermöglichte neue Fabrikorganisation vgl. Nye (1992, Kapitel 5, einschließlich S. 195–196). Vgl. auch die Diskussion über Beleuchtung und Produktivität in Nye (1992, S. 222–223).

23 Aussagen von Warner (1904, S. 97), die auf eine Ansprache an die Electrical Engineering Society of the Worcester Polytechnic Institute am 20. November 1903 zurückgehen. Warner war eine hohe Führungskraft bei Westinghouse; er hatte einen umfassenden Überblick über den aktuellen Stand der technischen Entwicklung. Diese Passage wird auch von Nye (1992, S. 202) zitiert, der allerdings als Quelle ein »technisches Rundschreiben von Westinghouse« angibt, aber in Endnote 40 auf Seite 202 und Seite 416 verweist Nye auf Warners Artikel. Wahrscheinlich gibt Warner in seinen Verlautbarungen die offizielle Sicht von Westinghouse wieder.

24 Die Columbia Mills Company wird in Nye (1992, S. 197–198) diskutiert.

25 Westinghouse-Fabriken werden erörtert in Hounshell (1984, S. 240) und Nye (1992, S. 170–171, 196, 202, 220).

26 Die zentrale Rolle, die wir der Elektrizität und der Reorganisation von Fabriken beimessen, die die Einführung fortgeschrittener Maschinen und hoch entwickelter austauschbarer Teile ermöglichten, stützt sich auf Hounshell (1984) und Nye (1992, 1998).

27 Hounshell (1984, S. 240) erwähnt die geschätzten Produktivitätsgewinne von Gießereien, die diese Methoden einführten.

28 Unsere Betonung der Rolle der Ingenieur-Manager stützt sich auf Jefferys (1970 [1945]) und Noble (1977).

29 Die Angaben über den Anteil der Büroangestellten an den Beschäftigten im Verarbeitenden Gewerbe in den Jahren 1860, 1910 und 1940 stammen aus Michaels (2007).

30 Daten über Bildungserfolg (Prozentsatz der Personen mit Highschool-Abschluss usw.) stammen aus Goldin und Katz (2008, S. 194–195, Abbildung 6.1, S. 205).

31 Michaels (2007) gelangt zu dem Schluss, dass neue Branchen mit vielfältigeren Berufen an der Spitze des gesamtwirtschaftlichen Beschäftigungswachstums und der Zunahme von Angestelltenjobs im Verarbeitenden Gewerbe in den USA standen.

32 Der Zusammenhang zwischen schnellerem Produktivitätswachstum und Beschäftigungswachstum zwischen 1909 und 1914 ist in Alexopoulos und Cohen (2016) dokumentiert, die auch zeigen, dass dieser Zusammenhang in neuen Wirtschaftszweigen, die sich auf elektrische Maschinen und Elektronik stützten, stärker ausgeprägt war. Fiszbein, Lafortune, Lewis und Tessada (2020) bestätigen den gleichen Zusammenhang und zeigen, dass sich die Elektrifizierung positiver auf die Beschäftigung auswirkte, wenn die Konzentration geringer war, was mit unserer These übereinstimmt, wonach Monopolmacht den Sogeffekt der Produktivität auf die Löhne schwächen kann.

33 Wie wichtig es gewesen ist, Maschinen so einzurichten, dass sie auch von ungelernten Arbeitern in den USA bedient werden konnten, wird ausführlich diskutiert in Hounshell (1984, S. 230) und Nye (1992, S. 211). Nye (1992, S. 211) betont das Ziel, die

Arbeitnehmerfluktuation zu verringern, denn diese wurde kostspieliger, »als mehr Kapital in Maschinen gebunden war«.

34 Unsere Diskussion der Ford-Fabriken folgt ebenfalls diesen Referenzen, Hounshell (1984) und Nye (1992, 1998).

35 Eine allgemeine Diskussion und eine Beschreibung der Anfänge der Produktion in Highland Park und des Models N finden sich in Hounshell (1984, Kapitel 6).

36 Hounshell (1984, S. 221).

37 Hounshell (1984, S. 229).

38 Aus dem *American Machinist*, zitiert in Colvin (1913a, S. 759). Diese Passage wird auch zitiert in Hounshell (1984, S. 229); auf Seite 228 wird Colvin ein »bekannter Technikjournalist« genannt. Hounshell (1984) weist auch auf den wichtigen Punkt hin, dass Colvin seine gründlichen Beobachtungen unmittelbar vor der Einführung der Fließbandfertigung bei Ford machte.

39 Ford (1931, S. 29 f.); auszugsweise ebenfalls zitiert in Nye (1998, S. 143).

40 Die Preise von Model T sind Hounshell entnommen (1984, Tabelle 6.1, S. 224); Umwandlung in heutige Preise mithilfe des Consumer Price Index-Rechners in www.measuringworth.com/calculators/uscompare for 1908–2021.

41 Ford (1926, S. 821). Der Artikel ist unterzeichnet mit den Initialen »H.F.«; die Autorschaft Henry Fords wird hier bestätigt: www.britannica.com/topic/Encyclopaedia-Britannica-English-language-reference-work/Thirteenth-edition. Teile dieser Passage sind auch zitiert in Hounshell (1984, S. 217).

42 Die Fluktuation in der Fabrik in Highland Park wird diskutiert in Hounshell (1984, S. 257–259) und Nye (1992, S. 210).

43 Hounshell (1984, S. 259).

44 Der systematische Ansatz, der die Steigerung der Löhne, die Reorganisation von Fabriken und die Verringerung der Fluktuation umfasste, wird diskutiert in Nye (1992, S. 215–216).

45 Colvin (1913b, S. 442); Colvin bezieht sich hier auf die Montageabteilung und die Abteilung für maschinelle Bearbeitung. Diese Aussage wird auch zitiert in Hounshell (1984, S. 236). Die Einstellungspraxis von Ford in den sechziger Jahren wird diskutiert in Murnane und Levy (1996).

46 Aussage von Art Johnson, Personaldirektor der Ford Motor Company; vgl. Murnane und Levy (1996, S. 19).

47 Alexander (1929, S. 43, Hervorhebung im Original), auch zitiert in Noble (1977, S. 53).

48 Alexander (1929, S. 47); auszugsweise zitiert von Noble (1977, S. 53). Im Original ist »laissez faire« in Anführungszeichen gesetzt.

49 John R. Commons wird diskutiert in Nye (1998, S. 147–148).

50 Die Darstellung der deutschen Diskussion und die Zahlen für Deutschland stammen aus Evans (2005).

51 Unsere Diskussion der Entwicklungen in Skandinavien basiert auf Berman (2006, Kapitel 5), Baldwin (1990) und Gourevitch (1986).

52 Berman (2006, S. 157).

53 Berman (2006, S. 172).

54 Für die Idee, dass branchenweite Tarifverhandlungen die Investitionen erhöhen können, vgl. Moene und Wallerstein (1997), und für die von Gewerkschaften durchgesetzte Lohnkompression, die die Investitionstätigkeit anregte, vgl. Acemoglu (2002b).

55 Unsere Diskussion des New Deal stützt sich auf Katznelson (2013) sowie Fraser und Gerstle (1989).
56 Tugwell (1933).
57 Cooke (1929, S. 2). Diese Passage wird auszugweise auch in Fraser und Gerstle zitiert (1989, S. 60-61).
58 Fraser und Gerstle (1989, S. 75-76).
59 Über Flugzeugträger vgl. Dunnigan und Nofi (1995, S. 364), die für das Jahr 1945 elf Stapelläufe von Flugzeugträgern angeben. Dies ist kein Ausreißer: Im Jahr 1944 gab es acht Stapelläufe und im Jahr 1943 zwölf. Außerdem bauten die USA kleinere Geleitträger – die gleiche Quelle gibt 25 derartige Stapelläufe für 1943, 35 für 1944 und neun für 1945 an. Die am 7. Dezember 1941 einsatzfähigen sechs Flugzeugträger waren die *Enterprise, Lexington* und *Saratoga* im Pazifik und die *Yorktown, Ranger* und *Wasp* im Atlantik.
60 Über Schwierigkeiten, in der Frühphase der Beteiligung der USA am Zweiten Weltkrieg den militärischen Nachschub sicherzustellen, vgl. Atkinson (2002).
61 Atkinson (2002, S. 50).
62 Ebenda, S. 415. Atkinson (2002, S. 414) zitiert auch einen britischen Bericht, in dem die Meinung vertreten wird, der »Genius« Amerikas bestehe eher darin, »Ressourcen zu erschaffen, als sie ökonomisch zu nutzen«.
63 Der Begriff »Große Kompression« stammt von Goldin und Margo (1992). Die Zahlen über den Einkommensanteil des obersten 1 Prozent haben wir auf der Grundlage der World Income Database (https://wid.world) selbst berechnet. In allen Fällen geben wir das Vorsteuereinkommen für Personen an, die über 20 Jahre alt sind. Daten über das mittlere und mediane Reallohnwachstum verschiedener Gruppen haben wir aus verschiedenen Quellen selbst berechnet. Wir beschreiben dies ausführlicher in den bibliografischen Anmerkungen am Anfang von Kapitel 8. Auch die TFP-Zahlen haben wir selbst berechnet; Einzelheiten und alternative Schätzungen werden in den Anmerkungen zum nächsten Kapitel vorgestellt.
64 Über den Jacquard-Webstuhl vgl. Essinger (2004). Unsere Diskussion in diesem Abschnitt stützt sich auf Noble (1977, 1984).
65 Vgl. Noble (1984, S. 84 u.a.), der erläutert, wie es dazu kam, dass sich die numerische Steuerung allgemein durchsetzte, bis hin zur Automatisierung mithilfe programmierbarer Werkzeugmaschinen.
66 Die Sätze stammen aus einem nicht signierten Leitartikel in *Fortune* (1. November 1946, S. 160) und werden zitiert in Leaver und Brown (1946, S. 165), ebenso in Noble (1984, auf S. 67 beziehungsweise S. 68).
67 Die Automatisierungsstrategie von US-Luftwaffe und US-Marine wird diskutiert in Noble (1984, S. 84-85).
68 Bei seiner Pressekonferenz am 14. Februar 1962 wurde Präsident Kennedy gefragt: »Mr. President, unser Arbeitsministerium schätzt, dass jedes Jahr ungefähr 1,8 Millionen Erwerbstätige durch Maschinen ersetzt werden. Für wie dringend halten Sie dieses Problem der Automatisierung?« Seine Antwort: »Ich halte es …« findet sich unter www.jfklibrary.org/archives/other-resources/john-f-kennedy-press-conferences/news-conference-24.
69 Die Diskussion und die Zahlen über Telefonistinnen bei AT&T stammen aus Feigenbaum und Gross (2022).

70 Lin (2011) legt die erste empirische Studie über neue Aufgaben im US-Arbeitsmarkt vor; die von uns angegebenen Zahlen über die Zunahme der Stellen für Fachkräfte, Verwaltungs- und Büroangestellte stammen aus Autor, Chin, Salomons und Seegmiller (2022).

71 Unsere Diskussion der Frage, wie Tarifverhandlungen und die Macht der Gewerkschaften die Richtung der technologischen Innovation beeinflusst haben, stützt sich auf theoretische Ideen in Acemoglu und Pischke (1998, 1999) und Acemoglu (1997, 2002b, 2003b) sowie auf die historische Diskussion von Noble (1984).

72 Brinkley (1989, S. 123).

73 Die Schilderung der Schlichtung zwischen der UAW und der GM-Geschäftsleitung und die Diskussion über durch Maschinen verursachte Qualifizierung/Dequalifizierung basiert auf Noble (1984, S. 253, 255).

74 Diese Aussage bezieht sich auf die ersten sechs Monate des Jahres 1946 und stammt aus dem Bureau of Labor Statistics, »Work Stoppages Caused by Labor-Management Disputes in 1946« (1947, *Bulletin* no. 918, 9).

75 Die Erklärung der UAW-Führung: »Wir bieten unsere Kooperation an …«, ist aus Noble (1984, S. 253), der auch die allgemeine Strategie der UAW diskutiert. Dieser Beschluss, den die Gewerkschaft auf ihrer Jahrestagung von 1955 fasste, begann mit den Worten: »Die UAWCIO begrüßt Automatisierung, technologischen Fortschritt …«

76 Die Stellungnahme des Schlichters ist aus Noble (1984, S. 254).

77 Die Äußerung stammt von Earl Via, einem Wartungstechniker für numerisch gesteuerte Maschinen, zitiert in Noble (1984, S. 256).

78 Erklärung der United Electrical, Radio, and Machine Workers (UE), zitiert in Noble (1984, S. 257). Aus dem Zusammenhang ergibt sich, dass beide Erklärungen aus den siebziger Jahren stammen. Die aktuelle Studie von Boustan, Choi und Clingingsmith (2022) liefert Belege dafür, dass numerisch gesteuerte Maschinen Arbeitskräfte aus einigen manuellen Tätigkeiten verdrängten, aber auch neue Aufgaben schufen, insbesondere für diejenigen, die Gewerkschaftsmitglieder waren.

79 Zitiert nach Levinson (2006, S. 109–110).

80 Levinson (2006, S. 110).

81 Levinson (2006, S. 112).

82 Levinson (2006, S. 117).

83 Die Diskussion über die durch Automatisierungsmaßnahmen verursachten Verdrängungsraten und die Schaffung von Arbeitsplätzen aufgrund neuer Aufgaben sowie die von uns angeführten Zahlen stammen aus Acemoglu und Restrepo (2019b). Die Beschreibung der Auswirkungen von Automatisierungsmaßnahmen und neuen Aufgaben auf die Nachfrage nach Qualifikationen und auf Ungleichheiten stammt aus Acemoglu und Restrepo (2020b und 2022).

84 Die allgemeine Diskussion, Bevölkerungszahlen, die Darstellung der Vertreibung und der Situation in Europa folgen Judt (2006).

85 Rosenberg (1972) ist die Basis für unsere Interpretation, der zufolge sich amerikanische Technologien, die eine Nachfrage nach Fach- und ungelernten Arbeitern erzeugten, nach Großbritannien und ins übrige Europa ausbreiteten. Beispiele für konkrete Technologien, die von den USA nach Großbritannien und Kanada exportiert wurden, stammen aus Hounshell (1984).

86 Beveridge (1942).

87 Die Diskussion über die Aufnahme des Berichts und die Haltung der Labour Party dazu beruht auf Baldwin (1990).

88 Details über das Wirtschaftswachstum im antiken Griechenland stammen aus Ober (2015b). Wachstumsraten im antiken Rom sind aus Morris (2004). Siehe auch Allen (2009b).

89 Die vor- und frühindustriellen Wachstumsraten beziehen sich auf das Gesamt-BIP; vgl. Maddison (2001, u. a. S. 28, 126).

90 Bildungsstatistiken stammen von der Organization for Economic Cooperation and Development (https://data.oecd.org/education.htm) sowie von Goldin und Katz (2008).

91 Die Angaben zur Lebenserwartung bei der Geburt im Jahr 1900 stammen aus Maddison (2001, S. 30). Die Angaben über die Lebenserwartung bei der Geburt im Jahr 1970 sind den Development Indicators der Weltbank (Online-Datenbank) entnommen.

92 Für Gesundheitsstatistiken und deren Diskussion vgl. Deaton (2013).

Digitaler Schaden

1 Hier wenden wir den konzeptuellen Rahmen an, den wir in Kapitel 1 entworfen und in den Kapiteln 6 und 7 verwendet haben. Wir konzentrieren uns auf die Frage, wie die beiden tragenden Säulen des geteilten Wohlstands in den Vereinigten Staaten ab etwa 1980 zum Einsturz gebracht wurden. Wir untersuchen, gestützt auf Acemoglu und Restrepo (2019b), wie die technologische Entwicklung verstärkt in den Dienst die Automatisierung gestellt wurde und wie die Gegenmacht der Arbeitnehmer geschwächt wurde (vgl. z. B. Phillips-Fein 2010, Andersen 2021 und Gerstle 2022). Vgl. auch Perlstein (2009), Burgin (2015), Appelbaum (2019). Inspiriert von der Diskussion in Noble (1984) gehen wir auch davon aus, dass die Schwächung der Verhandlungsposition der Arbeitnehmer zur Ausrichtung der Technologie auf die Automatisierung beitrug.

Die in diesem Kapitel dokumentierten empirischen Muster beruhen im Wesentlichen auf der Arbeit von Acemoglu und Autor (2011) sowie Autor (2019). In den meisten Fällen wurden sie gestützt auf dieselben Datenquellen und mit der vorzüglichen Forschungsunterstützung von Carlos Molina erweitert. Die Belege für den Einfluss der Automatisierung auf die Verringerung des Einkommensanteils der Arbeit, auf das langsame Wachstum der Medianlöhne und auf die Zunahme der Ungleichheit stammen aus Acemoglu und Restrepo (2022).

2 Eine Internetsuche bestätigt, dass die Aussage allgemein Ted Nelson zugeschrieben wird, obwohl es keine bestätigte Quelle gibt.

3 Leontief (1983, S. 405).

4 Unsere Interpretation des Ethos und der Denkweise der frühen Computerenthusiasten und Hacker und die Einschätzung, dass es ihnen nicht um die von oben diktierte Automatisierung ging, wurden von der Diskussion in Levy (2010) und Isaacson (2014) inspiriert. Noble (1984) und Zuboff (1988) liefern die Grundlagen für unsere Einschätzung der modernen Automatisierung in den Fabriken und der Reaktionen der Arbeiter darauf.

5 Levy (2010, S. 131).

6 Levy (2010, S. 144).

7 Für eine eingehende Auseinandersetzung mit Grace Hoppers Beiträgen vgl. Isaacson (2014, Kapitel 3).

8 Unsere Auseinandersetzung mit den enttäuschenden Produktivitätserträgen der digitalen Technologien beruht auf Gordon (2016) sowie auf den theoretischen Konzepten, die in Acemoglu und Restrepo (2019b) diskutiert werden.

9 Die Entwicklung der Ungleichheit in den USA untersuchen Goldin und Margo (1992), Katz und Murphy (1992), Piketty und Saez (2003), Goldin und Katz (2008) sowie Autor und Dorn (2013). Unsere Betrachtungsweise beruht auf Acemoglu und Autor (2011), Autor (2019) sowie Acemoglu und Restrepo (2022), die auch einschlägige Zahlen vorlegen. Hier nennen wir zusätzliche Details zu Methoden und Datenquellen. Die meisten Zahlen zu Trends bei Arbeitsmarktungleichheit, Beschäftigung und Löhnen beruhen auf einer Kombination der amerikanischen Volkszählungsdaten aus den Jahren 1940, 1950, 1970, 1980, 1990 und 2000 mit jährlichen Daten aus der March Current Population Survey (March CPS) und der American Community Survey (ACS). All diese Daten stammen aus der IPUMS-Datenbank.

10 Die Berufsklassifikationen wurden anhand des von Dorn (2009) entwickelten Klassifizierungsschemas über die Jahrzehnte hinweg harmonisiert. Wenn bei der Einstufung der Jahreseinkommen sämtliche Einkommen oberhalb einer bestimmten Schwelle in einer Gruppe zusammengefasst werden (Top-Coding), setzen wir höhere Einkommen mit dem anderthalbfachen Wert des Höchstbetrags an (der in jüngster Zeit zwischen Jahren und sogar Staaten variiert). Nur ein kleiner Teil der Beobachtungen ist vom Top-Coding betroffen. Beispielsweise waren im Jahr 2019 weniger als 0,5 Prozent der Beobachtungen Top-codiert. Um falschen Meldungen im unteren Teil der Einkommensverteilungen Rechnung zu tragen, setzen wir einen Mindeststundenlohn an, der dem ersten Perzentil der Verteilung der Stundenlöhne entspricht. Wir berechnen die Stundenlöhne, indem wir das Jahreseinkommen durch die selbst gemeldete Zahl der jährlichen Arbeitsstunden dividieren, sofern diese nicht die Höchstzahl von Stunden überschreitet (3570 = 70 Stunden pro Woche in 51 Wochen pro Jahr). Bei Top-codierten Beobachtungen setzen wir im Nenner eine jährliche Stundenzahl von 1750 an (35 Wochenstunden in 50 Wochen). Wir definieren Wochen- und Jahreslöhne als Resultat der Multiplikation des Stundenlohns mit der Zahl der pro Woche und Jahr geleisteten Arbeitsstunden (nach der Anpassung an die Ober- und Untergrenze der Verteilung der Stundenlöhne). Bei den Bildungsklassifizierungen übernehmen wir jene, die in Acemoglu und Autor (2011) sowie in Autor (2019) eingehend beschrieben sind. Alle Zahlen sind an die Zusammensetzung angepasste Löhne unter Berücksichtigung der mittleren logarithmischen Abweichung (MLD) für ganzjährig in Vollzeit beschäftigte Arbeitskräfte im Alter von 16 bis 64 Jahren in der genannten Gruppe (z. B. alle Arbeitskräfte oder Arbeitskräfte mit Sekundarschulabschluss usw.). Zur Anpassung der Zusammensetzung ordnen wir die Daten Geschlecht-Bildung-Erfahrung-Gruppen zu: zwei Geschlechter, fünf Bildungskategorien (Sekundarschule abgebrochen, Sekundarschulabschluss, Besuch einer Hochschule, Hochschuldiplom und Post-Diplom-Abschluss) sowie vier potenziellen Erfahrungskategorien zu (0–9, 10–19, 20–29 und 30–39 Jahre). Die Bildungskategorien wurden anhand der von Autor, Katz und Kearney (2008) beschriebenen Verfahren harmonisiert. Die Löhne (unter Berücksichtigung der MLD) größerer Gruppen in den einzelnen Jahren repräsen-

tieren die gewichteten Durchschnitte der relevanten (an die Zusammensetzung angepassten) Mittelwerte unter Anwendung feststehender Gewichte und entsprechen dem durchschnittlichen Anteil der einzelnen Gruppen an den insgesamt im Zeitraum 1963–2005 geleisteten Arbeitsstunden. Die Medianlöhne werden ähnlich berechnet (MLD). Alle Einkommenszahlen werden in Realeinkommen umgerechnet, indem sie mittels des BIP-Deflators für persönliche Konsumausgaben inflationsbereinigt werden. Die Erwerbsbeteiligung amerikanischer Arbeitskräfte im besten Arbeitsalter wurde anhand derselben Daten berechnet; für andere Länder zogen wir Daten der Organisation für wirtschaftliche Zusammenarbeit und Entwicklung (OECD) heran, https://data.oecd.org/emp/labour-force-participation-rate.htm.

11 Schumacher und Moncus (2021).

12 Die Zahlen zum Einkommensgefälle zwischen Schwarzen und Weißen stammen aus den zuvor genannten Quellen. Für eine Diskussion und Analyse vgl. Daly, Hobijn und Pedtke (2017).

13 Die Zahlen zur Entwicklung der Einkommensanteile von Kapital und Arbeit in verschiedenen Ländern stammen aus Karabarbounis und Neiman (2014).

14 Die Veränderungen in der amerikanischen Automobilindustrie untersuchen Murnane und Levy (1996) sowie Krzywdzinski (2021). Die Zahlen zu den manuellen Tätigkeiten beruhen auf unseren Berechnungen, für die Daten aus den zuvor genannten Quellen herangezogen wurden.

15 Die Standardquelle zum »China-Schock« ist Autor, Dorn und Hanson (2013). Die Schätzungen zu den Arbeitsplatzeinbußen in den Vereinigten Staaten infolge der Importe aus China stammen aus Acemoglu, Autor, Dorn, Hanson und Price (2016).

16 Die Liste der von diesen Importen betroffenen Bereiche stammt aus diesen Studien.

17 Zu den Auswirkungen der Robotisierung auf Beschäftigung und Löhne vgl. Acemoglu und Restrepo (2020a). Vgl. auch Graetz und Michaels (2018). Die Liste der besonders von der Einführung von Robotern betroffenen Bereiche stammt ebenfalls aus dieser Studie. Bei unserer Diskussion guter Arbeitsplätze stützen wir uns auf Harrison und Bluestone (1990) sowie Acemoglu (1999, 2001). Acemoglu und Restrepo (2022) stellen Schätzungen zum relativen Beitrag von Automatisierung (einschließlich von Robotern, Spezialausrüstung und Software), Produktionsverlagerung ins Ausland und Importen aus China an. Ihren Schätzungen zufolge sind zwischen 50 und 70 Prozent der Zunahme der Einkommensungleichheit in 500 demografischen Gruppen (unterteilt nach Bildungsstand, Alter, Geschlecht, ethnischer Zugehörigkeit und Geburt im Inland oder im Ausland) auf die Automatisierung zurückzuführen. Die Produktionsverlagerung ins Ausland und Importe aus China haben einen geringeren Einfluss. Das ist teilweise damit zu erklären, dass sich die Importe aus China und die Automatisierung auf unterschiedliche Industrien auswirken; vgl. dazu Acemoglu und Restrepo (2020a).

18 Case und Deaton (2022) verwenden diesen Begriff, um Todesfälle infolge von Alkoholismus (Leberschäden) und Drogenüberdosis sowie Suizide zu beschreiben. Sie beschäftigen sich eingehend mit den potenziellen Auswirkungen wirtschaftlicher Schocks auf Sterblichkeit und psychische Gesundheit. Für eine Auswertung statistischer Daten zu den Auswirkungen des »China-Schocks« auf Eheschließungen, uneheliche Geburten, Mutterschaften Minderjähriger und andere soziale Probleme vgl. Autor, Dorn und Hanson (2019).

19 Für eine allgemeine Diskussion der Auswirkungen der Globalisierung auf den

amerikanischen Arbeitsmarkt vgl. Autor, Dorn und Hanson (2013); für die Auswirkungen der wachsenden Marktmacht von Unternehmen vgl. Philippon (2019); für die Rolle des Finanzsektors vgl. Philippon und Reshef (2012); für eine allgemeine Diskussion der Konsequenzen ideologischer Verschiebungen vgl. Sandel (2020).

20 Eine Version der Geschichte des Verbraucherschutzes findet sich in Digital History (2021).

21 Zum amerikanischen Wohlfahrtssystem vgl. Hacker (2002).

22 Phillips-Fein (2010) beschäftigt sich eingehend mit dem Widerstand verschiedener Wirtschaftsorganisationen und führender Unternehmen gegen den New Deal.

23 Evans (1965, S. 18). Vgl. auch Phillips-Fein (2010).

24 Die Aussage stammt aus Charles Wilsons Bestätigungsanhörung, Streitkräfteausschuss des US-Senats, 15. Januar 1953 (Niederschrift der Anhörung, S. 26). Senator Henrickson fragte, ob Wilson hypothetisch eine Entscheidung fällen könne, die »extrem nachteilige Auswirkungen auf Ihre Aktien und General Motors haben könnte«, wenn dies im Interesse der Bundesregierung sei. Wilson antwortete: »Ja, Sir, das könnte ich tun. Ich kann mir keine solche Entscheidung vorstellen, denn ich bin seit Langem überzeugt, dass alles, was gut für unser Land ist, auch gut für General Motors ist, und umgekehrt. Es gibt keinen Unterschied. Unser Unternehmen ist zu groß. Sein Wohlergehen ist mit dem des Landes verbunden. Wir leisten wichtige Beiträge zum Wohlergehen der Nation.«

25 Buckley (1955). Zu Buckley vgl. Judis (1988) und Schneider (2003).

26 Phillips-Fein (2010; 192).

27 Phillips-Fein (2010, 193).

28 Die Darstellung des Business Roundtable und der Neuausrichtung der Handelskammer stammt aus Phillips-Fein (2010, Kapitel 9).

29 Zitiert in: Phillips-Fein (2010, S. 185).

30 Zu Hayek vgl. Phillips-Fein (2010, Kapitel 2) und Appelbaum (2019). Hintergrundinformationen zu den marktfreundlichen Vorstellungen an der Universität Chicago und der Hoover Institution findet man in Appelbaum (2019).

31 Friedman (1970). Hintergrund- und Kontextinformationen zu Friedman finden sich in Appelbaum (2019, Kapitel 1).

32 Für das, was wir als »Jensen-Zusatz« bezeichnen, vgl. Jensen und Meckling (1976) sowie Jensen (1986).

33 Zitiert in: Phillips-Fein (2010, S. 194).

34 Zum Enron-Skandal vgl. McLean und Elkind (2003).

35 Zu Lohnpolitik und dem Einfluss von Unternehmensleitern, die Business Schools besucht haben, vgl. Acemoglu, He und LeMaire (2022); diese Arbeit ist auch die Quelle für alle anderen Zahlen zu diesem Thema. Vgl. auch die allgemeine Diskussion in Marens (2011).

36 Smith (2013 [1789], S. 112).

37 Arrow (1962).

38 Zur Innovationsfreude kleinerer, jüngerer Unternehmen vgl. Acemoglu, Akcigit, Alp, Bloom und Kerr (2018). Diese Arbeit zeigt, dass in der Gruppe der innovativen Firmen die kleinen und jungen Unternehmen sehr viel innovativer sind als große und alte Firmen (wobei mit großen Unternehmen solche mit mehr als 200 Mitarbeitern, mit kleinen Firmen solche mit weniger als 200 Mitarbeitern und mit jungen Unternehmen solche gemeint sind, die seit weniger als neun Jahren existieren). Bei-

spielsweise sind die Ausgaben für Forschung und Entwicklung (F&E) gemessen am Umsatz bei kleinen, jungen Firmen etwa doppelt so hoch wie bei großen, alten Unternehmen. Kleine, junge Unternehmen reichen auch eher Patente ein als große, alte Unternehmen.

39 Zitiert in: Lonergan (1941, S. 42). Nach Aussage Lonergans sagte Brandeis dies im Gespräch mit einem »jüngeren Freund«.

40 Für eine eingehende Auseinandersetzung mit Robert Bork vgl. Appelbaum (2019).

41 Zum Manne Economics Institute for Federal Judges und seinem Einfluss auf gerichtliche Entscheidungen vgl. Ash, Chen und Naidu (2022). Zu den Beziehungen zwischen Oberstem Gerichtshof und Federalist Society vgl. Feldman (2021), obwohl darauf hingewiesen werden muss, dass einige Details umstritten sind.

42 Vgl. die allgemeine Diskussion in Phillips-Fein (2010). Zum Taft-Hartley Act vgl. Phillips-Fein (2010, S. 31–33). Statistiken zu Arbeitsstillständen einschließlich einer historischen Tabelle aus dem Jahr 1947 sind beim US Bureau of Labor Statistics zugänglich, www.bls.gov/wsp.

43 Hammer und Champy (1995). Vgl. auch Davenport (1992) für verbundene Ideen.

44 Hammer und Champy (1995, S. 96).

45 Haigh (2006).

46 Hammer und Sirbu (1980, S. 38).

47 Zitiert in: Spinrad (1982, S. 812).

48 Menzies (1981, S. xv).

49 Zitiert in: Zuboff (1988, S. 3).

50 Vgl. Autor, Levy und Murnane (2002).

51 Diese Zahlen beruhen auf unseren Berechnungen anhand der Daten aus den zuvor genannten Quellen.

52 Zitiert in: Levy (2010, S. 201).

53 Zitiert in: Levy (2010, S. 203).

54 Bill Gates' Brief ist hier zugänglich: https://lettersofnote.com/2009/10/08/most-of-you-steal-your-software. Der Brief wird auch in Levy (2010, S. 193) behandelt.

55 Mit der Einführung der Robotik in den Vereinigten Staaten befassen sich Acemoglu und Restrepo (2020a). Belege dafür, dass demografische Faktoren die rasche Einführung von Robotern in Deutschland, Japan und Südkorea auslösten und dass eine andersartige demografische Situation in den Vereinigten Staaten zu einer langsameren Verbreitung der Robotik führte, legen Acemoglu und Restrepo (2021) vor. Die Zahlen zur Entwicklung der manuellen Tätigkeiten haben wir anhand der zuvor genannten Quellen ermittelt.

56 Zur Arbeitnehmervertretung durch die Betriebsräte, die Vertreter in die Aufsichtsräte entsenden, vgl. Thelen (1991) sowie Jager, Schöfer und Heining (2021). Die Autoren dieses Artikels gelangen zu dem Schluss, dass die Arbeitnehmer durch diese Art von Beteiligung in Entscheidungen über Technologie eingebunden werden.

57 Für Schätzungen zu den Auswirkungen der Industrierobotik in Deutschland vgl. Dauth, Findeisen, Südekum und Wössner (2021). Sie wenden dieselbe Methodologie an wie Acemoglu und Restrepo (2020a). Auch stellen sie Schätzungen zu den negativen Auswirkungen auf manuelle Tätigkeiten und die Löhne in diesem Bereich an, nicht jedoch zu den Auswirkungen auf die Beschäftigung insgesamt, denn die Zahl der Arbeitsplätze in Bürotätigkeiten scheint zu steigen. Mit der unterschiedlichen Entwicklung der Bürojobs in der deutschen und japanischen Industrie und den

unterschiedlichen Zugängen zur Technologie in beiden Ländern (sowie mit den Initiativen »Industrie 4.0« und »Digitale Fabrik«) beschäftigen sich Krzywdzinski (2021) sowie Krzywdzinski und Gerber (2020).

58 Zum deutschen Berufsbildungssystem vgl. Acemoglu und Pischke (1998) sowie Thelen (1991).

59 Die Vergleichsdaten zu Umsatz, Beschäftigungsentwicklung und Bürotätigkeiten in den Automobilindustrien dieser drei Länder stammen aus Krzywdzinski (2021).

60 Die effektiven Steuern auf Ausrüstung, Software und andere Investitionsgüter sowie auf Arbeitseinkommen schätzen Acemoglu, Manera und Restrepo (2020), deren Zahlen wir hier übernehmen.

61 Zur Entwicklung der Forschungsförderung durch die amerikanische Bundesregierung vgl. Gruber und Johnson (2019).

62 Gates (2021, S. 23).

63 Zitiert in: Blodget (2009).

64 Diese Aussagen zitiert Ferenstein (2017), der sich eingehender mit den hier beschriebenen Einstellungen beschäftigt.

65 Zur Zahl der Patente und zum Produktivitätswachstum vgl. Acemoglu, Autor und Patterson (noch nicht erschienen).

66 Solow (1987).

67 Zur Verlangsamung der Innovation vgl. Gordon (2016) sowie Gruber und Johnson (2019). Bloom, Jones, Van Reenen und Webb (2020) zeigen, dass in zahlreichen Wirtschaftszweigen mehr Geld in F&E fließt, während die Zahl der Verbesserungen stagniert.

68 Die totale Faktorproduktivität (TFP) wurde wie in Gordon (2016) anhand der Standardformeln mit einer Cobb-Douglas-Funktion mit Gewichten von 0,7 bzw. 0,3 von Arbeit und Kapital geschätzt. Der Anstieg der TFP entspricht dem BIP-Wachstum abzüglich eines Anstiegs des Arbeitseinsatzes von 0,7 abzüglich eines Anstiegs des Kapitaleinsatzes von 0,3.

Der Anstieg des Arbeitseinsatzes wird, gestützt auf die Schätzungen von Goldin und Katz (2008), um einen Qualitätsindex bereinigt, der die Entwicklung des Bildungsstands der Arbeitskräfte berücksichtigt. Die BIP-Daten stammen aus Tabellen in den National Income and Product Accounts des Bureau of Economic Analysis. Wir haben auch die TFP-Schätzungen anhand verschiedener Datenquellen und alternativer Methoden berechnet – zum Beispiel anhand der Methoden von Fernald (2014), Bergeaud, Cette und Lecat (2016) sowie Feenstra, Inklaar und Timmer (2015), wobei die Ergebnisse sehr ähnlich ausfielen. Beispielsweise liegen die Schätzungen zum durchschnittlichen jährlichen TFP-Wachstum in den Zeiträumen 1948–1960, 1961–1980, 1981–2000 und 2001–2019 laut Gordon (2016) bei 2, 1, 0,7 bzw. 0,6 Prozent. Anhand der von Fernald (2014) verwendeten Daten und Methodologie kommt man für dieselben Zeiträume auf Werte von 2,2, 1,5, 0,8 und 0,8. Gestützt auf Bergeaud, Cette und Lecat (2016) ergeben sich Anstiege von 2,4, 1,5, 1,3 und 0,9, und nach Feenstra, Inklaar und Timmer (2015) liegen sie bei 1,3, 0,7, 0,6 und 0,6.

69 Irwin (2016).

70 Vgl. Varian (2016) und Pethokoukis (2017a).

71 Zitiert in: Pethokoukis (2016). Vgl. auch Pethokoukis (2017b).

72 Die Belege dafür, dass die Produktivität in Fertigungsindustrien, die mehr in digitale Technologien investieren, nicht schneller wächst und dass es keine Hinweise

auf größere Messfehler gibt, stammen aus Acemoglu, Autor, Dorn, Hanson und Price (2014).

73 Vgl. Gordon (2016) und Cowen (2010).

74 Zu den Kosten unausgewogener Investitionen in F&E in verschiedenen Branchen vgl. Acemoglu, Autor und Patterson (noch nicht erschienen).

75 Die Darstellung der Roboterisierung in Japan und der späteren Flexibilisierungsbemühungen stammt aus Krzywdzinski (2021). Zum Werk in Fremont vor und nach Toyotas Investitionen und zu den Vergleichen mit anderen amerikanischen Automobilherstellern vgl. Shimada und MacDuffie (1986) sowie MacDuffie und Krafcik (1992).

76 https://twitter.com/elonmusk/status/984882630947753984 (@elonmusk, 13. April 2018). Zur Automatisierung bei Tesla vgl. Boudette (2018) sowie Buchel und Floreano (2018).

77 Čapek (1957, S. 45).

78 Für eine weitblickende frühe Analyse vgl. Zuboff (1988).

Künstliches Ringen

1 Unsere Interpretation in diesem Kapitel hat drei wesentliche Bausteine. Der erste basiert auf unserem Rahmenmodell und insbesondere unserer Diskussion der »So-lala-Automatisierung«. So sind wir insbesondere der Auffassung, dass künstliche Intelligenz wahrscheinlich begrenztere Produktivitätsvorteile generieren wird, als sich dies viele ihrer Fans erhoffen, weil sie in Aufgabenfelder vordringt, in denen Maschinenfähigkeiten noch immer recht begrenzt sind, und weil menschliche Produktivität auf implizitem Wissen, angehäufter Expertise und sozialer Intelligenz basiert. Diese Interpretation ist angelehnt an Larsons (2021) Darstellung des menschlichen Denkvermögens, das gegenwärtig für KI unerreichbar ist, die Diskussion von Mercier und Sperber (2017) über die soziale Natur der menschlichen Intelligenz und an Belege für die hohe Anpassungsfähigkeit menschlicher Gruppen (vgl. z. B. Henrich, 2016) sowie an Pearls (2021) Diskussion der Grenzen des maschinellen Lernens und Chomskys Ansichten über die Schwächen KI-basierter Sprachmodelle (wie zum Beispiel in dieser Podiumsdiskussion gezeigt: http://languagelog.ldc.upenn.edu/myl/PinkerChomskyMIT.html). Allgemeine Diskussionen der KI-Technologien, Methoden des maschinellen Lernens und des tiefen Lernens/neuronaler Netze finden sich bei Russell und Norvig (2012), Neapolitan und Jiang (2018) sowie Woolridge (2020). Für den Fokus von KI-Technologien auf Vorhersage vgl. Agrawal, Gans und Goldfarb (2018).

Zweitens betonen wir, abermals in Einklang mit unserem allgemeinen konzeptionellen Rahmenmodell, dass die Nutzungsoffenheit von Technologien, insbesondere auf diesem breiten Feld, viele verschiedene Entwicklungspfade eröffnet. Zudem gilt: Auch wenn die KI-basierte Automatisierung sich als nur geringfügig produktivitätssteigernd erweist, wird sie womöglich dennoch zügig vorangetrieben. Dies mag mit Marktanreizen wie der Rentabilität von Automatisierungsmaßnahmen, Mitarbeiterüberwachung und anderen »Renten-verschiebenden« Aktivitäten zusammenhängen oder auch mit den spezifischen Visionen mächtiger Akteure in der Technologiebranche.

Drittens sind wir entschieden der Auffassung, dass wir den Fokus statt auf »intelligente Maschinen« auf »nützliche Maschinen« legen sollten. Wir kennen keine anderen Arbeiten, in denen dieser Standpunkt vertreten wird, aber unsere diesbezüglichen Ideen lehnen sich stark an Wiener (1954 [2022]) und Licklider (1960) an. Eine ausgezeichnete Darstellung von Leben und Werk Engelbarts mit einer ausführlichen Diskussion der beiden grundverschiedenen Auffassungen darüber, wie sich Computer nutzen lassen, ist das äußerst lesenswerte Buch von Markoff (2015).

Wir sollten darauf hinweisen, dass diese Ideen gegenwärtig noch weit von der herrschenden Meinung auf diesem Gebiet entfernt sind, die die Vorzüge von KI und auch die Chancen für eine Künstliche Allgemeine Intelligenz viel optimistischer einschätzt. Siehe, zum Beispiel, Bostrom (2014 [2013]), Christian (2020), Stuart Russell (2020) und Ford (2021) über die Fortschritte auf dem Gebiet der künstlichen Intelligenz und Kurzweil (2013) sowie Diamandis und Kotler (2014) über das ökonomische »Schlaraffenland«, das dadurch erschaffen werden soll.

Unsere Diskussion über Routine- und Nichtroutine-Aufgaben stützt sich auf den bahnbrechenden Aufsatz von Autor, Levy und Murnane (2003) und auf die Diskussion in Autor (2014) über die Grenzen der Automatisierung. Unsere Interpretation, dass sich die gegenwärtige KI noch immer überwiegend auf Routineaufgaben fokussiert, basiert auf den Befunden, die in Acemoglu, Autor, Hazell und Restrepo (2022) zusammengetragen werden. Auch die berühmte Studie von Frey und Osborne (2013) stützt die These, dass bei der KI-Entwicklung die Automatisierung im Vordergrund steht; sie schätzen, dass bis zu 50 Prozent der Arbeitsplätze in den USA innerhalb der nächsten Jahrzehnte durch KI automatisiert werden könnten. Bezüglich der Schwierigkeiten, die menschliche Entscheidungsfindung mithilfe von maschinellem Lernen zu verbessern, vgl. Kleinberg, Lakkaraju, Leskovec, Ludwig und Mullainathan (2018).

Unsere Behauptung, dass gegenwärtige KI-Systeme für die umfassende Überwachung von Beschäftigten eingesetzt werden, ist von Zuboffs Buch über den Einsatz digitaler Technologien in Büros (1988) und von ihrem jüngsten Werk, Zuboff (2018), von Pasquale (2015) sowie von O'Neil (2016) beeinflusst. Die Deutung der Überwachung von Mitarbeitern als eine Methode, ökonomische Renten beziehungsweise Zahlungen von Arbeitnehmern weg und hin zu den Kapitaleignern umzulenken, und die negativen gesellschaftlichen Folgen davon, stützt sich auf Acemoglu und Newman (2002)

2 http://gutenberg.spiegel.de/poe/misc/maelzel.htm (Hervorhebung im Original).

3 Wiener (1965, S. 97).

4 Beide Zitate sind dem ersten Abschnitt des *Economist*-Sonderberichts, »A Bright Future ort he World of Work«, Williams (2021), entnommen.

5 Ebenda, 5. Abschnitt, »Robots Threaten Jobs Less Than Fearmongers Claim«.

6 So der Titel des ersten Abschnitts des Sonderberichts.

7 Der Auszug aus dem McKinsey-Bericht ist Luchtenberg (2022) entnommen; es ist die schriftliche Einleitung zu einem *McKinsey Talks Operations*-Podcast. Dieses Zitat erscheint auf der McKinsey-Webseite unter »capabilities/operations/our-insights«; siehe die Quellenangabe zu Luchtenberg (2022) für die vollständige Web-Adresse. Das McKinsey Global Institute hat mehrere Berichte veröffentlicht, in denen die Möglichkeit KI-bedingter Arbeitsplatzverluste ausdrücklich anerkannt wird. Vgl. zum Beispiel Manyika et al. (2017).

8 Anderson und Rainie (2018).

9 Gates (2008).
10 Über den Jacquard-Webstuhl vgl. Essinger (2004).
11 Zu verschiedenen Definitionen der KI vgl. das führende Lehrbuch, Russell und Norvig (2012), wo mehrere unterschiedliche Definitionen vorgestellt werden.
12 Über robotergestützte Prozessautomatisierung vgl. AIIM (2022) und Roose (2021).
13 Zu den durchwachsenen Ergebnissen von RPA vgl. Autor, Levy und Murnane (2003) sowie Acemoglu und Autor (2011).
14 Die Vorhersage, wonach KI annähernd 50 Prozent aller Arbeitstätigkeiten übernehmen kann, ist aus Frey und Osborne (2013). Eine weiterführende Diskussion findet sich in Susskind (2020).
15 Kai-Fu Lee in seiner Einleitung zu Lee und Qiufan (2022, S. 13).
16 Die empirischen Belege dafür, dass sich die Einführung von KI-Programmen auf Unternehmen und Einrichtungen konzentriert, die durch künstliche Intelligenz ersetzbare Arbeitsplätze haben, und für die negativen Auswirkungen dieser Aktivität auf Stellenausschreibungen in diesen Einrichtungen finden sich in Acemoglu, Autor, Hazell und Restrepo (2022). Über die Auswirkungen von Industrierobotern auf den Arbeitsmarkt insgesamt vgl. Acemoglu und Restrepo (2020a)
17 Hintergrundinformationen zu Turing finden sich in Isaacson (2018, Kapitel 2) und Dyson (2016).
18 Turing (2004 [1951], S. 105).
19 Turing (2021 [1950], S. 57).
20 Für Hintergrundinformationen über die »verdauungsfähige« Ente und den Schachtürken vgl. Wood (2002) und Levitt (2000).
21 Über die Dartmouth-Konferenz vgl. Isaacson (2018) und Markoff (2015).
22 Aussage von Minsky, zitiert nach Heaven (2020).
23 Romero (2021).
24 Aussage von Hassabis, zitiert nach Simonite (2016).
25 Taylor (2011).
26 Das Konzept der gering produktivitätssteigernden Technologien (»So-lala-Technologien«) stammt aus Acemoglu und Restrepo (2019b).
27 Über Kassava (Maniok) und andere Anpassungen auf der Halbinsel Yucatán vgl. Henrich (2016, S. 97–99).
28 Über »naked streets« (Straßen ohne Trennung zwischen Gehwegen und Fahrwegen und ohne Verkehrszeichen) vgl. McKone (2010).
29 Zur Theory of Mind vgl. Baron-Cohen, Leslie und Frith (1985), Tomasello (1995) und Sapolsky 2021.
30 Über den Zusammenhang zwischen IQ und Erfolg in technischen und nichttechnischen Berufen vgl. Strenze (2007).
31 Über die wachsende Nachfrage nach Arbeitskräften mit hohen sozialen Kompetenzen vgl. Deming (2017).
32 Hinton (2016, an der Zeitmarkierung 0:29). Fairerweise muss man sagen, dass Hinton fortfährt: »Es könnte zehn Jahre dauern.« Zu der Frage, wie weit diese Vorhersage eingetroffen ist, vgl. Smith und Funk (2021), die feststellen: »Die Anzahl der in den USA tätigen Radiologen hat jedoch zwischen 2015 und 2019 nicht etwa ab-, sondern um 7 Prozent zugenommen. Tatsächlich gibt es heute einen Mangel an Radiologen, der sich über das nächste Jahrzehnt noch verschärfen dürfte.«

33 Über die Diagnose der diabetischen Retinopathie und die Kombination von KI-Algorithmen mit Spezialisten vgl. Raghu, Blumer, Corrado, Kleinberg, Obermeyer und Mullainathan (2019).
34 Über die Wünsche des Leiters der Google-Sparte für selbstfahrende Autos vgl. Fried (2015).
35 Für die Kommentare von Elon Musk über selbstfahrende Autos vgl. Hawkins (2021).
36 Über Superintelligenz vgl. Bostrom (2014 [2013]).
37 Über AlphaZero vgl. https://www.deepmind.com/blog/alphazero-shedding-new-light-on-chess-shogi-and-go.
38 Für eine interessante Kritik am gegenwärtigen Intelligenzbegriff der KI, die auch die sozialen und situativen Aspekte von Intelligenz betont, vgl. Larson (2021). Siehe auch Tomasello (2020) für eine ausgezeichnete allgemeine Diskussion, auch wenn er die Begriffe *soziale Intelligenz* und *situative Intelligenz* nicht verwendet. Für eine vertiefte Diskussion der sozialen und situativen Aspekte von Intelligenz vgl. Mercier und Sperber (2017) und Chollet (2017, 2019). Über soziale Intelligenz vgl. Riggio (2014) und Henrich (2016).
39 Über die Schwächen von GPT-3 vgl. Marcus und David (2020).
40 Das Problem der Überanpassung wird in vielen Standardlehrbüchern diskutiert, unter anderem in Russell und Norvig (2012). Für eine allgemeinere Diskussion siehe Everitt und Skrondal (2010). Unsere Definition von Überanpassung ist etwas weiter gefasst und beinhaltet Ideen, die manchmal unter dem Stichwort »Fehlanpassung« (*misalignment*) diskutiert werden; dies bezieht sich auf die Unfähigkeit von Modellen, irrelevante Dimensionen einer Stichprobe zu erkennen, sodass sie nicht in geeigneter Weise verallgemeinert werden können. Weitere einschlägige Quellen sind Gilbert, Dean, Lambert, Zick und Snoswell (2022), Pan, Bhatia und Steinhardt (2022) sowie Ilyas, Santurkar, Tsipras, Engstrom, Tran und Mądry (2019).
41 Romero (2021).
42 Zuboff (1988, S. 263).
43 Lecher (2019).
44 Greene (2021).
45 Die OSHA-Zahlen sind aus Greene und Alcantara (2021).
46 Eine allgemeine Diskussion über flexible Arbeitszeitplanung, Nullstundenverträge und Clopening findet sich bei O'Neil (2016).
47 Ndzi (2019).
48 Rosenblueth und Wiener (1945, S. 320).
49 Wiener (2022 [1954], S. 177).
50 Wiener (1960, S. 1357).
51 Wiener (1949). Die Hintergründe von Wieners Meinungskommentar und die Gründe dafür, warum er über sechzig Jahre lang nicht abgedruckt wurde, erläutert Markoff (2013).
52 Für die Entwicklungsgeschichte des Apple/Macintosh und für Hintergrundinformationen über J. C. R. Licklider vgl. Isaacson (2018).
53 Lickliders Aussagen sind direkt seinem Aufsatz entnommen, vgl. Licklider (1960).
54 Die Ausführungen in diesem Abschnitt stützen sich auf Acemoglu (2021).
55 Weiterführende Informationen über Human-centered Design finden sich in Norman (2013) und vor allem Shneiderman (2022). Für eine vertiefte Diskussion des

Gegensatzes zwischen den beiden Visionen von Maschinenintelligenz vgl. Markoff (2015).

56 Kai-Fu Lee (2021).

57 Asimov (1989, S. 267).

58 Vorteile des personalisierten, maßgeschneiderten Unterrichts werden diskutiert in Bloom (1984), Banerjee, Cole, Duflo und Linden (2007) sowie Muralidharan, Singh und Ganimian (2019). Vgl. auch die Diskussion und zusätzliche Literaturhinweise in Acemoglu (2021).

59 Für weitere Details über die Entstehung des World Wide Web vgl. Isaacson (2018).

60 Die Diskussion der Auswirkungen des Einsatzes von Mobiltelefonen auf die Fischereiwirtschaft in Kerala basiert auf Jensen (2006).

61 Zu M-Pesa vgl. Jack und Suri (2011). Weitere Beispiele für die Nutzung digitaler Technologien zum Aufbau neuer Plattformen finden sich in Acemoglu, Jordan und Weyl (2021).

62 Die Schätzungen für die KI-Ausgaben beziehen sich auf das Jahr 2016 und stammen vom McKinsey Global Institute (2017).

63 Zu den Ideen von Frances Stewart vgl. Stewart (1977). Für neuere Diskussionen über ungeeignete Technologien vgl. Basu und Weil (1998) und Acemoglu und Zilibotti (2001).

64 Die Diskussion über die Resistenz neuer Kulturpflanzensorten gegen verschiedene Schädlinge und Pathogene sowie Beispiele für Innovationen, die auf die Bedürfnisse der US-amerikanischen und westeuropäischen Landwirtschaft zugeschnitten und daher ungeeignet sind für die in Afrika herrschenden Bedingungen, basiert auf Moscona und Sastry (2022). Die landwirtschaftlichen Beispiele sind ebenfalls aus Moscona und Sastry (2022).

65 Die Auswirkungen ungeeigneter Technologien auf die Ungleichheit innerhalb von und zwischen Ländern wird diskutiert in Acemoglu und Zilibotti (2001).

66 Über die Grüne Revolution vgl. Evanson und Gollin (2003), und über Borlaug siehe Hesser (2019).

67 Dieser Abschnitt stützt sich auf die allgemeinen Quellen, die zu Beginn der bibliografischen Anmerkungen zu diesem Kapitel aufgelistet sind.

Die Demokratie zerbricht

1 Die zentrale These, die wir in diesem Kapitel aufstellen – die künstliche Intelligenz wird gegenwärtig im Wesentlichen zur Datensammlung eingesetzt, um uns in unserer Eigenschaft als Konsumenten, Bürger und Arbeitskräfte zu kontrollieren –, stützt sich auf die Erkenntnisse von Pasquale (2015), O'Neil (2017), Lanier (2018), Zuboff (2018) und Crawford (2021), die wir erweitern. Sunstein (2001) legte eine frühe Analyse der schädlichen Auswirkungen digitaler Echokammern vor; vgl. dazu auch Cinelli u. a. (2021). Mit der Möglichkeit, dass diese Art von Datensammlung die Funktionsweise der sozialen Netzwerke verzerrt, beschäftigen sich auch Acemoglu, Ozdaglar und Siderius (2022) sowie Acemoglu (noch nicht erschienen). Unseres Wissens sind wir die ersten, die Parallelen zwischen dem Vorgehen des chinesischen Staates und dem führender amerikanischer Techfirmen ziehen und zu dem Schluss gelangen, dass beide Methoden durch den Zugriff auf große Datenmengen begünstigt werden. Unsere Auseinandersetzung mit Überwachung und

Zensur in China wurde von McGregor (2013) in Bezug auf die Frühphase sowie von Dickson (2021) bezüglich der Entwicklung in jüngster Zeit beeinflusst. Besonders wertvolle Anregungen fanden wir in verschiedenen Arbeiten von David Yang und seinen Mitautoren (von denen wir einige im Folgenden zitieren) sowie in eingehenden Gesprächen mit Yang.

2 Frenkel und Kang (2021, S. 263).

3 Arendt (1978).

4 Zum Wachstum der KI-Ausgaben in China vgl. Beraja, Yang und Yuchtman (2020).

5 Wir stützten uns auf die Übersetzung des offiziellen Planungsdokuments des Staatsrats: https://chinacopyrightandmedia.wordpress.com/2014/06/14/planning-outline-for-the-construction-of-a-social-credit-system-2014-2020.

6 Die über *China Daily* verbreitete Erklärung stammt von einer Website der chinesischen Regierung: https://english.court.gov.cn/2019-07/11/c_766610.htm.

7 Die Proteste in Zusammenhang mit dem Amtsenthebungsverfahren gegen Präsident Estrada beschreibt Shirky (2011).

8 Wael Ghonim, Interview, NPR, 17. Januar 2012: www.npr.org/2012/01/17/145326759/revolution-2-0-social-medias-role-in-removing-mubarak-from-power.

9 Biz Stone, https://blog.twitter.com/en_us/a/2011/the-tweets-must-flow.

10 Clinton (2010).

11 Zu den Entwicklungen in China nach Maos Tod vgl. MacFarquhar und Schoenhals (2008).

12 Genauere Informationen zum Massaker auf dem Platz des Himmlischen Friedens und den »sieben Forderungen« findet man in Zhang, Nathan, Link und Schell (2002).

13 Zur Zensur im ersten Jahrzehnt des 21. Jahrhunderts vgl. McGregor (2010).

14 King, Pan und Roberts (2013).

15 Vgl. Qin, Stromberg und Wu (2017), die über begrenzte kollektive Aktionen unter Nutzung der sozialen Medien berichten.

16 Der Plan ist zugänglich unter: www.newamerica.org/cybersecurity-nitiative/digichina/blog/full-translation-chinas-new-generation-artificial-intelligence-development-plan-2017.

17 Zitiert in: Zhong, Mozur und Krolik (2020).

18 Zur Medienzensur einschließlich der Unterdrückung der Berichterstattung über Korruptionsfälle vgl. Xu und Albert (2017). Zur Zensur ausländischer Medienberichte, insbesondere jener über Korruptionsvorwürfe gegen die namibische Niederlassung eines von einem hochrangigen chinesischen Parteifunktionär geleiteten Unternehmens, vgl. McGregor (2010, S. 148). In diesen Fall war Hu Haifeng verwickelt, der Sohn des damaligen Staatschefs Hu Jintao.

19 Die Reform des Lehrplans und ihre Auswirkungen untersuchen Cantoni, Chen, Yang, Yuchtman und Zhang (2017).

20 Die Studie und ihre Implikationen beschreiben Chen und Yang (2019).

21 Postman (2019, S. 7).

22 Huxley (1991, S. 128).

23 Zur Verbreitung von *VKontakte* und zu seiner Rolle bei den Protesten vgl. Enikolopov, Makarin und Petrova (2020).

24 Zur NSO Group vgl. Bergman und Mazzetti (2022). Der Bericht über Pegasus wurde von zahlreichen Medien verifiziert, darunter die *Washington Post*, National

Public Radio, die *New York Times*, der *Guardian* und *Foreign Policy*: www.washingtonpost.com/investigations/interactive/2021/nso-spyware-pegasus-cellphones; www.washingtonpost.com/world/2021/07/19/india-nso-pegasus; www.npr.org/2021/02/25/971215788/biden-administration-poised-to-release-report-on-killing-of-jamal-khashoggi; www.nytimes.com/2021/07/17/world/middleeast/israel-saudi-khashoggi-hacking-nso.html; www.theguardian.com/world/2021/jul/18/nso-spyware-used-to-target-family-of-jamal-khashoggi-leaked-data-shows-saudis-pegasus; and https://foreignpolicy.com/2021/07/21/india-israel-nso-pegasus-spyware-hack-modi-bjp-democracy-watergate.

Zu der saudischen Behauptung, es habe sich um ein nicht autorisiertes Vorgehen eines außer Kontrolle geratenen Einzelgängers gehandelt, vgl. www.reuters.com/article/us-saudi-khashoggi/saudi-arabia-calls-khashoggi-killing-grave-mistake-says-prince-not-aware-idUSKCN1MV0HI. Die Antwort von NSO auf den Bericht von Forbidden Stories ist hier zugänglich: www.theguardian.com/news/2021/jul/18/response-from-nso-and-governments. NSO lehnte insbesondere jede Beteiligung an der Ermordung Khashoggis ab: »Wie NSO bereits erklärt hat, stand unsere Technologie in keinem Zusammenhang mit dem heimtückischen Mord an Jamal Khashoggi.« NSO fasst seine Haltung zum Einsatz seiner Technologie so zusammen: NSO »ist nicht der Betreiber der Systeme, die es überprüften staatlichen Kunden zur Verfügung stellt, und hat keinen Zugang zu den Daten über die Ziele seiner Kunden, aber diese sind verpflichtet, uns Informationen zur Verfügung zu stellen, die Gegenstand von Untersuchungen sind. NSO setzt seine Technologie nicht ein. Weder sammelt noch besitzt es Daten seiner Kunden, und es hat keinen Zugang dazu.«

25 Zitiert in: Sorkin (2013).

26 Zitiert in: Hill (2020), der sich eingehend mit den Aktivitäten von Clearview AI beschäftigt.

27 Harari (2018).

28 Die Belege für den Einsatz von KI-Werkzeugen durch chinesische Lokalregierungen und dafür, dass der Datenaustausch die Überwachung mittels KI fördert, stammen aus Beraja, Yang und Yuchtman (2020). Diese Arbeit enthält auch Angaben zu den Auswirkungen dieser Aktivitäten auf die Größe der Sicherheitskräfte. Die Belege für die Wirksamkeit des Einsatzes von KI gegen Proteste stammen aus Beraja, Kao, Yang und Yuchtman (2021), die auch die Quelle für die Zahlen zur Weitergabe von Überwachungstechnologie an andere autoritäre Regimes sind.

29 Zu Huaweis Rolle im Export von Überwachungstechnologie in andere autoritäre Länder vgl. auch Feldstein (2019), der schätzt, dass Huawei solche Technologie in mehr als 50 Länder exportiert hat.

30 Vgl. Bostrom (2014 [2013]).

31 Zur Politik Facebooks in Myanmar vgl. Frenkel und Kang (2021).

32 Zitiert in: Human Rights Watch (2013), www.hrw.org/report/2013/04/22/all-you-can-do-pray/crimes-against-humanity-and-ethnic-cleansing-rohingya-muslims.

33 Interview mit Ashin Wirathu, CBS *60 Minutes*; die Niederschrift ist zugänglich unter: www.cbsnews.com/news/new-burma-aung-san-suu-kyi-60-minutes.

34 Facebooks Reaktion auf die Forderungen der Regierung im Jahr 2019 behandeln Frenkel und Kang (2021). Die Sperre der vier Gruppen untersucht Jon Russell (2019).

35 Vgl. Kapitel 9 von Frenkel und Kang (2021).

36 Zitiert in: Taub und Fisher (2018).
37 Purnell und Horwitz (2020).
38 Für Statistiken zur Nutzung von sozialen Netzwerken und zu Informationsquellen vgl. Levy (2021), Allcott, Gentzkow und Yu (2019) sowie Allcott und Gentzkow (2017).
39 Vosoughi, Roy und Aral (2018).
40 Vgl. Guess, Nyhan und Reifler (2020) zur Wahl von 2015/2016.
41 Der TED-Vortrag ist zugänglich unter: www.youtube.com/watch?v=B8ofWFx525s.
42 Vgl. Frenkel und Kang (2021).
43 Zitiert in: Timberg, Romm und Harwell (2019).
44 Zu den Oath Keepers vgl. Frenkel und Kang (2021).
45 Zitiert in: Roose (2019).
46 Evans (2018).
47 Zitiert in: Ditum (2019).
48 Für Daten zu von Trump-Tweets ausgelösten antimuslimischen Äußerungen und Gewaltakten vgl. Müller und Schwarz (2021).
49 Für eine eingehendere Auseinandersetzung mit Twitter vgl. Halberstam und Knight (2016). Zu Reddit vgl. Marantz (2020).
50 Dieser Abschnitt beruht auf Isaacson (2018) und Markoff (2015).
51 Brin und Page (1998).
52 Zitiert in: Isaacson (2018, S. 532).
53 Dieser Abschnitt stützt sich auf Frenkel und Kang (2021).
54 Zitiert in: Frenkel und Kang (2021, S. 78–79.)
55 Meta Business Help Center, www.facebook.com/business/help/164749007013531?id=401668390442328.
56 Zum Zusammenhang zwischen der Nutzung von sozialen Netzwerken und Empörung vgl. Rathje, Van Bavel und van der Linden (2021) sowie O'Neil (2022).
57 Zu den Auswirkungen der Facebook-Nutzung auf die psychische Gesundheit vgl. Braghieri, Levy und Makarin (2022) sowie O'Neil (2022).
58 Zu den Auswirkungen von Algorithmen auf emotionale Reaktionen vgl. Stella, Ferrara und De Domenico (2018). Vgl. auch die allgemeine Diskussion in Brady, Wills, Jost, Tucker und Van Bavel (2017), Tirole (2021) sowie Brown, Bisbee, Lai, Bonneau, Nagler und Tucker (2022).
59 Vgl. Allcott, Gentzkow und Song (2021) sowie Allcott, Braghieri, Eichmeyer und Gentzkow (2020).
60 Zitiert in: Frenkel und Kang (2021).
61 Cohen (2019).
62 Zu Habermas' Theorie der Öffentlichkeit vgl. Habermas (1991).
63 Vassallo (2021); der Autor ist ein Partner von Foundation Capital.
64 Zitiert in: Grossman (2014).
65 Verma (2014).
66 Zuboff (2019).
67 Zu ImageNet vgl. www.image-net.org.
68 Zitiert in: Markoff (2012).
69 Kashmir Hill, »The Secretive Company That Might End Privacy as We Know It«, https://www.nytimes.com/2020/01/18/technology/clearview-privacy-facial-recognition.html. Hill erklärt: »Das System – das auf einer Datenbank mit mehr als drei

Milliarden Bildern beruht, die Clearview nach eigener Aussage bei Facebook, YouTube, Venmo und auf Millionen anderen Websites gesammelt hat – geht weit über alles hinaus, was der amerikanische Staat oder die Giganten im Silicon Valley jemals aufgebaut haben.« Für Einzelheiten zum Konzept von Clearview und zu Peter Thiels frühem Engagement in dem Projekt vgl. Chafkin (2021, S. 312–314).

70 David Scalzo, ein Investor von Clearview AI, zitiert in: Hill (2020).

71 Für Hintergrundinformationen über Coughlin vgl. Brinkley (1983).

72 Die Wirkung von Coughlins Radiopredigten untersucht Wang (2021).

73 https://www.morgenpost.de/berlin-aktuell/machtergreifung/article119116785/Zum-19-August-1933-Rundfunk-soll-mit-dem-Volke-gehen.html.

74 Die Auswirkungen der Radiopropaganda auf die Unterstützung für das NS-Regime dokumentieren Adena, Enikolopov, Petrova, Santarosa und Zhuravskaya (2015). Vgl. auch Satyanath, Voigtlander und Voth (2017).

75 Für das deutsche Grundgesetz, die Redefreiheit und das Konzept der Volksverhetzung vgl. https://www.gesetze-im-internet.de/gg/BJNR000010949.html.

76 Für Analysen der beschränkten Maßnahmen von Reddit und YouTube gegen Hassbotschaften vgl. www.nytimes.com/2019/06/05/business/youtube-remove-extremist-videos.html sowie https://variety.com/2020/digital/news/reddit-bans-hate-speech-groups-removes-2000-subreddits-donald-trump-1234692898. Vgl. jedoch auch https://time.com/6121915/reddit-international-hate-speech.

77 Für eine Beschreibung der Streitbeilegungsverfahren und der bürokratischen Struktur von Wikipedia vgl. https://en.wikipedia.org/wiki/Wikipedia:Administration.

78 Fergusson und Molina (noch nicht erschienen).

79 Orwell (2002 [1949], S. 110).

Die Neuausrichtung der Technologie

1 Mit der Bedeutung einer Neuausrichtung der technologischen Entwicklung und mit einigen Steuervergünstigungen, die sie unterstützen könnten, beschäftigt sich Acemoglu (2021). Die These, dass jeder technologischen Neuausrichtung eine Änderung des Narrativs – der Vorstellung davon, wie wir die Technologie nutzen und wer sie kontrollieren sollte – und der Aufbau neuer Gegenkräfte vorausgehen müssen, wird unseres Wissens in diesem Buch erstmals aufgestellt.

2 www.digibarn.com/collections/newsletters/peoples-computer/peoples-1972-oct/index.html (Hervorhebung im Original).

3 Baron (1996), der als Quelle »Arbitration Proceedings, N.Y., Cloak Industry, 13. Oktober 1913« angibt.

4 Die Äußerung wird zumeist Mark Hanna zugeschrieben, z. B. von Safire (2008, S. 237).

5 Für eine frühere Auseinandersetzung mit der Bewegung der Progressiven vgl. Acemoglu und Johnson (2017). Für Hintergrundinformationen zu dieser Bewegung vgl. McGerr (2003).

6 Vgl. Tarbell (1904).

7 Zu »Mother« Jones und dem Kindermarsch vgl. McFarland (1971).

8 Zur Arbeit des Pujo-Ausschusses, zur Zerschlagung von Standard Oil und zu den Anfängen des Kampfes gegen Kartelle vgl. Johnson und Kwak (2010).

9 Die Daten zur Entwicklung der Kosten erneuerbarer Energien stammen von www.irena.org/publications/2021/Jun/Renewable-Power-Costs-in-2020.
10 Mit der Rolle der Politik bei der Neuausrichtung der technologischen Entwicklungen im Energiesektor beschäftigt sich Acemoglu (2021).
11 McKibben (2013).
12 Für Daten zu den Patentanmeldungen in verschiedenen Ländern vgl. Acemoglu, Aghion, Barrage und Hemous (noch nicht erschienen).
13 Zu den wirtschaftlichen und allgemeinen Auswirkungen der zunehmenden Machtkonzentration in den Händen der Tech-Konzerne vgl. Foer (2017).
14 https://bluecollarjobs.us/2017/04/10/highest-to-lowest-share-of-blue-collar-jobs-by-state.
15 Zum Arbeitskampf bei Starbucks vgl. Eavis (2022).
16 Zum Sitzstreik bei General Motors vgl. Fine (1969).
17 Cantoni, Yang, Yuchtman und Zhang (2019).
18 Vgl. Acemoglu, Johnson und Robinson (2003).
19 Vgl. Chan (2021).
20 Le Guin (2004); eine vollständigere Version lautet: »Das ist das Schöne an den Technologien. Sie sind, was zu tun wir lernen können.«
21 Vgl. Tang (2019).
22 Vgl. Lanier und Weyl (2020).
23 Richter Anthony Kennedy in der Begründung der mit fünf gegen vier Stimmen gefällten Entscheidung des Obersten Gerichtshofs im Fall *Citizens United* (Januar 2010), die unbegrenzte Wahlkampfspenden von Unternehmen erlaubte. Vgl. *Citizens United v. Federal Election Commission*, 558 U.S. 310 (2010), https://www.supremecourt.gov/opinions/boundvolumes/558bv.pdf, beginnend auf S. 310.
24 Zur Beseitigung der Asymmetrie zwischen den Steuern auf Kapital und Arbeit und den Auswirkungen auf die Automatisierung vgl. Acemoglu, Manera und Restrepo (2020).
25 Zur Steuerreform vgl. Acemoglu, Manera und Restrepo (2020).
26 Zur Ausbildung vgl. Becker (1993) sowie Acemoglu und Pischke (1999).
27 Zur Entwicklung der Antibiotika und ihres Einsatzes im Zweiten Weltkrieg vgl. Gruber und Johnson (2019).
28 Vgl. Lane (2022).
29 Vgl. Mitrunen (2019).
30 Zu den negativen Auswirkungen der Datenschutzgrundverordnung auf kleine Unternehmen vgl. Prasad (2020).
31 Zu den Problemen, die auf Datenmärkten dadurch entstehen, dass Personen in ihrem sozialen Netz Informationen preisgeben, vgl. Acemoglu, Makhdoumi, Malekian und Ozdaglar (noch nicht erschienen).
32 Vgl. Lanier (2018, 2019) sowie Posner und Weyl (2019).
33 Zur Section 230 vgl. Waldman (2021).
34 Zitiert in: McCarthy (2020).
35 Eine Besteuerung von digitaler Werbung schlägt Romer (2021) vor.
36 Zur Vermögensteuer vgl. *Boston Review* (2020).
37 Vgl. Corak (2013) sowie Chetty, Hendren, Kline und Saez (2014).
38 Vgl. Schaubild 1 in Corak (2013).

39 Zu den gegenwärtigen Mindestlöhnen auf einzelstaatlicher und Bundesebene vgl. www.dol.gov/agencies/whd/minimum-wage/state.
40 Zu den Auswirkungen des Mindestlohns vgl. Card und Krueger (2015).
41 Zu den möglichen Auswirkungen der Pandemie auf die Automatisierung vgl. Chernoff und Warman (2021).
42 Zur Anregung arbeitnehmerfreundlicher Investitionen durch einen höheren Mindestlohn vgl. Acemoglu und Pischke (1999).
43 Zum Aids-Aktivismus und den Reaktionen darauf vgl. Shilts (1988) und Specter (2021).

BILDNACHWEIS

1. Smith Archive/ Alamy Stock Photo
2. © British Library Board. All Rights Reserved / Bridgeman Images
3. The Print Collector/Hulton Archive/Getty Images
4. North Wind Picture Archives/ Alamy Stock Photo
5. Courtesy of Science History Institute
6. DrMoschi, CC BY-SA 4.0, <https://creativecommons.org/licenses/by-sa/4.0>, via Wikimedia Commons https://commons.wikimedia.org/wiki/File:Lincoln_Cathedral_viewed_from_Lincoln_Castle.jpg
7. akg-images / Florilegius
8. akg-images / WHA / World History Archive
9. GRANGER
10. SSPL/Getty Images
11. Heritage Images / Historica Graphica Collection/akg-images
12. Library of Congress, Prints & Photographs Division, LC-DIG-ggbain-09513
13. Bridgeman Images
14. © Hulton-Deutsch Collection/CORBIS/Corbis via Getty Images
15. World History Archive/Alamy Stock Photo
16. From the Collections of The Henry Ford
17. Bettmann/Getty Images
18. AP/Bourdier
19. London Stereoscopic Company/Hulton Archive/Getty Images
20. Press Association via AP Images
21. IBM Computer, Hum Images/Alamy Stock Photo
22. Jan Woitas/picture-alliance/dpa/AP Images
23. Andrew Nicholson/Alamy Stock Photo
24. Bettmann/Getty Images
25. Photo 12/Alamy Stock Photo
26. Christoph Dernbach/picture-alliance/dpa/AP Images
27. Jeffrey Isaac Greenber 3+/Alamy Stock Photo
28. Facebook War Room, NOAH BERGER/AFP via Getty Images
29. Thorsten Wagner/Bloomberg via Getty Images
30. Qilai Shen/Bloomberg via Getty Images
31. akg-images / brandstaetter images/Votava
32. ASSOCIATED PRESS
33. Dgies, CC BY-SA 3.0, <https://creativecommons.org/licenses/by-sa/3.0>, via Wikimedia Commons; https://commons.wikimedia.org/wiki/File:Ted_Nelson_cropped.jpg
34. Benjamin Lowy/Contour by Getty Images

DANKSAGUNGEN

Dieses Buch beruht auf zwei Jahrzehnten der Forschung zu Technologie, Ungleichheit und Institutionen. Im Verlauf dieser Forschungsarbeit haben wir beträchtliche intellektuelle Schulden bei vielen Wissenschaftlern angehäuft, deren Einfluss in diesem Buch deutlich zutage tritt. Zwei von ihnen, Pascual Restrepo und David Autor, verdienen eine besondere Erwähnung, denn viele der hier vorgelegten Thesen zu Automatisierung, neuen Tätigkeiten, Ungleichheit und Arbeitsmarkttrends stützen sich auf ihre Arbeit und auf die Forschung, die wir gemeinsam mit ihnen betrieben haben. Wir schulden Pascual und David großen Dank dafür, dass sie unsere Theorie und unsere Zugangsweise inspiriert haben, und wir hoffen, dass sie es als höchste Form der Schmeichelei verstehen, dass wir ohne Scheu Anleihen bei ihren Arbeiten genommen haben.

Wir stehen intellektuell auch in der Schuld unseres Freundes und langjährigen Kollegen James Robinson. Die gemeinsame Arbeit mit James zu Institutionen, politischen Konflikten und Demokratie ist grundlegend für die politischen Bestandteile unserer Theorie.

Die Zusammenarbeit mit Alex Wolitzky hat einen weiteren Baustein für den konzeptuellen Rahmen dieses Buchs geliefert. Wir stützen uns außerdem auf die gemeinsame Arbeit mit Jonathan Gruber, Alex He, James Kwak, Claire Lelarge, Daniel LeMaire, Ali Makhdoumi, Azarakhsh Malekian, Andrea Manera, Suresh Naidu, Andrew Newman, Asu Ozdaglar, Steve Pischke, James Siderius und Fabrizio Zilibotti, und wir schulden all diesen Personen großen Dank für ihre intellektuelle Großzügigkeit und Unterstützung.

Wir haben sehr von den Beiträgen Joel Mokyrs profitiert, dem wir sehr dankbar sind.

Eine Reihe von Personen hat frühe Entwürfe des Buchs gelesen und vorzügliche und sehr konstruktive Kommentare dazu abgegeben. Wir danken insbesondere David Autor, Bruno Caprettini, Alice Evans, Patrick François, Peter Hart, Leander Heldring, Katya Klinova, Tom Kochan, James Kwak, Jaron Lanier, Andy Lippman, Aleksander Madry, Joel Mokyr, Jacob Moscona, Suresh Naidu, Cathy O'Neil, Jonathan Ruane, Jared Rubin, John See, Ben Shneiderman, Ganesh Sitaraman, Anna Stansbury, Cihat Tokgoz, John Van Reenen, Luis Videgaray, Glen

Weyl, Alex Wolitzky und David Yang für ihre detaillierten Anregungen, die das Manuskript erheblich verbessert haben. Wir möchten auch Michael Cusumano, Simon Jager, Sendhil Mullainathan, Asu Ozdaglar, Drazen Prelec und Pascual Restrepo für ihre sehr nützlichen Diskussionsbeiträge und Vorschläge danken.

Wir danken Ryan Hetrick, Austin Lentsch, Matthew Mason, Carlos Molina und Aaron Perez für herausragende Forschungsbeiträge. Lauren Fahey und Michelle Fiorenza waren wie immer ungemein hilfreich. Rachael Brown und Hilary McClellen unterstützten uns mit vorzüglicher Faktenüberprüfung.

Die Forschung, auf der dieses Buch beruht, wurde im Lauf des vergangenen Jahrzehnts von zahlreichen Organisationen unterstützt. Acemoglu bedankt sich insbesondere bei Accenture, dem Air Force Office of Scientific Research, dem Army Research Office, der Bradley Foundation, dem Canadian Institute for Advanced Research, der Wirtschaftswissenschaftlichen Abteilung des MIT, Google, der Hewlett Foundation, IBM, Microsoft, der National Science Foundation, Schmidt Sciences, der Sloan Foundation, der Smith Richardson Foundation und dem Toulouse Network on Information Technology für die finanzielle Unterstützung einschlägiger Projekte. Johnson bedankt sich für Förderung bei der Sloan School des MIT.

Wir möchten unseren Literaturagenten Max Brockman und Rafe Sagalyn für ihre Betreuung, Orientierungshilfe und Vorschläge im vergangenen Jahrzehnt und während dieses Projekts danken. Und wir bedanken uns beim Brockman-Team sowie bei Emily Sacks und Colin Graham für ihre Unterstützung. Großen Dank schulden wir unserem Fotoredakteur Toby Greenberg für seine vorzügliche Arbeit.

Wir hatten das Glück, erneut mit unserem Freund und Lektor John Mahaney zusammenarbeiten zu können, dem wir großen Dank schulden. Wir möchten außerdem das bewundernswerte Engagement von Clive Priddle, Jaime Leifer und Lindsay Fradkoff bei PublicAffairs erwähnen.

REGISTER

D

E

F

G

H

I